Controlled Foreign Companies-Rules

Europäische Hochschulschriften

Publications Universitaires Européennes
European University Studies

Reihe V
Volks- und Betriebswirtschaft

Série V Series V
Sciences économiques, gestion d'entreprise
Economics and Management

Bd./Vol. 3232

PETER LANG
Frankfurt am Main · Berlin · Bern · Bruxelles · New York · Oxford · Wien

Katharina Brähler

Controlled Foreign Companies-Rules

Eine steuersystematische Analyse im Rahmen eines Ländervergleichs unter Berücksichtigung der Vereinbarkeit mit den Doppelbesteuerungsabkommen und dem Europäischen Gemeinschaftsrecht

PETER LANG
Europäischer Verlag der Wissenschaften

Bibliografische Information der Deutschen Nationalbibliothek
Die Deutsche Nationalbibliothek verzeichnet diese Publikation in der Deutschen Nationalbibliografie; detaillierte bibliografische Daten sind im Internet über <http://www.d-nb.de> abrufbar.

Zugl.: Eichstätt, Kath. Univ., Diss., 2006

ISSN 0531-7339
ISBN 3-631-55326-9

www.peterlang.de

Meinen Eltern

und

meinem Mann

Vorwort

Die vorliegende Arbeit entstand während meiner Tätigkeit als externe Doktorandin am Lehrstuhl für Allgemeine Betriebswirtschaftslehre und Betriebswirtschaftliche Steuerlehre der Katholischen Universität Eichstätt-Ingolstadt und wurde von der Wirtschaftswissenschaftlichen Fakultät Ingolstadt im Wintersemester 2005/2006 als Dissertation angenommen.

Für die Betreuung und Begutachtung der Arbeit möchte ich mich herzlichst bei Frau Prof. Dr. rer.soc.oec. Dr. jur. Christiana Djanani bedanken, die mit ihren äußerst wertvollen Hinweisen und Ratschlägen entscheidend zum Gelingen der Arbeit beigetragen hat. Für die Erstellung des Zweitgutachtens danke ich sehr herzlich Herrn Prof. Dr. Anton Burger.

Bedanken möchte ich mich ferner bei Herrn Klaus Schneider, Schneider + Partner GmbH Wirtschaftsprüfungsgesellschaft Steuerberatungsgesellschaft, der mir durch großzügiges Einräumen flexibler Arbeitszeiten das Schreiben meiner Dissertation neben der beruflichen Tätigkeit möglich gemacht hat.

Zu großem Dank bin ich weiterhin den Mitarbeitern des Lehrstuhls für Öffentliches Wirtschafts- und Steuerrecht von Herrn Prof. Dr. Moris Lehner der Ludwig-Maximilians-Universität München, insbesondere Frau Maria Rodriguez und Herrn Alexander Rust, verpflichtet, die mir den Zugang zu der für meine Arbeit sehr wichtigen Lehrstuhlbibliothek und -datenbank „zu allen Tages- und Nachtzeiten" gewährt haben.

Danken möchte ich auch meinem Mann Gernot. Er mit seiner Habilitationsschrift und ich mit meiner Dissertation haben wir in den letzten Jahren etliche Arbeitswochenenden in der Universität verbracht und gemeinsam „Freud und Leid geteilt". Für seine Unterstützung bin ich ihm besonders dankbar.

Ganz besonderen Dank schulde ich meinen Eltern, ohne deren Unterstützung und Begleitung auf meinem Lebensweg es zu dieser Arbeit nicht gekommen wäre.

Inhaltsübersicht

Inhaltsverzeichnis

Abkürzungsverzeichnis

a.A. .... andere(r) Ansicht
Abs. .... Absatz
Abschn. .... Abschnitt
AG .... Aktiengesellschaft, Die Aktiengesellschaft (Zeitschrift)
AktG .... Aktiengesetz
Anm. .... Anmerkung
AO .... Abgabenordnung
Art. .... Artikel
ASA .... Archiv für Schweizerisches Abgabenrecht (Zeitschrift)
AStG .... Außensteuergesetz
Aufl. .... Auflage
BB .... Betriebsberater (Zeitschrift)
Bd. .... Band
BFH .... Bundesfinanzhof
BFH/NV .... Sammlung der amtlichen nicht veröffentlichten Entscheidungen des Bundesfinanzhofs
BGB .... Bürgerliches Gesetzbuch
BGBl .... Bundesgesetzesblatt
BGH .... Bundesgerichtshof
BMF .... Bundesministerium der Finanzen
bspw. .... beispielsweise
Bst. .... Buchstabe
BStBl .... Bundessteuerblatt
BT-Ds. .... Bundestags-Drucksache
BVerfG .... Bundesverfassungsgericht
BVerfGE .... Amtliche Sammlung der Entscheidungen des Bundesverfassungsgerichts
bzw. .... beziehungsweise
DB .... Der Betrieb (Zeitschrift)
DBA .... Doppelbesteuerungsabkommen
ders. .... derselbe
DStR .... Deutsches Steuerrecht (Zeitschrift)
DStZ .... Deutsche Steuerzeitung (Zeitschrift)
EFG .... Entscheidungen der Finanzgerichte (Zeitschrift)
EG .... Europäische Gemeinschaft
EK .... Eigenkapital
ESt .... Einkommensteuer
EStDV .... Einkommensteuerdurchführungsverordnung
EStG .... Einkommensteuergesetz
EStR .... Einkommensteuerrichtlinien
etc. .... et cetera
EU .... Einzelunternehmen; Europäische Union
EuGH .... Europäischer Gerichtshof
EuZW .... Zeitschrift für europäisches Wirtschaftsrecht (Zeitschrift)

evtl. .... eventuell
EWG .... Europäische Wirtschaftsgemeinschaft
EWS .... Europäisches Wirtschafts- und Steuerrecht (Zeitschrift)
f .... folgende Seite
ff .... folgende Seiten
FG .... Finanzgericht
Fn. .... Fußnote
FR .... Finanz-Rundschau (Zeitschrift)
gem. .... gemäß
GewSt .... Gewerbesteuer
GewStG .... Gewerbesteuergesetz
GewStR .... Gewerbesteuerrichtlinien
GG .... Grundgesetz
ggf. .... gegebenenfalls
GmbH .... Gesellschaft mit beschränkter Haftung
GmbHG .... Gesetz betreffend die Gesellschaften mit beschränkter Haftung
GmbHR .... GmbH-Rundschau (Zeitschrift)
grds. .... grundsätzlich
GrS .... Großer Senat
h.M. .... herrschende(r) Meinung
Hrsg. .... Herausgeber
HS. .... Halbsatz
i.d.F. .... in der Fassung
i.d.R. .... in der Regel
i.S.e. .... im Sinne einer
i.S.v. .... im Sinne von
IFA .... International Fiscal Association
insbes. .... insbesondere
i.S.d. .... im Sinne des(r)
i.S.e. .... im Sinne eines
Iss. .... Issue
IStR .... Internationales Steuerrecht (Zeitschrift)
i.V.m. .... in Verbindung mit
IWB .... Internationale Wirtschaftsbriefe (Zeitschrift)
KG .... Kommanditgesellschaft
KGaA .... Kommanditgesellschaft auf Aktien
KSt .... Körperschaftsteuer
KStG .... Körperschaftsteuergesetz
KStR .... Körperschaftsteuerrichtlinien
m.E. .... meines Erachtens
m.w.N. .... mit weiteren Nachweisen
Nr. .... Nummer
No. .... Number
OECD .... Organisation for the Economic Co-operation and Development, Organisation für die wirtschaftliche Zusammenarbeit und Entwicklung

OECD-MA ....OECD-Musterabkommen
OECD-MK ....OECD-Musterkommentar
OFD ....Oberfinanzdirektion
OHG ....Offene Handelsgesellschaft
o.V. ....ohne Verfasser
pg. ....page
pgs. ....pages
PIStB ....Praxis Internationale Steuerberatung
Rdnr. ....Randnummer(n)
RFH ....Reichsfinanzhof
RIW ....Recht der Internationalen Wirtschaft (Zeitschrift)
RStBl ....Reichssteuerblatt
Rz. ....Randziffer
Rdnr. ....Randnummer
S. ....Seite, Satz
Sec. ....Section (USA)
sog. ....sogenannte
SolZG ....Solidaritätszuschlaggesetz
StbJb ....Steuerberater-Jahrbuch
StuW ....Steuer und Wirtschaft (Zeitschrift)
SWI ....Steuer & Wirtschaft International (Zeitschrift)
Tz. ....Textziffer
u. ....und
u.a. ....unter anderen, unter anderem
USA ....United States of America
u.U. ....unter Umständen
Verf. ....Verfasser
vgl. ....vergleiche
Vol. ....Volume
vs. ....versus
WÜRV ....Wiener Übereinkommen über das Recht der Verträge
z.B. ....zum Beispiel
Zif. ....Ziffer
z.T. ....zum Teil
zzgl. ....zuzüglich

Teil I. Die Problematik der „Controlled Foreign Companies"

1. Das Phänomen der Steuerflucht

Seit Jahrzehnten gibt es Staaten, die aus den unterschiedlichsten Gründen, meist um eines attraktiven Wirtschaftsstandorts willen, nur sehr niedrige Steuern erheben oder bestimmten Personengruppen oder Geschäftszweigen eine bevorzugte Besteuerung gewähren. In Deutschland spricht man hier üblicherweise von „Steueroasen" oder „Niedrigsteuerstaaten", international ist von „tax havens" oder „low-tax regimes" die Rede. Als klassische Steueroasen gelten die Schweiz, Liechtenstein, Luxemburg, die Niederländischen Antillen, die Bahamas und die Bermudas.

Schon immer strebten Unternehmen danach, ihre Gewinne in Niedrigsteuerstaaten zu verlagern, um durch die Ausnutzung des internationalen Steuergefälles einer (hohen) Besteuerung zu entkommen. Mit der zunehmenden Globalisierung der Märkte ist die Zahl der grenzüberschreitend tätigen Unternehmen stark gewachsen. Speziell diesen Unternehmen fällt es offenbar leicht, Mittel und Wege zu finden, ihre Gewinne in Niedrigsteuerstaaten zu verschieben und dadurch Steuervorteile zu erlangen.

Die Erscheinung der Gewinnverlagerung vom Inland ins „minder besteuernde" Ausland – plakativ als „*Steuerflucht*" bezeichnet – wird von den meisten Staaten als ungerechtfertigte oder missbräuchliche Steuerreduzierung durch Ausnutzen internationaler Belastungsunterschiede gesehen.[1] Durch die Verschiebung der Gewinne aus dem Inland entgeht den betroffenen (hoch besteuernden) Staaten potentielles Steueraufkommen. Die Gesetzgeber vieler Industriestaaten sahen sich daher veranlasst, mit dem Argument der „Sicherung der nationalen Steuerbemessungsgrundlage"[2] Maßnahmen zu ergreifen, um dieser Entwicklung Einhalt zu gebieten.

Eine erste Maßnahme gegen diese Erscheinung wurde in Deutschland auf Grundlage des sog. Oasenberichts[3] im sog. Oasenerlass[4] getroffen. In dem Oasenerlass wurde versucht, der Problematik der Steuerflucht über den damaligen § 6 Steueranpassungsgesetz (StAnpG) entgegenzuwirken. Da der Oasenerlass nicht den gewünschten Erfolg brachte, wurde im Jahre 1972 das Außensteuergesetz (AStG) verabschiedet. Das AStG wurde in seiner Anfangsphase daher auch als „Steuerfluchtgesetz" bezeichnet.[5]

---

1 Vgl. bei Jacobs, O., Internationale Unternehmensbesteuerung, 5. Aufl., 2002, S. 4; Kluge, V., Das Internationale Steuerrecht, 4. Aufl., 2000, S. 34; Wassermeyer in: Flick/Wassermeyer/Baumhoff, AStG, Vor §§ 7-14 Anm. 1; Burmester, G., Zur Systematik internationaler Minderbesteuerung und ihrer Vermeidung, in: Festschrift Debatin, 1997, S. 55 ff; Orlov, M., intertax 2004, S. 95 (110).

2 Im internationalen Schrifttum wird hier meist von der Vermeidung der „erosion of the tax bases" und von „international tax evasion" gesprochen.

3 Vgl. Oasenbericht der Bundesregierung v. 23.6.1964, BT-Drucks. IV/2412.

4 Vgl. Oasenerlass v. 14.6.1965, BStBl II 1965, S. 74.

5 Vgl. Schaumburg, H., Internationales Steuerrecht, 2. Aufl., 1998, Rz. 2.18; hierzu auch Haun, J./Reiser, H., GmbHR 2004, S. 841.

International sind bislang noch keine Maßnahmen gegen die Steuerflucht in einem mit den Doppelbesteuerungsabkommen vergleichbaren Umfang als Maßnahme gegen die Doppelbesteuerung ergriffen worden.[6] Seit 1998 versucht man jedoch auch auf bilateraler Ebene, Abhilfe zu schaffen. Der Bericht des OECD-Ministerrats über "Harmful Tax Competition; An Emerging Global Issue"[7] vom 27./28. April 1998 sowie die Nachfolgeberichte aus den Jahren 2000 und 2001 haben die Mitgliedstaaten explizit dazu aufgerufen, Bemühungen zur Unterbindung der weltweit zunehmenden Steuerflucht in Steueroasen und in Länder mit oasenartigen Vorzugsbesteuerungsregimen zu unternehmen. Auch im Rahmen des „Code of Conduct“[8] werden die Länder dazu ermahnt, Regelungen zu implementieren, die Steuerfluchtgestaltungen entgegenwirken sollen.

Trotz dieses Aufrufs haben weder die OECD noch die EU konkrete Vorgaben gemacht oder gar ein einheitliches Vermeidungskonzept auf Abkommensbasis entwickelt. Der OECD-Ministerrat hat lediglich Leitlinien vorgelegt, anhand derer sich jeder einzelne Staat selbst nationale Abwehrmaßnahmen überlegen solle.[9] Die wichtigste von der OECD und EU empfohlene Maßnahme zur Eindämmung der Steuerflucht haben viele Staaten schließlich mit der Einführung der sog. *„Controlled Foreign Companies-Rules“* konkretisiert und auf eine nationale gesetzliche Grundlage gestellt.

Dieses Vorgehen ist auch im Sinne der Oasenländer. Denn die Oasenländer selbst vertreten den Standpunkt, sie täten nichts anderes als „Möglichkeiten zu eröffnen“. Wenn ein Staat der Meinung sei, dass seine Staatsangehörigen oder Ansässigen mit diesen „Möglichkeiten“ Missbrauch treiben, so sei es Sache dieses Landes, durch Änderungen seiner eigenen Gesetze die erforderlichen Gegenmaßnahmen zu ergreifen.[10]

---

6 Vgl. Kluge, V., Das Internationale Steuerrecht, 4. Aufl., 2000, S. 44.

7 Bericht abgedruckt in: "Materials on international & EC tax law" selected and edited by Kees von Raad, 2002/2003, Volume 1, pgs. 757-791.

8 Entschließung des Rates und der im Rate vereinigten Vertreter der Regierungen der EU-Mitgliedstaaten über einen Verhaltenskodex auf dem Gebiet der Unternehmensbesteuerung zur Eindämmung „unfairer“ bzw. „schädlicher“ steuerlicher Maßnahmen vom 1. Dezember 1997. Vgl. hierzu Kellersmann, D./Treisch, C., Europäische Unternehmensbesteuerung, 2002, S. 238 f.

9 „Recommendations concerning domestic legislation and practices“; vgl. Bericht des OECD-Ministerrats vom 27./28. April 1998 über „Harmful Tax Competition“; An Emerging Global Issue, Tz. 91 und 97 ff.

10 So bei Raymond, E. M., Der Standpunkt der Steueroasen (am Beispiel der karibischen und pazifischen Staaten), in: Vogel/Ellis u.a., Steueroasen und Außensteuergesetze, 1981, S. 15.

2. Steuerflucht durch die Errichtung von „Controlled Foreign Companies"

Die Verlagerung der Gewinne vom Inland ins „minder besteuernde" Ausland erfolgt üblicherweise durch die Errichtung sog. „Controlled Foreign Companies".[11] Die Nutzung einer „Controlled Foreign Company" zur Steuerflucht setzt die Anerkennung des Trennungsprinzips voraus.

2.1 Prinzipien der Besteuerung – Trennungsprinzip vs. Transparenzprinzip

Für die Besteuerung von Kapitalgesellschaften und ihren Anteilseignern gilt das *Trennungsprinzip*. D.h. sowohl die Kapitalgesellschaft als auch ihre Anteilseigner werden jeweils als eigenständige Rechts- und Steuersubjekte angesehen. Daher wird zum einen die Kapitalgesellschaft mit den von ihr erwirtschafteten Gewinnen und zum anderen die an der Kapitalgesellschaft beteiligten Anteilseigner mit den an sie ausgeschütteten Gewinnen besteuert.[12] Daraus folgt, dass die Gewinne der Kapitalgesellschaft erst nach Ausschüttung auf Ebene des Anteilseigners der Besteuerung unterliegen. Bis zur Ausschüttung sind die Gewinne beim Anteilseigner von der Besteuerung „abgeschirmt" (Abschirmwirkung). Das Trennungsprinzip gilt weltweit als international tragendes Besteuerungsprinzip für die Besteuerung von Kapitalgesellschaften und ihren Anteilseignern.[13]

Im Unterschied dazu gilt bei der Besteuerung von Personengesellschaften und ihren Gesellschaftern grundsätzlich das *Transparenzprinzip*. Die Personengesellschaft ist nicht mit eigener Rechtspersönlichkeit ausgestattet[14], so dass für steuerliche Zwecke auf die hinter der Gesellschaft stehenden Gesellschafter „durchgegriffen" wird. Besteuert wird nicht die Personengesellschaft, sondern die hinter der Gesellschaft stehenden Gesellschafter.[15] Die Gewinne werden damit dem Gesellschafter unmittelbar bei Erzielung durch die Gesellschaft zugeordnet und mit Ablauf des Wirtschaftsjahres der Gesellschaft besteuert. Einen Abschirmeffekt hat die Personengesellschaft daher nicht.

---

11 Weitere Techniken multinational tätiger Unternehmen zur Gewinnverschiebung sind Vereinbarungen über Verrechnungspreise bei grenzüberschreitenden Leistungsbeziehungen zwischen Konzerngesellschaften, die die im ausländischen Niedrigsteuerstaat ansässige Konzerngesellschaft begünstigen („transfer pricing agreements") sowie die überwiegende Fremdkapitalausstattung von Kapitalgesellschaften durch ihre ausländischen Gesellschafter („thin capitalization").

12 Zur Vermeidung einer Doppelbesteuerung der Gewinne haben die Staaten entsprechende gesetzliche Regelungen getroffen (Anrechnungssystem, klassisches System).

13 Vgl. bei Djanani, C./Brähler, G., Internationales Steuerrecht, 2. Aufl., 2004, S. 188 f; Kluge, V., Das Internationale Steuerrecht, 4. Aufl., 2000, S. 781; Schaumburg, H., Internationales Steuerrecht, 2. Aufl., 1998, Rz. 10.2.; Köhler in: Strunk/Kaminski/Köhler, AStG/DBA, Vor §§ 7-14 AStG Rz. 2.

14 Personenhandelsgesellschaften sind jedoch mit einer partiellen Rechtspersönlichkeit ausgestattet.

15 In Deutschland gilt dies nur für Ertragsteuerzwecke. Eine Personengesellschaft unterliegt jedoch der Gewerbesteuer.

2.2 Funktionsweise der Nutzung von Kapitalgesellschaften zur Steuerflucht

Auf Grundlage der Besteuerung von Kapitalgesellschaften und ihren Anteilseignern nach dem Trennungsprinzip ergibt sich folgende Situation:

Wird zwischen eine inländische (aktiv tätige) Kapitalgesellschaft und ihre inländischen Anteilseigner eine ausländische Kapitalgesellschaft geschalten und werden die von der inländischen Kapitalgesellschaft an die ausländische zwischengeschaltete Kapitalgesellschaft ausgeschütteten Gewinne in der ausländischen Kapitalgesellschaft thesauriert, so werden die Gewinne solange nicht bei den inländischen Anteilseignern besteuert, bis die ausländische Kapitalgesellschaft diese an die inländischen Anteilseigner ausschüttet. Auf diese Weise kann aufgrund der Geltung des Trennungsprinzips und der damit verbundenen Abschirmwirkung ein Besteuerungsaufschub bei den inländischen Anteilseignern erreicht werden.

Im internationalen Schrifttum wird bezüglich des durch die Zwischenschaltung einer ausländischen Kapitalgesellschaft erreichten Aufschubs der Gewinnbesteuerung von „tax deferral“ gesprochen.[16] Da der Besteuerungsaufschub regelmäßig mit einem Zinsgewinn einhergeht und einen Liquiditätsvorteil verschafft, können Gesellschafter einer Kapitalgesellschaft hieraus einen u.U. nicht unerheblichen Vermögensvorteil erlangen. Der Vermögensvorteil ist umso größer, je länger der Besteuerungsaufschub andauert.[17]

Hat die zwischengeschaltete Kapitalgesellschaft ihren Sitz in einem Niedrigsteuerstaat, so kann der Anteilseigner nicht nur von einem Besteuerungsaufschub profitieren, sondern auch zunächst (bis zur Ausschüttung der ausländischen Kapitalgesellschaft ihrerseits) von einer niedrigen Besteuerung der aus der Geldanlage der Dividendenzahlungen im Steueroasenland resultierenden Gewinne. Ist die Dividende der ausländischen Kapitalgesellschaft im Ansässigkeitsstaat des Anteilseigners in voller Höhe steuerfrei, so ist der aus der Geldanlage resultierende Gewinn sogar endgültig lediglich mit dem Steuerniveau des Niedrigsteuerstaates belastet.[18]

16 Vgl. z.B. bei Helminen, M., intertax 2005, S. 117; Harty, S. A./Sheppard, H. E., tax notes international, 2005, S. 173 (174).

17 Vgl. hierzu auch Martens, J. E., Steuervermeidung durch Einschaltung von Steueroasen in der internationalen Praxis, in: Vogel/Ellis u.a., Steueroasen und Außensteuergesetze, 1981, S. 9; Wassermeyer in: Flick/Wassermeyer/Baumhoff, AStG, § 7 Anm. 5; Köhler in: Strunk/Kaminski/Köhler, AStG/DBA, Vor §§ 7-14 AStG Rz. 2 und 4.

18 Die (partielle) Steuerfreiheit einer Dividende im Ansässigkeitsstaat des Anteilseigners ist immer dann gegeben, wenn der Ansässigkeitsstaat des Anteilseigners ein entsprechendes „nationales Schachtelprivileg“ vorsieht oder das „internationale Schachtelprivileg“ eines DBA greift. In Deutschland hat der Gesetzgeber mit dem „Halbeinkünfteverfahren“ für natürliche Personen und § 8b KStG für Kapitalgesellschaften ein derartiges „nationales Schachtelprivileg“ geschaffen. Gemäß dem „Halbeinkünfteverfahren“ sind ausländische Dividenden beim Anteilseigner zur Hälfte, gemäß § 8b Abs. 1 KStG voll steuerfrei (allerdings gelten gemäß § 8b Abs. 5 KStG 5% der Dividende als nicht abziehbare Betriebsausgaben). Ferner enthalten nahezu alle mit Deutschland abgeschlossenen DBA eine Privilegierung für sog. „Schachteldividenden“, die an wesentlich beteiligte Anteilseigner in der Rechtsform einer Kapitalgesellschaft gezahlt werden.

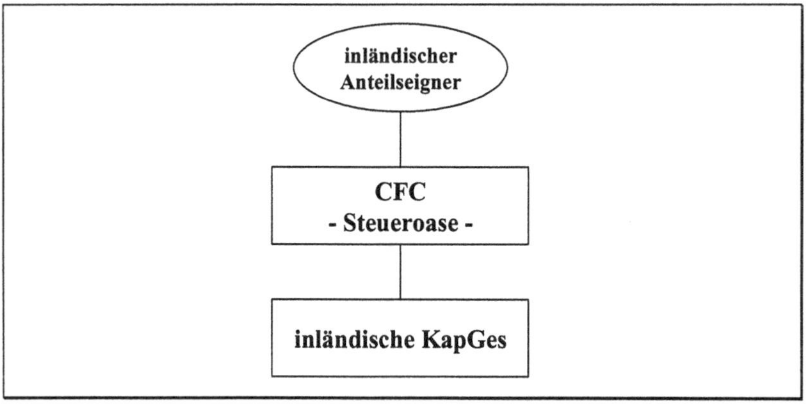

Abbildung 1: Funktionsweise der Nutzung von Kapitalgesellschaften zur Steuerflucht

Die Errichtung einer Kapitalgesellschaft mit Sitz in einer Steueroase verschafft einem Anteilseigner demnach folgende steuerliche Vorteile:

(1) Ist die Dividende steuerpflichtig, so kann ein *Aufschub der Gewinnbesteuerung* („tax deferral") im hoch besteuernden Inland erreicht werden, da der Gewinn bis zur Ausschüttung von der Besteuerung im Inland abgeschirmt wird.
(2) Ist die Dividende steuerfrei, so kann erreicht werden, dass der aus der Geldanlage der Dividendenzahlungen im Steueroasenland resultierende (ausgeschüttete) Gewinn lediglich mit dem niedrigen *Steuerniveau des Steueroasenlandes* belastet ist.[19]

2.3 Verlagerung von Funktionen auf Kapitalgesellschaften mit Sitz in Steueroasen

Wird eine Kapitalgesellschaft in einer Steueroase gegründet, so können zudem gewisse Funktionen, die (zunächst) die inländische Kapitalgesellschaft ausübt, auf diese verlagert werden. Der auf diese Funktionen entfallende Gewinnanteil wird dann nicht mehr im Inland, sondern bei der Kapitalgesellschaft im Steueroasenland besteuert. Diese Maßnahme ist vor allem im grenzüberschreitenden Konzernverbund möglich. Durch die Funktions- bzw. Tätigkeitsverlagerung und der daraus resultierenden Gewinnverschiebung ins niedrig besteuernde Ausland kann eine Senkung der Steuerquote im Unternehmensverbund erzielt werden.

[19] Gleiches gilt für den Veräußerungsgewinn im Fall der Veräußerung der Beteiligung an der Kapitalgesellschaft mit Sitz im Niedrigsteuerstaat.

Voraussetzung hierfür ist, dass die Tätigkeiten überhaupt auf die Kapitalgesellschaft ausgelagert werden können. Dies ist nur bei denjenigen Tätigkeiten möglich, die eine sog. „ausreichende Standortelastizität" aufweisen, d.h. leicht zu verlagern sind. Eine solche liegt insbesondere bei Finanzierung-, Dienstleistungs- und Holdingtätigkeiten vor.[20] Maximale Standortelastizität ist bei Briefkastengesellschaften und Finanzholdings gegeben.[21] Im Schrifttum werden Tätigkeiten, die eine hohe Standortelastizität besitzen, vereinfacht oft als „passive" Tätigkeiten bezeichnet. Im Rahmen dieser Arbeit wird der Begriff „passive Tätigkeit" vor diesem Hintergrund verwendet und verstanden.

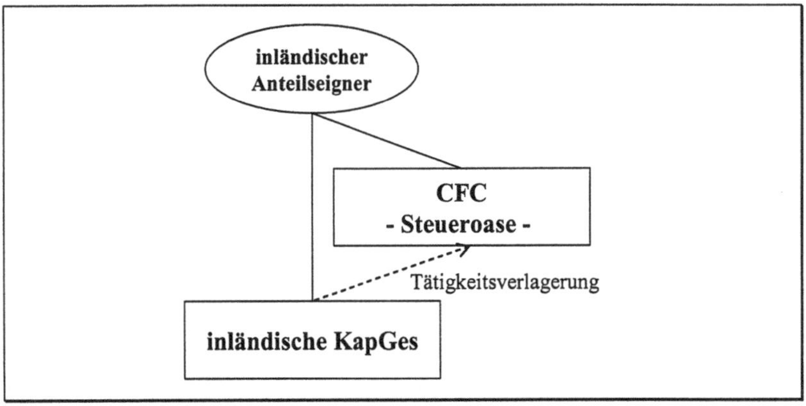

Abbildung 2: Verlagerung von Funktionen auf Kapitalgesellschaften mit Sitz in Steueroasen

2.4 Begriffsdefinition einer „Controlled Foreign Company" und Begriffsabgrenzung

Sofern die im Ausland errichtete Kapitalgesellschaft als eine sog. „Controlled Foreign Company" einzustufen ist, wird von den Gesetzgebern der Staaten unterstellt, dass diese nur mit dem Ziel, oben dargestellte Vorteile zu erlangen, errichtet wurde und daher lediglich der Steuerflucht diene.

Als „*Controlled Foreign Companies*" werden überwiegend Gesellschaften („companies") bezeichnet, die ihren Sitz im Ausland („foreign") haben und die von ihren im Inland ansässigen Gesellschaftern „beherrscht" („controlled") werden. Darüber hinaus gehen diese Gesellschaften typischerweise keiner aktiven, werbenden Geschäftstätigkeit nach und sind in einem Niedrigsteuerland angesiedelt.[22]

---

20 Vgl. Großfeld, B., Basisgesellschaften im Internationalen Steuerrecht, 1974, S. 4.

21 Vgl. Köhler, S., Die Steuerpolitik der deutschen internationalen Unternehmung im Einflussbereich der Hinzurechnungsbesteuerung, 1993, S. 9 f; Stockmann, F., Controlled Foreign Corporations, 2001, S. 4.

22 Vgl. Analyse in Teil II dieser Arbeit; so auch die Definition von Lang, M., IStR 2002, S. 217.

In der deutschen steuerrechtlichen Terminologie werden derartige Gesellschaften als *„Basisgesellschaften"* bezeichnet.[23] In der Gesetzesbegründung zum AStG vom 8.9.1972 heißt es: „Zentralproblem der „Steuerflucht" ist die Einschaltung sog. Basisgesellschaften. Sie sind dadurch gekennzeichnet, dass sie keiner aktiven, werbenden Geschäftstätigkeit nachgehen und ihr Einkommen im Sitzstaat nicht oder nur gering zu versteuern haben".[24] Der Begriff Basisgesellschaft ist jedoch gesetzlich nicht definiert. Begriff und Wesen einer Basisgesellschaft im Einzelnen sind daher umstritten.[25] Es besteht jedoch Einigkeit darin, dass mit dem Begriff Basisgesellschaft das klassische Instrument zur Nutzung von Steuervorteilen in niedrig besteuernden Staaten verbunden wird.[26] Es fällt auf, dass es bei dem Begriff der Basisgesellschaft nicht auf die „Beherrschung" bzw. „Kontrolle" durch die inländischen Gesellschafter ankommt. Maßgebend scheinen nur die Eigenschaften „passive Tätigkeit" und „Niedrigbesteuerung" im Sitzstaat der Gesellschaft zu sein.

Obwohl in der Gesetzesbegründung zum AStG der Begriff „Basisgesellschaften" verwendet wird, spricht das deutsche AStG selbst jedoch nicht von Basisgesellschaften, sondern von *„Zwischengesellschaften"*. Was unter einer Zwischengesellschaft in Abgrenzung zur Basisgesellschaft zu verstehen ist, stellt das AStG nicht klar. Auch der Anwendungserlass trifft hierzu keine Aussage.[27] Im Schrifttum werden die Begriffe „Basisgesellschaft" und „Zwischengesellschaft" überwiegend synonym verwendet.[28] Allerdings zeigt sich ein Unterschied dahingehend, dass der Begriff „Zwischengesellschaft" i.S.d. gesetzesterminologischen Verwendung im Rahmen des AStG nur „funktional" zu sehen ist.[29] D.h. eine ausländische Gesellschaft gilt (nur) als Zwischengesellschaft *für* bestimmte passive und niedrig besteuerte Einkünfte.[30] Ferner muss eine Zwischengesellschaft zwingend mit eigener Rechtspersönlichkeit ausgestattet sein[31], wohingegen die Basisgesellschaft an keine bestimmte Rechtsform geknüpft ist, wenn auch die Rechtsform der Kapitalgesellschaft bei Basisgesellschaften ebenfalls dominiert.

---

23 Vgl. Großfeld, B., Basisgesellschaften im Internationalen Steuerrecht, 1974, S. 2 f.

24 Vgl. Leitsätze der Bundesregierung vom 17.12.1970 zum AStG vom 8.9.1972, BStBl I 1972, S. 450.

25 Zu den unterschiedlichen Auffassungen über den Begriff und das Wesen der Basisgesellschaft weiterführend insbesondere bei Djanani, C., Internationales Steuerrecht, 2. Aufl., 1998, S. 305 f; Djanani, C./Brähler, G., Internationales Steuerrecht, 2. Aufl., 2004, S. 402; Schaumburg, H., Internationales Steuerrecht, 2. Aufl., 1998, Rz. 10.29 ff, 10.33; Kluge, V., Das Internationale Steuerrecht, 4. Aufl., 2000, S. 382 ff; Wassermeyer in: Flick/Wassermeyer/Baumhoff, AStG, Vor §§ 7-14 Anm. 1.

26 Vgl. Kluge, V., Das Internationale Steuerrecht, 4. Aufl., 2000, S. 383; Jacobs, O., Internationale Unternehmensbesteuerung, 5. Aufl., 2002, S. 507; Djanani, C./Brähler, G., Internationales Steuerrecht, 2. Aufl., 2004, S. 402.

27 Vgl. BMF v. 14.5.2004, BStBl I 2004, Sondernummer 1/2004, S. 3.

28 Vgl. Jacobs, O., Internationale Unternehmensbesteuerung, 5. Aufl., 2002, S. 436.

29 Vgl. bei Schleuder, H.-P., Die Hinzurechnungsbesteuerung im internationalen Konzern, 1985, S. 18, 21; hierzu auch Köhler in: Strunk/Kaminski/Köhler, AStG/DBA, § 7 AStG Rz. 57.

30 § 8 Abs. 1 S. 1 AStG.

31 Eine Zwischengesellschaft kann nur eine Körperschaft, Personenvereinigung oder Vermögensmasse i.S.d. Körperschaftsteuergesetzes sein, § 7 Abs. 1 S. 1 AStG.

Betriebswirtschaftlich können Basisgesellschaften als zwischengeschaltete Auslandsbasen, die als Drehscheiben für Wirtschaftsbeziehungen zum Ausland dienen, charakterisiert werden.[32]

Der Begriff *„base company“* tauchte erstmals im Jahr 1956 in der amerikanischen Literatur auf.[33] Dort wird als „Basisland“ ein Staat bezeichnet, der die ausländischen Einkünfte der dort ansässigen Kapitalgesellschaften mit keiner oder nur einer geringen Steuer belegt. Als „Basisgesellschaft“ gilt dementsprechend eine Kapitalgesellschaft, die im Basisland gegründet wurde, um geschäftliche Tätigkeiten in Drittstaaten abzuwickeln.[34]

Fokus dieser Arbeit sind die Basisgesellschaften, die von ihren inländischen Gesellschaftern „kontrolliert“ bzw. „beherrscht“ werden. Nachfolgend wird stets und einheitlich gemäß der international verwendeten Terminologie von „Controlled Foreign Companies“ (im Folgenden: „CFC“) gesprochen.

2.5 Einbußen des nationalen Steueraufkommens

Die Gewinnverlagerung vom Inland in Steueroasen – wie im Besonderen durch die Einschaltung von CFCs – wird als Steuerflucht angesehen, die im Inland zu einer Erosion der nationalen Steuerbemessungsgrundlage führt. Über den Umfang der Beträge, die durch die Errichtung von CFCs der Besteuerung entgehen, gibt es kaum zuverlässige Statistiken. Nach Schätzungen werden in Frankreich 30 bis 50 Milliarden Francs jährlich, in England allein durch die Kanalinseln und die Isle of Man jährlich 100 Millionen englische Pfund und in Belgien 200 Milliarden belgische Francs pro Jahr der inländischen Besteuerung entzogen. Auf den Niederländischen Antillen sind im Jahre 1976 7.000 Finanzgesellschaften und auf den Cayman Islands Anfang der 70iger Jahre mehr als 5.000 Finanzgesellschaften sowie 100 Banken registriert gewesen. In der Schweiz wurden im Jahre 1977 17.000 und in Luxemburg 5.000 Holdinggesellschaften gezählt.[35]

Die Gefahr eines möglichen Steuerausfalls wird auch heute als stetig wachsend eingeschätzt. Denn in den letzten Jahren hat innerhalb Europas die Anzahl der Gebiete mit niedrigen Steuersätzen, Vorzugssätzen oder besonderen Steuerbegünstigungen zugenommen. In den Kreis der Gebiete mit Niedrigsteuerregimen reihen sich nun nicht mehr nur die klassischen „tax havens“ wie Luxemburg, Liechtenstein oder die englischen Kanalinseln, wie die bekannten Inseln Guernsey, Jersey und Sark, ein, sondern auch z.B. Belgien, Estland, Lettland, Finnland, Irland, Norwegen und Schweden sowie mittlerweile auch Griechenland und Frankreich.

---

32 Vgl. Großfeld, B., Basisgesellschaften im Internationalen Steuerrecht, 1974, S. 3.

33 Vgl. bei Förster, G./Schmidtmann, D., intertax 2004, S. 476 f.

34 Vgl. bei Mersch, E., Die Hinzurechnungsbesteuerung nach den §§ 7 ff AStG, 1986, S. 3.

35 Vgl. bei Vogel, K., Internationale Steuervermeidung heute, in: Vogel/Ellis u.a., Steueroasen und Außensteuergesetze, 1981, S. 1 f.

Einen Überblick über die Gebiete mit Niedrigsteuerregimen innerhalb des europäischen Raums – aus deutscher Sicht – gibt die nachfolgende Abbildung;[36] die hellgrau schraffierten Länder stellen dabei die Mitgliedstaaten der EU/EWU dar, die dunkelgrau dargestellten Länder sind Gebiete mit Niedrigsteuerregimen:

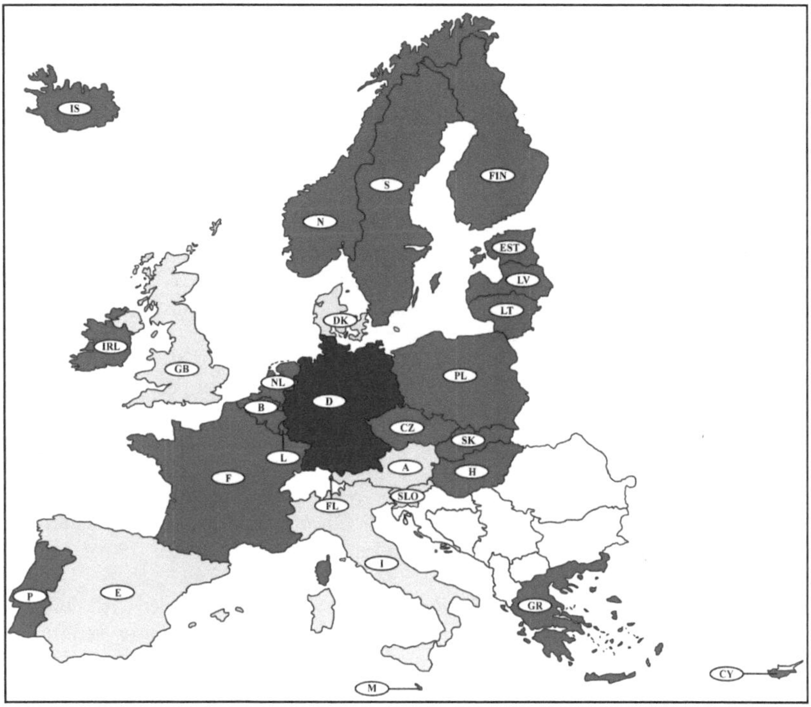

Abbildung 3: Gebiete mit Niedrigsteuerregimen innerhalb Europas

[36] Vgl. Schreiben betreffend Grundsätze zur Anwendung des Außensteuergesetzes, BMF v. 2.12.1994, BStBl I 1995, Sondernummer 1, Anlage 1. Etliche weitere Gebiete innerhalb des Europäischen Raums sind durch das neue BMF-Schreiben v. 14.5.2004, BStBl I 2004, Sondernummer 1/2004, Anlage 1, hinzugekommen, so z.B. Griechenland, Island, Polen, Lettland, die Tschechische Republik, die Slowakei und Frankreich.

3. „Controlled Foreign Companies-Rules" als besondere gesetzliche Abwehrmaßnahme gegen Steuerflucht

3.1 Einführung von „Controlled Foreign Companies-Rules"

Nicht zuletzt aufgrund der geschätzten hohen Einbußen an potentiellem Steueraufkommen, mit welchen sich die Staaten durch die Einschaltung von CFCs konfrontiert sehen, sind viele Staaten dem Aufruf der OECD und EU gefolgt und haben sog. „Controlled Foreign Companies-Rules" (im Folgenden: „CFC-Rules", „CFC-Gesetzgebung" oder „Hinzurechungsbesteuerung") eingeführt. Vor allem in den letzten Jahren hat die Anzahl der CFC-Gesetzgebungen deutlich zugenommen. Heute können weltweit 19 Staaten eine CFC-Gesetzgebung vorweisen.[37] Innerhalb der EU haben mittlerweile Deutschland, Finnland, Frankreich, Irland, Dänemark, Niederlande, Portugal, Spanien, Schweden, Großbritannien und zuletzt Italien CFC-Rules erlassen.[38] Auch Ungarn hat CFC-Rules verabschiedet. Darüber hinaus beabsichtigte ursprünglich auch Österreich im Jahre 2001 die Einführung eines Außensteuergesetzes.[39] Es ist sogar eine Tendenz zu erkennen, dass Staaten, die selbst als „tax havens" bekannt sind, planen, CFC-Rules zu implementieren.[40]

3.2 Wirkungsweise der „Controlled Foreign Companies-Rules"

Gemäß den Zielen, die durch die Einschaltung von CFCs erreicht werden sollen, bezwecken die CFC-Rules,

(1) die *Vermeidung des Aufschubs der Gewinnversteuerung* („tax deferral") beim Anteilseigner, sofern die Dividenden steuerpflichtig sind
und/oder

(2) die *Kompensation der Niedrigbesteuerung* im Sitzstaat der CFC durch die Besteuerung der (ausgeschütteten) Gewinne beim Anteilseigner, sofern die Dividenden steuerfrei sind.

Die Vermeidung des Aufschubs der Gewinnbesteuerung wird dadurch erreicht, dass die Abschirmwirkung der ausländischen Kapitalgesellschaft (CFC) versagt wird und eine Besteuerung des Gewinns der CFC beim Anteilseigner bereits mit Ablauf des Wirtschaftsjahrs der CFC erfolgt. Der Gewinn der CFC wird bereits vor Gewinnausschüttung dem Gesellschafter hinzugerechnet und bei ihm besteuert.

Der Gewinn der CFC wird im Sitzstaat nicht oder nur gering besteuert. Um die Niedrigbesteuerung auszugleichen, unterliegt der dem Anteilseigner hinzugerechnete Gewinn der Besteuerung nach dem Tarif. Dadurch wird der hinzugerechnete Gewinn so

37 Vgl. Wassermeyer in: Flick/Wassermeyer/Baumhoff, AStG, Vor §§ 7-14 Anm. 40.

38 Vgl. Lang, M., IStR 2002, S. 217; Kaufmann, R., SWI 2001, S. 17; Schön, W., DB 2001, S. 940.

39 Der Entwurf eines österreichischen AStG wurde jedoch abgelehnt. Vgl. Kommentare zum Entwurf des österreichischen Außensteuergesetzes insbesondere von Gassner, W., SWI 2001, S. 295 ff; Wassermeyer, F., SWI 2001, S. 334.

40 Aktuell zahlreiche Karibische Inseln. Vgl. Gordon, D.-A., intertax 2004, S. 27.

besteuert, als wäre er im Inland erwirtschaftet worden, so dass eine Belastung gemäß dem inländischen Steuerniveau eintritt. Die Steuer wird dadurch auf das Belastungsniveau des Ansässigkeitsstaats des Anteilseigners „hochgeschleust".

3.3 Problempunkte bei den „Controlled Foreign Companies-Rules"

Die CFC-Rules sind im nationalen und internationalen Schrifttum scharfer Kritik ausgesetzt. Dies ist um so verwunderlicher, als die OECD und die EU die Schaffung von Abwehrmaßnahmen gegen das Steuerfluchtphänomen propagieren. Darüber hinaus wird eine Abwehrmaßnahme in Form der CFC-Rules von den Staaten grundsätzlich für sinnvoll und notwendig erachtet. Dies bestätigt sich darin, dass immer mehr Staaten CFC-Rules implementieren.

Grund hierfür könnte jedoch *das* zentrale Problem beim Erlass von Vorschriften gegen Steuerfluchtgestaltungen sein. Dies ist der schmale Grad zwischen legitimer Steueroptimierung durch Auslandsinvestitionen vor dem Hintergrund des Bestehens im internationalen Wettbewerb einerseits und ungerechtfertiger Steuervermeidung durch künstliche Gewinnverlagerung ins Ausland ohne wirtschaftlichen Grund andererseits.

Es muss eine Regelung gefunden werden, die nützliche und notwendige Auslandstätigkeit von rein steuerlich motivierter, wirtschaftlich sinnloser Funktionsverlagerung abgrenzen kann. Die Schwierigkeit bei der Entwicklung derartiger Abwehrmaßnahmen liegt somit primär darin, eine klare Trennlinie zu finden, d.h. das richtige *„Abwehrausmaß"* zu treffen. Schädlich wäre, wenn über rein künstliche Gestaltungen hinaus auch „echte" Unternehmenstätigkeiten im Ausland erfasst würden. Zu prüfen ist, ob die CFC-Rules ein solches schädliches Abwehrausmaß erreichen.
Darüber hinaus wird den CFC-Rules vorgeworfen, sie würden einen „treaty override" darstellen und mit den EU-Grundfreiheiten kollidieren. Zu untersuchen ist daher ferner, ob dem Vorwurf der Unvereinbarkeit der CFC-Rules mit dem Völkerrecht, im Besonderen mit den Doppelbesteuerungsabkommen und dem Europäischen Gemeinschaftsrecht, zugestimmt werden kann.

4. Zielsetzung der Arbeit und Gang der Untersuchung

In der vorliegenden Arbeit wird zuerst dargestellt, wie die einzelnen Staaten der Problematik der Steuerflucht in dem besonderen Fall der Einschaltung von CFCs durch ihre geschaffenen CFC-Rules begegnen.

Hierbei wird insbesondere den Fragen nachgegangen, ob die CFC-Rules die Steuerfluchtbestrebungen der Unternehmen in einem angemessen Ausmaß abwehren und welcher Vermeidungs- bzw. Besteuerungskonzeptionen sie sich hierfür bedienen. Diese Problematik wurde im Schrifttum bislang weder tiefgehend thematisiert noch in einer länderübergreifenden Darstellung systematisch analysiert. Durch den detaillierten und umfangreichen Ländervergleich vermag die Arbeit hierzu eine qualifizierte Aussage zu treffen und Lösungsalternativen aufzuzeigen.

Ferner wird zu der derzeit aktuell diskutierten Frage, ob die von den Staaten gewählte Vermeidungskonzeption der CFC-Rules mit den Doppelbesteuerungsabkommen und dem Europäischen Gemeinschaftsrecht vereinbar sind, Stellung genommen. Hierzu finden sich in der Literatur zahlreiche, sich widersprechende Aussagen. Diese Arbeit soll einen entscheidenden Beitrag dazu leisten, hier eine abschließende Klärung herbeizuführen.

Zur Klärung dieser Fragen werden in Teil II der Arbeit die CFC-Rules ausgewählter Staaten dargestellt und verglichen. Hierbei wird vor allem die den CFC-Rules zugrunde liegende Besteuerungskonzeption herausgearbeitet und kritisch gewürdigt. In Teil III wird die Vereinbarkeit der CFC-Gesetzgebungen mit den Doppelbesteuerungsabkommen geprüft und in Teil IV die Vereinbarkeit mit dem Europäischen Gemeinschaftsrecht untersucht.

In Teil V werden auf Basis der Ergebnisse der Analyse eigenständige Lösungsvorschläge, die zu einer angemessenen und konzeptionell stringenten Hinzurechnungsbesteuerung führen, aufgezeigt sowie alternative Doppelbesteuerungsabkommens- und Gemeinschaftsrechtskonforme Hinzurechnungsbesteuerungskonzepte vorgestellt.

Abschließend wird ein Ausblick auf die Zukunft der deutschen Hinzurechnungsbesteuerung gegeben und Vorschläge für zukünftige Harmonisierungsmöglichkeiten vorgestellt.

Teil II. CFC-Gesetzgebungen in ausgewählten EU-Staaten und den USA

1. Grundkonzeption und Untersuchungskriterien

1.1 Grundkonzeption der CFC-Gesetzgebungen

Ob die Einschaltung einer ausländischen Gesellschaft eine als ungerechtfertigt befundene, auf Steuerflucht begründete Steuervermeidung bezweckt, wird von allen hier untersuchten Staaten an folgende drei Kriterien geknüpft:

(1) Die ausländische Gesellschaft ist eine CFC.
(2) Es liegt eine Niedrigbesteuerung der Erträge der CFC in ihrem Sitzstaat vor.
(3) Die Erträge der CFC stammen überwiegend aus „passiven Tätigkeiten".

Demgemäß beruhen alle CFC-Gesetzgebungen überwiegend auf einem einheitlichen Grundkonzept. Grob kann dieses wie folgt umrissen werden:

> Sind inländische Gesellschafter an einer ausländischen Gesellschaft wesentlich beteiligt oder können diese auf andere Weise auf die ausländische Gesellschaft einen beherrschenden Einfluss ausüben, so wird die ausländische Gesellschaft zu einer CFC. Unterliegen die Einkünfte der CFC im Ausland einer niedrigen Besteuerung und/oder stammen sie aus einer passiven Tätigkeit, so sind die (passiven) Einkünfte der CFC bei den (wesentlich beteiligten) Gesellschafter mit dem Teil steuerpflichtig, der auf die ihm zuzurechnende unmittelbare oder mittelbare Beteiligung am Nennkapital der CFC entfällt. Die Steuerpflicht entsteht mit Ablauf des jeweiligen Geschäftsjahres der CFC.

Nachfolgende Ausführungen zeigen, wie die einzelnen Staaten dieses Grundkonzept im Rahmen ihrer individuellen CFC-Gesetzgebungen konkretisiert haben. Die Darstellung beschränkt sich auf einzelne ausgewählte EU-Staaten: Deutschland, Frankreich, Großbritannien, Finnland, Spanien, Dänemark und Italien. Hierbei handelt es sich um die wirtschaftlich bedeutendsten Staaten innerhalb der EU, die starkes Gewicht im internationalen Markt haben und deren Unternehmen ein weltweit verbreitetes Niederlassungsnetz aufweisen. Darüber hinaus werden auch die USA in die Gegenüberstellung miteinbezogen, da sie als Vorreiter der CFC-Gesetzgebung maßgeblichen Einfluss auf die Gestaltungen der nachfolgend eingeführten CFC-Gesetzgebungen genommen haben. In der vorliegenden Arbeit erfolgt die Darstellung der CFC-Gesetzgebungen der einzelnen EU-Staaten entsprechend ihres Einführungszeitpunkts: Deutschland, Frankreich, Großbritannien, Finnland, Spanien, Dänemark, Italien. Die CFC-Rules der USA werden abschließend dargelegt.

Gemäß der einleitend dargestellten Zielsetzung der Arbeit steht bei der Gegenüberstellung der CFC-Rules der einzelnen Staaten zum einen die Darstellung der Grundstruktur der einzelnen CFC-Rules für Vergleichszwecke und zum anderen das Herausarbeiten der der jeweiligen Hinzurechnungsbesteuerung zugrunde liegenden Besteuerungskonzeption im Vordergrund. Eine Detailanalyse unter Berücksichtigung sämtlicher strittiger Problempunkte innerhalb der jeweiligen CFC-Rules ist nicht Ziel der Arbeit. Insofern werden Kontroversen bei bestimmten Regelungen nur angesprochen oder nur insoweit näher betrachtet, als sie für die Analyse der Grundkonzeption von Bedeutung sind.

1.2 Untersuchungskriterien bei der Gegenüberstellung der CFC-Gesetzgebungen

Die bisher in der Literatur durchgeführten Untersuchungen (begründet von *Arnold*[41] und weitergeführt insbesondere von *Sandler*[42]) basieren auf folgenden Untersuchungskriterien:

- Definition of a CFC
- Domestic taxpayer to whom the income of CFC is attributed
- Attributed income
- Exemptions
- Relief provisions

Da die Hinzurechnungsbesteuerung der nachfolgend untersuchten Staaten mittlerweile auf eine gesetzliche Grundlage gestellt wurde, werden in der vorliegenden Arbeit die einzelnen Regelungen nach dem typischen Muster der Darstellung von Gesetzesvorschriften – Persönlicher Anwendungsbereich / Tatbestand / Rechtsfolge – untersucht.

Unter Berücksichtigung der oben dargestellten Grundkonzeption der CFC-Gesetzgebungen wird folgendes, verkürzt dargestelltes Untersuchungsschema gewählt:

- Persönlicher Anwendungsbereich
    - Ausländische Gesellschaft (CFC)
    - Inländischer Gesellschafter
- Tatbestand
    - Niedrigbesteuerung
    - Passive Einkünfte
- Rechtsfolge
    - Hinzurechnung der Einkünfte der CFC zum inländischen Gesellschafter
    - Ausnahmen

Ferner werden stets einleitend die Rechtsentwicklung der gesetzlichen Vorschriften, darüber hinaus die Maßnahmen zur Vermeidung von Doppelbelastungen und abschließend die Besteuerungskonzeption aufgezeigt. Darüber hinaus wird insbesondere im Hinblick auf die Erarbeitung der Besteuerungskonzeption der Hinzurechnungsbetrag hinsichtlich seiner Qualifikation und Besteuerung eingehend beleuchtet.

---

41 Vgl. Arnold, B. J., The Taxation of Controlled Foreign Corporations: An International Comparison, 1986.

42 Vgl. Sandler, D., Tax Treaties and Controlled Foreign Company Legislation, 1994 und 1998.

Die Untersuchungen von *Arnold* und *Sandler* lassen lediglich einen Vergleich hinsichtlich der genannten Kriterien zu. Der in dieser Arbeit gewählte Aufbau ist hingegen sowohl für die Analyse und Beurteilung der hinter den einzelnen CFC-Rules stehenden Besteuerungskonzeptionen als auch für die Überprüfung der Vereinbarkeit der CFC-Rules mit den Doppelbesteuerungsabkommen und dem Europäischen Gemeinschaftsrecht besser geeignet. Denn bei den Untersuchungskriterien nach *Arnold/Sandler* wird der gesetzessystematische Aufbau nicht betrachtet und damit Aspekte und Prinzipien, die für eine steuersystematische Beurteilung notwendig sind, nicht behandelt. Ihre bisherigen Darstellungen geben ferner nicht mehr den derzeitig aktuellen Stand der Gesetzgebungen wider und erfassen nicht die EU-Staaten, die erst in den letzten Jahren eine CFC-Gesetzgebung verabschiedet haben.

Einen zusammenfassenden Überblick über die Regelungsinhalte der einzelnen CFC-Gesetzgebungen der hier untersuchten Staaten geben die Tabellen 1 bis 8 im Anhang dieser Arbeit.

2. Darstellung der CFC-Rules der einzelnen Staaten

2.1 Deutschland

2.1.1 Rechtsentwicklung

Die Regelungen zur Hinzurechnungsbesteuerung wurden im Jahre 1972 im Rahmen der Verabschiedung des Außensteuergesetzes[43] (AStG) erlassen und umfassen die §§ 7-14 des AStG.[44] Die gesetzlichen Vorschriften wurden zahlreiche Male geändert und zunehmend verschärft. Erhebliche Änderungen hat die Hinzurechnungsbesteuerung insbesondere in den Jahren 1992 im Rahmen des Steueränderungsgesetzes (StÄndG)[45], 1993 im Rahmen des Standortsicherungsgesetzes (StandOG)[46], 1994 im Rahmen des Missbrauchsbekämpfungs- und Steuerbereinigungsgesetzes (StMBG)[47], 2000 im Rahmen des Steuersenkungsgesetzes (StSenkG)[48], 2001 im Rahmen des Unternehmensteuerfortentwicklungsgesetzes (UntStFG)[49], 2003 im Rahmen des Steuervergünstigungsabbaugesetzes (StVergAG)[50] und des Gesetzes zur Umsetzung der Protokollerklärung der Bundesregierung zur Vermittlungsempfehlung zum StVergAG[51] sowie zuletzt 2004 im Rahmen des EU-Richtlinien-Umsetzungsgesetzes (EURLUmsG)[52] erfahren.

Sowohl die Konzeption als auch die Detailregelungen der Hinzurechnungsbesteuerung standen über die Jahre hinweg regelmäßig im Kreuzfeuer der Kritik und sind bis heute umstritten. Dies spiegelt sich in den laufenden Änderungen der betroffenen Vorschriften des AStG wider. Zu einem vorläufigen Höhepunkt kam es im Jahr 2000 aufgrund der Änderungen im Rahmen des StSenkG. Diese waren durchwegs so heftigen Einwänden ausgesetzt, dass sich der Gesetzgeber dazu gezwungen sah, mit dem nachfolgenden UntStFG in weiten Teilen den Rechtszustand vor dem StSenkG wiederherzustellen. Da die Änderungen des UntStFG rückwirkend zum 1.1.2001 in Kraft traten, sind die Regelungen des StStenkG de facto niemals zur Anwendung gekommen.[53]

---

43 Gesetz über die Besteuerung bei Auslandsbeziehungen (Außensteuergesetz) v. 8.9.1972, BGBl I 1972, S. 1713.

44 § 13 AStG wurde durch das Unternehmenssteuerfortentwicklungsgesetz v. 20.12.2001 (BGBl I 2001, S. 3858) aufgehoben.

45 Steueränderungsgesetz 1992 v. 25.2.1992, BGBl I 1992, S. 297.

46 Standortsicherungsgesetz v. 13.9.1993, BGBl I 1993, S. 1569.

47 Missbrauchsbekämpfungs- und Steuerbereinigungsgesetz v. 21.12.1993, BGBl I 1993, S. 2310.

48 Steuersenkungsgesetz v. 23.10.2000, BGBl I 2000, S. 1433.

49 Unternehmenssteuerfortentwicklungsgesetz v. 20.12.2001, BGBl I 2001, S. 3858.

50 Steuervergünstigungsabbaugesetz v. 16.5.2003, BGBl I 2003, S. 660.

51 Sog. „Korb II"-Gesetz v. 22.12.2003, BGBl I 2003, S. 2840.

52 Gesetz zur Umsetzung von EU-Richtlinien in nationales Steuerrecht und zur Änderung weiterer Vorschriften (Richtlinien-Umsetzungsgesetz – EURLUmsG) v. 9.12.2004, BGBl I 2004, S. 3310.

53 Vgl. hierzu Grotherr, S., IWB, 2002, Fach 3 Gruppe 1 S. 1883; Wassermeyer in: Flick/Wassermeyer/Baumhoff, AStG, Vor §§ 7-14 Anm. 7, 16; Melchior, J., DStR 2002, S. 1 (9).

Aufgrund des enormen Umfangs und der Komplexität der Gesetzesvorschriften hat das Bundesministerium für Finanzen (BMF) am 2. Dezember 1994 ein „Schreiben betreffend Grundsätze zur Anwendung des Außensteuergesetzes" erlassen.[54] Dieses Schreiben wurde aufgrund der Vielzahl der in den letzten Jahren vorgenommenen gesetzlichen Anpassungen aktualisiert und durch das BMF-Schreiben vom 14. Mai 2004 ersetzt.[55]

2.1.2 Persönlicher Anwendungsbereich

2.1.2.1 Ausländische Gesellschaft (CFC)

Rechtsform und Steuerpflicht

Die ausländische Gesellschaft muss eine Gesellschaft sein, die mit einer Körperschaft, Personenvereinigung oder Vermögensmasse i.S.d. deutschen Körperschaftsteuergesetzes (§ 1 KStG) vergleichbar ist.[56] Sie muss ferner ihre Geschäftsleitung und ihren Sitz im Ausland haben und darf dort nicht von der Körperschaftsteuerpflicht (z.B. aufgrund Gemeinnützigkeit) befreit sein.[57] Erfasst werden somit hauptsächlich ausländische Kapitalgesellschaften, Vereine und Zweckvermögen. Nicht erfasst werden beispielsweise ausländische Personengesellschaften, Stiftungen und im Ausland gegründete EWIV.[58]

Beherrschungsbeteiligung

Eine ausländische Gesellschaft wird nur dann als CFC qualifiziert, wenn sie „deutschbeherrscht" ist. Eine Deutschbeherrschung liegt vor, wenn die in Deutschland ansässigen Gesellschafter jeweils allein oder zusammen mit anderen in Deutschland ansässigen Gesellschaftern an der ausländischen Gesellschaft zu mehr als 50% unmittelbar oder mittelbar[59] beteiligt sind (Beherrschungsbeteiligung).[60] Maßgeblich ist die Betei-

---

[54] Sog. Anwendungsschreiben zum Außensteuergesetz, BMF v. 2.12.1994, BStBl I 1995, Sondernummer 1

[55] Vgl. BMF v. 14.5.2004, BStBl I 2004, Sondernummer 1/2004, S. 3. Kommentierungen zum neuen BMF-Schreiben, vgl. Haun, J./Reiser, H., GmbHR 2004, S. 841ff; Lenz, M./Heinsen, O., RIW 2004, S. 616 ff; Rättig, H./Protzen, P. D., IStR 2004, S. 625 ff.

[56] § 7 Abs. 1 AStG. Die ausländische Gesellschaft muss nach ihrem rechtlichen Aufbau und ihrer wirtschaftlichen Stellung einer deutschen Körperschaft vergleichbar sein. So BFH v. 17.7.1968, BStBl II 1968, S. 695; BFH v. 6.11.1980, BStBl II 1981, S. 220; BFH v. 3.2.1988, BStBl II 1988, S. 588. Dieser sog. Rechtstypenvergleich bestimmt sich nach deutschem Recht. Dadurch kann es zu Konflikten bezüglich der Qualifikation durch den Ansässigkeitsstaat des Anteilseigners und den Sitzstaat der Gesellschaft kommen. Vgl. hierzu Köhler, S., Die Steuerpolitik der deutschen internationalen Unternehmung im Einflussbereich der Hinzurechnungsbesteuerung, 1993, S. 31; Stockmann, F., Controlled Foreign Corporations, 2001, S. 10; weitergehend hierzu Wassermeyer in: Flick/Wassermeyer/Baumhoff, AStG, § 7 Anm. 10 ff; Köhler in: Strunk/Kaminski/Köhler, AStG/DBA, § 7 AStG Rz. 43.

[57] § 7 Abs. 1 AStG.

[58] Vgl. z.B. Vogt in: Blümich, AStG, § 7 Rz. 14 f. Ob Trusts erfasst werden, ist umstritten. Vgl. hierzu Köhler in: Strunk/Kaminski/Köhler, AStG/DBA, § 7 AStG Rz. 45.

[59] Die Ermittlung der Beherrschungsbeteiligung unter Einbezug mittelbarer Beteiligungen ist sehr komplex und Gegenstand einer Vielzahl von Diskussionen und Veröffentlichungen. Eine Vertie-

ligung am Nennkapital oder an den Stimmrechten.[61] Ist kein Nennkapital vorhanden und bestehen auch keine Stimmrechte, so ist alternativ der Anteil am Vermögen der Gesellschaft entscheidend.[62] Bei der Ermittlung der Beherrschungsbeteiligung sind die Anteile und Stimmrechte von gegenüber dem Gesellschafter weisungsgebundenen Personen zu berücksichtigen.[63] Die Voraussetzung der Deutschbeherrschung muss am Ende des maßgeblichen Wirtschaftsjahrs der ausländischen Gesellschaft gegeben sein.[64] Sind in Deutschland ansässige Personen an der ausländischen Gesellschaft mittelbar über eine Personengesellschaft oder mehrere Personengesellschaften beteiligt, so gelten sie als unmittelbar an der ausländischen Gesellschaft beteiligt.[65]

Sonderregelung für Kapitalanlagegesellschaften[66]

Ist die ausländische Gesellschaft eine Kapitalanlagegesellschaft, so gilt diese bereits dann als CFC, wenn ein in Deutschland ansässiger Gesellschafter zu mindestens 1%[67] an der ausländischen Gesellschaft beteiligt ist.[68] Selbst eine Beteiligung von weniger

---

fung würde den Rahmen dieser Arbeit sprengen. Vgl. hierzu das Beispiel bei Stockmann, F., Controlled Foreign Corporations, 2001, S. 16 f; ferner bei Vogt in: Blümich, AStG, § 7 Rz. 14, 29 und Schaumburg, H., Internationales Steuerrecht, 2. Aufl., 1998, Rz. 10.49 ff.

60 § 7 Abs. 1 und Abs. 2 S. 1 AStG. Vgl. Köhler in: Strunk/Kaminski/Köhler, AStG/DBA, § 7 AStG Rz. 90 ff; Wassermeyer in: Flick/Wassermeyer/Baumhoff, AStG, § 7 Anm. 39; Baumgärtel, M./Perlet, H., Die Hinzurechnungsbesteuerung bei Auslandsbeteiligungen, 1996, S. 15; Löser, S., Taxation in Germany, in: European Tax Handbook, http://online2.ibfd.org/eth/, 2004, Section A: Corporate Taxation, Germany, Chapter 7.4. Ausführlich zum Beteiligungsbegriff i.S.d. § 7 Abs. 2 AStG, vgl. Scheibitz, H., RIW 2003, S. 196 ff.

61 § 7 Abs. 2 S. 1 AStG. Zur Beteiligung am Nennkapital und an den Stimmrechten zu unterschiedlichen Verhältnissen, vgl. bei Wassermeyer in: Flick/Wassermeyer/Baumhoff, AStG, § 7 Anm. 66.

62 § 7 Abs. 2 S. 3 AStG.

63 BMF v. 14.5.2004, BStBl I 2004, Sondernummer I/2004, Tz. 7.4.3.; Schaumburg, H., Internationales Steuerrecht, 2. Aufl., 1998, Rz. 10.62. Maßgeblich ist die vertragliche und faktische Weisungsgebundenheit, vgl. hierzu Wassermeyer in: Flick/Wassermeyer/Baumhoff, AStG, § 7 Anm. 91.4.

64 § 7 Abs. 2 S. 1 AStG. Diese Regelung stellt insofern einen Umgehungsspielraum her, als kurz vor Ende des Wirtschaftsjahrs Beteiligungen veräußert und später wieder zurückgekauft werden können. Diese Regelung wurde aus Gründen der Vereinfachung gewählt. Vgl. Stockmann, F., Controlled Foreign Corporations, 2001, S. 14 f; ferner Wassermeyer in: Flick/Wassermeyer/Baumhoff, AStG, § 7 Anm. 69 ff.

65 § 7 Abs. 3 AStG. Vgl. strittige Punkte hierzu weitergehend bei Vogt in: Blümich, AStG, § 7 Rz. 41; Schaumburg, H., Internationales Steuerrecht, 2. Aufl., 1998, Rz. 10.59; Köhler in: Strunk/Kaminski/Köhler, AStG/DBA, § 7 AStG Rz. 116 ff.

66 Die Verschärfung der Hinzurechnungsbesteuerung durch die Einführung der Sonderregelungen für Kapitalanlagegesellschaften erfolgte im Jahr 1993 im Rahmen des StMBG. Vgl. ferner Schaumburg, H., Internationales Steuerrecht, 2. Aufl., 1998, Rz. 10.45.

67 Die Beteiligungsquote wurde in 2001 im Rahmen des UntStFG von bisher 10% auf nun 1% abgesenkt. Vgl. Melchior, J., DStR 2002, S. 1 (9).

68 § 7 Abs. 6 S. 1 AStG. Bezüglich der Ausdehnung der Hinzurechnungsbesteuerung auf Einkünfte mit Kapitalanlagecharakter wird von der „erweiterten Hinzurechnungsbesteuerung“ besprochen. Vgl. hierzu Wassermeyer in: Flick/Wassermeyer/Baumhoff, AStG, § 7 Anm. 102; Bourseaux, C., Taxation of Companies in Germany, in: Taxation of Companies in Europe,

als 1%[69] genügt, wenn die Gesellschaft ihre Bruttoerträge ausschließlich oder fast ausschließlich in der Funktion als Kapitalanlagegesellschaft erzielt.[70]

2.1.2.2 Inländischer Gesellschafter

Rechtsform und Steuerpflicht

Von der Hinzurechnungsbesteuerung werden in Deutschland „unbeschränkt Steuerpflichtige“[71] unabhängig von ihrer Rechtsform erfasst, d.h. Personen, die in Deutschland ihren Wohnsitz oder gewöhnlichen Aufenthalt bzw. ihren Sitz oder ihre Geschäftsleitung haben.[72] Allerdings unterliegen in Deutschland ansässige[73] Personengesellschaften nicht der Hinzurechnungsbesteuerung, da sie für Zwecke der Einkommensteuer keine eigenständigen Steuersubjekte sind; steuerpflichtig sind nur die hinter der Personengesellschaft stehenden in Deutschland unbeschränkt steuerpflichtigen Gesellschafter. Bei beschränkt steuerpflichtigen Gesellschaftern der CFC greift die Hinzurechnungsbesteuerung nicht, für erweitert beschränkt steuerpflichtige Gesellschafter findet sie hingegen Anwendung.[74]

Hinzurechnungsbeteiligung

Von der Hinzurechnungsbesteuerung sind lediglich unbeschränkt steuerpflichtige Gesellschafter der CFC betroffen, d.h. unbeschränkt steuerpflichtige Personen, die am Nennkapital der CFC unmittelbar beteiligt sind.[75] Demnach fallen mittelbar beteiligte Gesellschafter oder Personen, die den Weisungen des Gesellschafters zu folgen haben, nicht unter die Hinzurechnungsbesteuerung, obwohl ihre Anteile (Stimmrechte) bei

---

http://online2.ibfd.org/gii/, Major Jurisdictions, Germany, 2004, Chapter: 13.4.; Köhler in: Strunk/Kaminski/Köhler, AStG/DBA, § 7 AStG Rz. 160.

69 Der Verzicht auf jegliche Beteiligungsgrenze bei nahezu reinen Zwischengesellschaften mit Kapitalanlagecharakter ist im Lichte der am Markt gehandelten Finanzprodukte zu sehen und soll missbräuchlichen Gestaltungen vorbeugen. Vgl. Kneip, C./Rieke, I., IStR 2001, S. 665 (666).

70 § 7 Abs. 6 S. 3 AStG. Vgl. hierzu Rättig, H./Protzen, P. D., IStR 2004, S. 625 (626 f).

71 § 7 Abs. 1 AStG; BMF v. 14.5.2004, BStBl I 2004, Sondernummer I/2004, Tz. 7.1.1.; Wassermeyer in: Flick/Wassermeyer/Baumhoff, AStG, § 7 Anm. 9, 9.3.

72 Vgl. Djanani, C./Brähler, G., Internationales Steuerrecht, 2. Aufl., 2004, S. 410. Eine natürliche Person ist im Inland „unbeschränkt steuerpflichtig“, wenn sie den „Wohnsitz“ (§ 8 AO) oder „gewöhnlichen Aufenthalt“ (§ 9 AO), eine juristische Person, wenn sie die „Geschäftsleitung“ (§ 10 AO) oder den „Sitz“ (§ 11 AO) im Inland hat. Vgl. auch Köhler in: Strunk/Kaminski/Köhler, AStG/DBA, § 7 AStG Rz. 30.

73 Den Begriff der „Ansässigkeit“ kennt das deutsche nationale Steuerrecht nicht. Er stammt vielmehr aus dem DBA-Recht.

74 Vgl. Vogt in: Blümich, AStG, § 7 Rz. 13; Schaumburg, H., Internationales Steuerrecht, 2. Aufl., 1998, Rz. 10.41 f; Djanani, C./Brähler, G., Internationales Steuerrecht, 2. Aufl., 2004, S. 411.

75 § 7 Abs. 1 AStG. Die Beteiligung muss ihm unmittelbar gehören oder ihm z.B. aufgrund der §§ 39, 41 oder 42 AO steuerlich zuzurechnen sein. Vgl. BMF v. 14.5.2004, BStBl I 2004, Sondernummer I/2004, Tz. 7.1.1., 7.4.. Da bei Trusts keine Kapital-, Stimmrechts- oder Vermögensbeteiligung gegeben ist, fallen Trusts nicht unter die deutsche Hinzurechnungsbesteuerung. Vgl. hierzu Stockmann, F., Controlled Foreign Corporations, 2001, S. 11; Schaumburg, H., Internationales Steuerrecht, 2. Aufl., 1998, Rz. 10.49.

der Ermittlung der Beherrschungsbeteiligung berücksichtigt wurden. Anders als bei den meisten CFC-Regelungen ist in Deutschland eine Mindestbeteiligungsquote des einzelnen Gesellschafters nicht vorgesehen.[76] Die Beteiligung am Nennkapital der CFC muss am Ende des Wirtschaftsjahrs der CFC vorliegen.[77]

2.1.3 Tatbestand

Die deutsche Hinzurechnungsbesteuerung sieht als Tatbestandsmerkmale die „Niedrigbesteuerung" der CFC-Einkünfte und die überwiegend „passive Tätigkeit" der CFC vor.[78]

2.1.3.1 Niedrigbesteuerung

Das deutsche Rechtssystem kennt keine allgemeingültige Definition einer „Niedrigbesteuerung". Für Zwecke der Hinzurechnungsbesteuerung wurde jedoch in das AStG eine Regelung eingefügt, die anhand eines Steuerbelastungsvergleichs Niedrigsteuerstaaten identifizieren soll.

Steuerbelastungsvergleich

Eine Niedrigbesteuerung liegt vor, wenn die Einkünfte der CFC einer Belastung durch Ertragsteuern[79] von weniger als 25% unterliegen.[80] Zu berücksichtigen sind hierbei

---

76 Liegt eine Deutschbeherrschung vor, fallen alle unbeschränkt steuerpflichtigen Gesellschafter – ungeachtet der individuellen Beteiligungsquote des einzelnen Gesellschafters und damit auch bei nur sehr geringfügiger Beteiligung – unter die Hinzurechnungsbesteuerung. Eine Bagatellgrenze pro Steuerinländer ist zur Vermeidung von Umgehungsmöglichkeiten nicht vorgesehen. Es entsteht eine sog. „Zwangsgemeinschaft", so Köhler, S., Die Steuerpolitik der deutschen internationalen Unternehmung im Einflussbereich der Hinzurechnungsbesteuerung, 1993, S. 31; vgl. auch Förster, G./Schmidtmann, D., intertax 2004, S. 476 (478). Kritische Anmerkungen hierzu beim Gesetzesvollzug in praxi, vgl. bei Köhler in: Strunk/Kaminski/Köhler, AStG/DBA, Vor §§ 7-14 AStG Rz. 31.

77 BMF v. 14.5.2004, BStBl I 2004, Sondernummer I/2004, Tz. 7.1.1.

78 § 8 Abs. 1 S. 1 AStG; BMF v. 14.5.2004, BStBl I 2004, Sondernummer I/2004, Tz. 8.0. und 8.3.; vgl. auch Djanani, C./Brähler, G., Internationales Steuerrecht, 2. Aufl., 2004, S. 414; Baumgärtel, M./Perlet, H., Hinzurechnungsbesteuerung bei Auslandbeteiligungen, 1996, S. 15; Wassermeyer in: Flick/Wassermeyer/Baumhoff, AStG, § 8 Anm. 13; Lehfeldt in: Strunk/Kaminski/Köhler, AStG/DBA, § 8 AStG Rz. 1.

79 Ertragsteuern sind alle Steuern, deren Steuergegenstand oder Bemessungsgrundlage auf den Ertrag abzielen. Dies sind der Einkommen- und Körperschaftsteuer entsprechende Steuern sowie andere Ertragsteuern, wie z.B. Landes-, Provinz-, Kantonal- und Gemeindesteuern sowie die Kirchensteuer. Steuern, die bei der ausländischen Gesellschaft zu Lasten Dritter einbehalten werden (z.B. Kapitalertragsteuern auf Gewinnausschüttungen) bleiben außer Ansatz. Substanzsteuern bleiben unberücksichtigt. Vgl. Lenz, M., IStR 2003, S. 793 (794 f); Menck in: Blümich, AStG, § 8 Rz. 122; BMF v. 14.5.2004, BStBl I 2004, Sondernummer I/2004, Tz. 8.3.1.2.. Es können alle Ertragsteuern, mit denen die Zwischeneinkünfte belastet sind, berücksichtigt werden. Es ist ohne Bedeutung, in welchem Staat die Steuern erhoben werden. Dies resultiert aus dem Wegfall der Formulierung Ertragssteuern „im Staat der Geschäftsleitung und des Sitzes des ausländischen Gesellschaft". Miteinbezogen werden somit z.B. auch die Steuern auf Betriebsstättengewinne. Vgl.

nicht nur der allgemeine Tarif, sondern auch Sondertarife oder besondere Steuerbegünstigungen.[81]

Listensystem

Die Verwaltungsanweisungen des deutschen AStG listen in der Anlage 1 Gebiete mit niedriger Ertragsteuerbelastung und Steuervergünstigungen sowie in der Anlage 2 Gebiete mit einer normalen Ertragsteuerbelastung auf.[82] Die Listen sind nicht abschließend.

Trotz der Listensysteme ist stets eine „Belastungsrechnung" unter Anwendung des deutschen Steuerrechts durchzuführen. Denn selbst wenn der nominale Ertragsteuersatz in dem jeweiligen Ausland niedriger oder höher als 25% ist, kann – bei Anwendung des deutschen Rechts – eine tatsächliche Belastung von mehr oder weniger als 25% resultieren.[83]

2.1.3.2 Passive Tätigkeit

Grundregelung

Als Einkünfte aus passiver Tätigkeit unterliegen der Hinzurechnungsbesteuerung nur solche Einkünfte, die nicht aus in § 8 Abs. 1 AStG genannten aktiven Tätigkeiten stammen.[84] In dem Katalog des § 8 Abs. 1 AStG sind alle als „aktiv" geltenden und

---

BMF v. 14.5.2004, BStBl I 2004, Sondernummer I/2004, Tz. 8.3.1.1., hierzu ferner Stuhrmann, G., PIStB, 2002, S. 30 (34); Lehfeldt in: Strunk/Kaminski/Köhler, AStG/DBA, § 8 AStG Rz. 188.

80 § 8 Abs. 3 AStG. Der Steuersatz wurde im Zuge der Einführung des Halbeinkünfteverfahrens und der damit einhergehenden Senkung des Körperschaftsteuersatzes auf 25% von bisher 30% entsprechend auf 25% reduziert. Wäre er bei 30% geblieben, hätte sich Deutschland selbst zum „Niedrigsteuerland" erklärt. Vgl. bei Löser, S., Taxation in Germany, in: European Tax Handbook, http://online2.ibfd.org/eth/, 2004, Section A: Corporate Taxation, Germany, Chapter 7.4.; Bourseaux, C., Taxation of Companies in Germany, in: Taxation of Companies in Europe, http://online2.ibfd.org/gii/, Major Jurisdictions, Germany, 2004, Chapter: 13.4.

81 Vgl. BMF v. 14.5.2004, BStBl I 2004, Sondernummer I/2004, Tz. 8.3.2.1.. Auf diese Weise können z.B. auch Hochsteuerländer, die Nieschen niedriger Besteuerung bieten, z.B. aufgrund besonderer Gewinnberechnungsmethoden oder einzelner Befreiungsvorschriften, als Niedrigsteuerland i.S.d. AStG für Zwecke der Hinzurechnungsbesteuerung eingestuft werden. Vgl. hierzu Menck in: Blümich, AStG, § 8 Rz. 133 ff.

82 Vgl. BMF v. 14.5.2004, BStBl I 2004, Sondernummer I/2004. Die Anlagen wurden wesentlich überarbeitet. In der Anlage 1 sind nun fast alle EU-Staaten, insbesondere fast alle neuen Beitrittsstaaten, enthalten.

83 Vgl. BMF v. 14.5.2004, BStBl I 2004, Sondernummer I/2004, Tz. 8.3.2.3. bis 8.3.2.5.; a.A. BFH v. 9.7.2003, RIW 2004, S. 472 (473) und FG Köln v. 7.11.2000, EFG 2001, S. 954: „(...) entgegen der Ansicht des FA ist bei der Anwendung des § 8 Abs. 3 AStG nicht auf die tatsächlich erhobene ausländische Ertragsteuer, sondern – zumindest im Grundsatz – auf diejenige Steuer abzustellen, die das Recht des betreffenden ausländischen Staates für die Einkünfte der Gesellschaft vorsieht."

84 Nach § 8 Abs. 2 AStG a.F. waren Gewinnanteile, die eine ausländische zwischengeschaltete Gesellschaft (Holding) aus Beteiligungen an bestimmten aktiv tätigen ausländischen Unternehmen bezieht, den Einkünften aus aktiver Tätigkeit gleichgestellt. Dieses besondere „Holdingprivileg"

damit i.S.d. Hinzurechnungsbesteuerung stets unschädlichen Tätigkeiten abschließend aufgezählt.[85] Alle nicht explizit genannten Tätigkeiten haben somit – im Umkehrschluss – stets passiven Charakter (Negativabgrenzung).[86]

Im Schrifttum wird dem Katalog der aktiven Tätigkeiten häufig vorgeworfen, er sei „durch Ausnahmen und Gegenausnahmen zu einer kasuistisch anmutenden Fallsammlung degeneriert."[87] Der Positivkatalog kann dennoch wie folgt systematisiert werden[88]:

Uneingeschränkt aktive Tätigkeiten:
1. Land- und Forstwirtschaft (§ 8 Abs. 1 Nr. 1 AStG)
2. Industrielle Tätigkeit (§ 8 Abs. 1 Nr. 2 AStG)

Bedingt aktive Tätigkeiten:
3. Betrieb von Kreditinstituten und Versicherungsunternehmen (§ 8 Abs. 1 Nr. 3 AStG)
4. Handel (§ 8 Abs. 1 Nr. 4 AStG)

Sehr bedingt aktive Tätigkeiten:
5. Dienstleistungen (§ 8 Abs. 1 Nr. 5 AStG)
6. Vermietung und Verpachtung (§ 8 Abs. 1 Nr. 6 AStG)
7. Aufnahme und Ausleihe von Auslandskapital (§ 8 Abs. 1 Nr. 7 AStG)

---

für Landes- und Funktionsholdings ist durch die Erweiterung des Aktivkatalogs in § 8 Abs. 1 Nr. 8 und 9 AStG um Gewinnausschüttungen und Veräußerungsgewinne obsolet geworden. Vgl. Bourseaux, C., Taxation of Companies in Germany, in: Taxation of Companies in Europe, http://online2.ibfd.org/gii/, Major Jurisdictions, Germany, 2004, Chapter: 13.4.

85 § 8 AStG kann als zentrale Bestimmung der §§ 7-14 AStG angesehen werden, da sie die der Hinzurechnungsbesteuerung unterliegenden Einkünfte umschreibt und damit „Spreu vom Weizen trennt". So Wassermeyer in: Flick/Wassermeyer/Baumhoff, AStG, § 8 Anm. 1.

86 Vgl. Wassermeyer in: Flick/Wassermeyer/Baumhoff, AStG, § 8 Anm. 15, 21. In der Literatur wird an der Systematik der Qualifikation als passive bzw. aktive Einkünfte kritisiert, dass der Gesetzgeber naturgemäß nicht alle denkbaren Tätigkeiten auf ihren aktiven bzw. passiven Charakter hin überprüfen und aufzählen kann, z.B. Factoring, Optionsgeschäfte, Swap-Geschäfte etc.. Deshalb solle die Vorschrift nur die widerlegbare Vermutung des passiven Charakters enthalten, so insbesondere Baumgärtel, M./Perlet, H., Hinzurechnungsbesteuerung bei Auslandsbeteiligungen, 1996, S. 16 f.

87 So Köhler, S., Die Steuerpolitik der deutschen internationalen Unternehmung im Einflussbereich der Hinzurechnungsbesteuerung, 1993, S. 35. Auch nach Stockmann bestehen in praxi Schwierigkeiten, bestimmte Tätigkeiten unter einen in dem Katalog genannten Einkünftetyp zu subsumieren. Vgl. Stockmann, F., Controlled Foreign Corporations, 2001, S. 21.

88 Auf die gelisteten aktiven Tätigkeiten kann nicht im Einzelnen eingegangen werden, da dies den Rahmen der Arbeit sprengen würde. Vgl. hierzu aber ausführlich BMF v. 14.5.2004, BStBl I 2004, Sondernummer I/2004, Tz. 7.6.4. und 8.1. sowie Kommentierung hierzu von Haun, J./Reiser, H., GmbHR 2004, S. 841 (845 f); ferner bei Lehfeldt in: Strunk/Kaminski/Köhler, AStG/DBA, § 8 AStG Rz. 44-182; Stockmann, F., Controlled Foreign Corporations, 2001, S. 22-38; Menck in: Blümich, AStG, § 8 Rz. 19-78; Schaumburg, H., Internationales Steuerrecht, 2. Aufl., 1998, Rz. 10.75-10.119; Wassermeyer in: Flick/Wassermeyer/Baumhoff, AStG, § 8 Anm. 52-313.

„Systembedingt" aktive Tätigkeiten[89]*:*

8. Gewinnausschüttungen von Kapitalgesellschaften (§ 8 Abs. 1 Nr. 8 AStG)
9. Gewinne aus Veräußerungen von Anteilen an Kapitalgesellschaften (§ 8 Abs. 1 Nr. 9 AStG)

Sonderregelung für Zwischeneinkünfte mit Kapitalanlagecharakter

Neben der Negativabgrenzung durch den Positivkatalog in § 8 Abs. 1 AStG wurden 1993 im Zuge des StMBG erstmals schädliche passive Einkünfte explizit benannt, die sog. „Zwischeneinkünfte mit Kapitalanlagecharakter" (Positivabgrenzung).[90] Zwischeneinkünfte mit Kapitalanlagecharakter sind Einkünfte der CFC, die aus dem Halten, der Verwaltung, der Werthaltung oder Werterhöhung von Zahlungsmitteln, Forderungen, Wertpapieren, Beteiligungen (mit Ausnahme der Einkünfte gem. § 8 Abs. 1 Nr. 8 und 9 AStG) oder ähnlichen Vermögenswerten stammen.[91]

Sonderreglung für Einkünfte, die unter das Investmentsteuergesetz fallen

Neben dem Katalog unschädlicher aktiver Einkünfte in § 8 Abs. 1 AStG wurden jüngst durch das UntStFG unschädliche passive Einkünfte angeführt, namentlich „Einkünfte, die unter das Auslandsinvestmentgesetz" (für Wirtschaftsjahre ab dem 31.12.2003: Investmentsteuergesetz[92]) fallen.[93] Damit wird der Vorrang des Investmentsteuergesetzes gegenüber dem Außensteuergesetz bestimmt.[94]

---

89 Der Positivkatalog wurde um die Nummern 8 und 9 im Zuge des UntStFG erweitert. Die Erweiterung des Positivkatalogs ist insofern „systembedingt", als mit dem Wegfall des Anrechnungsverfahrens und der Einführung des klassischen Körperschaftsteuersystems in Form eines Halbeinkünfteverfahrens Gewinnausschüttungen und Veräußerungsgewinne von Kapitalgesellschaften (voll bzw. hälftig) steuerfreigestellt wurden (§ 8b KStG bzw. § 3 Nr. 40 Bst. d EStG). Durch diese Erweiterung wird eine erhebliche Besserstellung mehrstufiger Konzerne erreicht. Die Hinzurechnungsbesteuerung griff bislang auch dann, wenn die Einkünfte der CFC aus Gewinnausschüttungen aktiv tätiger Untergesellschaft herrührten. Dies ist nun nicht mehr der Fall, da Gewinnausschüttungen als „aktiv" gelten und insofern eine Hinzurechnung unterbleibt. Vgl. hierzu Klein, M., IStR 2001, S. 616 (619); ferner Menck in: Blümich, AStG, § 8 Rz. 80 ff; Lehfeldt in: Strunk/Kaminski/Köhler, AStG/DBA, § 8 AStG Rz. 158; Melchior, J., DStR 2002, S. 1 (9); Förster, G./Schmidtmann, D., intertax 2004, S. 476 (482).

90 § 7 Abs. 6 S. 1 mit Verweis auf Abs. 6a AStG.

91 § 7 Abs. 6a AStG; zu Einzelheiten bezüglich der Frage, was Zwischeneinkünfte mit Kapitalanlagecharakter sind, vgl. BMF v. 14.5.2004, BStBl I 2004, Sondernummer I/2004, Tz. 10.6.2-10.6.5.; Köhler in: Strunk/Kaminski/Köhler, AStG/DBA, § 7 AStG Rz. 185 ff.

92 § 21 Abs. 12 AStG in der Fassung des EURLUmsG.

93 Durch das UntStFG wurde ein § 7 Abs. 7 AStG eingeführt. § 7 Abs. 7 AStG wurde erneut durch das sog. „Korb II"-Gesetz und das EURLUmsG geändert. Hierzu Friederichs in: Strunk/Kaminski/Köhler, AStG/DBA, § 7 AStG Rz. 205 ff.

94 Vgl. BMF v. 14.5.2004, BStBl I 2004, Sondernummer 1/2004, Tz. 7.7.. Dieser Vorrang gilt jedoch nicht, wenn es aufgrund eines DBA-Schachtelprivilegs nicht zu einer Besteuerung nach dem InvStG kommt und daher andernfalls weiße Einkünfte entstehen würden. Vgl. Haun, J./Reiser, H., GmbHR 2004, S. 841 (844).

2.1.4 Rechtsfolge

2.1.4.1 Einkünftehinzurechnung

Grundregelung

Diejenigen Einkünfte der CFC, die einer niedrigen Besteuerung unterliegen und aus passiver Tätigkeit stammen (sog. Zwischeneinkünfte), sind dem inländischen Anteilseigner anteilig entsprechend seiner Beteiligung am Nennkapital der CFC hinzuzurechnen und zu versteuern.[95] Hat die Gesellschaft kein Nennkapital, so erfolgt die anteilige Hinzurechnung zu dem jeweiligen inländischen Anteilseigner nach Maßgabe des Gewinnverteilungsschlüssels.[96] Die dem Hinzurechnungsbetrag[97] zugrunde liegenden Zwischeneinkünfte sind in entsprechender Anwendung der Vorschriften des deutschen Steuerrechts zu ermitteln.[98] Ergibt sich ein „negativer Hinzurechnungsbetrag", so entfällt die Hinzurechnungsbesteuerung.[99]

Sonderregelung für Kapitalanlagegesellschaften

Zwischeneinkünfte mit Kapitalanlagecharakter zur Konzernfinanzierung mussten gemäß § 10 Abs. 7 AStG bis zum Jahr 2002 nur zu 60% hinzugerechnet werden.[100] Die Begünstigung des § 10 Abs. 7 AStG wurde jedoch im Rahmen des StVergAbG ersatzlos gestrichen.[101]

§ 10 Abs. 5 AStG untersagte die Hinzurechnung von Zwischeneinkünften, wenn die Einkünfte der CFC im Ausschüttungsfall nach den Vorschriften des DBA bei dem inländischen Gesellschafter nicht besteuert werden durften. Dieser DBA-Schutz galt gemäß § 10 Abs. 6 S. 1 AStG nicht, wenn der Hinzurechnungsbetrag Zwischeneinkünfte mit Kapitalanlagecharakter enthielt. Allerdings ist im Rahmen des StVergAbG § 10 Abs. 5 AStG gestrichen worden. Damit ist eine Gleichstellung von Zwischenein-

---

95 § 10 Abs. 1 AStG; ferner Luckey in: Strunk/Kaminski/Köhler, AStG/DBA, § 10 AStG Rz. 2 ff. Auf Detailprobleme bei der Ermittlung des Hinzurechnungsbetrags soll im Rahmen dieser Arbeit nicht weiter eingegangen werden; vgl. ausführlichere Erläuterungen hierzu im BMF v. 14.5.2004, BStBl I 2004, Sondernummer I/2004, Tz. 10.0.1. und 10.1.1. sowie Ermittlungsschemata in Anlage 3 des BFM-Schreibens; ferner z.B. in Schaumburg, H., Internationales Steuerrecht, 2. Aufl., 1998, Rz. 10.134-10.145; Rättig, H./Protzen, P. D., IStR 2004, S. 625 (631 f).

96 § 7 Abs. 5 AStG.

97 Der „Hinzurechnungsbetrag" ist der Betrag, der sich ausgehend von den Zwischeneinkünften nach Abzug der ausländischen Steuern auf die Zwischeneinkünfte und auf das den Zwischeneinkünften zugrunde liegenden Vermögen ergibt, § 10 Abs. 1 AStG.

98 § 10 Abs. 3 AStG; BMF v. 14.5.2004, BStBl I 2004, Sondernummer I/2004, Tz. 10.1.1.1.. Maßgeblich ist der Einkunftsbegriff des § 2 Abs. 1 EStG. Bei betrieblichen Einkünften besteht ein Wahlrecht zwischen der Gewinnermittlung nach § 4 Abs. 3 EStG und dem Betriebsvermögensvergleich nach §§ 4, 5 EStG. Vgl. Wassermeyer in: Flick/Wassermeyer/Baumhoff, AStG, § 10 Anm. 60.2.

99 § 10 Abs. 1 S. 3 AStG; hierzu weiter Wassermeyer in: Flick/Wassermeyer/Baumhoff, AStG, § 10 Anm. 38 ff.

100 § 10 Abs. 7 AStG; BMF v. 14.5.2004, BStBl I 2004, Sondernummer I/2004, Tz. 10.6.1.

101 Vgl. Suhrbier-Hahn, U., SWI 2003, S. 209 (213); Sieker, K., IStR 2003, S. 78 (79).

künften und Zwischeneinkünften mit Kapitalanlagecharakter hergestellt worden. Damit können die DBA nicht mehr einschränkend auf die deutsche Hinzurechnungsbesteuerung wirken.[102]

Auf die Niedrigbesteuerung kommt es bei den Einkünften mit Kapitalanlagecharakter nicht an.

Sonderregelung für nachgeschaltete Zwischengesellschaften

Sind unbeschränkt Steuerpflichtige an einer ausländischen Gesellschaft mittelbar, d.h. über eine andere ausländische Gesellschaft beteiligt, so werden die Einkünfte der anderen Gesellschaft (Untergesellschaft) gemäß § 14 AStG der ausländischen Gesellschaft (Obergesellschaft) zugerechnet.[103] Es erfolgt eine „Zurechnung" i.S.e. Durchleitung von der unteren/den unteren Gesellschaft/en auf die oberste Gesellschaft und von der Obergesellschaft eine „Hinzurechnung" zum inländischen Gesellschafter. Auf diese Weise fallen auch die Zwischeneinkünfte der ausländischen nachgeschalteten Zwischengesellschaften bei den inländischen Gesellschaftern unter die Hinzurechnungsbesteuerung. Durch die Ausweitung des Zugriffs auf ausländische nachgeschaltete Untergesellschaften wird erreicht, dass die Hinzurechnungsbesteuerung auf allen Stufen eines Beteiligungsnetzes wirkt.[104]

2.1.4.2 Ausnahme

Die Rechtsfolgen der Hinzurechnungsbesteuerung unterbleiben, wenn

- die den Zwischeneinkünften zugrunde liegenden Bruttoerträge nicht mehr als 10% der gesamten Bruttoerträge der CFC betragen und
- die hiernach außer Acht zu lassenden Beträge bei dem betroffenen Gesellschafter EUR 62.000 nicht übersteigen.[105]

---

[102] Vgl. Förster, G./Schmidtmann, D., intertax 2004, S. 476 (477); Sieker, K., IStR 2003, S. 78 (79 f); Lüdicke, J., IStR 2003, S. 433 (438 f).

[103] § 14 Abs. 1 AStG; BMF v. 14.5.2004, BStBl I 2004, Sondernummer I/2004, Tz. 7.1.2., 14.1.5.. Sind mehrere Untergesellschaften einander nachgeschaltet, so vollzieht sich die Zurechnung in der letzten logischen Sekunde des jeweiligen Wirtschaftsjahrs von der untersten nachgeschalteten Gesellschaft durch alle vorgeschalteten Untergesellschaften hindurch bis zur Obergesellschaft. Vgl. BMF v. 14.5.2004, BStBl I 2004, Sondernummer I/2004, Tz. 14.3.; Kluge, V., Das Internationale Steuerrecht, 4. Aufl., 2000, S. 470; Förster, G./Schmidtmann, D., intertax 2004, S. 476 (482).

[104] Auf einzelne Problem- und Kritikpunkte bezüglich der Gesetzesformulierung und praktischen Anwendung des § 14 AStG kann im Rahmen dieser Arbeit nicht näher eingegangen werden. Vgl. hierzu ausführlich Köhler, S., Die Steuerpolitik der deutschen internationalen Unternehmung im Einflussbereich der Hinzurechnungsbesteuerung, 1993, S. 47; Menck in: Blümich, AStG, § 14 Rz. 15, 17; Schaumburg, H., Internationales Steuerrecht, 2. Aufl., 1998, Rz. 10.145; Wassermeyer in: Flick/Wassermeyer/Baumhoff, AStG, § 10 Anm. 41, 127, 159 ff; Hauswirth in: Strunk/Kaminski/Köhler, AStG/DBA, § 14 AStG Rz. 1, 9 ff.

[105] § 9 AStG; BMF v. 14.5.2004, BStBl I 2004, Sondernummer I/2004, Tz. 9.0.1., 9.0.2.; vgl. Löser, S., Taxation in Germany, in: European Tax Handbook, http://online2.ibfd.org/eth/, 2004, Section A: Corporate Taxation, Germany, Chapter 7.4.; Bourseaux, C., Taxation of Companies in Ger-

Diese Bagatellregelung dient der Vereinfachung und bedient sich einer Kombination aus „relativer Freigrenze“ und „absoluter Freigrenze“.[106]

2.1.5 Hinzurechnungsbetrag

2.1.5.1 Qualifikation des Hinzurechnungsbetrags

Der Hinzurechnungsbetrag zählt gemäß dem Gesetzeswortlaut zu den Einkünften aus Kapitalvermögen i.S.d. § 20 Abs. 1 Nr. 1 EStG (Dividenden)[107] und gilt unmittelbar nach Ablauf des maßgeblichen Wirtschaftsjahres der CFC als dem inländischen Gesellschafter zugeflossen bzw. an den inländischen Gesellschafter ausgeschüttet.[108] Der Hinzurechnungsbetrag gilt somit als eine logische Sekunde nach Ablauf des Wirtschaftsjahres zugeflossen. Dies ist der frühestmögliche Zeitpunkt, zu dem die Zwischeneinkünfte ausgeschüttet werden können.[109] Die Hinzurechnung erfolgt technisch somit durch die Fiktion einer Dividende an den inländischen Gesellschafter zum frühestmöglichen Zeitpunkt.[110]

2.1.5.2 Besteuerung des Hinzurechnungsbetrags

Obwohl der Hinzurechnungsbetrag für Zwecke der Besteuerung als (fiktive) Dividende qualifiziert wird, sind auf den Hinzurechnungsbetrag die für Dividenden geltenden Vorschriften des § 3 Nr. 40 S. 1 Bst. d EStG (Halbeinkünfteverfahren) bzw. des § 8b Abs. 1 KStG (Beteiligungsertragsfreistellung) nicht anzuwenden.[111] Die Vorschriften über die Dividendenbesteuerung werden explizit von der Anwendung ausgeschlossen.

---

many, in: Taxation of Companies in Europe, http://online2.ibfd.org/gii/, Major Jurisdictions, Germany, 2004, Chapter: 13.4.

106 Vgl. Menck in: Blümich, AStG, § 9 Rz. 2; Wassermeyer in: Flick/Wassermeyer/Baumhoff, AStG, § 9 Anm. 22, 37. Nach Wassermeyer habe in der Praxis die Freigrenze nie eine Rolle gespielt. Er spricht sich daher für eine ersatzlose Aufhebung der Vorschrift aus. Wassermeyer, F., 25 Jahre Außensteuergesetz, in: Festschrift Flick, 1997, S. 1057 (1068); gl. A. Luckey in: Strunk/Kaminski/Köhler, AStG/DBA, § 9 AStG Rz. 6.

107 Befinden sich die Anteile an der CFC im Betriebsvermögen, so gehört der Hinzurechnungsbetrag zu den Einkünften aus Gewerbebetrieb i.S.d. § 15 EStG, zu den Einkünften aus Land- und Forstwirtschaft gemäß § 13 EStG oder zu den Einkünften aus selbständiger Arbeit gemäß § 18 EStG (§ 10 Abs. 2 S. 2 AStG).

108 § 10 Abs. 2 S. 1 AStG.

109 Vgl. Menck in: Blümich, AStG, § 10 Rz. 8; Schaumburg, H., Internationales Steuerrecht, 2. Aufl., 1998, Rz. 10.3 und 10.194; Wassermeyer in: Flick/Wassermeyer/Baumhoff, AStG, § 10 Anm. 49.

110 Durch das UntStFG wurde die durch das StSenkG eingeführte Sonderbehandlung des Hinzurechnungsbetrages wieder aufgegeben. Die Sonderbehandlung sah vor, dass der Hinzurechnungsbetrag nicht mehr zu den Einkünften des Gesellschafters zählt, sondern als Einkunftsart anderer Art pauschal mit 38% Definitivsteuer belastet wird. Eine derartige „Schedulenbesteuerung“ wurde als nicht mit dem Grundsatz der Besteuerung nach der wirtschaftlichen Leistungsfähigkeit vereinbar angesehen. Vgl. Stuhrmann, G., PIStB 2002, S. 30 (31); Schaumburg, H., Internationales Steuerrecht, 2. Aufl., 1998, Rz. 10.196.

111 § 10 Abs. 2 S. 3 AStG.

Der Hinzurechnungsbetrag unterliegt somit der Besteuerung nach dem Tarif und damit dem (individuellen) Steuersatz des betroffenen Gesellschafters.[112]

2.1.5.3 „Negativer Hinzurechnungsbetrag"

Erzielt die CFC Verluste und ergibt sich daher ein „negativer Hinzurechnungsbetrag", entfällt grundsätzlich die Hinzurechnungsbesteuerung.[113] Diese Regelung ist Ausfluss der Dividendenfiktion. Denn eine negative Dividende ist nicht vorstellbar.[114] Verluste können jedoch auf Ebene der CFC nach Maßgabe des § 10d EStG vor- oder rückgetragen werden.[115] Eine Konsolidierung von Gewinnen und Verlusten mehrerer verschiedener CFCs ist nicht zulässig.[116]

2.1.6 Maßnahmen zur Vermeidung von Doppelbelastungen

2.1.6.1 Ausländische Steuern

Im Rahmen der Ermittlung des Hinzurechnungsbetrags können die zu Lasten der CFC im Ausland erhobenen Steuern abgezogen werden.[117] Hierzu zählen die auf die Einkünfte der CFC erhobenen ausländischen Steuern und die auf das diesen Einkünften zugrunde liegende Vermögen erhobenen ausländischen Steuern.[118] Wahlweise können auf Antrag die abziehbaren Steuern nach Maßgabe der allgemeinen Vorschriften der §§ 34c EStG und 26 KStG auf die inländische Steuerschuld des Gesellschafters angerechnet werden.[119] Bei Option zur Steueranrechnung ist der Hinzurechnungsbetrag um diese Steuern zu erhöhen.[120]

---

112 Vgl. Djanani, C./Brähler, G., Internationales Steuerrecht, 2. Aufl., 2004, S. 422; Wassermeyer in: Flick/Wassermeyer/Baumhoff, AStG, Vor §§ 7-14 Anm. 23, 46; Förster, G./Schmidtmann, D., intertax 2004, S. 476 (481); Desens, M., IStR 2003, S. 613 (617 f).

113 § 10 Abs. 1 S. 3 AStG.

114 Vgl. Baumgärtel, M./Perlet, H., Hinzurechnungsbesteuerung bei Auslandsbeteiligungen, 1996, S. 58; Luckey in: Strunk/Kaminski/Köhler, AStG/DBA, § 10 AStG Rz. 38.

115 Soweit die Freigrenze gem. § 9 AStG überschritten wird, § 10 Abs. 3 S. 5 AStG; vgl. BMF v. 14.5.2004, BStBl I 2004, Sondernummer I/2004, Tz. 10.3.5; Grotherr, S., IWB 2002, Fach 3 Gruppe 1 S. 1883 (1891); Schaumburg, H., Internationales Steuerrecht, 2. Aufl., 1998, Rz. 10.181 ff.

116 Vgl. BMF v. 14.5.2004, BStBl I 2004, Sondernummer I/2004, Tz. 10.1.1.3.

117 § 10 Abs. 1 AStG. Vgl. Die Hinzurechnung soll sich an dem Nettobetrag orientieren, der auch bei Ausschüttung um die Besteuerung gemindert zum Ansatz käme. Vgl. Köhler, S., Die Steuerpolitik der deutschen internationalen Unternehmung im Einflussbereich der Hinzurechnungsbesteuerung, 1993, S. 51.

118 Abzugsfähig sind neben den im Sitzstaat der CFC erhobenen Steuern auch die Steuern von Drittstaaten. BMF v. 14.5.2004, BStBl I 2004, Sondernummer I/2004, Tz. 10.1.2.1.; Menck in: Blümich, AStG, § 12 Rz. 6 ff; Luckey in: Strunk/Kaminski/Köhler, AStG/DBA, § 10 AStG Rz. 21.

119 § 12 Abs. 2 AStG. § 12 Abs. 2 AStG wurde mit Wirkung zum 1.1.2001 durch das StSenkG neu gefasst.

120 § 12 Abs. 1 und Abs. 2 AStG; vgl. Schaumburg, H., Internationales Steuerrecht, 2. Aufl., 1998, Rz. 10.228 und 10.235; Wassermeyer in: Flick/Wassermeyer/Baumhoff, AStG, § 12 Anm. 38 f.

2.1.6.2 Tatsächliche Ausschüttung

Da die Gewinne der CFC bereits im Zuge der Hinzurechnungsbesteuerung im Inland der Steuer unterlegen haben, sehen die Vorschrift des § 3 Nr. 41 Bst. a EStG für natürliche Personen und die Vorschrift des § 8b Abs. 1 KStG i.V.m. § 3 Nr. 41 Bst. a EStG für Kapitalgesellschaften bei einer späteren tatsächlichen Ausschüttung der CFC Steuerfreiheit für die gezahlten Dividenden in voller Höhe vor – sofern die Gewinnausschüttung innerhalb von 7 Jahren nach der Hinzurechnungsbesteuerung erfolgt.[121] Ausländische Quellensteuern, die von den tatsächlichen Gewinnausschüttungen einbehalten wurden, können auf Antrag in entsprechender Anwendung der §§ 34 c Abs. 1 und 2 EStG und 26 KStG i.V.m. § 34 c Abs. 1 und 2 EStG auf die Steuerschuld angerechnet oder bei der Einkommensermittlung abgezogen werden.[122]

2.1.7 Besteuerungskonzeption

Die Besteuerungskonzeption der deutschen Hinzurechnungsbesteuerung lässt sich wie folgt darstellen:

- Der Hinzurechnungsbetrag wird bei dem inländischen Gesellschafter nach dem Tarif besteuert, d.h. mit dem individuellen Steuersatz bei natürlichen Personen oder dem Unternehmenssteuersatz bei Kapitalgesellschaften.[123] [124] Die Gewinne werden

---

[121] Da es sich bei § 3 Nr. 41 EStG um eine sachliche, nicht persönliche Steuerbefreiung handelt, kann für Kapitalgesellschaften nichts anderes gelten wie für natürliche Personen. Der 7-Jahreszeitraum, der grundsätzlich nur in § 3 Nr. 41 EStG vorgeschrieben ist, und die Steueranrechnung des § 12 Abs. 3 AStG, die grundsätzlich nur für „nach § 3 Nr. 41 EStG befreite Gewinnausschüttungen“ zulässig ist, müssen daher nach h.M. auch für nach § 8b Abs. 1 KStG befreite Gewinnausschüttungen an Kapitalgesellschaften gelten. Vgl. hierzu Grotherr, S., IWB 2002, Fach 3 Gruppe 1, S. 1883 (1899); Menck in: Blümich, AStG, § 12 Rz. 19 ff; Förster, G./Schmidtmann, D., intertax 2004, S. 476 (481).

[122] § 12 Abs. 3 AStG; BMF v. 14.5.2004, BStBl I 2004, Sondernummer I/2004, Tz. 12.3.; vgl. ferner Löser, S., Taxation in Germany, in: European Tax Handbook, http://online2.ibfd.org/eth/, 2004, Section A: Corporate Taxation, Germany, Chapter 7.4.; Bourseaux, C., Taxation of Companies in Germany, in: Taxation of Companies in Europe, http://online2.ibfd.org/gii/, Major Jurisdictions, Germany, 2004, Chapter: 13.4.; Schaumburg, H., Internationales Steuerrecht, 2. Aufl., 1998, Rz. 10.26 und 10.201.

[123] Soweit der Hinzurechnungsbetrag zu den gewerblichen Einkünften des Gesellschafters gehört, unterliegt dieser auch der Gewerbesteuer. Denn die unter bestimmten Voraussetzungen für Dividenden geltende Kürzungsvorschrift des § 9 Nr. 7 GewStG kommt, da diese Vorschrift „Einkünfte aus aktivem Erwerb“ i.S.d. § 8 Abs. 1 Nr. 1 bis 6 AStG voraussetzt, nicht zum Tragen. Solche aktiven Einkünfte liegen im Fall einer Hinzurechnungsbesteuerung gerade nicht vor. Allerdings kann der Gesellschafter, sofern er Einzelunternehmer ist oder Mitunternehmer einer Personengesellschaft, zu dessen Betriebsvermögen die Anteile an der ausländischen Zwischengesellschaft gehören, die Gewerbesteuer im gemäß § 35 EStG zugelassenen Umfang auf seine Steuerschuld anrechnen. Vgl. Grotherr, S., IWB 2002, Fach 3 Gruppe 1, S. 1883 (1891); Bourseaux, C., Taxation of Companies in Germany, in: Taxation of Companies in Europe, http://online2.ibfd.org/gii/, Major Jurisdictions, Germany, 2004, Chapter: 13.4.

[124] Das Abzugsverbot des § 3c Abs. 2 EStG bzw. § 8b Abs. 5 KStG ist auf den Hinzurechnungsbetrag nicht anwendbar, da er der normalen tariflichen Einkommen- bzw. Körperschaftsteuer unterliegt. Vgl. hierzu Kneip, C./Rieke, I., IStR 2001, S. 665 (669); Förster, G./Schmidtmann, D., intertax 2004, S. 476 (481); a.A. Rättig, H./Protzen, P. D., IStR 2001, S. 601 (606).

auch im Staat der CFC besteuert. Um eine Doppelbesteuerung zu vermeiden, wird die ausländische Steuer auf die deutsche Steuer angerechnet.

- Die Hinzurechnungsbesteuerung soll laut Gesetzgeber lediglich eine „vorweggenommene Dividendenbesteuerung" zum frühestmöglichen Zeitraum bezwecken, wenn und soweit die CFC ihre erwirtschafteten Gewinne thesauriert. Die Hinzurechnungsbesteuerung verliert damit im Zeitpunkt der tatsächlichen Ausschüttung grundsätzlich ihre Berechtigung.[125] Die Hinzurechnungsbesteuerung müsste daher bei Ausschüttung der Gewinne der CFC prinzipiell wieder „rückgängig gemacht" werden.

  Bei Gewinnausschüttung kommt es durch die Vorschrift des § 12 Abs. 3 AStG i.V.m. § 3 Nr. 41 Bst. a EStG zu einer Steuerfreistellung der Dividende, soweit der Gewinn der CFC bereits von der Hinzurechnungsbesteuerung betroffen war. Durch diese Regelung wird zwar eine erneute Besteuerung des Gewinns der CFC im Inland vermieden, die Hinzurechnungsbesteuerung jedoch nicht rückgängig gemacht.[126] Die Hinzurechnungsbesteuerung bleibt vielmehr definitiv.[127] [128]

- Eine „vorweggenommene Dividendenbesteuerung" wäre jedoch trotz des Definitivwerdens der Hinzurechnungssteuer erreicht, wenn der Hinzurechnungsbetrag bereits von Anfang an wie eine (ausländische) Dividende nach nationalem Recht bzw. DBA-Recht besteuert worden wäre, d.h. wenn die „Hinzurechnungsbesteuerung" der „Dividendenbesteuerung" entsprechen würde.

---

125 So auch Baumgärtel, M./Perlet, H., Hinzurechnungsbesteuerung bei Auslandsbeteiligungen, 1996, S. 63.

126 In Übereinstimmung mit Stuhrmann, G., PIStB 2002, S. 30 (32) und Wassermeyer in: Flick/Wassermeyer/Baumhoff, AStG, Vor §§ 7-14 Anm. 65.

127 Vgl. hierzu auch Wassermeyer in: Flick/Wassermeyer/Baumhoff, AStG, Vor §§ 7-14 Anm. 65; Menck in: Blümich, AStG, § 10 Rz. 21. Eine gewerbesteuerliche Belastung erfolgt bei Ausschüttung nicht, da die Dividende aufgrund des § 3 Nr. 41 EStG nicht in dem Gewinn aus Gewerbebetrieb (§ 7 S. 1 GewStG) enthalten und von der gewerbesteuerlichen Hinzurechnungsvorschrift des § 8 Nr. 5 GewStG explizit ausgenommen ist (§ 8 Nr. 5 S. 2 GewStG). Auf diese Weise wird eine gewerbesteuerliche Doppelbelastung verhindert. a.A. Wassermeyer, seiner Auffassung nach findet eine gewerbesteuerliche Belastung bei Kapitalgesellschaften statt, denn bei diesen komme es zur Anwendung der Hinzurechnungsvorschrift des § 8 Nr. 5 GewStG, wenn die Beteiligung der Körperschaft an der CFC weniger als 10% beträgt. Die korrespondierende Kürzungsvorschrift des § 9 Nr. 7 GewStG greife nicht, da bei Einkünften aus passivem Erwerb die Voraussetzungen des § 9 Nr. 7 GewStG regelmäßig nicht erfüllt sind. Vgl. hierzu bei Wassermeyer in: Flick/Wassermeyer/Baumhoff, AStG, Vor §§ 7-14 Anm. 17; kritisch Förster, G./Schmidtmann, D., intertax 2004, S. 476 (481).

128 Das Abzugsverbot des § 3c Abs. 2 bzw. § 8b Abs. 5 KStG ist auf die Dividende anwendbar, da sie gemäß § 3 Nr. 41 Bst. a EStG steuerbefreit ist. Dies ist strittig, da die Gewinnanteile der ausländischen Zwischengesellschaft im Ergebnis durch die Hinzurechnungsbesteuerung in voller Höhe einmal der deutschen Steuer unterlegen haben. So Grotherr, S., IWB 2002, Fach 3 Gruppe 1, S. 1883 (1899); a.A. Bourseaux, C., Taxation of Companies in Germany, in: Taxation of Companies in Europe, http://online2.ibfd.org/gii/, Major Jurisdictions, Germany, 2004, Chapter: 13.4.

Der Hinzurechnungsbetrag unterliegt nach nationalem Recht beim Gesellschafter der Besteuerung nach dem Tarif. In- und ausländische Dividenden sind hingegen gem. § 3 Nr. 40 Bst. d EStG zur Hälfte steuerfrei (Halbeinkünfteverfahren).[129] Ist der Empfänger der Dividende eine Kapitalgesellschaft, so ist die Dividende gemäß § 8b Abs. 1 KStG sogar in vollem Umfang steuerbefreit.[130] Dies gilt unabhängig von einer bestimmten Mindestbeteiligungshöhe oder Mindesthaltedauer. Es besteht somit kein Gleichlauf zwischen Hinzurechnungsbesteuerung und nationaler Dividendenbesteuerung. Die Hinzurechnungsbesteuerung führt vielmehr zu einer steuerlichen Höherbelastung des Gesellschafters.

Die meisten von Deutschland abgeschlossenen DBA sehen unter bestimmten Voraussetzungen ebenfalls eine Steuerfreistellung ausländischer Dividenden vor (internationales Schachtelprivileg).[131]

Für die Gewährung des internationalen Schachtelprivilegs verlangen die deutschen DBA in der Regel die Erfüllung folgender Bedingungen:[132]

- Die Gewinnausschüttung erfolgt von einer ausländischen Tochterkapitalgesellschaft an eine inländische Mutterkapitalgesellschaft.
- Die Muttergesellschaft ist zu mindestens 10% am Kapital der Tochtergesellschaft beteiligt (Mindestbeteiligung).
- Die Tochtergesellschaft erzielt ihre Gewinne aus „aktiven Tätigkeiten"[133] (Aktivitätsvorbehalt).[134]

Das internationale Schachtelprivileg ist selten an eine Mindesthaltedauer der Beteiligung geknüpft.

Diese genannten Bedingungen sind z.B. in den DBA mit Ägypten (Art. 24 Abs. 1 (a) und (d)), Bulgarien (Art. 22 Abs. 1 (a) und (c)), Dänemark (Art. 24 Abs. 1 (a)), Indien (Art. 23 Abs. 1 (a) und (e)) und Kanada (Art. 23 Abs. 2 (a) und (c)) zu finden.

---

129 Korrespondierend dazu sind die mit der Dividende in Verbindung stehenden Betriebsausgaben nur hälftig abziehbar (§ 3c Abs. 2 EStG).

130 5% der Dividende werden jedoch als (fiktive) nichtabziehbare Betriebsausgaben angesehen (§ 8b Abs. 5 KStG). Im Ergebnis sind damit nur 95% der Dividende steuerfrei.

131 Vgl. hierzu Vogel in: Vogel/Lehner, DBA, 4. Aufl., 2003, Art. 23 Rz. 87, 91.

132 Vgl. hierzu Vogel in: Vogel/Lehner, DBA, 4. Aufl., 2003, Art. 23 Rz. 91, 96, 99.

133 Der Kreis der „aktiven Tätigkeiten" ist nicht in allen DBA einheitlich geregelt. Die DBA, die eine Aktivitätsklausel enthalten, umschreiben diese meistens als „Herstellung und Verkauf von Gütern und Waren, technische Beratung oder technische Dienstleistung oder Bank- oder Versicherungsgeschäfte". Die Aktivitätsklauseln in den deutschen DBA lehnen sich den in § 8 Abs. 1 AStG gelisteten aktiven Tätigkeiten an. Vgl. Vogel in: Vogel/Lehner, DBA, Art. 23 Rz. 75, 4. Aufl., 2004; Djanani, C./Herbener, R., National Report Germany, in: Cahiers de droit fiscal international, Volume LXXXVIIIa, Trends in company/shareholder taxation: single or double taxation ?, 2003, S. 422 f.

134 Fast alle seit 1966 abgeschlossenen deutschen DBA unterwerfen das Schachtelprivileg einem sog. Aktivitätsvorbehalt. Vgl. Vogel in: Vogel/Lehner, DBA, 4. Aufl., 2003, Art. 23 Rz. 107.

Da das Schachtelprivileg des nationalen Rechts gegenüber dem internationalen Schachtelprivileg der DBA regelmäßig umfassender ist – denn dieses verlangt weder eine Mindestbeteiligungshöhe oder -dauer noch eine aktive Tätigkeit – werden die DBA-Regelungen bei Dividendenzahlungen ab 2001 obsolet. Ausländische Dividenden unterliegen damit stets dem Halbeinkünfteverfahren bzw. sind gem. § 8 b Abs. 1 KStG steuerfrei.

Demnach zeigt sich, dass im Rahmen der Hinzurechnungsbesteuerung keine dividendenkonforme Besteuerung erfolgt:

1. Mangels Anwendung des Halbeinkünfteverfahrens und des § 8b Abs. 1 KStG wird der Hinzurechnungsbetrag nicht wie eine ausländische Dividende besteuert.
2. Die Hinzurechnungsbesteuerung wird bei tatsächlicher Ausschüttung nicht rückgängig gemacht. Statt der Besteuerung der tatsächlichen Dividende nach den allgemeinen Vorschriften des nationalen Rechts zur Dividendenbesteuerung unter Anrechnung der „Hinzurechnungssteuer", wird die Dividende lediglich zur Vermeidung einer zweifachen Erfassung im Inland steuerfrei gestellt.

- Die Qualifikation des Hinzurechnungsbetrags als vorweggenommene Dividende und dessen tatsächliche Besteuerung harmonieren nicht. Die Hinzurechnungsbesteuerung hat nicht den Charakter einer lediglich vorweggenommenen Steuer, einer „Interimsteuer". Sie stellt vielmehr eine absolute Mehrbelastung und damit eine Art „Strafsteuer" dar.[135]

- Ferner sei angemerkt, dass sogar die Gefahr einer doppelten inländischen Erfassung der CFC-Gewinne besteht, da die Steuerfreistellung einer späteren Dividende der CFC nur gewährt wird, wenn die Gewinnausschüttung innerhalb eines 7-Jahreszeitraums getätigt wird (§ 3 Nr. 41 EStG). Erfolgt eine Gewinnausschüttung erst im achten Jahr nach der Vornahme der Hinzurechnungsbesteuerung, wird die Dividendenfreistellung versagt. Die Gewinne der CFC unterlagen dann einmal in Form des Hinzurechnungsbetrags und ein weiteres Mal in Form der Dividende im Inland der Besteuerung. Diese zeitliche Beschränkung der Dividendenfreistellung impliziert insofern auch einen steuerrechtlich bedingten Ausschüttungszwang.[136]

---

135 Gl. A. Lehner, M./Reimer, E., IStR 2005, S. 542 (546 f); Schönfeld, J., StuW 2005, S. 158 (169).

136 So Grotherr, S., IWB 2002, Fach 3 Gruppe 1, S. 1883 (1894).

2.2 Frankreich

2.2.1 Rechtsentwicklung

Frankreich verabschiedete seine CFC-Gesetzgebung im Jahre 1980.[137] Die Regelungen finden sich in Art. 209 B des Code Général des Impôts (CGI). Die französischen CFC-Rules wurden erstmalig maßgeblich zum 30. September 1992 geändert.[138] Weitere Änderungen wurden in den Jahren 2000 und 2002 vorgenommen.[139] Eine Neufassung des Art. 209 B CGI wurde zuletzt im Rahmen des Gesetzesentwurfs 2005 („De finances pour 2005") vorgelegt.[140]

Zu der Gesetzesvorschrift wurde im Jahr 1981 eine Durchführungsverordnung erlassen.[141] Die Vorschriften sind in Anhang II des CGI in den Artikeln 102S bis 201Z kodifiziert. Aufgrund der Gesetzesänderung zum 30. September 1992 wurde auch die Durchführungsverordnung entsprechend angepasst. Die geänderte Verordnung wurde erst am 30. April 1998 in dem französischen Bundessteuerblatt („Bulletin Official") veröffentlicht.[142]

Anlässlich des Urteils des höchsten französischen Gerichts, des Conseil d'Etat, vom 28. Juni 2002 über die Unvereinbarkeit der französischen CFC-Rules mit etlichen von Frankreich abgeschlossenen DBA,[143] wird beabsichtigt, die französischen CFC-Rules zu entschärfen. Ein Entwurf über entsprechende Änderungen wurde am 22. September 2004 dem Parlament im Rahmen des Gesetzesentwurfs 2005 vorgelegt.[144] Die Änderungen treten voraussichtlich zum 1. Januar 2006 in Kraft.[145]

---

137 Gesetz Nr. 80-30 v. 18.1.1980, Art. 70 des Finance Act 1980; vgl. Dibout, P., International Tax Review, 1999, Vol. 10, Iss. 7, pg. 45; Douvier, P.-J., International Tax Review, 1995, Vol. 6, Iss. 3, pg. 35.

138 Gesetz Nr. 92-1376 v. 30.12.1992, Art. 107 des Finance Act 1993; vgl. bei Dibout, P., International Tax Review, 1999, Vol. 10, Iss. 7, pg. 45; Douvier, P.-J., National Report France, in: Cahiers de droit fiscal international, Volume LXXXVIb, Limits on the use of low-tax regimes by multinational businesses, 2001, S. 497; Blanluet, G., French National Report, in: Schön, W. (Hrsg.), Tax Competition in Europe, 2003, S. 21; Blanluet, G., Taxation of Companies in France, in: Guides to European Taxation, Volume II, The Taxation of Companies in Europe, 1999, Tz. 8.4.1.; Baranger, S., Corporate Taxation in France, in: European Taxation Database, http://online2.ibfd.org/euro/, 2004, Corporate Taxation (detailed), France, Chapter 8.4.1.

139 Verordnung Nr. 2000-916 vom 19.9.2000 und Erlass Nr. 2002-923 vom 06.1.2002.

140 Gesetzesentwurf 2005 v. 22.9.2004 („Finance Bill 2005"), Art. 69 des Finance Bill 2005.

141 Enforcement Decree v. 30.12.1981; vgl. Dibout, P., International Tax Review, 1999, Vol. 10, Iss. 7, pg. 45.

142 Vgl. TNS, 8 June 1998, Issue 23, Volume 32, S. 208.

143 Vgl. Kabbaj, H., French National Report, in: Lang/Aigner/Scheuerle/Stefaner, CFC Legislation, 2004, S. 223; TNS, 8 July 2002, Issue 28, Volume 36, S. 382.

144 Gesetzesentwurf 2005 v. 22.9.2004 („Finance Bill 2005"), Art. 69 des Finance Bill 2005; hierzu ferner TNS, 28 September 2004, Issue 42, Volume 38, http://online2.ibfd.org/tns/ und TNS, 24. September 2004, Issue 41, Volume 38, http://online2.ibfd.org/tns/; Baranger, S., Taxation of Companies in France, in: Taxation of Companies in Europe, http://online2.ibfd.org/gii/, Major Jurisdictions, France, 2004, Chapter: Latest information.

145 Art. 209 B IV. 4. CGI 2005.

2.2.2 Persönlicher Anwendungsbereich

2.2.2.1 Ausländische Gesellschaft (CFC)

Rechtsform und Steuerpflicht

Als CFC galt ursprünglich nur eine im Ausland tätige Körperschaft.[146] Der Anwendungsbereich der CFC-Rules wurde jedoch später auch auf außerhalb von Frankreich betriebene Betriebsstätten inländischer Körperschaften ausgedehnt.[147] Gemäß dem Gesetzesentwurf 2005 kann nun jede ausländische Unternehmenseinheit („une entité juridique établie ou constituée hors de France") als CFC gelten. Hierunter fallen nicht nur rechtlich selbständige Unternehmenseinheiten, sondern auch Gesellschaften ohne eigenständige Rechtspersönlichkeit, wie z.B. Personen-gesellschaften, Organisationen oder Trusts bzw. diesen vergleichbare Institutionen.[148]

Beherrschungsbeteiligung

Die ausländische Gesellschaft gilt als CFC, wenn ein im Inland ansässige Gesellschafter an dieser allein direkt oder indirekt[149] zu mindestens 10%[150] am Nennkapital, am Gewinn oder an den Stimmrechten beteiligt ist oder seine Anschaffungskosten für die Beteiligung mindestens 22,8 Mio. EUR (ehem.: 150 Mio. France) betrugen.[151]

---

146 Art. 209 B I CGI 1992; vgl. Baranger, S., France, in: European Tax Handbook, http://online2.ibfd.org/eth/, 2004, Section A, France, Chapter 7.4.; Baranger, S., Corporate Taxation in France, in: European Taxation Database, http://online2.ibfd.org/euro/, 2004, Corporate Taxation (detailed), France, Chapter 8.4.1.1.

147 Vgl. Kabbaj, H., French National Report, in: Lang/Aigner/Scheuerle/Stefaner, CFC Legislation, 2004, S. 225.

148 Art. 209 B I. 1 CGI 2005; vgl. Baranger, S., Taxation of Companies in France, in: Taxation of Companies in Europe, http://online2.ibfd.org/gii/, Major Jurisdictions, France, 2004, Chapter: Latest information; hierzu auch Kabbaj, H., French National Report, in: Lang/Aigner/Scheuerle/Stefaner, CFC Legislation, 2004, S. 225.

149 Zu unterscheiden ist hier die mittelbare Beteiligung über eine Beteiligungskette und über eine Interessensgemeinschaft, Art. 209 B Ia 2. S. 1 und S. 2 a)-d) CGI 1980 und Art. 209 B I. 2. a.-d. CGI 2005; vgl. hierzu ausführlich Douvier, P.-J., National Report France, in: Cahiers de droit fiscal international, Volume LXXXVIb, Limits on the use of low-tax regimes by multinational businesses, 2001, S. 500 ff; Blanluet, G., French National Report, in: Schön, W. (Hrsg.), Tax Competition in Europe, 2003, S. 22.

150 Bis zum Jahre 1992 war eine Beteiligungsquote von 25% erforderlich, Art. 209 B I CGI 1980. Das Absenken der Beteiligungsquote auf 10% geht mit der Regelung einher, dass ausländische Dividenden bei einer Beteiligung an der ausländischen Tochtergesellschaft von mindestens 10% steuerfrei sind. Bei einer Beteiligung von mehr als 10%, aber weniger als 25% konnte man bis dahin eine steuerfreie Dividende erhalten und ist nicht unter die Hinzurechnungsbesteuerung gefallen. Vgl. Sandler, D., Tax Treaties and Controlled Foreign Company Legislation, 1998, S. 28; Douvier, P.-J., National Report France, in: Cahiers de droit fiscal international, Volume LXXXVIb, Limits on the use of low-tax regimes by multinational businesses, 2001, S. 500; Meisel J./Kiernan J., International Tax Review, 1993, pg. 2 (3); Douvier, P.-J., International Tax Review, 1995, Vol. 6, Iss. 3, pg. 35; Baconnier, R., Das neue französische Außensteuergesetz, in: Vogel/Ellis u.a., Steueroasen und Außensteuergesetze, 1981, S. 55.

151 Art. 209 B I CGI 1992; vgl. Meisel J./Kiernan J., International Tax Review, 1993, pg. 2 (3); Douvier, P.-J., International Tax Review, 1995, Vol. 6, Iss. 3, pg. 35; TNS, 8 June 1998, Issue 23, Vo-

Eine dieser Voraussetzungen muss am Ende des Wirtschaftsjahrs der ausländischen Gesellschaft bestehen oder an mindestens 183 Tagen des abgelaufenen Wirtschaftsjahres der CFC erfüllt gewesen sein.[152]

Der Gesetzesentwurf 2005 sieht eine entschärfte Regelung vor. Die ausländische Gesellschaft gilt erst dann als CFC, wenn der im Inland ansässige Gesellschafter an der ausländischen Gesellschaft allein direkt oder indirekt zu mehr als 50% beteiligt ist. Die Beteiligungshöhe soll demnach von mindestens 10% auf mehr als 50% angehoben werden. Darüber hinaus soll der absolute Betrag von 22,8 Mio. EUR Anschaffungskosten entfallen.[153]

2.2.2.2 Inländischer Gesellschafter

Rechtsform und Steuerpflicht

Betroffen von der Hinzurechnungsbesteuerung sind in erster Linie in Frankreich unbeschränkt steuerpflichtige Körperschaften, jedoch auch Personenhandelsgesellschaften, die zur Besteuerung als Körperschaft optieren können („passible de l'impôt sur les sociétés").[154] Allerdings kann die Hinzurechnungsbesteuerung auch auf nicht in Frankreich steuerpflichtige Körperschaften Anwendung finden, wenn diese Gesellschaft eine Betriebsstätte in Frankreich unterhält, die in ihrem Betriebsvermögen eine Beteiligung an einer CFC ausweist.[155] Natürliche Personen bleiben grundsätzlich von der Hinzurechnungsbesteuerung verschont.

Hinzurechnungsbeteiligung

In der französischen CFC-Gesetzgebung wird nicht zwischen einer Beherrschungs- und Hinzurechnungsbeteiligung unterschieden. Nur die Gesellschafter, die die CFC im

---

lume 32, S. 208; Baranger, S., France, in: European Tax Handbook, http://online2.ibfd.org/eth/, 2004, Section A, France, Chapter 7.4.; Baranger, S., Corporate Taxation in France, in: European Taxation Database, http://online2.ibfd.org/euro/, 2004, Corporate Taxation (detailed), France, Chapter 8.4.1.1.; Blanluet G., French National Report, in: Schön, W. (Hrsg.), Tax Competition in Europe, 2003, S. 21; Kabbaj, H., French National Report, in: Lang/Aigner/Scheuerle/Stefaner, CFC Legislation, 2004, S. 225.

152 Vgl. Art. 102 SA, Annex II des CGI. Die Voraussetzung muss nicht ununterbrochen an 183 Tagen bestanden haben. Vgl. Dibout, P., International Tax Review, 1999, Vol. 10, Iss. 7, pg. 45 (46); Douvier, P.-J., National Report France, in: Cahiers de droit fiscal international, Volume LXXXVIb, Limits on the use of low-tax regimes by multinational businesses, 2001, S. 502; TNS, 8 June 1998, Issue 23, Volume 32, S. 208; Kabbaj, H., French National Report, in: Lang/Aigner/Scheuerle/Stefaner, CFC Legislation, 2004, S. 231.

153 Art. 209 B I. 1. CGI 2005; vgl. TNS, 28 September 2004, Issue 42, Volume 38, http://online2.ibfd.org/tns/; Baranger, S., Taxation of Companies in France, in: Taxation of Companies in Europe, http://online2.ibfd.org/gii/, Major Jurisdictions, France, 2004, Chapter: Latest information.

154 Art. 209 B I CGI 1992; Art. 209 B I. 1. CGI 2005; hierzu auch Kabbaj, H., French National Report, in: Lang/Aigner/Scheuerle/Stefaner, CFC Legislation, 2004, S. 226.

155 Vgl. Dibout, P., International Tax Review, 1999, Vol. 10, Iss. 7, pg. 45.

obigen Sinne „beherrschen“, unterliegen auch der Hinzurechnungsbesteuerung. Beherrschungs- und Hinzurechnungsbeteiligung korrespondieren somit.

2.2.3 Tatbestand

Tatbestand bei der französischen CFC-Gesetzgebung ist allein die „Niedrigbesteuerung“ der CFC. Die Art der Tätigkeit der CFC ist unbeachtlich.

2.2.3.1 Niedrigbesteuerung

Das französischen Recht hat in Art. 238 Abs. 2 CGI eine allgemeine Definition für „low-tax regimes“. Nach Art. 238 Abs. 2 CGI liegt ein Niedrigsteuerstaat vor, wenn Personen in diesem Staat keiner Steuer oder einer um 2/3 niedrigeren Steuer auf Gewinne und Einkünfte als in Frankreich unterworfen sind, d.h. die Steuerlast weniger als 33,33% der französischen Steuer beträgt.[156] Ferner enthält Art. 238 A CGI eine Sondervorschrift für die Nichtabziehbarkeit bestimmter Zahlungen an in „low-tax-regime“ ansässige Begünstigte.[157] Die französischen CFC-Rules verweisen explizit auf Art. 238 A CGI.[158]

Steuerbelastungsvergleich

Gemäß Art. 209 B i.V.m. Art. 238 A CGI ist von einem Niedrigsteuerregime auszugehen, wenn auf Erträge im Ausland keine Steuern erhoben werden oder die Ertragsteuer „erheblich niedriger“ ist als die französische. Die Finanzverwaltung hat diesen Grundsatz für Zwecke der CFC-Besteuerung konkretisiert und vermutet eine „erheblich niedrigere“ Ertragsteuer dann, wenn die Einkünfte der CFC einer um 1/3 niedrigeren Steuer als der französischen Körperschaftsteuer unterliegen, mit anderen Worten, die ausländische Steuerbelastung weniger als 66,66% der französischen Steuer ausmacht.[159] Hierbei handelt es sich jedoch um eine widerlegbare Vermutung. Der Steuerpflichtige kann im Einzelfall nachweisen, dass seine tatsächliche individuelle Steuer der französischen Steuer ähnlich ist.[160] Bei dem Steuerbelastungsvergleich darf nicht nur jeweils der nominale Steuersatz verglichen werden, sondern es muss die tatsächliche Steuerbe-

---

[156] Vgl. Baranger, S., France, in: European Tax Handbook, http://online2.ibfd.org/eth/, 2004, Section A, France, Chapter 7.4.

[157] Vgl. Douvier, P.-J., National Report France, in: Cahiers de droit fiscal international, Volume LXXXVIb, Limits on the use of low-tax regimes by multinational businesses, 2001, S. 498; Douvier, P.-J., International Tax Review, 1995, Vol. 6, Iss. 3, pg. 35 (40).

[158] Art. 209 B I and Ia 1. CGI 1980 und Art. 209 B I. 1. CGI 2005.

[159] Vgl. TNS, 8 June 1998, Issue 23, Volume 32, S. 208.

[160] Vgl. Dibout, P., International Tax Review, 1999, Vol. 10, Iss. 7, pg. 45 (46); Douvier, P.-J., National Report France, in: Cahiers de droit fiscal international, Volume LXXXVIb, Limits on the use of low-tax regimes by multinational businesses, 2001, S. 498; Douvier, P.-J., International Tax Review, 1995, Vol. 6, Iss. 3, pg. 35 (40); Baconnier, R., Das neue französische Außensteuerrecht, in: Vogel/Ellis u.a., Steueroasen und Außensteuergesetze, 1981, S. 57.

lastung unter Einbezug aller Ertragsteuern und unter Berücksichtigung der individuell zustehenden Steuerbegünstigungen ermittelt werden.[161]

Der Gesetzesentwurf 2005 sieht eine entschärfte Regelung vor. Eine „erheblich niedrigere" Besteuerung wird erst dann vermutet, wenn die ausländische Steuerbelastung weniger als 50% der französischen Steuer ausmacht.[162]

Listensystem

Offizielle (gesetzliche oder behördliche) Listen, die Niedrigsteuerländer identifizieren, wurden in Frankreich nicht verlautbart.[163] Es existiert lediglich eine inoffizielle (behördliche) „schwarze Liste". Der erste Teil der Liste zählt Staaten auf, in welchen die Erträge/Gewinne unbesteuert bleiben und der zweite Teil Staaten, in welchen die Erträge/Gewinne einer niedrigeren Steuer als in Frankreich unterliegen. Diese Liste ist jedoch bestenfalls eine Orientierungshilfe, da sie zum einen keinerlei Rechtskraft entfaltet, zum anderen seit 1975 nicht mehr aktualisiert wurde und keine abschließende Aufzählung der aus französischer Sicht zu qualifizierenden Niedrigsteuerländer beinhaltet.[164]

2.2.3.2 Passive Tätigkeit

Den Tatbestand der „passiven Tätigkeit" kennt die französische CFC-Gesetzgebung nicht. Allerdings ist eine Ausnahme hinsichtlich des Eintritts der Rechtsfolge der Hinzurechnungsbesteuerung vorgesehen, sofern die CFC ihre Erträge überwiegend aus aktiven Tätigkeiten erwirtschaftet.[165]

Der Gesetzesentwurf 2005 sieht vor, nur Einkünfte aus passiven Investments (wie z.B. Dividenden, Zinsen oder Lizenzgebühren) oder Einkünfte aus Aktivitäten des Unternehmensverbunds (wie z.B. Holding- oder Finanzaktivitäten) der Hinzurechnungsbesteuerung zu unterwerfen.[166]

---

161 Vgl. Kabbaj, H., French National Report, in: Lang/Aigner/Scheuerle/Stefaner, CFC Legislation, 2004, S. 227.

162 Art. 209 B IV. 2. i.V.m. Art. 238 A II CGI 2005; vgl. TNS, 28 September 2004, Issue 42, Volume 38, http://online2.ibfd.org/tns/; Baranger, S., Taxation of Companies in France, in: Taxation of Companies in Europe, http://online2.ibfd.org/gii/, Major Jurisdictions, France, 2004, Chapter: Latest Information.

163 Vgl. Douvier, P.-J., National Report France, in: Cahiers de droit fiscal international, Volume LXXXVIb, Limits on the use of low-tax regimes by multinational businesses, 2001, S. 496 f; Sandler, D., Tax Treaties and Controlled Foreign Company Legislation, 1998, S. 27.

164 Vgl. Kabbaj, H., French National Report, in: Lang/Aigner/Scheuerle/Stefaner, CFC Legislation, 2004, S. 227; Douvier, P.-J., National Report France, in: Cahiers de droit fiscal international, Volume LXXXVIb, Limits on the use of low-tax regimes by multinational businesses, 2001, S. 496.

165 Vgl. hierzu bei 2.2.4.2.

166 Vgl. Baranger, S., Taxation of Companies in France, in: Taxation of Companies in Europe, http://online2.ibfd.org/gii/, Major Jurisdictions, France, 2004, Chapter: Latest Information.

2.2.4 Rechtsfolge

2.2.4.1 Einkünftehinzurechnung

Die Einkünfte der CFC sind dem inländischen Gesellschafter anteilig entsprechend seiner Beteiligung am Nennkapital, am Gewinn oder an den Stimmrechten hinzuzurechnen.[167] Der Hinzurechnungsbetrag umfasst die gesamten Einkünfte der CFC, ungeachtet dessen, ob sie aus aktiver oder passiver Tätigkeit stammen.[168] Die Einkünfte sind nach französischem Recht zu ermitteln.[169]

Der Hinzurechnungsbetrag ist in dem Wirtschaftsjahr zu besteuern, in welchem er von dem Gesellschafter als „erworben" gilt. Als „Erwerbszeitpunkt" wird der erste Tag des dem Wirtschaftsjahr der CFC folgenden Monats angenommen („est réputé acquis le premier jour du mois").[170]

2.2.4.2 Ausnahme

In der französischen CFC-Regelung ist entscheidend, ob der inländische Gesellschafter von dem privilegierten Steuersystem des CFC-Staates profitiert, und wenn ja, ob die Verlagerung der Gewinne in das privilegiert besteuernde Ausland der einzige Grund ist, in diesem Staat unternehmerisch tätig zu sein. Davon wird nicht ausgegangen, wenn die Bruttoerträge der CFC hauptsächlich aus nationaler Industrie oder nationalem Handel stammen.[171] Sofern demnach

- mehr als 50% der Erträge der CFC
- aus aktiven Tätigkeiten (Industrie und Handel)
- aus dem örtlichen Markt

bezogen werden, entfällt die Hinzurechnungsbesteuerung, selbst wenn ein Niedrigsteuerregime in dem Staat der CFC herrscht.[172] Diese Befreiungsvorschrift können Holdinggesellschaften nicht in Anspruch nehmen.[173]

---

[167] Vgl. Sandler, D., Tax Treaties and Controlled Foreign Company Legislation, 1998, S. 27.

[168] Art. 209 B I und Ia 2. CGI 1980 und Art. 209 B I. 1. CGI 2005. Hierbei sind unmittelbare und mittelbare Beteiligungen am Nennkapital zu berücksichtigen. Stimmrechtsanteile werden nur bei der Ermittlung der Hinzurechnungs- und Beherrschungsbeteiliung miteinbezogen, nicht jedoch bei der Ermittlung der Hinzurechnungsquote. Die Hinzurechnungsquote bestimmt sich nur nach der Nennkapitalbeteiligung. Vgl. Douvier, P.-J., National Report France, in: Cahiers de droit fiscal international, Volume LXXXVIb, Limits on the use of low-tax regimes by multinational businesses, 2001, S. 501 f.

[169] Vgl. Kabbaj, H., French National Report, in: Lang/Aigner/Scheuerle/Stefaner, CFC Legislation, 2004, S. 233.

[170] Art. 209 B Ia 3. CGI 1980 und Art. 209 B I. 3. CGI 2005.

[171] Vgl. Blanluet, G., French National Report, in: Schön, W. (Hrsg.), Tax Competition in Europe, 2003, S. 22

[172] Art. 209 B II und IIa CGI 1980 und ähnlich in Art. 209 B III. CGI 2005; vgl. hierzu Kabbaj, H., French National Report, in: Lang/Aigner/Scheuerle/Stefaner, CFC Legislation, 2004, S. 234 f; Douvier, P.-J., National Report France, in: Cahiers de droit fiscal international, Volume LXXXVIb, Limits on the use of low-tax regimes by multinational businesses, 2001, S. 504 f;

Der Gesetzesentwurf 2005 sieht innerhalb der EU-Staaten eine entschärfte Regelung vor. Innerhalb der Europäischen Union sollen nur mehr „künstliche Gestaltungen" von der CFC-Gesetzgebung erfasst werden.[174]

2.2.5 Hinzurechnungsbetrag

2.2.5.1 Qualifikation des Hinzurechnungsbetrags

Der Hinzurechnungsbetrag wird im Gesetzestext des Art. 209 B nicht genauer qualifiziert, insbesondere nicht – anders als in der deutschen Gesetzgebung – namentlich als (fiktive) Dividende bezeichnet. Auch innerhalb der Gerichte besteht keine Einigkeit über die Qualifikation des Hinzurechnungsbetrags als Dividende, Unternehmensgewinn oder Einkommen besonderer Art.[175] Am 28. Juni 2002[176] hat jedoch das höchste französische Gericht, der Conseil d'Etat, im Fall *Schneider* entschieden, dass der Hinzurechnungsbetrag als Unternehmensgewinn (gewerbliche Einkünfte) zu qualifizieren sei. Dies würde sich aus dem Gesetzeswortlaut ergeben.[177] Der Gesetzeswortlaut besagt, dass das Einkommen der CFC als Einkommen des Gesellschafters anzusehen ist.[178] Es handele sich um gewerbliche Einkünfte der CFC, die lediglich von dem französischen Gesellschafter als „erworben" gelten.

2.2.5.2 Besteuerung des Hinzurechnungsbetrags

Die Ermittlung des hinzuzurechnenden Gewinns der CFC muss nach den französischen steuerlichen Gewinnermittlungsvorschriften erfolgen.[179] Bei der Besteuerung

Douvier, P.-J., International Tax Review, 1995, Vol. 6, Iss. 3, pg. 35 (37); Baconnier, R., Das neue französische Außensteuerrecht, in: Vogel/Ellis u.a., Steueroasen und Außensteuergesetze, 1981, S. 57.

173 Vgl. Douvier, P.-J., National Report France, in: Cahiers de droit fiscal international, Volume LXXXVIb, Limits on the use of low-tax regimes by multinational businesses, 2001, S. 504 f; TNS, 8 June 1998, Issue 23, Volume 32, S. 208.

174 Art. 209 B II. CGI 2005; vgl. Baranger, S., Taxation of Companies in France, in: Taxation of Companies in Europe, http://online2.ibfd.org/gii/, Major Jurisdictions, France, 2004, Chapter: Latest Information.

175 Vgl. Kabbaj, H., French National Report, in: Lang/Aigner/Scheuerle/Stefaner, CFC Legislation, 2004, S. 238. Der „Administrative Tribunal of Poitiers" entschied am 25. Februar 1999, dass die CFC-Rules mit Art. 7 des DBA Frankreich–Schweiz nicht vereinbar sind. Das Gericht hat hierbei den Hinzurechnungsbetrag als „Unternehmensgewinn" qualifiziert. Diese Entscheidung war die letzte von drei zu dieser Problematik ergangenen Gerichtsentscheidungen. Die beiden vorangegangenen Gerichtsentscheidungen kamen zu einem gegenteiligen Ergebnis. Vgl. hierzu TNS, 24 May 1999, Issue 21, Volume 33, S. 183 f.

176 Vgl. TNS, 8 July 2002, Issue 28, Volume 36, S. 382.

177 Vgl. Kabbaj, H., French National Report, in: Lang/Aigner/Scheuerle/Stefaner, CFC Legislation, 2004, S. 223 f, 238, 242.

178 « Lorsqu'ils sont réalisés par une entité juridique, ils sont réputés constituer un revenu de capitaux mobiliers imposable de la personne morale établie en France.... » Art. 209 B I. 1. CGI 2005.

179 Vgl. Kabbaj, H., French National Report, in: Lang/Aigner/Scheuerle/Stefaner, CFC Legislation, 2004, S. 233; Baconnier, R., Das neue französische Außensteuerrecht, in: Vogel/Ellis u.a., Steueroasen und Außensteuergesetze, München 1981, S. 56.

wird der Steuertarif angewandt, der auch für inländische Unternehmensgewinne (gewerbliche Einkünfte) gilt.[180]

Allerdings erfolgt eine separate Besteuerung des Hinzurechnungsbetrags, d.h. der Hinzurechnungsbetrag wird nicht Bestandteil des (eigenen) Unternehmensgewinns des französischen Gesellschafters. Dementsprechend muss auch eine separate Erklärung hinsichtlich des Hinzurechnungsbetrags abgegeben werden.[181]

2.2.5.3 „Negativer Hinzurechnungsbetrag"

Durch die gesonderte Erklärung des Hinzurechnungsbetrags soll verhindert werden, dass inländische Gewinne des Gesellschafters mit Verlusten der CFC („negativen Hinzurechnungsbeträgen") ausgeglichen werden.[182] Es ist lediglich ein Verlustvortrag und -rücktrag auf Ebene der CFC zulässig. Der Verlustvortrag ist auf fünf Jahre, der Verlustrücktrag auf die letzten drei Jahre beschränkt.[183] Diese Verlustverrechnungsvorschriften gelten nur für CFCs gemäß Art. 209 B.[184] Die allgemeinen inländischen Verlustverrechnungsvorschriften gelten nicht.

Eine Konsolidierung positiver und negativer Einkünfte verschiedener CFC ist grundsätzlich nicht möglich, es sei denn, es wird auf Antrag eine Genehmigung zur Konsolidierung durch die Finanzbehörden erteilt.[185]

2.2.6 Maßnahmen zur Vermeidung von Doppelbelastungen

2.2.6.1 Ausländische Steuern

Die im Ausland auf den Gewinn der CFC gezahlte Steuer, die mit der französischen Körperschaftsteuer vergleichbar ist, kann auf die inländische Steuerlast des Gesell-

---

180 Art. 209 B I CGI 1980; Kabbaj, H., French National Report, in: Lang/Aigner/Scheuerle/Stefaner, CFC Legislation, 2004, S. 232.

181 Art. 209 B Ia 3. CGI 1980; vgl. Douvier, P.-J., National Report France, in: Cahiers de droit fiscal international, Volume LXXXVIb, Limits on the use of low-tax regimes by multinational businesses, 2001, S. 514 f; Dibout P., International Tax Review, 1999, Vol. 10, Iss. 7, pg. 45; Blanluet, G., French National Report, in: Schön, W. (Hrsg.), Tax Competition in Europe, 2003, S. 22; Baconnier, R., Das neue französische Außensteuerrecht, in: Vogel/Ellis u.a., Steueroasen und Außensteuergesetze, München 1981, S. 55. Gemäß dem Gesetzesentwurf 2005 soll eine Verwaltungsanweisung die Erklärungspflichten noch regeln, so in Art. 209 B IV. 1. CGI 2005.

182 Vgl. Blanluet, G., French National Report, in: Schön, W. (Hrsg.), Tax Competition in Europe, 2003, S. 22; Baconnier, R., Das neue französische Außensteuerrecht, in: Vogel/Ellis u.a., Steueroasen und Außensteuergesetze, 1981, S. 56.

183 Vgl. Douvier, P.-J., National Report France, in: Cahiers de droit fiscal international, Volume LXXXVIb, Limits on the use of low-tax regimes by multinational businesses, 2001, S. 509 f.

184 Vgl. Kabbaj, H., French National Report, in: Lang/Aigner/Scheuerle/Stefaner, CFC Legislation, 2004, S. 233.

185 Vgl. Sandler, D., Tax Treaties and Controlled Foreign Company Legislation, 1998, S. 131, 235, 77; Douvier, P.-J., National Report France, in: Cahiers de droit fiscal international, Volume LXXXVIb, Limits on the use of low-tax regimes by multinational businesses, 2001, S. 509 f; Douvier, P.-J., International Tax Review, 1995, Vol. 6, Iss. 3, pg. 35 (40).

schafters insoweit angerechnet werden, als die Gewinne der CFC der Hinzurechnungsbesteuerung unterliegen. Die Hinzurechnung betrifft somit den „profit before tax" der CFC, jedoch mit Anrechnungsmöglichkeit der ausländischen Steuer.[186]

2.2.6.2 Tatsächliche Ausschüttung

Tatsächliche Gewinnausschüttungen der CFC sind im Inland insoweit steuerfrei, als die Gewinne in Form des Hinzurechnungsbetrags bereits vorab der Steuer unterworfen wurden.[187] Ausländische Quellensteuern, die die tatsächlichen Gewinnausschüttungen belastet haben, können bei Bestehen eines DBA auf die Steuerlast des französischen Gesellschafters angerechnet werden.[188]

2.2.7 Besteuerungskonzeption

Die Besteuerungskonzeption der französischen Hinzurechnungsbesteuerung kann wie folgt dargestellt werden:

- Der Hinzurechnungsbetrag wird laut dem französischen höchsten Gericht, dem Conseil d'Etat, als Unternehmensgewinn qualifiziert. Dementsprechend wird der Hinzurechnungsbetrag bei dem inländischen Gesellschafter als Unternehmensgewinn (gewerbliche Einkünfte) mit dem Tarif besteuert. Da die Gewinne auch im Staat der CFC besteuert wurden, wird zur Vermeidung einer Doppelbesteuerung die ausländische Steuer auf die inländische Steuer angerechnet.

- Da eine separate Besteuerung ohne Einbezug des übrigen inländischen Unternehmensgewinns des Gesellschafters erfolgt, kann es bei der Hinzurechnungsbesteuerung zu einer höheren Steuer kommen als sich ergeben würde, wenn die Einkünfte unmittelbar im Inland erwirtschaftet worden wären. Dies ist dann der Fall, wenn die CFC Verluste erzielt. Ein „negativer Hinzurechnungsbetrag" ist nicht mit den übrigen positiven inländischen Einkünften nach den allgemeinen französischen Verlustverrechnungsvorschriften ausgleichsfähig, er kann lediglich zeitlich beschränkt vor- und zurückgetragen werden. Eine einem inländischen Unternehmensgewinn identische Besteuerung wird somit nicht erreicht.

  Das von Frankreich verfolgte Konzept der „Unternehmensgewinnbesteuerung" wird daher im Verlustfall durchbrochen. Denn bei Verlusterzielung wird hinsichtlich des „negativen Hinzurechnungsbetrags" beim Gesellschafter ein Verlustausgleich versagt und lediglich eine sehr restriktive Verlustabzugsmöglichkeit gewährt.

---

[186] Art. 209 B Ia 4. CGI 1980 und Art. 209 B I. 4. CGI 2005; vgl. Kabbaj, H., French National Report, in: Lang/Aigner/Scheuerle/Stefaner, CFC Legislation, 2004, S. 234; Douvier, P.-J., International Tax Review, 1995, Vol. 6, Iss. 3, pg. 35 (39).

[187] Art. 209 B III CGI 1980; vgl. Sandler, D., Tax Treaties and Controlled Foreign Company Legislation, 1998, S. 235.

[188] Art. 209 B III CGI 1980 i.V.m. Artikel 102X des Anhangs II zu CGI; vgl. Kabbaj, H., French National Report, in: Lang/Aigner/Scheuerle/Stefaner, CFC Legislation, 2004, S. 234.

- Bei tatsächlicher Ausschüttung des Gewinns der CFC wird die Dividende in Höhe des bereits vorab der Hinzurechnungsbesteuerung unterworfenen Betrags zur Vermeidung einer zweifachen Erfassung im Inland von der Besteuerung freigestellt. Letztlich wird durch dieses Vorgehen der Gewinn der CFC quasi so besteuert, wie wenn er in Frankreich angefallen wäre. Die Steuer auf den Gewinn der CFC wird durch die Hinzrechnungsbesteuerung auf das französische Steuerbelastungsniveau „hochgeschleust".

  Bemerkenswerterweise entspricht dieses Ergebnis dem Ergebnis der deutschen Hinzurechnungsbesteuerung – obwohl Deutschland auf dem Konzept der „Ausschüttungsfiktion" und Frankreich auf dem Konzept der „Unternehmensgewinnbesteuerung" aufbaut. Die Ursache liegt darin, dass Deutschland in Abweichung von seinem deklarierten Konzept de facto keine dividendenkonforme Besteuerung vornimmt.

- Die Konzeption der Besteuerung des Hinzurechnungsbetrags als „Unternehmensgewinn" gereicht dem Gesellschafter stets dann zum Nachteil, wenn eine Dividende nach den allgemeinen Vorschriften des nationalen französischen Steuerrechts oder des DBA-Rechts[189] steuerfrei wäre. Würde die Hinzurechnungsbesteuerung nicht existieren, würde der Gewinn der CFC (spätestens bei Liquidation) in Form einer Dividende zu dem Gesellschafter gelangen. Findet das Schachtelprivileg im Falle einer Dividende Anwendung, führt die Hinzurechnungsbesteuerung regelmäßig deshalb zu einer Mehrbelastung, weil der Hinzurechnungsbetrag besteuert wird, eine Dividende hingegen unbesteuert bliebe.
  Ebenso wie Deutschland hat auch Frankreich mit Wirkung zum 1.1.2005 das „Anrechnungssystem" durch ein „Klassisches System" ersetzt.[190] Ab dem 1.1.2005 gestaltet sich die Dividendenbesteuerung bei Dividenden aus dem Ausland wie folgt:[191]

---

[189] Eine Untersuchung in Bezug auf die Mutter-Tochter-Richtlinie (Richtlinie 90/435/EEC v. 23.7.1990) kann entfallen, da diese in Art. 4 Abs. 1 EEC den EU-Staaten die freie Wahl zwischen der Freistellungs- und Anrechnungsmethode lässt. Die Mutter-Tochter-Richtlinie fordert also nicht zwingend die Steuerfreistellung von Dividenden bei der empfangenden Muttergesellschaft. Sie fordert lediglich die Freistellung von dem Kapitalertragssteuereinbehalt seitens der ausschüttenden Tochtergesellschaft, so Art. 5 Abs. 1 EEC. Sofern die Mutter-Tochter-Richtlinie bereits in nationales Recht der einzelnen Staaten umgesetzt wurde, geben dies die nationalen Vorschriften wieder.

[190] Vgl. Baranger, S., France, in: Taxation of Patent Royalties, Dividends, Interest in Europe, http://online2.ibfd.org/gi/, 2004, Contents: France, Chapter A.

[191] Vgl. Baranger, S., France, in: Taxation of Patent Royalties, Dividends, Interest in Europe, http://online2.ibfd.org/gi/, 2004, Contents: France, Chapter A.

Ausländische Dividenden sind nach nationalem Recht steuerfrei[192], wenn[193]

- der Empfänger der Dividenden (Gesellschafter) eine in Frankreich steuerpflichtige Mutterkapitalgesellschaft in der Rechtsform einer SA, SARL oder eine ähnliche Gesellschaft ist,
- die die Dividende ausschüttende Gesellschaft eine ausländische Tochtergesellschaft ist,
- der Gesellschafter Anteile i.H.v. mindestens 5% im Zeitpunkt der Ausschüttung (Mindestbeteiligungshöhe) hält[194] und
- der Gesellschafter seine Beteiligung für mindestens 2 Jahre (Mindesthaltedauer) hält.[195]

Die von Frankreich abgeschlossenen DBA sehen grundsätzlich keine Steuerfreistellung ausländischer Dividenden vor, sondern lediglich die Steuerpflicht unter Anrechnung der ausländischen Quellensteuer (Anrechnungsmethode).[196] Die Freistellung von Schachteldividenden ist daher in kaum einem DBA mit Frankreich zu finden.[197] Die Anrechnungsmethode ist z.B. in den DBA mit Deutschland (Art. 20 Abs. 2 (a) des DBA), mit Österreich (Art. 23 Abs. 1 (a) des DBA), Belgien (Art. 19 B (1) des DBA), Finnland (Art. 10 i.V.m. Art. 23 Abs. 1 (a) des DBA), Griechenland (Art. 21 Abs. 3 des DBA), Italien (Art. 24 Abs. 1 (a) des DBA), Luxemburg

192 Allerdings gelten 5% der Dividende als (fiktive) nicht abziehbare Betriebsausgaben, die im Zusammenhang mit diesen steuerfreien Dividenden stehen. Im Ergebnis ist daher nur 95% der Dividende steuerfrei. Vgl. Baranger, S., France, in: European Tax Handbook, http://online2.ibfd.org/eth/, 2004, Section A, France, Chapter 8.1.2. Rz. 736; Baranger, S., Taxation of Companies in France, in: Taxation of Companies in Europe, http://online2.ibfd.org/gii/, Major Jurisdictions, France, 2004, Chapter 8.1.2. Rz. 736.

193 Liegen diese Voraussetzungen nicht vor, d.h. ist der Empfänger der Dividende keine „parent company", sind die Dividenden steuerpflichtig. Die Dividende ist im DBA-Fall als Bruttodividende anzusetzen, die ausländische Quellensteuer ist anrechenbar. Die Dividende ist im Nicht-DBA-Fall als Nettodividende anzusetzen, die ausländische Quellensteuer ist nicht anrechenbar. Vgl. Baranger, S., France, in: European Tax Handbook, http://online2.ibfd.org/eth/, 2004, Section A, France, Chapter 8.1.2. Rz. 736.

194 Diese Regelung gilt m.W.z. 1.1.2005. Die Beteiligungsquote wurde im Finance Law 2004 von 10% auf 5% gesenkt. Ferner hat es ursprünglich auch alternativ ausgereicht, wenn die Anschaffungskosten auf die Beteiligung mindestens 22,8 Mio. EUR betrugen. Vgl. hierzu Blanluet, G., Taxation of Companies in France, in: Guides to Taxation in Europe, Volume II, The Taxation of Companies in Europe, 1999, Chapter 8.1.2. Rz. 736 i.V.m. Chapter 9.1.2. Rz. 814; Baranger, S., France, in: European Tax Handbook, http://online2.ibfd.org/eth/, 2004, Section A, France, Chapter 8.1.2. Rz. 736 i.V.m. Chapter 9.1.2. Rz. 814; Baranger, S., Taxation of Companies in France, in: Taxation of Companies in Europe, http://online2.ibfd.org/gii/, Major Jurisdictions, France, 2004, Chapter: Latest Information und Chapter 8.1.2. Rz. 736 i.V.m. Chapter 9.1.2. Rz. 814.

195 Vgl. Baranger, S., France, in: Taxation of Patent Royalties, Dividends, Interest in Europe, http://online2.ibfd.org/gi/, 2004, Contents: France, Chapter A.

196 Vgl. Kramer in: Debatin/Wassermeyer, MA, Art. 20 Rz. 44; ferner bei Baranger, S., France, in: European Tax Handbook, http://online2.ibfd.org/eth/, 2004, Section A, France, Chapter 8.3.1.2. Rz. 766.

197 Vgl. hierzu auch Untersuchungsergebnis bei Baranger, S., France, in: Taxation of Patent Royalties, Dividends, Interest in Europe, http://online2.ibfd.org/gi/, 2004, Contents: France, Chapter B.

(Art. 19 Abs. 3 (b) des DBA), Niederlande (Art. 24 B (b) des DBA), Norwegen (Art. 24 Abs. 1 (a) des DBA) und United Kingdom (Art. 24 (a) (ii) des DBA) festgelegt.

Die nationale Regelung der Dividendenbesteuerung ist im Allgemeinen günstiger als die DBA-Regelung, denn hier besteht die Möglichkeit der Steuerfreiheit von Dividenden. Die DBA-Regelung kommt daher meist nicht zum Tragen. Dividenden sind demnach bei Erfüllung der national vorgegebenen Mindestbeteiligungshöhe und der Mindesthaltedauer steuerfrei.

- Im Ergebnis zeigt sich, dass auch in den Fällen, in welchen es zu einer Hinzurechnungsbesteuerung kommt, durchaus – nach nationalem Recht – die Voraussetzungen für eine Steuerfreistellung von Dividenden erfüllt sein können. Dies gilt insbesondere deshalb, weil an die Steuerfreiheit weder das Kriterium einer „vergleichbaren Besteuerung" im Staat der CFC noch einer „aktiven Tätigkeit" der CFC geknüpft ist. Das Schachtelprivileg und die Hinzurechnungsbesteuerung schließen sich daher gegenseitig nicht aus. Kommt es zu einer Hinzurechnungssteuer, obwohl bei Ausschüttung eine Dividendenfreistellung gewährt werden würde, führt die Hinzurechnungsbesteuerung in der Konzeption als „Unternehmensgewinnbesteuerung" zu einer absoluten Steuermehrbelastung für den inländischen Gesellschafter und damit gewissermaßen zu einer „Strafsteuer".

2.3 Großbritannien

2.3.1 Rechtsentwicklung

Die englischen CFC-Rules wurden im Jahr 1984 verabschiedet. Die Beratungen über die gesetzlichen Vorschriften begannen bereits 1980 unmittelbar nach dem Fall der englischen „exchange control"-Regelungen und dauerten 4 Jahre.[198] Die CFC-Rules wurden in „Part XVII", „Chapter IV", „Sections 747 bis 756" und den Anhängen 24 bis 26 des „Income and Corporation Taxes Act 1988" (ICTA 1988) aufgenommen.[199] Die Vorschriften wurden viele Male geändert.[200] Erhebliche Änderungen haben sie insbesondere in den Jahren 1998 und 2000 erfahren.[201]

In Großbritannien haben „Special Commissioners"[202] dem EuGH in Sachen *Cadbury Schweppes* die Frage vorgelegt, ob die englische CFC-Gesetzgebung mit dem Europäischen Gemeinschaftsrecht, insbesondere den Grundfreiheiten des EG-Vertrags, vereinbar ist.[203] Bislang hat der EuGH noch keine Entscheidung getroffen.[204]

---

198 Vgl. Sandler, D., Tax Treaties and Controlled Foreign Company Legislation, 1998, S. 28.

199 Vgl. Moore, R. M., The Taxation of Companies in United Kingdom, in: Guides to European Taxation, Volume II, The Taxation of Companies in Europe, 1999, Chapter 14.4.; Bater, P., Corporate Taxation in United Kingdom, in: European Taxation Database, http://online2.ibfd.org/euro/, 2004, Corporate Taxation (detailed), United Kingdom, Chapter 13.4.

200 Finance Act 1998, Sec. 112, 113 und Schedule 17; Finance Act 1999, Sec. 88; Finance Act 2000, Sec. 104 und Schedule 31; Finance Act 2001, Sec. 82; Finance Act 2002, Sec. 89, 90; Finance Act 2003, Sec. 200 und Schedule 42.

201 Finance Act 1998, Sec. 112, 113 und Schedule 17. Die Änderungen traten mit Wirkung zum 1.7.1998 in Kraft. Vgl. Moore, R. M., The Taxation of Companies in United Kingdom, in: Guides to European Taxation, Volume II, The Taxation of Companies in Europe, 1999, Chapter 14.4.; ferner im Finance Act 2000, Sec. 104 und Schedule 31; vgl. TNS, 15 November 1999, Issue 46, Volume 33, S. 387. Zu den Änderungen im Überblick, vgl. Gay, S., International Tax Review, 1998, Vol. 9, Iss. 8, pg. 86; Clayson, M., International Tax Review, 1996, Vol. 7, Iss. 3, pg. 9; Swanick, M./Mosha, S./O'Hagan, J., Tax Management International Journal, 2000, Vol. 29, Iss. 8, pg. 459.

202 Namentlich Mr. Avery Jones und Mr. Malcom Gammie. Vgl. bei Lieber, B./Rasch, S., GmbHR 2004, S. 1573.

203 Vgl. Finance and Tax Tribunal, 6.6.2004 – Case SPC/00415, Cadbury Schweppes plc. and Cadbury Schweppes Overseas Limited vs. The Commissioners of Inland Revenue; EuGH-Az.: C-196/04; TNS, 28 August 2003, Volume 37, Issue 39, http://online2.ibfd.org/tns/; TNS, 10 June 2004, Volume 38, Issue 26, http://online2.ibfd.org/tns/; Lieber, B./Rasch, S., GmbHR 2004, S. 1572 ff.

204 Es wird überwiegend erwartet, dass der EuGH sich für eine Europarechtswidrigkeit der englischen CFC-Rules ausspricht. Vgl. hierzu z.B. Körner, A., IStR 2004, S. 697 ff.

2.3.2 Persönlicher Anwendungsbereich

2.3.2.1 Ausländische Gesellschaft (CFC)

Rechtsform und Steuerpflicht

Die ausländische Gesellschaft muss eine „non-UK-resident company“ sein,[205] d.h. eine Körperschaft, die im Ausland ihren Sitz („residence“) oder ihre Geschäftsführung („place of management“) hat.[206] „Partnerships“ kommen daher als CFC nicht in Frage.[207]

Beherrschungsbeteiligung

Die “non-UK-resident company” muss von “UK-resident persons” beherrscht werden.[208] Wann eine Gesellschaft als beherrscht („controlled“) gilt, war im Gesetzestext des ICTA 1988 ursprünglich nicht geregelt. Nach den allgemeinen Grundsätzen gilt eine Gesellschaft dann als beherrscht, wenn eine Person die Möglichkeit hat sicherzustellen, dass die Gesellschaft im Einklang mit ihren Wünschen handelt, entweder

a) aufgrund einer mehr als 50%-igen Nennkapital-[209] oder Stimmrechtsbeteiligung[210] an der Gesellschaft oder an einem mit der Gesellschaft verbundenen Unternehmen oder
b) aufgrund einer anderen Einflussmöglichkeit durch ein mit der Gesellschaft verbundenes Unternehmen oder durch sonstige Vereinbarungen.[211]

Im „Finance Act“ 2000[212] wurde die Definition von “Kontrolle” für CFC-Zwecke ausgedehnt. Eine Beherrschungsbeteiligung wird seither bereits dann angenommen, wenn

---

205 Sec. 747 Abs. 1 (a) ICTA.

206 Sec. 749 Abs. 1 i.V.m. Sec. 832 Abs. 1 ICTA; vgl. Friel, D., National Report United Kingdom, in: Cahiers de droit fiscal international, Volume LXXXVIb, Limits on the use of low-tax regimes by multinational businesses, 2001, S. 870; Clayson, M., International Tax Review, 1996, Vol. 7, Iss. 3, pg. 9; Savory, J., International Tax Review, 1999, Vol. 10, Iss. 6, pg. 36; Bater, P., Corporate Taxation in United Kingdom, in: European Taxation Database, http://online2.ibfd.org/euro/, 2004, Corporate Taxation (detailed), United Kingdom, Chapter 13.4.

207 Vgl. bei Ullah, M., National Report United Kingdom, in: Lang/Aigner/Scheuerle/Stefaner, CFC Legislation, 2004, S. 615.

208 Sec. 747 Abs. 1 (b) ICTA.

209 Vgl. Bater, P., Corporate Taxation in United Kingdom, in: European Taxation Database, http://online2.ibfd.org/euro/, 2004, Corporate Taxation (detailed), United Kingdom, Chapter 13.4.

210 Die Maßgeblichkeit der Stimmrechtsmehrheit basiert auf dem Grundgedanke, dass in der Regel aufgrund einer Stimmrechtsmehrheit Mitglieder des „board of directors“ ge- und abgewählt werden können. Hierin spiegelt sich die Beherrschung einer Gesellschaft wider. Vgl. Friel, D., National Report United Kingdom, in: Cahiers de droit fiscal international, Volume LXXXVIb, Limits on the use of low-tax regimes by multinational businesses, 2001, S. 877.

211 Vgl. Ullah, M., National Report United Kingdom, in: Lang/Aigner/Scheuerle/Stefaner, CFC Legislation, 2004, S. 615.

212 Finance Act 2000, Schedule 31. Es wurde ein neuer (1A) in Sec. 747 (2) i.V.m. einer neuen Sec. 755D ICTA eingefügt. Vgl. auch bei Bater, P., Taxation of Companies in United Kingdom, in: Taxation of Companies in Europe, http://online2.ibfd.org/gii/, 2004, Major Jurisdictions, United Kingdom, Chapter 13.4.

zwar nicht die oben genannten allgemeinen Voraussetzungen für eine „Kontrolle" gegeben sind, aber

a) zwei Personen gemeinsam die CFC dadurch kontrollieren, dass[213]
b) eine der beiden Personen zu mindestens 40% am Kapital, an den Stimmrechten oder sonstigen Rechten beteiligt ist[214] und
c) die andere der beiden Personen zu mindestens 40%, aber höchstens 55% am Kapital, an den Stimmrechten oder sonstigen Rechten beteiligt ist.[215]

Bei der Ermittlung der Beteiligungshöhe werden „UK connected persons" mitberücksichtigt.[216] Es ist ausreichend, wenn eine Beherrschungsbeteiligung zu irgendeinem Zeitpunkt im Wirtschaftsjahr gegeben ist.[217]

2.3.2.2 Inländischer Gesellschafter

Rechtsform und Steuerpflicht

Der inländische Gesellschafter muss eine „UK resident company" sein,[218] d.h. eine Körperschaft, die im Inland ihren Sitz („residence") oder ihre Geschäftsführung („place of management") hat. Für natürliche Personen und Personengesellschaften sind die CFC-Rules nicht einschlägig.[219]

Hinzurechnungsbeteiligung

Obwohl die Hinzurechnungsbesteuerung lediglich eine „resident *company*" treffen kann, sprechen die „allocation rules" von „*persons*". Der Begriff „Personen" umschließt grundsätzlich neben Körperschaften auch Personenvereinigungen und natürliche Personen. Selbst wenn hinsichtlich der Frage der Hinzurechnungsbeteiligung ver-

---

213 Sec. 747 (2) (1A) a) ICTA 2000.

214 Sec. 747 Abs. 2 (1A) b) i.V.m. Sec. 755D (3) ICTA 2000.

215 Sec. 747 Abs. 2 (1A) c) i.V.m. Sec. 755D (4) ICTA 2000.

216 Sec. 755 C Abs. 6 d) ICTA; vgl. Friel, D., National Report United Kingdom, in: Cahiers de droit fiscal international, Volume LXXXVIb, Limits on the use of low-tax regimes by multinational businesses, 2001, S. 878; vgl. ausführlich bei Bater, P., Corporate Taxation in United Kingdom, in: European Taxation Database, http://online2.ibfd.org/euro/, 2004, Corporate Taxation (detailed), United Kingdom, Chapter 13.4.

217 Sec. 747 Abs. 1 ICTA.

218 Sec. 747 Abs. 4 (a) ICTA.

219 Sec. 747 Abs. 4 (b) ICTA; vgl. Friel, D., National Report United Kingdom, in: Cahiers de droit fiscal international, Volume LXXXVIb, Limits on the use of low-tax regimes by multinational businesses, 2001, S. 878; Savory, J. International Tax Review, 1999, Vol. 10, Iss. 6, pg. 36; Bater, P., United Kingdom, in: European Tax Handbook, http://online2.ibfd.org/eth/, 2004, Section A, United Kingdom, Chapter 7.4.; Bater, P., Corporate Taxation in United Kingdom, in: European Taxation Database, http://online2.ibfd.org/euro/, 2004, Corporate Taxation (detailed), United Kingdom, Chapter 13.4.

allgemeinert von Personen gesprochen wird, fallen dennoch unter die Hinzurechnungsbesteuerung nur Körperschaften.[220]

Die Hinzurechnungsbeteiligung ist bei jeder "Person" erfüllt, „who had an interest in that company at any time during that accounting period".[221] Gemäß Sec. 749 Abs. 5 ICTA haben folgende Personen[222] eine relevante Beteiligung („interest") an der CFC:[223]

a) Jede Person, die am Nennkapital oder an den Stimmrechten beteiligt ist, oder das Recht hat, eine solche Beteiligung zu erwerben.
b) Jede Person, die ein Gewinnbezugsrecht (auf Bar- oder Sachdividende) hat, oder das Recht hat, diese zu erwerben.
c) Jede Person, die ihr Bezugsrecht für Einkommen oder Vermögensgegenstände (sei es jetzt oder zukünftig) unmittelbar oder mittelbar sichern kann.
d) Jede Person, die entweder allein oder zusammen mit anderen Personen, die Kontrolle über die ausländische Gesellschaft hat.

Allerdings soll keine Hinzurechnungsbesteuerung stattfinden, wenn der anteilige Hinzurechnungsbetrag bei der jeweiligen Person weniger als 25% (bis 1998 10%[224]) des gesamten hinzuzurechnenden Betrags ausmacht.[225]

2.3.3 Tatbestand

Bei der englischen CFC-Gesetzgebung ist – ebenso wie bei der französischen – einziges Tatbestandsmerkmal die „Niedrigbesteuerung". Die Art der Tätigkeit der CFC ist nicht maßgeblich.[226]

---

[220] Vgl. insbesondere bei Ullah, M., National Report United Kingdom, in: Lang/Aigner/Scheuerle/Stefaner, CFC Legislation, 2004, S. 611, 614.

[221] So Sec. 747 Abs. 3 ICTA.

[222] Bis 1999 konnten, sofern die englischen Steuerbehörden (Board of Inland Revenue) dies für angebracht hielten, auch Darlehensgeber unter die Hinzurechnungsbesteuerung fallen, Sec. 749 Abs. 7 ICTA 1988. Diese Regelung wurde jedoch geändert. Fremdkapitalgeber sind nun von der Hinzurechnungsbesteuerung ausgeschlossen. Vgl. Clayson, M., International Tax Review, 1996, Vol. 7, Iss. 3, pg. 11; Savory, J., International Tax Review, 1999, Vol. 10, Iss. 6, pg. 37.

[223] Vgl. Friel, D., National Report United Kingdom, in: Cahiers de droit fiscal international, Volume LXXXVIb, Limits on the use of low-tax regimes by multinational businesses, 2001, S. 878 f; Clayson, M., International Tax Review, 1996, Vol. 7, Iss. 3, pg. 9; Savory, J., International Tax Review, 1999, Vol. 10, Iss. 6, pg. 36; Bater, P., United Kingdom, in: European Tax Handbook, http://online2.ibfd.org/eth/, 2004, Section A, United Kingdom, Chapter 7.4.; Bater, P., Corporate Taxation in United Kingdom, in: European Taxation Database, http://online2.ibfd.org/euro/, 2004, Corporate Taxation (detailed), United Kingdom, Chapter 13.4.

[224] Geändert im Rahmen des Finance Act 1998; Vgl. ferner bei Clayson, M., International Tax Review, 1996, Vol. 7, Iss. 3, pg. 11.

[225] Sec. 747 Abs. 5 ICTA; Lieber, B./Rasch, S., GmbHR 2004, S. 1574.

[226] Sec. 747 Abs. 3 ICTA.

2.3.3.1 Niedrigbesteuerung

In Großbritannien beinhalten die CFC-Rules einen Test, der darauf abzielt, „low-tax-regimes“ zu identifizieren.[227] Der sog. „lower level of taxation test” im Rahmen der englischen CFC-Gesetzgebung sieht folgende Regelung vor:

Steuerbelastungsvergleich

In einem Steuerbelastungsvergleich wird die Steuer des Sitzstaates der ausländischen Gesellschaft („local tax“) mit der Steuer, mit der diese Gesellschaft belastet wäre, wenn sie in Großbritannien ansässig wäre („corresponding UK tax“), verglichen.[228] Sofern die „local tax“ weniger als 3/4[229] der „corresponding UK tax“ ist, gilt die CFC als niedrigbesteuert („subject to a lower level of taxation“).[230] Der kritische Steuersatz liegt bei 22,5% (3/4 des englischen Körperschaftsteuersatzes von 30%).[231]

Im Rahmen des Financial Act 2000 wurde kodifiziert, dass per se eine Niedrigbesteuerung vorliegt, sofern die “local tax” unter einem sog. „designer rate regime“ erhoben wird.[232] Ein „designer rate regime“ zeichnet sich dadurch aus, dass der Steuerpflichtige (die CFC) so großen Gestaltungsspielraum bei der Steuerberechnung hat, dass er durch entsprechende Ausnutzung des Spielraums eine festgelegte kritische Niedrigsteuergrenze regelmäßig knapp überschreitet und somit nicht als „niedrigbesteuert“ gilt. Derartige „designer rate regimes“ sind nach Auffassung der britischen Behörden auf Guernsey, Jersey, Isle of Man, Gibraltar und Irland zu finden.[233]

---

227 Vgl. Friel, D., National Report United Kingdom, in: Cahiers de droit fiscal international, Volume LXXXVIb, Limits on the use of low-tax regimes by multinational businesses, 2001, S. 869.

228 Sec. 750 Abs. 1 ICTA.

229 Der ICTA 1988 sah damals noch 50% vor, Sec. 750 Abs. 1 ICTA 1988. Die Änderung wurde im Rahmen des Finance Act 2000, Schedule 31, Sec. 3 vorgenommen. Es wurde eine neue Sec. 750A eingefügt.

230 Vgl. Bater, P., Corporate Taxation in United Kingdom, in: European Taxation Database, http://online2.ibfd.org/euro/, 2004, Corporate Taxation (detailed), United Kingdom, Chapter 13.4.

231 Allerdings sind auch Verluste, Freibeträge, Begünstigungen etc. bei dem Belastungsvergleich mit zu berücksichtigen. Vgl. Friel, D., National Report United Kingdom, in: Cahiers de droit fiscal international, Volume LXXXVIb, Limits on the use of low-tax regimes by multinational businesses, 2001, S. 871, 880; Clayson, M., International Tax Review, 1996, Vol. 7, Iss. 3, pg. 9; Savory, J., International Tax Review, 1999, Vol. 10, Iss. 6, pg. 36; Bater, P., United Kingdom, in: European Tax Handbook, http://online2.ibfd.org/eth/, 2004, Section A, United Kingdom, Chapter 7.4.; Lieber, B./Rasch, S., GmbHR 2004, S. 1574.

232 Vgl. Finance Act 2000, Schedule 31, Sec. 3. Es wurde eine neue Sec. 750A ICTA eingefügt.

233 Vgl. Ullah, M., National Report United Kingdom, in: Lang/Aigner/Scheuerle/Stefaner, CFC Legislation, 2004, S. 616; Rowe, J., International Tax Review, 2000, Vol. 11, Iss. 5, pg. 56; TNS, 15 November 1999, Issue 46, Volume 33, S. 387; Bater, P., United Kingdom, in: European Tax Handbook, http://online2.ibfd.org/eth/, 2004, Section A, United Kingdom, Chapter 7.4.; Bater, P., Taxation of Companies in United Kingdom, in: Taxation of Companies in Europe, http://online2.ibfd.org/gii/, 2004, Major Jurisdictions, United Kingdom, Chapter 13.4.

Listensystem

Die englischen Steuerbehörden („Board of Inland Revenue") hatten eine „weiße Liste" und eine „graue Liste" veröffentlicht. Die Listen wurden laufend entsprechend den jeweiligen Entwicklungen in den einzelnen Staaten angepasst.[234] Deutschland wurde beispielsweise 1993 neben der Tschechischen und Slovakischen Republik, Island, die Solomonschen Inseln und Spanien in die „weiße Liste" aufgenommen. Gestrichen wurden beispielsweise Bulgarien, Italien, Malaysia, Marokko, Singapur, Puerto Rico und Thailand.[235]

Im Jahre 1998 wurden die Listen in die sog. „Excluded Countries Regulations"[236] aufgenommen und damit auf eine gesetzliche Grundlage gestellt.[237] Die gesetzliche Liste der „excluded countries" („weiße" Liste) enthält nun zwei Teile.[238] Teil 1 umfasst die Staaten, die grundsätzlich nicht unter die Hinzurechnungsbesteuerung fallen – unabhängig von dem in diesen Staaten herrschenden Steuerbelastungsniveau. Teil 2 enthält diejenigen Staaten, die für bestimmte Gesellschaften oder Einkunftsarten Niedrigsteuerregime anbieten. Die in diesen Staaten ansässigen CFCs fallen nur dann nicht unter die Hinzurechnungsbesteuerung, wenn sie nachweisen, dass sie nicht den Status einer „specifieded tax privileged company" in Anspruch nehmen. Hierzu gehören z.B. Belgien, Luxemburg und Irland, die Holdinggesellschaften bzw. Koordination- oder Finanzzentralen steuerlich privilegieren. Teil 1 der gesetzlichen Liste beinhaltet derzeit 46 Staaten, Teil 2 28 Staaten.[239] Mit Wirkung ab 10. Oktober 2002 wurde Irland, nach Senkung des Körperschaftsteuersatzes auf 12,5%, von der „excluded countries"-Liste genommen.[240] Die Liste wird laufend aktualisiert.[241]

2.3.3.2 Passive Einkünfte

Eine Unterscheidung zwischen aktiven und passiven Einkünften unterbleibt bei der englischen CFC-Gesetzgebung. Die Hinzurechnung betrifft grundsätzlich die gesam-

---

234 Vgl. Bater, P., Corporate Taxation in United Kingdom, in: European Taxation Database, http://online2.ibfd.org/euro/, 2004, Corporate Taxation (detailed), United Kingdom, Chapter 13.4.

235 Vgl. Greene, C./Maddalena, C., Accountancy, 1993, Vol. 111, Iss. 1198, pg. 101; Greene, C./Maddalena, C., Accountancy, 1993, Vol. 112, Iss. 1204, pg. 113.

236 Controlled Foreign Companies (Excluded Countries) Regulations 1998, Statutory Instrument 1998 Chapter 3081; vgl. Friel, D., National Report United Kingdom, in: Cahiers de droit fiscal international, Volume LXXXVIb, Limits on the use of low-tax regimes by multinational businesses, 2001, S. 871 f; TNS, 15 February 1999, Issue 7, Volume 33, S. 72.

237 Vgl. Gay, S., International Tax Review, 1998, Vol. 9, Iss. 8, pg. 86; TNS, 15 February 1999, Issue 7, Volume 33, S. 72; Bater, P., United Kingdom, in: European Tax Handbook, http://online2.ibfd.org/eth/, 2004, Section A, United Kingdom, Chapter 7.4.

238 Vgl. Bater, P., Corporate Taxation in United Kingdom, in: European Taxation Database, http://online2.ibfd.org/euro/, 2004, Corporate Taxation (detailed), United Kingdom, Chapter 13.4.

239 Vgl. Friel, D., National Report United Kingdom, in: Cahiers de droit fiscal international, Volume LXXXVIb, Limits on the use of low-tax regimes by multinational businesses, 2001, S. 872 f; Secular, L., European Taxation, 1998, Vol. 8, Iss. 3, pg. 100; Savory, J., International Tax Review, 1999, Vol. 10, Iss. 6, pg. 36.

240 Vgl. Nendick, E., International Tax Review, 2002, Vol. 13, Iss. 10, pg. 52.

241 Vgl. Greene, C./Maddalena, C., Accountancy, 1993, Vol. 111, Iss. 1198, pg. 101.

ten Einkünfte der CFC. Lediglich im Rahmen des „exempt activities test" wird auf aktive Einkünfte abgestellt.[242]

2.3.4 Rechtsfolge

2.3.4.1 Einkünftehinzurechnung

Der Hinzurechnungsbesteuerung unterliegen sämtliche Einkünfte der CFC, ungeachtet dessen, ob sie aus aktiver oder passiver Tätigkeit erwirtschaftet wurden.[243] Die Einkünfte werden allen juristischen Personen (Körperschaften), die die oben genannten Voraussetzungen einer Hinzurechnungsbeteiligung erfüllen, anteilig hinzugerechnet.[244] Es kann damit auch bei juristischen Personen, die nicht unmittelbar Gesellschafter sind, zu einer Hinzurechnungsbesteuerung kommen, z.B. bei maßgeblich mittelbar beteiligten Körperschaften, die zwar keine Kapitalbeteiligung, aber über eine maßgebliche Stimmrechtsbeteiligung Einfluss nehmen können. Insbesondere können auch juristische Personen erfasst werden, die (noch) nicht Gesellschafter der CFC sind, welchen jedoch ein Recht auf einen späteren Anteilskauf zusteht.[245] Die Einkünfteermittlung erfolgt nach den englischen Vorschriften, denn die CFC wird als in Großbritannien ansässig fingiert.[246]

2.3.4.2 Ausnahmen

Bagatellgrenze („minimis test")

Von einer Hinzurechnungsbesteuerung wird abgesehen, sofern der Hinzurechnungsbetrag innerhalb eines 12-Monatszeitraums 50.000 Pfund (bis 1998 20.000 Pfund[247]) nicht übersteigt.[248]

---

242 Vgl. Punkt 2.3.4.2.

243 Art. 209 B I und Ia 2. CGI 1980 und Art. 209 B I. 1. CGI 2005. Hierbei sind unmittelbare und mittelbare Beteiligungen am Nennkapital zu berücksichtigen. Stimmrechtsanteile werden nur bei der Ermittlung der Hinzurechnungs- und Beherrschungsbeteiliung miteinbezogen, nicht jedoch bei der Ermittlung der Hinzurechnungsquote. Die Hinzurechnungsquote bestimmt sich nur nach der Nennkapitalbeteiligung. Vgl. Douvier, P.-J., National Report France, in: Cahiers de droit fiscal international, Volume LXXXVIb, Limits on the use of low-tax regimes by multinational businesses, 2001, S. 501 f.

244 Sec. 747 Abs. 3 und Sec. 752 Abs. 1 ICTA.

245 Siehe Beispiel bei Friel, D., National Report United Kingdom, in: Cahiers de droit fiscal international, Volume LXXXVIb, Limits on the use of low-tax regimes by multinational businesses, 2001, S. 880.

246 Sec. 747 Abs. 6 i.V.m. Schedule 24 ICTA. Geplant war ursprünglich, dass nur "trading income" hinzugerechnet wird, nicht das gesamte Einkommen. Vgl. Greene, C./Maddalena, C., Accountancy, 1994, Vol. 114, Iss. 1215; pg. 116; Bater, P., Corporate Taxation in United Kingdom, in: European Taxation Database, http://online2.ibfd.org/euro/, 2004, Corporate Taxation (detailed), United Kingdom, Chapter 13.4.

247 Geändert im Rahmen des Finance Act 1998; vgl. Sandler, D., Tax Treaties and Controlled Foreign Company Legislation, 1998, S. 28.

248 Sec. 748 Abs. 1 (d) i.V.m. Schedule 24 Sec. 11 Abs. 1 (c) ICTA. Der Freibetrag wird nur anteilig gewährt, falls das Wirtschaftjahr weniger als 12 Monate hat. Vgl. Friel, D., National Report

Überwiegend aktive Tätigkeit („exempt activities test" (EAT))

Die ausländische Gesellschaft, die in ihrem Sitzstaat ein „business establishment"[249] hat und dort „effectively managed"[250] ist, wird unter folgenden Bedingungen nicht als CFC angesehen:[251]

(1) Das Hauptgeschäft der ausländischen Gesellschaft darf sich nicht auf „investment business" beschränken,[252] d.h. darf nicht primär folgende Tätigkeiten umfassen:

- Halten von „intellectual property"
- Halten von Wertpapieren
- Handel mit Wertpapieren
- Leasinggeschäfte
- Fondsinvestments

(2) Das Hauptgeschäfts der ausländischen Gesellschaft darf nicht bestehen aus:[253]

- Warenlieferungen (Kauf, Verkauf) nach und von Großbritannien oder
- Warenlieferungen zu oder von „UK connected persons"

(3) Sofern die ausländische Gesellschaft in den Bereichen „wholesale", Vertrieb und Finanzwesen tätig ist, muss sie weniger als 50% ihrer Bruttoeinnahmen aus diesen Geschäften mit anderen verbundenen Unternehmen erwirtschaften.[254]

United Kingdom, in: Cahiers de droit fiscal international, Volume LXXXVIb, Limits on the use of low-tax regimes by multinational businesses, 2001, S. 889; Clayson, M., International Tax Review, 1996, Vol. 7, Iss. 3, pg. 10; Savory, J., International Tax Review, 1999, Vol. 10, Iss. 6, pg. 36; Ullah, M., National Report United Kingdom, in: Lang/Aigner/Scheuerle/Stefaner, CFC Legislation, 2004, S. 614; Bater, P., Corporate Taxation in United Kingdom, in: European Taxation Database, http://online2.ibfd.org/euro/, 2004, Corporate Taxation (detailed), United Kingdom, Chapter 13.4.

249 Schedule 25 Sec. 6 Abs. 1 (a) ICTA. Im Zusammenhang mit dieser Reglung derzeit diskutierte Unklarheiten, vgl. bei Davis, C., Tax Advisor, 2004, pg. 18.

250 Schedule 25 Sec. 6 Abs. 1 (b) ICTA.

251 Sec. 748 Abs. 1 (b) i.V.m. Schedule 25 Part II ICTA; vgl. Friel, D., National Report United Kingdom, in: Cahiers de droit fiscal international, Volume LXXXVIb, Limits on the use of low-tax regimes by multinational businesses, 2001, S. 881-885. Die Möglichkeit des EAT wurde durch die Gesetzesänderung im Rahmen des Finance Act 1994 eingeräumt. Vgl. Greene, C./Maddalena, C., Accounting, 1995, Vol. 115, Iss. 1217, pg. 95; Clayson, M., International Tax Review, 1996, Vol. 7, Iss. 3, pg. 10; Savory, J., International Tax Review, 1999, Vol. 10, Iss. 6, pg. 36, 38; Bater, P., United Kingdom, in: European Tax Handbook, http://online2.ibfd.org/eth/, 2004, Section A, United Kingdom, Chapter 7.4.; ausführlich bei Bater, P., Taxation of Companies in United Kingdom, in: Taxation of Companies in Europe, http://online2.ibfd.org/gii/, 2004, Major Jurisdictions, United Kingdom, Chapter 13.4.

252 Sec. 748 Abs. 1 (b) i.V.m. Schedule 25 Sec. 6 Abs. 2 (a) i) ICTA.

253 Sec. 748 Abs. 1 (b) i.V.m. Schedule 25 Sec. 6 Abs. 2 (a) ii) ICTA.

254 Sec. 748 Abs. 1 (b) i.V.m. Schedule 25 Sec. 6 Abs. 2 (b) ICTA; vgl. TNS, 6 January 2003, Volume 37, Issue 3, http://online2.ibfd.org/tns/.

(4) „Holding company exemption“: Sofern die ausländische Gesellschaft eine Holdinggesellschaft ist, muss
- ihre Haupttätigkeit im Halten von Beteiligungen (inkl. Aktien und anderen Wertpapiere) bestehen („asset test“) und
- sie muss 90% ihrer Bruttoeinnahmen aus diesen Beteiligungen beziehen („income test“).[255]

Steuerersparnis als Hauptgrund der Auslagerung der Tätigkeiten ins Ausland („Motive test“)

Die ausländische Gesellschaft wird unter folgenden Bedingungen nicht als CFC angesehen:[256]

(1) Sofern die Auslagerung des Geschäfts auf eine CFC zu einer Verringerung der englischen Steuer geführt hat, darf diese Reduktion nur minimal oder zumindest nicht Hauptzweck der Auslagerung sein („the transaction limb“) und[257]
(2) die Verringerung der englischen Steuer durch die Auslagerung der Gewinne aus Großbritannien ist nicht der Hauptgrund für die Existenz der CFC („the reason limb“).[258]

Ausschüttung („Acceptable distribution policy“ (ADP))

Die Rechtsfolgen der Hinzurechnungsbesteuerung unterbleiben, sofern 90% (vor dem 28.11.1995: 50% Ausschüttung bei „trading companies“[259]) des steuerpflichtigen Gewinns[260], ermittelt nach englischem Steuerrecht (ohne Veräußerungsgewinn und aus-

---

255 Sec. 748 Abs. 1 (b) i.V.m. Schedule 25 Sec. 6 Abs. 3-6 ICTA. Zinseinnahmen der Holdinggesellschaft aus Darlehensvergaben an ausländische Tochtergesellschaften führen daher nicht dazu, dass der “income test” erfüllt ist. Vgl. Bsp. hierzu bei Swanick, M./Mosha, S./O'Hagan, J., Tax Management International Journal, 11, 2000, Vol. 29, Iss. 8, pg. 465.

256 Aktuell diskutierte Probleme im Bezug auf die Regelung des „motiv test“, vgl. bei Davis, C., Tax Advisor, 2004, pg. 19; ausführlich hierzu Friel, D., National Report United Kingdom, in: Cahiers de droit fiscal international, Volume LXXXVIb, Limits on the use of low-tax regimes by multinational businesses, 2001, S. 888. Die Möglichkeit des “motive test” wurde durch die Gesetzesänderung im Rahmen des Finance Act 1994 eingeräumt. Vgl. Greene, C./Maddalena, C., Accounting, 1995, Vol. 115, Iss. 1217, pg. 95; Clayson, M., International Tax Review, 1996, Vol. 7, Iss. 3, pg. 9; Savory, J., International Tax Review, 1999, Vol. 10, Iss. 6, pg. 38.; hierzu ferner Belcher, N., International Tax Review, 2003, pg. 1; Bater, P. in: United Kingdom, European Tax Handbook, http://online2.ibfd.org/eth/, 2004, Section A, United Kingdom, Chapter 7.4.; Ullah, M., National Report United Kingdom, in: Lang/Aigner/Scheuerle/Stefaner, CFC Legislation, 2004, S. 614.

257 Sec. 748 Abs. 3 (a) ICTA.

258 Sec. 748 Abs. 3 (b) ICTA.

259 Vgl. Clayson, M., International Tax Review, 1996, Vol. 7, Iss. 3, pg. 10.

260 Vor dem 30. November 1993 90% des *handelsrechtlichen* Gewinns („accounting profit“). Vgl. Greene, C./Maddalena, C., Accounting, 1994, Vol. 113, Iss. 1206, pg. 106; Clayson, M., International Tax Review, 1996, Vol. 7, Iss. 3, pg. 10.

ländische Steuern), innerhalb von 18 Monaten nach Beendigung des Wirtschaftsjahrs ausgeschüttet wird.[261]

Börsenbeteiligung („public quotation test")

Die Hinzurechnungsbesteuerung entfällt, wenn sich mindestens 35% der Stimmrechte in Streubesitz (öffentlicher Hand) befinden und die Anteile an der CFC an der Börse des Staates, in dem die CFC ansässig ist, notiert sind und gehandelt werden.[262]

2.3.5 Hinzurechnungsbetrag

2.3.5.1 Qualifikation des Hinzurechnungsbetrags

Nach Auffassung der englischen Steuerbehörden soll eine CFC für steuerliche Zwecke so behandelt werden, als ob sie in Großbritannien ansässig wäre.[263] Dabei verfolgt Großbritannien den Ansatz, dass nicht das Einkommen der CFC dem inländischen Gesellschafter zugeordnet wird, sondern lediglich ein bestimmter Steuerbetrag („allocation of tax rather than income").[264] Dem Gesellschafter wird eine fiktive Körperschaftsteuer („a sum equal to corporate tax"[265]) zugeteilt.[266] Aufgrund des Ansatzes der Zuordnung der Steuer und keines Einkommens wird der Hinzurechnungsbetrag überwiegend als ein Betrag „sui generis" gesehen.[267] Insbesondere wird daher auch von dem Konzept der Qualifikation des Hinzurechnungsbetrags als „fiktive Dividende" Abstand genommen.[268]

---

261 Sec. 748 Abs. 1 (a) i.V.m. Schedule 25 Part I ICTA; aktuelle kritische Anmerkungen zu dieser Regelung, vgl. bei Davis, C., Tax Advisor, 2004, pg. 19; ausführlich hierzu Friel, D., National Report United Kingdom, in: Cahiers de droit fiscal international, Volume LXXXVIb, Limits on the use of low-tax regimes by multinational businesses, 2001, S. 886 f. Zur Gesetzesänderung in 1999 mit dem Ziel der Vermeidung von ADP-Missbrauch, vgl. Braun/Gordon, Financial Times, March 10, 1999, pg. 28; Savory, J., International Tax Review, 1999, Vol. 10, Iss. 6, pg. 36; Bater, P., United Kingdom, in: European Tax Handbook, http://online2.ibfd.org/eth/, 2004, Section A, United Kingdom, Chapter 7.4.; Bater, P., Corporate Taxation in United Kingdom, in: European Taxation Database, http://online2.ibfd.org/euro/, 2004, Corporate Taxation (detailed), United Kingdom, Chapter 13.4.; Lieber, B./Rasch, S., GmbHR 2004, S. 1574.

262 Sec. 748 Abs. 1 (c) i.V.m. Schedule 25 Part III ICTA; Bater, P., Taxation of Companies in United Kingdom, in: Taxation of Companies in Europe, http://online2.ibfd.org/gii/, 2004, Major Jurisdictions, United Kingdom, Chapter 13.4.; Ullah, M., National Report United Kingdom, in: Lang/Aigner/Scheuerle/Stefaner, CFC Legislation, 2004, S. 614.

263 Sec. 747 Abs. 6 i.V.m. Schedule 24 Sec. 1 Abs. 1 ICTA.

264 Vgl. Sandler, D., Tax Treaties and Controlled Foreign Company Legislation, 1998, S. 158.

265 So Sec. 747 Abs. 4 (a) ICTA.

266 Vgl. Clayson, M., intertax 1998, S. 326 (326 f).

267 Vgl. Clayson, M., intertax 1998, S. 326 (326 f); Ullah, M., National Report United Kingdom, in: Lang/Aigner/Scheuerle/Stefaner, CFC Legislation, 2004, S. 633.

268 Vgl. Ullah, M., National Report United Kingdom, in: Lang/Aigner/Scheuerle/Stefaner, CFC Legislation, 2004, S. 633.

2.3.5.2 Besteuerung des Hinzurechnungsbetrags

Die fiktive Körperschaftsteuer ergibt sich aus der Anwendung des Normaltarifs auf den Betrag, der sich nach besonderen Ermittlungsvorschriften aus dem Gewinn der CFC ergeben hat. Der Hinzurechnungsbetrag unterliegt als „Einkünfte sui generis" einer Sonderbesteuerung.

2.3.5.3 „Negativer Hinzurechnungsbetrag"

Verluste der CFC werden dem Gesellschafter nicht als „negativer Hinzurechnungsbetrag" zugewiesen. Insofern ist ein Verlustausgleich mit inländischen positiven Einkünften des Gesellschafters nicht möglich. Da die CFC wie in Großbritannien ansässig behandelt wird, gelten die Verlustabzugsvorschriften des britischen Steuerrechts. Danach können die Verluste der (selben) CFC zeitlich unbeschränkt vorgetragen werden. Ein Verlustrücktrag ist nicht möglich. Eine Hinzurechnung zum Gesellschafter erfolgt erst dann wieder, wenn die zukünftigen Gewinne die vortragsfähigen Verluste ausgeglichen haben.[269]

2.3.6 Maßnahmen zur Vermeidung von Doppelbelastungen

2.3.6.1 Ausländische Steuern

Die im Staat der CFC auf die hinzugerechneten Einkünfte bereits erhobenen Steuern kann auf die auf den Hinzurechnungsbetrag entfallende englische Steuer zur Vermeidung einer Doppelbesteuerung angerechnet werden.[270]

2.3.6.2 Tatsächliche Ausschüttung

Die tatsächliche Gewinnausschüttung der CFC unterliegt in Großbritannien erneut der Besteuerung. Die Steuern, die die Gewinne bereits vorab im Rahmen der Hinzurechnungsbesteuerung belastet haben, werden auf die Steuern, die auf die tatsächlichen Ausschüttungen anfallen, angerechnet. Auf diese Weise wird eine zweifache Belastung derselben Gewinne im Inland vermieden. Eine Freistellung der Dividenden ist bei der englischen CFC-Gesetzgebung nicht vorgesehen.[271]

---

269 Vgl. Friel, D., National Report United Kingdom, in: Cahiers de droit fiscal international, Volume LXXXVIb, Limits on the use of low-tax regimes by multinational businesses, 2001, S. 889; Ullah, M., National Report United Kingdom, in: Lang/Aigner/Scheuerle/Stefaner, CFC Legislation, 2004, S. 622.

270 Sec. 754 Abs. 5 i.V.m. Schedule 26 Sec. 2 Abs. 1 ICTA; vgl. Sandler, D., Tax Treaties and Controlled Foreign Company Legislation, 1998, S. 264.

271 Sec. 754 Abs. 5 i.V.m. Schedule 26 Sec. 4 Abs. 2 ICTA; vgl. Sandler, D., Tax Treaties and Controlled Foreign Company Legislation, 1998, S. 265; Ullah, M., National Report United Kingdom, in: Lang/Aigner/Scheuerle/Stefaner, CFC Legislation, 2004, S. 622.

2.3.7 Besteuerungskonzeption

Die Besteuerungskonzeption der britischen Hinzurechnungsbesteuerung stellt sich wie folgt dar:

- Der Hinzurechnungsbetrag unterliegt als ein von dem Gewinn der CFC abweichender, lediglich aus dem Gewinn der CFC abgeleiteter Betrag („notional sum") dem normalen Steuertarif. Die Besteuerung kommt weder einer Gewinn- noch einer Dividendenbesteuerung gleich, denn besteuert wird ein von dem Gewinn der CFC abweichender, nach besonderen Vorschriften ermittelter Betrag. Es wird letztlich eine Sondersteuer erhoben. Es kann konzeptionell von einer „Aliud-Besteuerung" gesprochen werden.

- Anders als bei den bisher dargestellten CFC-Rules wird bei den englischen CFC-Rules die spätere tatsächlich gezahlte Dividende nicht von der Steuer freigestellt. Sie unterliegt vielmehr in Großbritannien der Besteuerung (unter Anrechnung der ausländischen Steuer und der ausländischen einbehaltenen Quellensteuer auf die Dividende) sowie unter Anrechnung der auf den Hinzurechnungsbetrag vorab gezahlten Sondersteuer. Durch dieses Vorgehen wird die Hinzurechnungsbesteuerung rückgängig gemacht. Die „Hinzurechnungssteuer" wird durch die Anrechnung aufgehoben. Die Dividenden werden besteuert.

- Die Hinzurechnungsbesteuerung in der Konzeption als „Aliud-Besteuerung" soll offenbar bei Ausschüttung der Gewinne der CFC wieder zurückgenommen und stattdessen eine Dividendenbesteuerung erzielt werden. Eine dividendenkonforme Besteuerung wäre hier erreicht, wenn ausländische Dividenden auch sonst, d.h. ohne vorangegangener Hinzurechnungsbesteuerung, in Großbritannien besteuert würden. Es ist daher zu prüfen, ob bei Dividenden aus dem Ausland nach nationalem Recht bzw. DBA-Recht[272] eine Freistellung gewährt wird oder die Steuerpflicht unter Anrechnung der ausländischen einbehaltenen Quellensteuer (Anrechnungsmethode) gilt.

  Großbritannien wendet nach nationalen Vorschriften auf Schachteldividenden die Anrechnungsmethode an. Die Freistellungsmethode ist regelmäßig nicht vorgesehen. Es ist nicht nur die Anrechnung der einbehaltenden ausländischen Quellensteuer auf die Dividende, sondern auch der ausländischen Steuer unter folgen-

[272] Eine Untersuchung in Bezug auf die Mutter-Tochter-Richtlinie (Richtlinie 90/435/EEC v. 23.7.1990) kann entfallen, da diese in Art. 4 Abs. 1 EEC den EU-Staaten die freie Wahl zwischen der Freistellungs- und Anrechnungsmethode lässt. Die Mutter-Tochter-Richtlinie fordert also nicht zwingend die Steuerfreistellung von Dividenden bei der empfangenden Muttergesellschaft. Sie fordert lediglich die Freistellung von dem Kapitalertragsteuereinbehalt seitens der ausschüttenden Tochtergesellschaft, so Art. 5 Abs. 1 EEC. Sofern die Mutter-Tochter-Richtlinie bereits in nationales Recht der einzelnen Staaten umgesetzt wurde, geben dies die nationalen Vorschriften wieder.

den Voraussetzungen zulässig:[273]

- Die englische Gesellschaft hält direkt oder indirekt mindestens 10% der Stimmrechte an der ausländischen Gesellschaft.
- Die ausländische Steuer korrespondiert mit der englischen Einkommen- oder Körperschaftsteuer.

Auch die von Großbritannien abgeschlossenen DBA sehen regelmäßig die Steuerpflicht der Schachteldividenden unter Anrechnung der ausländischen Steuer und der ausländischen einbehaltenen Quellensteuer auf die Dividende statt der Freistellungsmethode vor,[274] so z.B. die britischen DBA mit Österreich (Art. 24 Abs. 1), Belgien (Art. 23 Abs. 1 (c)), Dänemark (Art. 22 Abs. 1 (b)), Finnland (Art. 25 Abs. 1 (b)), Frankreich (Art. 24 (a) (ii)), Deutschland (Art. XVII Abs. 1 (b)), Griechenland (Art. XIV Abs. 2), Irland (Art. 21 Abs. 2 (b)) und Italien (Art. 24 Abs. 2 (b)).

Die Voraussetzungen für die Anrechnung setzt in den meisten DBA eine höhere Beteiligungsquote voraus als das britische nationale Recht. So muss z.B. laut DBA Deutschland-Großbritannien die Stimmrechtsbeteiligung bei 25% liegen, um in den Genuss der Anrechnung zu kommen. Durch diese seit 1971 bestehende günstige nationale Regelung hat das DBA-Schachtelprivileg stark an Bedeutung verloren.[275] Relevant sind daher die Regelungen des nationalen Schachtelprivilegs.

Durch die Besteuerung späterer Dividenden der CFC nach den allgemeinen nationalen Regeln und die gleichzeitige Anrechnung der vorausbezahlten Hinzurechnungssteuer (Sondersteuer), führt das britische Konzept der Hinzurechnungsbesteuerung zu einer (vorgezogenen) Dividendenbesteuerung. Denn bei tatsächlicher Ausschüttung wird durch die Dividendenbesteuerung nach der allgemeinen nationalen Regelung unter Anrechnung der „vorausbezahlten Hinzurechnungssteuer" neben der Vermeidung einer Doppelbesteuerung auch die Rückgängigmachung der Hinzurechnungsbesteuerung erreicht. Die Hinzurechnungsbesteuerung führt somit – in Abweichung zum deklarierten Konzept der „Aliudbesteuerung" – de facto zu einer dividendenkonformen Besteuerung und damit lediglich zu einer „Interimsteuer".

273 Vgl. Moore, R. M., The Taxation of Companies in United Kingdom, in: Guides to European Taxation, Volume II, The Taxation of Companies in Europe, 1999, Chapter 8.1.2. Rz. 524 und 8.1.1.1. Rz. 519 ff; Bater, P., United Kingdom, in: Taxation of Patent Royalties, Dividends, Interest in Europe, http://online2.ibfd.org/gi/, 2004, Contents: United Kingdom, Chapter B.

274 Vgl. Untersuchung bei Bater, P., United Kingdom, in: Taxation of Patent Royalties, Dividends, Interest in Europe, http://online2.ibfd.org/gi/, 2004, Contents: United Kingdom, Chapter B; ferner Moore, R. M., The Taxation of Companies in United Kingdom, in: Guides to European Taxation, Volume II, The Taxation of Companies in Europe, 1999, Chapter 8.3.1.2. Rz. 533.

275 Vgl. DBA Deutschland-Großbritannien, Art. XVIII Abs. 1, vgl. Beckmann in: Debatin/Wassermeyer, MA, Art. XVIII Rz. 25; eine Aktivitätsklausel bzw. Produktivitätsklausel gibt es nicht. In dem neuen DBA Großbritannien-Frankreich vom 28. Januar 2004 ist jedoch eine 10%-ige Beteiligungsquote vorgesehen. Vgl. bei Bater, P., United Kingdom, in: Taxation of Patent Royalties, Dividends, Interest in Europe, http://online2.ibfd.org/gi/, 2004, Contents: United Kingdom, Chapter: Latest information.

2.4 Finnland

2.4.1 Rechtsentwicklung

In Finnland wurde 1994 ein eigenes Gesetz über die Besteuerung der Gesellschafter einer CFC („CFC-Gesetz" oder „CFCG") verabschiedet.[276] Das Gesetz trat zum 1.1.1995 in Kraft.[277] Die CFC-Rules wurden in den Jahren 1995 und 1998 mit Wirkung zum 1.1.1996 und 1.1.1999 geändert.[278]

2.4.2 Persönlicher Anwendungsbereich

2.4.2.1 Ausländische Gesellschaft (CFC)

Rechtsform und Steuerpflicht

Als CFC („ulkomainen väliyhteis") kommt jegliche ausländische Unternehmenseinheit in Frage. Denn das CFC-Gesetz spricht ganz allgemein von einem „Unternehmen" („yhteisöä") im Ausland.[279] Neben Kapitalgesellschaften können daher z.B. auch Trusts, Funds oder „Foundations" als CFC fungieren.[280]

Beherrschungsbeteiligung

Die ausländische Unternehmenseinheit muss von den finnischen Gesellschaftern „beherrscht" werden. Sie gilt als beherrscht, wenn ein finnischer Gesellschafter allein unmittelbar oder mittelbar mindestens 50% der Anteile hält oder mehrere finnische Gesellschafter gemeinsam unmittelbar oder mittelbar mindestens 50% der Anteile halten. Maßgeblich sind die Anteile am Nennkapital oder die Stimmrechtsanteile.[281] Alternativ gilt die Gesellschaft auch dann als „beherrscht", wenn einem Gesellschafter allein oder zwei Gesellschaftern zusammen mindestens 50% des Gewinnbezugsrechts zuste-

---

[276] Gesetz 1217/1994 v. 16.12.1994. Bis 1993 hat der finnische Gesetzgeber es nicht für notwendig erachtet, eine CFC Gesetzgebung zu schaffen. Denn ursprünglich war man der Auffassung, die allgemeine Anti-Missbrauchsklausel des § 28 Taxation Proceedings Act könne auch CFC-Fälle erfassen; vgl. Simonsen, L., International Tax Review, 1993, S. 15 (21).

[277] § 8 CFCG; vgl. Simonsen, L./Fellman, A. M., International Tax Review, 1995, Vol. 6, Iss. 4, pg. 44; Aminoff-Lindblad, A.-L., Taxation of Companies in Finland, in: Guides to European Taxation, Volume II, The Taxation of Companies in Europe, 1999, Tz. 13.4.

[278] Gesetz 1572/1995 v. 18.12.1995 und Gesetz 1091/1998 v. 23.12.1998; vgl. Juusela, J., National Report Finland, in: Cahiers de droit fiscal international, Volume LXXXVIb, Limits on the use of low-tax regimes by multinational businesses, 2001, S. 482; TNS, 2 November 1998, Issue 44, Volume 32, S. 376; TNS, 4 January 1999, Issue 1, Volume 33, S. 7.

[279] § 2 CFCG.

[280] Vgl. Juusela, J., National Report Finland, in: Cahiers de droit fiscal international, Volume LXXXVIb, Limits on the use of low-tax regimes by multinational businesses, 2001, S. 482; Simonsen, L. /Fellman, A. M., International Tax Review, 1995, Vol. 6, Iss. 4, pgs. 44 (45).

[281] § 3 S. 1 CFCG.

hen.[282] Diese Voraussetzungen müssen am Ende des Wirtschaftsjahrs der CFC vorliegen.[283]

2.4.2.2 Inländischer Gesellschafter

Rechtsform und Steuerpflicht

Von der finnischen Hinzurechnungsbesteuerung werden in Finnland „unbeschränkt steuerpflichtige Personen" jedweder Rechtsform erfasst, also natürliche ebenso wie juristische Personen.[284] Ist der Gesellschafter der CFC eine in- oder ausländische Personengesellschaft, unterliegen die hinter der Personengesellschaft stehenden Gesellschafter der Hinzurechnungsbesteuerung, sofern sie in Finnland ansässig und damit dort unbeschränkt steuerpflichtig sind. Eine nicht in Finnland ansässige Person, die in Finnland eine Betriebsstätte unterhält, fällt nicht unter die CFC-Rules.[285]

Hinzurechnungsbeteiligung

Die Hinzurechnungsbesteuerung ist nur für denjenigen Gesellschafter relevant, der unmittelbar oder mittelbar zu mindestens 10% am Nennkapital der CFC, oder alternativ am Gewinnbezugsrecht beteiligt sind. Die Anteile naher Angehöriger (bei natürlichen Personen als Gesellschafter) bzw. verbundener Unternehmen (bei juristischen Personen als Gesellschafter) werden aufgrund der Interessensgemeinschaft bei der Ermittlung der Hinzurechnungsbeteiligung miteinbezogen.[286]

---

282 § 3 S. 2 CFCG; vgl. TNS, 9 February 1998, Issue 6, Volume 32, S. 56; Kesti, J., Finland, in: European Tax Handbook, http://online2.ibfd.org/eth/, 2004, Section A, Finland, Chapter 7.4.; Aminoff-Lindblad, A.-L., Corporate Taxation in Finland, in: European Taxation Database, http://online2.ibfd.org/euro/, 2004, Corporate Taxation (detailed), Finland, Chapter 13.4.; Aminoff-Lindblad, A.-L., Taxation of Companies in Finland, in: Taxation of Companies in Europe, http://online2.ibfd.org/gii/, 2004, Major Jurisdictions, Finland, Chapter 13.4.

283 Vgl. Sandler, D., Tax Treaties and Controlled Foreign Company Legislation, 1998, S. 232; Simonsen, L./Fellman, A. M., International Tax Review, 1995, Vol. 6, Iss. 4, pgs. 44 (45).

284 § 1 CFCG; vgl. Sandler, D., Tax Treaties and Controlled Foreign Company Legislation, 1998, S. 232; Juusela, J., National Report Finland, in: Cahiers de droit fiscal international, Volume LXXXVIb, Limits on the use of low-tax regimes by multinational businesses, 2001, S. 482; Kesti, J., Finland, in: European Tax Handbook, http://online2.ibfd.org/eth/, 2004, Section A, Finland, Chapter 7.4.; Aminoff-Lindblad, A.-L., Taxation of Companies in Finland, in: Taxation of Companies in Europe, http://online2.ibfd.org/gii/, 2004, Major Jurisdictions, Finland, Chapter 13.4.

285 Vgl. hierzu Helminen, M., National Report Finland, in: Lang/Aigner/Scheuerle/Stefaner, CFC Legislation, 2004, S. 194 f

286 § 4 CFCG; vgl. Simonsen, L./Fellman, A. M., International Tax Review, 1995, Vol. 6, Iss. 4, pgs. 44 (46); Tikka, K. S., Finish National Report, in: Schön, W. (Hrsg.), Tax Competition in Europe, 2003, S. 8; TNS, 9 February 1998, Issue 6, Volume 32, S. 56; Kesti, J., Finland, in: European Tax Handbook, http://online2.ibfd.org/eth/, 2004, Section A, Finland, Chapter 7.4.; Aminoff-Lindblad, A.-L., Corporate Taxation in Finland, in: European Taxation Database, http://online2.ibfd.org/euro/, 2004, Corporate Taxation (detailed), Finland, Chapter 13.4.; Aminoff-Lindblad, A.-L., Taxation of Companies in Finland, in: Taxation of Companies in Europe, http://online2.ibfd.org/gii/, 2004, Major Jurisdictions, Finland, Chapter 13.4.; Helminen, M., National Report Finland, in: Lang/Aigner/Scheuerle/Stefaner, CFC Legislation, 2004, S. 195.

2.4.3 Tatbestand

Ebenso wie in Frankreich und Großbritannien, ist auch in Finnland Tatbestandsmerkmal der Hinzurechnungsbesteuerung allein die „Niedrigbesteuerung" der Einkünfte im Sitzstaat der CFC. Die Art der Tätigkeit der CFC ist irrelevant.

2.4.3.1 Niedrigbesteuerung

In Finnland existiert grundsätzlich keine allgemeingültige Definition eines „low-tax-regimes". Nur im Rahmen des CFC-Gesetzes wird für Zwecke der CFC-Besteuerung eine Niedrigbesteuerung definiert. Einige andere Gesetze, die den Tatbestand der Niedrigbesteuerung ebenfalls vorsehen, verweisen auf die Definition in dem CFC-Gesetz, so z.B. die „flow-through dividend provision", § 6c des „imputation credit act". Der Definition in dem CFC-Gesetz kommt somit zentrale, gesetzesübergreifende Bedeutung zu.[287]

Steuerbelastungsvergleich

Gemäß der Definition im Rahmen des CFC-Gesetzes liegt ein „tax haven" vor, wenn die Einkünfte der CFC einer Steuerbelastung von weniger als 3/5 der finnischen Steuer unterliegen.[288] Der Unternehmenssteuersatz liegt in Finnland derzeit bei 29% (ab 1.1.2005 26%)[289], so dass sich die kritische Grenze bei 17,4% (3/5 von 29%) bzw. ab 1.1.2005 bei 15,6% befindet.[290]

Für Staaten, mit welchen Finnland ein DBA abgeschlossen hat, gelten die CFC-Rules grundsätzlich nicht.[291] In der von der finnischen Steuerbehörde im April 1999 erlassenen Richtlinie[292] sind daher für DBA-Staaten folgende besondere Regelungen niedergelegt worden:

---

[287] Vgl. Juusela, J., National Report Finland, in: Cahiers de droit fiscal international, Volume LXXXVIb, Limits on the use of low-tax regimes by multinational businesses, 2001, S. 480.

[288] § 2 CFCG.

[289] Vgl. Kesti, J., Finland, in: European Tax Handbook, http://online2.ibfd.org/eth/, 2004, Section A, Finland, Chapter 7.4.; Aminoff-Lindblad, A.-L., Corporate Taxation in Finland, in: European Taxation Database, http://online2.ibfd.org/euro/, 2004, Corporate Taxation (detailed), Finland, Chapter: Latest information.

[290] Vgl. Juusela, J., National Report Finland, in: Cahiers de droit fiscal international, Volume LXXXVIb, Limits on the use of low-tax regimes by multinational businesses, 2001, S. 480; Simonsen, L./Fellman, A. M., International Tax Review, 1995, Vol. 6, Iss. 4, pgs. 44 (45); Tikka, K. S., Finish National Report, in: Schön, W. (Hrsg.), Tax Competition in Europe, 2003, S. 8; Aminoff-Lindblad, A.-L., Corporate Taxation in Finland, in: European Taxation Database, http://online2.ibfd.org/euro/, 2004, Corporate Taxation (detailed), Finland, Chapter 13.4.

[291] § 2 Nr. 2 CFCG; vgl. Simonsen, L./Fellman, A. M., International Tax Review, 1995, Vol. 6, Iss. 4, pgs. 44 (46); Kesti, J., Finland, in: European Tax Handbook, http://online2.ibfd.org/eth/, 2004, Section A, Finland, Chapter 7.4.

[292] Diese Richtlinie 3/1999 hat zwar grundsätzlich nicht verbindlichen Charakter für die Finanzverwaltung, wird aber de facto von der Finanzverwaltung angewandt; vgl. Juusela, J., National Report Finland, in: Cahiers de droit fiscal international, Volume LXXXVIb, Limits on the use of low-tax regimes by multinational businesses, 2001, S. 481; Aminoff-Lindblad, A.-L., Taxation of

Die CFC-Rules kommen für DBA-Staaten nur dann zur Anwendung, wenn

- die Gesellschaft in diesem Staat einer Körperschaftsteuer unterliegt, dessen Höhe sich „grundlegend von der finnischen Körperschaftsteuer unterscheidet“ („substantially differing from the effective tax burden in Finland“), oder
- der Gesellschaft in diesem Staat eine „besondere Steuervergünstigung“ zuteil wird („specific tax relief“).[293]

Bei DBA-Staaten gilt eine Steuer „substantially different“ zur finnischen Steuer, wenn sie weniger als 3/4 der finnischen Steuer beträgt, also weniger als 21,75 % (3/4 von 29%) bzw. ab 1.1.2005 19,5% (3/4 von 26%). „Specific tax relief“ ist z.B. bei Steuerbegünstigungen für bestimmte Geschäftstätigkeiten oder Branchen gegeben.[294]

Die allgemeine Regelung hat jedoch Vorrang zur besonderen Regel für DBA-Staaten. D.h. sofern ein DBA-Staat nachweisen kann, dass die Steuer seines Landes mehr als 3/5 der finnischen Steuer beträgt, ist die Anwendung der CFC-Rules ausgeschlossen.[295] Für DBA-Staaten kommt daher die schärfere, besondere Regelung zum Steuerbelastungsvergleich de facto nicht zum Tragen.

Listensystem

Die bereits oben erwähnte Richtlinie beinhaltet eine Liste von DBA-Staaten, bei welchen davon auszugehen ist, dass sich die Höhe der Körperschaftsteuer „grundlegend von der Höhe der finnischen Körperschaftsteuer unterscheidet“. Hierzu zählen folgende Staaten: Vereinigte Arabische Emirate, Malaysia, Malta, Pakistan, Singapur und die Schweiz.[296] Staaten, bei welchen es häufig zu „besonderen Steuervergünstigungen“ kommt, sind insbesondere Madeira, Canarische Inseln und Irland.[297] Hat eine CFC ih-

---

Companies in Finland, in: Taxation of Companies in Europe, http://online2.ibfd.org/gii/, 2004, Major Jurisdictions, Finland, Chapter 13.4.

293 Vgl. Helminen, M., National Report Finland, in: Lang/Aigner/Scheuerle/Stefaner, CFC Legislation, 2004, S. 197.

294 Vgl. Kesti, J., Finland, in: European Tax Handbook, http://online2.ibfd.org/eth/, 2004, Section A, Finland, Chapter 7.4.; Aminoff-Lindblad, A.-L., Corporate Taxation in Finland, in: European Taxation Database, http://online2.ibfd.org/euro/, 2004, Corporate Taxation (detailed), Finland, Chapter 13.4.

295 Vgl. Juusela, J., National Report Finland, in: Cahiers de droit fiscal international, Volume LXXXVIb, Limits on the use of low-tax regimes by multinational businesses, 2001, S. 481; Helminen, M., National Report Finland, in: Lang/Aigner/Scheuerle/Stefaner, CFC Legislation, 2004, S. 197.

296 Vgl. TNS, 21 June 1999, Issue 25, Volume 33, S. 215; Aminoff-Lindblad, A.-L., Corporate Taxation in Finland, in: European Taxation Database, http://online2.ibfd.org/euro/, 2004, Corporate Taxation (detailed), Finland, Chapter 13.4.

297 Vgl. TNS, 21 June 1999, Issue 25, Volume 33, S. 215; Aminoff-Lindblad, A.-L., Taxation of Companies in Finland, in: Taxation of Companies in Europe, http://online2.ibfd.org/gii/, 2004, Major Jurisdictions, Finland, Chapter 13.4.

ren Sitz in einem der gelisteten Staaten, wird eine Niedrigbesteuerung nur dann nicht angenommen, wenn dies anhand des Steuerbelastungsvergleichs nachgewiesen werden kann. Die „graue Liste“ hat die ursprüngliche „weiße Liste“ ersetzt, die diejenigen Staaten listete, mit welchen ein DBA abgeschlossen war und die eine „minimum effective tax rate“ hatten.[298] Bei Nicht-DBA-Staaten bzw. Staaten, die nicht im Listensystem enthalten sind, ist stets eine Überprüfung der Niedrigbesteuerung auf Basis des aufgezeigten Steuerbelastungsvergleichs vorzunehmen.

2.4.3.2 Passive Einkünfte

In Finnland ist keine Regelung vorgesehen, die die Hinzurechnungsbesteuerung lediglich auf Einkunftsarten beschränkt, die aus passiven Aktivitäten stammen. An dem Tatbestand „passive Einkünfte“ fehlt es daher. Allerdings tritt entsprechend der Regelung in Frankreich die Rechtsfolge der Hinzurechnungsbesteuerung nicht ein, wenn der Hauptteil der Erträge der CFC aus nationaler Produktion und Schifffahrt resultiert.[299]

2.4.4 Rechtsfolge

2.4.4.1 Einkünftehinzurechnung

Die Einkünfte der CFC sind dem inländischen Gesellschafter anteilig entsprechend seiner Beteiligung am Nennkapital bzw. Gewinnbezugsrecht hinzuzurechnen. Ohne Belang ist, ob die Einkünfte aus aktiver oder passiver Tätigkeit stammten.[300] Die Einkünfte der CFC werden nach finnischem Recht ermittelt.[301]

2.4.4.2 Ausnahme

Es kommt ausnahmsweise zu keiner Hinzurechnung, sofern die Einkünfte der CFC hauptsächlich aus „aktiven Tätigkeiten“ stammen.[302] Zu diesen Tätigkeiten zählen:

- Nationale industrielle Produktion
- Nationale andere Produktionstätigkeiten
- Schifffahrt
- Mit diesen Tätigkeiten verbundene Verkaufs- oder Marketingtätigkeiten.[303]

---

[298] Vgl. TNS, 2 November 1998, Issue 44, Volume 32, S. 376; Simonsen, L./Fellman, A. M., International Tax Review, 1995, Vol. 6, Iss. 4, pgs. 44 (45).

[299] Vgl. Punkt 2.4.4.2.

[300] Vgl. Sandler, D., Tax Treaties and Controlled Foreign Company Legislation, 1998, S. 32.

[301] Vgl. Simonsen, L./Fellman, A. M., International Tax Review, 1995, Vol. 6, Iss. 4, pgs. 44 (46).

[302] § 2 Nr. 1 CFCG; vgl. Juusela, J., National Report Finland, in: Cahiers de droit fiscal international, Volume LXXXVIb, Limits on the use of low-tax regimes by multinational businesses, 2001, S. 483 f; TNS, 21 June 1999, Issue 25, Volume 33, S. 215.

[303] § 2 Nr. 1 CFCG; vgl. Simonsen, L./Fellman,A. M., International Tax Review, 1995, Vol. 6, Iss. 4, pgs. 44 (46); Juusela, J., National Report Finland, in: Cahiers de droit fiscal international, Volume LXXXVIb, Limits on the use of low-tax regimes by multinational businesses, 2001, S. 483; Tikka, K. S., Finish National Report, in: Schön, W. (Hrsg.), Tax Competition in Europe, 2003, S. 8; Kesti, J., Finland, in: European Tax Handbook, http://online2.ibfd.org/eth/, 2004, Section A,

2.4.5 Hinzurechnungsbetrag

2.4.5.1 Qualifikation des Hinzurechnungsbetrags

Das finnische Gesetz zur Besteuerung der Gesellschafter einer CFC trifft keine ausdrückliche Aussage über die Qualifikation des Hinzurechnungsbetrags. In dem ursprünglichen Gesetzesentwurf[304] hieß es lediglich, dass die Frage der Qualifikation des Hinzurechnungsbetrags in Übereinstimmung mit den allgemeinen Vorschriften des finnischen Steuergesetzes beantwortet werden muss. Nach Auffassung des Schrifttums[305] existieren jedoch keine allgemeinen steuergesetzlichen Vorschriften, aus welchen sich die Einkünftekategorien eindeutig ableiten lassen. Unter Zugrundelegung der Grundprinzipien der Besteuerung müsse der Hinzurechnungsbetrag jedoch als „fiktive Dividende“ zu klassifizieren sein. Im Gegensatz dazu hat im Jahr 2002 das höchste finnische Gericht[306] entschieden, dass der Hinzurechnungsbetrag als Unternehmensgewinn und nicht als Dividende anzusehen sei. Allerdings räumte das Gericht gleichzeitig ein, dass dies keine Grundsatzentscheidung darstelle, sondern von Fall zu Fall individuell zu entscheiden sei. Die Qualifikation des Hinzurechnungsbetrags bleibt somit unklar.

2.4.5.2 Besteuerung des Hinzurechnungsbetrags

Solange die Qualifikation des Hinzurechnungsbetrags nicht eindeutig bestimmt werden kann, wird auch dessen Besteuerung im Unklaren bleiben. § 1 und § 4 des CFC-Gesetzes statuiert jedoch, dass der Hinzurechnungsbetrag „steuerpflichtiges Einkommen“ des inländischen Gesellschafters ist. Daraus ist zu schließen, dass der Hinzurechnungsbetrag als Teil des Einkommens des Gesellschafters mit dem Normaltarif zu belasten ist.

2.4.5.3 „Negativer Hinzurechnungsbetrag“

Im Gegensatz zu den Gewinnen der CFC sind Verluste der CFC nicht Teil des „steuerpflichtigen Einkommens“ des inländischen Gesellschafters. Verluste mindern das steuerpflichtige Einkommen des Gesellschafters nicht, sondern können nur mit zukünftigen Gewinnen derselben CFC verrechnet werden. Der Verlustvortrag ist auf fünf Jahre beschränkt.[307]

Finland, Chapter 7.4.; Aminoff-Lindblad, A.-L., Taxation of Companies in Finland, in: Taxation of Companies in Europe, http://online2.ibfd.org/gii/, 2004, Major Jurisdictions, Finland, Chapter 13.4.

304 Vgl. bei Helminen, M., National Report Finland, in: Lang/Aigner/Scheuerle/Stefaner, CFC Legislation, 2004, S. 200.

305 Stellvertretend Helminen, M., National Report Finland, in: Lang/Aigner/Scheuerle/Stefaner, CFC Legislation, 2004, S. 200 f.

306 Vgl. Helminen, M., National Report Finland, in: Lang/Aigner/Scheuerle/Stefaner, CFC Legislation, 2004, S. 211.

307 § 5 CFCG; vgl. Sandler, D., Tax Treaties and Controlled Foreign Company Legislation, 1998, S. 233; Simonsen, L./Fellman,A. M., International Tax Review, 1995, Vol. 6, Iss. 4, pgs. 44 (46); Juusela, J., National Report Finland, in: Cahiers de droit fiscal international, Volume LXXXVIb,

2.4.6 Maßnahmen zur Vermeidung von Doppelbelastungen

2.4.6.1 Ausländische Steuern

Die im Sitzstaat der CFC auf den anteilig hinzugerechneten Gewinn gezahlten Steuern können auf die inländische Steuerschuld des jeweiligen Gesellschafters angerechnet werden. Der anzurechnende Betrag darf den Betrag, der der finnischen Steuer auf diesen Gewinn entspricht, nicht übersteigen.[308]

2.4.6.2 Tatsächliche Ausschüttung

Tatsächliche Ausschüttungen der CFC sind steuerfrei, sofern sie in dem Jahr der Hinzurechnungsbesteuerung oder einem der darauf folgenden fünf Jahre vorgenommen werden.[309] Die auf die Dividende einbehaltene ausländische Quellensteuer kann auf die inländische Steuerschuld des Gesellschafters angerechnet werden.[310]

2.4.7 Besteuerungskonzeption

Die Besteuerungskonzeption der finnischen Hinzurechnungsbesteuerung kann zusammengefasst wie folgt dargestellt werden:

- Der Hinzurechnungsbetrag gehört – als nicht näher qualifizierter Einkommensteil – zum „steuerpflichtigen Einkommen" des inländischen Gesellschafters und wird nach dem Tarif besteuert. Eine eventuelle Doppelbesteuerung wird in dem Umfang der Anrechnungsmöglichkeit der ausländischen Steuern vermieden.

- Bei tatsächlicher Ausschüttung der CFC wird die Dividende von der Besteuerung freigestellt, soweit der Gewinn bereits vorab im Zuge der Hinzurechnungsbesteuerung versteuert wurde. Wie bereits im Rahmen der deutschen und französischen CFC-Rules dargestellt, wird auf diese Weise eine zweifache inländische Erfassung der CFC-Gewinne verhindert. Die Hinzurechnungsbesteuerung bleibt auch nach Ausschüttung endgültig. Die Gewinne der CFC werden letztlich so besteuert, als ob sie in Finnland angefallen wären.

- Der finnische Gesetzgeber hat die Qualifikation des Hinzurechnungsbetrags nicht festgelegt. Weder Behörden noch Gerichte haben hierzu klar Stellung bezogen. Auch im Schrifttum wird diese Frage kontrovers diskutiert. Es ist demgemäß auch

---

Limits on the use of low-tax regimes by multinational businesses, 2001, S. 484; Helminen, M., National Report Finland, in: Lang/Aigner/Scheuerle/Stefaner, CFC Legislation, 2004, S. 202.

308 § 6 S. 1 CFCG; vgl. Juusela, J., National Report Finland, in: Cahiers de droit fiscal international, Volume LXXXVIb, Limits on the use of low-tax regimes by multinational businesses, 2001, S. 484; Simonsen, L./Fellman, A. M., International Tax Review, 1995, Vol. 6, Iss. 4, pgs. 44 (47).

309 § 4 S. 2 CFCG; vgl. Sandler, D., Tax Treaties and Controlled Foreign Company Legislation, 1998, S. 233; Simonsen, L./Fellman, A. M., International Tax Review, 1995, Vol. 6, Iss. 4, pgs. 44 (46).

310 § 6 S. 1 CFCG.

nicht erkennbar, ob die Hinzurechnungsbesteuerung dem Konzept einer Unternehmensgewinn-, „Dividenden- oder Aliudbesteuerung" folgen soll.

- Es zeigt sich jedoch, dass die finnische Hinzurechnungsbesteuerung – ebenso wie die französische – weitgehend einer nationalen „Unternehmensgewinnbesteuerung" gleich kommt. Allerdings ebenfalls mit der Einschränkung, dass bei Verlusten der CFC ein Verlustausgleich eines „negativen Hinzurechnungsbetrags" mit positiven anderen Einkünften des Gesellschafters ausgeschlossen und nur ein besonderer, zeitlich beschränkter Verlustvortrag zulässig ist. Eine mit einer Gewinnbesteuerung identische Besteuerung ist daher auch in der finnischen CFC-Gesetzgebung nicht gegeben.

- Dem Gesellschafter entsteht immer dann ein durch die Hinzurechnungsbesteuerung bedingter steuerlicher Nachteil, wenn eine tatsächliche Dividende aus dem Staat der CFC gemäß dem nationalen Recht oder DBA-Recht[311] steuerfrei wäre.

Finnland hat ebenso wie Frankreich mit Wirkung zum 1.1.2005 vom „Anrechnungssystem" zum „Klassischen Körperschaftsteuersystem" gewechselt.[312] In Bezug auf die Besteuerung von Dividenden aus dem Ausland gilt ab dem 1.1.2005 folgende Regelung:[313]

Nach finnischem nationalem Recht wird eine Steuerfreistellung für ausländische Dividenden gewährt, sofern

- die Ausschüttung an eine EU-Mutterkapitalgesellschaft von einer EU-Tochterkapitalgesellschaft stammt, ungeachtet einer Beteiligungshöhe und Haltedauer,[314]
- es sei denn, die EU-Mutterkapitalgesellschaft ist eine Versicherung- oder Finanzdienstleistungsgesellschaft, die ihre Anteile an der Tochtergesellschaft lediglich als Kapitalanlage hält. In diesen Fällen ist die Dividende nur steuerfrei,

---

311 Eine Untersuchung in Bezug auf die Mutter-Tochter-Richtlinie (Richtlinie 90/435/EEC v. 23.7.1990) kann entfallen, da diese in Art. 4 Abs. 1 EEC den EU-Staaten die freie Wahl zwischen der Freistellungs- und Anrechnungsmethode lässt. Die Mutter-Tochter-Richtlinie fordert also nicht zwingend die Steuerfreistellung von Dividenden bei der empfangenden Muttergesellschaft. Sie fordert lediglich die Freistellung von dem Kapitalertragssteuereinbehalt seitens der ausschüttenden Tochtergesellschaft, so Art. 5 Abs. 1 EEC. Sofern die Mutter-Tochter-Richtlinie bereits in nationales Recht der einzelnen Staaten umgesetzt wurde, geben dies die nationalen Vorschriften wieder.

312 Anlass war des EuGH-Urteils vom 7. September 2004 in Sachen Petri Manninen, in dem hinsichtlich des bestehenden körperschaftsteuerlichen Anrechungsverfahrens ein Verstoß gegen EU-Recht (Art. 56 und 58 EGV) festgestellt wurde. Vgl. bei Aminoff-Lindblad, A.-L., Corporate Taxation in Finland, in: European Taxation Database, http://online2.ibfd.org/euro/, 2004, Corporate Taxation (detailed), Finland, Chapter: Latest information.

313 Vgl. Kesti, J., Finland, in: Taxation of Patent Royalties, Dividends, Interest in Europe, http://online2.ibfd.org/gi/, 2004, Contents: Finland, Chapter B.

314 Hier wurde die Mutter-Tochter-Richtlinie in das nationale Recht umgesetzt. Vgl. Kesti, J., Finland, in: Taxation of Patent Royalties, Dividends, Interest in Europe, http://online2.ibfd.org/gi/, 2004, Contents: Finland, Chapter B.

wenn die EU-Mutterkapitalgesellschaft mindestens 10% der Anteile an der Tochtergesellschaft hält.[315]

Die von Finnland abgeschlossenen DBA sehen ebenfalls ein Schachtelprivileg vor. Die meisten DBA gewähren eine Steuerfreistellung ausländischer Dividenden, wenn[316]

- der inländische Gesellschafter die Rechtsform einer Kapitalgesellschaft hat und
- mindestens 10% der Stimmrechte an der ausländischen Tochtergesellschaft hält (Mindestbeteiligungsquote).

Eine Mindesthaltedauer wird nicht gefordert.

Die Freistellung von Dividenden unter den oben genannten Voraussetzungen gewährt z.B. das finnische DBA mit Österreich (Art. 23 Abs. 2 (b)), Belgien (Art. 24 Abs. 1 (b)), Deutschland (Art. 23 Abs. 3), Griechenland (Art. 23 Abs. 1 (b)), Italien (Art. 23 Abs. 2 (b)) und Irland (Art. 24 Abs. 1 (b)).[317] Die von Finnland abgeschlossenen DBA sehen derzeit in der Regel (noch) von einer Aktivitätsklausel ab.[318] Dies gilt z.B. für alle vorgenannten DBA. Das DBA Deutschland-Finnland wird derzeit überarbeitet. In dem Entwurf des neuen DBA wurde eine Aktivitätsklausel aufgenommen.[319]

In den Fällen, in welchen die nationale Regelung restriktiver als die DBA-Regelung ist, nämlich bei Ausschüttungen aus Nicht-EU-Staaten, greift die DBA-Regelung.

Es zeigt sich also, dass sich die Hinzurechnungsbesteuerung und die nationalen Regelungen über Schachteldividenden, ebenso wie in Frankreich, gegenseitig nicht ausschließen. Es kann auch dann zu einer Hinzurechnungsbesteuerung kommen, wenn im Ausschüttungsfall nach nationalem Recht eine Dividendenfreistellung gewährt worden wäre. Sofern die DBA-Regelung greift und die Freistellung an eine Aktivitätsklausel geknüpft ist, wird eine Freistellung nur dann nicht gewährt, wenn die CFC passive Tätigkeiten ausübt. Die Ausübung „passiver Tätigkeiten" ist bei der finnischen CFC-Gesetzgebung – im Gegensatz zur z.B. deutschen – nicht Tatbestandsmerkmal. Bei der Hinzurechnungsbesteuerung können daher aktive oder passive Einkünfte der CFC vorliegen. In denjenigen Fällen, in welchen die

---

315 Vgl. § 6 EVL (Business Income Tax Law); vgl Kesti, J., Finland, in: Taxation of Patent Royalties, Dividends, Interest in Europe, http://online2.ibfd.org/gi/, 2004, Contents: Finland, Chapter B; Juusela, J., National Report Finland, in: Cahiers de droit fiscal international, Volume LXXXVIb, Limits on the use of low-tax regimes by multinational businesses, 2001, S. 484.

316 Vgl. Aminoff-Lindblad, A.-L., Corporate Taxation in Finland, in: European Taxation Database, http://online2.ibfd.org/euro/, 2004, Corporate Taxation (detailed), Finland, Chapter 8.3.3.3.

317 In dem DBA Spanien hingegen wird zudem verlangt, dass der Gewinn bei der Tochtergesellschaft einer Steuer unterlegen hat. Vgl. DBA Finnland-Spanien, Art. 10 Abs. 6 i.V.m. Art. 23 Abs. 4.

318 Vgl. Kesti, J., Finland, in: Taxation of Patent Royalties, Dividends, Interest in Europe, http://online2.ibfd.org/gi/, 2004, Contents: Finland, Chapter B.

319 Vgl. Übersicht in Vogel in: Vogel/Lehner, DBA, 4. Aufl., 2003, Art. 23, Rz. 90.

DBA-Regelung mit einer Aktivitätsklausel verbunden ist, muss also eine Einzelfallüberprüfung erfolgen. Denn wegen des Fehlens des Tatbestands der Erzielung passiver Einkünfte setzt die Hinzurechnungsbesteuerung nicht zwingend das Vorliegen passiver Einkünfte voraus.

- Im Ergebnis stellt sich die finnische Hinzurechnungsbesteuerung im Falle einer unterstellten „Dividendenbesteuerungskonzeption", wenn das nationale Schachtelprivileg zur Anwendung käme, nicht als dividendenkonform dar und wirkt daher als „Strafsteuer". Ist das DBA-Schachtelprivileg vorrangig und sieht die DBA-Regelung einen Aktivitätsvorbehalt vor, kann die Hinzurechnungsbesteuerung im Einzelfall zu einer Straf- oder lediglich „Interimsteuer" führen, in Abhängigkeit davon, ob die CFC eine aktive oder passive Tätigkeit ausübt.

2.5 Spanien

2.5.1 Rechtsentwicklung

Der erste Entwurf einer CFC-Gesetzgebung entstand im Jahre 1994 im Rahmen eines Konzepts zu einer spanischen Körperschaftsteuerreform.[320] Der Entwurf sah eine der französischen CFC-Gesetzgebung vergleichbare Regelung vor. Der Gesetzesentwurf stieß jedoch auf heftige Kritik. Nach umfangreichen Überarbeitungen wurde schließlich das Gesetz mit Wirkung zum 1.1.1995 verabschiedet.[321] Das Gesetz enthält nun einige Bestandteile anderer CFC-Gesetzgebungen sowie eigene neue Ideen.[322] Regelungen für natürliche Personen wurden in Art. 2, für Körperschaften in Art. 10 des spanischen Körperschaftsteuerreformgesetzes getroffen.[323] Später wurden die Regelungen für natürliche Personen in das spanische Einkommensteuergesetz[324] und die Regelungen für Körperschaften in das spanische Körperschaftsteuergesetz[325] integriert (Art. 121 LIS). Im Rahmen der Einbindung in die jeweiligen zugehörigen Gesetze wurden lediglich geringfügige Änderungen vorgenommen.[326] Die CFC-Rules werden in Spanien auch als „international fiscal transparency rules“ (IFT rules) bezeichnet.[327]

2.5.2 Persönlicher Anwendungsbereich

2.5.2.1 Ausländische Gesellschaft (CFC)

Rechtsform und Steuerpflicht

Das spanische Gesetz spricht bezüglich der ausländischen Gesellschaft von einer Unternehmenseinheit, die ihren Sitz außerhalb von Spanien hat.[328] Die ausländische Gesellschaft kann daher jede beliebige Rechtsform haben. Sie kann auch eine Partnerschaft oder ein Trust sein.[329]

---

320 Vgl. Sandler, D., Tax Treaties und Controlled Foreign Company Legislation, 1998, S. 32.

321 Gesetz 42/1994 v. 30.12.1994; vgl. García Prats, F. A., National Report Spain, in: Cahiers de droit fiscal international, Volume LXXXVIb, Limits on the use of low-tax regimes by multinational businesses, 2001, S. 809; Calvo, S. R., The Taxation of Companies in Spain, in: Guides to European Taxation, Volume II, The Taxation of Companies in Europe, 1999, Chapter 8.4.1. Rz. 638.

322 Vgl. Sandler, D., Tax Treaties and Controlled Foreign Company Legislation, 1998, S. 32.

323 Vgl. Gonzalo, J., International Tax Review, 1995, Vol. 6, Iss. 3, pg. 32; Calvo, R. S., European Taxation, 1995, Vol. 35, Iss. 5, pg. 164; García Prats, F. A., National Report Spain, in: Cahiers de droit fiscal international, Volume LXXXVIb, Limits on the use of low-tax regimes by multinational businesses, 2001, S. 809.

324 Gesetz 40/1998 v. 9.12.1998.

325 Gesetz 43/1995 v. 27.12.1995.

326 Vgl. Herzig, N./Wagner, T., IStR 2003, S. 222 (225).

327 Vgl. Herzig, N./Wagner, T., IStR 2003, S. 222 (225); Giménez, J. J. B., Spanish National Report, in: Schön, W. (Hrgs.), Tax Competition in Europe, 2003, S. 11; González-Cotera, A., Spain, in: European Tax Handbook, http://online2.ibfd.org/eth/, 2004, Section A, Spain, Chapter 7.4.

328 Art. 121 Abs. 1 LIS.

329 Vgl. Raventós, S., Taxation of Companies in Spain, in: Taxation of Companies in Europe, http://online2.ibfd.org/gii/, 2004, Major Jurisdictions, Spain, Chapter 13.4.1.

Beherrschungsbeteiligung

Die ausländische Gesellschaft muss „beherrscht" sein, d.h. an ihr muss ein in Spanien ansässiger Gesellschafter allein oder zusammen mit ihm „nahestehenden Personen" i.S.d. Art. 16 LIS mindestens zu 50% direkt beteiligt sein.[330] Maßgeblich sind die Anteile am Nennkapital, Eigenkapital oder Gewinn oder die Stimmrechtsanteile.[331] In den Fällen, in welchen die ausländische Gesellschaft von einer Gruppe beherrscht wird, sind nur die Beteiligungen zu berücksichtigen, die direkt von Inländern gehalten werden. Beteiligungen, die von nicht in Spanien Ansässigen gehalten werden, sind nur insoweit zu berücksichtigen, als sich durch sie eine indirekte Beteiligung eines Inländers erhöht.[332] Die Voraussetzung der Beherrschung muss am Ende des maßgeblichen Wirtschaftsjahrs der CFC bestehen.[333]

2.5.2.2 Inländischer Gesellschafter

Rechtsform und Steuerpflicht

Von der spanischen CFC-Gesetzgebung sind in Spanien ansässige Gesellschafter, unabhängig von ihrer Rechtsform, betroffen. Das Gesetz schließt natürliche ebenso wie juristische Personen ein.[334] In Spanien beschränkt Steuerpflichtige werden von den CFC-Rules nicht erfasst.[335]

Hinzurechnungsbeteiligung

Von der Hinzurechnungsbesteuerung sind nicht nur diejenigen Gesellschafter betroffen, die eine Beherrschungsbeteiligung innehaben, sondern alle Gesellschafter, die an der CFC direkt beteiligt sind. Wird eine Beteiligung von einem Inländer ausschließlich indirekt gehalten, z.B. über eine 100%-Beteiligung einer ausländischen Gesellschaft an

330 Art. 121 Abs. 1 a) S. 1 LIS; vgl. Kippenberg, J., IStR-Länderbericht, Heft 7/2004, S. 3; Sandler, D., Tax Treaties and Controlled Foreign Company Legislation, 1998, S. 32, 259; González-Cotera, A., Spain, in: European Tax Handbook, http://online2.ibfd.org/eth/, 2004, Section A, Spain, Chapter 7.4.; Raventós, S., Corporate Taxation in Spain, in: European Taxation Database, http://online2.ibfd.org/euro/, 2004, Corporate Taxation (detailed), Spain, Chapter 13.4.1.

331 Art. 121 Abs. 1 a) S. 1 LIS; vgl. Herzig, N./Wagner, T., IStR 2003, S. 222 (225); Gonzalo, J., International Tax Review, 1995, Vol. 6, Iss. 3, pg. 32; Raventós, S., Corporate Taxation in Spain, in: European Taxation Database, http://online2.ibfd.org/euro/, 2004, Corporate Taxation (detailed), Spain, Chapter 13.4.1.

332 Art. 121 Abs. 1 a) S. 2 LIS.

333 Art. 121 Abs. 1 a) S. 1 LIS; vgl. García Prats, F. A., National Report Spain, in: Cahiers de droit fiscal international, Volume LXXXVIb, Limits on the use of low-tax regimes by multinational businesses, 2001, S. 810; Gonzalo, J., International Tax Review, 1995, Vol. 6, Iss. 3, pg. 32.

334 Art. 121 Abs. 5 LIS; vgl. Sandler, D., Tax Treaties and Controlled Foreign Company Legislation, 1998, S. 259.

335 Vgl. Almudi, J., National Report Spain, in: Lang/Aigner/Scheuerle/Stefaner, CFC Legislation, 2004, S. 562.

der CFC, so liegt keine Hinzurechnungsbeteiligung vor. Eine Hinzurechnungsbesteuerung tritt bei diesem Gesellschafter dann nicht ein.[336]

2.5.3 Tatbestand

Bei der spanischen Hinzurechnungsbesteuerung müssen – ebenso wie bei der deutschen Hinzurechnungsbesteuerung – kumulativ die Tatbestandsmerkmale „Niedrigbesteuerung" im Sitzstaat der CFC und überwiegend „passive Tätigkeit" der CFC erfüllt sein.

2.5.3.1 Niedrigbesteuerung

Für die Zwecke der Hinzurechnungsbesteuerung sind speziell zugeschnittene Merkmale für ein „low-tax-regimes" konstruiert worden.[337] Diese sind wie folgt:

Steuerbelastungsvergleich

Ein „tax haven" für Zwecke der CFC-Besteuerung liegt vor, wenn die Einkünfte der ausländischen Gesellschaft mit Steuern von weniger als 75% der Steuer belastet sind, die sich ergeben würde, wenn die CFC in Spanien ansässig wäre.[338] Maßgeblich für den Vergleich ist die im Ausland tatsächlich gezahlte Steuer, nicht der ausländische nominale Steuersatz. Der Steuervergleich ist für jede Einkunftsart gesondert vorzunehmen, eine Durchschnittsbildung über alle Einkunftsarten reicht nicht aus.[339]

Listensystem

Spanien hat 1991 eine Liste von Staaten und Territorien eingeführt, die für steuerliche Zwecke als „tax havens" einzustufen sind.[340] Diese „schwarze Liste" enthält seither

---

[336] Vgl. García Prats, F. A., National Report Spain, in: Cahiers de droit fiscal international, Volume LXXXVIb, Limits on the use of low-tax regimes by multinational businesses, 2001, S. 810; Gonzalo, J., International Tax Review, 1995, Vol. 6, Iss. 3, pg. 32.

[337] Vgl. García Prats, F. A., National Report Spain, in: Cahiers de droit fiscal international, Volume LXXXVIb, Limits on the use of low-tax regimes by multinational businesses, 2001, S. 804.

[338] Art. 121 Abs. 1 b) LIS; ferner Kippenberg, J., IStR-Länderbericht, Heft 7/2004, S. 3; Herzig, N./Wagner, T., IStR 2003, S. 222 (225); González-Cotera, A., Spain, in: European Tax Handbook, http://online2.ibfd.org/eth/, 2004, Section A, Spain, Chapter 7.4.; Raventós, S., Taxation of Companies in Spain, in: Taxation of Companies in Europe, http://online2.ibfd.org/euro/, 2004, Major Jurisdictions, Spain, Chapter 13.4.1.

[339] Vgl. García Prats, F. A., National Report Spain, in: Cahiers de droit fiscal international, Volume LXXXVIb, Limits on the use of low-tax regimes by multinational businesses, 2001, S. 813.

[340] Vgl. Royal Decree 1080/1991 v. 5.7.1991; vgl. Raventós, S., Corporate Taxation in Spain, in: European Taxation Database, http://online2.ibfd.org/euro/, 2004, Corporate Taxation (detailed), Spain, Chapter 13.6.; García Prats, F. A., National Report Spain, in: Cahiers de droit fiscal international, Volume LXXXVIb, Limits on the use of low-tax regimes by multinational businesses, 2001, S. 803; González-Cotera, A., Spain, in: European Tax Handbook, http://online2.ibfd.org/eth/, 2004, Section A, Spain, Chapter 7.5.

unverändert 48 Staaten.[341] Enthalten sind beispielsweise folgende zu Europa gehörende Staaten: Andorra, Zypern, Gibraltar, die Channel Islands (Guernsey und Jersey), Malta, Isle of Man, Liechtenstein, Monaco, San Marino und Luxemburg.[342].
In der gesetzlichen Vorschrift der CFC-Rules sind weitgehend alle Staaten dieser „schwarzen Liste“ als „graue Staaten“ aufgenommen. „Grau“ deshalb, weil die genannten Staaten lediglich – widerlegbar – als „tax havens“ gelten. D.h. sofern sich gemäß dem Steuerbelastungsvergleich eine mit der spanischen Steuer vergleichbare Steuer ergibt, wird der Staat nicht als Niedrigsteuerland i.S.d. CFC-Rules qualifiziert.

Seit 1991 gilt, dass, sofern die aufgelisteten Staaten eine Vereinbarung über einen Informationsaustausch nach den Vorgaben der OECD treffen, diese nicht länger als Niedrigsteuerstaaten einzustufen sind.[343] Seit 1.1.2004 gilt ferner, dass die Hinzurechnungsbesteuerung auf jene ausländische Tochtergesellschaften nicht anwendbar ist, die in einem EU-Mitgliedstaat ansässig sind, das nicht in der spanischen „schwarzen“ bzw. „grauen“ Liste enthalten ist.[344]

2.5.3.2 Passive Tätigkeit

Die Einkünfte der CFC unterliegen der Hinzurechnungsbesteuerung nur insoweit, als sie passive Einkünfte darstellen. Im Gegensatz zu Deutschland wird in Spanien keine Negativabgrenzung, sondern eine Positivabgrenzung vorgenommen, d.h. in einem Katalog werden die schädlichen Einkünfte explizit aufgezählt. Die Aufzählung ist jedoch nur beispielhaft und wie folgt konzipiert[345]:

---

341 Vgl. Raventós, S., Taxation of Companies in Spain, in: Taxation of Companies in Europe, http://online2.ibfd.org/euro/, 2004, Major Jurisdictions, Spain, Chapter 13.6.

342 Vgl. González-Cotera, A., Spain, in: European Tax Handbook, http://online2.ibfd.org/eth/, 2004, Section A, Spain, Chapter 7.5.; Raventós, S., Corporate Taxation in Spain, in: European Taxation Database, http://online2.ibfd.org/euro/, 2004, Corporate Taxation (detailed), Spain, Chapter 13.6. Die Entscheidung darüber, welcher Staat in die Liste aufgenommen wird oder nicht, trifft allein der Staat. Die Orientierungskriterien für seine Entscheidung wurden jedoch nicht bekannt gegeben. Vgl. García Prats, F. A., National Report Spain, in: Cahiers de droit fiscal international, Volume LXXXVIb, Limits on the use of low-tax regimes by multinational businesses, 2001, S. 804.

343 Art. 2 des Royal Decrees 1991. Vgl. Raventós, S., Corporate Taxation in Spain, in: European Taxation Database, http://online2.ibfd.org/euro/, 2004, Corporate Taxation (detailed), Spain, Chapter 13.6.

344 Änderung im Rahmen des „Gesetzesprojekts über Steuerliche, Administrative und Soziale Maßnahmen“ 2004 („Ley de Acompanamiento“), vgl. Kippenberg, J., IStR-Länderbericht, Heft 7/2004, S.3.

345 Art. 121 Abs. 2 LIS; vgl. Herzig, N./Wagner, T., IStR 2003, S. 222 (225); Sandler, D., Tax Treaties and Controlled Foreign Company Legislation, 1998, S. 258 f; García Prats, F. A., National Report Spain, in: Cahiers de droit fiscal international, Volume LXXXVIb, Limits on the use of low-tax regimes by multinational businesses, 2001, S. 811-813; González-Cotera, A., Spain, in: European Tax Handbook, http://online2.ibfd.org/eth/, 2004, Section A, Spain, Chapter 7.4.; Raventós, S., Taxation of Companies in Spain, in: Taxation of Companies in Europe, http://online2.ibfd.org/euro/, 2004, Major Jurisdictions, Spain, Chapter 13.4.2.

(1) Hinzugerechnet werden „passive Einkünfte“ und bestimmte „Basiseinkünfte“, wie[346]

a) Immobilieneinkünfte (Einkünfte aus Vermietung und Verpachtung und Gewinne aus der Veräußerung der Immobilien);
b) Einkünfte aus Vermögensanlagen (Dividenden- und Zinseinkünfte, inkl. Gewinne aus der Veräußerung der Vermögensanlagen);
c) Einkünfte aus Finanz-, Kredit und Versicherungsgeschäften oder anderen Dienstleistungen;
d) Transfer von Waren und Rechten, auf die sich die Buchstaben a) und b) beziehen, sofern hieraus Einkommen geschaffen wird.

(2) Einkünfte i.S.d. (1) a) oben werden nicht als „passiv“ angesehen, sofern

a) die Immobilie oder das Recht am Immobilienbesitz mit einer geschäftlichen Aktivität in Verbindung steht und
b) die Nutzung oder das Nutzungsrecht an der Immobilie einer ausländischen Gesellschaft gewährt wurde, die zur selben Unternehmensgruppe gehört.[347]

(3) Einkünfte i.S.d. (1) b) oben werden nicht als „passiv“ angesehen, sofern diese Vermögensanlagen

a) gehalten werden, damit die CFC die rechtlichen Voraussetzungen für die Ausübung einer besonderen Art geschäftlicher Aktivität erfüllt,
b) Forderungen repräsentieren bzgl. vertraglicher Vereinbarungen, die im Zusammenhang mit geschäftlichen Aktivitäten getroffen wurden,
c) gehalten werden im Zusammenhang mit geschäftlichen Aktivitäten, wie beispielsweise Online-Handel in offiziellen Aktienmärkten,
d) gehalten werden von Finanz- und Versicherungseinrichtungen im Zusammenhang mit ihren geschäftlichen Aktivitäten.[348]

(3) Einkünfte i.S.d. (1) c) oben werden nicht als „Basiseinkünfte“ angesehen, sofern mehr als 50% der Einkünfte in Verbindung mit Transaktionen mit fremden Dritten stehen.[349]

(4) Einkünfte i.S.d. (1) a), b) oder d), die von Gesellschaften bezogen werden, an welchen die CFC zu mehr als 5% beteiligt ist, werden von der Hinzurechnung ausgeschlossen, sofern die CFC die Beteiligungen an dieser Gesellschaft kontrolliert und mindestens 85% ihres Umsatzes aus aktiven Geschäftstätigkeiten bezieht.[350]

(5) Die Einkünfte i.S.d. (1) a), b) oder d) werden nur dann als „passiv“ bzw. als „Basiseinkünfte“ angesehen, wenn die Höhe dieser Einkünfte mehr als 15% des gesamten Einkommens der CFC oder mehr als 4% des gesamten Umsatzes der CFC

---

346 Art. 121 Abs. 2 a) bis d) LIS.

347 Art. 121 Abs. 2 a) 2. HS LIS.

348 Art. 121 Abs. 2 b) S. 2 aa) bis dd) LIS.

349 Art. 121 Abs. 2 c) S. 2 LIS.

350 Art. 121 Abs. 2 d) S. 2 aa), bb) LIS; vgl. auch Herzig, N./Wagner, T., IStR 2003, S. 222 (226).

beträgt; sofern die CFC ein Unternehmen einer Unternehmensgruppe ist, beziehen sich die 15% bzw. 4% auf das Einkommen bzw. den Umsatz der gesamten Unternehmensgruppe.[351]

(6) Sofern die CFC in einem als „tax haven" bestimmten Gebiet ansässig ist, besteht die widerlegbare Vermutung, dass das gesamte Einkommen der CFC „passiv" ist und dass der Hinzurechnungsbetrag 15% der Anschaffungskosten der Beteiligung an der CFC beträgt.[352]

2.5.4 Rechtsfolge

2.5.4.1 Einkünftehinzurechnung

Die Hinzurechnung erfolgt nur in Höhe der passiven Einkünfte der CFC. Für die Ermittlung des Hinzurechnungsbetrags gelten die Prinzipien und Vorschriften des spanischen Steuerrechts.[353] Die Zwischeneinkünfte sind dem inländischen Gesellschafter anteilig entsprechend seiner Beteiligung am Gewinn oder, sofern keine Gewinnbeteiligung besteht, am Nennkapital, Eigenkapital oder entsprechend seiner Stimmrechtsbeteiligung zuzurechnen.[354]

2.5.4.2 Ausnahmen

Freigrenze (Bagatellregelung)

Bei Aufzählung der passiven Tätigkeiten normiert Absatz (5), „die Einkünfte werden nur dann als passiv angesehen, wenn die Höhe der Einkünfte mehr als 15% des gesamten Einkommens oder mehr als 4% des gesamten Umsatzes der CFC beträgt". Daraus leitet sich eine Freigrenze ab, bis zu der von einer Hinzurechnungsbesteuerung wegen geringfügigen Umfangs abgesehen werden kann.

Überwiegend aktive Tätigkeit

Im Rahmen der Konzeption der Ermittlung der schädlichen passiven Einkünfte postuliert Absatz (4), „Einkünfte i.S.d. (1) a), b) oder d), die von Gesellschaften bezogen werden, an welchen die CFC zu mehr als 5% beteiligt ist, werden ausgeschlossen, so-

---

351 Art. 121 Abs. 3 LIS; vgl. auch Herzig, N./Wagner, T., IStR 2003, S. 222 (225 f).

352 Art. 121 Abs. 12 c) LIS; vgl. Raventós, S., Taxation of Companies in Spain, in: Taxation of Companies in Europe, http://online2.ibfd.org/euro/, 2004, Major Jurisdictions, Spain, Chapter 13.4.7.

353 Art. 121 Abs. 7 LIS; vgl. Almudi, J., National Report Spain, in: Lang/Aigner/Scheuerle/Stefaner, CFC Legislation, 2004, S. 568; Raventós, S., Corporate Taxation in Spain, in: European Taxation Database, http://online2.ibfd.org/euro/, 2004, Corporate Taxation (detailed), Spain, Chapter 13.4.3. Zur Ermittlung des Hinzurechnungsbetrags ausführlich bei Herzig, N./Wagner, T., IStR 2003, S. 222 (226).

354 Art. 121 Abs. 1 a) S. 3 LIS; vgl. García Prats, F. A., National Report Spain, in: Cahiers de droit fiscal international, Volume LXXXVIb, Limits on the use of low-tax regimes by multinational businesses, 2001, S. 815.

fern diese Gesellschaften aktive Geschäftsaktivitäten ausüben und mindestens 85% ihres Umsatzes aus aktiven Geschäftstätigkeiten beziehen." Sofern die CFC überwiegend Einkünfte aus aktiven Tätigkeiten bezieht (oder selbst erwirtschaftet) entfällt die Hinzurechnung.

Vereinfachungsklausel – pauschale Hinzurechnung

Bei Ansässigkeit der CFC in einem klassischen „tax haven" wird (widerlegbar) vermutet, dass das gesamte Einkommen der CFC passiv ist, mit der Folge, dass der Hinzurechnungsbetrag pauschal 15% der Anschaffungskosten der Beteiligung an der CFC beträgt.[355]

2.5.5 Hinzurechnungsbetrag

2.5.5.1 Qualifikation des Hinzurechnungsbetrags

Das Gesetz äußert sich hinsichtlich der Qualifikation des Hinzurechnungsbetrags nicht. Auch die Finanzverwaltung und die Gerichte haben hierzu noch nicht Stellung bezogen. In der Literatur wird die Qualifikation des Hinzurechnungsbetrags kontrovers diskutiert. Allerdings besteht überwiegend Einigkeit darin, dass der Hinzurechnungsbetrag nicht als „fiktive Dividende" angesehen werden kann.[356] Begründung hierfür ist, dass nur bestimmte Einkunftstypen, nämlich passive Einkünfte, der Hinzurechnungsbesteuerung unterliegen sollen. Diese Einschränkung soll die Qualifikation als Dividende ausschließen, da eine Dividende die Ausschüttung (von Teilen) des sich aus allen Einkünften zusammensetzenden Unternehmensgewinns umschließt. Der Hinzurechnungsbetrag sei daher vielmehr eine eigenständige Einkunftskategorie.[357] Denn besteuert wird nicht „tatsächliches Einkommen", sondern lediglich „potentielles Einkommen". Ein Konzept, dass bereits potentielles Einkommen besteuert, kennt das spanische Steuerrecht grundsätzlich nicht. Daher soll die Hinzurechnungsbesteuerung als eine besondere Besteuerungsform einzustufen sein.

2.5.5.2 Besteuerung des Hinzurechnungsbetrags

Der Hinzurechnungsbetrag wird in das steuerpflichtige Einkommen des Gesellschafters „einbezogen".[358] Demgemäß kann er auch mit eventuellen negativen anderen Einkunftsarten des inländischen Gesellschafters ausgeglichen werden. Er unterliegt ferner

---

355 Art. 121 Abs. 12 c) LIS; vgl. Raventós, S., Corporate Taxation in Spain, in: European Taxation Database, http://online2.ibfd.org/euro/, 2004, Corporate Taxation (detailed), Spain, Chapter 13.4.7. und 13.6.

356 Vgl. García Prats, F. A., National Report Spain, in: Cahiers de droit fiscal international, Volume LXXXVIb, Limits on the use of low-tax regimes by multinational businesses, 2001, S. 810; Gonzalo, J., International Tax Review, 1995, Vol. 6, Iss. 3, pg. 32; Almudi, J., National Report Spain, in: Lang/Aigner/Scheuerle/Stefaner, CFC Legislation, 2004, S. 569.

357 Vgl. Almudi, J., National Report Spain, in: Lang/Aigner/Scheuerle/Stefaner, CFC Legislation, 2004, S. 569.

358 Art. 121 Abs. 5 LIS.

trotz seiner Qualifikation als „Betrag besonderer Art“ keinem besonderen Steuertarif.[359]

2.5.5.3 „Negativer Hinzurechnungsbetrag“

Art. 121 LIS spricht hinsichtlich des Hinzurechnungsbetrags stets von „positivem Einkommen“. Daraus lässt sich schließen, dass nur Gewinne dem inländischen Gesellschafter hinzugerechnet werden, nicht jedoch Verluste. Es findet eine Verlustverrechnung auf Ebene der CFC nach Maßgabe der Vorschriften des CFC-Staates statt.[360]

2.5.6 Maßnahmen zur Vermeidung von Doppelbelastungen

2.5.6.1 Ausländische Steuern

Die von der CFC für die den Gesellschaftern hinzugerechneten Einkünfte gezahlte Körperschaftsteuer (inklusive gezahlte Quellensteuer auf erhaltene Dividenden) können auf die Steuerlast des Gesellschafters angerechnet werden.[361] Sofern die CFC in einem in der „grauen Liste“ genannten „tax haven“ ansässig ist, ist eine Steueranrechnung dieser ausländischen Steuer nicht zulässig. Denn hier wird keine Gefahr einer echten Doppelbesteuerung gesehen.[362]

2.5.6.2 Tatsächliche Ausschüttung

Tatsächliche Ausschüttungen der ausländischen Gesellschaft sind steuerfrei bis zu der Höhe der Einkünfte, die ursprünglich der Hinzurechnungsbesteuerung unterlagen. Die auf die Dividenden einbehaltene Quellensteuer ist vom spanischen Gesellschafter anrechenbar.[363]

---

359 Vgl. Almudi, J., National Report Spain, in: Lang/Aigner/Scheuerle/Stefaner, CFC Legislation, 2004, S. 569; Herzig, N./Wagner, T., IStR 2003, S. 222 (226).

360 Vgl. Sandler, D., Tax Treaties and Controlled Foreign Company Legislation, 1998, S. 260; Almudi, J., National Report Spain, in: Lang/Aigner/Scheuerle/Stefaner, CFC Legislation, 2004, S. 569, 571 f.

361 Art. 121 Abs. 9 S. 1 a) und b) LIS; vgl. Raventós, S., Corporate Taxation in Spain, in: European Taxation Database, http://online2.ibfd.org/euro/, 2004, Corporate Taxation (detailed), Spain, Chapter 13.4.5.; Herzig, N./Wagner, T., IStR 2003, S. 222 (226).

362 Art. 121 Abs. 9 S. 5 LIS; vgl. García Prats, F. A., National Report Spain, in: Cahiers de droit fiscal international, Volume LXXXVIb, Limits on the use of low-tax regimes by multinational businesses, 2001, S. 815 f; Raventós, S., Taxation of Companies in Spain, in: Taxation of Companies in Europe, http://online2.ibfd.org/euro/, 2004, Major Jurisdictions, Spain, Chapter 13.4.5.

363 Art. 121 Abs. 8 und 9 LIS; vgl. Almudi, J., National Report Spain, in: Lang/Aigner/Scheuerle/Stefaner, CFC Legislation, 2004, S. 815 f; Raventós, S., Taxation of Companies in Spain, in: Taxation of Companies in Europe, http://online2.ibfd.org/euro/, 2004, Major Jurisdictions, Spain, Chapter 13.4.4. und 13.4.5.; Herzig, N./Wagner, T., IStR 2003, S. 222 (227).

2.5.7 Besteuerungskonzeption

Die Besteuerungskonzeption der spanischen Hinzurechnungsbesteuerung stellt sich wie folgt dar:

- Der Hinzurechnungsbetrag wird laut Gesetzestext in das steuerpflichtige Einkommen des Gesellschafters „einbezogen“ und unterliegt der Besteuerung nach dem Tarif. Obgleich er überwiegend als „besondere Einkunftsart“ betitelt wird, soll er abweichend von dieser Qualifikation nicht mit einem Sondertarif belastet werden. Der Gewinn der CFC wurde bereits in dem Sitzstaat der CFC besteuert. Um eine Doppelbesteuerung zu vermeiden, kann die ausländischen Steuern auf die spanische Steuer angerechnet werden.

- Bei tatsächlicher Ausschüttung werden die Dividenden, soweit der Gewinn der CFC bereits von der Hinzurechnungsbesteuerung erfasst wurde, zur Vermeidung einer zweifachen inländischen Besteuerung von der Steuer freigestellt. Die Hinzurechnungsbelastung bleibt bestehen. Wie bei der französischen und finnischen Hinzurechnungsbesteuerung wird erreicht, dass der Gewinn der CFC im Inland gemäß dem inländischen Steuerbelastungsniveau besteuert wird. Auch die spanische Hinzurechnungsbesteuerung folgt demnach de facto im Wesentlichen dem Konzept der „Unternehmensgewinnbesteuerung“. Allerdings wird auch hier insofern das Konzept der „Unternehmensgewinnbesteuerung“ nicht konsequent zu Ende geführt, als im Verlustfall der CFC kein Verlustausgleich auf Ebene des Gesellschafters zulässig ist.

- Ob eine „Unternehmensgewinnbesteuerung“ auch theoretisch beabsichtigt ist, bleibt bei der spanischen CFC-Gesetzgebung im Unklaren. Weder der Gesetzgeber noch die zuständigen staatlichen Institutionen haben hierzu eine konkrete Aussage getroffen. Ferner ist festzuhalten, dass durch die pauschale Hinzurechnung von 15% der Anschaffungskosten der Beteiligung – im Falle der Ansässigkeit der CFC in einem klassischen „tax haven“ – vom Unternehmensgewinn der CFC vollständig abstrahiert wird. Der Hinzurechnungsbetrag müsste in diesem Fall konzeptionell als „Aliud“ klassifiziert werden und demgemäß Gegenstand einer Sonderbesteuerung sein.

- Wie bereits bei den französischen und finnischen CFC-Rules darauf hingewiesen, führt die Hinzurechnungsbesteuerung stets dann zu einer Steuermehrbelastung und damit zu einer „Strafsteuer“, wenn der Hinzurechnungsbetrag im Ergebnis mit einer höheren Steuer belastet ist, wie eine Dividende. Denn würde es die Hinzurechnungsbesteuerung nicht geben, würde der Gewinn der CFC nur im Wege einer Dividende zu dem Gesellschafter gelangen.

Die Besteuerung von ausländischen Dividenden nach nationalem Recht und DBA-Recht zeigt folgende Regelung[364]:

Dividenden einer ausländischen Tochterkapitalgesellschaft sind nach nationalem Steuerrecht (ebenso wie inländische Dividenden) grundsätzlich steuerfrei, wenn[365]

- der spanische Gesellschafter direkt oder indirekt zu mindestens 5% am Nennkapital der ausländischen Tochtergesellschaft beteiligt ist,
- die Beteiligung vor der Ausschüttung ununterbrochen über einen 1-Jahreszeitraum gehalten wurde,
- im Staat der Tochtergesellschaft eine der spanischen Steuer ähnliche Steuer erhoben wird (d.h. der Sitzstaat der Tochtergesellschaft darf kein „tax haven" gemäß der „schwarzen Liste" sein)[366] und
- die Dividenden zu mindestens 85% aus Einkommen gezahlt werden, das aufgrund einer geschäftlichen Aktivität erzielt wurde (d.h. die Gesellschaft darf nicht überwiegend passive Einkünfte i.S.d. CFC-Rules erwirtschaften).[367]

Die von Spanien abgeschlossenen DBA sehen in der Regel nicht die Freistellungsmethode für Dividenden vor.[368] Spanien wendet bei Schachteldividenden regelmäßig die Anrechnungsmethode an. D.h. die Dividenden sind im Ansässigkeitsstaat des Gesellschafters steuerpflichtig und die ausländische einbehaltene Quellensteuer kann auf die Dividende auf die inländische Steuerschuld des Gesellschafters angerechnet werden,[369] so z.B. das DBA Spanien-Deutschland (Art. 23 Abs. 2).[370] Gleiches gilt für die spanischen DBA mit Österreich (Art. 24 Abs. 2 (b)). Belgien (Art. 23 Abs. 1 (b)), Dänemark (Art. 24 Abs. 3), Frankreich (Art. 24 Abs. 2 (b)), Finnland (Art. 23 Abs. 2), Griechenland (Art. 23 Abs. 2 (b)), Italien (Art. 22 Abs. 3), Luxemburg (Art. 24 Abs. 2) und Norwegen (Art. 24 (a)).

---

364 Eine Untersuchung in Bezug auf die Mutter-Tochter-Richtlinie (Richtlinie 90/435/EEC v. 23.7.1990) kann entfallen, da diese in Art. 4 Abs. 1 EEC den EU-Staaten die freie Wahl zwischen der Freistellungs- und Anrechnungsmethode lässt. Die Mutter-Tochter-Richtlinie fordert also nicht zwingend die Steuerfreistellung von Dividenden bei der empfangenden Muttergesellschaft. Sie fordert lediglich die Freistellung von dem Kapitalertragssteuereinbehalt seitens der ausschüttenden Tochtergesellschaft, so Art. 5 Abs. 1 EEC. Sofern die Mutter-Tochter-Richtlinie bereits in nationales Recht der einzelnen Staaten umgesetzt wurde, geben dies die nationalen Vorschriften wieder.

365 Vgl. Raventós, S., Corporate Taxation in Spain, in: European Taxation Database, http://online2.ibfd.org/euro/, 2004, Corporate Taxation (detailed), Spain, Chapter 8.3.3.3.2.; González-Cotera, A., Spain, in: Taxation of Patent Royalties, Dividends, Interest in Europe, http://online2.ibfd.org/gi/, 2004, Contents: Spain, Chapter B.

366 Vgl. Calvo, R.S., The Taxation of Companies in Italy, in: Guides to European Taxation, Volume II, The Taxation of Companies in Europe, 1999, Chapter 8.1.1.2. Rz. 582.

367 Vgl. García Prats, F. A., National Report Spain, in: Cahiers de droit fiscal international, Volume LXXXVIb, Limits on the use of low-tax regimes by multinational businesses, 2001, S. 818.

368 So die Untersuchung von González-Cotera, A., Spain, in: Taxation of Patent Royalties, Dividends, Interest in Europe, http://online2.ibfd.org/gi/, 2004, Contents: Spain, Chapter B.

369 Vgl. die Untersuchung bei Raventós, S., Corporate Taxation in Spain, in: European Taxation Database, http://online2.ibfd.org/euro/, 2004, Corporate Taxation (detailed), Spain, Chapter 8.3.4.2.

370 Vgl. hierzu auch bei Selling in: Debatin/Wassermeyer, MA, Art. 23 Rz. 22.

Da die DBA-Regelung ungünstiger ist – insbesondere, da sie keine Freistellung der Schachteldividenden vorsieht – kommt bei Schachteldividenden stets die nationale Regelung zur Anwendung.

Da bei Dividenden aus einem Niedrigsteuerland auch nach nationalem Steuerrecht keine Steuerfreiheit gewährt wird, weil die Steuerfreiheit an die Kriterien „vergleichbare Steuerbelastung" in Staat der CFC und „aktive Tätigkeit" der CFC gebunden ist, unterliegen Dividenden auch außerhalb der Hinzurechnungsbesteuerung der Besteuerung nach dem Tarif. Die spanische Hinzurechnungsbesteuerung kommt somit einer „Dividendenbesteuerung" gleich. Unter Zugrundelegung des Konzepts der (vorweggenommene) Dividendenbesteuerung würde die Hinzurechnungsbesteuerung eine bloße „Interimsteuer" darstellen.

2.6 Dänemark

2.6.1 Rechtsentwicklung

Dänemark verabschiedete seine CFC-Gesetzgebung 1995 im Rahmen eines Maßnahmenpakets gegen Steuervermeidung.[371] Hierbei kam es zur Einführung einer neuen Vorschrift in das dänische Körperschaftsteuergesetz, Sec. 32 SEL. Den Gesellschaftern, die bereits vor 1995 an einer CFC beteiligt waren, wurde eine verlängerte Übergangszeit eingeräumt. Für diese kam die CFC-Gesetzgebung erst mit Wirkung ab 1999 zu Anwendung.[372] Die Regelungen wurden bereits mehrfach verschärft, maßgeblich im Jahr 2001. Mit Wirkung zum 1.1.2001 wurden ausländische Tochtergesellschaften, die im Finanzsektor tätig sind, stets als CFC angesehen, d.h. auch dann, wenn sie nachweisbar nicht „niedrig besteuert" werden.[373] Nachdem Dänemark daraufhin auf die „Primarolo Liste" kam, eine Liste von Staaten, welchen vorgeworfen wird, eine Gesetzgebung zu haben, die einen schädlichen Steuerwettbewerb zwischen den EU-Mitgliedstaaten verursacht, wurden im Februar 2002 die dänischen CFC-Rules überraschend wieder entschärft.[374]

2.6.2 Persönlicher Anwendungsbereich

2.6.2.1 Ausländische Gesellschaft (CFC)

Rechtsform und Steuerpflicht

Die ausländische Gesellschaft muss eine Körperschaft sein, d.h. eine Unternehmenseinheit, die ein eigenständiges Steuersubjekt ist. Es muss sich daher klassischerweise um eine im Ausland ansässige Tochterkapitalgesellschaft handeln.[375]

---

371 Gesetzesentwurf v. 2.11.1994; vgl. Emmeluth, C., International Tax Review, 1995, Vol. 6, Iss. 4, pg. 4; Gesetzesvorlage v. 25.4.1995; vgl. Emmeluth, C., International Tax Review, 1995, Vol. 6, Iss. 7, pg. 5; Gesetz v. 17.5.1995; vgl. Sandler, D., Tax Treaties and Controlled Foreign Company Legislation, 1998, S. 33.

372 Vgl. Emmeluth, C., International Tax Review, 1995, Vol. 6, Iss. 7, pg. 5; Sandler, D., Tax Treaties and Controlled Foreign Company Legislation, 1998, S. 34.

373 Vgl. Soerensen, M., National Report Denmark, in: Cahiers de droit fiscal international, Volume LXXXVIb, Limits on the use of low-tax regimes by multinational businesses, 2001, S. 464, 468 f; Ottosen, A. M./Hansen, L. C., Journal of International Taxation, 2002, Vol. 13, Iss. 2, pg. 44.

374 Gesetzesvorlage v. 7.2.2002; Vgl. Wither-Sörensen, N., Danish National Report, in: Schön, W. (Hrsg.), Tax Competition in Europe, 2003, S. 5.

375 Sec. 32 (1) SEL; vgl. hierzu Soerensen, M., National Report Denmark, in: Cahiers de droit fiscal international, Volume LXXXVIb, Limits on the use of low-tax regimes by multinational businesses, 2001, S. 464; Andersen, P. S., Corporate Taxation in Denmark, in: European Taxation Database, http://online2.ibfd.org/euro/, 2004, Corporate Taxation (detailed), Denmark, Chapter 13.4.1.

Beherrschungsbeteiligung

Die ausländische Gesellschaft muss „beherrscht“ sein. Dies wird angenommen, wenn die Beteiligung des Gesellschafters am Nennkapital der ausländischen Gesellschaft unmittelbar oder mittelbar mindestens 25% beträgt oder der Gesellschafter unmittelbar oder mittelbar mehr als 50% der Stimmrechte innehat.[376] Bei der Ermittlung der Kapital- und Stimmrechtsbeteiligung sind auch die Anteile und Stimmrechte an verbundenen Unternehmen, an Privatinvestoren und deren nahen Angehörigen sowie an Funds oder Trusts, die von dem Gesellschafter oder einem der verbundenen Unternehmen oder Investoren, geleitet werden, einzubeziehen.[377] Diese Voraussetzung muss zu irgendeinem Zeitpunkt im Wirtschaftsjahr der CFC erfüllt sein.[378]

2.6.2.2 Inländischer Gesellschafter

Rechtsform und Steuerpflicht

Die gesetzliche Regelung der Sec. 32 SEL erwähnt ausschließlich Gesellschafter in der Rechtsform einer Kapitalgesellschaft.[379] Allerdings werden von den CFC Rules natürliche Personen gleichermaßen erfasst.[380] Durch einen Verweis des dänischen Einkommensteuergesetzes auf Sec. 32 SEL sind die Regelungen des Sec. 32 SEL auf natürliche Personen entsprechend anzuwenden.[381]

Hinzurechnungsbeteiligung

Die Hinzurechnungsbeteiligung entspricht der Beherrschungsbeteiligung, d.h. nur der Gesellschafter, der die ausländische Gesellschaft im obigen Sinne „beherrscht“, soll der Hinzurechnungsbesteuerung unterliegen.[382] Ebenso wie bei der französischen CFC-Gesetzgebung korrelieren Beherrschungs- und Hinzurechnungsbeteiligung.

2.6.3 Tatbestand

Ebenso wie in Deutschland und Spanien sieht auch die dänische Hinzurechnungsbesteuerung als Tatbestandsmerkmale der Hinzurechnungsbesteuerung kumulativ die

---

376 Sec. 32 (6) SEL; vgl. Andersen, P. S., Corporate Taxation in Denmark, in: European Taxation Database, http://online2.ibfd.org/euro/, 2004, Corporate Taxation (detailed), Denmark, Chapter 13.4.2.; Brodic, D., Denmark, in: European Tax Handbook, http://online2.ibfd.org/eth/, 2004, Section A, Denmark, Chapter 7.4.

377 Sec. 32 (6) SEL; vgl. Brodic, D., Denmark, in: European Tax Handbook, http://online2.ibfd.org/eth/, 2004, Section A, Denmark, Chapter 7.4.; Andersen, P. S., Taxation of Companies in Denmark, in: Taxation of Companies in Europe, http://online2.ibfd.org/gii/, 2004, Major Jurisdictions, Denmark, Chapter 13.4.2.

378 Vgl. Sandler, D., Tax Treaties and Controlled Foreign Company Legislation, 1998, S. 230.

379 Sec. 32 (1) und (6) SEL i.V.m. Sec. 1 SEL.

380 So bei Brodic, D., Denmark, in: European Tax Handbook, http://online2.ibfd.org/eth/, 2004, Section A, Denmark, Chapter 7.4.

381 Vgl. Rix, J., National Report Denmark, in: Lang/Aigner/Scheuerle/Stefaner, CFC Legislation, 2004, S. 141.

382 Sec. 32 (1) und (7) S. 2 SEL.

„Niedrigbesteuerung“ der Einkünfte der CFC und die überwiegend „passiver Tätigkeit“ der CFC vor.

2.6.3.1 Niedrigbesteuerung

Das dänische Steuerrecht kennt keine allgemeingültige, gesetzesübergreifende Definition einer Niedrigbesteuerung. Wann von einer Niedrigbesteuerung auszugehen ist, wird je nach Missbrauchskontext unterschiedlich geregelt. Folgende Missbrauchsfälle werden unterschieden:

- "low-tax-regimes under CFC-Rules"
- "low-tax-regimes under capital gain rules"
- "low-tax-regimes under dividend taxation rules".[383]

Sieht man von den kontextspezifischen Eigenheiten der Definitionen ab, sind dennoch Gemeinsamkeiten bei der Einstufung von Staaten als Niedrigsteuerstaat zu erkennen. Ein „low-tax-regime“ ist regelmäßig dann gegeben, wenn der Steuersatz des ausländischen Staates weit niedriger als der dänische Steuersatz ist, das Steuersystem gravierend von dem dänischen System abweicht und ein individueller Verhandlungsspielraum über Steuersatz und Steuerbemessungsgrundlage eingeräumt wird.[384]

Steuerbelastungsvergleich

Von einem „low-tax-regime“ für Zwecke der Hinzurechnungsbesteuerung im Besonderen ist auszugehen, wenn

- der im Ausland anzuwendende Steuersatz weniger als 22,5% (entspricht 3/4 des normalen dänischen Steuertarifs für Körperschaften von derzeit 30%) beträgt[385] oder
- die CFC eine Vereinbarung mit den Steuerbehörden über den anzuwendenden Steuersatz oder die anzuwendende Steuerbemessungsgrundlage getroffen hat.[386]

Listensystem

Die dänischen Steuerbehörden haben keine Listen veröffentlicht, in welchen bestimmte Länder entweder von der Hinzurechnungsbesteuerung ausgenommen sind oder für die Hinzurechnungsbesteuerung besonders in Frage kommen.[387]

---

383 Vgl. hierzu ausführlich bei Soerensen, M., National Report Denmark, in: Cahiers de droit fiscal international, Volume LXXXVIb, Limits on the use of low-tax regimes by multinational businesses, 2001, S. 457-459.

384 Vgl. Soerensen, M., National Report Denmark, in: Cahiers de droit fiscal international, Volume LXXXVIb, Limits on the use of low-tax regimes by multinational businesses, 2001, S. 460.

385 Sec. 32 (1) Nr. 1 SEL; ferner Andersen, P. S., Corporate Taxation in Denmark, in: European Taxation Database, 2004, http://online2.ibfd.org/euro/, 2004, Corporate Taxation (detailed), Denmark, Chapter 13.4.4.; Brodic, D., Denmark, in: European Tax Handbook, http://online2.ibfd.org/eth/, 2004, Corporate Taxation, Denmark, Chapter 7.4.

386 Sec. 32 (9) SEL; Andersen, P. S., Taxation of Companies in Denmark, in: Taxation of Companies in Europe, http://online2.ibfd.org/gii/, 2004, Major Jurisdictions, Denmark, Chapter 13.4.4.

2.6.3.2 Passive Tätigkeit

Die Hinzurechnungsbesteuerung greift nur, wenn sich die Tätigkeiten der CFC überwiegend auf Finanzaktivitäten konzentrieren. Die Einnahmen aus Finanzaktivitäten sind in Sec. 32 (5) SEL abschließend aufgezählt. Sie umfassen insbesondere Zinsen und Einnahmen aus anderen Kapitalanlageformen, wie zum Beispiel Dividenden, Gewinne aus der Veräußerung von Aktien oder anderen Wertpapieren sowie Lizenzeinnahmen oder Einnahmen von Finanzierungsleasing- und Versicherungsgeschäften.[388]

2.6.4 Rechtsfolge

2.6.4.1 Einkünftehinzurechnung

Für die Hinzurechnungsbesteuerung kommen nur diejenigen Einnahmen der ausländischen CFC in Frage, die aus Finanzierungsaktivitäten stammen.[389] Das übrige Einkommen, das nicht aus Finanzierungsaktivitäten resultiert, wird nicht berücksichtigt.[390] Allerdings kommt es nur dann zu einer Hinzurechnungsbesteuerung, wenn die CFC mehr als 1/3 ihres steuerpflichtigen Einkommens[391] aus Finanzaktivitäten erwirtschaftet.[392]

Die Ermittlung der hinzuzurechnenden Einkünfte aus Finanzaktivitäten (sog. „cfc-income") erfolgt nach Maßgabe des Sec. 32 (3) SEL[393] und Sec. 32 (4) SEL[394]. Denjenigen dänischen Gesellschaftern, die die CFC im obigen Sinne beherrschen, wird das

---

387 Vgl. Andersen, P. S., Taxation of Companies in Denmark, in: Taxation of Companies in Europe, http://online2.ibfd.org/gii/, 2004, Major Jurisdictions, Denmark, Chapter 13.4.4. und Latest Information.

388 Sec. 32 (3) und (5) Nr. 1-9 SEL; vgl. Brodic, D., Denmark, in: European Tax Handbook, http://online2.ibfd.org/eth/, 2004, Section A, Denmark, Chapter 7.4.; Andersen, P. S., Corporate Taxation in Denmark, in: European Taxation Database, http://online2.ibfd.org/euro/, 2004, Corporate Taxation (detailed), Denmark, Chapter 13.4.3.

389 Vgl. Rix, J., National Report Denmark, in: Lang/Aigner/Scheuerle/Stefaner, CFC Legislation, 2004, S. 145.

390 Sec. 32 (7) SEL; Andersen, P. S., Taxation of Companies in Denmark, in: Taxation of Companies in Europe, http://online2.ibfd.org/gii/, 2004, Major Jurisdictions, Denmark, Chapter 13.4.5.

391 Das „steuerpflichtige Einkommen" bestimmt sich nach Sec. 32 (3) und (4) SEL.

392 Sec. 32 (1) Nr. 2 SEL; vgl. TNS, 15 February 1999, Issue 7, Volume 33, S. 67. Im Zuge der dänischen Steuerreform 2002 ist der sog. „financial asset test" aufgehoben worden. Bis Mai 2002 galt neben dem „financial income test" auch der „financial asset test". Danach kam es nur dann zu einer CFC-Besteuerung, wenn 1/3 der Bruttoerträge der CFC aus Finanzaktivitäten stammten (financial income test) oder 1/3 des Vermögens der CFC, bewertet zu Teilwerten, aus Vermögensgegenständen bestand, die Finanzaktivitäten dienten (financial asset test). Vgl. Van Rijn, J., Journal of International Taxation, 2003, Vol. 14, Iss. 5, pg. 32 (33); Andersen, P. S., Taxation of Companies in Denmark, in: Taxation of Companies in Europe, http://online2.ibfd.org/gii/, 2004, Major Jurisdictions, Denmark, Chapter 13.4.3., 13.4.5.

393 Ermittlung des *„cfc-income"* für Hinzurechnungszwecke: Hier wird insbesondere geregelt, welche Kosten (bzw. Abschreibungen) inwieweit zum Abzug zugelassen sind.

394 Ermittlung des *„taxable profit"* für Zwecke der Besteuerung der CFC: Hier wird insbesondere geregelt, welche Verluste inwieweit vorgetragen werden können.

„cfc-income“ anteilig entsprechend ihrer Nennkapitalbeteiligung an der CFC hinzugerechnet.[395]

2.6.4.2 Ausnahme

Sofern die oben genannten Tatbestandsmerkmale „Niedrigbesteuerung“ und „überwiegend Einkünfte aus Finanzaktivitäten“ erfüllt sind, greift die Hinzurechnungsbesteuerung. Die dänische CFC-Gesetzgebung sieht keinerlei Ausnahmeregelungen vor.

2.6.5 Hinzurechnungsbetrag

2.6.5.1 Qualifikation des Hinzurechnungsbetrags

Der Gesetzestext lässt offen, welche Qualität den hinzuzurechnenden Einkünften beizumessen ist. Die dänische Gerichtsbarkeit hat sich hierzu ebenfalls noch nicht geäußert, da bis dato noch kein CFC-Fall vor Gericht zu entscheiden war.[396] Der Gesetzestext sagt lediglich, dass das „cfc-income“ in die Berechnung des steuerpflichtigen Gewinns des Gesellschafters „einzubeziehen“ ist.[397] Aus dieser Formulierung schließt die herrschende Literaturmeinung[398], dass der Hinzurechnungsbetrag originäres Einkommen der CFC ist und lediglich für die Zwecke der Besteuerung einem anderen Steuersubjekt zugeordnet werden soll. Unklar ist jedoch bei dieser Ansicht, ob die hinzuzurechnenden Einkünfte ihre ursprüngliche Art unverändert beibehalten und lediglich eine andere Zuordnung erfahren sollen (d.h. Zinseneinnahmen der CFC werden als Zinseinnahmen des Gesellschafters, Dividenden der CFC als Dividenden des Gesellschafters usw. besteuert) oder ob die Zuordnung des Einkommens der CFC zu dem Gesellschafter im Wege einer „fiktiven Dividende“ erreicht wird.[399]

---

[395] Sec. 32 (7) SEL. Die Stimmrechtsanteile sind irrelevant. Vgl. hierzu Soerensen, M., National Report Denmark, in: Cahiers de droit fiscal international, Volume LXXXVIb, Limits on the use of low-tax regimes by multinational businesses, 2001, S. 465; Andersen, P. S., Taxation of Companies in Denmark, in: Taxation of Companies in Europe, http://online2.ibfd.org/gii/, 2004, Major Jurisdictions, Denmark, Chapter 13.4.5.

[396] Vgl. Rix, J., National Report Denmark, in: Lang/Aigner/Scheuerle/Stefaner, CFC Legislation, 2004, S. 159; Andersen, P. S., Corporate Taxation in Denmark, in: European Taxation Database, http://online2.ibfd.org/euro/, 2004, Corporate Taxation (detailed), Denmark, Chapter 13.4.7.

[397] Sec. 32 (7) S. 1 SEL.

[398] Vgl. Sandler, D., Tax Treaties and Controlled Foreign Company Legislation, 1998, S. 122; Rix, J., National Report Denmark, in: Lang/Aigner/Scheuerle/Stefaner, CFC Legislation, 2004, S. 148; Andersen, P. S., Corporate Taxation in Denmark, in: European Taxation Database, http://online2.ibfd.org/euro/, 2004, Corporate Taxation (detailed), Denmark, Chapter 13.4.5.; Brodic, D., Denmark, in: European Tax Handbook, http://online2.ibfd.org/eth/, 2004, Section A, Denmark, Chapter 7.4.

[399] Vgl. Rix, J., National Report Denmark, in: Lang/Aigner/Scheuerle/Stefaner, CFC Legislation, 2004, S. 148, 157; Sandler, D., Tax Treaties and Controlled Foreign Company Legislation, 1998, S. 122.

2.6.5.2 Besteuerung des Hinzurechnungsbetrags

Der Hinzurechnungsbetrag („cfc-income") wird laut Gesetzestext in das steuerpflichtige Einkommen des Gesellschafters „einbezogen" und mit dem Normaltarif besteuert.[400] Ob der Hinzurechnungsbetrag in seiner ursprünglichen Form als z.B. Zinsen oder Lizenzgebühren oder umqualifiziert als Dividende oder Unternehmensgewinn (gewerbliche Einkünfte) dem Steuertarif unterliegt, bleibt offen.

2.6.5.3 „Negativer Hinzurechnungsbetrag"

Verluste der CFC werden nicht als „negativer Hinzurechungsbetrag" den inländischen Gesellschaftern hinzugerechnet. Eine Verrechnung mit positiven Einkünften des Gesellschafters kommt daher nicht in Frage. [401] Es ist ausschließlich ein Verlustvortrag auf Ebene der CFC möglich.[402]

2.6.6 Maßnahmen zur Vermeidung von Doppelbelastungen

2.6.6.1 Ausländische Steuern

Die von der CFC im Ausland entrichteten Steuern können auf die inländische Steuerschuld des Gesellschafters in Bezug auf das hinzugerechnete „cfc-income" und anteilig entsprechend der Nennkapitalbeteiligung angerechnet werden.[403]

2.6.6.2 Tatsächliche Ausschüttung

Um eine zweifache Erfassung der Gewinne der CFC im Inland zu vermeiden, werden die tatsächlichen Dividenden steuerfrei gestellt.[404] Technisch muss hierfür der dänische Gesellschafter ein „Hinzurechnungskonto" vorlegen, in dem die Gewinne, die bereits der Hinzurechnungsbesteuerung unterlegen haben, festgehalten und fortgeschrieben werden. Die tatsächlichen Dividenden können maximal um diesen Betrag

---

400 Sec. 32 (7) S. 1 SEL.

401 Sec. 32 (4) SEL; vgl. bei Rix, J., National Report Denmark, in: Lang/Aigner/Scheuerle/Stefaner, CFC Legislation, 2004, S. 145 ff, 151; Soerensen, M., National Report Denmark, in: Cahiers de droit fiscal international, Volume LXXXVIb, Limits on the use of low-tax regimes by multinational businesses, 2001, S. 465, 468.

402 Sec. 32 (4) S. 7 SEL. In Dänemark existiert auch die Möglichkeit, zur organschaftlichen Besteuerung zu optieren („voluntary joint taxation"). Insbesondere ist auch eine grenzüberschreitende Organschaft möglich. Sofern diese Option ausgeübt wird, sind alle Verluste der mit der CFC organschaftlich verbundenen Gesellschaften mit den Einkünften des inländischen Gesellschafters nach Maßgabe der dänischen Verlustverrechnungsregelungen ausgleichfähig. Vgl. Soerensen, M., National Report Denmark, in: Cahiers de droit fiscal international, Volume LXXXVIb, Limits on the use of low-tax regimes by multinational businesses, 2001, S. 463, 468; Rix, J., National Report Denmark, in: Lang/Aigner/Scheuerle/Stefaner, CFC Legislation, 2004, S. 147.

403 Sec. 32 (10) SEL; vgl. Andersen, P. S., Taxation of Companies in Denmark, in: Taxation of Companies in Europe, http://online2.ibfd.org/gii/, 2004, Major Jurisdictions, Denmark, Chapter 13.4.6.

404 Sec. 32 (13) und (14) SEL.

gekürzt werden.[405] Ausländische Quellensteuern, die von den Gewinnausschüttungen einbehalten wurden, können angerechnet werden.[406]

2.6.7 Besteuerungskonzeption

Die Besteuerungskonzeption der dänischen Hinzurechnungsbesteuerung stellt sich wie folgt dar:

- Der Hinzurechnungsbetrag ist, so lässt es sich nach der h.M. in der dänischen Literatur aus dem Gesetzeswortlaut ableiten, originäres Einkommen der CFC und wird lediglich für Zwecke der Besteuerung einem anderen Steuersubjekt zugeordnet. Der Hinzurechnungsbetrag wird demnach in das Einkommen des Gesellschafters einbezogen und mit dem Tarif besteuert. Da die Ermittlung des Hinzurechnungsbetrags nach besonderen Ermittlungsvorschriften gem. Sec. 32 SEL erfolgt, kommt es de facto zu einer Sondersteuer. Eine Doppelbesteuerung der CFC-Gewinne wird im Umfang der Anrechnungsmöglichkeit der ausländischen Steuern auf die nationale Steuer vermieden.

- Bei Ausschüttung wird die tatsächliche Dividende der CFC bis zur Höhe des vorab versteuerten Hinzurechnungsbetrags von der Steuer freigestellt. Dadurch wird eine zweifache inländische Besteuerung des CFC-Gewinns vermieden. Die Hinzurechnungsbesteuerung bleibt definitiv. Auf diese Weise erfolgt in Dänemark eine Besteuerung so, als ob der Gewinn der CFC in Dänemark angefallen wäre. Allerdings kommt es aufgrund der besonderen Ermittlungsvorschriften des Hinzurechnungsbetrags in Sec. 32 SEL nicht zu einer unternehmensgewinnkonformen Besteuerung, sondern zu einer Besteuerung besonderer Art.

- Es ist jedoch fraglich, ob eine „Aliud-Besteuerung“ vom Gesetzgeber überhaupt gewollt war. Das Gesetz ordnet für Zwecke der Besteuerung lediglich eine Zuordnungsänderung an, ohne die Methodik der Zuordnungsänderung weiter zu konkretisieren. Diese Formulierung lässt eher vermuten, dass die originäre Natur der CFC-Einkünfte bestehen bleiben und nur eine Besteuerung bei einem anderen Steuersubjekt stattfinden soll. Die Gesetzesformulierung allein würde daher eher für eine „Zins-, Lizenzgebühr- oder Veräußerungsgewinnbesteuerung“ sprechen, je nach Einkunftsart auf Ebene der CFC.

- Die Hinzurechnungsbesteuerung führt stets dann zu einer Steuermehrbelastung und damit zu einer „Strafsteuer“, wenn und soweit der Hinzurechnungsbetrag im Ergebnis zu einer höheren Steuerbelastung führt wie eine Dividendenbesteuerung

---

405 Vgl. Soerensen, M., National Report Denmark, in: Cahiers de droit fiscal international, Volume LXXXVIb, Limits on the use of low-tax regimes by multinational businesses, 2001, S. 471; Andersen, P. S., Corporate Taxation in Denmark, in: European Taxation Database, http://online2.ibfd.org/euro/, 2004, Corporate Taxation (detailed), Denmark, Chapter 13.4.6.

406 Vgl. Sandler, D., Tax Treaties and Controlled Foreign Company Legislation, 1998, S. 231.

gemäß nationalem Recht bzw. DBA-Recht.[407] Denn würde es die Hinzurechnungsbesteuerung nicht geben, würde der Gewinn der CFC im Wege einer Dividende zu dem Gesellschafter gelangen.

Nach nationalem Recht existiert eine Steuerfreistellung für (inländische und) ausländische Dividenden, sofern der

- inländische Gesellschafter in der Rechtsform einer Kapitalgesellschaft
- mindestens 20% (bei Ausschüttungen vor dem 1.1.2002: 25%) der Anteile an der ausländischen Tochtergesellschaft hält (Mindestbeteiligungsquote) und
- die Beteiligung mindestens 12 Monate gehalten hat (Mindesthaltedauer).[408]

Diese Steuerfreistellung wird jedoch nur gewährt, wenn die die Dividende auszahlende ausländische Tochtergesellschaft nicht in einem Niedrigsteuerland ansässig ist und deren Geschäft nicht überwiegend aus Finanzaktivitäten besteht.[409] Andernfalls unterliegen die Dividenden der Besteuerung nach dem Tarif.[410] Eine Steuerfreistellung dieser Dividenden kann nur auf Antrag erreicht werden, wenn der Steuerpflichtige nachweist, dass die Gesamtbelastung mit ausländischer und däni-

---

407 Eine Untersuchung in Bezug auf die Mutter-Tochter-Richtlinie (Richtlinie 90/435/EEC v. 23.7.1990) kann entfallen, da diese in Art. 4 Abs. 1 EEC den EU-Staaten die freie Wahl zwischen der Freistellungs- und Anrechnungsmethode lässt. Die Mutter-Tochter-Richtlinie fordert also nicht zwingend die Steuerfreistellung von Dividenden bei der empfangenden Muttergesellschaft. Sie fordert lediglich die Freistellung von dem Kapitalertragssteuereinbehalt seitens der ausschüttenden Tochtergesellschaft, so Art. 5 Abs. 1 EEC. Sofern die Mutter-Tochter-Richtlinie bereits in nationales Recht der einzelnen Staaten umgesetzt wurde, geben dies die nationalen Vorschriften wieder.

408 Ausländische Dividenden, die nicht unter den genannten Voraussetzungen gezahlt werden, unterliegen (nur) zu 66% der Besteuerung. Die ausländische Quellensteuer ist anrechenbar (nicht nur anteilig zu 66%). Die ausländische Körperschaftsteuer selbst ist nicht anrechenbar. Vgl. Andersen, P.S., The Taxation of Companies in Denmark, in: Taxation of Companies in Europe, 1999, Chapter 8.1.2.1., Rz. 565 f i.V.m. Denmark-i; Krabbe in: Debatin/Wassermeyer, MA, Art. 24 Rz. 37; Andersen, P. S., Corporate Taxation in Denmark, in: European Taxation Database, http://online2.ibfd.org/euro/, 2004, Corporate Taxation (detailed), Denmark, Chapter 7.1.3. i.V.m. Chapter 8.3.3.3.1.; Brodic, D., Denmark, in: Taxation of Patent Royalties, Dividends, Interest in Europe, http://online2.ibfd.org/gi/, 2004, Contents: Denmark, Chapter A.

409 Vgl. TNS, 11 Januar 1999, Issue 2, Volume 33, S. 15; Brodic, D., Denmark, in: Taxation of Patent Royalties, Dividends, Interest in Europe, http://online2.ibfd.org/gi/, 2004, Contents: Denmark, Chapter B; Andersen, P. S., The Taxation of Companies in Denmark, in: Taxation of Companies in Europe, 1999, Chapter 8.1.2., Rz. 565 f i.V.m. Denmark-ii; Andersen, P. S., Corporate Taxation in Denmark, in: European Taxation Database, http://online2.ibfd.org/euro/, 2004, Corporate Taxation (detailed), Denmark, Chapter 8.3.3.3.1.

410 Ausländische Dividenden, die nicht unter den oben genannten Voraussetzungen gezahlt werden, unterliegen nur zu 66% der Besteuerung. Dividenden einer CFC hingegen unterliegen in diesen Fällen zu 100% der Besteuerung. Vgl. Soerensen, M., National Report Denmark, in: Cahiers de droit fiscal international, Volume LXXXVIb, Limits on the use of low-tax regimes by multinational businesses, 2001, S. 471; Andersen, P. S., The Taxation of Companies in Denmark, in: Taxation of Companies in Europe, 1999, Chapter 8.1.2., Rz. 565 i.V.m. Denmark-ii.

scher Steuer der dänischen Steuerbelastung bei Ansässigkeit beider Gesellschaften in Dänemark entspricht.[411]

Die meisten von Dänemark abgeschlossenen DBA sehen eine großzügigere Regelung vor. Ausländische Dividenden sind in Dänemark steuerfrei gestellt, sofern der

- dänische Gesellschafter in der Rechtsform einer Kapitalgesellschaft
- unmittelbar oder mittelbar mindestens 10% der Anteile an der ausländischen Tochterkapitalgesellschaft hält (Mindestbeteiligungsquote) und
- der Gewinn der ausländischen Tochtergesellschaft im Ausland einer der dänischen Körperschaftsteuer vergleichbaren Steuer unterlegen hat.

Eine Mindesthaltedauer wird in der Regel nicht verlangt.

Diese Regelung ist z.B. im DBA Deutschland-Dänemark[412] (Art. 24 Abs. 2 (c) und (d) (aa)) und im DBA Großbritannien-Dänemark (Art. 22 Abs. 2 (c) und (d) (i)) zu finden.[413]

Aufgrund der günstigeren DBA-Regelung – insbesondere, da hier für die Dividendenfreistellung meist eine niedrigere Beteiligungsquote und keine Mindesthaltedauer vorausgesetzt wird – hat diese regelmäßig Vorrang vor dem nationalen Schachtelprivileg.

Bei Zugrundelegung der DBA-Regelung würde die Dividende einer CFC ebenso wie der Hinzurechnungsbetrag einer Besteuerung nach dem Tarif unterliegen. Die Dividendenfreistellung gemäß der DBA-Regelung kommt nicht zum Zuge, da es sich bei der Ausschüttung einer CFC um eine Dividende aus einem Niedrigsteuerland handelt, d.h. aus einem Staat, dessen Steuer nicht mit der dänischen vergleichbar ist.

- Dennoch resultiert aus der dänischen Hinzurechnungsbesteuerung auch keine dividendenkonforme Besteuerung. Denn die Höhe des Hinzurechnungsbetrags entspricht aufgrund der besonderen Ermittlungsvorschriften in Sec. 32 SEL nicht der Höhe einer Dividende. Die Hinzurechnungsbesteuerung kann daher niemals zu einer bloßen „Interimsteuer" führen.

---

411 Vgl. Soerensen, M., National Report Denmark, in: Cahiers de droit fiscal international, Volume LXXXVIb, Limits on the use of low-tax regimes by multinational businesses, 2001, S. 471; Andersen, P. S., The Taxation of Companies in Denmark, in: Taxation of Companies in Europe, 1999, Chapter 8.1.2., Rz. 566.

412 Vgl. Krabbe in: Debatin/Wassermeyer, MA, Art. 24 Rz. 32.

413 Vgl. Untersuchung bei Andersen, P. S., Corporate Taxation in Denmark, in: European Taxation Database, http://online2.ibfd.org/euro/, 2004, Corporate Taxation (detailed), Denmark, Chapter 8.3.3.3.3.

2.7 Italien

2.7.1 Rechtsentwicklung

Erste Regelungen zur Vermeidung von Steuererosion durch Steuerflucht in Niedrigsteuerstaaten wurden in Italien in Artikel 76 Absätze 7bis und 7ter (heute Art. 110 Absätze 10 und 11) des italienischen Einkommensteuergesetzes bzw. Testo Unico delle Imposte sui Redditi (TUIR) kodifiziert, die im April 1992 in Kraft traten.[414] Die Regelungen sahen vor, dass Aufwendungen, die bei Transaktionen mit einem Nicht-EU-Staat mit Niedrigsteuersystem anfallen, bei der Einkommensermittlung nicht abgezogen werden dürfen.

Erst im Jahre 2000 wurde die offizielle italienische CFC-Gesetzgebung erlassen, die sich anfangs in Art. 127bis und heute[415] in den Art. 167 und 168 TUIR findet.[416] Die italienischen CFC-Rules gelten mit Wirkung ab 1.1.2002.[417] Anlass der CFC-Gesetzgebung war insbesondere die von der OECD im Rahmen ihrer Schrift zur „Harmful Tax Competition" 1998 erlassene Aufforderung an ihre Mitgliedstaaten, eine CFC-Gesetzgebung zu implementieren. Seit Einführung der CFC-Rules wurden keine signifikanten Änderungen vorgenommen.

Der Artikel 76 bzw. jetzt Artikel 110 gilt weiterhin neben Artikel 127bis bzw. jetzt den Artikeln 167 und 168 TUIR.[418]

---

414 Vgl. Gesetzes Nr. 413/1991 v. 30.12.1991.

415 Geändert durch den Gesetzesbeschluss Nr. 344/2003; vgl. auch bei Galli, C., Taxation of Companies in Italy, in: Taxation of Companies in Europe, http://online2.ibfd.org/gii/, 2004, Major Jurisdictions, Italy, Chapter 13.4.

416 Der Vorschlag über die Einführung einer italienischen CFC-Gesetzgebung wurde am 28.7.1999 dem Parlament vorgelegt. Vgl. TNS, 11 October 1999, Issue 41, Volume 33, S. 346. Dem (geänderten) Gesetzesentwurf vom 14.3.2000 hat das Parlament am 9.11.2000 zugestimmt. Vgl. TNS, 18/27 December 2000, Issue 51/52, Volume 34, S. 503. Das Gesetz wurde im Circolare Ministeriale 207 v. 16.11.2000 veröffentlicht; Vgl. Giuliano, S., National Report Italy, in: Cahiers de droit fiscal international, Volume LXXXVIb, Limits on the use of low-tax regimes by multinational businesses, 2001, S. 620; Busetto, D./Russo, A., European Taxation, 2001, Vol. 41, Iss. 1, pg. 32.

417 Nämlich ab dem auf die Veröffentlichung der „schwarzen Liste" im November 2001 folgenden Jahr. Vgl. TNS, 18/27 December 2000, Issue 51/52, Volume 34, S. 503; Altenburger, P. R., Auswirkungen der italienischen CFC-Regelungen auf die Schweiz, ASA 2002 Band 70 Heft 8, S. 489 (495); Sacchetto ,C., Italian National Report, in: Schön, W. (Hrsg.), Tax Competition in Europe, 2003, S. 12, 15.

418 Vgl. Sacchetto, C., Italian National Report, in: Schön, W. (Hrsg.), Tax Competition in Europe, 2003, S. 15; TNS, 18/27 December 2000, Issue 51/52, Volume 34, S. 504.

2.7.2 Persönlicher Anwendungsbereich

2.7.2.1 Ausländische Gesellschaft (CFC)

Rechtsform und Steuerpflicht

Als CFC kommt jede ausländische Unternehmenseinheit in Frage, gleichgültig ob Kapitalgesellschaft oder Personengesellschaft.[419] Die CFC-Gesetzgebung gilt auch dann, wenn die ausländische Gesellschaft zwar nicht selbst in einem „tax haven" ansässig ist, aber ihr Einkommen von einer in einem „tax haven" belegenen Betriebsstätte bezieht.[420]

Beherrschungsbeteiligung

Die ausländische Gesellschaft muss von einem inländischen Gesellschafter direkt oder indirekt kontrolliert werden.[421] Zur Bestimmung des Tatbestandsmerkmals „Kontrolle" verweist Art. 167 (3) TUIR auf Art. 2359 des italienischen Codice Civile (CC), der festlegt, dass folgende Gesellschaften als „controlled companies" gelten:

1) Gesellschaften, an welchen andere Gesellschaften eine Stimmrechtsmehrheit haben, nachgewiesen in einer Gesellschafterversammlung;
2) Gesellschaften, an welchen andere Gesellschaften genügend Stimmrechte haben, um entscheidenden Einfluss auf diese ausüben zu können;
3) Gesellschaften, über die entscheidender Einfluss aufgrund bestimmter vertraglicher Vereinbarungen ausgeübt werden kann.[422]

Bei der Ermittlung der Höhe des Stimmrechtsanteils für die Absätze 1 und 2 sind die Stimmrechte verbundener Unternehmen mit einzubeziehen. Als verbundene Unternehmen gelten Unternehmen, auf die ein entscheidender Einfluss i.S.d. Absatzes 3 ausgeübt werden kann. Entscheidende Einflussnahme wird angenommen, wenn wenigstens 1/5 der Stimmrechte oder 1/10 der Stimmrechte, sofern die Gesellschaft Be-

---

419 Art. 167 (1) S. 1 TUIR; vgl. TNS, 18/27 December 2000, Issue 51/52, Volume 34, S. 503; Galli, C., Corporate Taxation in Italy, in: European Taxation Database, http://online2.ibfd.org/euro/, 2004, Corporate Taxation (detailed), Italy, Chapter 13.4.

420 Art. 167 (1) S. 2 TUIR; vgl. Giuliano, S., National Report Italy, in: Cahiers de droit fiscal international, Volume LXXXVIb, Limits on the use of low-tax regimes by multinational businesses, 2001, S. 625; TNS, 18/27 December 2000, Issue 51/52, Volume 34, S. 503; Galli, C., Taxation of Companies in Italy, in: Taxation of Companies in Europe, http://online2.ibfd.org/gii/, 2004, Major Jurisdictions, Italy, Chapter 13.4.

421 Art. 167 (1) und (3) TUIR.

422 Vgl. Altenburger, P. R., Auswirkungen der italienischen CFC-Regelungen auf die Schweiz, ASA 2002 Band 70 Heft 8, S. 489 (495 f); Romani, B., IStR 2004, S. 155 (160); Giuliani, M., International Tax Review, 2002, Vol. 13, Iss. 4, pg. 38 (39); TNS, 18/27 December 2000, Issue 51/52, Volume 34, S. 503; Russo, R., Italy, in: European Tax Handbook, http://online2.ibfd.org/eth/, 2004, Section A, Italy, Chapter 7.1.

teiligungen hält, die an der Börse notiert sind, an einem regulären Meeting ausgeübt werden können.[423]

Ferner gilt eine Gesellschaft auch als „beherrscht", wenn der inländische Gesellschafter unmittelbar oder mittelbar mindestens 20% der Kapitalanteile an der ausländischen Gesellschaft hält bzw. mindestens 10% der Kapitalanteile, wenn die ausländische Gesellschaft an einer Börse notiert ist.[424] In diesen Fällen gilt die Regelung, dass auch eine in einem Niedrigsteuerland belegene Betriebsstätte als CFC in Fragen kommt, nicht.[425]

Die Beherrschungsbeteiligung muss am Ende des maßgeblichen Wirtschaftsjahrs der CFC gegeben sein.[426]

2.7.2.2 Inländischer Gesellschafter

Rechtsform und Steuerpflicht

Von der italienischen CFC-Gesetzgebung sind alle im Inland ansässigen Personen, unabhängig von ihrer Rechtsform, betroffen.[427] Da die italienischen Steuerbehörden die CFC-Rules als Ausdruck des Welteinkommensprinzips sehen, werden nur in Italien unbeschränkt steuerpflichtige Personen erfasst.[428]

Hinzurechnungsbeteiligung

Zu einer Hinzurechnungsbesteuerung kommt es bei allen Gesellschaftern, die am Ende des Wirtschaftsjahrs der CFC an dieser beteiligt sind, unabhängig von der Höhe ihrer Nennkapitalbeteiligung.[429] Ab 1.1.2004 sind nicht nur die Gesellschafter der CFC,

---

423 Art. 2359 S. 2 und S. 3 CC; Giuliano, S., National Report Italy, in: Cahiers de droit fiscal international, Volume LXXXVIb, Limits on the use of low-tax regimes by multinational businesses, 2001, S. 616; TNS, 18/27 December 2000, Issue 51/52, Volume 34, S. 503; Russo, R., Italy, in: European Tax Handbook, http://online2.ibfd.org/eth/, 2004, Section A, Italy, Chapter 7.4.

424 Art. 168 (1) S. 1 TUIR; vgl. Romani, B., IStR 2004, S. 155 (160); hierzu ausführlich bei Galli, C., Corporate Taxation in Italy, in: European Taxation Database, http://online2.ibfd.org/euro/, 2004, Corporate Taxation (detailed), Italy, Chapter 13.4.

425 Art. 168 (1) S. 2 TUIR; vgl. Galli, C., Taxation of Companies in Italy, in: Taxation of Companies in Europe, http://online2.ibfd.org/gii/, 2004, Major Jurisdictions, Italy, Chapter 13.4.

426 Art. 167 (1) S. 1 TUIR; vgl. Giuliani, M., International Tax Review, 2002, Vol. 13, Iss. 4, pg. 38 (39).

427 Art. 167 (2) TUIR; vgl. Giuliani, M., International Tax Review, 2002, Vol. 13, Iss. 4, pg. 38; Giuliano, S., National Report Italy, in: Cahiers de droit fiscal international, Volume LXXXVIb, Limits on the use of low-tax regimes by multinational businesses, 2001, S. 625; TNS, 11 October 1999, Issue 41, Volume 33, S. 346; Russo, R., Italy, in: European Tax Handbook, http://online2.ibfd.org/eth/, 2004, Section A, Italy, Chapter 7.4.

428 Vgl. Favi, L., National Report Italy, in: Lang/Aigner/Scheuerle/Stefaner, CFC Legislation, 2004, S. 352 f.

429 Art. 167 (1) TUIR; vgl. TNS, 18/27 December 2000, Issue 51/52, Volume 34, S. 503; Russo, R., Italy, in: European Tax Handbook, http://online2.ibfd.org/eth/, 2004, Section A, Italy, Chapter

sondern auch mit dem Gesellschafter verbundene Unternehmen von der Hinzurechnungsbesteuerung betroffen.[430]

2.7.3 Tatbestand

Die Hinzurechnungsbesteuerung ist in Italien lediglich an das Tatbestandsmerkmal „Niedrigbesteuerung" im CFC-Staat geknüpft. Ob die Einkünfte aus aktiver oder passiver Tätigkeit resultieren, spielt keine Rolle.

2.7.3.1 Niedrigbesteuerung

Im italienischen Steuerrecht gibt es keine allgemeingültige Definition darüber, was ein Niedrigsteuerregime auszeichnet.[431] Der Vorläufer der italienischen CFC-Gesetzgebung, Artikel 76 Absätze 7bis und 7ter TUIR, sah vor, dass Kosten, die bei Transaktionen mit Nicht-EU-Staaten mit Niedrigsteuersystem anfallen, bei der Einkommensermittlung nicht abgezogen werden dürfen. Ein „Niedrigsteuersystem" lag hier vor, wenn in diesem Staat keine Steuern oder weniger als 50% der italienischen Steuer erhoben wurden.[432]

Steuerbelastungsvergleich

Die im Jahr 2000 erlassenen italienischen CFC-Rules sprechen ebenfalls von einem „Niedrigsteuersystem", allerdings ohne dass ein konkreter kritischer Steuersatz genannt wird. Ein Steuerbelastungsvergleich wird in der italienischen CFC-Gesetzgebung – als einzige der hier untersuchten CFC-Gesetzgebungen – nicht gefordert.

Listensystem

Im Rahmen des Artikels 76 sollten steuerprivilegierten Staaten in einer „schwarzen Liste" im Rahmen eines „Decreto Ministeriale" genannt werden. Die geplante „schwarze Liste" wurde schließlich im „Decreto Ministeriale" vom 24. April 1992 veröffentlicht und mit „Decreto Ministeriale" vom 4. Mai 1999 aktualisiert.[433] Schließ-

---

7.4.; Galli, C., Taxation of Companies in Italy, in: Taxation of Companies in Europe, http://online2.ibfd.org/gii/, 2004, Major Jurisdictions, Italy, Chapter 13.4.

430 Vgl. TNS, 1 December 2003, Issue 50, Volume 37, http://online2.ibfd.org/tns/; Nobili, F./Lanza, M. A., intertax 2004, S. 564 (566).

431 Vgl. Giuliano, S., National Report Italy, in: Cahiers de droit fiscal international, Volume LXXXVIb, Limits on the use of low-tax regimes by multinational businesses, 2001, S. 615.

432 Vgl. Sacchetto, C., Italian National Report, in: Schön, W. (Hrsg.), Tax Competition in Europe, 2003, S. 14.

433 Vgl. Sacchetto, C., Italian National Report, in: Schön, W. (Hrsg.), Tax Competition in Europe, 2003, S. 11. Diese Liste enthielt 59 Staaten, die als „tax havens" eingestuft wurden. Gelistet waren z.B. die Schweiz, San Marino, Monaco, Liechtenstein, Gibraltar und Andorra. Vgl. TNS, 28 June 1999, Issue 26, Volume 33, S. 225; TNS, 25 February 2002, Issue 9, Volume 36, S. 106. Die „schwarze Liste" wurde zuletzt mit Wirkung zum 3. April 2002 geändert. Vgl. TNS, 22 April 2002, Issue 17, Volume 36, S. 230.

lich wurde auch eine „weiße Liste" mit „Decreto Ministeriale" vom 4. September 1996 veröffentlicht. Die „weiße Liste" beinhaltet eine Reihe von Staaten, mit welchen Italien ein DBA abgeschlossen und einen Informationsaustausch vereinbart hat. Diese Listen gelten nur für Zwecke des Artikels 76 und betreffen nur natürliche Personen.[434]

Für die CFC-Gesetzgebung (Artikel 167 und 168 TUIR), die für natürliche und juristische Personen gilt, wollte die Regierung erneut bestimmte Richtlinien vorgeben, um „schwarze Länder" speziell für CFC-Zwecke identifizieren zu können. Artikel 167 Abs. 4 TUIR beinhaltet dementsprechend die Forderung, eine „schwarze Liste" im Wege eines „Decreto Ministeriale" zu erlassen.[435] Diese „schwarze Liste" wurde schließlich im November 2001 erlassen.[436] Die Liste enthält u.a. Andorra, die Bahamas, Bermuda, die Isles of Man, die Niederländischen Antillen, Singapore, die Caicos Inseln. EU-Staaten sind nicht genannt – mit Ausnahme der Insel Malta, die im Mai 2004 der EU beigetreten ist.[437]

2.7.3.2 Passive Einkünfte

Die Qualifikation der Einkünfte der CFC als aktiv oder passiv ist in der italienischen CFC-Gesetzgebung ohne Bedeutung. Allerdings ist eine Befreiung von der Hinzurechnungsbesteuerung vorgesehen, wenn von der CFC überwiegend bestimmte „aktive Tätigkeiten" ausgeübt werden.[438]

2.7.4 Rechtsfolgen

2.7.4.1 Einkünftehinzurechnung

Als den inländischen Anteilseignern der CFC hinzuzurechnender Betrag gilt der höhere der beiden nachfolgend genannten alternativen Beträge:[439]

---

434 Vgl. Giuliano, S., National Report Italy, in: Cahiers de droit fiscal international, Volume LXXXVIb, Limits on the use of low-tax regimes by multinational businesses, 2001, S. 615-619; TNS, 28 June 1999, Issue 26, Volume 33, S. 225.

435 Vgl. hierzu auch Galli, C., Taxation of Companies in Italy, in: Taxation of Companies in Europe, http://online2.ibfd.org/gii/, 2004, Major Jurisdictions, Italy, Chapter 13.4.

436 Ministerial Decree Nr. 429 v. 21.11.2001; Sacchetto, C., Italian National Report, in: Schön, W. (Hrsg.), Tax Competition in Europe, 2003, S. 15.

437 Vgl. Giuliano, S., National Report Italy, in: Cahiers de droit fiscal international, Volume LXXXVIb, Limits on the use of low-tax regimes by multinational businesses, 2001, S. 620 f; Giuliani, M., International Tax Review, 2002, Vol. 13, Iss. 4, pg. 38 (39); Sacchetto, C., Italian National Report, in: Schön, W. (Hrsg.), Tax Competition in Europe, 2004, S. 11; TNS, 10 December 2001, Issue 50, Volume 35, S. 606 f; Russo, R., Italy, in: European Tax Handbook, http://online2.ibfd.org/eth/, 2004, Section A, Italy, Chapter 7.4. Zum Aufbau und Inhalt der Liste, vgl. genauer Galli, C., Corporate Taxation in Italy, in: European Taxation Database, http://online2.ibfd.org/euro/, 2004, Corporate Taxation (detailed), Italy, Chapter 13.4.

438 Vgl. Punkt 2.7.4.2.

439 Art. 168 (2) und (3) TUIR; vgl. Galli, C., Taxation of Companies in Italy, in: Taxation of Companies in Europe, http://online2.ibfd.org/gii/, 2004, Major Jurisdictions, Italy, Chapter 13.4.

(a) der Gewinn der CFC vor Steuern, entnommen aus der Bilanz der CFC,
(b) der Gewinn, ermittelt aus der Summe der Anwendung folgender Gewinnparameter in Bezug auf folgende Vermögensgegenstände der CFC:
   - 1% vom Finanzanlagevermögen zzgl. Forderungen der CFC;
   - 4% vom Grundstücksvermögen zzgl. damit verbundene Forderungen aus Leasinggeschäften;
   - 15% vom übrigen Sachanlagevermögen zzgl. damit verbundene Forderungen aus Leasinggeschäften

Der Hinzurechnungsbetrag wird den Anteilseignern anteilig entsprechend ihrer Nennkapitalbeteiligung zugerechnet.[440]

2.7.4.2 Ausnahme

Art. 167 Abs. 5 TUIR gibt an, unter welchen Voraussetzungen die Hinzurechnungsbesteuerung entfällt:[441]

(a) Die ausländische Gesellschaft führt hauptsächlich Produktions- oder Handelstätigkeiten aus und ist dabei primär in ihrem Sitzstaat tätig.[442]
(b) Die ausländische Gesellschaft dient nicht dazu, Einkommensteile in ein Niedrigsteuerland auszulagern, in dem diese einem privilegierten Steuersystem unterliegen.[443]

Tätigkeiten in den Bereichen Finanzdienstleistung, Bankgeschäft und Versicherungsgeschäft sind nicht von der Hinzurechnungsbesteuerung ausgenommen. Denn diese zählen nicht zu Produktions- und Handelstätigkeiten.[444] Eine italienische Gesellschaft, die Tochtergesellschaften in ausländischen Niedrigsteuerländern hat, muss vorab eine „verbindliche Auskunft" von den Steuerbehörden einholen, wenn sie von der Befreiungsvorschrift Gebrauch machen möchte.[445]

---

[440] Art. 167 (1) TUIR.

[441] Vgl. TNS, 18/27 December 2000, Issue 51/52, Volume 34, S. 503; Russo, R., Italy, in: European Tax Handbook, http://online2.ibfd.org/eth/, 2004, Section A, Italy, Chapter 7.4.; Galli, C., Corporate Taxation in Italy, in: European Taxation Database, http://online2.ibfd.org/euro/, 2004, Corporate Taxation (detailed), Italy, Chapter 13.4.; TNS, 4 March 2004, Issue 11, Volume 37, http://online2.ibfd.org/tns/.

[442] Art. 167 (5) Bst. a) TUIR; vgl. TNS, 11 October 1999, Issue 41, Volume 33, S. 346.

[443] Art. 167 (5) Bst. b) S. 1 TUIR.

[444] Vgl. Giuliano, S., National Report Italy, in: Cahiers de droit fiscal international, Volume LXXXVIb, Limits on the use of low-tax regimes by multinational businesses, 2001, S. 627. Was Handelstätigkeiten sind, ist in Art. 2195 CC definiert.

[445] Art. 167 (5) Bst. b) S. 2 TUIR; vgl. TNS, 18/27 December 2000, Issue 51/52, Volume 34, S. 503; Galli, C., Taxation of Companies in Italy, in: Taxation of Companies in Europe, http://online2.ibfd.org/gii/, 2004, Major Jurisdictions, Italy, Chapter 13.4.

2.7.5 Hinzurechnungsbetrag

2.7.5.1 Qualifikation des Hinzurechnungsbetrags

Die Qualifikation des Hinzurechnungsbetrags ist gesetzlich nicht näher bestimmt. Das Gesetz besagt lediglich, dass das Einkommen der CFC dem inländischen Gesellschafter „zuzuordnen" ist.[446] Die italienische Finanzverwaltung und die Gerichte haben sich zu dieser Frage noch nicht geäußert. Im Schrifttum wird überwiegend die Auffassung vertreten, dass der Hinzurechungsbetrag als Unternehmensgewinn, der unmittelbar in den Händen des Gesellschafters erwachsen ist, angesehen werden müsse.[447]

2.7.5.2 Besteuerung des Hinzurechnungsbetrags

Der Hinzurechnungsbetrag soll separat und unabhängig von den übrigen Einkünften des Gesellschafters besteuert werden und mit einem auf das Gesamteinkommen des Gesellschafters durchschnittlich anzuwendenden Steuersatz belastet werden, mindestens jedoch mit 27%.[448] Er unterliegt insofern einer Sondersteuer.

2.7.5.3 „Negativer Hinzurechnungsbetrag"

Verluste der CFC werden dem inländischen Gesellschafter nicht in Form eines „negativen Hinzurechnungsbetrags" zugerechnet. Ein Verlustausgleich mit positiven Einkünften des Gesellschafters ist daher nicht möglich. Die Verluste können nur dazu verwendet werden, sie mit späterem positiven Einkommen der (selben) CFC zu verrechen. Für Verluste der ersten drei Jahre ist ein zeitlich unbeschränkter Verlustvortrag möglich. Spätere Verluste können nur bis zu fünf Jahre vorgetragen werden.[449]

---

[446] Vgl. Giuliano, S., National Report Italy, in: Cahiers de droit fiscal international, Volume LXXXVIb, Limits on the use of low-tax regimes by multinational businesses, 2001, S. 629.

[447] Sog. "piercing the veil approach". Vgl. Favi, L., National Report Italy, in: Lang/Aigner/Scheuerle/Stefaner, CFC Legislation, 2004, S. 360 f; "(...) profits of a non-resident entity are deemed to be profits of an Italian resident (...).", so Russo, R., Italy, in: European Tax Handbook, http://online2.ibfd.org/eth/, 2004, Section A, Italy, Chapter 7.4. und Russo, R., Italy, in: Taxation of Patent Royalties, Dividends, Interest in Europe, http://online2.ibfd.org/gi/, 2004, Contents: Italy, Chapter B; Galli, C., in: European Taxation Database, http://online2.ibfd.org/euro/, 2004, Corporate Taxation (detailed), Italy, Chapter 13.4.; Giuliano, S., National Report Italy, in: Cahiers de droit fiscal international, Volume LXXXVIb, Limits on the use of low-tax regimes by multinational businesses, 2001, S. 629;

[448] Art. 167 (6) S. 1 TUIR; vgl. Giuliano, S., National Report Italy, in: Cahiers de droit fiscal international, Volume LXXXVIb, Limits on the use of low-tax regimes by multinational businesses, 2001, S. 629. "Business income" wird ansonsten nur mit einem Steuersatz von 27% im Rahmen des sog. „dual-income tax" (DIT) systems besteuert. Vgl. hierzu TNS, 18/27 December 2000, Issue 51/52, Volume 34, S. 503; Russo, R., Italy, in: European Tax Handbook, http://online2.ibfd.org/eth/, 2004, Section A, Italy, Chapter 7.4.; Galli, C., Corporate Taxation in Italy, in: European Taxation Database, http://online2.ibfd.org/euro/, 2004, Corporate Taxation (detailed), Italy, Chapter 13.4.; Russo, R., Italy, in: Taxation of Patent Royalties, Dividends, Interest in Europe, http://online2.ibfd.org/gi/, 2004, Contents: Italy, Chapter B.

[449] Vgl. Giuliano, S., National Report Italy, in: Cahiers de droit fiscal international, Volume LXXXVIb, Limits on the use of low-tax regimes by multinational businesses, 2001, S. 628.

2.7.6 Maßnahmen zur Vermeidung von Doppelbelastungen

2.7.6.1 Ausländische Steuern

Im Staat der CFC bereits gezahlte Steuern können auf die italienische Steuer angerechnet werden, soweit sie auf Gewinne entfallen, die der Hinzurechnungsbesteuerung unterliegen.[450] Hierbei wird die Anrechnungsmethode nach Maßgabe der allgemeinen nationalen Vorschriften angewandt werden.[451]

2.7.6.2 Tatsächliche Ausschüttung

Tatsächliche Gewinnausschüttungen sind in Italien insoweit steuerbefreit, als die Gewinne bereits vorab im Rahmen der Hinzurechnungsbesteuerung mit Steuer belastet wurden.[452] Die auf die Dividende im Staat der CFC einbehaltene Quellensteuer ist auf die inländische Steuer anrechenbar.[453]

2.7.7 Besteuerungskonzeption

Die Besteuerungskonzeption der italienischen Hinzurechnungsbesteuerung stellt sich wie folgt dar:

- Der Hinzurechnungsbetrag unterliegt mit einem individuellen Durchschnittssteuersatz, mindestens jedoch mit einem Steuersatz von 27%, der italienischen Steuer. Er ist nicht Teil des steuerpflichtigen Einkommens des Gesellschafters, sondern wird als separate Einkunftsart einem Sondertarif unterworfen (Schedulenbesteuerung). Die Gewinne wurden auch im Staat der CFC besteuert. Eine Doppelbesteuerung kann im Umfang der Anrechnungsmöglichkeit der im CFC-Staat gezahlten Steuer auf die italienische Steuer vermieden werden.

- Bei tatsächlicher Ausschüttung werden die Dividenden zur Vermeidung einer zweifachen Besteuerung im Inland von der Steuer freigestellt. Die Hinzurechnungsbesteuerung in Form einer „Sondersteuer" wird definitiv. Eine Dividendenbesteuerung unterbleibt. Letztlich wird erreicht, dass der Gewinn der CFC im Inland mit einer Sondersteuer belastet ist. Die Hinzurechnungsbesteuerung folgt damit konzeptionell einer „Aliud-Besteuerung".

- Es zeigt sich eine Inkonsistenz zwischen der Qualifikation und der Besteuerung des Hinzurechnungsbetrags. Der Hinzurechnungsbetrag wird als dem Gesellschafter zuzuordnender Unternehmensgewinn der CFC klassifiziert, so die h.M. in der ita-

---

450 Art. 167 (6) S. 3 TUIR.

451 Art. 167 (6) S. 3 i.V.m. Art. 15 TUIR; vgl. Galli, C., Taxation of Companies in Italy, in: Taxation of Companies in Europe, http://online2.ibfd.org/gii/, 2004, Major Jurisdictions, Italy, Chapter 13.4.

452 Art. 167 (7) S. 1 TUIR.

453 Art. 167 (7) S. 2 TUIR; vgl. Giuliano, S., National Report Italy, in: Cahiers de droit fiscal international, Volume LXXXVIb, Limits on the use of low-tax regimes by multinational businesses, 2001, S. 630.

lienischen Literatur. Er unterliegt jedoch nicht als gewerbliche Einkünfte dem Normaltarif, sondern als „Aliud-Einkünfte" einem Sondertarif.

- Darüber hinaus wird deutlich, dass die italienische Hinzurechnungsbesteuerung immer dann zu einer Steuermehrbelastung führt, wenn der Sondertarif höher ausfällt als die Steuerbelastung, die sich bei einer Dividende der CFC an den inländischen Gesellschafter nach nationalem Recht oder DBA-Recht[454] ergäbe. Denn würde es die Hinzurechnungsbesteuerung nicht geben, würde (spätestens im Fall der Liquidation) der Gewinn der CFC im Wege einer Dividende zu dem Gesellschafter gelangen.

Nach nationalem Recht sind Dividendenzahlungen an natürliche Personen von einem ausländischen Unternehmen, an welchem die natürliche Person wesentlich beteiligt ist, grundsätzlich nur zu 40% in die italienische Steuerbemessungsgrundlage einzubeziehen, die restlichen 60% sind steuerfrei.[455] Sofern eine ausländische Tochterkapitalgesellschaft an ihre italienische Muttergesellschaft eine Gewinnausschüttung vornimmt, sind die Dividenden der Tochtergesellschaft unabhängig von einer Mindestbeteiligungshöhe und -dauer seit 1.1.2004 nur zu 5% in die italienische Steuerbemessungsgrundlage einzubeziehen, die restlichen 95% sind steuerfrei.[456] Diese Regelungen gelten jedoch nicht, wenn die Dividenden von einer ausländischen Tochtergesellschaft gezahlt werden, deren Sitzstaat sich in einem Staat mit privilegiertem Steuerregime i.S.d. CFC-Rules befindet.[457] In diesem Fall sind die Dividenden beim Empfänger voll steuerpflichtig, es sei denn, er kann nachwei-

---

454 Eine Untersuchung in Bezug auf die Mutter-Tochter-Richtlinie (Richtlinie 90/435/EEC v. 23.7.1990) kann entfallen, da diese in Art. 4 Abs. 1 EEC den EU-Staaten die freie Wahl zwischen der Freistellungs- und Anrechnungsmethode lässt. Die Mutter-Tochter-Richtlinie fordert also nicht zwingend die Steuerfreistellung von Dividenden bei der empfangenden Muttergesellschaft. Sie fordert lediglich die Freistellung von dem Kapitalertragssteuereinbehalt seitens der ausschüttenden Tochtergesellschaft, so Art. 5 Abs. 1 EEC. Sofern die Mutter-Tochter-Richtlinie bereits in nationales Recht der einzelnen Staaten umgesetzt wurde, geben dies die nationalen Vorschriften wieder.

455 Seit 1.1.2004, Art. 96 Nr. 1 TUIR; vgl. Gariboldi, P., intertax 2004, S. 607 (613); Galli, C., The Taxation of Companies in Italy, in: Guides to European Taxation, Volume II, The Taxation of Companies in Europe, 1999, Chapter 8.3.3.3.2.

456 Seit 1.1.2004, Art. 89 TUIR; vgl. Gariboldi, P., intertax 2004, S. 607 f; Nobili, F./Lanza, M. A., intertax 2004, S. 564; Russo, R., Italy, in: Taxation of Patent Royalties, Dividends, Interest in Europe, http://online2.ibfd.org/gi/, 2004, Contents: Italy, Chapter B. Vor dem 1.1.2004 war eine Mindestbeteiligungsquote von 25% und eine Mindesthaltedauer von 1 Jahr erforderlich. Vgl. Galli, C., The Taxation of Companies in Italy, in: Guides to European Taxation, Volume II, The Taxation of Companies in Europe, 1999, Chapter 8.3.3.3.3.

457 Vgl. Gariboldi, P., intertax 2004, S. 607 (612); Nobili, F./Lanza, M. A., intertax 2004, S. 564; Russo, R., Italy, in: Taxation of Patent Royalties, Dividends, Interest in Europe, http://online2.ibfd.org/gi/, 2004, Contents: Italy, Chapter B; Galli, C., Corporate Taxation in Italy, in: European Taxation Database, http://online2.ibfd.org/euro/, 2004, Corporate Taxation (detailed), Italy, Chapter 8.3.2.3. und 8.3.3.3.

sen, dass die Errichtung der ausländischen Tochtergesellschaft nicht hauptsächlich darauf beruht, von dem Niedrigsteuerregime zu profitieren.[458]

Die von Italien abgeschlossenen DBA beinhalten für Dividenden durchwegs die Steuerpflicht (unter Anrechnung der ausländischen einbehaltenen Quellensteuer auf die Dividende – Anrechnungsmethode).[459] Eine Ausnahme stellt das DBA Italien-Deutschland dar. Hier sieht das DBA die Freistellung von Schachteldividenden vor.[460] Das Anrechnungsverfahren enthalten die italienischen DBA mit Österreich (Art. 23 Abs. 2), Belgien (Art. 23 Abs. 2 (1)), Kanada (Art. XXI Abs. 2), Tschechische Republik (Art. 23 Abs. 1), Dänemark (Art. 24 Abs. 2), Finnland (Art. 23 Abs. 1), Frankreich (Art. 24 Abs. 2), Griechenland (Art. 24 Abs. 2), Irland (Art. 21 Abs. 1 (b)), Luxemburg (Art. 24 Abs. 2), Spanien (Art. 22 Abs. 2) und Großbritannien (Art. 24 Abs. 3).

Da die DBA, mit Ausnahme von Deutschland, kein Schachtelprivileg vorsehen, wird die DBA-Regelung selten zu Anwendung kommen.

- Die Dividendenzahlungen einer CFC würden nach nationalem Recht nicht in den Genuss der (teilweisen) Steuerbefreiung gelangen, sondern mit dem Tarif belastet sein. Denn sie stammen aus einem Staat mit einem Niedrigsteuerregime. Gleiches gilt in der Regel nach DBA-Recht (mit Ausnahme des DBA Deutschland-Italien). Eine Abweichung zur Hinzurechnungsbesteuerung ergibt sich nur in dem Umfang, in dem die Gewinne der CFC bei der Hinzurechnungsbesteuerung nicht dem Tarifsteuersatz, sondern einem Durchschnittssteuersatz, mindestens 27%, unterworfen sind. Die CFC-Rules sind nur dann nachteilhaft, wenn der Durchschnittsteuersatz bzw. die Besteuerung mit dem Mindeststeuersatz von 27% höher ausfällt als die Besteuerung nach dem Tarif. Dies muss im Einzelfall überprüft werden. Aufgrund des Charakters der Hinzurechnungsbesteuerung als Sondersteuer führt die Hinzurechnungsbesteuerung unter keinen Umständen zu einer „Interimsteuer".

---

458 Vgl. Galli, C., The Taxation of Companies in Italy, in: Guides to European Taxation, Volume II, The Taxation of Companies in Europe, 1999, Chapter 8.3.3.3.3. Zur Dividendenbesteuerung ab 1.1.2004 in Italien, vgl. ausführlich in TNS, 2 July 2004, Issue 29, Volume 38, http://online2.ibfd.org/tns/; Galli, C., Corporate Taxation in Italy, in: European Taxation Database, http://online2.ibfd.org/euro/, 2004, Corporate Taxation (detailed), Italy, Chapter 8.3.2.3. und 8.3.3.3.

459 Vgl. Russo, R., Italy, in: Taxation of Patent Royalties, Dividends, Interest in Europe, http://online2.ibfd.org/gi/, 2004, Contents: Italy, Chapter B.

460 Art. 24 Abs. 2 Bstb. b) des DBA. In den Genuss des Schachtelprivilegs kommen alle in Italien ansässige Kapitalgesellschaften, die unmittelbar zu mindestens 25% am Kapital der ausländischen ausschüttenden Tochtergesellschaft beteiligt sind. Eine Mindesthaltedauer ist nicht verlangt. Hierzu Krabbe in: Debatin/Wassermeyer, MA, Art. 24 Tz. 12 ff, 17.

2.8 USA

2.8.1 Rechtsentwicklung

Die USA waren das erste Land, das eine CFC-Gesetzgebung implementierte. Das Gesetz wurde 1962 verabschiedet[461] und ist in „Part III“, „Subpart F“, „Sections 951 bis 971“ des „Internal Revenue Code“ (IRC) und den dazugehörigen „regulations“ zu finden. Entsprechend dem Gesetzesabschnitt, in dem die CFC-Rules kodifiziert sind, wird häufig auch von der amerikanischen „Subpart-F-Gesetzgebung“ gesprochen.[462] Die Regelungen haben seit 1962 etliche Änderungen erfahren.[463] Diese waren jedoch meist technischer oder redaktioneller Natur, das Grundprinzip der Vermeidungsvorschrift ist bis heute gleich geblieben.[464]

Neben der CFC-Gesetzgebung existieren zwei weitere gesetzliche Regelungen zur Vermeidung von „tax deferral“ („anti-deferral provisions“). Dies sind die bereits aus 1937 stammenden „Foreign Personal Holding Company Rules“ (FPHC-Rules) und die in 1986 verabschiedeten „Passive Foreign Investment Company Rules“ (PFIC-Rules).[465] Alle drei Regelungen gelten nebeneinander.[466]

---

461 Pub. L. 87-834, Sec. 12 (a), October 16, 1962, 76 Stat. 1006.

462 Z.B. Wassermeyer in: Flick/Wassermeyer/Baumhoff, AStG, Vor §§ 7-14 Anm. 35.

463 1975: Pub. L. 94-12, title VI, Sec. 602 (a) (3) (A), (c) (7), (d) (3) (B), March 29, 1975, 89 Stat. 58, 60, 64.
1986: Pub. L. 99-514, title XII, Sec. 1221 (b) (3) (E), October 22, 1986, 100 Stat. 2553.
1996: Pub. L. 104-188, title I, Sec. 1501 (c), August 20, 1996, 110 Stat. 1826.

464 Vgl. Sandler, D., Tax Treaties and Controlled Foreign Company Legislation, 1998, S. 24.

465 Vgl. hierzu ausführlich Rienstra, J., United States, in: European Tax Handbook, http://online2.ibfd.org/eth/, 2004, Section A, United States, Chapter 7.4.; Görl, M., Die gesetzlichen Regelungen der USA, Großbritannien, Kanadas und Japans gegen den Missbrauch von Steueroasen, in: Vogel/Ellis u.a., Steueroasen und Außensteuergesetze, 1981, S. 40. „Die USA hat eine ganzes “Waffenarsenal” gegen die Nutzung von low-tax regimes.“ So Rogers, J. E./Lemanowicz, E. P., National Report United States, in: Cahiers de droit fiscal international, Volume LXXXVIb, Limits on the use of low-tax regimes by multinational businesses, 2001, S. 903.

466 Um Überschneidungen und Doppelerfassungen zu vermeiden, existieren Regelungen über den Vorrang der entsprechenden Vorschriften. Vgl. hierzu Rienstra, J., United Kingdom, in: European Tax Handbook, http://online2.ibfd.org/eth/, 2004, Section A, United States, Chapter 7.4.

2.8.2 Persönlicher Anwendungsbereich

2.8.2.1 Ausländische Gesellschaft (CFC)

Rechtsform und Steuerpflicht

Die ausländische Gesellschaft muss eine „foreign corporation“[467] sein, typischerweise eine ausländische Kapitalgesellschaft. Eine Personengesellschaft wird von den amerikanischen CFC-Rules nicht erfasst.[468]

Beherrschungsbeteiligung

Eine ausländische Gesellschaft wird als CFC qualifiziert, sofern diejenigen „US shareholders“ – die über eine Hinzurechnungsbeteiligung an ihr verfügen – zu irgendeinem Zeitpunkt im Wirtschaftsjahr der ausländischen Gesellschaft direkt oder indirekt[469] allein oder zusammen mit anderen „US shareholders“ mehr als 50% der Stimmrechte („voting power“) innehaben oder zu mehr als 50% am Unternehmenswert („stock value“) dieser Gesellschaft teilhaben.[470] Es werden auch die Stimmrechte und die Anteile am Unternehmenswert derjenigen Personen bei der Ermittlung der Beherrschungsquote miteinbezogen, die zwar nicht Gesellschafter, jedoch nahe Angehörige oder verbundene Unternehmen der betroffenen Gesellschafter sind.[471] Dies muss ununterbrochen an 30 Tagen im Wirtschaftsjahr der CFC gegeben sein.[472]

Sonderregelung für Versicherungsgesellschaften

Für Versicherungsunternehmen sieht das Gesetz eine Sonderreglung vor. Es liegt bereits dann eine CFC vor, wenn die Stimmrechtsanteile und der Anteil am Unternehmenswert mehr als25% betragen. Ferner wird bei der Bemessung des Stimmrechtsanteils jedes Papier, dass ein Stimmrecht verschafft („any certificate entitling the holder to voting power“) mitgezählt.[473]

---

467 Sec. 951 (a) (1) IRC.

468 Vgl. Rogers, J. E./Lemanowicz, E. P., National Report United States, in: Cahiers de droit fiscal international, Volume LXXXVIb, Limits on the use of low-tax regimes by multinational businesses, 2001, S. 909.

469 Über eine ausländische Kapital- oder Personengesellschaft oder über einen ausländischen Trust; vgl. Sec. 957 (a) i.V.m. Sec. 958 (a) IRC.

470 Sec. 951 (a) (1) i.V.m. Sec. 957 (a) IRC; vgl. Dennehy, E. K./Ehrlich, S. E., tax notes international, 2005, S. 61.

471 Sec. 957 (a) i.V.m. Sec. 958 (b) IRC; Sandler, D., Tax Treaties and Controlled Foreign Company Legislation, 1998, S. 266; Rogers, J. E./Lemanowicz, E. P., National Report United States, in: Cahiers de droit fiscal international, Volume LXXXVIb, Limits on the use of low-tax regimes by multinational businesses, 2001, S. 906; Lowell, D. Y., Tax Management International Journal, 2003, Vol. 32, Iss. 3, pg. 99 (101).

472 Sec. 951 (a) (1) IRC.

473 Sec. 957 (b) i.V.m. 958 (a) (3) IRC; vgl. Rogers, J. E./Lemanowicz, E. P., National Report United States, in: Cahiers de droit fiscal international, Volume LXXXVIb, Limits on the use of low-tax regimes by multinational businesses, 2001, S. 906 f.

2.8.2.2 Inländischer Gesellschafter

Rechtsform und Steuerpflicht

Als „United States shareholders" kommen alle "United States persons" i.S.d. Sec. 7701 (a) (30) IRC in Frage.[474] Betroffen sind demnach alle in den USA unbeschränkt steuerpflichtigen Gesellschafter, unabhängig von ihrer Rechtsform. Die Hinzurechnungsbesteuerung trifft somit Körperschaften, natürliche Personen, Personenvereinigungen und Trusts.[475]

Hinzurechnungsbeteiligung

Die Hinzurechnungsbesteuerung kommt bei demjenigen „US shareholder" zur Anwendung, der am Ende des Wirtschaftsjahrs der CFC[476] am Nennkapital dieser Gesellschaft (in beliebiger Höhe) beteiligt ist und wenigstens 10% der Stimmrechte direkt oder indirekt allein, jedoch unter Einbezug der Stimmrechte naher Angehöriger oder verbundener Unternehmen, innehaben.[477]

2.8.3 Tatbestand

Die Hinzurechnungsbesteuerung betrifft nach den US-amerikanischen CFC-Rules hauptsächlich Einkünfte aus Versicherungsgeschäften („insurance income") und bestimmte Basiseinkünfte („foreign base company income").[478] Auf den Tatbestand der „Niedrigbesteuerung" kommt es bei der amerikanischen CFC-Gesetzgebung – als einzige der hier untersuchten Staaten – nicht an.

2.8.3.1 Niedrigbesteuerung

Die USA kennen keine allgemeine Definition für einen „tax haven". Allerdings wurden in einer „treasury study" folgende Hauptmerkmale eines „tax havens" veröffentlicht:[479]

474 Sec. 951 (b) i.V.m. Sec. 957 (c) IRC.

475 Vgl. Rienstra, J., in: European Tax Handbook, http://online2.ibfd.org/eth/, 2004, Section A, United States, Chapter 7.4.; Görl, M., Die gesetzlichen Regelungen der USA, Großbritannien, Kanadas und Japans gegen den Missbrauch von Steueroasen, in: Vogel/Ellis u.a., Steueroasen und Außensteuergesetze, 1981, S. 40; ausgenommen sind nur spezifische Rechtsformen, die jeweils nur Puerto Rico, Guam, American Samoa und die Northern Mariana Islands kennen. Im Vergleich hierzu, erfassen die FPHC-Rules hingegen nur natürliche Personen.

476 Sec. 951 (a) (1) IRC.

477 Sec. 951 (b) IRC; vgl. Rienstra, J., in: European Tax Handbook, http://online2.ibfd.org/eth/, 2004, Section A, United States, Chapter 7.4.; Dennehy, E. K./Ehrlich, S. E., tax notes international, 2005, S. 61 (62); Lowell, D. Y., Tax Management International Journal, 2003, Vol. 32, Iss. 3, pg. 99 (101).

478 Sec. 952 (a) (1) und (2) IRC.

479 Vgl. Rogers, J. E./Lemanowicz, E. P., National Report United States, in: Cahiers de droit fiscal international, Volume LXXXVIb, Limits on the use of low-tax regimes by multinational businesses, 2001, S. 905.

- Niedrige oder keine Einkommensbesteuerung;
- Schwerpunkt auf Bankgeschäfte und die Präsenz von ausländischen Banken;
- Strenges Bankgeheimnis.

Steuerbelastungsvergleich

Die USA sind der einzige der hier untersuchten Staaten, in dem es für Zwecke der Hinzurechnungsbesteuerung auf eine Niedrigbesteuerung im Staat der CFC nicht ankommt. Allerdings sollen die Rechtsfolgen einer Hinzurechnungsbesteuerung nicht eintreten, sofern Versicherungseinkünfte und bestimmte Basiseinkünfte einem Steuersatz von mindestens 90% des maximalen US-Steuersatzes unterliegen.[480]

Listensystem

Aufgrund der Irrelevanz der Niedrigbesteuerung ist der Einschluss bzw. Ausschluss bestimmter Staaten von der Anwendung der Hinzurechnungsbesteuerung auf Basis von Staatenlisten in den USA bislang nicht erfolgt. Listen existieren jedoch für Zwecke der Zulassung der Anrechnung von ausländischer Quellensteuer (foreign tax credit, sec. 901 (j) und sec. 908 (a) des Internal Revenue Code (IRC)).[481]

2.8.3.2 Passive Einkünfte

Von der Hinzurechnungsbesteuerung erfasst werden nur bestimmte Einkünfte, die in dem „Part III", „Subpart F", Sec. 952 (a) des IRC abschließend aufgezählt sind.[482]

---

480 Vgl. Punkt 2.8.4.2.

481 Vgl. Rogers, J. E./Lemanowicz, E. P., National Report United States, in: Cahiers de droit fiscal international, Volume LXXXVIb, Limits on the use of low-tax regimes by multinational businesses, 2001, S. 904.

482 Vgl. hierzu Rienstra, J., United States, in: European Tax Handbook, http://online2.ibfd.org/eth/, 2004, Section A, United States, Chapter 7.4.; Rogers, J. E./Lemanowicz, E. P., National Report United States, in: Cahiers de droit fiscal international, Volume LXXXVIb, Limits on the use of low-tax regimes by multinational businesses, 2001, S. 909-913; Lowell, D. Y., Tax Management International Journal, 2003, Vol. 32, Iss. 3, pg. 99 ff.

Diese sind folgende als „Subpart F Income“ bezeichnete Einkünfte:

1) Insurance income[483]
2) Foreign base company income[484]
    1. Foreign personal holding company income[485]
        a. Zinsen, Dividenden, Miet- und Lizenzeinnahmen
        b. Gewinne aus der Veräußerung von Vermögensgegenständen
        c. Gewinne aus commodities transactions
        d. Gewinne aus ausländischer Währung
        e. Zinsähnliche Einkünfte
    2. Foreign base company sales income[486]
       Einkünfte aus Verkäufen von Waren, die zuvor von mit der CFC verbundenen Unternehmen gekauft wurden – oder umgekehrt, Kauf von Waren, die dann an mit der CFC verbundene Unternehmen verkauft werden.
    3. foreign base company service income[487]
    4. foreign base company shipping income[488]
    5. foreign base company oil related income[489]
3) International Boycott income[490]
4) Illegal Bribes and Kickbacks[491]

2.8.4 Rechtsfolgen

2.8.4.1 Einkünftehinzurechnung

Das „subpart F“-Einkommen wird dem inländischen Gesellschafter anteilig („pro rata share“) entsprechend seiner Beteiligung am Nennkapital zugerechnet.[492] Hinsichtlich des Zurechnungszeitpunktes wird unterstellt, das Einkommen sei am letzten Tag des Wirtschaftsjahres der CFC an den Gesellschafter ausgeschüttet worden.[493] Das sub-

483 Sec. 953 IRC.

484 Sec. 954 (a) (1)-(5) IRC.

485 Sec. 954 (c) IRC.

486 Sec. 954 (d) IRC.

487 Sec. 954 (e) IRC.

488 Sec. 954 (f) IRC.

489 Sec. 954 (g) IRC.

490 Sec. 999 IRC.

491 Sec. 162 (c) IRC.

492 Sec. 951 (a) (1) (A) (i) IRC. Die FPHC-Rules führen zu einer Hinzurechnung des gesamten Einkommens („all taxable income“) der ausländischen Gesellschaft, nicht nur bestimmter Einkünfte (“tainted income”). Vgl. Rogers, J. E./Lemanowicz, E. P., National Report United States, in: Cahiers de droit fiscal international, Volume LXXXVIb, Limits on the use of low-tax regimes by multinational businesses, 2001, S. 907; Rienstra, J., Corporate Taxation in the United States, in: European Taxation Database, http://online2.ibfd.org/euro/, 2004, Corporate Taxation (summary), United States, Chapter 7.4.

493 Sec. 951(a) (2) (A) IRC.

part F-Einkommen der CFC wird gemäß den Vorschriften ermittelt, die auch auf inländische Körperschaften anwendbar sind.[494]

2.8.4.2 Ausnahmen

Freigrenze („de minimis rule“)

Von einer Hinzurechnung wird abgesehen, wenn die Summe aus „insurance income“ und „foreign base company income“ insgesamt weniger als 5% der gesamten Bruttoerträge der CFC betragen und 1 Mio. US-$ nicht übersteigen.[495]

Überwiegend passive Einkünfte („full inclusion rule“)

Falls die Summe aus „insurance income“ und „foreign base company income“ 70% der gesamten Bruttoeinnahmen der CFC übersteigen, gilt das gesamte Einkommen der CFC als Subpart F-Einkommen mit der Folge der Hinzurechnung des gesamten CFC-Einkommens.[496]

Gleiche Steuerbelastung („high tax kickout rule“)

Von der Hinzurechnungsbesteuerung sind das „insurance income“ und „foreign base company income“ freigestellt, wenn diese im Staat der CFC mit einem Steuersatz von mehr als 90% des maximalen in den USA anzuwendenden Steuersatzes belastet sind.[497]

Keine ausschüttbaren Gewinne

Die Hinzurechnungsbesteuerung entfällt, wenn die CFC aufgrund finanzieller Beschränkungen nicht über ausschüttbare Gewinne verfügt.[498]

---

494 Sec. 964 (a) IRC.

495 Sec. 954 (b) (3) (A) IRC; Rienstra, J., United States, in: European Tax Handbook, http://online2.ibfd.org/eth/, 2004, Section A, United States, Chapter 7.4.; Rienstra, J., Corporate Taxation in the United States, in: European Taxation Database, http://online2.ibfd.org/euro/, 2004, Corporate Taxation (summary), United States, Chapter 7.4.

496 Sec. 954 (b) (3) (B) ITC; Rogers, J. E./Lemanowicz, E. P., National Report United States, in: Cahiers de droit fiscal international, Volume LXXXVIb, Limits on the use of low-tax regimes by multinational businesses, 2001, S. 913; Rienstra, J., United States, in: European Tax Handbook, http://online2.ibfd.org/eth/, 2004, Section A, United States, Chapter 7.4.

497 Sec. 954 (b) (4) ITC, Rogers, J. E./Lemanowicz, E. P., National Report United States, in: Cahiers de droit fiscal international, Volume LXXXVIb, Limits on the use of low-tax regimes by multinational businesses, 2001, S. 913; Rienstra, J., United States, in: European Tax Handbook, http://online2.ibfd.org/eth/, 2004, Section A, United States, Chapter 7.4.

498 Eine solche Ausnahmeregelung sehen die FPHC-Rules nicht vor. Vgl. Rogers, J. E./Lemanowicz, E. P., National Report United States, in: Cahiers de droit fiscal international, Volume LXXXVIb, Limits on the use of low-tax regimes by multinational businesses, 2001, S. 908, 913.

2.8.5 Hinzurechnungsbetrag

2.8.5.1 Qualifikation des Hinzurechnungsbetrags

Hinsichtlich der Qualifikation des Hinzurechnungsbetrags bestimmt das Gesetz, dass das hinzuzurechnende „Subpart F"-Einkommen den Betrag umfassen soll, den der Gesellschafter bei einer Gewinnausschüttung der CFC am Ende des Wirtschaftsjahres erhalten würde („if on the last day in its taxable year (...) it had distributed pro rata to its sharholders").[499] Das Gesetz spricht bezüglich des Hinzurechnungsbetrags daher explizit von einer fiktiven Ausschüttung („if (...) it had distributed").[500]

2.8.5.2 Besteuerung des Hinzurechnungsbetrags

Jeder betroffene Gesellschafter hat denjenigen Betrag in sein steuerpflichtiges Einkommen einzubeziehen, den er bei einer Gewinnausschüttung der CFC am Ende des Wirtschaftsjahres erhalten hätte.[501] Der hinzurechnete Betrag wird wie eine Dividende behandelt. Es gelten die allgemeinen Vorschriften, die für die Besteuerung von Dividenden ausländischer Gesellschaften Anwendung finden.[502]

2.8.5.3 „Negativer Hinzurechnungsbetrag"

Die Verluste der CFC werden den inländischen Gesellschaftern nicht in Form eines „negativen Hinzurechnungsbetrags" zugerechnet. Ein Verlustausgleich mit anderen positiven Einkünften des Gesellschafters ist daher nicht möglich. Auf Ebene der CFC ist jedoch ein zeitlich unbeschränkter Verlustvortrag möglich, ein Verlustrücktrag ist nicht zulässig.[503]

2.8.6 Maßnahmen zur Vermeidung von Doppelbelastungen

2.8.6.1 Ausländische Steuern

Sind in dem Hinzurechnungsbetrag Einkünfte enthalten, die bereits auf Ebene der CFC der Steuer unterlegen haben, so sieht die US-amerikanische CFC-Gesetzgebung die Möglichkeit der Anrechnung dieser ausländischen Steuer auf die inländische Steuer vor.[504]

---

499 So Sec. 951 (a) (2) (A) IRC; vgl. Arnold, B. J., The Taxation of Controlled Foreign Corporations: An International Comparison, 1986, S. 392.

500 Sec. 951 (a) (2) (A) IRC.

501 Sec. 951 (b) IRC.

502 Sec. 951 (a) (2) IRC; vgl. Arnold, B. J., The Taxation of Controlled Foreign Corporations: An International Comparison, 1986, S. 391.

503 Vgl. Sandler, D., Tax Treaties and Controlled Foreign Company Legislation, 1998, S. 267.

504 Sec. 960 (a) (1) IRC; vgl. Rogers, J. E./Lemanowicz, E. P., National Report United States, in: Cahiers de droit fiscal international, Volume LXXXVIb, Limits on the use of low-tax regimes by multinational businesses, 2001, S. 913.

2.8.6.2 Tatsächliche Ausschüttung

Da die Gewinne der CFC vor Ausschüttung bereits der Besteuerung (Hinzurechnungsbesteuerung) unterworfen wurden, werden tatsächliche Ausschüttungen zur Vermeidung einer zweifachen inländischen Erfassung nicht in die Bemessungsgrundlage einbezogen. Sie sind insoweit steuerfrei.[505]

2.8.7 Besteuerungskonzeption

Die Besteuerungskonzeption der amerikanischen Hinzurechnungsbesteuerung stellt sich wie folgt dar:

- Der Hinzurechnungsbetrag unterliegt in Form einer fiktiven Dividende der Besteuerung. Es sind die nationalen Besteuerungsvorschriften anzuwenden, die für ausländische Dividenden gelten. Es findet insofern bezüglich des Hinzurechnungsbetrags eine normale Dividendenbesteuerung statt.

- Bei tatsächlicher Ausschüttung werden die Dividenden von der Steuer freigestellt, um eine erneute Besteuerung des Gewinns der CFC im Inland zu vermeiden. Die Hinzurechnungsbesteuerung wird definitiv. Der Hinzurechnungsbetrag unterliegt von Anfang an der Steuerlast, mit der auch eine ausländische Dividende belastet wäre. Die amerikanische Hinzurechnungsbesteuerung folgt demnach dem Konzept der (vorweggenommenen) „Dividendenbesteuerung". Sie ist die einzige der hier untersuchten CFC-Rules, bei welchen Qualifikation und tatsächliche Besteuerung des Hinzurechnungsbetrags übereinstimmen.

- Es muss geprüft werden, ob ausländische Dividenden in den USA stets besteuert werden. Denn würde unter den Bedingungen einer Hinzurechnungsbesteuerung eine Dividendenfreistellung gewährt werden, würde keine „vorweggenommene Dividendenbesteuerung" stattfinden.

  Nach nationalem Recht werden ausländische Dividenden stets in das steuerpflichtige Einkommen des US-Gesellschafters einbezogen. Das US-Steuerrecht kennt national keine vollständige Steuerfreistellung von Schachteldividenden.[506] Die im Ausland auf die Dividende einbehaltene Quellensteuer ist anrechenbar (foreign tax credit (FTC)). Die im Ausland erhobene Körperschaftsteuer (indirect foreign tax credit) ist nur unter bestimmten Voraussetzungen anrechenbar.[507]

---

505 Sec. 959 (a) IRC; vgl. Sandler, D., Tax Treaties and Controlled Foreign Company Legislation, 1998, S. 268; vgl. Rogers, J. E./Lemanowicz, E. P., National Report United States, in: Cahiers de droit fiscal international, Volume LXXXVIb, Limits on the use of low-tax regimes by multinational businesses, 2001, S. 914.

506 Vgl. Rienstra, J., United States, in: Taxation of Patent Royalties, Dividends, Interest in Europe, http://online2.ibfd.org/gi/, 2004, Contents: United States, Chapter B.

507 Vgl. Rienstra, J., United States, in: Taxation of Patent Royalties, Dividends, Interest in Europe, http://online2.ibfd.org/gi/, 2004, Contents: United States, Chapter B; Rienstra, J., Corporate Taxation in United States, in: European Tax Handbook, http://online2.ibfd.org/eth/, Section A: Corporate Taxation, United States, 2004, Chapter 6.1.1.

Eine sog. dividend received deduction (DRD), d.h. eine teilweise Freistellung[508] von ausländischen Dividenden ist jedoch unter folgenden Umständen möglich:[509]

- Bei Dividenden zwischen Körperschaften, wobei die Muttergesellschaft eine mindestens 10%ige Kapital- und Stimmrechtsbeteiligung halten muss,
- sofern die ausländische ausschüttende Körperschaft in den USA geschäftliche Aktivitäten hat („is engaged in business in the US") und
- die Dividende „earnings effectively connected to the US trade or business of the foreign corporation" repräsentiert.

Die von den USA abgeschlossenen DBA bestimmen für „foreign income", also auch für ausländische Dividenden, grundsätzlich die Steuerpflicht in den USA unter Anrechnung der ausländischen einbehaltenen Quellensteuer (Anrechnungsmethode). Ebenso wie die nationale Regelung gestattet kein US-DBA eine vollständige Steuerfreistellung für Schachteldividenden.[510] Dies gilt z.B. für die amerikanischen DBA mit Österreich (Art. 22 Abs. 1), Belgien (Art. 23 Abs. 2), Kanada (Art. XXIV Abs. 1), Dänemark (Art. 23 Abs. 1), Finnland (Art. 23 Abs. 2), Frankreich (Art. 24 Abs. 1 (a)), Deutschland (Art. 23 Abs. 1), Griechenland (Art. XIV Abs. 1 und 2), Irland (Art. 24 Abs. 1), Italien (Art. 23 Abs. 2) und Luxemburg (Art. 25 Abs. 1).

- Da das „Subpart F-income" regelmäßig nicht aus „U.S. trade or business income" besteht, ist in den Fällen einer in Frage kommenden Hinzurechnungsbesteuerung weder nach nationalem noch nach DBA-Recht eine (teilweise) Steuerfreistellung der ausländischen Dividende zulässig. Die Hinzurechnungsbesteuerung ist somit dividendekonform und stellt sich als bloße „Interimsteuer" dar.

---

508 Eine Freistellung ist dann in Anhängigkeit der Beteiligungsquote zulässig. Eine 100% Freistellung wird erreicht, falls die erhaltene Körperschaft mit der zahlenden Körperschaft in einer „consolidated group" steht, d.h. zu mindestens 80% an der zahlenden Körperschaft beteiligt ist. Eine 80% Freistellung wird gewährt, falls die erhaltende Körperschaft zu mindestens 20% an der zahlenden Körperschaft beteiligt ist. Vgl. Rienstra, J., United States, in: Taxation of Patent Royalties, Dividends, Interest in Europe, http://online2.ibfd.org/gi/, 2004, Contents: United States, Chapter A.

509 Vgl. Rienstra, J., United States, in: European Tax Handbook, http://online2.ibfd.org/eth/, Section A, United States, 2004, Chapter 2.2. und 6.1.1.; Rienstra, J., Corporate Taxation in the United States, in: European Taxation Database, http://online2.ibfd.org/euro/, 2004, Corporate Taxation (summary), United States, Chapter 2.2. und 6.1.1.; Arnold. B., The Taxation of Controlled Foreign Corporations: An international comparison, 1986, S. 352 f.

510 Vgl. Rienstra, J., United States, in: European Tax Handbook, http://online2.ibfd.org/eth/, Section A, United States, 2004, Chapter 6.1.3.

3. Vergleich der CFC-Rules der untersuchten Staaten und kritische Würdigung

3.1 Rechtsentwicklung

Vorreiter der CFC-Gesetzgebungen waren die USA, die ihre CFC-Rules im Jahre 1962 einführten. Erst ca. zehn Jahre später verabschiedete Deutschland als zweiter Staat eine CFC-Gesetzgebung. Im Rahmen des damals neu erlassenen Außensteuergesetzes wurde eine an die Vorschriften der USA angelehnte Regelung aufgenommen.[511] 1980 verabschiedete Frankreich und 1984 Großbritannien eine CFC-Gesetzgebung. Es folgten wenig später Spanien, Finnland und Dänemark, zuletzt Italien im Jahr 2000.

Trotz massiver Kritik hat sich die CFC-Gesetzgebung in fast allen Ländern der EU etabliert. Wie es scheint, werden im Zuge der EU-Osterweiterung sogar noch weitere CFC-Gesetzgebungen hinzukommen.

3.2 Persönlicher Anwendungsbereich

3.2.1 Ausländische Gesellschaft (CFC)

Rechtsform und Steuerpflicht

Für die meisten Staaten kommen als CFC nur Gesellschaften in Rechtsform einer Kapitalgesellschaft (Körperschaft) in Frage. Hierzu gehören Deutschland, Frankreich, Großbritannien, Dänemark und die USA. Grund hierfür ist, dass grundsätzlich nur bei Gesellschaften, die eine intransparente Unternehmenseinheit bilden, das Problem des „tax deferral" entsteht.

Einige Staaten dehnen den Anwendungsbereich der CFC-Rules auch auf CFCs in Rechtsform einer Betriebsstätte oder Personengesellschaft bzw. ähnlichen Personenvereinigung aus. Hierzu gehören vor allem Finnland, Spanien und Italien. Durch die Errichtung einer ausländischen Betriebsstätte, die ihren Sitz in einem Niedrigsteuerstaat hat und dort vermögensverwaltend tätig ist, kann im DBA-Fall ebenfalls von einem Besteuerungsaufschub und einer niedrigen Besteuerung der Betriebsstättengewinne profitiert werden. Denn das OECD-MA ordnet bei Vorliegen bestimmter Voraussetzungen das Besteuerungsrecht für Betriebsstättengewinne dem Betriebsstättenstaat zu. Gleiches gilt für Personengesellschaften, sofern sich ihre Tätigkeit nicht nur auf reine Vermögensverwaltung beschränkt. Diese Staaten wollen offenbar auch derartige Steuervermeidungsmodelle im Rahmen der Hinzurechnungsbesteuerung erfassen.

---

511 Die deutsche Hinzurechnungsbesteuerung ist durch die amerikanische Kennedy-Gesetzgebung inspiriert worden. Vgl. hierzu Schaumburg, H., Internationales Steuerrecht, 2. Aufl., 1998, Rz. 10.8; Becker, H., ET 1988, S. 383.

Beherrschungsbeteiligung

Eine Hinzurechnungsbesteuerung kann nur dann gerechtfertigt sein, wenn ein Gesellschafter oder die Gemeinschaft der Gesellschafter in der Lage ist, die Ausschüttungspolitik der ausländischen Gesellschaft zu bestimmen. Denn nur wenn die Möglichkeit gegeben ist, auf die ausländische Gesellschaft in dem Maße Einfluss zu nehmen, dass eine Gewinnausschüttung verhindert werden kann, um so den gewünschten Besteuerungsaufschub zu erzielen, besteht die Gefahr einer bewussten Steuerumgehung. Insofern herrscht bei den hier untersuchten Staaten Einigkeit darin, dass der *Einfluss des Gesellschafters auf bzw. die Kontrolle über die ausländische Gesellschaft* entscheidendes Kriterium für die Beurteilung sein muss, ob sich hinter einer gewählten Unternehmensstruktur eine Steuerumgehungsabsicht verbirgt oder nicht.

Wann der jeweilige Staat davon ausgeht, dass ausreichend Einflussmöglichkeit des Gesellschafters bei geschäftspolitischen Entscheidungen, wie z.B. der Ausschüttungspolitik oder der Entscheidung über den Ausübungsort von Tätigkeiten, besteht, dokumentiert sich in der gewählten Regelung über die *Beherrschungsbeteiligung*. Hierbei ist allen Staaten gemein, dass sie die Beteiligungshöhe als Maßstab für die Einflussmöglichkeit sehen. Dennoch gibt es bei der Wahl der „kritischen" Beteiligungshöhe und der Ermittlung der Beteiligungshöhe etliche Varianten und unterschiedliche Konzepte. Die Konzepte setzen sich aus folgenden Bausteinen zusammen:

- Beteiligungshöhe eines inländischen Gesellschafters zwischen mindestens 10% und mehr als 50% (minimum interest requirement).
- Ermittlung der Beteiligungshöhe ohne oder mit Einbezug anderer inländischer Gesellschafter (concentrated group).
- Ermittlung der Beteiligungshöhe mit oder ohne Einbezug von Nichtgesellschaftern, die jedoch zu einem Gesellschafter in einer nahen Beziehung stehen oder gegenüber einem Gesellschafter weisungsgebunden sind (constructive ownership).
- Ermittlung der Beteiligungshöhe mit oder ohne Einbezug auch mittelbarer Beteiligungen des Gesellschafters (indirect ownership).
- Beteiligung am Kapital oder/und an den Stimmrechten, am Vermögen, Unternehmenswert oder Gewinnbezugsrecht (interest test or/and control test).
- Maßgeblicher Zeitpunkt für das Vorliegen einer Beherrschungsbeteiligung zu irgendeinem Zeitpunkt des Wirtschaftsjahres, am Ende des Wirtschaftsjahres und/oder innerhalb eines bestimmten Zeitraums während des Wirtschaftsjahres (control determination).

Die meisten Staaten gehen davon aus, dass ausreichende Einflussmöglichkeit besteht, wenn die *Gemeinschaft der Gesellschafter* des entsprechenden Staates die ausländische Gesellschaft „beherrscht", d.h. die Gesellschafter des jeweiligen Staates gemeinsam eine Beteiligung an der ausländischen Gesellschaft von insgesamt mehr als 50 % halten. Davon gehen Deutschland, Großbritannien und die USA aus. In Finnland reicht eine Beteiligung von mindestens 50% aus.

Einige Staaten nehmen eine „Einzelbetrachtung" vor, d.h. sie stellen auf die Beteiligung des *einzelnen Gesellschafters allein* ab und nicht auf die Gesamtheit aller inländischen Gesellschafter. Dies gilt z.B. für Frankreich und Spanien. In Frankreich liegt dafür bereits eine Beherrschungsbeteiliung vor, wenn eine 10%-ige Beteiligung gegeben ist (ab 2005: 50%). In Spanien liegt die kritische Beteiligungshöhe bei 50% (oder mehr). Frankreich ergänzt seine Regelung ferner insoweit, als die Unterschreitung der kritischen Beteiligungsquote von 10% auch dann zu einer Hinzurechnungsbesteuerung führt, wenn eine absolute Beteiligungshöhe von 22,8 Mio. EUR überschritten wird.[512] Kein anderes Land innerhalb der EU sieht eine derartige Kombination von relativer und absoluter Beteiligungshöhe im Rahmen der Bestimmung der Beherrschungsbeteiligung vor.

Unterschiedliche Varianten bei der Berechnung der Beteiligungshöhe sind bei den einzelnen Staaten insofern zu finden, als manche Staaten die *Addition der Beteiligungen von Nichtgesellschaftern* zu den Beteiligungen derjenigen Gesellschafter vorsehen, von welchen diese Personen weisungsabhängig sind oder mit welchen die Gesellschafter in einer nahen Beziehung bzw. Interessensgemeinschaft stehen (constructive ownership test). Die Erweiterung um diesen Personenkreis bei der Bestimmung der Beteiligungsquote sehen die USA, Deutschland, Großbritannien, Spanien, Dänemark und Italien vor, nur Frankreich und Finnland sehen von dieser Regelung ab. Diese Regelung dient primär der Missbrauchsvermeidung.

Bei der Ermittlung der Beteiligungshöhe werden in den meisten Staaten die *unmittelbaren und mittelbaren Anteile* am Nennkapital sowie Stimmrechtsanteile berücksichtigt (interest test und/oder control test); so in Deutschland, Frankreich, Großbritannien, Finnland, Italien und Dänemark, nicht in Spanien und den USA. In Spanien werden nur unmittelbare Anteile sowie Stimmrechtsanteile einbezogen. In den USA kommt es einzig auf die Höhe der Stimmrechtsbeteiligung an. Alternativ nennen die meisten Staaten die Beteiligung am Vermögen, Gewinn oder am Unternehmenswert, sofern es an einem Nennkapital fehlt oder Stimmrechtsanteile nicht vereinbart wurden.

Maßgeblicher Zeitpunkt, zu dem die Beherrschungsbeteiligung vorliegt, ist in der Regel das *Ende des Wirtschaftsjahrs der CFC*. Die USA halten jedoch einen ununterbrochenen Zeitraum (von 30 Tagen), in dem die Voraussetzungen einer Beherrschung erfüllt sind, für notwendig. Großbritannien und Dänemark hingegen befinden einen einzigen Zeitpunkt während des Wirtschaftsjahrs für hinreichend. Frankreich kombiniert „Ende des Wirtschaftsjahres der CFC“ oder „während eines Zeitraums von 183 Tagen im Wirtschaftsjahr der CFC“.

Wie sich zeigt, sind die Auswahl und Kombinationen der einzelnen Kriterien mannigfaltig. Die Staaten orientieren sich bei der Zusammenstellung der Bausteine meist an einem Staat, ersetzen jedoch bestimmte Regelungen durch für besser befundene Kriterien, die von anderen Staaten gewählt oder von ihnen selbst entwickelt wurden, so dass es bei den Regelungsvarianten zu einem regelrechten „Staatenmix“ kommt.

---

512 Gemäß dem Gesetzesentwurf 2005 entfällt das Kriterium der absoluten Beteiligungshöhe.

In den Staaten, in welchen für die Beherrschungsbeteiligung die *Gesamtheit aller inländischen Gesellschafter* zugrunde liegt, beträgt die maßgebliche Beteiligungshöhe regelmäßig mindestens 50% (am Nennkapital oder den Stimmrechten). Allerdings ist anzumerken, dass bei dieser Regelung eine Interessenkonformität sämtlicher Gesellschafter unterstellt wird. Fraglich ist, ob diese Unterstellung den tatsächlichen Verhältnissen entspricht. Von Gesellschaftern, die nur einen Zwerganteil halten, kann nicht angenommen werden, dass diese immer die gleichen Interessen verfolgen wie beherrschende Gesellschafter. Minderheitsgesellschafter halten Anteile an Kapitalgesellschaften meist primär als Geldanlagealternative und streben hohe Gewinnausschüttungen an. Mehrheitsgesellschafter dagegen verfolgen häufig eine Thesaurierungsstrategie mit dem Ziel, Geld für Investitionen einzubehalten. Insofern ist es fragwürdig, ob eine gemeinschaftliche Betrachtung angebracht ist. Andererseits muss eingeräumt werden, dass CFCs typischerweise keine börsennotierten Gesellschaften sind, an welchen Beteiligungen in Streubesitz gehalten werden. Erwirbt ein Gesellschafter eine Beteiligung an einer Gesellschaft, die in einem Niedrigsteuerstaat ansässig ist und überwiegend passiv tätig ist, so kann wohl realiter eine gewisse Zusammengehörigkeit zwischen den Gesellschaftern angenommen werden. Vor diesem Hintergrund ist bei derartigen Beteiligungen m.E. regelmäßig von einer Interessenskonformität aller Gesellschafter auszugehen.

In den hier untersuchten Staaten besteht Einigkeit darüber, dass *mittelbare Beteiligungen* für die Frage der Beherrschung nicht unberücksichtigt bleiben dürfen. Denn zum einen erhöhen mittelbare Beteiligungen die Möglichkeit der Einflussnahme, zum anderen könnte bei reiner Berücksichtigung unmittelbarer Beteiligungen diese Regelung leicht umgangen werden. Die Ermittlung der Beteiligungshöhe unter Einbezug mittelbarer Beteiligungen bereitet insbesondere bei Beteiligungsketten erhebliche Schwierigkeiten. Das Schrifttum aller Länder setzt sich umfangreich mit dieser Problematik auseinander, und es ist eine Vielzahl von Beispielen zu finden, die die Unklarheiten in diesem Bereicht bereinigen sollen, oft jedoch ohne Erfolg. Bei der Ermittlung der Beteiligungshöhe unter Einbezug mittelbarer Beteiligungen sollte eine Vereinfachung vorgenommen werden, denn die Komplexität der Ermittlung ist unverhältnismäßig zum wirtschaftlichen Ergebnis.

Es lässt sich an die obigen Ausführungen zur Ermittlung einer Beherrschungsbeteiligung anknüpfen. Statt auf eine von mathematischen Formeln geprägte Berechnung der Beteiligungsquote für die Frage der Erfüllung der Beherrschungsbeteiligung sollte eher auf die tatsächlichen Verhältnisse abgestellt werden. Es sollten die individuelle Kontrollmöglichkeiten der Gesellschafter im Einzelfall überprüft werden. Sofern ein Gesellschafter in der Vergangenheit nachweisbar an den Entscheidung über die Gewinnverwendung beteiligt war, sollte hier unabhängig von der Höhe der Beteiligung eine Hinzurechnung stattfinden. Maßgeblich sollte somit die „de facto Kontrolle" sein.

3.2.2 Inländischer Gesellschafter

Rechtsform und Steuerpflicht

Die Hinzurechnungsbesteuerung erfasst in den meisten Staaten alle inländischen *Gesellschafter, unabhängig von ihrer Rechtsform.* Ausnahmen sind Frankreich und Großbritannien. In Frankreich und Großbritannien kommt die Hinzurechnungsbesteuerung lediglich bei inländischen Gesellschaftern in Rechtsform einer Körperschaft (in Frankreich auch bei Personengesellschaften, die zur Körperschaftsteuerpflicht optiert haben) zur Anwendung. Der Grund hierfür dürfte sein, dass natürlichen Personen, anders als Kapitalgesellschaften, von den DBA regelmäßig keine Dividendenfreistellung (internationales Schachtelprivileg) eingeräumt wird. Mangels steuerlicher Privilegierung ist bei natürlichen Personen eine Investition in eine Kapitalgesellschaft mit Sitz in einem Niedrigsteuerstaat wohl seltener steuerlich motiviert als bei Kapitalgesellschaften.

Dennoch sollten natürliche Personen in gleicher Weise von der Hinzurechnungsbesteuerung betroffen sein wie juristische Personen (Körperschaften). Denn natürliche Personen können bei einer Investition in eine ausländische Gesellschaft, ebenso wie Kapitalgesellschaften, zumindest von dem Besteuerungsaufschub profitieren. Für den Einbezug natürlicher Personen spricht darüber hinaus auch das Vorbeugen von Umgehungsmaßnahmen.

Hinzurechnungsbeteiligung

In allen Staaten werden nur *Gesellschafter* der CFC von der Hinzurechnungsbesteuerung erfasst. Bis 1999 galt dies nicht für Großbritannien. In Großbritannien werden von der Hinzurechnungsbesteuerung grundsätzlich alle Personen erfasst, die „relevant interests" an der CFC haben. Zu diesen „relevant interests" hatten ursprünglich auch Rechte eines Kreditgebers gezählt. Damit war eine Hinzurechnungsbesteuerung auch bei Fremdkapitalgebern nicht ausgeschlossen. Diese Regelung wurde jedoch gestrichen. Allerdings gehören zu den „relevant interests" nach wie vor Rechte, Anteile an der CFC zu erwerben. Insofern können in Großbritannien auch „Noch-Nicht-Gesellschafter", d.h. potentielle Gesellschafter, von der Hinzurechnungsbesteuerung erfasst werden.

Hintergrund der CFC-Rules ist zu verhindern, eine Gewinnbesteuerung (so lang wie möglich, längstens bis zur Liquidation bzw. Veräußerung der Anteile) aufzuschieben. Insofern macht es grundsätzlich Sinn, Personen in die Regelung einzubeziehen, die auch dividenden- bzw. gewinnbezugsberechtigt sind, d.h. also Anteilseigner. Denn eine Gewinnberechtigung haben in der Regel nur Personen, die Anteile an der CFC halten.

3.3 Tatbestand

Hinsichtlich der Tatbestandsmerkmale der einzelnen Hinzurechnungsbesteuerungen in den EU-Staaten und den USA lassen sich drei verschiedene Ansätze identifizieren:

- Erzielung niedrig besteuerter und passiver Einkünfte der CFC
  (jurisdictional approach)

- Erzielung niedrig besteuerter Einkünfte der CFC

- Erzielung überwiegend passiver Einkünfte der CFC
  (transactional approach)

Den „transactional approach" verfolgt unter den hier untersuchten Staaten allein die USA. Nach der US-amerikanischen Regelung ist es unerheblich, ob die CFC in einem „tax haven" ansässig ist oder nicht. Denn die Höhe der Besteuerung der Einkünfte der CFC ist ohne Bedeutung. Es kommt ausschließlich auf die Art der Einkünfte an.

Deutschland, Spanien und Dänemark haben Regelungen gemäß dem „jurisdictional approach" getroffen. In diesen Staaten greift die Hinzurechnungsbesteuerung nur, wenn die Einkünfte der CFC sowohl niedrig besteuert werden als auch überwiegend passiver Natur sind. Diese beiden Voraussetzungen müssen kumulativ erfüllt sein.

Ein dritter Ansatz wird von Frankreich, Großbritannien, Finnland und Italien gewählt. In diesen Staaten wird lediglich auf die Niedrigbesteuerung des Sitzstaates der CFC abgestellt. Der Charakter der CFC-Einkünfte ist irrelevant.

3.3.1 Niedrigbesteuerung

In allen untersuchten Staaten, außer den USA, kommt es auf die Niedrigbesteuerung der Einkünfte der CFC an. Daher müssen „tax havens" („low-tax-regimes") auf irgendeine Art und Weise identifiziert werden. Mit Ausnahme von Frankreich gibt es in keinem der hier untersuchten EU-Staaten eine allgemeingültige Definition eines Niedrigsteuersystems. Die Mehrzahl der Staaten hat für die Zwecke der CFC-Problematik eine spezifische Definition für den Tatbestand der „Niedrigbesteuerung" geschaffen.

Steuerbelastungsvergleich

Bei dem Tatbestand der Niedrigbesteuerung im Rahmen der gesetzlichen Vorschriften zur Hinzurechnungsbesteuerung versuchen sich alle Staaten, mit Ausnahme von Italien, mit einem Steuerbelastungsvergleich („comparable tax approach"). Unterschreitet die tatsächliche ausländische Steuer bzw. der nominale ausländische Steuersatz die inländische Steuer bzw. den inländischen Steuersatz um einen bestimmten Prozentsatz, so wird der ausländische Staat als „tax haven" eingestuft.

Listensystem

Darüber hinaus ergänzen etliche Staaten diesen Steuerbelastungsvergleich mit einem Listensystem. Es werden Listen aufgestellt, in welchen Staaten („designated target territories") genannt sind, die (unwiderlegbar/widerlegbar) als „Niedrigsteuerstaat" eingestuft werden („schwarze/graue Listen") oder die grundsätzlich nicht als „Niedrigsteuerstaat" in Frage kommen („weiße Listen"). Dies ist in Deutschland, Großbritannien, Spanien, Finnland und Frankreich der Fall. Kein zusätzliches Listensystem hat nur Dänemark. Italien hingegen verwendet ausschließlich ein Listensystem. Italien hat daher insofern eine Ausnahmestellung, als es als einziger Staat für die Identifikation eines „low-tax regimes" von einem individuellem Steuerbelastungsvergleich absieht.

Bei manchen Ländern sind die Listen Bestandteil der gesetzlichen Vorschriften zur Hinzurechnungsbesteuerung geworden (gesetzliche Listen). Dies ist vor allem in Großbritannien (seit 1998), Italien und Spanien der Fall. In anderen Staaten hat die Finanzverwaltung offizielle Listen veröffentlicht (behördliche Listen), so z.B. in Deutschland und Finnland. In anderen Staaten wiederum gelten die Listen als bloße inoffizielle, unverbindliche Leitlinien der Steuerbehörden wie in Frankreich.

Das Nebeneinander von Steuerbelastungsvergleich und Listensystem trägt nur dann zur Vereinfachung der CFC-Rules bei, wenn eine „weiße Liste" *gesetzlich oder offiziell behördlich* erlassen wird. Denn dann muss der Steuerpflichtige keinen aufwendigen Steuerbelastungsvergleich vornehmen. Durch eine „schwarze Liste", die Staaten – unwiderlegbar – zu einem „tax haven" deklarieren, wird zwar ebenfalls ein Steuerbelastungsvergleich vermieden, dies kann jedoch zu einer ungerechtfertigten CFC-Besteuerung führen, wenn im Einzelfall nachweisbar eine der inländischen Steuerbelastung vergleichbare ausländische Steuer besteht. Eine „graue Liste", die Staaten – widerlegbar – als „tax havens" klassifiziert, dient zwar nicht zur Vereinfachung, erhöht jedoch die Planungssicherheit des Steuerpflichtigen insofern, als er darauf aufmerksam gemacht wird, dass es bei einer Investition in einem solchen Staat unter Umständen zu einer zusätzlichen Steuer kommen kann. Daher ist m.E. die Kombination einer weißen und einer grauen Liste (widerrufbare „schwarze Liste") für den Steuerpflichtigen die wünschenswerte Regelung.

Auf der anderen Seite stellt die Erstellung der Listen die Steuerbehörden vor eine große Herausforderung. Denn die „tax regimes" der einzelnen Staaten müssen grundlegend analysiert und die Listen laufend aktualisiert werden. Ferner kann der Erlass von Listen auch zu politischen Konflikten führen, z.B. dann wenn ein Staat einen anderen Abkommensstaat nicht in seine „weiße Liste" aufnimmt und so keine Investitionsanreize schafft bzw. ausländische Investitionen in dem Abkommensstaat möglicherweise hemmt. Der andere Staat wird im Gegenzug wohl auch diesen Staat von seiner Liste streichen.

3.3.2 Passive Tätigkeit

Wie bereits oben ausgeführt, stellt die USA bei ihrer CFC-Legislation als einziger Staat nicht auf die Niedrigbesteuerung, sondern allein auf die Natur der Einkünfte der

CFC ab (transactional approach). Für viele Staaten ist ausschließlich die Niedrigbesteuerung entscheidend, für die meisten jedoch sowohl die Niedrigbesteuerung als auch die Art der Einkünfte (jurisdictional approach). Bei den Staaten, die die Art der Einkünfte betrachten, besteht Einigkeit darin, dass nur *Einkünfte „passiver" Natur* der Hinzurechnungsbesteuerung unterworfen werden sollen. Dennoch zeigt sich, dass manche Staaten ein anderes Verständnis davon haben, welche Einkünfte als passive Einkünfte zu qualifizieren sind. In Deutschland beispielsweise gelten Einkünfte aus Vermietung und Verpachtung in bestimmten Fällen als passiv, in Dänemark hingegen nicht. Einigkeit besteht jedoch darin, dass Zinsen, Dividenden, Wertpapierveräußerungsgewinne und Lizenzgebühren passiven Charakter haben. Bei der Bestimmung dieser „schädlichen Einkünfte" bedienen sich die Staaten dreierlei Konzepte:

1. Positivkatalog
2. Negativkatalog ohne abschließender Aufzählung der schädlichen Einkünfte
3. Negativkatalog mit abschließender Aufzählung der schädlichen Einkünfte

Von den untersuchten Staaten sieht nur Deutschland einen Positivkatalog vor. Es werden alle aktiven Einkünfte abschließend aufgezählt, so dass im Umkehrschluss die Einkünfte, die nicht in diesem Katalog gelistet sind, als passiv zu klassifizieren sind. Spanien hat einen Negativkatalog. Es werden als passiv anzusehende Einkünfte gelistet, jedoch ohne Anspruch auf Vollständigkeit. Eine abschließende Aufzählung aller schädlichen (passiven) Einkünfte haben die USA und Dänemark gewählt.

Nur ein abschließender Katalog schafft Rechtssicherheit für den Steuerpflichtigen. Für den Gesetzgeber und die Steuerbehörden bedeutet das Zurverfügungstellen eines abschließenden Katalogs jedoch auch eine fortwährender Anpassungsverpflichtung. In Deutschland beispielsweise wird dem Gesetzgeber vorgeworfen, dass nicht geklärt sei, ob bestimmte sich schon seit Jahren auf dem Mark befindliche Finanzinnovationen von dem Katalog gedeckt seien oder nicht. Hier hätte eine Aktualisierung vorgenommen werden müssen. Wird ein Katalog nicht „gepflegt", kommt ein vermeintlich abschließender Katalog einem nicht abschließenden Katalog gleich.[513]

3.4 Rechtsfolge

3.4.1 Einkünftehinzurechnung

Die Ausgestaltung der Rechtsfolgeregelung ist abhängig davon, welcher Ansatz bei der Bestimmung des Tatbestandes gewählt wurde. Sofern der Tatbestand das Vorliegen „überwiegend passiver Einkünfte" der CFC (allein oder in Kombination mit „niedrig besteuerten Einkünften") ist, kommt es regelmäßig lediglich in Höhe dieser *„passiven" Einkünfte* zu einer Hinzurechnungsbesteuerung („transaction approach"). Sofern es lediglich auf die „niedrige Besteuerung" der Einkünfte der CFC ankommt, werden *alle Einkünfte* der CFC der Hinzurechnungsbesteuerung unterworfen, ohne zwischen

---

513 Wassermeyer schreibt hierzu treffend, „das Nichtstun des Gesetzgebers zieht die Zuordnung zum passiven Erwerb nach sich, ohne dass der Gesetzgeber seine Schulaufgaben gemacht hätte." Vgl. Wassermeyer, F., 25 Jahre Außensteuergesetz, in: Festschrift Flick, 1997, S. 1057 (1066).

aktiven und passiven Einkünften zu unterscheiden (entity approach). Der „transaction approach“ wird von den USA, Deutschland, Spanien und Dänemark praktiziert, der „entity approach“ von Frankreich, Großbritannien, Finnland und Italien.

In fast allen Staaten sind die hinzuzurechnenden Einkünfte – gleichgültig ob dies nur die passiven oder alle Einkünfte der CFC sind – nach den Rechtsvorschriften des (Wohn-) Sitzstaates des Anteilseigners zu ermitteln. Die Ausnahmen stellen Dänemark und Italien dar. In Italien ist die Gewinnermittlung des CFC-Staates maßgeblich oder eine besondere Gewinnermittlungsweise für Zwecke der Hinzurechnungsbesteuerung. Dänemark hat eigene Vorschriften für die Ermittlung des „cfc-income“ in die CFC-Gesetzgebung aufgenommen.

Der nach inländischem Recht ermittelte Hinzurechnungsbetrag muss auf die einzelnen betroffenen Gesellschafter aufgeteilt werden. Betroffen sind nur die Gesellschafter, die derart beteiligt sind, wie jeweils unter dem Gliederungspunkt „Hinzurechnungsbeteiligung“ beschrieben. Es müssen daher nicht zwingend alle Gesellschafter, die bei der Prüfung der „Beherrschung“ der CFC berücksichtigt wurden, auch letztlich von der „Hinzurechnung“ betroffen sein. Bei denjenigen Staaten, die bei der Beherrschungsbeteiligung die Gesamtheit aller inländischen Gesellschafter berücksichtigen (concentrated group test), sind die Hinzurechnungs- und Beherrschungsbeteiligung regelmäßig nicht identisch. Bei der Frage, ob die CFC beherrscht wird, sind alle Gesellschafter inklusive deren nahe Angehörige (bei natürlichen Personen) bzw. verbundenen Unternehmen (bei juristischen Personen) einzubeziehen, bei der Frage, wem ein Teil des Hinzurechnungsbetrags zugeordnet werden soll, sind oft nur „wesentlich beteiligte“ Gesellschafter betroffen. Identität zwischen Beherrschungs- und Hinzurechnungsbeteiligung besteht nur bei denjenigen Staaten, die auch bei der Frage der Beherrschung nur auf die Beteiligungshöhe des einzelnen Gesellschafters abstellen, so z.B. in Frankreich und Dänemark.

Die meisten Gesetzesvorschriften geben keine Auskunft darüber, ob die „Hinzurechnungsquote“ der „Hinzurechnungsbeteiligung“ entspricht. Vielmehr sprechen sie nur von einem „hinzuzurechnenden Einkommen“. Insofern ist bei den meisten CFC-Gesetzgebungen unklar, mit welcher Quote der Hinzurechnungsbetrag den einzelnen Gesellschaftern zuzuordnen ist. Zu einer Abweichung zwischen Hinzurechnungsbeteiligung und Hinzurechnungsquote kommt es beispielsweise dann, wenn die Beteiligungen naher Angehöriger zwar bei der Ermittlung der Hinzurechnungsbeteiligung, nicht aber bei der Hinzurechnungsquote miteinbezogen werden. Denn bei der Hinzurechnungsquote kommt es laut allen CFC-Gesetzgebungen auf die „Nennkapitalbeteiligung“ des Gesellschafters an. Diese Unterschiede sollten bereinigt werden. Die Hinzurechnungsbeteiligung und die Hinzurechnungsquote sollten der Einfachheit halber stets korrespondieren.

3.4.2 Ausnahmen

Alle Staaten – außer Dänemark – sehen Ausnahmetatbestände vor, bei welchen die Hinzurechnungsbesteuerung nicht greift. Einen Querschnitt durch alle Staaten zeigen folgende Ausnahmekonzepte:

- Freigrenze (Bagatellgrenze)
- Freistellung bei regelmäßigen Ausschüttungen der CFC oder wenn aufgrund finanzieller Beschränkungen der CFC tatsächlich keine Ausschüttung möglich ist
- Freistellung, wenn nachweisbar die Gewinnverlagerung ins niedrig besteuerte Ausland nicht primäres Ziel der Errichtung einer CFC war (motive test)
- Bei einem „transaction approach" als Rechtsfolgeregelung:
  Freistellung bei vergleichbarem Steuersatz im Ausland
- Bei einem „entity approach" als Rechtsfolgeregelung:
  Freistellung bei überwiegend aktiver Tätigkeit
- Bei einem „transaction approach" als Rechtsfolgeregelung:
  Hinzurechnung aller Einkünfte, wenn fast ausschließlich passive Einkünfte erzielt werden

Die zuerst genannte Ausnahmeregelung soll der Vereinfachung dienen. Bagatellfälle sollen aus Gründen der Vermeidung unverhältnismäßig hoher administrativer Kosten verschont bleiben. Der Vereinfachung dient auch die zuletzt genannte Ausnahmeregelung. Bei fast ausschließlich passiven Einkünften sehen es die Steuerbehörden als gerechtfertigt an, keine zeit- und kostenaufwendige Aufteilung zwischen aktiven und passiven Einkünften vorzunehmen. Alle Einkünfte werden der CFC-Besteuerung unterworfen.

Die anderen Ausnahmen laufen darauf hinaus, das Grundkonzept zu sichern, dessen sich alle Staaten bedienen, nämlich die Erfassung ausgelagerter Einkünfte, die

- niedrig besteuert werden und
- überwiegend passiver Natur sind.

Eine Gruppe der Staaten setzt dieses Grundkonzept im Rahmen der Tatbestandsbestimmung um. Dies führt zum „jurisdictional approach". Tatbestand sind die Niedrigbesteuerung und bestimmte passive Einkünfte. Die andere Gruppe der Staaten normiert als Tatbestand lediglich die Niedrigbesteuerung, lässt jedoch die Rechtsfolge der Hinzurechnungsbesteuerung nicht eintreten, wenn die CFC überwiegend aktive Einkünfte erzielt. Das Ergebnis ist annähernd gleich.

Das letztere Konzept scheint schlüssiger und einfacher. Die Auslagerung der Gewinne in eine CFC wird dann als Steuerumgehung angesehen, wenn die thesaurierten Gewinne im Staat der CFC niedriger als im Inland besteuert werden (und erst bei Dividendenzahlung der inländischen Steuer unterliegen). Sofern die CFC überwiegend passive Einkünfte erzielt, aber in einem Hochsteuerland ansässig ist, kann zunächst keine Steuerumgehungsabsicht unterstellt werden. Insofern ist das Konzept, das vorerst nur auf die Niedrigbesteuerung abstellt, nachvollziehbarer. Einigkeit besteht jedoch darin, dass von der Hinzurechnungsbesteuerung primär nur passive Einkünfte erfasst werden sollen. Daher stellen manche Staaten einen Katalog zur Verfügung, in dem die schädlichen hinzuzurechnenden Einkünfte gelistet sind. Ein solches Katalogsystem besteht nicht bei den Staaten, die einen „entity approach" vorsehen. Denn bei diesem Ansatz werden alle Einkünfte der CFC hinzugerechnet. Allerdings wird auch hier geprüft, ob die Gesellschaft nicht überwiegend aktive Tätigkeiten ausübt. Ist dies der Fall, soll eine Hinzurechnungsbesteuerung unterbleiben. Es dürfte leichter festzustellen sein, ob eine Gesellschaft insgesamt überwiegend aktiv tätig ist, als eine genaue Trennung zwischen aktiven und passiven Einkünften durchzuführen. Dies ist auch der Grund, weshalb Deutschland einen Positivkatalog zur Identifizierung der passiven Einkünfte gewählt hat. Ferner wird man von einer genauen Trennung zwischen aktiven und passiven Einkünften ohnehin absehen können, da, sofern bei der Errichtung einer CFC die Steuerumgehung im Vordergrund stand, ohnehin regelmäßig die passiven Einkünfte weit überwiegen dürften. Denn nur diese sind leicht auslagerbar.

Vor dem Hintergrund der Zielsetzung der CFC-Gesetzgebungen und um der Einfachheit der in hohem Maße komplexen gesetzlichen Vorschriften willen, wäre der „entity approach" mit entsprechender Ausnahmeregelung im Rechtsfolgenbereich die bessere Konzeption.

3.5 Hinzurechnungsbetrag

3.5.1 Qualifikation des Hinzurechnungsbetrags

Deutschland und die USA sind die einzigen Staaten, die den Hinzurechnungsbetrag explizit qualifizieren. Beide Staaten sehen in der Hinzurechnungsbesteuerung konzeptionell eine vorweggenommene Gewinnausschüttung und qualifizieren demgemäß den Hinzurechnungsbetrag als „fiktive Dividende". Alle übrigen Staaten nehmen keine namentliche Qualifikation vor. Die CFC-Gesetzgebungen dieser Staaten sagen lediglich pauschal aus, dass in Höhe des Hinzurechnungsbetrags, der sich aus dem Gewinn der CFC ermittelt bzw. ableitet, eine Versteuerung beim Anteilseigner stattfinden soll. Welches Konzept der Verlagerung der Steuerpflicht von der CFC auf den Anteilseigner zugrunde liegt, bleibt offen.

Nach Analyse der Regelungen in den einzelnen Staaten lassen sich drei Konzeptionen herausfiltern, deren sich die Staaten bedienen:

1. Dividendenbesteuerung
2. Durchgriffbesteuerung
3. Aliudbesteuerung

Zu 1. Dividendenbesteuerung

Wie bereits im Rahmen des Gliederungspunktes „Persönlicher Anwendungsbereich" erarbeitet, sollte die Hinzurechnungsbesteuerung nur greifen, wenn die CFC die Rechtsform einer Kapitalgesellschaft hat oder zumindest für steuerliche Zwecke als eigenständiges Steuersubjekt behandelt werden kann. Denn nur in diesen Fällen entsteht das Problem des „tax deferral". Wie sich aus der Untersuchung der CFC-Rules der einzelnen Länder zeigt, gehen davon auch alle Staaten, mit Ausnahme von Finnland, Spanien und Dänemark, aus. Die Hinzurechnungsbesteuerung greift bei fast allen untersuchten Staaten somit nur dann, wenn die CFC steuerlich als intransparente Unternehmenseinheit behandelt wird bzw. werden kann.

Die Staaten, die bei der Hinzurechnungsbesteuerung vom Trennungsprinzip nicht abweichen wollen, qualifizieren den bei dem Gesellschafter zu besteuernden Hinzurechnungsbetrag als „fiktive Dividende". Die Besteuerung auf Ebene des Gesellschafters wird mit der Unterstellung einer vorweggenommenen Gewinnausschüttung nach Ablauf des Wirtschaftsjahrs der CFC gerechtfertigt.

Im Schrifttum wird teilweise die Auffassung vertreten, dass wenn nicht die gesamten Einkünfte der CFC den Gesellschaftern hinzugerechnet werden, sondern nur die Einkünfte passiver Natur, die Klassifikation als „Dividende" ausgeschlossen sei. Denn eine Dividende impliziert stets die (teilweise) Ausschüttung *aller* Einkünfte, unabhängig von ihrer Qualität. Bei der Hinzurechnungsbesteuerung in Form des „transaction approach" würde es sich jedoch um eine Ausschüttung von nur *bestimmten* Einkünften handeln. Vor dem Hintergrund dieses Arguments sollte die Hinzurechnungsbesteuerung regelmäßig als „entity approach" ausgestaltet sein. Die Rechtsfolge des „entity approach" resultiert in der Hinzurechnung aller CFC-Einkünfte.

Zu 2. Durchgriffbesteuerung

Bei diesem Konzept wird die CFC wie eine transparente Unternehmenseinheit besteuert. Bei dem Besteuerungsverfahren, das dem Transparenzprinzip folgt, wird der Gewinn der CFC bereits bei Gewinnentstehung den Gesellschaftern (anteilig) zugeordnet. Demgemäß wird der von der CFC erzielte Gewinn nicht bei ihr, sondern unmittelbar bei den Gesellschaftern versteuert.

Sofern die Hinzurechnungsbesteuerung diesem Konzept folgt, wird der Hinzurechnungsbetrag als dem Gesellschafter zuzuordnender Gewinnanteil aus der Beteiligung an der CFC angesehen. Die Besteuerung des Gewinns der CFC vor Ausschüttung wird mit der Versagung der rechtlichen bzw. steuerlichen Selbständigkeit der CFC gerechtfertigt. Das Trennungsprinzip wird ausgehebelt.

Zu 3. Aliudbesteuerung

Aufgrund der theoretischen Probleme sehen einige Staaten das Konzept der Hinzurechnungsbesteuerung als ein neues, besonderes Besteuerungsverfahren an. Der Hinzurechnungsbetrag ist ein Betrag, der sich aus dem Gewinn der CFC zwar ableitet, ohne aber selbst mit dem Gewinn der CFC identisch zu sein. Dieser Betrag ist lediglich eine Berechnungsgrundlage für die Besteuerung des Gesellschafters im Inland und steht daher nicht in unmittelbarer Beziehung mit dem Gewinn der CFC. Da hinter dieser Berechnungsgrundlage keine tatsächlichen Einkünfte stehen, ist der Hinzurechnungsbetrag nicht unter eine der bestehenden Einkunftsarten zu subsumieren, sondern als Einkünfte besonderer Art („Aliud“) zu betrachten.

3.5.2 Besteuerung des Hinzurechnungsbetrags

1. Dividendenbesteuerung

Wird das Fundamentalprinzip der Trennung zwischen Gesellschaft und Gesellschafter anerkannt und der Hinzurechnungsbetrag als vorweggenommene (fiktive) Dividende qualifiziert, darf aus der Hinzurechnungsbesteuerung folgerichtig lediglich eine vorverlagerte Dividendenbesteuerung resultieren. D.h. die Belastung aus der Hinzurechnungsbesteuerung dürfte nicht anders (höher) sein als die Belastung, die sich aus einer späteren Gewinnausschüttung ergeben würde. Ziel im Rahmen dieses Konzepts müsste also sein,

a) bereits im Rahmen der Hinzurechnungsbesteuerung (von Anfang an) eine dividendenkonforme Besteuerung sicherzustellen, d.h. den Hinzurechnungsbetrag gemäß den nationalen Vorschriften über die Besteuerung ausländischer Dividenden zu besteuern,
oder hilfsweise,
b) falls dies nicht geschieht, (später) bei tatsächlicher Ausschüttung der CFC die Hinzurechnungsbesteuerung rückgängig zu machen und eine Dividendenbesteuerung gemäß den allgemeinen nationalen Vorschriften über die Besteuerung ausländischer Dividenden herzustellen.

Wie sich zeigt, erfolgt in Deutschland eine Qualifikation als (fiktive) Dividende, allerdings ohne dass dieses Konzept konsequent zu Ende geführt wird. Denn im Ergebnis kommt es nicht zu einer den nationalen Regelungen zur Dividendenbesteuerung entsprechenden Besteuerung. In Deutschland liegt somit keine bloße vorverlagerte Dividendenbesteuerung („Interimsteuer“) vor. In den USA hingegen wird das Konzept der vorweggenommenen Dividendenbesteuerung strikt umgesetzt.

In manchen Staaten kommt es, obwohl diese den Hinzurechnungsbetrag nicht als „fiktive Dividende“, sondern als „Unternehmensgewinn“ oder sogar als „Aliud“ qualifizieren, dennoch zu einer – wohl dann nur zufälligen – vorweggenommenen Dividendenbesteuerung. Hierzu gehören insbesondere Dänemark und Großbritannien sowie Spanien[514]. Bei diesen Ländern besteht insofern eine Inkonsistenz zwischen Qualifikation und Besteuerung des Hinzurechnungsbetrags.

2. Durchgriffbesteuerung

Wird die CFC nicht als eigenständiges Rechtssubjekt anerkannt und der Hinzurechnungsbetrag als Gewinnanteil des Gesellschafters aus seiner Beteiligung an der CFC qualifiziert, muss aus der Hinzurechnungsbesteuerung folgerichtig eine „Unterneh-

---

[514] Soweit als Hinzurechnungsbetrag nicht der Pauschalbetrag von 15% der Anschaffungskosten auf die Beteiligung angesetzt wird.

mensgewinnbesteuerung" resultieren. D.h. die Belastung aus der Hinzurechnungsbesteuerung dürfte nicht anders (höher) sein als die Belastung, die sich ergeben würde, wenn die CFC eine Betriebsstätte (Personengesellschaft) wäre. Ziel im Rahmen dieses Konzepts müsste also sein,

a) entweder bereits im Rahmen der Hinzurechnungsbesteuerung (von Anfang an) eine unternehmensgewinnkonforme Besteuerung sicherzustellen, d.h. den Hinzurechnungsbetrag gemäß den nationalen Vorschriften über die Besteuerung von ausländischen gewerblichen Einkünften zu besteuern
   oder hilfsweise,
b) (später) bei tatsächlicher Ausschüttung der CFC die Hinzurechnungsbesteuerung rückgängig zu machen und eine „Unternehmensgewinnbesteuerung" gemäß den allgemeinen nationalen Vorschriften über die Besteuerung ausländischer gewerblicher Einkünfte herzustellen.

Zu den Ländern, die Verfechter dieses Konzepts sind, gehören Frankreich und Italien sowie wohl auch Finnland. Allerdings zeigt sich bei der italienischen CFC-Gesetzgebung ein Widerspruch. Denn trotz Qualifikation des Hinzurechnungsbetrags als Gewinnanteil aus der Beteiligung an der CFC kommt es zu einer Sonderbesteuerung. Der Hinzurechnungsbetrag wird mit einem Sondertarif (individueller Durchschnittssteuersatz, mindestens mit 27%) belastet. Auch hier ist wieder eine Inkonsistenz zwischen Qualifikation und Besteuerung des Hinzurechnungsbetrags zu erkennen.

3. Aliudbesteuerung

Lehnt man sowohl das Konzept der Versteuerung fiktiver Einkünfte ab, da dies gegen das Prinzip der Besteuerung nach der Leistungsfähigkeit verstößt, als auch das Konzept der Gewinnversteuerung, da dadurch gegen das Trennungsprinzip verstoßen wird, kommt man zu dem Ergebnis, dass die Konzeption der Hinzurechnungsbesteuerung auf einer bislang nicht existierenden Besteuerungsmethodik beruht. Der Hinzurechnungsbetrag ist demnach als besonderes Einkommen („Aliud") zu betrachten. Bei Qualifikation des Hinzurechnungsbetrags als „Aliud" müsste aus der Hinzurechnungsbesteuerung folgerichtig eine Sondersteuer resultieren. D.h. die Berechnung des Hinzurechnungsbetrags und die Belastung aus der Hinzurechnungsbesteuerung müssen sich nicht zwingend an den allgemeinen Vorschriften bzw. dem Normaltarif orientieren. Vielmehr wäre eine Schedulenbesteuerung vertretbar, d.h. einer Separation des Hinzurechnungsbetrags von den übrigen Einkünften und einer Versteuerung nach einem gesonderten Steuertarif.

Von diesem Konzept gehen insbesondere Spanien und Großbritannien aus. Spanien sieht die Hinzurechnungsbesteuerung als besondere Besteuerungsform an. Daher hält Spanien es auch für vertretbar, den Hinzurechnungsbetrag pauschal mit 15% der Anschaffungskosten auf die Beteiligung anzusetzen und insofern keinen direkten Bezug zu dem Gewinn der CFC zu generieren. Andererseits wird auf den so ermittelten Hinzurechnungsbetrag der Normaltarif angewandt. Das „Aliud-Konzept" verwendet auch

Großbritannien. Der Hinzurechnungsbetrag ist eine „notional sum“, die formell zwar nichts mit dem Gewinn der CFC zu tun hat, aber dennoch unter Anwendung besonderer Ermittlungsvorschriften aus dem Gewinn der CFC hervorgehen soll. Die resultierende „notional tax“ ergibt sich aus der Anwendung des Normaltarifs auf den Hinzurechnungsbetrag.

3.5.3 „negativer Hinzurechnungsbetrag“

Im Rahmen der Verlustverrechnungsregelungen sind in Analogie zu der Qualifikation des Hinzurechnungsbetrags drei Konzepte zu unterscheiden:

Verlustnutzung bei Qualifikation des Hinzurechnungsbetrags als

1. (fiktive) Dividende
2. Unternehmensgewinn
3. Aliud

Zu 1. Verlustnutzung bei Qualifikation des Hinzurechnungsbetrags als fiktive Dividende

Ausschüttbar sind nur Gewinne. Es kann daher nur dann zu einer Hinzurechnungsbesteuerung kommen, wenn die CFC Gewinne erzielt hat.[515] Eine Hinzurechnung von Verlusten (negativen Hinzurechnungsbeträgen) kommt nicht in Frage.

Dieses Konzept setzten Deutschland und die USA weitgehend um. Ein „negativer Hinzurechnungsbetrag“ wird den Gesellschaftern nicht hinzugerechnet.

Zu 2. Verlustnutzung bei Qualifikation des Hinzurechnungsbetrags als Unternehmensgewinn

Wird das Trennungsprinzip verneint, werden Verluste in gleicher Weise wie Gewinne den beteiligten Gesellschaftern unmittelbar zugeordnet. Denn das Einkommen der CFC gelangt nicht im Ausschüttungswege, sondern mittels eines Durchgriffs zu den hinter der CFC stehenden Gesellschaftern. Eine Hinzurechnung von Verlusten (negativen Hinzurechnungsbeträgen) kommt daher ebenso in Frage wie die Hinzurechnung von Gewinnen (positiven Hinzurechnungsbeträgen). In den Fällen, in welchen die CFC Verluste erzielt, müssen diese dem inländischen Gesellschafter unmittelbar zugeordnet und als Teil ihres Unternehmensgewinns behandelt werden. D.h. es muss ein Verlustausgleich und -abzug nach Maßgabe der inländischen Verlustverrechnungsvorschriften möglich sein. Sofern die inländischen Vorschriften einen zeitlich unbe-

[515] Es kann Fälle geben, in welchen die CFC bei Zugrundelegung der Gewinnermittlungsvorschriften des Staates der CFC einen Gewinn, jedoch bei Zugrundelegung der Gewinnermittlungsvorschriften des Staates des Anteilseigners ein höherer bzw. niedrigeren Gewinn oder sogar ein Verlust erzielt. Maßgeblich bei der Gewinnermittlung unter Anwendung der inländischen Gewinnermittlungsvorschriften – Ausnahme: Ungarn.

schränkten Verlustvortrag oder -rücktrag vorsehen, darf dies nicht für Zwecke der Hinzurechnungsbesteuerung geändert werden.

Die betroffenen Staaten halten sich nicht an dieses Konzept. Frankreich, Finnland und Italien sehen den Hinzurechnungsbetrag zwar als Einkommen (Gewinn/Verlust) der CFC, der unmittelbar in den Händen des Anteilseigners entstanden ist, lassen aber dennoch keine Verlustverrechnungsmöglichkeit auf Ebene des Gesellschafters gemäß der inländischen Ausgleichs- und Abzugsvorschriften zu. Ferner wird in Abweichung zu den nationalen Vorschriften der Verlustvor- und/oder -rücktrag zeitlich beschränkt. Die Verlustverrechung soll vielmehr wie im oben dargestellten ersten Konzept (Dividendenfiktion) stattfinden. Hier liegt regelmäßig ein konzeptioneller Bruch vor.

Zu 3. Verlustnutzung bei Qualifikation des Hinzurechnungsbetrags als „Aliud"

Wird der Hinzurechnungsbetrag als „Aliud" angesehen, gilt er als Berechnungsgrundlage für die Besteuerung des Gesellschafters im Inland, ohne jedoch einer bekannten Einkunftsart zuordenbar zu ein. Denn er lässt sich zwar aus dem Gewinn der CFC ableiten, ist jedoch nicht mit dem Gewinn der CFC identisch. Die Ableitung aus dem Gewinn der CFC wird damit begründet, dass der Gewinn der CFC die erhöhte Leistungsfähigkeit des inländischen Gesellschafters repräsentiert. Der Gewinn der CFC soll daher – nach entsprechenden Modifikationen – Grundlage für die Besteuerung sein. Wenn nun der Gewinn der CFC die erhöhte Leistungsfähigkeit des inländischen Gesellschafters repräsentieren soll, muss logisch der Verlust der CFC auch die verminderte Leistungsfähigkeit des inländischen Gesellschafters widerspiegeln. Als Konsequenz daraus sollten negative Hinzurechnungsbeträge ebenso wie positive Hinzurechnungsbeträge in die Besteuerung des inländischen Anteilseigners einbezogen werden. Allerdings müssen hier nicht zwingend die allgemeinen Verlustverrechnungsvorschriften zu Anwendung kommen, da die Hinzurechnungsbesteuerung als ein besonderes Besteuerungsverfahren einer gesonderten Steuer unterliegt. Es spricht daher auch nichts gegen eine z.B. zeitliche Begrenzung der Verlustnutzung.

Die entsprechend betroffenen Staaten, die diese „Aliud-Besteuerung" favorisieren, haben jedoch dieses Konzept nicht konsequent durchgeführt. In Spanien und Großbritannien ist keine Verlustverrechnung vorgesehen. Auch hier lässt sich daher eine konzeptionelle Inkonsistenz feststellen.

3.6 Maßnahmen zur Vermeidung von Doppelbelastungen

3.6.1 Ausländische Steuern

Unterliegt der Gewinn der CFC einmal bei der CFC selbst der ausländischen Steuer und noch einmal in Form des Hinzurechnungsbetrags im Inland der Steuer, so kommt es zu einer Doppelbesteuerung des von der CFC erwirtschafteten Gewinns. Der Gewinn wird sowohl im In- als auch im Ausland einmal besteuert.

Hier sehen die Staaten zwei Konzepte zur Vermeidung einer Doppelbelastung desselben Gewinns vor:

1. Nettomethode
2. Bruttomethode mit Anrechnung der ausländischen Steuer

Bei der Nettomethode wird der Hinzurechnungsbetrag dem inländischen Gesellschafter netto, d.h. abzüglich der bereits im Ausland entrichteten Steuer, zugerechnet. Die Nettomethode dürfte Ausfluss des Konzepts der fiktiven Dividendenbesteuerung sein. Es wird davon ausgegangen, dass nur der um die ausländische Steuer verminderte Gewinn als Dividende gezahlt werden kann. Der Besteuerung unterliegt nur der Betrag, der ausgeschüttet werden könnte. Dieses Konzept sieht vorrangig z.B. Deutschland vor.

Bei der Bruttomethode wird der Hinzurechnungsbetrag dem inländischen Gesellschafter brutto, d.h. ohne Abzug der ausländischen Steuer, zugerechnet. Die von der CFC bereits gezahlte ausländische Steuer kann jedoch auf die inländische Steuerschuld des Gesellschafters angerechnet werden. Die Bruttomethode dürfte Ausfluss des Konzepts der „Unternehmensgewinnbesteuerung" sein. Bei der „Unternehmensgewinnbesteuerung" soll die CFC-Steuer auf das inländische Steuerniveau „hochgeschleust" werden. Insofern wird der „Gewinn vor Steuern" im Inland besteuert und zur Vermeidung einer Doppelbesteuerung die im Ausland gezahlte Steuer angerechnet. Dieses Konzept sehen vor allem Frankreich, Großbritannien, Finnland und Italien vor.

3.6.2 Tatsächliche Ausschüttung

Unterliegt der Gewinn der CFC einmal in Form des Hinzurechnungsbetrags und erneut bei tatsächlicher Ausschüttung der Besteuerung, so würde es zu einer *doppelten Erfassung* des Gewinns der CFC *im Inland* kommen. Alle Staaten haben Maßnahmen zur Vermeidung einer solchen zweifachen Belastung im Inland installiert. Hierbei wählen sie zwischen zwei Methoden:

1. Freistellung
2. Anrechnung

Bei der Freistellungsmethode wird die Dividende der CFC im Inland von der Steuer freigestellt. Bei der Wahl der Freistellungsmethode wird die Hinzurechnungsbesteuerung definitiv. Die Steuer, mit der der Hinzurechnungsbetrag belastet wurde, wird nicht rückgängig gemacht. Es unterbleibt lediglich eine erneute Besteuerung.

Sofern das Konzept der fiktiven Dividendenbesteuerung gewählt wird und der Hinzurechnungsbetrag wie eine Dividende gemäß der nationalen Regelung besteuert wird, führt die Freistellungsmethode zu einer dividendenkonformen Hinzurechnungsbesteuerung. Sie wird zu einer bloßen „Interimsteuer". Wird der Hinzurechnungsbetrag nicht wie eine Dividende besteuert, resultiert keine bloße vorweggenommene Besteuerung. Denn die Hinzurechnungsbesteuerung weicht von der jeweiligen nationalen Dividendenbesteuerung ab und wird definitiv. Die tatsächlichen Dividenden werden lediglich freigestellt. Die Hinzurechnungsbesteuerung wird hier zur „Strafsteuer". Gleiches gilt, wenn der Hinzurechnungsbetrag als Unternehmensgewinn oder als „Aliud" besteuert wird.

Bei der Anrechnungsmethode wird die Dividende der CFC im Inland nicht von der Steuer befreit. Sie unterliegt im Inland der Besteuerung, allerdings kann die Steuer, die im Rahmen der Hinzurechnungsbesteuerung bereits vorab erhoben wurde, angerechnet werden.

Sofern der Hinzurechnungsbetrag nicht wie eine Dividende gemäß der nationalen Regelung besteuert wird (sondern z.B. wie ein „Unternehmensgewinn" oder ein „Aliud"), wird bei der Anrechnungsmethode eine „vorweggenommene Dividendenbesteuerung" (nachträglich) erreicht. Denn die tatsächliche Dividende wird gemäß den nationalen Regelungen besteuert und die Steuer, die auf den Hinzurechnungsbetrag angefallen ist, aufgrund der Anrechnung erstattet. Die (ggf. zunächst höhere) Hinzurechnungsbesteuerung wird durch die Anrechnung rückgängig gemacht, die Dividende unterliegt der nationalen Dividendenbesteuerung.

Die Wahl der Freistellungsmethode ist – bei Vorliegen des Rechtsfolgenkonzepts des „transaction approach" – insofern problematisch, als sich die freigestellte Dividende aus aktiven und passiven Einkünften der CFC zusammensetzt. Bei dem „transaction approach" haben der Hinzurechnungsbesteuerung nur die passiven Einkünfte der CFC unterlegen. Die Freistellung der späteren Dividende bedeutet jedoch die Freistellung aller von der CFC erwirtschafteten und ausgeschütteten Gewinne. Der Umfang der Dividende eines betroffenen Zeitraums deckt sich daher regelmäßig nicht mit dem in diesem Zeitraum zugewiesenen Umfang des Hinzurechnungsbetrags. Werden hingegen alle Einkünfte der CFC der Hinzurechnungsbesteuerung unterworfen – so beim „entity approach" – deckt sich die spätere tatsächliche Ausschüttung mit dem versteuerten Hinzurechnungsbetrag. Hinzurechnungsbetrag und Dividende bestehen beide aus (passiven und aktiven) Einkünften. Diese Problematik spricht für die Favorisierung des „entity approach" als Rechtsfolgenkonzept.

3.7 Besteuerungskonzeption

Im Ergebnis kann festgehalten werden, dass es bei keinem Staat – mit Ausnahme der USA – eine klare Linie hinsichtlich der Qualifikation des Hinzurechnungsbetrags und dessen qualifikationsgetreuer Besteuerung inklusive Verlustbehandlung gibt. Dieser Misstand beruht vor allem darauf, dass sich die meisten Staaten nicht darüber äußern, welcher Einkuftsart der Hinzurechnungsbetrag zuzuordnen ist. Nur Deutschland und die USA betiteln den Hinzurechnungsbetrag explizit als „fiktive Dividende". Dies hat zur Folge, dass es hinsichtlich der Qualifikation des Hinzurechnungsbetrags regelmäßig zu Uneinigkeiten zwischen Finanzverwaltung, Gerichten und Schrifttum kommt. Kann der Hinzurechnungsbetrag nicht eindeutig einer bestimmten Einkunftsart zugeordnet werden, besteht auch Rechtsunsicherheit bezüglich seiner Besteuerung.

Allerdings zeigt sich außerdem, dass selbst in Deutschland, wo der Hinzurechnungsbetrag explizit als „fiktive Dividende" klassifiziert wird, eine von der Qualifikation abweichende Besteuerung stattfindet. Es kommt nicht zu einer bloßen vorverlagerten Dividendenbesteuerung. Wird der Hinzurechnungsbetrag von einem höchsten Gericht als unmittelbar dem Gesellschafter zuzuordnender Unternehmensgewinn qualifiziert, so z.B. in Frankreich, ist dennoch eine direkte Verlustzurechnung und ein Verlustausgleich mit positiven inländischen Einkünften des Gesellschafters nicht erlaubt. Ferner wird die Anwendung eines Sondertarifs, statt des normalen Unternehmenssteuertarifs angeordnet, so z.B. in Italien.

Wird der Hinzurechnungsbetrag als „Aliud" verstanden, so wird bei der Besteuerung dennoch der Normaltarif angewendet und bei Verlusten der CFC ein Verlustausgleich auf Ebene des Gesellschafters als unzulässig erklärt, obwohl die Auffassung vertreten wird, der Hinzurechnungsbetrag repräsentiere die Leistungsfähigkeit des Gesellschafters aus dem Gewinn bzw. Verlust der CFC.

Ferner fällt auf, dass in denjenigen CFC-Gesetzgebungen, in welchen zur Vermeidung einer zweifachen inländischen Besteuerung des CFC-Gewinns die Anrechnungsmethode für spätere Gewinnausschüttungen der CFC gewählt wird, in letzter Konsequenz eine „Dividendenbesteuerung" resultiert. Abweichend von der formellen Qualifikation des Hinzurechnungsbetrags führt die Hinzurechnungsbesteuerung hier stets zu einer vorweggenommenen Dividendenbesteuerung. Denn die Dividende wird nach den allgemeinen nationalen Regelungen besteuert und die Hinzurechnungsbesteuerung durch die Anrechnung der „Hinzurechnungssteuer" aufgehoben.

Die Unklarheit bezüglich der Qualifikation des Hinzurechnungsbetrags und die Ungereimtheiten zwischen Qualifikation und Besteuerung (einschließlich Verlustverrechnungsvorschriften) zeigt die Konzeptionslosigkeit der Hinzurechnungsbesteuerungsvorschriften in den einzelnen EU-Staaten. Der Gesetzgeber muss eine eindeutige Aussage darüber treffen, ob der Hinzurechnungsbetrag als „Einkünfte aus Kapitalvermögen" (Dividende), „gewerbliche Einkünfte" (Unternehmensgewinn) oder „Einkünfte besonderer Art" („Aliudeinkünfte") zu qualifizieren ist. Die derzeitige Ungewissheit muss durch eine explizite Stellungnahme seitens des Gesetzgebers oder der Finanzverwaltung bereinigt werden. Eine stringente und konsistente Besteuerung entsprechend der jeweiligen Qualifikation würde – schematisch dargestellt – bedeuten:

Konsequente Umsetzung einer (vorweggenommenen) Dividendenbesteuerung

- Qualifikation des Hinzurechnungsbetrags als Dividende
- keine Neuermittlung des Hinzurechnungsbetrags nach inländischem Recht
- Dividendenbesteuerung nach nationalem Recht, ggf. unter Berücksichtigung des DBA-Rechts
- Im Verlustfall der CFC, kein Verlustausgleich bzw. Verlustabzug beim Gesellschafter
- Bei tatsächlicher Ausschüttung, Anwendung des Freistellungsverfahrens

Hilfsweise alternativ:

- Qualifikation und Besteuerung des Hinzurechnungsbetrag als Unternehmensgewinn oder „Aliud“
- Bei tatsächlicher Ausschüttung: Anwendung des Anrechnungsverfahrens

Konsequente Umsetzung einer Gewinnbesteuerung

- Qualifikation des Hinzurechnungsbetrags als Unternehmensgewinn
- Neuermittlung des Hinzurechnungsbetrags nach inländischem Recht
- Besteuerung nach dem Tarif
- Im Verlustfall der CFC, Verlustausgleich (horizontal, vertikal) und Verlustabzug auf Ebene des Gesellschafters nach inländischem Recht
- Bei tatsächlicher Ausschüttung, Anwendung des Freistellungsverfahrens

Konsequente Umsetzung einer „Aliudbesteuerung“

- Qualifikation des Hinzurechnungsbetrags als „Aliud“
- Neuermittlung des Hinzurechnungsbetrags nach inländischem Recht möglich
- Besteuerung nach einem Sondertarif
- Im Verlustfall der CFC, Verlustausgleich (horizontal, vertikal) und Verlustabzug nur in Bezug auf die „Aliudeinkünfte“
- Bei tatsächlicher Ausschüttung, Anwendung des Freistellungsverfahrens

Bis dato wird keine dieser Konzeptionen umgesetzt. Einzig die USA folgen weitgehend *einem* Konzept konsequent, dem Konzept der Dividendenbesteuerung. Der einzige Bruch besteht in den USA darin, dass der Hinzurechnungsbetrag inkonsequenterweise neu nach US-amerikanischem Recht zu ermitteln ist.

Teil III. Vereinbarkeit mit den Doppelbesteuerungsabkommen

1. Allgemeines

1.1 Sinn und Zweck von DBA und deren Einordnung in das Rechtssystem

In den letzten Jahren haben die Unternehmen ihre geschäftlichen Aktivitäten zunehmend über die nationalen Grenzen hinaus ausgedehnt und sind zu „Global Players" geworden.[516] Aufgrund der hierbei auftretenden grenzüberschreitenden Sachverhalte entsteht die Gefahr einer Doppelbesteuerung von Einkünften und Vermögen. Zum einen will das Ausland als Quellen-, Belegenheits- oder Tätigkeitsstaat, zum anderen das Inland als Ansässigkeitsstaat die Einkünfte bzw. das Vermögen besteuern. Auch die unterschiedliche rechtliche Beurteilung von Sachverhalten in den verschiedenen Steuersystemen der einzelnen Staaten (Qualifikationskonflikte) kann dazu führen, dass ein Geschäftsvorfall der Besteuerung sowohl im Inland als auch im Ausland unterliegt und somit einer Doppel- oder sogar Mehrfachbesteuerung ausgesetzt ist.[517] Unangemessen hohe Steuerbelastungen führen zu Wettbewerbsnachteilen und behindern den internationalen Wirtschaftsverkehr.[518]

Eine Vielzahl von Staaten hat daher ein Normeninstrumentarium entwickelt, um Doppelbesteuerungen zu vermeiden. Dieses umfasst Maßnahmen auf unilateraler und bilateraler Ebene.[519] Deutschland hat mit den §§ 34 c EStG und 26 KStG auf nationaler Ebene entsprechende Vermeidungsmaßnahmen ergriffen.[520] Zu den bilateralen Maßnahmen gehören insbesondere die mit anderen Staaten abgeschlossenen Doppelbesteuerungsabkommen (im Folgenden „DBA").[521]

Der Inhalt des Begriffs „Doppelbesteuerung" ist unklar und Gegenstand wissenschaftlicher Kontroversen.[522] Wenn von Doppelbesteuerung gesprochen wird, wird zunächst

---

516 Vgl. Djanani, C./Brähler, G., Internationales Steuerrecht, 2. Aufl., 2004, S. 1.

517 Gleichermaßen kann es u.U. auch zu einer internationalen (doppelten) Nicht-Besteuerung kommen. Vgl. Tillmanns in: Mössner u.a., Steuerrecht international tätiger Unternehmen, 2. Aufl., 1998, Rz. B 193 ff.

518 Vgl. Kluge, V., Das Internationale Steuerrecht, 4. Aufl., 2000, S. 22, 32; Frotscher, G., Internationales Steuerrecht, 2001, § 1 Rz. 3.

519 Vgl. Schaumburg, H., Internationales Steuerrecht, 2. Aufl., 1998, Rz. 14.38.

520 Im Rahmen der §§ 34 c EStG und 26 KStG sind die Anrechnung der ausländischen Steuern auf die inländische Steuerschuld (sog. Anrechnungsmethode) und der Abzug der ausländischen Steuern bei der inländischen Einkommensermittlung (sog. Abzugsmethode) vorgesehen. Ferner besteht in bestimmten Fällen die Möglichkeit der Belastung der ausländischen Einkünfte mit einem Pauschalsteuersatz (sog. Pauschalierungsmethode) oder des vollständigen Erlasses von der inländischen Besteuerung; vgl. Djanani, C./Brähler, G., Internationales Steuerrecht, 2. Aufl., 2004, S. 22 ff, 49 ff; Schaumburg, H., Internationales Steuerrecht, 2. Aufl., 1998, Rz. 15.2-15.11, 15.119.

521 Über den Stand der von Deutschland am 1.1.2005 abgeschlossenen DBA und der laufenden Verhandlungen informiert das BMF-Schreiben v. 6.1.2005.

522 Vgl. Wassermeyer in: Debatin/Wassermeyer, MA, Vor Art. 1 Rz. 1; Jacobs, O., Internationale Unternehmensbesteuerung, 5. Aufl., 2002, S. 3; Vogel in: Vogel/Lehner, DBA, 4.Aufl., 2003, Einl. Rz. 5.

grundsätzlich auf die *„rechtliche Doppelbesteuerung“* abgestellt, denn der OECD-Musterkommentar spricht von einer „internationalen juristischen Doppelbesteuerung“.[523] Unter der juristischen Doppelbesteuerung wird eine Situation verstanden, die gegeben ist, wenn derselbe Steuerpflichtige mit denselben Einkünften oder Vermögenswerten gleichzeitig in zwei oder mehreren Staaten zu einer gleichartigen Steuer herangezogen wird. Von der juristischen Doppelbesteuerung ist die *„wirtschaftliche Doppelbesteuerung“* abzugrenzen. Von einer wirtschaftlichen Doppelbesteuerung ist die Rede, wenn verschiedene Steuersubjekte mit denselben Einkünften von zwei oder mehreren Staaten mit einer gleichartigen Steuer besteuert werden. Ferner spricht man von einer *„virtuellen Doppelbesteuerung“*, wenn lediglich die theoretische Möglichkeit einer doppelten Besteuerung besteht, eine tatsächliche Doppelbesteuerung jedoch nicht eintritt. Dies ist immer dann gegeben, wenn zwei Staaten das Recht auf Besteuerung für sich beanspruchen, jedoch ein Staat aufgrund nationaler Vorschriften sein Besteuerungsrecht nicht wahrnimmt.[524] Obgleich der OECD-Musterkommentar nur von den Fällen der „juristischen Doppelbesteuerung“ spricht, regeln die DBA nach einhelliger Auffassung im neueren Schrifttum[525] auch die Fälle der wirtschaftlichen und virtuellen Doppelbesteuerung.[526]

DBA sind rechtsquellenmäßig dem Völkerrecht[527] und dort dem völkerrechtlichen Vertragsrecht[528] zuzuordnen.[529] Sie sind Verträge zwischen zwei Staaten (Vertragsstaaten), die darauf gerichtet sind, zur Vermeidung von Doppelbesteuerungen den auf-

---

523 Vgl. OECD-MK 2003 Tz. 1.

524 Vgl. Djanani, C./Brähler, G., Internationales Steuerrecht, 2. Aufl., 2004, S. 15 f; Wassermeyer in: Debatin/Wassermeyer, MA, Vor Art. 1 Rz. 2-4; Tillmanns in: Mössner u.a., Steuerrecht international tätiger Unternehmen, 2. Aufl., 1998, Rz. B 183-B 192.

525 Insbes. Wassermeyer in: Debatin/Wassermeyer, MA, Vor Art. 1 Rz. 2; Jacobs, O., Internationale Unternehmensbesteuerung, 5. Aufl., 2002, S. 3; Kluge, V., Das Internationale Steuerrecht, 4. Aufl., 2000, S. 28; Vogel in: Vogel/Lehner, DBA, 4. Aufl., 2003, Einl. Rz. 4; Tillmanns in: Mössner u.a., Steuerrecht international tätiger Unternehmen, 2. Aufl., 1998, Rz. B 198; Debatin in: Debatin/Wassermeyer, MA, Systematik III Rz. 45.

526 Die von Deutschland abgeschlossenen DBA haben bereits lange Zeit auch auf dem Verbot der virtuellen Doppelbesteuerung aufgebaut. Allerdings sehen erst die jüngeren DBA sog. Rückfallklauseln vor (subject-to-tax-clause), um eine fiskalisch unerwünschte doppelte Nichtbelastung zu vermeiden. Das Besteuerungsrecht fällt auf den einen Vertragsstaat zurück, sofern der andere Vertragsstaat das ihm aufgrund des DBA zugewiesene Besteuerungsrecht aufgrund nationaler Vorschriften nicht wahrnimmt bzw. wahrnehmen kann. vgl. Wassermeyer in: Debatin/Wassermeyer, MA, Vor Art. 1 Rz. 4; Schaumburg, H., Internationales Steuerrecht, 2. Aufl., 1998, Rz. 12.9.

527 „Das Völkerrecht ist die Summe der Normen, die die Verhaltensweisen festlegen, die zu einem geordneten Zusammenleben der Menschen dieser Erde notwendig und nicht im innerstaatlichen Recht der einzelnen souveränen Staaten geregelt sind.“ So die Definition nach Seidl-Hohenveldern, I., Völkerrecht, 10. Aufl., 2000, § 1 Rz. 1.

528 „Der völkerrechtliche Vertrag kann als eine Willenseinigung zwischen Völkerrechtssubjekten bezeichnet werden, deren Gegenstand die Begründung völkerrechtlicher Rechte und Pflichten ist.“ Definition nach Geiger, R., Grundgesetz und Völkerrecht, 3. Aufl., 2002, § 14 I 1.

529 Vgl. Frotscher, G., Internationales Steuerrecht, 2001, S. 23; Wassermeyer in: Debatin/Wassermeyer, MA, Vor Art. 1 Rz. 9; Vogel in: Vogel/Lehner, DBA, 4. Aufl., 2003, Einl. Rz. 45.

grund des innerstaatlichen Rechts der Vertragsstaaten entstandenen Steueransprüchen durch gegenseitigen Steuerverzicht Schranken zu setzen. Die DBA bilden daher ein auf Gegenseitigkeit beruhendes System von Steuerverzichten.[530]

1.2 Verhältnis OECD-MA und DBA

Der Steuerausschuss der internationalen Organisation OECD (Organisation for Economic Co-operation and Development) hat im Jahre 1963 ein Musterabkommen (in Folgendem OECD-MA oder MA) erarbeitet, das als Vertragsmuster für den Abschluss bilateraler Abkommen auf dem Gebiet der Steuern vom Einkommen und Vermögen dienen sollte.[531] Ziel war eine möglichst große Harmonisierung der bilateralen Abkommen der Mitgliedstaaten, indem auf eine einheitliche Begriffsbestimmung und Systematik zurückgegriffen wird.[532] Ein Musterkommentar erläutert das Musterabkommen (in Folgendem OECD-MK oder MK). Das MA und entsprechend der MK wurde in den Jahren 1977 und 1992 überarbeitet, um den weiterentwickelten Steuersystemen und geänderten wirtschaftlichen Verhältnissen der einzelnen Mitgliedstaaten Rechnung zu tragen. Seit dem Musterabkommen 1992 wird das Abkommen laufend und zeitnah angepasst, zuletzt im Jahr 2003.[533]

Das OECD-MA ist kein völkerrechtlicher Vertrag und entfaltet auch keine unmittelbare Rechtswirkung für die Mitgliedstaaten, sondern ist lediglich eine Empfehlung des Rats der OECD an die Mitgliedstaaten, sich beim Abschluss eines DBA an der Konzeption des MA zu orientieren.[534] Dieser Empfehlung sind die Industrienationen auch weitgehend gefolgt. Die deutschen DBA beruhen daher mehrheitlich auf dem Grundmuster des OECD-MA.[535]

---

530 Vgl. Debatin, H., RIW 1988, S. 727 (728); Gloria, C., Das steuerliche Verständigungsverfahren und das Recht auf diplomatischen Schutz, 1988, S. 59; Grotherr, S./Herfort, C./Strunk, G., Internationales Steuerrecht, 1998, S. 436; Kluge, V., Das Internationale Steuerrecht, 4. Aufl., 2000, S. 645; Tillmanns in: Mössner u.a., Steuerrecht international tätiger Unternehmen, 2. Aufl., 1998, Rz. B 440; Menck in: Mössner u.a., Steuerrecht international tätiger Unternehmen, 2. Aufl., 1998, Rz. A 31; Schaumburg, H., Internationales Steuerrecht, 2. Aufl., 1998, Rz. 16.7.; Becker, H./Würm, F., intertax, 1988, S. 257 (258).

531 Vgl. Lüthi in: Becker/Höppner/Grotherr/Kroppen, DBA, Vor OECD-MA Rn. 2.

532 Vgl. OECD-MK 2003 Tz. 2, 3; hierzu ferner Schaumburg, H., Internationales Steuerrecht, 2. Aufl., 1998, Rz. 16.17.

533 Vgl. zur historischen Entwicklung des OECD-MK, OECD-MK 2003 Tz. 4-11; ferner Lüthi in: Becker/Höppner/Grotherr/Kroppen, DBA, Vor OECD-MA Rn. 4 ff.

534 Vgl. OECD-MK 2003 Tz. 3; Wassermeyer in: Debatin/Wassermeyer, MA, Vor Art. 1 Rz. 34; Djanani, C./Brähler, G., Internationales Steuerrecht, 2. Aufl., 2004, S. 76.

535 Vgl. OECD-MK 2003 Tz. 13. Die DBA mit Entwicklungsländern weichen jedoch regelmäßig von dem OECD-MA ab. Grund hierfür ist der unausgeglichene Wirtschaftsverkehr zwischen den Industrienationen und den Entwicklungsländern (Unausgewogenheit zwischen In- und Export, Importüberschuss bei den Entwicklungsländern). Diesem Umstand wird durch eine stärkere Anerkennung des Quellenbesteuerungsrechts Rechnung getragen. Basis für die DBA mit den Entwicklungsländern ist das hierfür entwickelte UN-Musterabkommen (UN-MA 1979). Die USA verwendet ein eigenes Modell, das zwar dem Aufbau des OECD-MA weitgehend gleicht, aber die Interessen der Vereinigten Staaten stärker berücksichtig (US-MA 1976). Hierzu insbesondere Ja-

Erst das zwischen zwei Vertragsstaaten konkret abgeschlossene DBA stellt einen völkerrechtlichen Vertrag dar. Selbst wenn die Vertragsstaaten bei dem Abschluss des DBA die Konzeption des OECD-MA zugrunde legen, weichen doch die meisten Abkommen im Detail von dem MA ab. Zur Überprüfung eines konkreten Sachverhalts reicht daher die Durchsicht des OECD-MA allein nicht aus, vielmehr müssen die betroffenen DBA im Einzelnen begutachtet werden.

1.3 Verhältnis DBA und nationales Recht

1.3.1 Verhältnis DBA und nationales Recht in Deutschland

1.3.1.1 Anwendbarkeit des Völkerrechts im innerstaatlichen Recht

Hinsichtlich der Frage nach dem Verhältnis von Völkerrecht zu innerstaatlichem Recht (Landesrecht) ist lange ein dogmatischer Streit geführt worden. Im Laufe der Zeit haben sich insbesondere zwei kontroverse Rechtsansichten herauskristallisiert, die der Monisten und die der Dualisten.

1.3.1.1.1 Monismus vs. Dualismus

Nach der Lehre der Monisten, insbesondere Kelsen[536], bilden das Völkerrecht und das innerstaatliches Recht eine rechtliche Einheit.[537] Sie sind Teile einer zusammenhängenden Rechtsordnung. Die Dualisten, insbesondere Triepel,[538] hingegen betrachten das Völkerrecht und das innerstaatliche Recht als getrennte Rechtsordnungen, die nebeneinander und somit voneinander unabhängig bestehen.[539] Soll Völkerrecht in einem nationalen Rechtsraum beachtet werden, muss daher das innerstaatliche Recht die entsprechende Anwendung bestimmen. Im Gegensatz zu den Monisten lehnen sie die unmittelbare Bindung der innerstaatlichen Rechtssubjekte an das Völkerrecht ab.

---

cobs, O., Internationale Unternehmensbesteuerung, 5. Aufl., 2002, S. 67 f; Djanani, C./Brähler, G., Internationales Steuerrecht, 2. Aufl., 2004, S. 79.

536 Vgl. Kelsen, H., Das Problem der Souveränität und die Theorie des Völkerrechts, 3. Aufl., 1981.

537 Vgl. Herdegen, M., Völkerrecht, 3. Aufl., 2004, § 22 Rz. 1; Geiger, R., Grundgesetz und Völkerrecht, 3. Aufl., 2002, S. 13; Seidl-Hohenveldern, I., Völkerrecht, 10. Aufl., 2000, § 40 Rz. 541; Kluge, V., Das Internationale Steuerrecht, 4. Aufl., 2000, S. 646; Bleckmann, A., in: Bleckmann, Europarecht, 6. Aufl., 1997, § 11 Rndnr. 1046; zur Abgrenzung der Schule der „radikalen Monisten" zu der der „gemäßigten Monisten", vgl. bei Seidl-Hohenveldern, I., Völkerrecht, 10. Aufl., 2000, § 40 Rz. 542-555 und Kerath, A., Maßstäbe zur Auslegung und Anwendung von DBA, 1995, S. 5-7.

538 Vgl. Triepel, H., Völkerrecht und Landesrecht, 1988.

539 Vgl. Herdegen, M., Völkerrecht, 3. Aufl., 2004, § 22 Rz. 1; Mössner, M., Einführung in das Völkerrecht, 1977, S. 55; Geiger, R., Grundgesetz und Völkerrecht, 3. Aufl., 2002, S. 12; Seidl-Hohenveldern, I., Völkerrecht, 10. Aufl., 2000, § 40 Rz. 540; Kluge, V., Das Internationale Steuerrecht, 4. Aufl., 2000, S. 646; Bleckmann, A., in: Bleckmann, Europarecht, 6. Aufl., 1997, § 11 Rndnr. 1047.

Die Monisten und Dualisten haben sich durch gegenseitige Zugeständnisse im Laufe der Zeit mehr und mehr angenähert.[540] Zwar sind ihre Ausgangspunkte verschieden geblieben, die Rechtsfolgen haben sich jedoch weitgehend angeglichen. Der heutige „gemäßigte" Monismus vertritt, ebenso wie der Dualismus, die Ansicht, dass das Völkerrecht nicht ohne weiteres innerstaatlich zu beachten ist, sondern dass dessen Anwendbarkeit einer innerstaatlichen Anwendungsanordnung bedarf. Die dualistische Grundauffassung hat sich insofern durchgesetzt.[541]

1.3.1.1.2 Innerstaatliches Wirksamwerden völkerrechtlicher Verträge

Die Anwendbarkeit völkerrechtlicher Bestimmungen setzt heute einhellig einen innerstaatlichen Anwendungsbefehl voraus. Das Völkerrecht muss gewissermaßen als anwendbar erklärt werden, respektive in innerstaatliches Recht „inkorporiert" werden.[542]

Die Inkorporation völkerrechtlicher Verträge regelt in Deutschland Art. 59 GG. Die Erklärung des völkerrechtlich verbindlichen Willens Deutschlands gegenüber den ausländischen Staaten erfolgt durch den Bundespräsidenten (Art. 59 Abs. 1 GG). Durch das parlamentarische Zustimmungsgesetz wird der Bundespräsident zum Abschluss des DBA ermächtigt (Art. 59 Abs. 2 GG). Mit dem Zustimmungsgesetz wird der Inhalt des Vertrages in das innerstaatliche Recht transformiert und erhält somit innerstaatliche Wirksamkeit.[543]

Kontrovers diskutiert wird, auf welchem Wege die Inkorporation der völkerrechtlichen Regelungen in den innerstaatlichen Bereich stattfindet. Die herrschende Gerichtspraxis ist der Auffassung, dass sich dies über einen Transformationsakt (Transformationslehre)[544] vollzieht. In der Rechtslehre überwiegen hingegen die Anhänger der sog. Voll-

---

540 Vgl. Geiger, R., Grundgesetz und Völkerrecht, 3. Aufl., 2002, S. 13; Herdegen, M., Völkerrecht, 3. Aufl., 2004, § 22 Rz. 2.

541 Die dualistische Ansicht wird auch in der Rechtsprechung bestätigt. Vgl. insbesondere BFH v. 15.01.1971, BStBl II 1971, S. 379 (380). Mössner ist der Ansicht der „gemäßigte Monismus" sei heute herrschende Theorie, vgl. Mössner, M., Einführung in das Völkerrecht, 1977, S. 55; gl.A. Seidl-Hohenveldern, I., Völkerrecht, 10. Aufl., 2000, § 40 Rz. 541, 554; a.A. Kerath, er kommt zu dem Ergebnis, der „gemäßigte Dualismus" sei heute herrschende Theorie, vgl. Kerath, A., Maßstäbe zur Auslegung und Anwendung von DBA, 1995, S. 9; so auch Fischer-Zernin, J., RIW 1987, S. 785; Herdegen, M., Völkerrecht, 3. Aufl., 2004, § 22 Rz. 2; Geiger, R., Grundgesetz und Völkerrecht, 3. Aufl., 2002, S. 14; ebenso Bleckmann, A., in: Bleckmann, Europarecht, 6. Aufl., 1997, § 11 Rndnr. 1048 ff; Doehring, K., Völkerrecht, 1999, § 13 Rz. 702

542 Vgl. Birk in: HHSp, AO/FGO, § 2 AO Rz. 151; Fischer-Zernin, J., RIW 1987, S. 785 (787).

543 Vgl. Kluge, V., Das Internationale Steuerrecht, 4. Aufl., 2000, S. 645, 647; Grotherr, S./Herfort, C./Strunk, G., Internationales Steuerrecht, 1998, S. 438; Herdegen, M., Völkerrecht, 3. Aufl., 2004, § 22 Rz. 2; Geiger, R., Grundgesetz und Völkerrecht, 3. Aufl., 2002, S. 171; Vogel in: Vogel/Lehner, DBA, 4. Aufl., 2003, Einl. Rz. 53. *Völkerrechtliche Wirksamkeit* erhält das DBA durch Ratifikation, d.h. durch den Austausch besonderer Urkunden (Ratifizierungsurkunden), Art. 14 Abs. 1 WÜRV. Vgl. hierzu bei Schaumburg, H., Internationales Steuerrecht, 2. Aufl., 1998, Rz. 16.23; Ipsen, K., Völkerrecht, 4. Aufl., 1999, § 10 Tz. 17.

544 Die Transformationslehre geht von der Überlegung aus, dass sich das Völkerrecht grundsätzlich an die Staaten und nicht an die Individuen in den Staaten wendet. Um eine innerstaatliche Geltung der völkerrechtlichen Normen zu ermöglichen, muss die Rechtsnatur, ihr Inhalt und insbe-

zugsbefehlslehre[545].[546] Dieser Theorienstreit ist bis heute nicht vollständig beigelegt. Allerdings gehen alle Theorien davon aus, dass es eines staatlichen Rechtsaktes bedarf, um dem Völkerrecht innerstaatliche Geltung zu verschaffen.[547]

1.3.1.1.3 Unmittelbare Anwendbarkeit der DBA-Normen

Im Anschluss an die Inkorporation eines völkerrechtlichen Vertrages in innerstaatliches Recht muss dessen unmittelbare Anwendbarkeit in dem nationalen Rechtskreis überprüft werden.[548]

Ob die transformierte Norm des Völkerrechts unmittelbar anwendbar ist oder nicht, bestimmt sich nach dem innerstaatliche Recht. Bestimmte Normen werden als „self-executing" angesehen, andere als „non-self-executing".[549] Als „self-executing" gilt eine Norm, die klar und inhaltlich hinreichend bestimmt ist, so dass aus ihr konkrete Rechtsfolgen abgeleitet werden können. Eine vertragliche Regelung, die ein vages Konzept oder eine Vielzahl von allgemeinen Rechtssätzen aufweist, kann aufgrund ihrer Unbestimmtheit nicht unmittelbar zur Anwendung kommen.

Auch die DBA als völkerrechtliche Verträge müssen auf ihre „Anwendungsreife" hin geprüft werden. Die Frage nach der unmittelbaren Anwendbarkeit von DBA-Normen

---

sondere der Adressat der zu transformierenden Norm geändert werden. Die Norm, die sich nun in das innerstaatliche Rechtssystem einfügt, ist durch die Transformation eine andere geworden. Ihr Geltungsgrund liegt nicht mehr im völkerrechtlichen Vertrag, sondern im innerstaatlichen Transformationsbefehl. Vgl. Geiger, R., Grundgesetz und Völkerrecht, 3. Aufl., 2002, S. 171; Herdegen, M., Völkerrecht, 3. Aufl., 2004, § 22 Rz. 7; Mössner in: Fischer (Hrsg.), Besteuerung internationaler Konzerne, 1993, S. 119 f; Fischer-Zernin, J., RIW 1987, S. 785 (788).

545 Die Vollzugslehre geht davon aus, dass Voraussetzung jeder staatlichen Geltung völkerrechtlicher Normen ein innerstaatlicher Rechtsanwendungsbefehl, nämlich ein Vollzugsbefehl, ist. Im Gegensatz zur Transformationslehre bleibt hier der völkerrechtliche Charakter der Norm gewahrt. Die Norm wird aber innerstaatlich anerkannt, da diese für vollziehbar erklärt wurde. Vgl. bei Geiger, R., Grundgesetz und Völkerrecht, 3. Aufl., 2002, S. 172; Herdegen, M., Völkerrecht, 3. Aufl., 2004, § 22 Rz. 2; Mössner in: Fischer (Hrsg.), Besteuerung internationaler Konzerne, 1993, S. 119 f; Fischer-Zernin, J., RIW 1987, S. 785 (787).

546 Die von den Monisten vertretene „Adoptionstheorie" geht von dem im britischen Richterrecht beheimateten Grundsatz „international law is a part of the law of the land" aus. Demnach kann auf einen Umsetzungsakt von Völkerrecht in Landesrecht verzichtet werden. Eine inhaltliche Umformung in innerstaatliches Recht bedarf es nach der Adoptionstheorie nicht. Vgl. Seidl-Hohenveldern, I., Völkerrecht, 10. Aufl., 2000, § 41 Rz. 571; Guggenheim, P., Völkerrechtliche Schranken im Landesrecht, 1955, S. 4.

547 Vgl. Vogel in: Vogel/Lehner, DBA, 4. Aufl., 2003, Einl. Rz. 61; Birk in: HHSp, AO/FGO, § 2 AO Rz. 152.

548 Vgl. Bleckmann, A., Begriff und Kriterien der innerstaatlichen Anwendbarkeit völkerrechtlicher Verträge, 1970, S. 57 ff; Geiger R., Grundgesetz und Völkerrecht, 3. Aufl., 2002, S. 173 ff. Die USA sieht dies gerade umgekehrt. Hier ist die unmittelbare Anwendbarkeit des völkerrechtlichen Vertrags gerade eine Voraussetzung für die Inkorporationsfähigkeit und damit für die innerstaatliche Geltung. Denn nur ein „self-executing-treaty" kann zum „law of the land" werden. Vgl. bei Kerath, A., Maßstäbe zur Auslegung und Anwendung von DBA, 1995, S. 38.

549 Vgl. hierzu Kluge, V., Internationales Steuerrecht, 4. Aufl., 2000, S. 648; Mössner in: Fischer (Hrsg.), Besteuerung internationaler Konzerne, 1993, S. 120.

wird in der Literatur kontrovers diskutiert. Teile des Schrifttums haben sich dagegen ausgesprochen, die Normen der DBA allesamt generell als „self-executing“ anzusehen. Vielmehr sei jede Norm einzeln auf ihre jeweilige Anwendungsreife hin zu überprüfen. Die h.M. und Rechtsprechung hingegen sprechen sich für eine generelle Anwendungsreife und damit für einen „self-executing“-Charakter der DBA-Normen aus.[550]

1.3.1.2 Der Rang der DBA in der innerstaatlichen Normenhierarchie

Nach h.M. nehmen die DBA-Normen durch die Inkorporation in innerstaatliches Recht einfachen Gesetzesrang an.[551] Zu beurteilen ist, was sich daraus hinsichtlich des Ranges der DBA in der innerstaatlichen Normenhierarchie ergibt.

1.3.1.2.1 Art. 25 GG

Die *allgemeinen Regeln des Völkerrechts* sind gem. Art. 25 GG Bestandteil des Bundesrechts. Sie haben Vorrang vor den einfachen Gesetzen und erzeugen unmittelbare Rechtswirkung gegenüber dem Einzelnen.[552] Zum allgemeinen Völkerrecht zählt z.B. der Grundsatz der Verbindlichkeit von völkerrechtlichen Verträgen „Pacta sunt servanda“.[553]

Art. 25 GG bezieht sich nicht auf Regeln des Völkervertragsrechts. Für das Völkervertragsrecht gilt die spezielle Vorschrift des Art. 59 Abs. 2 GG, die als „lex specialis“ Art. 25 GG vorgeht. Art. 59 Abs. 2 GG bindet die Umsetzung und damit unmittelbare Rechtswirkung des Völkervertragsrecht gegenüber den Einzelnen an die parlamentarische Zustimmung durch den Bundespräsidenten.

Das Völkervertragsrecht kann demnach nicht unmittelbar unter Berufung auf Art. 25 GG zur Anwendung kommen. Bei Abkommenswidrigkeit einer nationalen Vorschrift kann somit nicht auf Art. 25 GG zurückgegriffen werden, um die unmittelbare An-

---

550 Vgl. Diskussion hierzu bei Kerath, A., Maßstäbe zur Auslegung und Anwendung von DBA, 1995, S. 55 und Bleckmann, A., Begriff und Kriterien der Anwendbarkeit völkerrechtlicher Verträge, 1970, S. 65 f; ferner Kluge, V., Internationales Steuerrecht, 4. Auflage, 2000, S. 648; Debatin, H., RIW 1988, S. 727; so auch BVerfG v. 10.3.1971, BVerfGE 30, S. 272, 284 f.

551 Vgl. grundlegend BVerfG v. 26.3.1957, BVerGE 6, S. 309 ff (363); ferner Djanani, C./Brähler, G., Internationales Steuerrecht, 2. Aufl., 2004, S. 84; Kluge, V., Internationales Steuerrecht, 4. Aufl., 2000, S. 648; Vogel in: Vogel/Lehner, DBA, 4. Aufl., 2003, Einl. Rz. 63; Seidl-Hohenvelden, I., Völkerrecht, 10. Aufl., 2000, § 41 Rz. 593; Debatin in: Debatin/Wassermeyer, MA, Systematik III Rz. 151; Geiger, R., Grundgesetz und Völkerrecht, 3. Aufl., 2002, S. 176; Birk in: HHSp, AO/FGO, § 2 AO Tz.160; Herdegen, M., Völkerrecht, 3. Aufl., 2004, § 22 Rz. 19; Schaumburg, H., Internationales Steuerrecht, 2. Aufl., 1998, Rz. 16.41; Mössner in: Fischer (Hrsg.), Besteuerung internationaler Konzerne, 1993, S. 125; Fischer-Zernin, J., RIW 1987, S. 785.

552 Vgl. hierzu Kruse/Drüen in: Tipke/Kruse, AO, § 2 Anm. 4; Herdegen, M., Völkerrecht, 3. Aufl., 2004, § 22 Rz. 13 f; Geiger, R., Grundgesetz und Völkerrecht, 3. Aufl., 2002, S. 165, 167.

553 Kodifiziert in Art. 26 WÜRV: „Ist ein Vertrag in Kraft, so bindet er die Vertragsparteien und ist von ihnen nach Treu und Glauben zu erfüllen.“

wendung von Völkervertragsrecht zu erlangen. So führt auch das BVerfG[554] in seinem Urteil vom 26. März 1957 aus, die in Art. 25 GG zum Ausdruck gebrachte Völkerrechtsfreundlichkeit des Grundgesetzes gehe nicht so weit, dass die einzelnen Normen völkerrechtlicher Verträge ihrerseits ebenfalls in allgemeine Regeln des Völkerrechts mit Vorrang vor innerstaatlichem Recht verwandelt werden. Das BVerfG hat es damit abgelehnt, das gesamte Völkervertragsrecht auf die Stufe von Bundesrecht anzuheben.

Aus Art. 25 GG ergibt sich lediglich die Priorität allgemeiner Regeln des Völkerrechts vor dem innerstaatlichen Recht. Ein übergesetzlicher Rang von Völkervertragsrecht – und damit von DBA – gegenüber innerstaatlichem Recht lässt sich aus Art. 25 GG nicht herleiten. Dieser Auffassung folgt ganz überwiegend das völker- und steuerrechtliche Schrifttum.[555]

1.3.1.2.2 § 2 AO

Für das Steuerrecht scheint es zunächst, dass die Rangfrage durch die gesetzliche Vorschrift des § 2 AO bestimmt wird. „Verträge mit anderen Staaten im Sinne des Art. 59 Abs. 2 S. 1 GG über die Besteuerung gehen, soweit sie unmittelbar anwendbares innerstaatliches Recht geworden sind, den Steuergesetzen vor."[556] Der Wortlaut des § 2 AO räumt den DBA einen höheren Rang ein als den innerstaatlichen Steuergesetzen.

Da die Vorschrift jedoch selbst nur einfaches Landesrecht ist, kann sie – ungeachtet des Wortlauts – den DBA keinen höheren Rang als den innerstaatlichen Steuergesetzen einräumen.[557] Denn die Anordnung eines höheren Ranges für bestimmte Normengruppen kann nur durch eine Bestimmung erfolgen, die selbst einen höheren Rang einnimmt als die Normen, deren Rangverhältnis sie regeln will. Um den nach der Intention des Gesetzgebers wohl beabsichtigten Vorrang der DBA tatsächlich zu errei-

---

554 Vgl. BVerfG v. 26.3.1957, BVerGE 6, S. 309 (362 f); BVerfG v. 9.6.1971, BVerfGE 31, S. 145 (178).

555 Vgl. Djanani, C./Brähler, G., Internationales Steuerrecht, 2. Aufl., 2004, S. 84; Kruse/Drüen in: Tipke/Kruse, AO, § 2 Anm. 5; Birk in: HHSp, AO/FGO, § 2 AO Rz. 3; Scholtz in: Koch/Scholtz, AO, § 2 Anm. 5; Gersch in: Klein, AO, 8. Aufl., 2003, § 2 Anm. 1; Geiger, R., Grundgesetz und Völkerrecht, 3. Aufl., 2002, S. 171; Seidl-Hohenveldern, I., Völkerrecht, 10. Aufl., 2000, § 41 Rz. 583, 592; Kluge, V., Internationales Steuerrecht, 4. Aufl., 2000, S. 649; Mössner, in: Fischer (Hrsg.), Besteuerung internationaler Konzerne, 1993, S. 122; Mausch prüft eine analoge Anwendung des Art. 25 GG, vgl. bei Mausch, V., Treaty Overriding, 1998, S. 172 ff; ferner bei Schaumburg, H., Internationales Steuerrecht, 2. Aufl., 1998, Rz. 3.24 f.

556 § 2 Abs. 1 AO.

557 Vgl. grundlegend BFH v. 13.7.1994, BStBl II 1995, S. 129 (130); Kruse/Drüen in: Tipke/Kruse, AO, § 2 Anm. 1; Vogel in: Vogel/Lehner, DBA, 4. Aufl., 2003, Einl. Rz. 202; Birk in: HHSp, AO/FGO, § 2 AO Tz. 4, 160, 164; Kluge, V., Internationales Steuerrecht, 4. Aufl., 2000, S. 649; Mössner in: Fischer (Hrsg.), Besteuerung internationaler Konzerne, 1993, S. 124; Djanani, C./Brähler, G., Internationales Steuerrecht, 2. Aufl., 2004, S. 84; Frotscher, G., Internationales Steuerrecht, 2001, § 2 Rz. 9; Ax/Große/Melchior, AO/FGO, 17. Aufl., 2001, § 2 AO Rz. 17; a.A. Scholtz in: Koch/Scholtz, AO, § 2 Anm. 5, 10; unkritisch Kühn/Hoffmann, AO, 17. Aufl., 1995, § 2 Tz. 1; zweifelnd Gersch in: Klein, AO, § 2 Anm. 2; vgl. hierzu umfassende Meinungsabgrenzung in Literatur und Rechtsprechung bei Mausch V., Treaty Overriding, 1998, S. 179 ff.

chen, hätte die Vorschrift mit der nach Art. 79 Abs. 2 GG erforderlichen Mehrheit in das GG eingefügt werden müssen.[558]

§ 2 AO kann daher keinen Vorrang des Völkervertragsrechts gegenüber innerstaatlichem Recht bestimmen.[559] Teile des Schrifttums vertreten demzufolge die Ansicht, § 2 AO hätte allenfalls deklaratorische Bedeutung und solle lediglich von Gesetzes wegen den allgemeinen Grundsatz der völkerkonformen Auslegung des nationalen Rechts bestätigen.[560]

Grundsätzlich könnten demnach Normenkollisionen zwischen DBA und nationalen Steuergesetzen trotz der Regelung des § 2 AO nur nach den *allgemeinen Kollisionsregeln* („lex specialis"-Regel, „lex posterior"-Regel) aufgelöst werden.[561] Es besteht jedoch eine verbreitete Ansicht, § 2 AO als *besondere Kollisionsregel* auszulegen.[562] Danach soll § 2 AO klarstellen, dass völkerrechtliche Verträge, insbesondere DBA, im Verhältnis zu nationalen Steuergesetzen grundsätzlich als speziellere Vorschriften anzusehen sind. Dieser Ansicht liegt die Annahme einer Spezialität der DBA im Verhältnis zu den innerstaatlichen Steuerrechtsnormen zugrunde. Woraus sich die Spezialität ergibt bzw. ob überhaupt eine Spezialität gegeben ist, wird von verschiedenen Vertretern diskutiert.[563] *Debatin*[564] vertritt die Ansicht, dass zwischen DBA und nationalem Steuerrecht kein Verhältnis der Spezialität i.e.S. besteht, da Aussage- und Funktionsgehalt beider Rechtskreise von Grund auf unterschiedlich sind. „Das innerstaatliche Recht regelt das Ob und Wie der Besteuerung, während die DBA gegenläufig hiergegen Schranken aufrichten, (...)."[565] Die h.M. und Rechtsprechung[566] gehen je-

---

558 Vgl. insbes. Kruse/Drüen in: Tipke/Kruse, AO, § 2 Anm. 1; Kluge, V., Internationales Steuerrecht, 4. Aufl., 2000, S. 649; Schaumburg, H., Internationales Steuerrecht, 2. Aufl., 1998, Rz. 3.26.

559 Auch wenn das wohl die Intention des Gesetzgebers war. Vgl. BT-Drucks. 7/4292, S. 15.

560 Vgl. hierzu Geiger, R., Grundgesetz und Völkerrecht, 3. Aufl., 2002, S. 189 f; Kluge, V., Internationales Steuerrecht, 4. Aufl., 2000, S. 650; ähnlich auch Mössner in: Fischer (Hrsg.), Besteuerung internationaler Konzerne, 1993, S. 125; Schaumburg, H., Internationales Steuerrecht, 2. Aufl., 1998, Rz. 3.26.

561 Vgl. Kruse/Drüen in: Tipke/Kruse, AO, § 2 Anm. 5, 38; Djanani, C./Brähler, G., Internationales Steuerrecht, 2. Aufl., 2004, S. 85; Djanani, C., Internationales Steuerrecht, 1998, S. 126.

562 Vgl. Kruse/Drüen in: Tipke/Kruse, AO, § 2 Anm. 2; Vogt in: Strunk/Kaminski/Köhler, AStG/DBA, § 20 AStG Rz. 32; Kluge, V., Internationales Steuerrecht, 4. Aufl., 2000, S. 650; Brünink, J., Das Verhältnis der Normen des Außensteuergesetzes zu den Doppelbesteuerungsabkommen, 1997, S. 19; Vogel in: Vogel/Lehner, DBA, 4. Aufl., 2003, Einl. Rz. 203; Mössner in: Fischer (Hrsg.), Besteuerung internationaler Konzerne, 1993, S. 124; Birk in: HHSp, AO/FGO, § 2 AO Tz. 165; Flick/Wassermeyer in: Flick/Wassermeyer/Baumhoff, AStG, Vor § 1 Anm. 13 und § 20 Anm. 25; Tillmanns in: Mössner u.a., Steuerrecht international tätiger Unternehmen, 2. Aufl., 1998, Rz. B 218; Mausch V., Treaty Overriding, 1998, S. 179 f; Mössner in: Festschrift Seidl-Hohenveldern, 1988, S. 413. Nach Mössner ist in § 2 AO gesetzlich verankert, dass die DBA als „leges speziales" dem allgemeinen Steuerrecht vorgehen.

563 Vgl. Diskussion bei Kerath, A., Maßstäbe zur Auslegung und Anwendung von DBA, 1995, S. 133 ff.

564 Vgl. Debatin in: Debatin/Wassermeyer, MA, Systematik III Rz. 41; ders., RIW 1988, S. 727 (729).

565 Vgl. Debatin, H., RIW 1988, S. 727 (728).

doch von einer Spezialität der DBA aus. Die Spezialität der DBA im Verhältnis zu den innerstaatlichen Steuerrechtsnormen wird regelmäßig damit begründet, dass die DBA-Normen, im Gegensatz zu den Normen des allgemeinen deutschen Steuerrechts, spezifisch an grenzüberschreitende Sachverhalte anknüpfen und insofern einen speziellen Sachverhalt erfassen. Jedes DBA erfasst zwar virtuell eine Vielzahl von Rechtsbeziehungen zwischen In- und Ausländern zur einheimischen wie zur ausländischen Steuergewalt, dennoch handle es sich immer nur um einen, auf einen besonderen Staat bezogenen Regelungsausschnitt aus dem normativen Gesamtkomplex aller Außensteuerbeziehungen, die durch die innerstaatlichen Steuergesetze geregelt werden.

Zusammenfassend lässt sich festhalten, dass zumindest im Steuerrecht die DBA Vorrang vor nationalem Recht haben. Zu diesem Ergebnis kann man über zwei Wege gelangen:
Stimmt man der Auffassung zu, dass § 2 AO als spezielle Kollisionsnorm die grundsätzliche Spezialität der DBA gegenüber nationalem Recht bestimmt, so kann daraus der Vorrang von DBA gegenüber nationalem Recht abgeleitet werden.[567] Verneint man diese Auffassung, so ist die Spezialität der völkerrechtlichen Norm im Einzelfall zu überprüfen und die Frage des Vorrangs des DBA gegenüber dem innerstaatlichen Recht über die allgemeine Kollisionsregel „lex specialis derogat legi generali" zu beantworten.[568] Bei dieser Überprüfung sind die Gerichte bislang regelmäßig zu dem Ergebnis gelangt, dass die DBA-Norm die speziellere Norm ist.

1.3.1.2.3 Allgemeine Kollisionsregeln

Die allgemeinen Kollisionsregeln sind:

(1) Höherrangiges Recht bricht niederrangiges Recht („lex superior derogat legi inferiori")
(2) Spezielleres Recht bricht allgemeines Recht („lex specialis derogat legi generali")
(3) Jüngeres Recht bricht älteres Recht („lex posterior derogat legi priori")

Unter Zugrundelegung der zuerst genannten Kollisionsregel kann den DBA kein Vorrang vor nationalem Recht eingeräumt werden. Denn wie bereits im Zusammenhang mit Art. 25 GG aufgezeigt, sind DBA als völkervertragsrechtliche Normen den nationalen Gesetzen nicht übergeordnet, sondern haben nur einfachen Gesetzesrang.

---

566 Vgl. Debatin in: Debatin/Wassermeyer, MA, Systematik III Rz. 41; Gloria, C., Das steuerliche Verständigungsverfahren und das Recht auf diplomatischen Schutz, 1988, S. 59; Fischer-Zernin, J., RIW 1987, S. 785 (788 f); Leisner, W., RIW 1993, S. 1013 (1018); RFH v. 3.10.1935, RStBl 1935, S. 1399; BFH v. 18.9.1968, BStBl II 1968, S. 797 (800); BVerfG v.25.3.1981, BVerGE 57, S. 9 (28).

567 Umstritten ist, ob § 2 AO die allgemeinen Kollisionsregeln außer Kraft setzt. Ablehnend z.B. Tipke/Drüen in: Tipke/Kruse, AO, § 2 Anm. 2 und Djanani, C./Brähler, G., Internationales Steuerrecht, 2. Aufl., 2004, S. 85.

568 Insofern wäre dann § 2 AO überflüssig, so insbes. Frotscher, G., Internationales Steuerrecht, 2001, § 2 Rz. 9; dafür spricht auch, dass es z.B. in Österreich keine dem § 2 AO entsprechende Vorschrift gibt. Die DBA gehen als „leges speziales" dem innerstaatlichen Recht vor; vgl. bei Djanani, C., Internationales Steuerrecht, 1998, S. 126.

Wie im Zusammenhang mit § 2 AO diskutiert, kann ein Vorrang der DBA vor nationalen Gesetzesvorschriften über die „lex specialis-Regel" abgeleitet werden. Hier wird regelmäßig die Spezialität der DBA gegenüber nationalem Recht bejaht.

Die zuletzt genannte Kollisionsregel lässt ebenfalls den Vorrang der DBA-Normen gegenüber den nationalen Gesetzen begründen, nämlich dann, wenn das DBA zeitlich nach dem Erlass einer nationalen Gesetzesvorschrift innerstaatliche Wirksamkeit erreicht. DBA-Normen nehmen nach Inkorporation in nationales Recht ebenso wie die nationalen Gesetzesvorschriften einfachen Gesetzesrang an. Sofern die in nationales Recht überführten DBA-Normen von einem nationalen Steuergesetz abweichen, konkurriert folglich das jüngere (DBA-)Recht mit dem älteren (nationalen) Recht. Die Auflösung dieser Konfliktsituation erfolgt durch die Anwendung der allgemeinen Kollisionsregel „lex posterior derogat legi priori", das jüngere Gesetz bricht das ältere. In diesem Fall würde dann vorrangig das DBA-Recht gelten. Auf diese Weise können die in nationales Recht überführten DBA-Normen gleichrangige frühere, bereits bestehende Gesetzesnormen ändern oder aufheben.[569]

Andererseits können wiederum umgekehrt inkorporierte DBA-Normen, da sie lediglich einfachen Gesetzesrang erlangen, auch durch spätere, neu eingefügte nationale Gesetzesnormen geändert oder aufgehoben werden („treaty override"[570]).[571] Die Einführung solcher nachträglichen Gesetzesnormen verstößt nach Auffassung des BVerfG[572] nicht gegen das Grundgesetz.

Es kann festgehalten werden, dass DBA gegenüber dem bestehenden innerstaatlichen Recht grundsätzlich sowohl nach der Regel „lex posterior derogat legi priori" als auch nach der Regel „lex specialis derogat legi generali" vorgehen können. Zu einer Konkurrenzsituation kommt es, wenn das DBA einerseits nach der „lex specialis"-Regel vorgeht, andererseits das nationale Recht gegenüber den DBA-Normen das jüngere („lex posterior") ist. Es kollidiert in diesem Fall das jüngere, allgemeine mit dem älteren, speziellen Recht. Fraglich ist, ob sich das DBA auch hier gegenüber dem nationalen Recht „durchsetzen" kann.

Dieser Punkt wird in der Literatur heftig diskutiert. Die heute h.M.[573] geht jedoch davon aus, dass dieser Konflikt mit der Regel „lex generalis posterior non derogat legi

---

569 Vgl. Mausch, V., Treaty Overriding, 1998, S. 214 f; Kerath, A., Maßstäbe zur Auslegung und Anwendung von DBA, 1995, S. 149.

570 Zu den unterschiedlichen Begriffsbedeutungen des aus dem US-amerikanischen Rechtskreis stammenden Terminus „treaty override", vgl. bei Mössner in: Fischer (Hrsg.), Besteuerung internationaler Konzerne, 1993, S. 115 f; Brünink, J., Das Verhältnis des Außensteuergesetzes zu den DBA, S. 11 Fn. 63 und Mausch, V., Treaty Overriding, 1998, S. 12 f.

571 Vgl. Mausch, V., Treaty Overriding, 1998, S. 214; Kluge, V., Internationales Steuerrecht, 4. Aufl., 2000, S. 650.

572 Vgl. BVerfG v. 26.03.1957, BVerfGE 6, 309 (363); ferner BFH v. 13.7.1994, BStBl II 1995, S. 129 (130).

573 Vgl. Birk in: HHSp, AO/FGO, § 2 AO Tz. 167, 174; BVerfG v. 9.6.1971, BVerfGE 31, S. 145 (178); ferner Kerath, A., Maßstäbe zur Auslegung und Anwendung von DBA, 1995, S. 149; Klu-

speciali priori" zu lösen ist. Das ältere, speziellere Recht hat Vorrang vor dem jüngeren, allgemeineren, d.h. „DBA-Recht bricht neues Recht". Begründet wird diese Entscheidung vor allem damit, dass dem älteren, spezielleren Recht höherer Bestandsschutz zukommen müsse. Ferner solle der nationale Gesetzgeber vor einer Verletzung völkerrechtlicher Vertragspflichten geschützt werden.

1.3.1.2.4 § 20 Abs. 1 AStG

Gemäß § 20 Abs. 1 AStG werden die Vorschriften der §§ 7 bis 18 AStG nicht durch das Abkommen zur Vermeidung der Doppelbesteuerung berührt.

Durch die Regelung des § 20 Abs. 1 AStG wollte der Gesetzgeber einen (möglichen) Verstoß der §§ 7-18 AStG gegen ein DBA explizit für zulässig erklären. Die nationalen Vorschriften der §§ 7-18 AStG sollen mit anderen Worten den DBA Normen „vorgehen". Wie bereits ausgeführt, kann zum einen – ebenso wenig wie § 2 AO, der umgekehrt die Vorrangigkeit der DBA-Normen gegenüber nationalen Vorschriften regeln will – auch die Norm des § 20 AStG als einfaches Landesrecht die Vorrangigkeit der ihr gleichrangigen Normen §§ 7-18 AStG vor DBA-Normen nicht bestimmen. Zum anderen liegt durch eine solche einseitige nationale „treaty override-Regel" – selbst wenn in Deutschland eine solche Regelung grundsätzlich zulässig ist – eine Vertragsverletzung vor. Im Schrifttum wird zum Teil die Auffassung vertreten, dass der Streit über den Verstoß der Hinzurechnungsbesteuerung gegen die DBA durch die Vorschrift des § 20 AStG beigelegt ist.[574] Der überwiegende Teil des Schrifttums hält jedoch m.E zutreffend unverändert an dem Vorrang der DBA Regelungen fest.[575] Letztlich bleibt bis heute unklar, welche Bedeutung § 20 Abs. 1 AStG in der innerstaatlichen Normenhierarchie einzuräumen ist.[576]

1.3.2 Verhältnis DBA und nationales Recht im Ausland

1.3.2.1 Anwendbarkeit des Völkerrechts im innerstaatlichen Recht

Wie in Deutschland wird auch in den meisten Ländern durch die Verfassung ein „parlamentarischer Zustimmungsakt" gefordert, um Völkervertragsrecht in innerstaatliches Recht zu inkorporieren und den völkervertraglichen Regelungen damit innerstaatliche Wirksamkeit zu verschaffen. Von den hier untersuchten Staaten wird ein Zustim-

---

ge, V., Internationales Steuerrecht, 4. Aufl., 2000, S. 649; Schaumburg, H., Internationales Steuerrecht, 2. Aufl., 1998, Rz. 3.26; Brünink, J., Das Verhältnis der Normen des Außensteuergesetzes zu den Doppelbesteuerungsabkommen, 1997, S. 19; Djanani, C./Brähler, G., Internationales Steuerrecht, 2. Aufl., 2004, S. 84; a.A. Mausch, V., Treaty Overriding, 1998, S. 212 f, 214.

574 Z.B. Wassermeyer in: Flick/Wassermeyer/Baumhoff, AStG, § 20 Anm. 25, 27; zustimmend Rust, A., German National Report, in: Lang/Aigner/Scheuerle/Stefaner, CFC Legislation, 2004, S. 264; Köhler in: Strunk/Kaminski/Köhler, AStG/DBA, Vor §§ 7-14 AStG Rz. 73.

575 Vgl. Vogt in: Strunk/Kaminski/Köhler, AStG/DBA, § 20 AStG Rz. 1; Vogel in: Vogel/Lehner, DBA, 4. Aufl., 2003, Einl. Rz. 205; Eckert, R., RIW 1992, S. 386 (388); Brünink, J., Das Verhältnis der Normen des Außensteuergesetzes zu den Doppelbesteuerungsabkommen, 1997, S. 110; Leisner, W., RIW 1993, S.1013 ff; Schwarz, H./Fischer-Zernin, J., RIW 1992, S. 49 (51).

576 Vgl. bei Vogt in: Strunk/Kaminski/Köhler, AStG/DBA, § 20 AStG Rz. 1, 14 ff.

mungsgesetz in Finnland (sec. 81 des finnischen Grundgesetzes), Frankreich (Art. 53 des französischen Grundgesetzes), Italien (Art. 87 (8) des italienischen Grundgesetzes) und Großbritannien (s. 788 des ICTA 1988) sowie seit 1994 auch in Dänemark (Law No. 945 vom 23. November 1994) vorgeschrieben. Nur in Spanien (und bis 1993 in Dänemark) reicht die bloße Veröffentlichung des völkerrechtlichen Vertrags im Gesetzesblatt („Boletin Oficial del Estado“ in Spanien und „Lovtidende, afdeling C“ in Dänemark) aus, um innerstaatliche Wirksamkeit zu erlangen.[577]

1.3.2.2 Der Rang der DBA in der innerstaatlichen Normenhierarchie

Grundsätzlich gilt in allen Staaten – ebenso wie in Deutschland –, dass die DBA nach dem Inkorporationsakt *nationalen Gesetzesrang* erlangen.[578] Aufgrund des gleichen Gesetzesrangs leiten alle Staaten zunächst ab, dass (inkorporiertes) Völkerrecht grundsätzlich keinen Vorrang vor nationalem Recht haben kann.[579] Dennoch gibt es in den Ländern unterschiedliche Auffassungen darüber, ob es auf dieser Grundlage zu einem „treaty override“ kommen kann bzw. darf oder nicht.

In Dänemark, Großbritannien und den USA wird – ebenso wie in Deutschland – die Auffassung vertreten, dass insofern ein „treaty override“ möglich ist, als das Parlament über die zu implementierenden völkerrechtlichen Regelungen bestimmen und daher auch eine von den völkerrechtlichen Regelungen abweichende Regelung wählen kann.

577 Vgl. bei Bleckmann, A., Begriff und Kriterien der innerstaatlichen Anwendbarkeit völkerrechtlicher Verträge, 1970, S. 186 f sowie die Untersuchungen bei Sandler, D., Tax Treaties and Controlled Foreign Company Legislation, 2. Aufl., 1998, S. 40-54; ferner Helminen, M., Tax Treaty Interpretation in Finland, in: Lang, M. (Hrsg.), Tax Treaty Interpretation, 2001, S. 80; Gutmann D., Tax Treaty Interpretation in France, in: Lang, M. (Hrsg.), Tax Treaty Interpretation, 2001, S. 98; Jones, J. F. A., Tax Treaty Interpretation in the United Kingdom, in: Lang, M. (Hrsg.), Tax Treaty Interpretation, 2001, S. 360; Michelsen, A., Tax Treaty Interpretation in Denmark, in: Lang, M. (Hrsg.), Tax Treaty Interpretation, 2001, S. 65; Roch, M. T. S./Ribes, A., Tax Treaty Interpretation in Spain, in: Lang, M. (Hrsg.), Tax Treaty Interpretation, 2001, S. 305; Bizioli, G., Tax Treaty Interpretation in Italy, in: Lang, M. (Hrsg.), Tax Treaty Interpretation, 2001, S. 198.

578 Vgl. bei Sandler, D., Tax Treaties and Controlled Foreign Company Legislation, 2. Aufl., 1998, S. 40-54; Mausch, V., Treaty Overriding, 1998, S. 1 Fn. 6 m.w.N.; Lang, M., Die Bindung der Doppelbesteuerungsabkommen an die Grundfreiheiten des EU-Rechts, in: Gassner/Lang/Lechner (Hrsg.), Doppelbesteuerungsabkommen und EU-Recht, 1996, S. 27, 30 m.w.N. in Fn. 3; Djanani, C., Internationales Steuerrecht, 2. Aufl., 1998, S. 126; ferner Helminen, M., Tax Treaty Interpretation in Finland, in: Lang, M. (Hrsg.), Tax Treaty Interpretation, 2001, S. 80; Gutmann D., Tax Treaty Interpretation in France, in: Lang, M. (Hrsg.), Tax Treaty Interpretation, 2001, S. 98; Jones, J. F. A., Tax Treaty Interpretation in the United Kingdom, in: Lang, M. (Hrsg.), Tax Treaty Interpretation, 2001, S. 360; Michelsen, A., Tax Treaty Interpretation in Denmark, in: Lang, M. (Hrsg.), Tax Treaty Interpretation, 2001, S. 65; Roch, M. T. S./Ribes, A., Tax Treaty Interpretation in Spain, in: Lang, M. (Hrsg.), Tax Treaty Interpretation, 2001, S. 305; Bizioli, G., Tax Treaty Interpretation in Italy, in: Lang, M. (Hrsg.), Tax Treaty Interpretation, 2001, S. 200.

579 In den USA ist die Gleichrangigkeit von Völkerrecht und nationalem Recht sogar durch die Verfassung klargestellt. Vgl. bei Mausch, V., Treaty Overriding, 1998, S. 1 Fn. 6; Sandler, D., Tax Treaties and Controlled Foreign Company Legislation, 2. Aufl., 1998, S. 52 f.

Ein „treaty override" kann in diesen Staaten daher gewollt sein und durch das Parlament explizit für zulässig erklärt werden.[580]

In Finnland hingegen kann es offiziell zu keinem „treaty override" kommen. Finnland argumentiert mit der sog. „golden rule of treaty law". Bei einer Normenkollision ergibt sich der Vorrang der völkerrechtlichen Regelungen vor den nationalen Vorschriften daraus, dass DBA Besteuerungsansprüche nur einschränken, nicht aber erweitern können. Sofern nationales Recht „weiter" ist als die DBA-Regelungen, muss vorrangig das DBA-Recht angewendet werden.[581]

In Spanien und Frankreich kann es aufgrund der Verfassung nicht zu einem „treaty override" kommen. Denn der Vorrang von Völkerrecht (inklusive Völkervertragsrecht) vor nationalem Recht ist im Grundgesetz bestimmt (Art. 55 GG in Frankreich und Art. 96 (1) GG in Spanien). Sofern nationale Regelungen gegen völkerrechtliche verstoßen, kann sich der Betroffene unmittelbar auf das (günstigere) Völkerrecht berufen.[582]

In einigen Staaten, in welchen sich gegen die Möglichkeit eines „treaty override" ausgesprochen wird, waren jedoch Fälle vor Gericht zu entscheiden, in welchen der Vorwurf eines „treaty override" diskutiert wird. Dies ist z.B. in Frankreich der Fall.[583] Im Ergebnis lässt sich feststellen, dass zwar einige der untersuchten Staaten die vorrangige Anwendung von Völkerrecht bestimmen, faktisch jedoch „treaty overrides" in alle untersuchten Staaten möglich und zum Teil sogar tatsächlich gegeben sind.

1.3.3 Konsequenzen bei völkerrechtswidrigen nationalen Regelungen

Ein Staat kann durch seine innerstaatliche Gesetzgebung den Inhalt des völkerrechtlichen Vertrags nicht einschränken. Die Regelung des DBA bleibt unverändert bestehen. Denn die Verpflichtung auf völkerrechtlicher Ebene bleibt von der innerstaatlichen Rechtsänderung unberührt.[584] Nach Auffassung des BFH[585] kann eine spätere Ände-

---

580 Vgl. Michelsen, A., Tax Treaty Interpretation in Denmark, in: Lang, M. (Hrsg.), Tax Treaty Interpretation, 2001, S. 65 f; Jones, J. F. A., Tax Treaty Interpretation in the United Kingdom, in: Lang, M. (Hrsg.), Tax Treaty Interpretation, 2001, S. 360; Sandler, D., Tax Treaties and Controlled Foreign Company Legislation, 2. Aufl., 1998, S. 42, 50 f, 52 f; Mausch, V., Treaty Overriding, 1998, S. 2 ff, 7 f.

581 Vgl. Helminen, M., Tax Treaty Interpretation in Finland, in: Lang, M. (Hrsg.), Tax Treaty Interpretation, 2001, S. 80.

582 Vgl. Roch, M. T. S./Ribes, A., Tax Treaty Interpretation in Spain, in: Lang, M. (Hrsg.), Tax Treaty Interpretation, 2001, S. 305; Sandler, D., Tax Treaties and Controlled Foreign Company Legislation, 2. Aufl., 1998, S. 44 f, 131, 153; Gutmann, D., Tax Treaty Interpretation in France, in: Lang, M. (Hrsg.), Tax Treaty Interpretation, 2001, S. 98; Almudi, J., National Report Spain, in: Lang/Aigner/Scheuerle/Stefaner, CFC Legislation, 2004, S. 574.

583 Vgl. Fall *Schneider*, Urteil des Conseil d'Etat v. 28.06.2002; vgl. TNS, 8 July 2002, Issue 28, Volume 36, S. 382; ferner Gutmann, D., Tax Treaty Interpretation in France, in: Lang, M. (Hrsg.), Tax Treaty Interpretation, 2001, S. 100; Mausch, V., Treaty Overriding, 1998, S. 9.

584 Vgl. Seidl-Hohenveldern, I., Völkerrecht, 10. Aufl., 2000, § 41 Rz. 553, 568; Vogel in: Vogel/Lehner, DBA, 4. Aufl., 2003, Einl. Rz. 182.

rung der innerstaatlichen Rechtslage eine von den Vertragsparteien objektiv gewollte Regelung des DBA in ihrem Inhalt nicht verändern.

Folglich liegt, sofern die spätere Gesetzgebung den Regelungen des DBA widerspricht, ein Verstoß gegen das Völkerrecht vor. Jede Inkongruenz zwischen der völkerrechtlichen Verpflichtung auf der einen Seite und ihrer nationalen Umsetzung auf der anderen Seite stellt als „treaty override" eine Vertragsverletzung dar.[586] Eine Vertragspartei kann sich nicht auf ihr innerstaatliches Recht berufen, um die Nichterfüllung eines Vertrags zu rechtfertigen, so Art. 27 WÜRV.

Die in dem WÜRV vorgesehenen Rechtsfolgen einer solchen Vertragsverletzung sind die Möglichkeit der Beendigung oder der gänzlichen bzw. teilweisen Suspendierung des Abkommens (Art. 60 WÜRV).[587] Macht der betroffene Vertragsstaat von seinem Recht der Beendigung oder Suspendierung des Abkommens keinen Gebrauch, hat das abkommenswidrige nachfolgend erlassene Gesetz trotz Völkerrechtsverstoß Geltung. Zu einem Fortfall der Vertragsbindung „ipso facto" kommt es nicht.[588]

Durch stillschweigende Duldung oder widerspruchsloses Hinnehmen des Vertragsbruchs kann sich sogar eine abweichende „spätere Praxis" entwickeln. In derartigen Fällen kann sich unter bestimmten Voraussetzungen eine „derogative Vertragsänderung" ergeben. Die Völkerrechtswidrigkeit entfällt dann.[589]

1.3.4 Ergebnis

Im Ergebnis lässt sich sagen, dass im deutschen Grundgesetz keine Norm verankert ist, die den Vorrang von Völkervertragsrecht gegenüber innerstaatlichem Recht bestimmt. Art. 25 GG gilt nur für allgemeines Völkerrecht, nicht für Völkervertragsrecht. Auch § 2 AO kann als einfache Gesetzesnorm nicht den Vorrang völkerrechtlicher Normen vor nationalen Rechtsvorschriften kodifizieren. Der Vorrang wird daher durch die Kollisionsregeln bestimmt. DBA haben danach Vorrang vor nationalem Recht, wenn die DBA-Normen im Einzelfall – so, wenn man die allgemeine „lex specialis"-Regel anwendet – oder grundsätzlich – so, wenn man § 2 AO als spezielle Kollisionsregel auslegt – als spezieller als die nationalen Rechtsnormen angesehen werden. Heute besteht überwiegend Einigkeit darin, dass sich der Vorrang der DBA-Normen gegenüber nati-

---

585 Vgl. BFH v. 15.6.1973, BStBl II 1973, S. 810 (812).

586 Vgl. Vogel in: Vogel/Lehner, DBA, 4. Aufl., 2003, Einl. Rz. 194; Becker, H./Würm, F., intertax, 1988, S. 257 (262 f); Becker, H., ET 1988, S. 383 (384 f).

587 Vgl. Ipsen, K., Völkerrecht, 4. Aufl., 1999, § 15 Rz. 76 f; Herdegen, M., Völkerrecht, 3. Aufl., 2004, § 15 Rz. 37; Vogel in: Vogel/Lehner, DBA, 4. Aufl., 2003, Einl. Rz. 199 f; Doehring, K., Völkerrecht, 1999, § 5 Rz. 370 f; Krimminich, O./Hobe, S., Einführung in das Völkerrecht, 7. Aufl., 2000, S. 207; Geiger, R., Grundgesetz und Völkerrecht, 3. Aufl., 2002, S. 112.

588 Vgl. Ipsen, K., Völkerrecht, 4. Aufl., 1999, § 15 Rz. 76; Vogel in: Vogel/Lehner, DBA, 4. Aufl., 2003, Einl. Rz. 199. Bislang hat noch kein Staat ein DBA aufgrund eines Abkommensverstoßes durch die andere Vertragspartei (aufgrund einer dem Abkommen entgegenstehenden nationalen Gesetzesnorm) gekündigt, hierzu Becker, H./Würm, F., intertax, 1988, S. 257 (262).

589 Vgl. hierzu Mausch, V., Treaty Overriding, 1998, S. 158 f; Vogel in: Vogel/Lehner, DBA, 4. Aufl., 2003, Einl. Rz. 192; vgl. hierzu auch Birk in: HHSp, AO/FGO, § 2 AO Rz. 86 ff.

onalem Recht aus § 2 AO zwar nicht materiell-rechtlich, aber als besondere Kollisionsregel ableitet.

Anders als in Deutschland ist im Ausland häufig der Vorrang von Völkerrecht, auch von Völkervertragsrecht, vor innerstaatlichem Recht in der Verfassung bestimmt, wie z.B. in Spanien und Frankreich. In Finnland geht man davon aus, dass sich der Vorrang von DBA vor nationalem Recht aus der „golden rule of treaty law" ergibt und es daher keiner weiteren grundgesetzlichen Regelung bedarf. Dänemark, Großbritannien und die USA haben hingegen eine dem deutschen Grundgedanken ähnliche Regelung. Ein grundsätzlicher Vorrang der DBA-Normen vor nationalem Recht besteht aufgrund der parlamentarischen Zustimmungsbedürftigkeit zur Inkorporation nicht; eine Abweichung des nationalen Rechts von DBA-Normen ist möglich, wenn der Gesetzgeber dies ausdrücklich zulassen will.
Sofern innerstaatliches Recht und DBA-Recht voneinander abweichen, liegt im weitesten Sinne ein „treaty override" vor. Ein „treaty override" stellt eine Verletzung des Völkerrechts dar. Die nationale Regelung ist damit rechtswidrig und bleibt allenfalls innerstaatlich verbindlich. Ein „treaty override" führt nicht zu einer automatischen Auflösung des DBA. Wird der Verstoß von der anderen Vertragspartei nicht beanstandet, besteht der Vertrag weiter fort. Dennoch liegt weiterhin eine Völkerrechtsverletzung, genauer eine Verletzung der allgemeinen Regel der Vertragstreue vor. Nach neuerer Auffassung in der Steuerrechtswissenschaft, insbesondere nach Auffassung von *Vogel*, verstoße eine abkommenswidrige innerstaatliche Gesetzgebung darüber hinaus gegen den verfassungsrechtlichen Rechtsgrundsatz des Art. 20 GG. Er hält daher eine abkommenswidrige nationale Regelung sogar für nichtig.[590]

1.4 Auslegung der DBA

1.4.1 Völkerrechtliches Auslegungspostulat

Auch wenn die DBA-Normen in einen Staat eingeführt bzw. in dessen Gesetzessystem inkorporiert wurden, bleiben sie doch immer Verträge. Welcher Inhalt einer DBA-Norm im innerstaatlichen Recht beigelegt wird, muss daher aus dem *völkerrechtlichen Vertrag* geschlossen werden. Sie haben infolge der Inkorporation nur die Kraft und Verbindlichkeit von nationalen Gesetzen, die Auslegung kann jedoch nicht nach innerstaatlichen Auslegungsregeln vorgenommen werden.[591] Dies ergibt sich daraus, dass nach Funktion und Inhalt Abkommensrecht und innerstaatliches Recht getrennte Ebenen bilden. Das innerstaatliche Recht bestimmt den Steueranspruch, das Abkommens-

---

590 So neuerdings Vogel in: Vogel/Lehner, DBA, 4. Aufl., 2003, Einl. Rz. 205; a.A. Birk in: HHSp, AO, § 2 AO Rz. 3a.

591 Vgl. bei Kerath, A., Maßstäbe zur Auslegung und Anwendung von DBA, 1995, S. 163; Vogel in: Vogel/Lehner, DBA, 4. Aufl., 2003, Einl. Rz. 100; ebenso Mössner in: Festschrift Seidl-Hohenveldern, 1988, S. 426; BVerfG v. 4.5.1955, BVerfGE 4, 157 (168); BVerfG v. 8.4.1987, BVerfGE 75, S. 223 (234); Birk in: HHSp, AO/FGO, § 2 AO Rz. 77.

recht grenzt ihn ein. Insofern sind die DBA auch in ihrer Auslegung als ein vom innerstaatlichen Recht getrennter, eigenständiger Rechtskreis aufzufassen.[592].

Dieses völkerrechtliche Auslegungspostulat hat der BFH[593] bereits mehrfach unterstrichen, wenn er sagt, dass das innerstaatliche Recht einerseits und das Recht des DBA andererseits zwei in sich geschlossene Rechtskreise sind, die ihre eigenen Abgrenzungen und Begriffsbestimmungen haben. Um einer Auslegung im Sinne der Regelungsabsicht und des Willens *beider* Vertragsparteien gerecht zu werden, müssen insbesondere völkerrechtliche Auslegungsregeln herangezogen werden.[594] Auch das BVerfG[595] hat hervorgehoben, dass unter verschiedenen Auslegungsmöglichkeiten derjenigen der Vorzug zu geben ist, bei der der Vertrag vor dem Grundgesetz bestehen kann. Andernfalls käme es zu einer Diskrepanz zwischen der gemeinsamen völkerrechtlichen Verpflichtung der Vertragsstaaten und der jeweiligen innerstaatlichen Handhabung des Vertrages.

Völkerrechtliche Auslegungsregeln stellen zum einen das WÜRV zum anderen das OECD-MA bereit.

1.4.2 Völkerrechtliche Auslegungsregeln

1.4.2.1 Das Wiener Übereinkommen über das Recht der Verträge (WÜRV) – Art. 31 WÜRV

Inwieweit der Wortlaut oder der Sinn und Zweck für die Auslegung von DBA maßgebend sein soll, war lange Zeit heftig umstritten. Mittlerweile sind viele der Meinungsverschiedenheiten durch das WÜRV obsolet geworden.[596] Allgemeine Regeln für die Auslegung völkerrechtlicher Verträge enthalten die Art. 31 ff WÜRV.[597] Nach Art. 31 Abs. 1 WÜRV („general rule of interpretation“) ist ein Vertrag „nach Treu und Glauben in Übereinstimmung mit der gewöhnlichen, seinen Bestimmungen in ihrem Zusammenhang zukommenden Bedeutung und im Lichte seines Zieles und Zweckes auszulegen.“ Gemäß Art 31 Abs. 2 WÜRV bedeutet der Zusammenhang, dass zur Auslegung neben dem Wortlaut des Vertrags inklusive Präambeln und Anlagen auch die

---

592 So Debatin in: Debatin/Wassermeyer, MA, Systematik III Rz. 121; zustimmend Wassermeyer in: Debatin/Wassermeyer, MA, Art. 3 Rz. 71a, 76.

593 Vgl. explizit BFH v. 15.1.1971, BStBl II 1971, S. 379 (380); BFH v. 15.6.1973, BStBl II 1973, S. 810 (811); BFH v. 21.8.1985, BStBl II 1986, S. 4 (5); BFH v. 19.2.1975, BStBl II 1975, S. 584 (585).

594 So auch Ipsen, K., Völkerrecht, 4. Aufl., 1999, § 11 Rz. 2. Gemäß dem das Völkerrecht prägende „Konsensprinzip“ kommt es auf den übereinstimmenden Willen der Vertragspartner an; so bei Seidl-Hohenveldern, I., Völkerrecht, 10. Aufl., 2000, § 20 Rz. 335. Vogel spricht von dem „Gebot der Entscheidungsharmonie“; vgl. Vogel in: Vogel/Lehner, DBA, 4. Aufl., 2003, Einl. Rz. 114 ff.

595 Vgl. BVerfG v. 4.5.1955, BVerfGE 4, 157 (168); BVerfG v. 10.3.1971, BVerGE 30, 272 (289).

596 Vgl. Vogel in: Vogel/Lehner, DBA, 4. Aufl., 2003, Einl. Rz. 102, 105.

597 Das WÜRV wurde am 23.5.1969 beschlossen und trat am 27.01.1969 in Kraft. Deutschland ist durch das Zustimmungsgesetz am 3.8.1985 mit Wirkung ab dem 20.8.1987 der Wiener Vertragsrechtskonvention beigetreten.

sich auf den Vertrag beziehenden Vereinbarungen, wie etwaige Schlussprotokolle, sowie jede Urkunde, die von einer oder mehreren Vertragsparteien anlässlich des Vertragsabschlusses abgefasst wurden, miteinbezogen werden müssen.[598] Auch spätere, nach Abschluss des Vertrags, vorgenommene Übereinkünfte, müssen berücksichtigt werden (Art. 31 Abs. 3 WÜRV).

Ausgangspunkt der Auslegung ist der Vertragsbegriff oder die Vertragsnorm, wie er oder sie sich aus dem Vertragswortlaut mit den ergänzenden, ggf. auch nachträglichen Vertragsvereinbarungen ergibt („objektiver Ansatz"). Denn nur im Text selbst lässt sich der gemeinsame Parteiwille sicher feststellen. Der subjektive Wille der Vertragsparteien ist zunächst nicht ausschlaggebend („subjektiver Ansatz"). Ziel und der Zweck eines DBA ist in erster Linie aus dem Vertragstext zu entnehmen, der Rückgriff auf bloße Mutmaßungen oder Unterstellungen hinsichtlich des Willens der Parteien ist nicht zulässig.[599]

Art. 31 WÜRV verfolgt also letztlich das Ziel, eine objektive Auslegung herbeizuführen.[600] Für die Auslegung eines völkerrechtlichen Vertrags steht nach den Regeln des WÜRV dessen Wortlaut im Vordergrund.[601] Wortlautübergreifende Auslegungen sind nicht zulässig.[602]

1.4.2.2 OECD-Musterabkommen

Das Abkommen selbst stellt eine Auslegungsregel bereit. Diese ergibt sich aus Art. 3 Abs. 2 OECD-MA, der besagt, dass, „wenn der Zusammenhang nichts anderes erfordert, jeder im Abkommen nicht definierte Ausdruck die Bedeutung hat, die ihm nach dem Recht des das Abkommen anwendenden Staates zukommt."[603] Für die Abkommensauslegung ist daraus folgende Auslegungsreihenfolge zu entnehmen:[604]

- Definition im Abkommen
- Sinn- und Vorschriftenzusammenhang innerhalb des Abkommens
- Innerstaatliches Recht

---

598 Vgl. Geiger, R., Grundgesetz und Völkerrecht, 3. Aufl., 2002, S. 109; Ipsen, K., Völkerrecht, 4. Aufl., 1999, § 11 Rz. 13; Kimminich, O./Hobe, S., Einführung in das Völkerrecht, 7. Aufl., 2000, S. 206; Gloria, C., Das steuerliche Verständigungsverfahren und das Recht auf diplomatischen Schutz, 1988, S. 73.

599 Vgl. Ipsen, K., Völkerrecht, 4. Aufl., 1999, § 11 Rz. 15; Gloria, C., Das steuerliche Verständigungsverfahren und das Recht auf diplomatischen Schutz, 1988, S. 73; Vogel in: Vogel/Lehner, DBA, 4. Aufl., 2003, Einl. Rz. 107; BFH v. 27.1.1988, BStBl II 1988, S. 574 (575)

600 Vgl. hierzu ausführlich bei Kerath, A., Maßstäbe zur Auslegung und Anwendung von DBA, 1995, S. 173; Ipsen, K., Völkerrecht, 4. Aufl., 1999, § 11 Rz. 5; Doehring, K., Völkerrecht, 1999, § 5 Rz. 393.

601 Vgl. Vogel in: Vogel/Lehner, DBA, 4. Aufl., 2003, Einl. Rz. 106 f.

602 Vgl. Henkel in: Becker/Höppner/Grotherr/Kroppen, DBA, Grundlagen Abschn. 4 Rn. 38.

603 Die Auslegungsklausel des Art. 3 Abs. 2 OECD-MA geht als „lex specialis" den allgemeinen völkerrechtlichen Auslegungsregeln des WÜRV vor. Vgl. Birk in: HHSp, AO/FGO, § 2 AO Rn. 79.

604 Vgl. Debatin in: Debatin/Wassermeyer, MA, Systematik III Rz. 122.

D.h. bei Auslegung eines Abkommens ist in erster Linie die Definition eines im Abkommen verwendeten Begriffs maßgeblich, in zweiter Linie der Sinn- und Vorschriftenzusammenhang innerhalb des Abkommens und erst in dritter Linie die Begriffsbestimmungen des innerstaatlichen Rechts.[605]

Diese Auslegungsregel beruht auf dem Auslegungspostulat, die DBA soweit irgend möglich aus sich selbst heraus auszulegen (sog. autonome Abkommensauslegung).[606] Erste Auslegungsquelle ist demnach das Abkommen selbst mit seinen ausdrücklichen Definitionen. Fehlt dem DBA eine eigene Begriffsdefinition, muss das DBA „aus seinem Sinn- oder Vorschriftenzusammenhang" ausgelegt werden.[607] Hierfür stehen völkerrechtliche Auslegungshilfen zur Verfügung. Diese sind vor allem der OECD-MK und Art. 32 f WÜRV. Erst wenn das Abkommen als Auslegungsquelle erschöpft ist, kann zur Begriffsbestimmung auf das innerstaatliche Recht des Anwenderstaates zurückgegriffen werden (sog. „lex fori-Klausel").[608]

1.4.3 Völkerrechtliche Auslegungshilfen

1.4.3.1 OECD-MK

Der MK gilt als bedeutsame Auslegungshilfe und weithin akzeptierte „Richtlinie" bei der Auslegung von DBA.[609] Sowohl die Finanzverwaltungen als auch die Gerichte der OECD-Mitgliedstaaten konsultieren den MK routinemäßig bei der Auslegung von DBA und legen der Anleitung, die der MK gibt, großes Gewicht bei.[610] Umstritten ist jedoch, welcher Rang dem MA und dem MK im Rahmen der Auslegung von DBA zukommt. Hier haben sich zwei Tendenzen herausgebildet:

Nach *Gloria* sind MA und MK sonstige subsidiäre Auslegungsmittel i.S.d. Art. 32 WÜRV. Daher würden die Gerichte das MA und seinen Kommentar allenfalls zur

---

605 Diese Auslegungsreihenfolge wurde ferner auch bestätigt durch BFH v. 21.8.1985, BStBl II 1986, S. 4 (5); BFH v. 27.1.1988, BStBl II 1988, S. 574 ff; BFH v. 30.5.1990, BStBl II 1990, S. 906 (907).

606 Vgl. Debatin in: Debatin/Wassermeyer, MA, Systematik III Rz. 130; zustimmend Birk in: HHSp, AO/FGO, § 2 AO Rz. 81; Henkel in: Becker/Höppner/Grotherr/Kroppen, DBA, Grundlagen Abschn. 4 Rn. 51; Lang, M., Die Bedeutung des originär innerstaatlichen Rechts für die Auslegung von Doppelbesteuerungsabkommen (Art. 3 Abs. 2 OECD-MA), in: Festschrift Debatin, 1997, S. 283 (295 ff); BFH v. 15.1.1971, BStBl II 1971, S. 379 (380).

607 Vgl. Debatin in: Debatin/Wassermeyer, MA, Systematik III Rz. 125.

608 Die Reihenfolge dieser drei Auslegungsstufen ist umstritten. Zustimmend vor allem Debatin in: Debatin/Wassermeyer, MA, Systematik III Rz. 130; Birk in: HHSp, AO/FGO, § 2 AO Rz. 81; Henkel in: Becker/Höppner/Grotherr/Kroppen, DBA, Grundlagen Abschn. 4 Rn. 51; Lang, M., Die Bedeutung des originär innerstaatlichen Rechts für die Auslegung von Doppelbesteuerungsabkommen (Art. 3 Abs. 2 OECD-MA), in: Festschrift Debatin, 1997, S. 283 (295 ff); Djanani, C./Brähler, G./Hartmann, T., IStR 2004, S. 481 (482 f); ablehnend Vogel in: Vogel/Lehner, DBA, 4. Aufl., 2003, Einl. Rz. 158.

609 Vgl. OECD-MK 2003 Tz. 13-15; Lüthi in: Becker/Höppner/Grotherr/Kroppen, DBA, Vor OECD-MA Rn. 16

610 Vgl. OECD-MK 2003 Tz. 29.1-29.3; BFH v. 22.10.1986, BStBl II 1987, S. 171 (172).

Bestätigung eines bereits auf anderem Wege gefundenen Ergebnisses heranziehen.[611] Der MK könne zudem nur dann herangezogen werden, wenn die DBA-Formulierung den Richtlinien des MA entsprechen.

Nach *Vogel* und den überwiegenden Stimmen im Schrifttum bestehe keine Veranlassung, diese Quellen nur nachrangig zur Auslegung heranzuziehen. Denn das MA und seine Kommentierung seien allgemein bekannt und von den Vertragsstaaten akzeptiert. Der MK könne auch dann als Orientierungshilfe bei der Abkommensauslegung verwendet werden, wenn die DBA eine von dem MA abweichende Regelung vorsehen.[612]

Bis dato besteht keine Klarheit über die dogmatische Einordnung der Auslegung auf Basis des MA und des MK.[613]

1.4.3.2 Art. 32 WÜRV

Art. 32 WÜRV lässt die Heranziehung ergänzender Auslegungsmittel, d.h. insbesondere vorbereitende Vertragsmaterialien zu, wie z.B. Vertragsentwürfe, Briefwechsel oder Sitzungsprotokolle, wenn nach der Auslegung anhand des Art. 31 WÜRV noch Zweifel verblieben sind oder das Ergebnis offensichtlich unvernünftig oder absurd ist. Die ergänzenden Auslegungsmittel sind also nur hilfsweise und subsidiär zum Vertragstext heranzuziehen.[614]
Der letzte der drei Auslegungsartikel, Art. 33 WÜRV, regelt, wie vorzugehen ist, wenn die Auslegung zu voneinander abweichenden Ergebnissen aufgrund von Bedeutungsunterschieden bei juristisch-technischen Termini in den jeweiligen Landessprachen der Vertragsparteien führt. Bei derartigen Bedeutungsunterschieden müssen sich die Vertragsparteien auf eine Auslegung verständigen, die mit beiden Texten am besten in Einklang steht.[615] Die Praxis hat in letzter Zeit häufig zur Aufnahme von Sprachklauseln geführt, die den Vorrang eines bestimmten Vertragstextes bestimmen.[616]

---

611 Vgl Gloria, C., Das steuerliche Verständigungsverfahren und das Recht auf diplomatischen Schutz, 1988, S. 84 ff, 90

612 Vgl. Vogel in: Vogel/Lehner, DBA, 4. Aufl., 2003, Einl. Rz. 124 ff; zustimmend Reimer, E., Tax Treaty Interpretation in Germany, in: Lang, M. (Hrsg.), Tax Treaty Interpretation, 2001, S. 134 ff; Debatin, nach Debatin bildet der OECD-MK eine „herausragende Orientierungshilfe und Auslegungsstütze für die Abkommensanwendung", vgl. Debatin in: Debatin/Wassermeyer, MA, Systematik III Rz. 133 und Art. 3 Rz. 76.

613 Vgl. hierzu Vogel in: Vogel/Lehner, DBA, 4. Aufl., 2003, Einl. Rz. 125; Lüthi in: Becker/Höppner/Grotherr/Kroppen, DBA, Vor OECD-MA Rn. 16 ff.

614 Vgl. Seidl-Hohenveldern, I., Völkerrecht, 10. Aufl., 2000, § 20 Rz. 357; Ipsen, K., Völkerrecht, 4. Aufl., 1999, § 11 Rz. 18; Geiger, R., Grundgesetz und Völkerrecht, 3. Aufl., 2002, S. 109; a.A. Wassermeyer in: Debatin/Wassermeyer, MA, Art. 3 Rz. 79.

615 Vgl. Ipsen, K., Völkerrecht, 4. Aufl., 1999, § 11 Rz. 22.

616 Vgl. Geiger, R., Grundgesetz und Völkerrecht, 3. Aufl., 2002, S. 110.

1.4.3.3 Anknüpfen an das Recht der Vertragsstaaten, Art. 3 Abs. 2 OECD-MA (sog. „Lex Fori-Klausel")

DBA definieren verwendete Begriffe entweder selbst (wie z.B. den Begriff der „Betriebsstätte" oder der „Lizenzgebühren") oder verweisen hinsichtlich der Begriffsbestimmung auf das jeweilige nationale Recht (wie z.B. beim Begriff des „unbeweglichen Vermögens" oder der „Dividende") oder äußern sich hinsichtlich der Begriffsbestimmung überhaupt nicht (wie z.B. bei den Begriffen „Gewinn", „Vermögen" und „Einkünfte").

Insbesondere in dem zuletzt genannten Fall kann es zu Auslegungskonflikten zwischen den Vertragsstaaten kommen.[617] Zur Lösung dieser Auslegungskonflikte ist regelmäßig Art. 3 Abs. 2 OECD-MA heranzuziehen.[618] Art. 3 Abs. 2 OECD-MA besagt, dass, wenn der Zusammenhang nichts anderes erfordert, d.h. wenn die Abkommensauslegung aus sich selbst heraus scheitert,[619] jeder im Abkommen nicht definierte Ausdruck die Bedeutung hat, die ihm nach dem Recht dieses Staates zukommt, für die das Abkommen gilt. Durch Art. 3 Abs. 2 OECD-MA wird die Möglichkeit eröffnet, bei der Bestimmung des Inhalts eines Abkommensbegriffs auf das innerstaatliche Recht des Anwenderstaates zu rekurrieren.

Wird so verfahren, handelt es sich jedoch nicht um eine Auslegung nach innerstaatlichem Recht im eigentlichen Sinne, vielmehr liegt dann eine Auslegung nach dem Definitionsgehalt des Abkommens vor, das den Begriffsinhalt des innerstaatlichen Rechts zu seinem eigenen macht.[620]

Die Bedeutung und Tragweite dieser Vorschrift für die Auslegung der DBA war lange Zeit umstritten.[621] Heute haben sich hierzu insbesondere zwei Theorien herausgebildet, die völkerrechtliche und die landesrechtliche Theorie.

Die *völkerrechtliche Theorie*, insbesondere nach *Debatin* und *Gloria*, geht von der Prämisse aus, dass das Abkommensrecht und das innerstaatliche Recht unterschiedliche Rechtkreise sind und insofern jedes DBA seine eigene, mit den nationalen Rechten der beteiligten Vertragsstaaten grundsätzlich nicht übereinstimmende Begriffssprache

---

617 Ferner besteht die Gefahr eines sog. „non-liquet", eines „nicht Entscheidbaren", da es an einem ausreichenden Instrument bzw. Anhaltspunkt, mittels dem staatliche Rechtsstreitigkeiten in Bezug auf DBA gelöst werde können, fehlt. Vgl. hierzu bei Kerath, A., Maßstäbe zur Auslegung und Anwendung von DBA, 1995, S. 191 ff.

618 Vgl. OECD-MK 2003, Art. 3 Tz. 11 f; Wassermeyer in: Debatin/Wassermeyer, MA, Art. 3 Rz. 4; Vogel in: Vogel/Lehner, DBA, 4. Aufl., 2003, Einl. Rz. 157.

619 vgl. hierzu Lang, M., Die Bedeutung des originär innerstaatlichen Rechts für die Auslegung von Doppelbesteuerungsabkommen (Art. 3 Abs. 2 OECD-MA), in: Festschrift Debatin, 1997, S. 283 (295 ff, 303).

620 Vgl. Debatin in: Debatin/Wassermeyer, MA, Systematik III Rz. 124; ebenso Wassermeyer in: Debatin/Wassermeyer, MA, Art. 3 Rz. 4.

621 Vgl. zur Darstellung der unterschiedlichen Auffassungen bei Wassermeyer in: Debatin/Wassermeyer, MA, Art. 3 Rz. 71; vgl. auch bei Birk in: HHSp, AO/FGO, § 2 AO Tz. 80.

hat.[622] Bei der Auslegung von DBA ist daher ein Rückgriff auf das nationale Recht aufgrund von Art. 3 Abs. 2 MA nur zulässig, wenn das jeweilige DBA keine eigene abschließende Definition zur Verfügung stellt oder sich aus dem DBA keine eigene Rechtsaussage ergibt, d.h. wenn das DBA aus sich heraus nicht auslegbar ist.[623] Andernfalls bestünde die Gefahr, dass die DBA in den einzelnen Vertragsstaaten unterschiedlich ausgelegt werden. Jede nationale, uneinheitliche Auslegung würde das Erreichen des Zwecks des DBA gefährden. Dies ergäbe sich insbesondere auch aus dem Grundsatz der Völkerrechtsfreundlichkeit des Grundgesetzes, der verlangt, dass bei der Auflösung von Mehrdeutigkeiten bzw. bei der Beseitigung von Rechtsunsicherheiten der Auslegung aus dem Abkommen gegenüber dem innerstaatlichen Recht Vorrang zu geben ist und nur beim Fehlen jeglicher Anhaltspunkte der Rückgriff auf nationales Recht zulässig ist.[624]

Auch nach der *landesrechtlichen Theorie*, insbesondere nach *Vogel* und *Mössner*, muss die Begriffsbestimmung zunächst aus dem Sinnzusammenhang des Abkommens heraus erfolgen.[625]

Da die Abkommen jedoch häufig zu wenig Anhaltspunkte für eine Auslegung nach dem Sinnzusammenhang geben, muss auf das Recht des Anwenderstaates zurückgegriffen werden.[626] Die Auslegung findet durch ein wechselseitiges Heranziehen von Abkommensrecht und innerstaatlichem Recht statt. Denn die Auslegungsvorgänge stehen „in einem Verhältnis der Wechselbezüglichkeit".[627] Die Vorrangigkeit der Abkommensnormen vor innerstaatlichem Recht für Auslegungszwecke wird von den Vertretern der landesrechtlichen Theorie nicht gesehen.[628] Ferner soll, anders als in der völkerrechtlichen Theorie, der Rückgriff auf das Recht des Anwenderstaates nicht auf

---

622 Denn das innerstaatliche Recht bestimmt einen Steueranspruch, das DBA schränkt diesen nur ein. Vgl. Debatin in: Debatin/Wassermeyer, MA, Systematik III Rz. 121; Gloria, C., Das steuerliche Verständigungsverfahren und das Recht auf diplomatischen Schutz, 1988, S. 93 ff, 97, 103 f.

623 Vgl. Debatin in: Debatin/Wassermeyer, MA, Systematik III Rz. 126; so auch BFH v. 15.1.1971, BStBl II 1971, S. 379 (380); BFH v. 21.8.1985, BStBl II 1986, S. 4 (5); ferner Lang, M., Die Bedeutung des originär innerstaatlichen Rechts für die Auslegung von Doppelbesteuerungsabkommen (Art. 3 Abs. 2 OECD-MA), in: Festschrift Debatin, 1997, S. 283 (303); Djanani, C./Brähler, G./Hartmann, T., IStR 2004, S. 481 (482)

624 Vgl. Kerath, A., Maßstäbe bei der Auslegung und Anwendung von DBA, 1995, S. 188 f.

625 Dass die DBA einen eigenen Regelungskreis bilden, sehen auch die Vertreter der landesrechtlichen Theorie. Allerdings sagt diese Feststellung ihrer Meinung nach nichts darüber aus, wo der eigene Regelungskreis beginnt und wo er endet. Vgl. hierzu bei Wassermeyer in: Debatin/Wassermeyer, MA, Art. 3 Rz. 71a, 76; Vogel in: Vogel/Lehner, DBA, 4. Aufl., 2003, Einl. Rz. 158; zustimmend Henkel in: Becker/Höppner/Grotherr/Kroppen, DBA, Grundlagen Abschn. 4 Rn. 64.

626 Vgl. Vogel in: Vogel/Lehner, DBA, 4. Aufl., 2003, Einl. Rz. 120.

627 So Vogel in: Vogel/Lehner, DBA, 4. Aufl., 2003, Einl. Rz. 119; so auch Mössner in: Festschrift Seidl-Hohenveldern, 1988, S. 413, 424.

628 Vgl. Vogel in: Vogel/Lehner, DBA, 4. Aufl., 2003, Einl. Rz. 119; Wassermeyer in: Debatin/Wassermeyer, MA, Art. 3 Rz. 71 a, 78.

die Fälle beschränkt sein, in denen der Auslegungsmaßstab des „Zusammenhangs" ausgeschöpft, aber noch keine klare Rechtsaussage des DBA erkennbar ist.[629]

Mit *Djanani/Brähler/Hartmann* ist der völkerrechtlichen Theorie zuzustimmen. Der Ansatz der völkerrechtlichen Theorie eignet sich besser zur Schaffung eines gemeinsamen Abkommensinhalts. Ein frühzeitiger Rückgriff auf das innerstaatliche Recht würde eine einheitliche Abkommensauslegung und -anwendung gefährden.[630] In der nachfolgenden Analyse wird daher bei Auslegungsfragen stets gemäß dem Ansatz der völkerrechtlichen Theorie verfahren.

2. Systematik bei der Anwendung von DBA

Die Staaten sind kraft ihrer Steuersouveränität in der Festlegung ihres Besteuerungsanspruchs frei.[631] Bei Abschluss eines DBA bleiben die Bestimmungen der innerstaatlichen Steuergesetze grundsätzlich bestehen. Sie werden nicht durch die Normen des DBA ersetzt.[632] Durch ein DBA verpflichten sich vielmehr zwei souveräne Staaten, ihre durch innerstaatliches Recht bestehenden Besteuerungsansprüche zu beschränken. Die DBA-Normen begründen insofern keinen (neuen) Steueranspruch, sondern schränken lediglich die nationalen Steueransprüche der Vertragsstaaten ein.[633] Die DBA-Normen werden daher in der Literatur oft als „Grenznormen" [634] oder „Schrankennormen" [635] bezeichnet.

Rechtsgrund für diese Schranke ist der im Vertragswege vereinbarte Verzicht der Vertragsstaaten, den aus seiner souveränen Steuergesetzgebung resultierenden Steueranspruch auszuüben. Die DBA begründen ein auf Gegenseitigkeit beruhendes System von Steuerverzichten.[636] Die DBA-Normen werden daher auch als „Verzichtsnormen"[637] bezeichnet.

629 Vgl. Vogel in: Vogel/Lehner, DBA, 4. Aufl., 2003, Einl. Rz. 120.

630 Vgl. insbes. Djanani, C./Brähler, G./Hartmann, T., IStR 2004, S. 481 (482).

631 Vgl. Djanani, C./Brähler, G., Internationales Steuerrecht, 2. Aufl., 2004, S. 3, 81; Mössner in: Fischer (Hrsg.), Besteuerung internationaler Konzerne, 1993, S. 125 f; Kluge, V., Das Internationale Steuerrecht, 4. Aufl., 2000, S. 758 f; Rose, G., Internationales Steuerrecht, 6. Aufl., 2004, S. 27 f.

632 Vgl. Debatin in: Debatin/Wassermeyer, MA, Systematik I Rz. 39; Vogel in: Vogel/Lehner, DBA, 4. Aufl., 2003, Einl. Rz. 43.

633 Vgl. Debatin in: Debatin/Wassermeyer, MA, Systematik I Rz. 39; Vogel in: Vogel/Lehner, DBA, 4. Aufl., 2003, Einl. Rz. 43, 72; Djanani, C./Brähler, G., Internationales Steuerrecht, 2. Aufl., 2004, S. 82; BFH v. 28.6.1972, BStBl II 1972, S. 785 (789).

634 Vgl. Vogel in: Vogel/Lehner, DBA, 4. Aufl., 2003, Einl. Rz. 43.

635 Vgl. Djanani, C./Brähler, G., Internationales Steuerrecht, 2. Aufl., 2004, S. 94.

636 Vgl. Gloria, C., Das steuerliche Verständigungsverfahren und das Recht auf diplomatischen Schutz, 1988, S. 59; Schaumburg, H., Internationales Steuerrecht, 2. Aufl., 1998, Rz. 16.38; Debatin in: Debatin/Wassermeyer, MA, Systematik I Rz. 36; Grotherr, S./Herfort, C./Strunk, G., Internationales Steuerrecht, 1998, S. 436; Kluge, V., Das Internationale Steuerrecht, 4. Aufl., 2000, S. 645; Tillmanns in: Mössner u.a., Steuerrecht international tätiger Unternehmen, 2. Aufl., 1998, Rz. B 440; Menck in: Mössner u.a., Steuerrecht international tätiger Unternehmen, 2. Aufl., 1998,

Bei der Anwendung eines DBA ist nach h.M.[638] zunächst zu prüfen, ob ein Steueranspruch nach innerstaatlichem Recht besteht. Liegt ein solcher Steueranspruch vor, ist weiter zu prüfen, ob und inwieweit dieser Anspruch durch das DBA eingeschränkt oder unberührt belassen wird.

2.1 Bestehen eines Steueranspruchs nach nationalem Recht

Die überwiegende Zahl der Staaten geht bei der Bestimmung ihres Besteuerungsanspruchs von zwei Besteuerungsprinzipien aus, der Besteuerung nach dem Wohnsitzprinzip und nach dem Quellenprinzip, und sieht im innerstaatlichen Recht deren kombinierte Anwendung vor.[639]

2.1.1 Einkünftezurechnung nach dem Wohnsitzprinzip (Welteinkommensprinzip)

Inländer i.S.v. im Inland Ansässige werden mit ihrem „Welteinkommen", also dem Einkommen, das sie bei in- und ausländischen Wirtschaftsvorgängen erwirtschaften, der Besteuerung unterworfen (Welteinkommensprinzip).[640] Das Welteinkommensprinzip spiegelt sich bei der Mehrzahl der Staaten in der „unbeschränkten Steuerpflicht" wider.[641] Im deutschen Steuerrecht wird eine Person unbeschränkt steuerpflichtig, wenn sie gemäß § 1 EStG ihren Wohnsitz oder gewöhnlichen Aufenthalt bzw. gemäß § 1 KStG ihre Geschäftsleitung oder ihren Sitz in Deutschland hat.[642] Auch in den meisten anderen OECD-Mitgliedstaaten wird die unbeschränkte Steuerpflicht an die Merkmale Wohnsitz oder gewöhnlichen Aufenthalt bei natürlichen Personen bzw. Ort

---

Rz. A 31; Schaumburg, H., Internationales Steuerrecht, 2. Aufl., 1998, Rz. 16.7; Frotscher, G., Internationales Steuerrecht, 2001, § 5 Rz. 1.

637 Vgl. bei Schaumburg, H., Internationales Steuerrecht, 2. Aufl., 1998, Rz. 16.38; Mössner in: Fischer (Hrsg.), Besteuerung internationaler Konzerne, 1993, S. 126; Debatin, H., RIW 1988, S. 727 (729).

638 So grundlegend RFH v. 3.10.1935, RStBl 1935, S. 1399; gl.A. Gloria, C., Das steuerliche Verständigungsverfahren und das Recht auf diplomatischen Schutz, 1988, S. 59 f; Menck in: Mössner u.a., Steuerrecht international tätiger Unternehmen, 2. Aufl., 1998, Rz. A 32; Kluge, V., Das Internationale Steuerrecht, 4. Aufl., 2000, S. 653; Frotscher, G., Internationales Steuerrecht, 2001, § 5 Rz. 1; „aus praktischen Gründen" auch nach Debatin in: Debatin/Wassermeyer, MA, Systematik III Rz. 52 f und Systematik I Rz. 25; a.A. Vogel, nach Vogel kommt man auch bei einer umgekehrten Prüfungsreihenfolge zu demselben Ergebnis; nach Vogel ist logisch keine Prüfungsreihenfolge geboten, die Prüfungsreihenfolge kann von Fall zu Fall pragmatisch entschieden werden. Vgl. Vogel in: Vogel/Lehner, DBA, 4. Aufl., 2003, Einl. Rz. 90.

639 Vgl. Djanani, C./Brähler, G., Internationales Steuerrecht, 2. Aufl., 2004, S. 6; Vogel in: Vogel/Lehner, DBA, 4. Aufl., 2003, Einl. Rz. 2, 23. Zur Neuausrichtung der Prinzipien, vgl. Reimer, E., IStR 2004, S. 816 und Lehner, M./Reimer, E., IStR 2005, S. 542 ff.

640 Vgl. Vogel in: Vogel/Lehner, DBA, 4. Aufl., 2003, Einl. Rz. 2.

641 Vgl. Debatin in: Debatin/Wassermeyer, MA, Systematik III Rz. 61 a, 61 b.

642 Vgl. ausführlich zur den Anknüpfungsmerkmalen der Begründung einer unbeschränkten Steuerpflicht und zum Besteuerungsverfahren bei Djanani, C./Brähler, G., Internationales Steuerrecht, 2. Aufl., 2004, S. 9 ff; Frotscher, G., Internationales Steuerrecht, 2001, § 3 Rz. 2, 9 ff; Kluge, V., Das Internationale Steuerrecht, 4. Aufl., 2000, S. 165 ff.

der Geschäftleitung oder Sitz bei juristischen Personen geknüpft.[643] In den USA hingegen führt bei natürlichen Personen darüber hinaus bereits die amerikanische Staatsangehörigkeit zu einer unbeschränkten Steuerpflicht.[644] Anknüpfungspunkt für eine Welteinkommensbesteuerung ist die Erfüllung bestimmter persönlicher Merkmale des Steuerpflichtigen.

2.1.2 Einkünftezurechnung nach dem Quellenprinzip (Territorialitätsprinzip)

Nicht-Inländer i.S.v. nicht im Inland Ansässige werden mit dem „Inlandseinkommen" besteuert, d.h. insoweit besteuert, als sie Einkünfte aus inländischen Wirtschaftsvorgängen erzielen (Territorialitätsprinzip).[645] Das Territorialitätsprinzip spiegelt sich bei der Mehrzahl der Staaten in der „beschränkten Steuerpflicht" wider.[646] Im deutschen Steuerrecht wird eine Person beschränkt steuerpflichtig, wenn sie bestimmte in § 49 EStG abschließend aufgezählte inländische Einkünfte erzielt.[647] Ebenso wie in Deutschland wird auch in den meisten anderen OECD-Mitgliedstaaten die beschränkte Steuerpflicht an einen Katalog bestimmter inländischer Einkünfte festgemacht.[648] Anknüpfungspunkt für eine Inlandseinkommensbesteuerung ist insofern die Erfüllung bestimmter sachlicher Kriterien, wie die Belegenheit einer Betriebsstätte im Inland oder das Ausüben einer Tätigkeit im Inland.[649]

Wie bereits oben erwähnt, sehen die meisten Staaten eine Kombination beider Besteuerungsprinzipien vor. D.h. ein Anspruch auf Besteuerung gilt als begründet, wenn die persönlichen Anknüpfungsmerkmale für eine unbeschränkte Steuerpflicht oder die sachlichen Anknüpfungsmerkmale für eine beschränkte Steuerpflicht gegeben sind.

---

643 Vgl. die Übersicht bei Vogel in: Vogel/Lehner, DBA, 4. Aufl., 2003, Art. 3 Anhänge/Tabellen. Gleiches gilt z.B. auch in Österreich, vgl. Djanani, C., Internationales Steuerrecht, 1998, S. 59 ff.

644 In Großbritannien führt neben einem Wohnsitz (domicile) und gewöhnlichen Aufenthalt (residence) auch eine „ordinary residence", d.h. ein gewöhnlicher Aufenthalt, ohne bestimmte Aufenthaltsdauer, zur unbeschränkten Steuerpflicht. In Frankreich sind auch diejenigen Personen unbeschränkt steuerpflichtig, die zwar keinen Wohnsitz oder gewöhnlichen Aufenthalt in Frankreich haben, aber einer selbständigen oder unselbständigen Tätigkeit in Frankreich nachgehen. Vgl. Schaumburg, H., Internationales Steuerrecht, 2. Aufl., 1998, Tz. 5.7, 5.8, 13.3; ferner bei Lehner in: Vogel/Lehner, 4. Aufl., 2003, Art. 4 Rz. 36-46 und Übersicht in Rz. 52.

645 Vgl. Vogel in: Vogel/Lehner, DBA, 4. Aufl., 2003, Einl. Rz. 2.

646 Vgl. Debatin in: Debatin/Wassermeyer, MA, Systematik III Rz. 61 a, 61 b und Systematik II Rz. 5.

647 Vgl. ausführlich zur den Anknüpfungsmerkmalen der Begründung einer beschränkten Steuerpflicht und zum Besteuerungsverfahren bei Djanani, C./Brähler, G., Internationales Steuerrecht, 2. Aufl., 2004, S. 13 ff; Frotscher, G., Internationales Steuerrecht, 2001, § 3 Rz. 5, 21 ff; Kluge, V., Das Internationale Steuerrecht, 4. Aufl., 2000, S. 178 ff.

648 Vgl. die Übersicht bei Vogel in: Vogel/Lehner, DBA, 4. Aufl., 2003, Art. 3 Anhänge/Tabellen. So z.B. auch in Österreich, vgl. Djanani C., Internationales Steuerrecht, 1998, S. 65.

649 Vgl. Mössner in: Mössner u.a., Steuerrecht international tätiger Unternehmen, 2. Aufl., 1998, Rz. B 7; Debatin in: Debatin/Wassermeyer, MA, Systematik I Rz. 23.

Die Gefahr einer Doppelbesteuerung besteht demnach insbesondere in folgender Situation:

> Eine Person ist in einem Staat ansässig und erzielt nicht nur Einkünfte in diesem Staat, sondern auch Einkünfte aus einem anderen Staat.[650]

In diesem Fall überschneiden sich die Steueransprüche zweier Staaten. Zum einen hat der Ansässigkeitsstaat das unbeschränkte Besteuerungsrecht und darf die in- und ausländischen Einkünfte besteuern, zum anderen hat der ausländische Quellenstaat das beschränkte Besteuerungsrecht für die Einkünfte, die in diesem Staat erwirtschaftet werden. Bei bloßer Anwendung der jeweiligen nationalen Steuerrechte des Wohnsitzstaates zum einen (Besteuerung nach dem Welteinkommensprinzip) und des Quellenstaates zum anderen (Besteuerung nach dem Territorialitätsprinzip), werden die ausländischen Einkünfte doppelt besteuert werden, nämlich im In- und im Ausland.[651]

2.2 Beschränkung der Steueransprüche durch das DBA

2.2.1 Verteilungsprinzipien

Die DBA begründen ein auf Gegenseitigkeit gegründetes System von Steuerverzichten. Die Vermeidung einer Doppelbesteuerung wird dadurch erreicht, dass die Vertragsstaaten kraft Vertrages auf die Geltendmachung ihres nationalen Steueranspruchs teilweise oder ganz verzichten.[652]

Das OECD-MA stellt hierbei folgende Lösungssystematik bereit:[653]

Die DBA gehen von dem Grundsatz aus, dass dem Ansässigkeitsstaat das (uneingeschränkte) Besteuerungsrecht zusteht *(Wohnsitzprinzip)*.[654] Die DBA sehen jedoch auch ein Besteuerungsrecht des Quellenstaates in den Fällen als sachgerecht an, in welchen eine relativ enge Verbindung der ausländischen Einkünfte zu der Volkswirtschaft des Quellenstaates besteht. In diesen Fällen steht – neben dem Ansässigkeitsstaat – auch dem Quellenstaat ein (beschränktes) Besteuerungsrecht zu *(Aufteilungsprinzip: Wohnsitz- und Quellenstaatbesteuerung)*. Zur Vermeidung einer Doppelbesteuerung muss der Ansässigkeitsstaat die ausländische Quellensteuer auf die Wohn-

---

650 Hier konkurrieren eine unbeschränkte Steuerpflicht im Ansässigkeitsstaat und eine beschränkte Steuerpflicht im Quellenstaat. Daneben kann es ferner zu einer Doppelbesteuerung kommen, wenn jeweils eine unbeschränkte Steuerpflicht oder beschränkte Steuerpflicht in beiden Staaten gegeben ist. Vgl. Djanani, C., Internationales Steuerrecht, 1998, S. 49 f; Djanani, C./Brähler, G., Internationales Steuerrecht, 2. Aufl., 2004, S. 17 f, 99; Kluge, V., Das Internationale Steuerrecht, 4. Aufl., 2002, S. 32; Debatin in: Debatin/Wassermeyer, MA, Systematik I Rz. 25; Birk in: HHSp, AO/FGO, § 2 AO Rz. 44.

651 Vgl. z.B. Schaumburg, H., Internationales Steuerrecht, 2. Aufl., 1998, Rz. 13.4; Debatin in: Debatin/Wassermeyer, MA, Systematik I Rz. 26.

652 Vgl. Vogel in: Vogel/Lehner, DBA, 4. Aufl., 2003, Einl. Rz. 32.

653 Vgl. OECD-MK 2003 Tz. 19-25.

654 Vgl. OECD-MK 2003 Tz. 19; Lehner in: Vogel/Lehner, DBA, 4. Aufl., 2003, Art. 4 Rz. 9; Wassermeyer in: Debatin/Wassermeyer, MA, Vor Art. 6-22 Rz. 14.

sitzsteuer anrechnen lassen (sog. Anrechnungsmethode). In den Fällen, in welchen eine ausgesprochen enge Verbindung der ausländischen Einkünfte zu der Volkswirtschaft des Quellenstaates besteht, steht dem Quellenstaat sogar das ausschließliche Besteuerungsrecht zu *(Quellenprinzip)*, mit der Folge, dass der Ansässigkeitsstaat auf sein Besteuerungsrecht verzichten muss (sog. Freistellungsmethode). Das OECD-MA räumt jedoch dem Ansässigkeitsstaat einen Progressionsvorbehalt ein (Freistellung mit Progressionsvorbehalt.)[655]

Vor dem Hintergrund dieser allgemeinen von dem OECD-MA vorgegebenen Anwendungssystematik soll nun im Folgenden analysiert werden, ob dem Ansässigkeitsstaat des Gesellschafters das Besteuerungsrecht hinsichtlich des Hinzurechnungsbetrags zusteht.

2.2.2 Abkommensberechtigung

DBA finden nur insoweit Anwendung, als die beteiligten Personen abkommensberechtigt i.S.d. Art. 1 OECD-MA sind. Abkommensberechtigt sind die Personen, „die in einem Vertragsstaat oder in beiden Vertragsstaaten ansässig sind" (Art. 1 OECD-MA). Eine in einem Vertragsstaat ansässige Person ist eine „Person, die nach dem Recht diese Staates dort aufgrund ihres Wohnsitzes, ihres ständigen Aufenthalts, des Ortes ihrer Geschäftsleitung oder eines anderen ähnlichen Merkmals steuerpflichtig ist (…)" (Art. 4 Abs. 1 OECD-MA). Abkommensschutz wird daher nur denjenigen Personen gewährt, die in einem der Vertragsstaaten einer sog. Inländerbesteuerung unterliegen.[656] Die Inländerbesteuerung bestimmt sich nach dem nationalen Recht des jeweils betroffenen Vertragsstaates.[657] Wie bereits oben ausgeführt, knüpft sie in den meisten Staaten, so beispielsweise auch in Deutschland, an die unbeschränkte Steuerpflicht an.[658] Schließt Deutschland ein DBA mit einem anderen Vertragsstaat ab, so genießen die in Deutschland nach deutschem Recht und die in dem anderen Vertragsstaat nach dessen innerstaatlichem Recht unbeschränkt steuerpflichtigen Personen Abkommensschutz.[659] Abkommensschutz und Ansässigkeit setzen insofern Steuersubjekteigenschaft in dem jeweiligen Vertragsstaat voraus.[660]

---

655 Vgl. Nach Debatin liegt der Kern der Abkommensregelungen in der Umgrenzung der Besteuerung im Quellenstaat. Vgl. hierzu Debatin in: Debatin/Wassermeyer, MA, Systematik I Rz. 42 ff und Systematik III Rz. 61 a; Vogel in: Vogel/Lehner, DBA, 4. Aufl., 2003, Einl. Rz. 32.

656 Vgl. Wassermeyer in: Debatin/Wassermeyer, MA, Art. 1 Rz. 17.

657 Vgl. Wassermeyer in: Debatin/Wassermeyer, MA, Art. 4 Rz. 8; Lehner in: Vogel/Lehner, DBA, 4. Aufl., 2003, Art. 4 Rz. 24.

658 OECD-MK 2003, Art. 4 Rz. 3; Wassermeyer in: Debatin/Wassermeyer, MA, Art. 4 Rz. 22, 29; Jann, M., Die Auswirkungen des EU-Rechts auf die Abkommensberechtigung von beschränkt Steuerpflichtigen, in: Gassner/Lang/Lechner, Doppelbesteuerungsabkommen und EU-Recht, 1996, S. 45; Lehner in: Vogel/Lehner, DBA, 4. Aufl., 2003, Art. 4 Rz. 25 und Übersicht in Rz. 52, ferner Rz. 60.

659 Vgl. Lehner in: Vogel/Lehner, DBA, 4. Aufl., 2003, Art. 4 Rz. 5.

660 Vgl. Wassermeyer in: Debatin/Wassermeyer, MA, Art. 4 Rz. 30; Prokisch in: Vogel/Lehner, DBA, 4. Aufl., 2003, Art. 1 Rz. 17 f; Jann, M., Die Auswirkungen des EU-Rechts auf die Abkommensberechtigung von beschränkt Steuerpflichtigen, in: Gassner/Lang/Lechner, Doppelbesteuerungsabkommen und EU-Recht, 1996, S. 46.

3. Anwendung der DBA bei der Hinzurechnungsbesteuerung

3.1 Bestehen eines Steueranspruchs nach nationalem Recht

3.1.1 Einkünftezurechnung gemäß CFC-Rules

Die CFC-Rules bestimmen, dass bei Erfüllung bestimmter Voraussetzungen dem inländischen Gesellschafter Einkünfte, die von einer ausländischen Gesellschaft erwirtschaftet wurden, (hin)zuzurechnen sind. Nachfolgend sollen die Besteuerungsprinzipien erläutert werden, die dieser Hinzurechnung zugrunde liegen könnten. Die Analyse geht zunächst von den Vorschriften des deutschen Steuerrechts aus. Allerdings wird darüber hinaus versucht, umfassend einen Vergleich zu den Vorschriften der anderen hier untersuchten Staaten zu ziehen.

3.1.1.1 Einkünftezurechnung nach dem Welteinkommensprinzip

Jeder im Inland „Ansässige“ wird auf Basis des Wohnsitzprinzips im Inland mit seinem Welteinkommen der Besteuerung unterworfen. In- und ausländische Einkünfte werden bei der Einkommensermittlung berücksichtigt. Dies setzt voraus, dass auch tatsächlich Einkünfte erzielt werden.

Die Hinzurechnungsbesteuerung sieht den Einbezug von Einkünften in die Steuerbemessungsgrundlage eines im Inland ansässigen Gesellschafters vor, die dieser (noch) nicht erzielt hat bzw. die diesem (noch) nicht „zugeflossen“ sind. Ein Zufluss würde eine tatsächliche Gewinnausschüttung der CFC an den Gesellschafter oder zumindest einen Beschluss über die Gewinnausschüttung voraussetzen. Dies ist hier nicht der Fall. Besteuert werden „fiktive Einkünfte“. Die CFC-Rules der einzelnen Länder geben vor, welche Einkünfte dem Grunde und/oder der Höhe nach als Einkünfte des inländischen Gesellschafters gelten. Es findet also eine gesetzlich angeordnete Einkünftezurechnung statt. Durch diese Einkünftezurechnung kommt es zu einem verzerrten Umfang des Welteinkommens des jeweiligen inländischen Gesellschafters und damit nicht zu einer Besteuerung gemäß seiner wirtschaftlichen Leistungsfähigkeit.

Im Gegensatz hierzu heißt es in der Gesetzesbegründung der §§ 7 ff AStG und gemäß einigen Vertretern in der Literatur, die Besteuerung nach der wirtschaftlichen Leistungsfähigkeit erfordere gerade diese Einkünftefiktion. Denn die erhöhte wirtschaftliche Leistungsfähigkeit läge bereits im Halten der Beteiligung an der ausländischen Gesellschaft. Die Auffassung, eine erhöhte wirtschaftliche Leistungsfähigkeit und damit das Recht auf Besteuerung würde sich bereits aus dem Halten der Beteiligung an der ausländischen Gesellschaft ergeben, stellt den Grundsatz des Trennungsprinzips bei der Besteuerung von Kapitalgesellschaften in Frage. Diese Begründung bedeutet in letzter Konsequenz, dass auch Beteiligungen, die an im Inland ansässigen Kapitalgesellschaften gehalten werden, zu einer Erhöhung der wirtschaftlichen Leistungsfähigkeit beim Gesellschafter führen und im Zeitpunkt der Gewinnerzielung bei der Gesellschaft versteuert werden müssen.

Es kann festgehalten werden, dass eine Hinzurechnungsbesteuerung *auf Ebene des Gesellschafters* nicht mit dem Welteinkommensprinzip begründet werden kann. Die dem inländischen Gesellschafter zugerechneten Einkünfte sind mangels Zufluss (tatsächlicher oder aufgrund wirtschaftlicher Verfügungsmacht) nicht Bestandteil des Welteinkommens des Gesellschafters. Denn nur tatsächliche, nicht jedoch fiktive Einkünfte können die wirtschaftliche Leistungsfähigkeit einer Person erhöhen. Sofern trotzdem eine Einkünfteerzielung bejaht wird, kann dies nur unter Aufhebung bzw. Durchbrechung des Trennungsprinzips erfolgen – mit Konsequenz, dass Gewinne in- und ausländischer Kapitalgesellschaften bereits vor Ausschüttung besteuert werden.

Es wäre jedoch denkbar, eine Besteuerung des Gewinns der CFC im Inland auf Ebene der Gesellschaft (CFC) mit dem Welteinkommensprinzip zu begründen, nämlich dann, wenn nachgewiesen werden kann, dass sich die Geschäftsleitung der CFC im Inland befindet. Denn, wie bereits oben erläutert, wird die unbeschränkte Steuerpflicht von juristischen Personen in allen Staaten überwiegend an das Vorliegen des Sitzes oder der Geschäftsleitung im Inland geknüpft. Der Sitz der CFC dürfte unstrittig im Ausland sein, die Geschäftsleitung i.S.d. Entscheidungsmacht über wichtige geschäftspolitische Einscheidungen könnte jedoch aufgrund der Beherrschung durch die inländischen Gesellschafter im Inland liegen.

3.1.1.2 Einkünftezurechnung nach dem Territorialitätsprinzip

Nicht im Inland „Ansässige“ können auf Basis des Territorialitätsprinzips im Inland mit ihrem Inlandseinkommen besteuert werden. Bestimmte inländische Einkünfte unterliegen dann im Inland der Besteuerung.

Zunächst ist festzuhalten, dass, wie bereits im Rahmen der Einkünftezurechnung nach dem Welteinkommensprinzip dargestellt, der inländische Gesellschafter tatsächlich keine (inländischen) Einkünfte erzielt.

Es ist jedoch unbestritten, dass die Hinzurechnungsbesteuerung eine territoriale Verknüpfung der (passiven) Einkünfte der ausländischen Gesellschaft mit dem Inland unterstellt. Denn die Einkünfte werden, so wird es vermutet, lediglich für steuerliche Zwecke, genauer zur Ausnutzung des niedrigeren Steuergefälles, in das Ausland verlagert. Sachlich sind die Einkünfte demnach im Inland verwurzelt. Die originäre Erwerbsquelle der Einkünfte der ausländischen Gesellschaft läge somit im Inland.

Die ausländische Gesellschaft würde dann aufgrund der Inlandsverknüpfung wirtschaftlich gesehen inländische Einkünfte erzielen. Konsequenz hieraus wäre die Entstehung einer beschränkten Steuerpflicht der ausländischen Gesellschaft mit diesen Einkünften. Eine Steuerpflicht des inländischen Gesellschafters lässt sich aus dem Territorialitätsprinzip hingegen nicht ableiten.

Bei dieser Sichtsweise wäre das Problem der Besteuerung „fiktiver Einkünfte“ insofern gelöst, als die CFC besteuert wird, die ja tatsächlich Gewinne bzw. Einkünfte erzielt; diese gelten als im Inland erzielt. Die Einkünfteerzielung im Inland müsste jedoch unterstellen, dass die CFC eine Betriebsstätte in Inland unterhält, mit der sie im Inland beschränkt steuerpflichtig ist. Hier würde der Besteuerung ein anderer als der tatsächlich gegebene Sachverhalt zugrunde gelegt werden. Dieser Rechtsfolgentechnik der „Sachverhaltsfiktion" bedient sich § 42 AO. Besteuert wird ein als angemessen angesehener, fiktiver Sachverhalt. Die Hinzurechnungsbesteuerung könnte konzeptionell demnach durch die Unterstellung einer inländischen Betriebsstätte über § 42 AO gelöst werden.

Es bleibt festzuhalten, dass eine Besteuerung nach dem Territorialitätsprinzip nicht zur Einkünftezurechnung zum Gesellschafter führt, sondern zu einer Besteuerung der CFC, die im Inland aufgrund einer fiktiven inländischen Betriebsstätte beschränkt steuerpflichtig wäre. Eine derartige Sachverhaltsfiktion mit den daraus abgeleiteten Besteuerungsfolgen lässt § 42 AO in Missbrauchsfällen zu. Die Technik der Hinzurechnungsbesteuerung (§§ 7-14 AStG) erkennt hingegen - und hier unterscheidet sie sich gerade von der Technik des § 42 AO – zunächst den tatsächlich vorliegenden Sachverhalt als angemessen an und ordnet erst auf einer zweiten Stufe eine andere als aus diesem Sachverhalt resultierende Einkünftezurechnung an. Diese Zurechnungsänderung entbehrt jeglicher Rechtsgrundlage und kann allenfalls mit einem „typisierten Missbrauch" begründet werden.

3.1.1.3 Gesetzlich angeordnete Einkünftezurechnung durch Einkünftefiktion

Wie festgestellt hat der Gesetzgeber die Zuordnung des Hinzurechnungsbetrags zum inländischen Gesellschafter im Wege einer *gesetzlich angeordneten Einkünftefiktion* und nicht unter Zugrundelegung der Basisprinzipien, Welteinkommens- oder Territorialitätsprinzip bestimmt.

Wie bereits im Rahmen der allgemeinen Systematik der Anwendung von DBA ausgeführt, ist es unstreitig, dass die Staaten die Zuordnung von Einkünften zu bestimmten Steuersubjekten souverän aufgrund nationaler Regelungen bestimmen können. Diese Entscheidung unterliegt der Steuerhoheit der einzelnen Staaten (Souveränitätsprinzip).[661] Insofern ist eine gesetzlich angeordnete Einkünftezurechnung zu einem bestimmten Steuersubjekt durch eine nationale Gesetzesvorschrift grundsätzlich zulässig – unabhängig davon, dass sich diese aus nationaler Sicht auf keine Besteuerungssystematik stützt, sondern lediglich auf einer bloßen gesetzlichen Anordnung beruht. Die in den CFC-Rules vorgenommene Einkünftezuordnung war daher zulässig dem nationalen Gesetzgeber frei überlassen.

---

[661] Vgl. Kluge, V., Das Internationale Steuerrecht, 4. Aufl., 2000, S. 758 f; Rose, G., Internationales Steuerrecht, 6. Aufl., 2004, S. 27 f.

3.1.2 Konzepte der Einkünftezurechnung gemäß der CFC-Rules

3.1.2.1 Im Schrifttum diskutierte Konzepte

Darüber, in welcher Form bzw. auf welchem Weg die Zurechnung dieser fiktiven Einkünfte zu erfolgen hat, herrscht im In- und Ausland ein Meinungsstreit mit stark divergierenden Ansatzpunkten.[662]

In Deutschland gelten als Ursache des Meinungsstreits hauptsächlich die Uneinigkeit über den Gegenstand der Hinzurechnungsbesteuerung[663] sowie die Widersprüche in ihrer konzeptionellen Umsetzung.[664] Der Gesetzgeber habe es versäumt, die Konzeption der Hinzurechnungsbesteuerung klar zu bestimmen und konsequent zu Ende zu führen. *Wassermeyer* hat dies trefflich mit den Worten ausgedrückt, der Gesetzgeber „hat selbst zwischen den möglichen Vorgaben immer wieder geschwankt, ohne sich eindeutig zu bekennen".[665] In Teil II dieser Arbeit konnte aufgezeigt werden, dass sich dieses Versäumnis nicht nur der deutsche Gesetzgeber, sondern offenbar auch die Gesetzgeber anderer Staaten vorhalten lassen müssen. Mit Ausnahme der USA hat kein Staat eine klare Linie hinsichtlich der Qualifikation des Hinzurechnungsbetrags und dessen Besteuerung. Klare Anweisungen in Bezug auf die Besteuerungskonzeption werden nicht gegeben.

Dieser Meinungsstreit soll nachfolgend diskutiert werden. Dargestellt wird die Zurechnungstheorie[666], Ausschüttungstheorie und Repräsentationstheorie.[667] Die Theorien werden abschließend kritisch gewürdigt.

---

662 Vgl. Schaumburg, H., Internationales Steuerrecht, 2. Aufl., 1998, Rz. 10.4.

663 Vgl. Wassermeyer in: Flick/Wassermeyer/Baumhoff, AStG, Vor §§ 7-14 Anm. 46.

664 So z.B. Schaumburg, H., Internationales Steuerrecht, 2. Aufl., 1998, Rz. 10.5; Mössner in: Brezing u.a., AStG, 1991, § 10 Rdnr. 100; Lieber, B./Rasch, S., GmbHR 2004, S. 1572 (1576).

665 So Wassermeyer in: Flick/Wassermeyer/Baumhoff, AStG, Vor §§ 7-14 Anm. 46.

666 Der Begriff „Zurechnungstheorie" wurde von Köhler geprägt. Vgl. Köhler, F., RIW 1988, S. 979 ff. In der Literatur wird auch häufig von Durchgriffs- oder Zugriffsbesteuerung gesprochen. In Folgendem soll für Zwecke der Abgrenzung der unterschiedlichen Theorien der Ausdruck „Zurechnung" verwendet werden. Vgl. hierzu Wassermeyer in: Flick/Wassermeyer/Baumhoff, AStG, Vor §§ 7-14 Anm. 24.

667 Vgl. z.B. bei Menck, T., DStZ 1978 A, S. 106 (108, 110). In Deutschland wurde von Wassermeyer bis vor kurzem die sog. „Zweistufentheorie" als alternative Konzeption der Form der Einkünftezurechnung durch die Hinzurechnungsbesteuerung vorgestellt. Dieses Konzept ist ein Ansatzpunkt, der sich auf Deutschland beschränkt und im Ausland nicht diskutiert wird. Wassermeyer selbst gesteht ein, dass sich die Zweistufentheorie im Schrifttum nicht durchsetzen konnte und hat sich daher neuerdings zunehmend von dieser seiner Zweistufentheorie entfernt. Nach seiner jüngeren Auffassung sollte die Hinzurechnungsbesteuerung unter systematischen Gesichtspunkten mit Hilfe der Zurechnungstheorie zu erklären sein, wenn es um die Umschreibung des Hinzurechnungsobjekts geht. Dagegen ist die Ausschüttungstheorie heranzuziehen, wenn das Wie der Besteuerung zu erklären ist. Da sich Wassermeyer heute für eine Kombination aus Zurechnungs- und Ausschüttungstheorie ausspricht, soll die Zweistufentheorie nur mehr begleitend und in Abgrenzung zu den anderen drei Theorien dargestellt werden. Vgl. Wassermeyer in: Flick/Wassermeyer/Baumhoff, AStG, Vor §§ 7-14 Anm. 55, 101.

3.1.2.1.1 Zurechnungstheorie

Die Vertreter der *Zurechnungstheorie*[668] sind der Auffassung, dass das von der CFC erzielte Einkommen dem inländischen Gesellschafter unmittelbar zuzuordnen und insofern bei ihm als sein eigenes Einkommen zu versteuern sei.

Die ausländischen Vertreter der Zurechnungstheorie sprechen bei diesem Ansatz vom „transparency approach" oder auch „look-through approach". Die CFC wird als transparente Unternehmenseinheit angesehen, auf dessen Einkommen für steuerliche Zwecke durchgegriffen wird. Im Ergebnis wird bei diesem Ansatz die Steuersubjekteigenschaft der CFC aufgegeben und eine einer Personengesellschaft/Betriebsstätte gleichgestellte Besteuerung erreicht. Uneinigkeit besteht jedoch darin, ob bei der Zurechnung der Einkünfte diese grundsätzlich ihre ursprüngliche Einkunftsart beibehalten sollen oder in gewerbliche Einkünfte umzuqualifizieren sind, sofern die CFC nach dem jeweils inländischen Recht als Gewerbebetrieb anzusehen ist.[669]

Köhler[670] als deutscher Vertreter der Zurechnungstheorie sieht die Zurechnungsform etwas differenzierter. Er ist der Auffassung, das Einkommen der CFC werde dem inländischen Gesellschafter unmittelbar *und „originär"* zugerechnet. „Originär" insofern, als die Zurechnung aufgrund unterstellter eigener Tatbestandsverwirklichung durch den Gesellschafter erfolgt. Auf diese Weise komme es zu einer Verschiebung der Steuerschuldnerschaft von der CFC zu dem inländischen Anteilseigner. Denn Steuerschuldner ist, wer den Tatbestand verwirklicht, an den das Gesetz die Leistungspflicht knüpft (§ 38 AO). Der Vorwurf der „Durchgriffbesteuerung" könne nicht vorgebracht werden, da der Steuerschuldner auch die Person ist, dem der Steuergegenstand zugerechnet wird.[671]

3.1.2.1.2 Ausschüttungstheorie

Die Vertreter der *Ausschüttungstheorie*[672], international bezeichnet als „fictive divi-

---

668 In Deutschland: Köhler F., RIW 1988, S. 979 ff; Köhler, S., Die Steuerpolitik der deutschen internationalen Unternehmung im Einflussbereich der Hinzurechnungsbesteuerung, 1994, S. 40. In Dänemark: Rix, J., National Report Denmark, in: Lang/Aigner/Scheuerle/Stefaner, CFC Legislation, 2004, S. 148, 156. In Frankreich: Auffassung des Conseil d'Etat in seinem Urteil v. 28. Juni 2002; vgl. TNS, 8 July 2002, Issue 28, Volume 36, S. 382. In Italien: Favi, L., National Report Italy, in: Lang/Aigner/Scheuerle/Stefaner, CFC Legislation, 2004, S. 360 f.

669 Vgl. in Dänemark: Rix, J., National Report Denmark, in: Lang/Aigner/Scheuerle/Stefaner, CFC Legislation, 2004, S. 148, 156. In Italien: Favi, L., National Report Italy, in: Lang/Aigner/Scheuerle/Stefaner, CFC Legislation, 2004, S. 360 f.

670 Vgl. Köhler, F., RIW 1988, S. 979 ff.

671 Vgl. Köhler, F., RIW 1988, S. 980.

672 In Deutschland: Vogel, K., BB 1971, S. 1185 ff; Tischbirek in: Vogel/Lehner, DBA, 4. Aufl., 2003, Art. 10 Rz. 224; Lang, M., IStR 2002, 717 (721); Mersch, E., Die Hinzurechnungsbesteuerung nach den §§ 7 ff AStG, 1986, S. 140 ff; Schleuder, H.-P., Die Hinzurechnungsbesteuerung im internationalen Konzern, 1985, S. 89 ff, 105; Mössner in: Brezing u.a., AStG, 1991, § 12 Rz. 1; Sandler, D., Tax Treaties and Controlled Foreign Company Legislation, 2. Aufl., 1998, S. 106, 134. In Finnland: Helminen, M., National Report Finland, in: Lang/Aigner/Scheuerle/Stefaner,

dend approach", sind der Auffassung, dass das von der CFC erzielte Einkommen als an den inländischen Gesellschafter ausgeschüttet gelte und insofern bei ihm als (fiktive) Dividende zu versteuern sei.

Nach Auffassung von *Vogel* als deutscher Vertreter der Ausschüttungstheorie dürfe die eigene Rechtspersönlichkeit der ausländischen Gesellschaft bei der Hinzurechnungsbesteuerung
nicht angetastet werden.[673] Wenn Gegenstand der Hinzurechnungsbesteuerung die von der ausländischen Gesellschaft erzielten Einkünfte sind – so in Übereinstimmung mit *Köhler* –würde eine unmittelbare Zurechnung der Einkünfte der ausländischen Gesellschaft zu dem inländischen Gesellschafter einen Durchgriff durch die ausländische Gesellschaft und damit eine Missachtung der eigenen Rechtspersönlichkeit der ausländischen Gesellschaft darstellen. Daher sei die gedankliche Verbindung zwischen ausländischer Gesellschaft und inländischem Gesellschafter nur durch die Fiktion einer Gewinnausschüttung herzustellen. Die Einkünfte (der Hinzurechnungsbetrag) gelten daher folgerichtig als Dividendeneinkünfte. Dies bestätige auch das Gesetz, welches den Hinzurechnungsbetrag den Einkünften aus Kapitalvermögen zuordne.

Die Rechtfertigung der Zurechnung über eine Ausschüttungsfiktion sei darin zu sehen, dass der Steuerinländer an der ausländischen Gesellschaft beteiligt sei. Die Technik der §§ 7 ff AStG ist daher als die „zeitliche Vorziehung einer Gewinnausschüttung" zu sehen; besteuert werden Dividendeneinkünfte aus fingierten vorweggenommenen Ausschüttungen der CFC. Das Gesetz sehe in der – noch nicht verwirklichten – Möglichkeit, die Zwischeneinkünfte über eine Gewinnausschüttung zu erlangen, bereits eine eigene Leistungsfähigkeit des Gesellschafters, weswegen er ihn so besteuert, als wären die Einkünfte bereits ausgeschüttet worden.[674]

3.1.2.1.3 Repräsentationstheorie

Die Vertreter der *Repräsentationstheorie*[675], international bezeichnet als „improved ability to pay taxes-approach", sind der Auffassung, dass der Gesetzgeber mit der Hinzurechnungsbesteuerung – und damit gehen sie mit den Vertretern der Ausschüttungstheorie konform – die erhöhte Leistungsfähigkeit, die bei dem inländischen Gesellschafter aus dem Halten der Beteiligung an der CFC eintritt, erfassen will. Der Hinzurechnungsbetrag sei daher ein von dem Einkommen der CFC losgelöster Betrag, der die erhöhte Leistungsfähigkeit aus der Beteiligung an der CFC „repräsentiere" und sich insofern lediglich nach dem Einkommen der CFC bemesse. Besteuert werde der

---

CFC Legislation, 2004, S. 201. In den USA: Arnold, B. J., The taxation of controlled foreign corporations: An international comparison, 1986, 392 f.

673 Vgl. Tischbirek in: Vogel/Lehner, DBA, 4. Aufl., 2003, Art. 10 Rz. 224.

674 So bei Brünink, J., Das Verhältnis der Normen des Außensteuergesetzes zu den DBA, 1997, S. 48; Tischbirek in: Vogel/Lehner, DBA, 4. Aufl., Art. 10 Rz. 224.

675 Vgl. in Deutschland: Debatin in: Debatin/Wassermeyer, MA, Systematik II Rz. 122; Menck in: Blümich, AStG, § 10 Rz. 7; Menck, T., DStZ 1978 A, S. 106; zustimmend Vogt in: Blümich, AStG, Vorb. §§ 7-14 Rz. 12-14. In Großbritannien: Ullah, M., National Report United Kingdom, in: Lang/Aigner/Scheuerle/Stefaner, CFC Legislation, 2004, S. 619 f.

Hinzurechnungsbetrag jedoch als „rechnerische Größe“, nicht als – zu dem Anteilseigner (in welcher Form auch immer) transferierte – Einkommen der CFC.

Die bedeutendsten deutschen Vertreter der Repräsentationstheorie sind *Debatin* und *Menck*. *Debatin* ist, ebenso wie *Vogel*, der Auffassung, dass die Rechtspersönlichkeit einer Gesellschaft in Rechtsform einer Kapitalgesellschaft unberührt bleiben müsse. Der Gewinn einer Kapitalgesellschaft könne daher nicht unmittelbar seinem Gesellschafter zugerechnet werden. *Debatin* geht davon aus, dass das Steuerobjekt der §§ 7 ff AStG – und dadurch unterscheidet er sich von den Vertretern der Hinzurechnungs- und Ausschüttungstheorie – bereits der in § 10 Abs. 2 AStG definierte Hinzurechnungsbetrag sei. Es kommt damit nicht zu einer Verschiebung der Steuerpflicht von der ausländischen Gesellschaft zum inländischen Gesellschafter, sondern die Steuerpflicht trifft den im Inland ansässigen Anteilseigner mit dem Hinzurechnungsbetrag unmittelbar.[676] Nach *Debatin* seien die Einkünfte der ausländischen Gesellschaft nicht Steuerobjekt – die dem inländischen Anteilseigner dann in einem zweiten Schritt zuzurechnen sind – sondern diese stellen lediglich die „Berechnungsgrundlage“ für die Ermittlung des Hinzurechnungsbetrags dar. Der Hinzurechnungsbetrag werde aus den (passiven) Einkünften der ausländischen Gesellschaft lediglich abgeleitet, ohne jedoch mit diesen identisch zu sein.[677]

Von demselben Gedanken geht auch *Menck* aus.[678] Er vertritt die Ansicht, dass die Steuerpflicht – ohne vorangehende Zurechnung – originär bei dem inländischen Gesellschafter entstehe. Er begründet dies damit, dass die Hinzurechnungsbesteuerung eine Besteuerungsform sei, die sich steuersystematisch keinem der beiden oben aufgezeigten Konzepte zuordnen lasse und nach dem Sinn und Zweck der Gesamtregelung ohne Rücksicht auf eine „Rechtskonstuktion“[679] zu bestimmten sei. Er erklärt die Hinzurechnungsbesteuerung daher zur Besteuerungsform „sui generis“, da sie nicht mit bekannten Konzepten und Prinzipien des deutschen Steuerrechts charakterisiert werden könne.[680] Der Hinzurechnungsbetrag sei daher nur als „Einkünfte besonderer Art“ und damit als „sonstige Einkünfte“ zu klassifizieren.[681]

---

676 Vgl. Debatin in: Debatin/Wassermeyer, MA, Systematik II Rz. 123.

677 Vgl. Menck, T., DStZ 1978 A, S. 106 ff; Debatin in: Debatin/Wassermeyer, MA, Systematik II Rz. 122.

678 Vgl. Menck in: Blümich, AStG, § 10 Rz. 7; Vogt in: Blümich, AStG, Vorb §§ 7-14 Rz. 13 ff.

679 Vgl. Menck, T., DStZ 1978 A, S. 106 (110).

680 Vgl. Vogt in: Blümich, AStG, Vorb §§ 7-14 Rz. 13; Menck, T., DStZ 1978 A, S. 106 (110).

681 Vgl. hierzu bei Wassermeyer in: Flick/Wassermeyer/Baumhoff, AStG, Vor §§ 7-14 Anm. 50; gl. A. Luckey in: Strunk/Kaminski/Köhler, AStG/DBA, § 10 AStG Rz. 40. Wassermeyer suchte in seiner „Zweistufentheorie“ zur Beschreibung der Technik der §§ 7 ff AStG den Weg durch alle drei Theorien. Ebenso wie die Vertreter der Repräsentationstheorie, war er der Ansicht, die Technik der Hinzurechnungsbesteuerung führe weder das Hinzurechnungs- noch das Ausschüttungsmodell konsequent durch. Es handele sich vielmehr um eine Vermengung von Elementen beider Prinzipien. Auf der ersten Stufe (Tatbestandsbereich) werden die Zwischeneinkünfte der ausländischen Gesellschaft ermittelt. Denn Gegenstand der Hinzurechnungsbesteuerung, und hier geht er konform mit dem Hinzurechnungs – und Ausschüttungsmodell, sind die Zwischeneinkünfte der CFC. Anders als bei Köhler's Zurechnungsmodell findet jedoch die Tatbestandsverwirklichung auf Ebene der Auslandsgesellschaft statt, nicht unmittelbar auf Ebene der inländischen Ge-

3.1.2.2 Stellungnahme zu den Konzepten

Es besteht offenbar Einigkeit darin, dass in den „Hinzurechnungsfällen“ auf Ebene des Gesellschafters eine Besteuerung stattfinden soll. In dem oben dargestellten Theorienstreit zeigt sich jedoch, dass hinsichtlich der Form der Einkünftezurechnung divergierende Rechtsauffassungen vertreten werden. Bei der Zurechnungstheorie soll die Versteuerung im Wege eines Durchgriffs auf das Einkommen der CFC erfolgen, bei der Ausschüttungstheorie im Zuge einer Dividendenfiktion und bei der Repräsentationstheorie durch die Besteuerung einer „rechnerischen Größe“, die die Leistungsfähigkeit des Gesellschafters repräsentiert.

Die verschiedenen Konzepte basieren auf den unterschiedlichen Auffassungen über den Rechtsstatus der CFC und den Gegenstand der Hinzurechnungsbesteuerung.

Ad) Zurechnungstheorie

Ungeachtet der Grundfeststellung, dass die Hinzurechnungsbesteuerung nur intransparente Unternehmensformen treffen kann, denn nur hier besteht die Gefahr eines „tax deferral“, verneint die Zurechnungstheorie die Steuersubjekteigenschaft der CFC. Wie bei der Besteuerung von transparenten Unternehmenseinheiten wird auf den Gesellschafter „durchgegriffen“. Gegenstand der Hinzurechnungsbesteuerung ist das Einkommen der CFC, das dem inländischen Gesellschafter für steuerliche Zwecke unmittelbar zugerechnet wird.

Durch die Verneinung der Steuersubjekteigenschaft der CFC und der unmittelbaren Zurechnung des Einkommens der CFC zu dem Gesellschafter bereits im Zeitpunkt der Gewinnentstehung missachtet die Zurechnungstheorie die Sphärentrennung zwischen Kapitalgesellschaft und Anteilseigner und durchbricht somit das Trennungsprinzip. Das Trennungsprinzip darf aufgrund seiner fundamentalen Bedeutung für die Besteuerung von Kapitalgesellschaften und ihren Anteilseignern nicht ausgehebelt werden. Die Zurechnungstheorie ist daher m.E. nicht haltbar.

Ad) Ausschüttungstheorie

Die Ausschüttungstheorie hingegen wahrt die Steuersubjekteigenschaft der CFC. Die CFC wird wie eine „separate legal entity“ besteuert. Gegenstand der Hinzurechnungsbesteuerung ist ebenfalls das Einkommen der CFC, das als Dividendeneinkünfte besteuert wird. Es wird eine vorweggenommene Ausschüttung der CFC fingiert.

sellschafter. Es muss daher in einer zweiten Stufe (Rechtsfolgebereich) zu einer Zurechnung der Zwischeneinkünfte zu dem inländischen Gesellschafter kommen. Die Zurechnung findet, anders als bei Vogel's Ausschüttungsmodell, nicht über eine Ausschüttungsfiktion statt, sondern über die in § 10 Abs. 2 AStG enthaltene Rechtsfolgeregelung. Die ausländische Gesellschaft realisiert selbst den steuerlich relevanten Tatbestand, den Steuerinländer trifft jedoch die Besteuerungsfolge hieraus. Vgl. Wassermeyer in: Flick/Wassermeyer/Baumhoff, AStG, Vor §§ 7-14 Anm. 24, 55, 101; Wassermeyer, F., RIW 1983, S. 352 (353 f).

Die Ausschüttungstheorie stellt das Trennungsprinzip nicht in Frage, denn der Status der CFC als intransparente Einheit soll beachtet werden. Wird eine Besteuerung des Gewinns der CFC auf der Ebene des Gesellschafters gefordert, kann eine Gewinnzurechnung konzeptionell nur im Wege einer (fiktiven) Dividende stattfinden.

Die Ausschüttungstheorie stützt sich daher grundsätzlich auf bekannte und anerkannte Besteuerungsprinzipien.

Andererseits kommt es bei dieser Theorie zunächst zu einem Verstoß gegen den Grundsatz der Besteuerung nach der wirtschaftlichen Leistungsfähigkeit. Besteuert werden fiktive bzw. potentielle Einkünfte. Die Besteuerung nach der wirtschaftlichen Leistungsfähigkeit setzt jedoch – bei Überschusseinkünfte, wie sie hier vorliegen – einen Einkünftezufluss voraus, sei es ein tatsächlicher Zufluss oder ein Zufluss aufgrund wirtschaftlicher Verfügungsmacht bzw. eines rechtlichen Anspruchs. Nur „zugeflossene" Einkünfte können die wirtschaftliche Leistungsfähigkeit erhöhen. Dieser Verstoß wird jedoch „geheilt", sobald in Höhe des Hinzurechnungsbetrags eine tatsächliche Ausschüttung erfolgt. Zu beanstanden wäre dann nur mehr ein Zins- und Liquiditätsnachteil aus der Vorverlagerung der Steuerlast.

Ad) Repräsentationstheorie

Die Repräsentationstheorie[682] erkennt, dass die Gesetzestechnik der Hinzurechnungsbesteuerung nicht mit den allgemeinen Grundsätzen der Besteuerung von Kapital- und Personengesellschaften zu vereinbaren ist. Entweder wird gegen das Trennungsprinzip verstoßen oder es kommt aufgrund der Versteuerung von fiktiven Einkünften zu einem (zumindest temporären) Verstoß gegen das Leistungsfähigkeitsprinzip. Insofern war Grundgedanke dieser Theorie, ein neues Konzept zu entwickeln, anhand dessen die Hinzurechnungsbesteuerung systematisch begründbar erscheint. Es wird versucht, die Notwendigkeit der Herstellung einer Verbindung zwischen dem Einkommen der CFC und dessen Versteuerung beim Anteilseigner zu negieren. Die Repräsentationstheorie erreicht dies, indem sie nicht das Einkommen der CFC, sondern unmittelbar den bei dem Anteilseigner zu versteuernden Hinzurechnungsbetrag als Gegenstand der Hinzurechnungsbesteuerung deklariert. Der Hinzurechnungsbetrag selbst ist nicht das Einkommen der CFC, sondern er bemisst sich lediglich danach.

Es ist offensichtlich, dass die Repräsentationstheorie nur eine Reaktion auf die rechtsdogmatischen Vorwürfe, die den beiden erstgenannten Theorien entgegengebracht werden, und keine eigenständige Theorie ist. Die Repräsentationstheorie ist als eine Antwort auf die Konzeptlosigkeit der Hinzurechnungsbesteuerung zu sehen. Hierin ist *Wassermeyer* zuzustimmen, wenn er sagt, die Theorie möchte sich „aller steuersystematischen Fesseln entledigen", um weder bestehende innerstaatliche Konzepte noch DBA-Vorschriften beachten zu müssen.[683] Die Repräsentationstheorie überzeugt daher ebenfalls nicht.

---

682 Gleiches gilt für die Zweistufentheorie.

683 Vgl. Wassermeyer in: Flick/Wassermeyer/Baumhoff, AStG, Vor §§ 7-14 Anm. 50.

Sonstige im Schrifttum diskutierte Ansätze

Im Schrifttum wird nur selten eine Analogie zur *verdeckten Gewinnausschüttung* gezogen.[684] Bei einer verdeckten Gewinnausschüttung werden ebenfalls Gewinne beim Anteilseigner versteuert, obwohl ihm faktisch keine Dividenden zugeflossen sind. Dass eine Parallele zur verdeckten Gewinnausschüttung nur wenig diskutiert wird, ist jedoch m.E. verständlich. Denn definitionsgemäß ist eine verdeckte Gewinnausschüttung gegeben, wenn bei der Gesellschaft (hier: CFC) „eine Vermögensminderung oder verhinderte Vermögensmehrung eingetreten ist, die durch das Gesellschaftsverhältnis veranlasst und nicht auf einem den gesellschaftsrechtlichen Vorschriften entsprechenden Gewinnverwendungsbeschluss beruht."[685] Dies liegt im Fall der Hinzurechnungsbesteuerung zweifelsohne nicht vor. Auch ist dem Gesellschafter kein sonstiger geldwerter Vermögensvorteil zugeflossen.

Wassermeyer versucht, eine Parallele zur *Organschaft* zu ziehen. Auch bei einer Organschaft werde das Einkommen der Organgesellschaft auf den Organträger übertragen. Der Transfer des Einkommens der CFC zum Anteilseigner zur Besteuerung wird insofern ignoriert, als er sich lediglich aufgrund einer gesetzlichen Rechtsfolgeregelung realisiert. Die Tätigkeiten der Organgesellschaft gelten auch als von ihr selbst verwirklicht, lediglich das von ihr erzielte Einkommen wird dem Organträger zugerechnet.[686] Da bislang innerhalb der EU-Staaten (noch) keine grenzüberschreitende Organschaft zulässig ist, kommt dieser konzeptionelle Ansatz nicht in Frage.[687]

Ergebnis

Die nationalen Gesetzgeber der einzelnen Staaten sollten eine klare Aussage darüber treffen, ob die Hinzurechnungsbesteuerung der „Zurechnungstheorie", der „Ausschüttungstheorie" oder keiner der beiden Theorien folgen soll und insofern eine Besteuerung „sui generis" nach sich zieht. Bis dato hat nur die USA ihre Auffassung hierüber kundgetan, nämlich sich explizit zur Ausschüttungstheorie bekannt. Gleiches gilt zwar für Deutschland, allerdings hat, wie im Teil II dieser Arbeit dargelegt, der deutsche Gesetzgeber die Ausschüttungstheorie nicht konsequent umgesetzt und sich in konzeptionelle Widersprüche verwickelt. Alle anderen vorgestellten Staaten sind bis dato diese Antwort schuldig geblieben.

---

684 So z.B. Köhler F., RIW 1988, S. 982 f; ferner Helminen, M., National Report Finland, in: Lang/Aigner/Scheuerle/Stefaner, CFC Legislation, 2004, S. 191 (200 f).

685 Vgl. A 36 Abs. 1 KStR.

686 Vgl. Wassermeyer in: Flick/Wassermeyer/Baumhoff, AStG, Vor §§ 7-14 Anm. 24, 55, 101; Wassermeyer, F., RIW 1983, S. 352 (353).

687 Nur Österreich hat mit seiner „Gruppenbesteuerung" einen ersten Schritt zur Anerkennung einer grenzüberschreitenden Organschaft gewagt. Über die Zukunft der Möglichkeit einer Organschaft über die Grenze wird in naher Zukunft der EuGH in dem Fall *Marks and Spencer* entscheiden. Vgl. hierzu Ingmar, D., intertax, 2004, S. 180 ff.

Aus den vorangegangenen Ausführungen hat sich gezeigt, dass die Ausschüttungstheorie für die Hinzurechnungsbesteuerungskonzeption zu favorisieren ist. Denn die Ausschüttungstheorie ist die einzige Theorie, die an den Grundprinzipien des Steuerrechts festhält und nicht international anerkannte Rechtsgrundsätze bricht. Sofern die Hinzurechnungsbesteuerung – in der Form einer vorgezogenen Dividendenbesteuerung – nur Beteiligungen an einer ausländischen und nicht gleichermaßen an einer inländischen „controlled company" betrifft, kommt es jedoch zu einem temporären Verstoß gegen das Prinzip der Besteuerung nach der Leistungsfähigkeit. Da der Verstoß lediglich temporärer Art ist, beschränkt sich die Mehrbelastung auf Zins- und Liquiditätsverluste.

3.2 Gegenseitige Beschränkung der Besteuerungsrechte durch das DBA

3.2.1 Anwendbarkeit einer Verteilungsnorm

Die Einschränkung bzw. Verteilung der Besteuerungsrechte im Rahmen des DBA-Rechts ist „einkunftsartbezogen".[688] Die „Schrankennormen" oder „Verteilungsnormen", Art. 6 bis 21 OECD-MA, teilen die Einkünfte und Vermögenswerte nach Einkunftsarten auf und weisen diese jeweils einem der Abkommensstaaten zur Besteuerung zu.

Zur Bestimmung, welchem Staat das Besteuerungsrecht hinsichtlich des Hinzurechnungsbetrags zuzuweisen ist bzw. welche Methode der Vermeidung einer Doppelbesteuerung anzuwenden ist, muss der Hinzurechnungsbetrag unter eine Einkunftsart, d.h. eine Verteilungsnorm, subsumiert werden.[689] Bei der hier vorliegenden Problematik der Hinzurechnungsbesteuerung kommen folgende Verteilungsnormen zur Prüfung in Frage:

- Dividenden, Art. 10 OECD-MA
- Unternehmensgewinne, Art. 7 OECD-MA
- Andere Einkünfte, Art. 21 OECD-MA

3.2.1.1 Im Schrifttum diskutierte Konzepte

Bei der Prüfung, welche Verteilungsnorm einschlägig ist, ist an den oben aufgezeigten Theorienstreit unmittelbar anzuknüpfen. Denn die Vertreter der einzelnen Theorien haben auf Grundlage ihrer unterschiedlichen Ansatzpunkte zu dem Gegenstand der Hinzurechnungsbesteuerung auch unterschiedliche Auffassungen hinsichtlich der Anwendung des DBA bzw. der Anwendung der Verteilungsnormen.

Es sei jedoch darauf hinzuweisen, dass für die Zuordnung der Einkünfte zu einer DBA-Verteilungsnorm allein die Definitionen des DBA maßgeblich sind. D.h. selbst wenn nach nationalem Recht die (hinzugerechneten) Einkünfte als beispielsweise (fik-

---

[688] Vgl. Vogel in: Vogel/Lehner, DBA, 4. Aufl., 2003, Einl. Rz. 84.

[689] Vgl. Vogel in: Vogel/Lehner, DBA, 4. Aufl., 2003, Vor Art. 6-22 Rz. 1.

tive) Dividende qualifiziert werden, muss dies nicht zwingend auch für DBA-Zwecke gelten. Es muss vielmehr eine erneute Prüfung im DBA-Kontext erfolgen.[690]

3.2.1.1.1 Zurechnungstheorie

Wird die Auffassung vertreten, Gegenstand der Hinzurechnungsbesteuerung seien die Einkünfte der CFC, die dem inländischen Gesellschafter unmittelbar zugerechnet werden, wird hieraus der Schluss gezogen, der Hinzurechnungsbetrag sei als „Unternehmensgewinn" der CFC zu qualifizieren.

Die Frage, welche Verteilungsnorm für den Hinzurechnungsbetrag in Betracht zu ziehen ist, wird daher regelmäßig mit Art. 7 OECD-MA beantwortet. Gemäß Art. 7 Abs. 1 S. 1 OECD-MA können „Gewinne eines Unternehmens eines Vertragsstaates (...) nur in diesem Staat besteuert werden". Art. 7 Abs. 1 ordnet das Besteuerungsrecht ausschließlich dem CFC-Staat zu, denn die Gewinne werden von der CFC erzielt. Die Hinzurechnungsbesteuerung verstößt daher gegen das OECD-MA.[691]Die Hinzurechnungsbesteuerung stellt damit einen „treaty-override" dar.

Nach dem OECD-MK führt eine unmittelbare Zurechnung der Einkünfte der CFC zu den Anteilseignern nicht ohne weiteres zu Einkünften i.S.d. Art. 7 OECD-MA. Denn der OECD-MK führt an, dass „Einkünfte, die dem Steuerzahler zugerechnet werden – ohne dass dies über eine fiktive Dividende geschieht – (...) nach den einschlägigen Bestimmungen des Abkommens (gewerbliche Gewinne, Zinsen, Lizenzgebühren) zu behandeln" sind.[692] Fraglich ist, ob diese Aussage des OECD-MK dahingehend zu verstehen ist, dass diejenige Verteilungsnorm anwendbar sein soll, die auf Einkünfte, die die CFC originär erzielt, einschlägig ist, d.h. z.B. Art. 11 für Zins- oder Art. 12 für Lizenzeinkünfte der CFC, oder ob sie eher dahingehend zu verstehen ist, dass der Hinzurechnungsbetrag grundsätzlich einer (beliebigen) Verteilungsnorm zuordenbar sein muss. Unter Heranziehen des OECD-MK kann daher m.E. die Frage der Zuordnung des Hinzurechnungsbetrags zu einer bestimmten Verteilungsnorm nicht geklärt werden, die Aussage des OECD-MK trägt – im Gegenteil – eher zur Verwirrung bei.

---

690 Vgl. z.B. Schaumburg, H., Internationales Steuerrecht, 2. Aufl., 1998, Rz. 10.200.

691 Vgl. Wassermeyer, F., RIW 1983, S. 352; Sandler, D., Tax Treaties and Controlled Foreign Company Legislation, 2. Aufl., 1998, S. 103, 105 und S. 122 (für Dänemark), S. 129 (für Finnland), S. 131 (für Frankreich), S. 160 (für Großbritannien), S. 162 (für USA); Helminen, M., National Report Finland, in: Lang/Aigner/Scheuerle/Stefaner, CFC Legislation, 2004, S. 211; Favi, L., National Report Italy, in: Lang/Aigner/Scheuerle/Stefaner, CFC Legislation, 2004, S. 364; Almudi, J., National Report Spain, in: Lang/Aigner/Scheuerle/Stefaner, CFC Legislation, 2004, S. 574, 576; bei Giménez, J. J. B., Spanish National Report, in: Schön, W. (Hrsg.), Tax Competition in Europe, 2003, S. 12; bei Blanluet, G., French National Report, in: Schön, W. (Hrsg.), Tax Competition in Europe, 2003, S. 23; Schaumburg, H., Internationales Steuerrecht, 2. Aufl., 1998, Rz. 10.26 und 10.200; hierzu auch Helminen, M., intertax 2005, S. 117 (118).

692 Vgl. OECD-MK 2003, Art. 10 Rz. 38.

3.2.1.1.2 Ausschüttungstheorie

Ebenso wie bei der Zurechnungstheorie gelten auch bei der Ausschüttungstheorie die Einkünfte der CFC als Gegenstand der Hinzurechnungsbesteuerung. Allerdings wird im Gegensatz zur Zurechnungstheorie bei der Ausschüttungstheorie der Rechtsstatus der CFC als „separate legal entity" geachtet, mit der Folge, dass der Gewinn der CFC nicht unmittelbar, sondern nur im Wege einer fiktiven Gewinnausschüttung auf die Ebene des Anteilseigners gelangt. Hieraus wird der Schluss gezogen, dass der Hinzurechnungsbetrag als (fiktive) Dividende zu qualifizieren ist.[693]

Die Frage, welche Verteilungsnorm für den Hinzurechnungsbetrag in Betracht zu ziehen ist, wird daher regelmäßig mit Art. 10 OECD-MA beantwortet.[694] Gemäß Art. 10 Abs. 1 OECD-MA können „Dividenden, die eine in einem Vertragsstaat ansässige Gesellschaft an eine in einem anderen Vertragstaat ansässige Person zahlt, (...) auch im anderen Staat besteuert werden". Dividenden, die von der CFC an seine Anteilseigner gezahlt werden, können nach Art. 10 Abs. 1 OECD-MA auch in dem Staat, in dem der Anteilseigner ansässig ist, besteuert werden. Die Hinzurechnungsbesteuerung verstößt daher grundsätzlich zunächst nicht gegen das OECD-MA.

Einige DBA[695] kennen bei der Dividendenbesteuerung – statt der Aufteilung zwischen Wohnsitz- und Quellenstaat – auch die Freistellung der Dividende im Ansässigkeitsstaat des Anteileigners (*„internationale Schachtelprivileg")*.[696] Im Zuge dieser Untersuchung hat sich gezeigt, dass das Schachtelprivileg in den meisten DBA Mutterkapitalgesellschaften gewährt wird, die an ausländischen Tochterkapitalgesellschaften dauerhaft wesentlich beteiligt sind. Ferner hat sich aus der Analyse ergeben, dass das Schachtelprivileg in einigen jüngeren DBA an eine sog. *„Aktivitätsklausel"* geknüpft ist.[697] D.h. die Dividendenfreistellung wird unter den oben genannten Voraussetzungen nur dann gewährt, wenn die Tochterkapitalgesellschaft ihre Einkünfte fast ausschließlich aus „aktiven Tätigkeiten" bezieht. Eine Aktivitätsklausel haben beispielsweise die deutschen DBA mit Ägypten, Argentinien, China, Finnland (neuer Entwurf), Grie-

---

693 Vgl. Mössner in: Brezing u.a., AStG, 1991, § 10 Rz. 116; Sandler, D., Tax Treaties and Controlled Foreign Company Legislation, 2. Aufl., 1998, S. 106 und S. 134 (für Deutschland); Helminen, M., National Report Finland, in: Lang/Aigner/Scheuerle/Stefaner, CFC Legislation, 2004, S. 207.

694 Vgl. Mössner in: Brezing u.a., AStG, 1991, § 10 Rz. 117; Sandler, D., Tax Treaties and Controlled Foreign Company Legislation, 2. Aufl., 1998, S. 103, 106 und S. 135, 144 (für Deutschland); Tischbirek in: Vogel/Lehner, DBA, 4. Aufl., 2003, Art. 10 Rz. 224; Vogel, K., BB 1971, S. 1185; Lang, M., IStR 2002, 717 (721); Mersch, E., Die Hinzurechnungsbesteuerung nach den §§ 7 ff AStG, 1986, S. 140 ff; Schleuder, H.-P., Die Hinzurechnungsbesteuerung im internationalen Konzern, 1985, S. 195 ff. In Finnland: Helminen, M., National Report Finland, in: Lang/Aigner/Scheuerle/Stefaner, CFC Legislation, 2004, S. 201.

695 Das OECD-MA kennt die Regelung des sog. „internationalen Schachtelprivilegs" nicht. Dieses ist nur in der Abkommenspraxis zu finden.

696 Vgl. Tischbirek in: Vogel/Lehner, 4. Aufl., 2003, Art. 10 Rz. 11; Vogel in: Vogel/Lehner, DBA, 4. Aufl., 2003, Art. 23 Rz. 86 ff, 91; Schaumburg, H., Internationales Steuerrecht, 2. Aufl., 1998, Rz. 10.200.

697 Fast alle seit 1966 abgeschlossenen DBA unterwerfen das Schachtelprivileg einem „Aktivitätsvorbehalt", vgl. Vogel in: Vogel/Lehner, 4. Aufl., 2003, Art. 23 Rz. 107.

chenland, Kanada, Malta, Polen, Portugal, Rumänien, Korea, Lettland, Schweiz, Spanien, Südafrika, Tschechoslowakei, Ungarn und Zypern. Keine Aktivitätsklausel haben die deutschen DBA mit Belgien, Dänemark, Finnland (altes DBA), Frankreich, Großbritannien, Irland, Italien, Japan, Kanada, Luxemburg, Neuseeland, Niederlande, Norwegen, Österreich, Schweden, Türkei und den USA.[698]

Nach dem OECD-MK liegen, sofern der Hinzurechnungsbetrag als fiktiv ausgeschüttet gilt, „eindeutig Bezüge von der Basisgesellschaft und damit Einkünfte aus dem Lande dieser Gesellschaft vor".[699] Dennoch sei laut dem MK nicht klar, ob der Hinzurechnungsbetrag als Dividende i.S.d. Art. 10 oder als sonstige Einkünfte i.S.d. Art. 21 zu betrachten sei.[700] Wird der Hinzurechnungsbetrag als Dividende angesehen, habe dies zur Folge, dass die in einem Abkommen vorgesehene Befreiung (Schachtelfreistellung) auf ihn angewendet werden müsse. Geschieht dies nicht, muss der entsprechende Staat sich vorwerfen lassen, „dass er durch die Besteuerung als Dividende sich der normalen Anwendung der Schachtelfreistellung entgegenstellt."[701]

Auf Grundlage dieser Aussage des OECD-MK kann gesagt werden, dass die Hinzurechnungsbesteuerung dann gegen ein DBA verstößt, wenn der Hinzurechnungsbetrag in einem Staat als fiktive Dividende qualifiziert wird und das Schachtelprivileg greift.[702] Dann steht nämlich ausschließlich dem Staat der CFC als Quellenstaat das Besteuerungsrecht zu. Der Ansässigkeitsstaat des Anteilseigners muss die Dividende freistellen. Die deutsche Hinzurechnungsbesteuerung verstößt daher im Verhältnis zu Dänemark, Finnland, Frankreich, Großbritannien, Italien und den USA gegen das DBA, kein Verstoß liegt gegenüber den DBA mit Spanien und Finnland (neues DBA) vor.

3.2.1.1.3 Repräsentationstheorie

Die Repräsentationstheorie geht im Gegensatz zu der Zurechnungs- und Ausschüttungstheorie davon aus, dass der Gegenstand der Hinzurechnungsbesteuerung nicht die „Einkünfte der CFC", sondern der in den jeweiligen CFC-Rules definierte „Hinzurechnungsbetrag" ist. Die Einkünfte der CFC stellen lediglich die Berechnungsbasis für die Ermittlung des Hinzurechnungsbetrags dar. Die Steuerpflicht tritt demnach unmittelbar bei dem inländischen Gesellschafter in Höhe des ermittelten Hinzurech-

---

698 Vgl. Abkommensübersicht bei Vogel in: Vogel/Lehner, DBA, 4. Aufl., 2003, Art. 23 Rz. 90; Mössner in: Brezing u.a., AStG, 1991, § 10 Rz. 119 f; Wassermeyer in: Flick/Wassermeyer/Baumhoff, AStG, § 10 Anhang 2.

699 Vgl. OECD-MK 2003 Art. 10 Tz. 38.

700 Vgl. OECD-MK 2003 Art. 10 Tz. 38.

701 So OECD-MK 2003 Art. 10 Tz. 38.

702 In § 10 Abs. 5 AStG a.F. ist eine Hinzurechnungsbesteuerung entfallen, wenn eine Dividende aufgrund des DBA steuerfrei gestellt worden wäre. Insoweit hat bis vor der Streichung des § 10 Abs. 5 AStG im Rahmen des StVergAbG die Hinzurechnungsbesteuerung nicht gegen DBA-Recht verstoßen. Dies war auch damals nur bei „Zwischeneinkünften ohne Kapitalanlagecharakter" der Fall, da die Einschränkung des § 10 Abs. 5 AStG gem. § 10 Abs. 6 AStG hier nicht anwendbar war.

nungsbetrags ein. Hieraus wird der Schluss gezogen, dass der Hinzurechnungsbetrag weder als Unternehmensgewinn der CFC noch als (fiktive) Dividende, sondern als „sonstige Einkünfte" oder „Einkünfte anderer Art" zu qualifizieren ist.

Die Frage, welche Verteilungsnorm für den Hinzurechnungsbetrag in Betracht zu ziehen ist, wird daher regelmäßig mit Art. 21 OECD-MA beantwortet.[703] Gemäß Art. 21 Abs. 1 OECD-MA können „Einkünfte einer in einem Vertragsstaat ansässigen Person, (...) ohne Rücksicht auf ihre Herkunft nur in diesem Staat besteuert werden". Der Hinzurechnungsbetrag wird daher in dem Staat besteuert, in dem der Anteilseigner ansässig ist. Die Hinzurechnungsbesteuerung verstößt daher nicht gegen das OECD-MA.[704]

Debatin vertritt die Auffassung, dass die DBA der Hinzurechnungsbesteuerung prinzipiell nicht entgegenstehen. Denn die DBA regeln nach *Debatin* nur grenzüberschreitende Einkommensbezüge. Das Konzept der Hinzurechnungsbesteuerung stelle jedoch gerade darauf ab, dass kein Einkommenszufluss aus dem Ausland stattfindet, sondern der Steueranspruch unmittelbar gegenüber dem inländischen Gesellschafter geltend gemacht wird.[705] Will man dennoch die DBA als anwendbar sehen, würde der Hinzurechnungsbetrag unter die Auffangklausel des Art. 21 fallen, der dem Ansässigkeitsstaat die Steuerberechtigung zuspricht.[706]

Menck hingegen stellt fest, dass der Hinzurechnungsbetrag aufgrund seiner „Aliudstellung" keiner in dem DBA geregelten Einkunftsart zuzuordenen sei.[707] Der DBA-Schutz sei einkunftsartbezogen. Kann der Hinzurechnungsbetrag nicht unter eine Einkunftsart subsumieren werden, kann man sich auch nicht auf das DBA berufen.[708] *Menck* räumt allerdings ein, und hier geht er dann konform mit der Auffassung von

---

703 Vgl. Wassermeyer in: Flick/Wassermeyer/Baumhoff, AStG, Vor §§ 7-14 Anm. 105; Sandler, D., Tax Treaties and Controlled Foreign Company Legislation, 2. Aufl., 1998, S. 107; Rix, J., National Report Denmark, in: Lang/Aigner/Scheuerle/Stefaner, CFC Legislation, 2004, S. 158; Helminen, M., Tax Treaty Interpretation in Finland, in: Lang, M. (Hrsg.), Tax Treaty Interpretation, 2001, S. 210; a.A Ullah, M., National Report United Kingdom, in: Lang/Aigner/Scheuerle/Stefaner, CFC Legislation, 2004, S. 634.

704 Vgl. hierzu bei Wassermeyer in: Flick/Wassermeyer/Baumhoff, AStG, Vor §§ 7-14 Anm. 50, 101; Sandler, D., Tax Treaties and Controlled Foreign Company Legislation, 2. Aufl., 1998, S. 107; Rix, J., National Report Denmark, in: Lang/Aigner/Scheuerle/Stefaner, CFC Legislation, 2004, S. 158; Helminen, M., Tax Treaty Interpretation in Finland, in: Lang, M. (Hrsg.), Tax Treaty Interpretation, 2001, S. 210.

705 Vgl. Debatin in: Debatin/Wassermeyer, MA, Systematik II Rz. 139; Debatin, H., DB 1992, S. 2159; so versteht ihn auch Wassermeyer in: Flick/Wassermeyer/Baumhoff, AStG, Vor §§ 7-14 Anm. 101.

706 Vgl. Debatin in: Debatin/Wassermeyer, MA, Systematik II Rz. 139.

707 Vgl. Menck in: Blümich, EStG, § 10 AStG Rz. 62 ff, 65.

708 Zustimmend Lehner in: Vogel/Lehner, DBA, 4. Aufl., 2003, Art. 21 Rz. 27; so auch Debatin in: Debatin/Wassermeyer, MA, Systematik I Rz. 48.

Debatin, dass der Hinzurechnungsbetrag allenfalls dem Art. 21 OECD-MA als Auffangtatbestand zuzuordnen sei.[709]

3.2.1.2 Stellungnahme zu den Konzepten

Es zeigt sich, dass der Theorienstreit über die Form der Einkünftezurechnung eng verknüpft ist mit der Frage, welche Verteilungsnorm des OECD-MA anwendbar ist bzw. ob die Hinzurechnungsbesteuerung mit den DBA vereinbar ist.

Ad) Zurechnungstheorie

Aus vorangegangener Analyse ergibt sich, dass die Anwendung des Art. 7 OECD-MA auf den Hinzurechnungsbetrag grundsätzlich gegen das jeweilige DBA verstößt, sofern der Unternehmensgewinn der CFC als unmittelbar in den Händen des Anteilseigners erwachsen gilt und bei ihm besteuert wird. Dies ist dann der Fall, wenn der „Unternehmensgewinn" i.S.d. Art. 7 als *„Gewinn der CFC"* und nicht als *„Gewinnanteil des Gesellschafters"* angesehen wird.
In den DBA wird der Ausdruck „Unternehmensgewinn" nicht eigens definiert. Insofern ist er grundsätzlich nach der abkommensrechtlichen Auslegungsregel des Art. 3 Abs. 2 OECD-MA zu bestimmen. Danach hat jeder im Abkommen nicht definierte und aus dem Sinn- und Vorschriftenzusammenhang des Abkommens nicht bestimmbare Begriff die Bedeutung, die ihm nach dem innerstaatlichen Recht des Anwenderstaates zukommt. Nach h.M. solle dies im Besonderen auch für den Begriff des „Unternehmensgewinns" gelten.[710]

---

709 Vgl. bei Wassermeyer in: Flick/Wassermeyer/Baumhoff, AStG, Vor §§ 7-14 Anm. 10. Auf Basis Wassermeyer's Zweistufentheorie ist die Zurechnung und Umqualifizierung der Einkünfte für die Anwendung von DBA unbeachtlich. Denn die DBA würden vielmehr auf die ausgeübte Tätigkeit und die daraus resultierenden Einkünfte abstellten, nicht jedoch darauf, wem die Einkünfte aufgrund nationaler Rechtsvorschriften steuerlich zugerechnet werden. Als Beispiel nennt Wassermeyer auch § 8 Abs. 2 KStG. Auch hier sei die Umqualifizierung von Einkünften in gewerbliche Einkünfte für Zwecke der DBA irrelevant. Für die abkommensrechtliche Zuordnung des Hinzurechnungsbetrags zu einer Verteilungsnorm muss daher die Art der Einkünfte, wie sie bei der CFC erzielt werden, bestimmt werden. Erzielt die CFC beispielsweise Zinseinkünfte oder Lizenzeinkünfte, so ist Art. 11 oder 12 OECD-MA anzuwenden. Erzielt die CFC Dividendeneinkünfte, so wäre Art. 10 OECD-MA einschlägig. Allerdings spricht sich Wassermeyer dagegen aus, generell Art. 10 OECD-MA anzuwenden, lediglich aufgrund der Tatsache, dass auf Ebene des Gesellschafters eine Umqualifizierung in (fiktive) Dividenden stattfindet. Art. 7 OECD-MA kommt ebenfalls nur dann zur Anwendung, wenn die von der CFC erzielten Einkünfte bei ihr „Unternehmensgewinne" i.S.d. Art. 7 Art. 3 Abs. 2 OECD-MA i.V.m. § 4 Abs. 1 EStG darstellen. Vgl. Wassermeyer in: Flick/Wassermeyer/Baumhoff, AStG, Vor §§ 7-14 Anm. 101.

710 So Hemmelrath in: Vogel/Lehner, DBA, 4. Aufl., 2003, Art. 7 Rz. 21; Wassermeyer in: Debatin/Wassermeyer, MA, Art. 7 Rz. 16a und Piltz in: Debatin/Wassermeyer, MA, Art. 7 Rz. 73. Kroppen in: Becker/Höppner/Grotherr/Kroppen, DBA, Art. 7 OECD-MA Rn. 42; Schaumburg, H., Internationales Steuerrecht, 2. Aufl., 1998, Rz. 16.228. Wobei die Bedeutung nach in diesem Staat anzuwendendem Steuerrecht den Vorrang vor einer Bedeutung hat, die der Ausdruck nach anderem Recht dieses Staates hat, vgl. OECD-MK Art. 3 Tz. 11, 12, 13.1.

Es ist also zunächst zu klären, welcher Staat der Anwenderstaat ist. Gemäß Art. 7 Abs. 1 OECD-MA können „Gewinne eines Unternehmens eines Vertragsstaates" nur in diesem Staat besteuert werden. Art. 7 OECD-MA belässt demnach das Besteuerungsrecht der Unternehmensgewinne dem Sitzstaat des Unternehmens. Anwenderstaat wäre also der Sitzstaat der CFC.[711] Voraussetzung ist jedoch, dass das „Unternehmen des Vertragsstaats" abkommensberechtigt ist und damit Abkommensschutz genießt. Abkommensberechtigt ist eine Person, die in einem Vertragsstaat ansässig ist (Art. 1 Abs. 1 OECD-MA).[712]

Bei der Zurechnungstheorie wird konzeptionell unterstellt, dass die CFC eine Personengesellschaft ist. Daher ist zu prüfen, ob eine Personengesellschaft als „Person" i.S.d. Abkommens gilt. Das OECD-MA bejaht dies. Gemäß Art. 3 Abs. 1 Bst. a) OECD-MA umfasst der Ausdruck „Person" auch „Personenvereinigungen", unter die auch Personengesellschaften fallen.[713] Die meisten DBA haben jedoch die „Personenvereinigungen" aus der Abkommensdefinition der „Person" gestrichen und versagen damit den Personengesellschaften den Abkommensschutz.[714] Hierzu gehören die meisten Staaten der EU, wie z.B. die DBA mit Dänemark, Ungarn, Spanien und Portugal.[715] Wird die Personengesellschaft nicht als „Person" i.S.d. Abkommens angesehen, so ist sie nicht abkommensberechtigt.[716] Abkommensberechtigt ist der Gesellschafter als „Person, die das Unternehmen betreibt".[717] Denn für den Abkommensschutz kommt es auf die Ansässigkeit der Person an, die das Unternehmen betreibt, nicht auf den Ort, an dem das Unternehmen betrieben wird.[718] Anwenderstaat ist dann der Vertragsstaat, in dem der Gesellschafter ansässig bzw. unbeschränkt steuerpflichtig ist. Handelt es sich beispielsweise um einen in Deutschland unbeschränkt steuerpflichtigen Gesellschafter ist der Anwenderstaat Deutschland.

Gleiches gilt, wenn die CFC zwar Person i.S.d. Abkommens ist, aber nicht in ihrem Sitzstaat ansässig, da sie mangels rechtlicher Selbständigkeit dort nicht unbeschränkt steuerpflichtig ist. Auch dann wird der Abkommensschutz für die CFC verneint. Abkommensberechtigt sind dann die hinter der Gesellschaft stehenden Gesellschafter.[719]

---

711 Vgl. Hemmelrath in: Vogel/Lehner, DBA, 4. Aufl., 2003, Art. 7 Rz. 3.

712 Vgl. Schaumburg, H., Internationales Steuerrecht, 2. Aufl., 1998, Rz. 16.229.

713 Vgl. Vogel in: Vogel/Lehner, DBA, 4. Aufl. 2003, Art. 3 Rz. 65; Wilke in: Becker/Höppner/Grotherr/Kroppen, DBA, Art. 1 OECD-MA Rn. 19.

714 Sofern sie nicht als juristische Person besteuert werden kann. Vgl. Vogel in: Vogel/Lehner, DBA, 4. Aufl., 2003, Art. 3 Rz. 28; Piltz in: Debatin/Wassermeyer, MA, Art. 7 Rz. 66.

715 Vgl. Vogel in: Vogel/Lehner, DBA, 4. Aufl., 2003, Art. 3 Rz. 28.

716 Vgl. Wilke in: Becker/Höppner/Grotherr/Kroppen, DBA, Art. 1 OECD-MA Rn. 24. Hier kann es zu Qualifikationskonflikten kommen, wenn ein Vertragsstaat eine Personengesellschaft als „Person" ansieht, der andere Vertragsstaat jedoch nicht.

717 Vgl. Piltz in: Debatin/Wassermeyer, MA, Art. 7 Rz. 66; Wilke in: Becker/Höppner/Grotherr/Kroppen, DBA, Art. 1 OECD-MA Rn. 25.

718 Vgl. Vogel in: Vogel/Lehner, DBA, 4. Aufl., 2003, Art. 3 Rz. 42; Schaumburg, H., Internationales Steuerrecht, 2. Aufl., 1998, Rz. 16.229.

719 Vgl. Wilke und Lieber in: Becker/Höppner/Grotherr/Kroppen, DBA, Art. 1 OECD-MA Rn. 23, 25 und Art. 7 Rn. 289. Auch hier kann es zu Qualifikationskonflikten kommen, wenn ein Ver-

Ist Deutschland der Anwenderstaat, so gilt für den inländischen Gesellschafter, dass er nur dann Unternehmensgewinne aus der ausländischen Gesellschaft erzielt, wenn das im Ausland errichtete Rechtsgebilde nach deutschem Steuerrecht als Mitunternehmerschaft qualifiziert wird.[720] Erfolgt die Beurteilung nach den allgemeinen Grundsätzen des Zivilrechts[721], so würde man auf Basis des sog. Typenvergleichs regelmäßig zu dem Ergebnis kommen, dass die CFC eine einer deutschen Körperschaft entsprechende Rechtsform hat, gekennzeichnet durch insbesondere beschränkte Haftung und kapitalistischer Struktur.[722] Erfolgt die Beurteilung hingegen auf Grundlage der Spezialregelung der §§ 7-14 AStG, so kommt es – auf Basis der Zurechnungstheorie – zu einer Qualifizierung der CFC als Personengesellschaft (oder Betriebsstätte). Die innerstaatliche Option zur Besteuerung der CFC als Personengesellschaft – wohl gemerkt, allein für Zwecke der Hinzurechnungsbesteuerung – ist grundsätzlich zulässig und für Abkommenszwecke maßgeblich. Denn aufgrund der autonomen Abkommensanwendung durch Deutschland als Anwenderstaat ist die Qualifikation der CFC nach ausländischem Recht irrelevant.[723]

Nach dem Recht des Anwenderstaates Deutschland könnte die CFC als Mitunternehmerschaft angesehen werden. Der Unternehmensgewinn der CFC gilt dann als „Gewinnanteil des Gesellschafters", das Unternehmen i.S.d. Art. 7 OECD-MA ist dann entsprechend der „Anteil des Gesellschafters am Unternehmen der Gesellschaft".[724] Der Unternehmensgewinn dürfte dann DBA-konform nach Art. 7 OECD-MA bei dem Gesellschafter besteuert werden.[725]

Zu diesem Ergebnis kommt man jedoch nur, wenn man dem Konzept der Hinzurechnungsbesteuerung die Zurechnungstheorie zugrunde legt und die CFC in dem DBA

---

tragsstaat die Personengesellschaft als rechtlich selbständiges Steuersubjekt einordnet, der andere Vertragsstaat hiervon abweichend die steuerliche Selbständigkeit verneint.

720 Vgl. Hemmelrath in: Vogel/Lehner, DBA, 4. Aufl., 2003, Art. 7 Rz. 36 f; Wassermeyer in: Debatin/Wassermeyer, MA, Art. 7 Rz. 76 f; Lieber in: Becker/Höppner/Grotherr/Kroppen, DBA, Art. 7 OECD-MA Rn. 296.

721 Die Maßgeblichkeit des Zivilrechts bestätigt Baranowki. Das Steuerrecht ist prinzipiell an das Zivilrecht gebunden. Vgl. Baranowki, K.-H., Die Kapitalgesellschaft im Spektrum des Internationalen Steuerrechts, in: Festschrift Debatin, 1997, S. 1 (2 und 4 f).

722 Zu prüfen ist, ob die rechtliche und wirtschaftliche Struktur der ausländischen Gesellschaft mit einer deutschen Personen- oder Kapitalgesellschaft „vergleichbar" ist. Die Vergleichbarkeit bestimmt sich nach dem sog. Typenvergleich. Vgl. Lieber in: Becker/Höppner/Grotherr/Kroppen, DBA, Art. 7 OECD-MA Rn. 296. Kluge bestreitet hingegen die Steuersubjekteigenschaft der CFC nach deutschem Recht. Sie sei seiner Ansicht nach lediglich ein „steuerliches Konstrukt". Vgl. Kluge, V., Das Internationale Steuerrecht, 4. Aufl., 2000, S. 406; ebenso Köhler, S., Die Steuerpolitik der deutschen internationalen Unternehmung im Einflussbereich der Hinzurechnungsbesteuerung, 1994, S. 40; ablehnend Wassermeyer in: Flick/Wassermeyer/Baumhoff, AStG, Vor §§ 7-14 Anm. 6.

723 Vgl. Wassermeyer in: Debatin/Wassermeyer, MA, Art. 7 Rz. 78 ff; Lieber in: Becker/Höppner/Grotherr/Kroppen, DBA, Art. 7 OECD-MA Rn. 296.

724 So Hemmelrath in: Vogel/Lehner, DBA, 4. Aufl., 2003, Art. 7 Rz. 37; Kroppen in: Becker/Höppner/Grotherr/Kroppen, DBA, Art. 7 OECD-MA Rn. 48 f.

725 Vgl. Kroppen in: Becker/Höppner/Grotherr/Kroppen, DBA, Art. 7 OECD-MA Rn. 49.

des jeweiligen Anwenderstaates keine Person i.S.d. Abkommens ist und damit keine Abkommensberechtigung genießt.[726] M.E. ist ferner kritisch zu sehen, dass die CFC allein für Zwecke der Hinzurechnungsbesteuerung als transparent behandelt wird. Die Option zur transparenten Besteuerung beschränkt sich allein auf die Besteuerung nach den §§ 7-14 AStG. Fraglich ist mithin, ob eine spezielle steuerrechtliche Regelung wie die §§ 7-14 AStG die zivilrechtliche Qualifikation der CFC als Körperschaft außer Kraft setzen kann bzw. ob die §§ 7-14 AStG als Normen angesehen werden können, die letztlich die Besteuerungsoption der CFC als Personengesellschaft anordnen kann. Dies ist zu verneinen.[727] Die Bedeutung der Vorschriften der §§ 7-14 AStG soll nicht weiter gehen, als lediglich die Hinzurechnung der CFC-Einkünfte zu und die Besteuerung bei dem Gesellschafter unter bestimmten Voraussetzungen zu bestimmen.

Letztlich muss der Hinzurechnungsbetrag in der Gestalt als Unternehmensgewinn i.S.d. Art. 7 OECD-MA als „Gewinn der CFC" und nicht als „Gewinnanteil des Gesellschafters" angesehen werden. Denn die CFC ist nach allgemeinen zivilrechtlichen Grundsätzen als Kapitalgesellschaft zu typisieren und damit als abkommensberechtigte Person. Besteuerungsrecht hat damit der Staat, in dem die CFC ansässig ist. Die Hinzurechnungsbesteuerung in der Konzeption als Unternehmensgewinnbesteuerung verstößt somit gegen DBA-Recht.

Ad) Ausschüttungstheorie

Wird der Rechtsstatus der CFC als „separate legal entity" geachtet und gelangt somit der Gewinn der CFC im Wege einer fiktiven Gewinnausschüttung zum Anteilseigner, so würde nicht gegen das Abkommen verstoßen, wenn

(a) Art. 10 OECD-MA einschlägig ist, d.h. wenn eine Dividende i.S.d. Abkommens vorliegt und
(b) das jeweilige Abkommen in den Fällen der Hinzurechnungsbesteuerung kein internationales Schachtelprivileg gewährt und
(c) nicht gegen das Verbot der exterritorialen Besteuerung (Art. 10 Abs. 5 OECD-MA) verstoßen wird.

Ad (a) Liegt eine Dividende i.S.d. Abkommens vor ?

Im Gegensatz zum Unternehmensgewinn ist der Begriff Dividende im Abkommensrecht definiert. Nach der Legaldefinition in Art. 10 Abs. 3 OECD-MA bedeutet der

[726] Da diese Begriffsdefinition uneinheitlich geregelt ist, kann es zu unterschiedlichen Entscheidungen über die Abkommensberechtigung in den beiden Vertragsstaaten kommen. Dieser Konflikt ist dann im Rahmen eines Verständigungsverfahrens zu lösen, vgl. Vogel in: Vogel/Lehner, DBA, 4. Aufl., 2003, Art. 3 Rz. 28 und 33.

[727] Die Maßgeblichkeit des Zivilrechts bestätigt u.a. *Baranowki* und *Kofler*. Aufgrund des Postulats der Einheitlichkeit der Rechtsordnung ist das Steuerrecht prinzipiell an das Zivilrecht gebunden. Vgl. Baranowki, K.-H., Die Kapitalgesellschaft im Spektrum des Internationalen Steuerrechts, in: Festschrift Debatin, 1997, S. 1 (2 und 4 f); ebenso Kofler, G. W., Die steuerliche Abschirmwirkung ausländischer Finanzierungsgesellschaften, 2002, S. 72 f.

Ausdruck Dividenden, „Einkünfte aus Aktien, Genussaktien oder Genussscheinen, Kuxen, Gründeranteilen oder anderen Rechten – ausgenommen Forderungen – mit Gewinnbeteiligung sowie aus sonstigen Gesellschaftsanteilen stammenden Einkünften, die nach dem Recht des Staates, in dem die ausschüttende Gesellschaft ansässig ist, den Einkünften aus Aktien steuerlich gleichgestellt ist." Die Definition ist nicht abschließend. Denn die Dividendeneinkünfte sind zum einen nur beispielhaft und nicht abschließend aufgezählt, zum anderen wird zusätzlich auf das Recht des Staates der ausschüttenden Gesellschaft verwiesen.[728]

Bei Anwendung der Auslegungsregel des Art. 3 Abs. 2 OECD-MA ist die Begriffsbestimmung zunächst anhand der im Abkommen verwendeten Definition vorzunehmen. Wie sich zeigt, kann aus der Legaldefinition des Art. 10 Abs. 3 OECD-MA keine klare Rechtsaussage darüber getroffen werden, ob der Hinzurechnungsbetrag unter den abkommensrechtlichen Dividendenbegriff fällt. Denn eine „fiktive Dividende", wie sie im Rahmen einer CFC-Gesetzgebung angeordnet wird, ist in der Aufzählung des Art. 10 Abs. 3 OECD-MA nicht enthalten. Insofern ist der Sinn- und Vorschriftenzusammenhang des Abkommens zu bemühen. Hilfsmittel sind hierbei die Regelungen des WÜRV und des OECD-MK.

Auf Basis einer vom WÜRV vorgegebenen objektiven Abkommensauslegung anhand des Wortlauts ist zunächst davon auszugehen, dass nur „zugeflossene" Beträge bzw. „ausgeschüttete" Gewinne von der Dividendendefinition des Art. 10 Abs. 3 OECD-MA erfasst werden. Denn andernfalls dürfte Art. 10 Abs. 3 OECD-MA nicht von „*Einkünften* aus Aktien..." und von der die Dividenden „*ausschüttenden* Gesellschaft..." sprechen. Vielmehr müsste dann beispielsweise von „Vermögensvorteilen" oder „Gewinnbezugsrechten" die Rede sei. Auch Abs. 1 des Art. 10 des OECD-MA sagt, Dividenden, die eine in einem Vertragsstaat ansässige Gesellschaft an eine im anderen Vertragsstaat ansässige Person „*zahlt*", können im anderen Staat besteuert werden. Hält man an dem Wortlaut des Art. 10 Abs. 1 OECD-MA fest, so muss man auch hier zunächst davon ausgehen, dass Zahlung grundsätzlich auch einen Geldfluss oder zumindest den Zufluss eines geldwerten Vorteils[729] impliziert.

Andererseits lässt sich sagen, dass der Einkünftebegriff nicht zwingend einen Zufluss impliziert. Vielmehr ist er ein abkommensrechtlicher Begriff, der als Oberbegriff zu den in den Verteilungsnormen (Art. 6-21 OECD-MA) genannten Einkünften verstanden werden muss.[730] Denn der Methodenartikel (Art. 23 OECD-MA), der von *Einkünften* spricht, muss für Einkünfte gleich welcher Verteilungsnorm Anwendung finden. Was unter Einkünften zu verstehen ist, wird im Abkommen nicht eigens definiert. Allerdings ergibt sich aus dem Sinn- und Vorschriftenzusammenhang des Abkommens, dass sich das, was Einkünfte sind, nach dem innerstaatlichen Recht des jeweiligen

[728] Vgl. OECD-MK 2003 Art. 10 Tz. 23; Wassermeyer: in Debatin/Wassermeyer, MA, Art. 10 Rz. 4, 25.

[729] Vgl. Wassermeyer in: Debatin/Wassermeyer, MA, Art. 10 Rz. 94.

[730] Vgl. Wassermeyer in: Debatin/Wassermeyer, MA, Art. 10 Rz. 93.

Vertragsstaats bestimmt.[731] Insofern sind ganz allgemein Einkünfte i.S.d. Abkommens alle Steuertatbestände, die in mindestens einem der Vertragsstaaten tatsächlich einen Steuertatbestand bilden und zudem in den Anwendungsbereich des DBA fallen.[732] Auch aus dem Begriff *Ausschüttung* muss nicht zwingend das Erfordernis eines Einnahmenzuflusses geschlossen werden. Denn auch andere geldwerte Vorteile, wie eine verdeckte Gewinnausschüttung, fallen unter Art. 10 OECD-MA.[733] Gleiches gilt für den Begriff *zahlen*. Nach dem OECD-MK hat der Ausdruck „zahlen“ eine sehr weite Bedeutung. Er soll bereits die „Erfüllung der Verpflichtung, dem Aktionär Geldmittel zur Verfügung zu stellen“ beinhalten.[734] Der abkommensrechtliche Begriff „zahlen“ schließt somit sämtliche Formen der Erfüllung des Dividendenanspruchs ein.[735] Ferner sagt das OECD-MA nichts über den Zeitpunkt aus, an dem ein Dividendenanspruch als erfüllt gelten soll.

Davon gehen insbesondere auch *Vogel* und *Wassermeyer* aus. Von *Vogel* wird die Auffassung vertreten, eine Dividende könne abkommensrechtlich bereits vor tatsächlicher Ausschüttung an den Gesellschafter vorliegen. Denn nach *Vogel* komme es auf den Zufluss nicht an. Entscheidend sei vielmehr, dass der Betrag für den Steuerpflichtigen, dessen Einkommen er erhöht, einen Ausfluss aus seiner Beteiligung an der ausländischen Gesellschaft darstelle und insofern aus seinen Gesellschaftsanteilen stamme.[736] Auch nach *Wassermeyer* ist der Zufluss der Dividende nicht zwingend erforderlich. Denn der Ausdruck „Zahlung“ beziehe sich zum einen auf den Abfluss bei der Gesellschaft und nicht auf den Dividendenzufluss beim Anteilseigner, zum anderen setze der Abflussgedanke nicht zwingend einen Geldfluss voraus. Vielmehr könne bereits die Entstehung des Anspruchs auf die Dividende nach *Wassermeyer* ein Abfluss darstellen.[737] In der Rechtsprechung ist für die Annahme des Zuflusses ausreichend, dass der Steuerpflichtige die wirtschaftliche Verfügungsmacht über die Einnahme erlangt. Einnahmen gelten dann als zugeflossen, wenn der Empfänger die wirtschaftliche Verfügungsmacht über die in Geld oder in Geldwert bestehenden Güter erlangt hat.[738]

Nach dem OECD-MK sind unter Dividenden in erster Linie Gewinnausschüttungen von Kapitalgesellschaften an die Gesellschafter zu verstehen. Im Gegensatz zu Gewinnen von Personengesellschaften seien die Gewinne von Kapitalgesellschaften nicht

---

731 Vgl. Vogel in: Vogel/Lehner, DBA, 4. Aufl., 2003, Art. 23 Rz. 36. Die lex-fori-Klausel kommt hier nicht in Betracht; so auch Schuch, J., Die Zeit im Recht der DBA, 2002, S. 219.

732 Vgl. Schuch, J., Die Zeit im Recht der DBA, 2002, S. 219.

733 OECD-MK Art. 10 Tz. 28.

734 OECD-MK Art. 10 Tz. 7.

735 Vgl. Portner in: Becker/Höppner/Grotherr/Kroppen, DBA, Art. 10 OECD-MA Rn. 46; Tischbirek in: Vogel/Lehner, DBA, 4.Aufl., 2003, Art. 10 Rz. 22.

736 Vgl. Tischbirek in: Vogel/Lehner, DBA, 4. Aufl., 2003, Art. 10 Rz. 224; gl.A. Mersch, E., Die Hinzurechnungsbesteuerung nach den §§ 7 ff AStG, 1986, S. 141 f; Schuch, J., Die Zeit im Recht der DBA, 2002, S. 222. Dies untermauere seiner Meinung nach auch die Zulässigkeit einer „Sachdividende“.

737 Vgl. Wassermeyer in: Debatin/Wassermeyer, MA, Art. 10 Rz. 39.

738 Vgl. BFH v. 14.2.1984, BStBl II 1984, S. 480 (482); Portner in: Becker/Höppner/Grotherr/Kroppen, DBA, Art. 10 OECD-MA Rn. 50 f.

die eigenen Gewinne der beteiligten Gesellschafter und könnten daher auch erst nach Ausschüttung diesen zugerechnet und bei diesen besteuert werden.[739] Der OECD-MK scheint demnach auf das Grundprinzip der Sphärentrennung zwischen Kapitalgesellschaft und ihren Gesellschaftern aufzubauen. Daraus könnte man das Erfordernis eines tatsächlichen Zuflusses der Dividenden ableiten. Zu einer eindeutigen Klärung kann der OECD-MK jedoch nicht beitragen.

Andererseits bestimmt der OECD-MK, dass ein auf Grund einer CFC-Gesetzgebung einem Steuerpflichtigen zugerechneter Betrag, sofern er als fiktiv ausgeschüttet gilt, eindeutig als Bezüge der Basisgesellschaft und damit als Einkünfte aus dem Lande dieser Gesellschaft anzusehen sei. Auch eine aus der Hinzurechnungsbesteuerung resultierende „fiktive Dividende" wird hier als Einkünfte aus dem Land der CFC betrachtet. Aus dieser Formulierung könnte geschlossen werden, dass der Hinzurechnungsbetrag als eine aus dem Land der CFC an die Anteilseigner fließende Dividende anzusehen ist. Denn in welcher Form bzw. auf welchem rechtstechnischen Weg sonst sollten die Einkünfte der CFC zu den Anteilseignern gelangen. Diese Interpretation scheint jedoch obsolet zu werden, da der MK später anführt, es sei keineswegs klar, ob der zu besteuernde Betrag als Dividende i.S.d. Art. 10 oder als andere Einkünfte i.S.d. Art. 21 OECD-MA einzuordnen sei.[740] Letztlich lässt der OECD-MK (möglicherweise bewusst) offen, ob der Hinzurechnungsbetrag, sofern er als fiktive Dividende gilt, von dem Dividendenartikel Art. 10 OECD-MA oder von Art. 21 OECD-MA erfasst wird.

Wie bereits oben erwähnt, bestimmt sich das, was „Einkünfte" im abkommensrechtlichen Sinne sind, nach dem innerstaatlichen Recht des jeweiligen Vertragsstaats. Maßgeblich ist, dass national ein Steuertatbestand erfüllt ist und dieser in den Anwendungsbereich des DBA fällt. Sofern die Voraussetzungen der jeweiligen CFC-Rules vorliegen, ist ein Tatbestand erfüllt, der auf nationale Ebene Besteuerungsfolgen auslöst. „Einkünfte" i.S.d. Abkommens dürften somit gegeben sein. Fraglich ist, ob diese im Anwendungsbereich des DBA, hier im Besonderen im Anwendungsbereich des Art. 10 OECD-MA, liegen. Die Dividenden-Definition des MA ist dreigliedrig aufgebaut.[741] Dividenden i.S.d. Art. 10 OECD-MA sind danach Einkünfte

- aus Aktien, Genussaktien oder Genussscheinen, Kuxen, Gründeranteilen,
- aus anderen Rechten – ausgenommen Forderungen – mit Gewinnbeteiligung, sowie
- aus sonstigen Gesellschaftsanteilen, soweit die Einkünfte nach dem Recht des Staates, in dem die ausschüttende Gesellschaft ansässig ist, den Einkünften aus Aktien steuerlich gleichzusetzen sind.

Grundsätzlich bestimmt sich die Reichweite des Begriffs „Einkünfte" nach dem Recht des Anwenderstaates (Art. 3 Abs. 2 OECD-MA).[742] Bei Dividenden ist dies grundsätz-

---

739 So OECD-MK Art. 10 Tz. 1-3.

740 Vgl. OECD-MK 2003 Art. 10 Tz. 38.

741 Vgl. z.B. Portner in: Becker/Höppner/Grotherr/Kroppen, DBA, Art. 10 OECD-MA Rn. 150; Schaumburg, H., Internationales Steuerrecht, 2. Aufl., 1998, Rz. 16.329.

742 Vgl. Tischbirek in: Vogel/Lehner, DBA, 4. Aufl., 2003, Art. 10 Rz. 186, Vogel in: Vogel/Lehner, DBA, 4. Aufl., 2003, Einl. Rz. 151 ff.

lich der Ansässigkeits- und der Quellenstaat, da das Besteuerungsrecht beiden Staaten zusteht. Der Hinzurechnungsbetrag wird – und hier kommt es wieder auf den Grundgedanken der Ausschüttungstheorie an – im Ansässigkeitsstaat des Anteilseigners als (fiktive) Dividende betrachtet. Sofern die CFC die Rechtsform eine AG oder KGaA hat, liegen daher Einkünfte im Sinne des ersten Definitionsabschnitts vor. Sofern die CFC eine GmbH ist, liegen Einkünfte „aus sonstigen Gesellschaftsanteilen" i.S.d. dritten Definitionsabschnitts vor. Hinsichtlich des dritten Abschnitts der Definition verweist das Abkommen auf das Recht des Quellenstaates.[743] Richtet sich die Reichweite des Begriffs „Einkünfte aus sonstigen Gesellschaftsanteilen" allein nach dem Recht des Staates der CFC (Quellenstaates), so fällt der Hinzurechnungsbetrag möglicherweise nicht unter den Anwendungsbereich des Art. 10. Denn das Konstrukt der Hinzurechnungsbesteuerung (in der Form einer fiktiven Dividende) kennen vor allem Hochsteuerländer, welche die Sitzstaaten der CFCs üblicherweise nicht sind. Nach h.M.[744] besteht jedoch hier keine Qualifikationsverkettung von Quellen- und Ansässigkeitsstaat. D.h. der Rückgriff auf das nationale Recht des Quellenstaats bedeutet nicht, dass das Recht des Staates der CFC mit Bindung für den Ansässigkeitsstaat des Gesellschafters gilt. Bestimmt der Quellenstaat, dass der Hinzurechnungsbetrag nicht als fiktive Dividenden anzusehen ist, so muss der Ansässigkeitsstaat des Gesellschafters dieser Rechtsauffassung nicht folgen.[745] Denn der Ansässigkeitsstaat legt den Dividendenbegriff im Übrigen autonom aus Sicht seines Staates (Art. 3 Abs. 2 OECD-MA) aus und kann sich auf den Standpunkt stellen, dass der Quellenstaat das Abkommen unzutreffend angewendet hat.[746] Wird der Hinzurechnungsbetrag im Ansässigkeitsstaat als (fiktive) Dividende qualifiziert, so ist der abkommensrechtliche Dividendenbegriff, genauer der dritte Abschnitt der Dividenden-Definition, erfüllt.[747] Der Hinzurechnungsbetrag fällt damit in den Anwendungsbereich des DBA.

---

743 Vgl. Wassermeyer in: Debatin/Wassermeyer, MA, Art. 10 Rz. 92; gl.A. Kluge, V., Das Internationale Steuerrecht, 4. Aufl., 2000, S. 184; a.A. Tischbirek, nach Tischbirek richtet sich nicht nur der dritte Abschnitt nach dem Quellenstaat, sondern auch der erste und zweite Abschnitt der Dividenden-Definition. Art. 10 Abs. 3 OECD-MA richte sich damit insgesamt nach dem Recht des Quellenstaates. Dass diese Auslegung des Art. 10 Abs. 3 OECD-MA nicht aus dem Wortlaut herzuleiten ist und zu seinem systematischen Aufbau in einem gewissen Widerspruch steht, sei in Kauf zu nehmen. Vgl. Tischbirek in: Vogel/Lehner, DBA, 4. Aufl., 2003, Art. 10 Rz. 186; zustimmend Portner in: Becker/Höppner/Grotherr/Kroppen, DBA, Art. 10 OECD-MA Rn. 156 und Schaumburg, H., Internationales Steuerrecht, 2. Aufl., 1998, Rz. 16.330.

744 Vgl. Tischbirek in: Vogel/Lehner, DBA, 4. Aufl., 2003, Art. 10 Rz. 223; Wassermeyer in: Debatin/Wassermeyer, MA, Art. 10 Rz. 91b.

745 Vgl. Tischbirek in: Vogel/Lehner, DBA, 4. Aufl., 2003, Art. 10 Rz. 223.

746 Vgl. Wassermeyer in: Debatin/Wassermeyer, MA, Art. 10 Rz. 91b.

747 So auch Tischbirek in: Vogel/Lehner, DBA, 4. Aufl., 2003, Art. 10 Rz. 222. Gleiches gilt auch in Bezug auf die Regelungen der Staaten zur „Gesellschafter-Fremdfinanzierung – in Deutschland geregelt in § 8a KStG. Hier werden „Zinsen" innerstaatlich in „verdeckte Gewinnausschüttungen" umqualifiziert. Die innerstaatliche Umqualifizierung schlägt auch auf das Abkommen durch. Die betreffenden Bezüge sind dann den „Einkünfte aus Aktien steuerlich gleichgestellt". Einschlägig ist der Dividenden-Artikel. Vgl. Tischbirek in: Vogel/Lehner, DBA, 4. Aufl., 2003, Art. 10 Rz. 200; problematisierend Porter in: Becker/Höppner/Grotherr/Kroppen, DBA, Art. 10 OECD-MA Rn. 198 ff, 204.

Die Auffassung, dass bei der Frage, ob eine fiktive Dividende „Einkünfte" im abkommensrechtlichen Sinne sind, auf nationale Steuertatbestände zurückzugreifen ist, wird auch darin unterstützt, dass primäres Ziel der DBA die Vermeidung von Doppelbesteuerungen ist. Der DBA-Schutz würde regelmäßig in denjenigen Fällen ins Leere laufen, in denen innerstaatliche Ausschüttungsfiktionen eine Besteuerung begründen. Die Vertragsstaaten könnten sich durch Einkünftefiktionen Besteuerungsansprüche sichern und so das Ziel der DBA, Besteuerungsrechte aufzuteilen und Doppelbesteuerungen zu vermeiden, unterlaufen.

Es entspricht also sowohl der Auslegungssystematik der DBA auf Basis des Art. 3 Abs. 2 OECD-MA als auch dem Grundgedanken des DBA-Rechts, hier den innerstaatlichen Steuertatbestand auch abkommensrechtlich zugrunde zulegen. Dies muss auch für innerstaatliche gesetzlich angeordnete Einkünftezurechnungen, wie im Fall der Hinzurechnungsbesteuerung, gelten.[748] Sofern die CFC eine AG oder KGaA ist, liegen stets „Einkünfte *aus Aktien…*" i.S.d. Art. 10 OECD (erster Definitionsabschnitt) vor, sofern die CFC eine GmbH ist, liegen nur dann „Einkünfte *aus sonstigen Gesellschaftsanteilen….*" i.S.d. Art. 10 OECD-MA (dritter Definitionsabschnitt) vor, wenn der jeweilige Vertragsstaat den Hinzurechnungsbetrags als (fiktive) Dividende klassifiziert, so wie es in den USA und Deutschland praktiziert wird. Um Unsicherheiten und Unklarheiten zu beseitigen, sollten die untersuchten Staaten den Hinzurechnungsbetrag innerstaatlich explizit als (fiktive) Dividende qualifizieren.

Ad (b) Wird gegen Art. 10 OECD-MA verstoßen ?

Geht man, wie hier vertreten, davon aus, dass der Hinzurechnungsbetrag als Dividende i.S.d. Abkommens qualifiziert wird, so darf dennoch der Ansässigkeitsstaat des Anteilseigners die Dividende nicht besteuern, wenn das DBA ein internationales Schachtelprivileg vorsieht und die Voraussetzungen für die Gewährung des Schachtelprivilegs erfüllt sind – so ausdrücklich der OECD-MK. Denn in diesen Fällen hat der Ansässigkeitsstaat des Anteilseigners kein Besteuerungsrecht.

Ein Verstoß ist regelmäßig dann gegeben, wenn das jeweilige DBA das internationale Schachtelprivileg ohne Aktivitätsvorbehalt gewährt. Kein Verstoß liegt vor, wenn das internationale Schachtelprivileg eine Aktivitätsklausel enthält und die Hinzurechnungsbesteuerung des betroffenen Staates als Tatbestand „passive Einkünfte" voraussetzt.

Wie in Teil II der Arbeit aufgezeigt, knüpfen eine Vielzahl von EU-Staaten, so z.B. Großbritannien, Italien, Frankreich und Finnland, die Hinzurechnungsbesteuerung nicht an das Tatbestandsmerkmal der „passiven Einkünfte", sondern lediglich an das Tatbestandsmerkmal der „Niedrigbesteuerung". Bei den CFC-Gesetzgebungen dieser

---

[748] Für diese Auffassung spricht auch die Entscheidung des FG Düsseldorf. Das FG hat entschieden, dass der Hinzurechnungsbetrag eine „Einnahme" i.S.d. § 3c EStG darstellt. Vgl. FG Düsseldorf v. 9.11.2004, IStR 2005, S. 125.

Staaten kann es daher auch zu einem Verstoß gegen DBA-Recht kommen, wenn das internationale Schachtelprivileg einen Aktivitätsvorbehalt vorsieht.

Um stets DBA-Konformität herzustellen, müsste das internationale Schachtelprivileg die Dividendenfreistellung auch an das Kriterium einer *ausreichenden Vorbelastung* im Sitzstaat der CFC binden. Denn den Tatbestand der „Niedrigbesteuerung" haben alle (hier untersuchten) CFC-Gesetzgebungen (mit Ausnahme der USA). Niedrigbesteuerung im CFC-Staat und Dividendenfreistellung im Ansässigkeitsstaat des Anteilseigners würden sich dann stets gegenseitig ausschließen.

ad (c) Liegt ein Verstoß gegen das Verbot der exterritorialen Besteuerung vor ?

In Art. 10 Abs. 5 OECD-MA heißt es, „Bezieht eine in einem Vertragsstaat ansässige Gesellschaft Gewinne oder Einkünfte aus dem anderen Vertragsstaat, so darf dieser andere Staat (weder ...) noch Gewinne der Gesellschaft einer Steuer für nichtausgeschüttete Gewinne unterwerfen, selbst wenn die (...) nichtausgeschütteten Gewinne ganz oder teilweise aus im anderen Staat erzielten Gewinne oder Einkünfte bestehen." Art. 10 Abs. 5 verankert das Verbot der sog. extraterritorialen Besteuerung.[749] Nichtansässige Gesellschaften dürfen in ihrem Sitzstaat zu keinen Sondersteuern von nichtausgeschütteten Gewinne herangezogen werden.[750] Im Rahmen der Hinzurechnungsbesteuerung allerdings wird nicht die ausländische Gesellschaft mit einer Sondersteuer belastet, sondern der inländische Gesellschafter. Insofern verstößt die Hinzurechnungsbesteuerung nicht gegen Art. 10 Abs. 5. Der OECD-MK bestätigt auch, Absatz 5 betreffe nur die Besteuerung der Gesellschaft und nicht die ihrer Anteilseigner.[751] Aus Art. 10 Abs. 5 des OECD-MA lässt sich daher m.E. kein generelles Verbot der Besteuerung nichtausgeschütteter Gewinne ableiten.[752]

Ad) Repräsentationstheorie

Ist Gegenstand der Hinzurechnungsbesteuerung der abstrakte „Hinzurechnungsbetrag", der nicht identisch ist mit dem Einkommen der CFC, sei es in Form des Unternehmensgewinns oder sei es in Form der Ausschüttung des Unternehmensgewinns, so kann der Hinzurechnungsbetrag zunächst nicht unter Art. 7 oder Art. 10 des OECD-MA fallen. Die nächste Frage ist dann, unter welchen Artikel er zu subsumieren ist und welche abkommensrechtlichen Konsequenzen daraus folgen.

---

749 Vgl. Portner in: Becker/Höppner/Grotherr/Kroppen, DBA, Art. 10 OECD-MA Rn. 227; Wassermeyer in: Debatin/Wassermeyer, MA, Art. 10 Rz. 145; Schaumburg, H., Internationales Steuerrecht, 2. Aufl., 1998, Rz. 16.354

750 Vgl. OECD-MK 2003 Art. 10 Tz. 36.

751 Vgl. OECD-MK 2003 Art. 10 Tz. 37; ebenso Wassermeyer in: Debatin/Wassermeyer, MA, Art. 10 Rz. 158; Portner in: Becker/Höppner/Grotherr/Kroppen, DBA, Art. 10 OECD-MA Rn. 235; Schaumburg, H., Internationales Steuerrecht, 2. Aufl., 1998, Rz. 10.26 und 16.355.

752 So auch Wassermeyer in: Flick/Wassermeyer/Baumhoff, AStG, Vor §§ 7-14 Anm. 103.

Der einzig in Frage kommende Artikel ist Art. 21 des OECD-MA. Er enthält eine Regelung für „Einkünfte einer in einem Vertragsstaat ansässigen Person, die in den vorstehenden Artikeln nicht behandelt wurden (...).“[753] Art. 21 ist also eine allgemeine Auffangnorm, die nur subsidiär zu den vorangegangenen Artikeln des OECD-MA zur Anwendung kommt.[754] Nach Art. 21 Abs. 1 OECD-MA steht hinsichtlich dieser „anderen Einkünfte“ ausschließlich dem Ansässigkeitsstaat das Besteuerungsrecht zu. Im Quellenstaat (= anderer Vertragsstaat) werden die Einkünfte von der Besteuerung freigestellt. Im Fall der Hinzurechnungsbesteuerung hätte damit der Ansässigkeitsstaat des Anteilseigners das alleinige Besteuerungsrecht. Die Hinzurechnungsbesteuerung würde in diesem Fall dem DBA nicht zuwiderlaufen.

Welche Art der Einkünfte unter Art. 21 OECD-MA zu subsumieren sind, ist eine Frage der Abkommensauslegung.[755] Fraglich ist, ob unter Art. 21 OECD-MA auch „fiktive Einkünfte“ fallen. Welche Einkünfte als „andere Einkünfte“ gelten, wird von Art. 21 OECD-MA nicht definiert. Eine Konkretisierung im Zuge eines objektiven Auslegungsversuchs gemäß WÜRV nach dem Wortlaut der Abkommensvorschrift fällt daher schwer. Auch die Auslegung nach dem Sinn- bzw. Vorschriftenzusammenhang scheitert, da das OECD-MA in Art. 3 keine allgemeine Begriffsbestimmung hinsichtlich der „sonstigen Einkünfte“ vorsieht. Auch andere Normen des OECD-MA können nicht zur Konkretisierung des Begriffs beitragen. Der OECD-MK äußert sich hierzu nicht. Insofern ist erneut Art. 3 Abs. 2 OECD-MA heranzuziehen, der eine Begriffsbestimmung unter Verweis auf das innerstaatliche Recht des Anwenderstaates anordnet. Im Fall der Hinzurechnungsbesteuerung und unter Zugrundelegung der Repräsentationstheorie wäre der Anwenderstaat der Ansässigkeitsstaat des Anteilseigners, aus deutscher Sicht also Deutschland. In Deutschland sind die „sonstigen Einkünfte“ in den §§ 22 und 23 EStG geregelt. Der Hinzurechnungsbetrag ist keine Einkunftsart i.S.d. §§ 22 und 23 EStG. Allerdings sind die §§ 22 und 23 EStG keine Auffangnormen, wie es Art. 21 OECD-MA ist. Insofern besteht keine Deckungsgleichheit zwischen den „sonstigen Einkünften“ i.S.d. §§ 22 und 23 EStG und den „anderen Einkünften“ i.S.d. Art. 21 OECD-MA.[756] Die Einkünfte i.S.d. §§ 22 und 23 EStG können nur eine „Teilmenge“ der Einkünfte i.S.d. Art. 21 OECD-MA sein. Andererseits ist Art. 21 OECD-MA auch nicht auf alle „sonstigen Einkünfte“ i.S.d. §§ 22, 23 EStG anzuwenden. So fallen beispielsweise Einkünfte aus privaten Veräußerungsgeschäften i.S.d. § 23 Abs. 1 EStG stets unter Art. 13 Abs. 1 oder 4 und nicht unter Art. 21 OECD-MA. Art. 21 ist also letztlich als eine „lückenlose Auffangvorschrift“ zu sehen, die eine andere Funktion als die §§ 22, 23 EStG hat.[757]

Der Charakter als Auffangvorschrift und der damit verbundene Hinweis auf die „bisher nicht ausdrücklich erwähnten Einkünfte“ macht eine Abgrenzung gegenüber den

753 Vgl. Art. 21 Abs. 1 OECD-MA.

754 Vgl. OECD-MK 2003 Art. 21 Tz. 1; Wassermeyer in: Debatin/Wassermeyer, MA, Art. 21 Rz. 1 f; Schaumburg, H., Internationales Steuerrecht, 2. Aufl., 1998, Rz. 16.480 f.

755 So Lehner in: Vogel/Lehner, DBA, 4. Aufl., 2003, Art. 21 Rz. 10.

756 Vgl. Wassermeyer in: Debatin/Wassermeyer, MA, Art. 21 Rz. 18; Lehner in: Vogel/Lehner, DBA, 4. Aufl., 2003, Art. 21 Rz. 10 f.

757 Vgl. Wassermeyer in: Debatin/Wassermeyer, MA, Art. 21 Rz. 18.

Einkünften der anderen Verteilungsnormen (Art. 9-20 OECD-MA) erforderlich.[758] Es ist also zunächst auf den Oberbegriff „Einkünfte“ abzustellen, sodann ist zu entscheiden, ob die Einkünfte unter die abkommensrechtlichen Einkunftsarten der Art. 6-20 OECD-MA zu subsumieren sind. Ist dies nicht der Fall, findet Art. 21 OECD-MA Anwendung. Wie bereits im Rahmen des Art. 10 OECD-MA bei der Ausschüttungstheorie ausgeführt, bestimmt sich das, was Einkünfte i.S.d. Abkommens sind, nach dem jeweils nationalen Recht der Vertragsstaaten. Einkünfte sind jeder Tatbestand, an den innerstaatlich eine Besteuerung geknüpft ist. Die Regeln zur Hinzurechnungsbesteuerung generieren national einen Steuertatbestand und damit „Einkünfte“ i.S.d. Abkommens. Sofern man – nach der Repräsentationstheorie – annimmt, dass der Gegenstand der Hinzurechnungsbesteuerung nicht das „Einkommen der CFC“ ist, sondern lediglich eine rechnerische Größe, ist eine Zuordnung zu einer Verteilungsnorm i.S.d. Art. 6-20 OECD-MA, insbesondere aber i.S.d. in Frage kommenden Art. 7 und Art. 10 OECD-MA, abzulehnen. Einkommen der CFC, sei es in Form des Unternehmensgewinns (Art. 7) oder sei es in Form der Ausschüttung des Unternehmensgewinns (Art. 10) liegt bei Zugrundelegung der Repräsentationstheorie nicht vor. Der Hinzurechnungsbetrag als abkommensrechtliche „Einkünfte“ wird dann von Art. 21 OECD-MA „aufgefangen“. Wird Art. 21 OECD-MA als Auffangnorm gesehen, fallen alle wie auch immer gearteten „Einkünfte“, die nicht unter die Art. 6-20 OECD-MA zu subsumieren sind, unter Art. 21 OECD-MA.[759]

Der Auffassung von *Menck*, der Hinzurechnungsbetrag sei aufgrund seiner Aliudstellung unter keine abkommensrechtliche Einkunftsart zu subsumieren, ist daher nicht zuzustimmen. Allerdings ist, mit *Debatin*, festzustellen, dass – bei Zugrundelegung der Repräsentationstheorie – kein Bedarf zur Vermeidung einer Doppelbesteuerung gegeben ist bzw. die DBA unberührt bleiben. Die Repräsentationstheorie basiert auf der Grundannahme, der Hinzurechnungsbetrag habe mit dem Einkommen der CFC nichts zu tun, sondern sei eine hiervon losgelöste Größe. Ein grenzüberschreitender Sachverhalt und damit die Gefahr einer Doppelbesteuerung würden nur dann entstehen, wenn der Hinzurechnungsbetrag als Einkommen der CFC bereits bei der CFC besteuert wurde oder später ausgeschüttet wird. Das Einkommen der CFC ist nach den Vertretern der Repräsentationstheorie aber gerade nicht Gegenstand der Hinzurechnungsbesteuerung. Ein DBA muss insofern nicht beansprucht werden.

Die Tatsache, dass die einzelnen Staaten in ihren CFC-Gesetzgebungen dennoch eine Regelung zur Vermeidung einer doppelten inländischen Besteuerung, nämlich die Freistellung späterer tatsächlicher Dividenden der CFC, für notwendig erachten, lässt darauf schließen, dass auch die Vertreter der Repräsentationstheorie den Hinzurechnungsbetrag wohl doch im Zusammenhang mit dem Einkommen der CFC sehen. Die Aussage, der Hinzurechnungsbetrag sei losgelöst von den Einkommen der CFC zu sehen, stellt sich damit als Widerspruch dar und ist m.E. lediglich ein Versuch, die Hinzurechnungsbesteuerung rechtssystematisch zu legitimieren.

758 Vgl. Wassermeyer in: Debatin/Wassermeyer, MA, Art. 21 Rz. 16.

759 So z.B. Helminen, M., Tax Treaty Interpretation in Finland, in: Lang, M. (Hrsg.), Tax Treaty Interpretation, 2001, S. 210.

Auf Basis der Repräsentationstheorie führt die Hinzurechnungsbesteuerung nicht zu einem Verstoß gegen die DBA, da Art. 21 OECD einschlägig ist, der dem Ansässigkeitsstaat des Anteilseigners das Besteuerungsrecht zuspricht. In Übereinstimmung mit *Debatin* ist m.E. ein Verstoß gegen DBA-Recht jedoch deshalb nicht gegeben, weil ein DBA gar nicht zur Anwendung kommt. Es besteht kein Bedarf der Vermeidung einer Doppelbesteuerung, da gemäß der Repräsentationstheorie ein „Aliud-Betrag" besteuert wird. Allerdings überzeugt es nicht, einen Zusammenhang zwischen Einkommen der CFC und Hinzurechnungsbetrag zu leugnen. Der Kunstgriff der Repräsentationstheorie und ihre Argumentation sind daher abzulehnen.

3.2.2 Abkommensberechtigung

3.2.2.1 Einkünftezurechnung nach nationalem Recht

Der Hinzurechnungsbetrag wird durch eine gesetzlich angeordnete Einkünftezurechnung mittels Einkünftefiktion in das Welteinkommen des inländischen Gesellschafters einbezogen – in Deutschland durch die §§ 7-14 AStG.

Nach h.M.[760] kann die nach nationalem Recht getroffene Einkünftezurechnung nicht durch DBA-Bestimmungen geändert werden. Denn die DBA setzen gegenüber der nationalen Steuerhoheit lediglich Schranken, ohne jedoch die Steuerpflicht nach innerstaatlichem Recht sachlich zu verändern.[761] Auch der BFH[762] hat in der Frage der Einkünftezurechnung wiederholt judiziert, dass sich diese auch für Zwecke der Anwendung eines DBA nur nach nationalem Recht bestimmt.

Auch auf internationaler Ebene wird die in Deutschland vorherrschende Ansicht in Literatur und Rechtsprechung bestätigt. Die große Mehrheit der Vertragsstaaten ist sich darin einig, dass für die Abkommensanwendung auch ohne ausdrückliche Bestätigung im DBA die Einkünftezurechnung des jeweiligen nationalen Rechts zugrunde zu legen ist.[763] Darüber hinaus bestimmt der OECD-MK 2003[764] nun im Zusammenhang mit abkommensmissbräuchlichen Gestaltungen, dass, sofern nationale Regelungen zu einer Neubestimmung des Steuerpflichtigen, der als Bezieher der Einkünfte angesehen wird, führen, das Abkommen unter Zugrundelegung dieser Änderung anzuwenden ist.

---

760 Vgl. Debatin in: Debatin/Wassermeyer, MA, Systematik III Rz. 42, 49; Vogel in: Vogel/Lehner, DBA, 4. Aufl., 2003, Einl. Rz. 69; Hemmelrath in: Vogel/Lehner, DBA, 4. Aufl., 2003, Art. 7 Rz. 16; Mössner in: Fischer (Hrsg.), Besteuerung internationaler Konzerne, 1993, S. 127 f; Fischer-Zernin, J., RIW 1987, S. 362 (367); a. A. Wassermeyer in: Flick/Wassermeyer/Baumhoff, AStG, § 10 Anm. 45 a-e, 171 ff und § 7 Anm. 7 i; Mössner in: Brezing u.a., AStG, 1991, Vor §§ 7-14 Rz. 36, inzwischen aber wohl gl. A., vgl. Mössner in: Fischer (Hrsg.), Besteuerung internationaler Konzerne, 1993, S. 127 f.

761 So Debatin in: Debatin/Wassermeyer, MA, Systematik III Rz. 42.

762 Vgl. BFH v. 11.3.1970, BStBl II 1970, S. 569 (571); BFH v. 18.12.1986, BStBl II 1988, S. 521.

763 Vgl. Vogel in: Vogel/Lehner, DBA, 4. Aufl., 2003, Einl. Rz. 69 ff, 72.

764 Vgl. OECD-MK 2003 Art. 1 Tz. 22.1.

3.2.2.2 Anspruch auf Abkommensschutz

Die Einkünftezurechnung und damit die Bestimmung des Steuerpflichtigen sind dem nationalen Gesetzgeber überlassen. Die DBA können jedoch in einem zweiten Schritt das Besteuerungsrecht zugunsten eines anderen Staates ganz oder teilweise einschränken. Voraussetzung hierfür ist, dass ein Abkommen überhaupt anwendbar ist, d.h. dem Steuerpflichtigen eine Abkommensberechtigung zusteht. Wie oben allgemein aufgezeigt, sind diejenigen Personen abkommensberechtigt, die im jeweiligen Vertragsstaat als eigenständiges Steuersubjekt der unbeschränkten Steuerpflicht unterliegen. Im Falle der Hinzurechnungsbesteuerung ist zum einen die CFC abkommensberechtigt, da sie als in ihrem Sitzstaat unbeschränkt steuerpflichtig gilt, zum anderen der Gesellschafter der CFC, da dieser in seinem Ansässigkeitsstaat der Inlandsbesteuerung unterliegt. Beide Steuersubjekte liegen daher im Anwendungsbereich des jeweils einschlägigen DBA.

Insofern ist den Stimmen der Literatur[765], die die Auffassung vertreten, nur der CFC würde Abkommensschutz zustehen und nicht dem inländischen Anteilseigner, nicht zuzustimmen. Argument dieser Vertreter ist, dass die Zuweisung des Besteuerungsrechts durch das DBA an den Sitzstaat der CFC (über Art. 7 OECD-MA) nicht ausschließe, dass zusätzlich auch der nationale Gesetzgeber des Ansässigkeitsstaats des Gesellschafters die Gewinne der CFC im Inland besteuere. Denn dem nationalen Gesetzgeber sei es freigestellt, die Gewinne der CFC (auch) dem inländischen Gesellschafter zuzurechnen. Der inländische Anteilseigner könne eine Besteuerung im Inland durch die Berufung auf den Abkommensschutz nicht vermeiden, da Abkommensschutz nur der Anwenderstaat gewähre, der bei Anwendung des Art. 7 OECD-MA lediglich der Sitzstaat der CFC ist.

Aus der Systematik der Abkommensanwendung ergibt sich, dass Abkommensschutz nicht nur der Person zusteht, die im Anwenderstaat, sondern auch der, die in dem „anderen Vertragsstaat" ansässig ist. Dies entspricht dem Sinn und Zweck der DBA. Denn DBA sollen Besteuerungsrechte *aufteilen*. Diese Funktion der DBA könnte bei der obigen Sichtweise regelmäßig dadurch ausgehebelt werden, dass sich jeder Staat, sofern das DBA nicht ihm das Besteuerungsrecht zuordnet, über eine innerstaatliche Regelung die Besteuerung zusichert.

Etwas anderes sagt jedoch der OECD-MK in seiner in 2003 neu eingefügten Tz. 10.1. zu Art. 7. Er führt hierin aus, dass der Zweck des Art. 7 Abs. 1 OECD-MA darin bestehe, das Recht eines Vertragsstaates zu beschränken, Gewinne von Unternehmen, die im anderen Vertragsstaat ansässig sind, zu besteuern. Allerdings solle nicht das Recht eines Vertragsstaats darin beschränkt werden, in seinem Gebiet ansässige Personen nach den Vorschriften seines innerstaatlichen Steuerrechts zu besteuern. Dies gelte auch dann, wenn die Steuer bei diesen Personen unter Bezugnahme auf den Teil der Gewinne, der ihrer Beteiligung an diesem Unternehmen entspricht, berechnet würde.

[765] Z.B. Wassermeyer in: Flick/Wassermeyer/Baumhoff, AStG, Vor §§ 7-14 Anm. 3; Mössner in: Fischer (Hrsg.), Besteuerung internationaler Konzerne, 1993, S. 127; ferner Brünink, J., Das Verhältnis der Normen des Außensteuergesetzes zu den DBA, 1997, S. 87.

Denn die so erhobene Steuer vermindert nicht die Gewinne des Unternehmens des anderen Staates und kann daher nicht als auf diese Gewinne erhoben angesehen werden.[766]

Die Einführung dieser Tz. scheint eine Reaktion auf den Vorwurf, die Hinzurechnungsbesteuerung würde dem OECD-MA widersprechen, zu sein. Hier wird m.E. versucht, über eine Aussage des OECD-MK, die der DBA-Systematik völlig zuwiderläuft, die Hinzurechnungsbesteuerung für Abkommenszwecke zu legitimieren. Ferner scheint der MK davon auszugehen, dass Art. 7 OECD-MA auf den Hinzurechnungsbetrag anzuwenden sei. Andererseits schließt es der OECD-MK in Tz. 38 zu Art. 10 nicht aus, den Hinzurechnungsbetrag auch als fiktive Dividende zu sehen. Der MK lässt hier mehrere Möglichkeiten offen, trifft jeweils divergierende, unstimmige und unsystematische Aussagen und trägt statt der Klärung des Problems eher zur Verwirrung bei.

3.3 Ergebnis – Vereinbarkeit der CFC-Rules mit den DBA

In allen Staaten gilt der Vorrang des DBA-Rechts vor nationalem Recht. Rechtsgrundlagen sind zum Teil die Verfassung, zum Teil übergeordnete Rechtsgrundsätze und zum Teil nationale (allgemeine oder besondere) Kollisionsregeln, wie z.B. in Deutschland. Nationale Regelungen müssen daher stets abkommenskonform sein.

Gemäß vorstehender systematischer Analyse der Vereinbarkeit der CFC-Rules mit dem Abkommensrecht lässt sich Folgendes feststellen und zusammenfassen:

Die DBA können zum nationalen Recht keine abweichende Einkommenszurechnung vornehmen. Die Einkünftezurechnung zu einem bestimmten Steuersubjekt kann jeder Staat souverän auf Grundlage eigener Gesetzesvorschriften anordnen. Werden einem Steuersubjekt eines Staates aufgrund einer nationalen Regelung Einkünfte zugerechnet, so kann dennoch bei einem grenzüberschreitenden Sachverhalt ein DBA anwendbar sein, das das Besteuerungsrecht hinsichtlich dieser Einkünfte dem anderen Vertragsstaat (ganz oder teilweise) zuweist und insofern diesem Staat die Besteuerung (ganz oder teilweise) verbietet. Denn die Funktion der DBA besteht darin, Besteuerungsansprüche „aufzuteilen".

Sofern ein DBA Anwendung findet, ist zu prüfen, welche Verteilungsnorm auf die in Frage stehenden Einkünfte anwendbar ist. Denn die Aufteilung der Besteuerungsansprüche ist abhängig von den dem Sachverhalt zugrunde liegenden Einkunftsarten. Für den Hinzurechnungsbetrag bedeutet dies Folgendes:

- Wird die CFC gemäß der *Zurechnungstheorie* als transparente Unternehmenseinheit und der Hinzurechnungsbetrag demzufolge als Unternehmensgewinn der CFC i.S.d. Art. 7 OECD-MA qualifiziert, so hat das Besteuerungsrecht ausschließlich der Ansässigkeitsstaat der CFC. Aus deutscher Sicht ergibt sich aus dem Typen-

766 Vgl. OECD-MK 2003 Art. 7 Rz. 10.1.

vergleich nach Maßgabe des Zivilrechts, dass die CFC regelmäßig als eine selbständig abkommensberechtigte Person und demnach der Gewinn der CFC nicht als Gewinnanteil des Gesellschafters zu werten ist. Die Besteuerung des Hinzurechnungsbetrags als Gewinn der CFC auf Ebene des *Gesellschafters* verstößt daher gegen Art. 7 OECD-MA und gegen die Doppelbesteuerungsabkommen der hier untersuchten Staaten.

- Wird die CFC gemäß der *Ausschüttungstheorie* als intransparente Unternehmenseinheit und der Hinzurechnungsbetrag demzufolge als Dividende i.S.d. Art. 10 OECD-MA qualifiziert, so teilen sich das Besteuerungsrecht der Quellenstaat (Ansässigkeitsstaat der CFC) und der Wohnsitzstaat (Ansässigkeitsstaat des Gesellschafters), es sei denn, die Voraussetzungen des internationalen Schachtelprivilegs sind erfüllt. In diesem Fall muss der Ansässigkeitsstaat des Gesellschafters die Dividende von der Besteuerung (unter Progressionsvorbehalt) freistellen. Liegen die Voraussetzungen des internationalen Schachtelprivilegs nicht vor, so verstößt die Besteuerung des Hinzurechnungsbetrags in Form einer (fiktiven) Dividende auf Ebene des *Gesellschafters* nicht gegen Art. 10 OECD-MA und damit nicht gegen die Doppelbesteuerungsabkommen der hier untersuchten Staaten. Denn dann hat auch der Ansässigkeitsstaat des Gesellschafters ein Besteuerungsrecht. Die Voraussetzungen des internationalen Schachtelprivilegs liegen regelmäßig dann nicht vor, wenn dieses an eine „*Aktivitätsklausel*" und an die Bedingung einer „*ausreichenden Vorbelastung*" der ausschüttenden Gesellschaft geknüpft ist.

  Dies gilt nur, wenn der Gewinn der CFC als an den Gesellschafter ausgeschüttet bzw. zugeflossen gilt und damit „*Einkünfte ...*" i.S.d. Art. 10 OECD-MA gegeben sind. Dies ist hier der Fall. Wie in der Analyse gezeigt, liegen Einkünfte immer dann vor, wenn im Rahmen des innerstaatlichen Rechts ein Steuertatbestand verwirklicht wird. Durch die Vorschriften der Hinzurechnungsbesteuerung, in Deutschland durch die §§ 7-14 AStG, wird national ein solcher Steuertatbestand realisiert. Wird der Hinzurechnungsbetrag innerstaatlich als fiktive Dividende qualifiziert, liegen „Einkünfte *aus Aktien...*" bzw. „Einkünfte *aus sonstigen Gesellschaftsanteilen...*" i.S.d. Art. 10 OECD-MA vor.

- Wird gemäß der *Repräsentationstheorie* der Hinzurechnungsbetrag als sonstige Einkünfte i.S.d. Art. 21 OECD-MA qualifiziert, so hat das Besteuerungsrecht am Hinzurechnungsbetrag ausschließlich der Ansässigkeitsstaat des Gesellschafters. Da der Hinzurechnungsbetrag jedoch nicht das „Einkommen der CFC" sein soll, sondern lediglich eine „rechnerische Größe", die die Leistungsfähigkeit des Gesellschafters repräsentiert, liegt bei Zugrundelegung der Repräsentationstheorie kein grenzüberschreitender Sachverhalt vor. Denn es wird von dem Einkommen der ausländischen CFC abstrahiert. Das Einkommen der ausländischen CFC fungiert lediglich als Orientierungshilfe für die Bemessung der Leistungsfähigkeit des Gesellschafters. Die Hinzurechnungsbesteuerung liegt somit nicht in dem Anwendungsbereich der DBA. Ein Verstoß gegen DBA kommt demzufolge nicht in Frage.

Die Hinzurechnungsbesteuerung führt daher

- bei der Zurechnungstheorie zu einem DBA-Verstoß,
- bei der Ausschüttungstheorie zu keinem DBA-Verstoß – vorausgesetzt, die nationalen CFC-Rules qualifizieren den Hinzurechnungsbetrag als (fiktive) Dividende und das internationale Schachtelprivileg ist an einen *Aktivitätsvorbehalt* oder an die Bedingung einer *ausreichenden Vorbelastung* geknüpft,
- bei der Repräsentationstheorie zu keinem DBA-Verstoß – denn das DBA kommt schlicht nicht zur Anwendung.

Zurechnungs- und Repräsentationstheorie sind abzulehnen. Die Zurechnungstheorie missachtet das Trennungsprinzip, das als Fundamentalprinzip der Besteuerung von Kapitalgesellschaften und ihren Anteileignern international anerkannt ist, und die Repräsentationstheorie ist nur eine Hilfstheorie, weil die Hinzurechnungsbesteuerung keinem bekannten Besteuerungskonzept zuordenbar ist. Die Ausschüttungstheorie ist hingegen konzeptionell stringent und widerspricht keinem tragenden Besteuerungsprinzip. Sie ist daher zu befürworten.

4. Vergleich mit § 42 AO und den ausländischen „general anti-avoidance rules"

Das Steuerrecht der meisten Länder kennt Vorschriften oder Grundsätze, nach denen Rechtsgeschäfte nicht anerkannt werden, wenn die Steuerpflichtigen ungewöhnliche und künstliche Maßnahmen ergreifen ausschließlich in der Absicht, den Wortlaut eines Gesetzes zu umgehen.[767] Diese Regelungen werden traditionell als allgemeines Gebot über das Verbot der Gesetzesumgehung verstanden.[768]

Eine Gesetzesumgehung besteht prinzipiell darin, dass ein Individuum seine Verhältnisse so gestaltet, dass das Gesetz nicht anwendbar ist, obwohl sein Verhalten dem Zweck des Gesetzes entspricht. Gesetzesumgehungen lassen sich, durch Auslegung – innerhalb des Gesetzeswortlauts – oder durch Analogie – außerhalb des Gesetzeswortlauts – eindämmen.[769]

Die Steuerumgehung ist ein Unterfall der Gesetzesumgehung.[770] In Deutschland entsteht nach § 38 AO ein Steueranspruch nur, wenn der Tatbestand verwirklicht wird, an den das Gesetz die Steuerpflicht anknüpft. Wer die Steuergesetze umgehen will, gestaltet den betreffenden Sachverhalt so, dass er sich nicht unter den gesetzlichen Tatbestand subsumieren lässt.[771] Die Steuerumgehung besteht somit regelmäßig in einer

767 Vgl. Prokisch in: Vogel/Lehner, DBA, 4. Aufl., 2003, Art. 1 Rz. 90.

768 Vgl. Prokisch in: Vogel/Lehner, DBA, 4. Aufl., 2003, Art. 1 Rz. 95.

769 Vgl. Tipke, K., Die Steuerrechtsordnung, Bd. III, 1993, S. 1324.

770 Vgl. Fischer in: HHSp, AO/FGO, § 42 AO Rz. 53, 71; Kruse/Drüen in: Tipke/Kruse, AO, § 42 Tz. 1; Tipke, K., Die Steuerrechtsordnung, Bd. III, 1993, S. 1325.

771 Vgl. Kühn/Hoffmann, AO, 17. Aufl., 1995, S. 114; Kruse/Drüen in: Tipke/Kruse, AO, § 42 Tz. 2; Tipke/Lang, Steuerrecht, 17. Aufl., 2002, § 5 Rz. 95.

„missbräuchlichen Tatbestandsvermeidung".[772] Steuerumgehungen lassen sich meist nicht durch Auslegung eindämmen und dürfen – anders als Gesetzesumgehungen im Zivilrecht – nicht durch Analogie vermieden werden.[773] Grund hierfür ist, dass durch eine Analogieanwendung keine Steuer begründet werden bzw. Steuerbelastung oder Steuerverschärfung eintreten darf. Dies würde rechtsstaatlichen Prinzipien widersprechen. Mangels der Möglichkeit einer steuerbegründenden Analogie wurde daher in Deutschland mit § 42 AO eine Norm geschaffen, die in Missbrauchsfällen eine Verhinderung der Umgehung steuerbegründender Normen zum Regelungsinhalt hat.[774]

Diese in der internationalen Literatur als „fraud of law" diskutierte Problematik findet sich in sämtlichen Staaten weltweit. Allgemein lässt sich sagen, dass je extensiver die Fortbildung (Auslegung, Analogieanwendung) von Steuergesetzen in einem Staat zugelassen wird, desto geringer ist die Notwendigkeit einer solchen allgemeinen Missbrauchsvorschrift. Daher kommen manche Staaten auch ohne gesetzliche Generalklauseln gegen Steuerumgehung aus und bedienen sich stattdessen übergesetzlicher Rechtsgrundsätze.[775]

Dementsprechend sind in den einzelnen EU-Staaten bei der Missbrauchsbekämpfung, insbesondere der missbräuchlichen Steuerumgehung, neben gezielten Maßnahmengesetzen, wie z.B. die „transfer pricing rules", die „thin capitalization rules" und/oder die „CFC-Rules", auch folgende zwei Maßnahmenkonzepte vorzufinden:

1. Übergesetzliche Rechtsgrundsätze
2. Gesetzliche Generalnormen
    1. Generalnorm gegen allgemeinen Rechtsmissbrauch
    2. Generalnorm gegen Gesetzesumgehung, im Besonderen gegen die Umgehung von steuerbegründenden Gesetzen

4.1 Originäre Anwendung des nationalen Rechts

4.1.1 Einkünftezurechnung gemäß „general anti-avoidance rules"

4.1.1.1 Gesetzliche Generalnormen

Alle hier untersuchten Staaten verfügen mindestens über *ein* gezieltes Maßnahmengesetz, nämlich die dargestellten „CFC-Rules". Darüber hinaus haben alle, mit Ausnahme von Dänemark, Großbritannien und den USA, gesetzliche Generalnormen instal-

---

772 Vgl. Kruse/Drüen in: Tipke/Kruse, AO, § 42 Tz. 5; hierzu auch Fischer in: HHSp, AO/FGO, § 42 AO Rz. 17, 53.

773 Sog. Analogieverbot im Steuerrecht. Vgl. hierzu Danzer, J., Die Steuerumgehung, 1981, S. 87 ff; Kruse/Drüen in: Tipke/Kruse, AO, § 42 Tz. 9; zur Diskussion über die Analogiefähigkeit des Steuerrechts, vgl. bei Tipke, K., Die Steuerrechtsordnung, Bd. III, 1993, S. 1326; Brockmeyer in: Klein, AO, § 42 Tz. 2; ferner Fischer in: HHSp, AO/FGO, § 42 AO Rz. 76.

774 Vgl. Fischer in: HHSp, AO/FGO, § 42 AO Rz. 71.

775 Vgl. Tipke/Lang, Steuerrecht, 17. Aufl., 2002, § 5 Rz. 95 und Exkurs ins ausländische Recht bei Tipke, K., Die Steuerrechtsordnung, Bd. III, 1993, S. 1347 ff.

liert. Dänemark[776], Großbritannien[777] und die USA[778] sind die einzigen Staaten, die eine Generalnorm auf Gesetzesgrundlage offensichtlich für unnötig erachten.

In Dänemark bedienen sich die Finanzverwaltung und die Gerichte lediglich allgemeiner Rechtsgrundsätze, um Steuervermeidungsmaßnahmen der Steuerpflichtigen entgegenzuwirken. Zu diesen Prinzipien zählen vor allem das „substance over form"- Prinzip und das „arm´s length"-Prinzip.[779] In Großbritannien hat sich auf Grundlage der ständigen Rechtsprechung in den letzten Jahren ein Rechtsgrundsatz herausgebildet, der besagt, dass Geschäftsvorfälle unter bestimmten Umständen steuerlich nicht anerkannt werden, wenn sie den Eindruck einer künstlichen Gestaltung vermitteln und kein anderes Ziel als bloße Steuervermeidung haben („general anti-avoidance case law").[780] Auch in den USA haben die Gerichte einige Theorien entwickelt, anhand derer steuermissbräuchliche Transaktionen identifiziert und entsprechend „recharacterized" werden. Hierzu gehören insbesondere die „substance-over-form-doctrin" und die „step-transaction-doctrin".[781]

Von den Staaten, die über gesetzliche Generalnormen verfügen, hat nur Italien eine Generalklausel gegen Rechtsmissbrauch im Allgemeinen, nicht aber gegen „tax-avoidance" im Besonderen.[782] Diese Generalklausel ist in Italien[783] in Art. 1344 des

776 Vgl. TNS, 11 May 1998, Issue 19, Volume 32, S. 176; Brodic, D., Denmark, in: European Tax Handbook, http://online2.ibfd.org/eth/, 2004, Section A, Denmark, Chapter 7.1.

777 Vgl. Bater, P., United Kingdom, in: European Tax Handbook, http://online2.ibfd.org/eth/, 2004, Section A, United Kingdom, Chapter 7.1.

778 Vg. Rienstra, J., United States, in: European Tax Handbook, http://online2.ibfd.org/eth/, 2004, Section A, United States, Chapter 7.1.

779 Vgl. hierzu Hundt, F., Entwicklung des deutschen Missbrauchsverständnisses bei grenzüberschreitenden Gestaltungen, in: Festschrift Debatin, 1997, S. 153; Soerensen, M., National Report Denmark, in: Cahiers de droit fiscal international, Volume LXXXVIb, Limits on the use of low-tax regimes by multinational businesses, 2001, S. 460; Winther-Sörensen, N., Danish National Report, in: Schön, W. (Hrsg.), Tax Competition in Europe, 2003, S. 7 f; Brodic, D., Denmark, in: European Tax Handbook, http://online2.ibfd.org/eth/, 2004, Section A, Denmark, Chapter 7.1.; Andersen, P. S., Corporate Taxation in Denmark, in: European Taxation Database, http://online2.ibfd.org/euro/, 2004, Corporate Taxation (detailed), Denmark, Chapter 13.1.1.

780 Vgl. Bater, P., United Kingdom, in: European Tax Handbook, http://online2.ibfd.org/eth/, 2004, Section A, United Kingdom, Chapter 7.1.; Moore, R. M., Taxation of Companies in United Kingdom, in: Guides to European Taxation, Volume II, The Taxation of Companies in Europe, 1999, United Kingdom – 42 f, Tz. 2.3.1.4. und United Kingdom – 167, Tz. 14.1.; Bater, P., Corporate Taxation in United Kingdom, in: European Taxation Database, http://online2.ibfd.org/euro/, 2004, Corporate Taxation (detailed), United Kingdom, Chapter 13.1.

781 Vgl. Rienstra, J., United States, in: European Tax Handbook, http://online2.ibfd.org/eth/, 2004, Section A, United States, Chapter 7.1.

782 In Italien gibt es zwar auch eine steuergesetzliche Vorschrift, Artikel 37bis des „Presidential Decree Nr. 600 vom 29. September 1973, die zur Vermeidung von Steuerumgehungen herangezogen wird. Allerdings kann dieser Artikel nicht als Generalnorm gegen Steuervermeidung bezeichnet werden, da er nur für bestimmte konkretisierte Sachverhalte Anwendung findet. Vgl. Sacchetto, C., Italian National Report, in: Schön, W. (Hrsg.), Tax Competition in Europe, 2003, S. 3 f; Galli, C., Corporate Taxation in Italy, in: European Taxation Database, http://online2.ibfd.org/euro/, 2004, Corporate Taxation (detailed), Italy, Chapter 13.1.

Bürgerlichen Gesetzbuchs kodifiziert. Deutschland, Frankreich, Finnland und Spanien hingegen haben eine Generalklausel, die vor allem gegen missbräuchliche Steuerumgehung gerichtet ist. In Deutschland ist es § 42 AO, in Frankreich[784] Art. 64 des französischen Livre des procédures fiscales (LPF), in Finnland[785] § 28 des VML und in Spanien[786] Art. 25 des Ley General Tributaria (LGT).

§ 1344 des italienischen Bürgerlichen Gesetzbuchs besagt, dass ein Vertrag rechtswidrig ist, wenn er allein dazu dient, eine gesetzliche Vorschrift zu umgehen.[787] In Italien hat die Finanzverwaltung bislang erfolglos versucht, diese Klausel durch eine weite Auslegung zur Vermeidung von Steuerumgehungen anzuwenden.[788] Als Grund hierfür wird häufig vorgebracht, dass die Regierung offiziell erklärt hat, dass eine Transaktion nicht bloß deswegen als missbräuchliche Steuerumgehung eingestuft werden kann, weil sie sich – bei verschiedenen Alternativen – als die steuerlich günstigste Alternative darstellt.[789]

Die Vorschrift des § 42 AO ist eine allgemeine Missbrauchsvorschrift.[790] Als Grundvorschrift der Gesetzesumgehung gilt § 42 AO für das gesamte Steuerrecht. Sie gilt nicht nur für bestimmte Steuerarten, sondern kommt steuerartenübergreifend zur Anwendung. Der Zweck der Vorschrift besteht in der Verhinderung von missbräuchlichen Gestaltungsmöglichkeiten, deren Gemeinsamkeit darin besteht, Steuern zu vermeiden, obwohl ein Besteuerungstatbestand zwar nicht wortgetreu, jedoch nach der Regelungsabsicht bzw. dem Regelungszweck („sententia legis") des Steuergesetzgebers erfüllt wäre.[791] Allerdings verbietet diese Vorschrift nicht Umgehungen von Steuergesetzen schlechthin, sondern stellt nur auf einen Sonderfall ab, nämlich auf Umge-

---

783 Vgl. Galli, C., The Taxation of Companies in Italy, in: Guides to European Taxation, Volume II, The Taxation of Companies in Europe, 1998, Italy – 171, Tz. 13.1.; Galli, C., Corporate Taxation in Italy, in: European Taxation Database, http://online2.ibfd.org/euro/, 2004, Corporate Taxation (detailed), Italy, Chapter 13.1.

784 Vgl. Blanluet, G., The Taxation of Companies in France, in: Guides to European Taxation, Volume II, The Taxation of Companies in Europe, 1998, France – 58, Tz. 2.3.1.4.; Vogel, K., StuW 1985, S. 369 (370).

785 Vgl. Juusela, J., National Report Finland, in: Cahiers de droit fiscal international, Volume LXXXVIb, Limits on the use of low-tax regimes by multinational businesses, 2001, S. 482.

786 Vgl. Calvo, S. R., The Taxation of Companies in Spain, in: Guides to European Taxation, Volume II, The Taxation of Companies in Europe, 1997, Spain – 39, Tz. 223; Raventós, S., Corporate Taxation in Spain, in: European Taxation Database, http://online2.ibfd.org/euro/, 2004, Corporate Taxation (detailed), Spain, Chapter 13.1.; Vogel, K., StuW 1985, S. 369 (370).

787 Vgl. Russo, R., Italy, in: European Tax Handbook, http://online2.ibfd.org/eth/, 2004, Section A, Italy, Chapter 7.1.

788 Vgl. Galli, C., The Taxation of Companies in Italy, in: Guides to European Taxation, Volume II, The Taxation of Companies in Europe, 1998, Italy – 171, Tz. 13.1.

789 Vgl. Giuliano, S., National Report Italy, in: Cahiers de droit fiscal international, Volume LXXXVIb, Limits on the use of low-tax regimes by multinational businesses, 2001, S. 622 f.

790 Vgl. Hoffmann in: Koch/Scholtz, AO, 5. Aufl., 1996, § 42 Rz. 3.

791 Vgl. Danzer, J., Die Steuerumgehung, 1981, S. 83.

hungen durch den Missbrauch von Gestaltungsmöglichkeiten des Rechts.[792] Nach § 42 AO gilt eine rechtliche Gestaltung als missbräuchlich, wenn sie allein zum Zwecke der Steuervermeidung den wirtschaftlichen Vorgängen oder Zuständen gegenüber unangemessen ist.[793] Unangemessen ist eine rechtliche Gestaltung, wenn sie von verständigen Beteiligten in Anbetracht des erstrebten wirtschaftlichen Ziels unter den vorliegenden Umständen als unpassend nicht gewählt worden wäre.[794] Auch eine Rechtsgestaltung, die unpraktikabel, kompliziert, gekünstelt oder widersinnig ist, kann ein Indiz für Unangemessenheit sein und lässt den Schluss auf einen Missbrauch zu.[795] § 42 AO wird regelmäßig von der Finanzverwaltung und den Gerichten als effektives Missbrauchsvermeidungsinstrument eingesetzt.[796] Auch bei Einschaltung von Basisgesellschaften im Ausland wendet der BFH in seiner neueren Rechtsprechung vorrangig § 42 AO neben den §§ 7-14 AStG an.[797] Allerdings hat der BFH[798] darauf hingewiesen, dass es dem Steuerpflichtigen nicht verwehrt werden kann, seine Rechtsverhältnisse beliebig zu gestalten, selbst wenn die Gestaltung entscheidend aus Steuerersparnisgründen gewählt wurde. In solchen Fällen kann ein Gestaltungsmissbrauch nicht schon deshalb bejaht werden, wenn für ein bestimmtes Ziel ein ungewöhnlicher Weg genommen wird; entscheidend muss hinzukommen, dass durch diesen ungewöhnlichen Weg ein steuerlicher Erfolg erreicht werden soll, der bei sinnvoller, Zweck und Ziel der Rechtsordnung berücksichtigender Auslegung vom Gesetz missbilligt wird.[799] Der Steuerpflichtige könne darlegen, dass der ungewöhnliche Weg aufgrund beachtlicher außersteuerlicher Gründe gewählt wurde.[800]

---

792 Vgl. Kruse/Drüen in: Tipke/Kruse, AO, § 42 Tz. 12; Fischer in: HHSp, AO/FGO, § 42 AO Rz. 89, 96 ff; Brockmeyer in: Klein, AO, 8. Aufl., 2003, § 42 Rz. 2; Tipke, K., Die Steuerrechtsordnung, Bd. III, 1993, S. 1329 f; Tipke/Lang, Steuerrecht, 17. Aufl., 2002, § 5 Rz. 95, 97; Kühn/Hoffmann, AO, 17. Aufl., 1995, S. 114 f.

793 Vgl. Kühn/Hoffmann, AO, 17. Aufl., 1995, S. 116; Ax/Große/Melchior, AO/FGO, 17. Aufl., 2001, Rz. 612; Kruse/Drüen in: Tipke/Kruse, AO, § 42 Tz. 30; Danzer, J., Die Steuerumgehung, 1981, S. 40. Zur Innen- und Außentheorie sowie Bemerkungen über den Sinn der Unterscheidung von Innen- und Außentheorie, vgl. bei Heuermann, B., StuW 2004, S. 124 ff und Pezzer, H.-J., Neuere Entwicklungen in der BFH-Rechtsprechung zu § 42 AO, Steuerberater-Jahrbuch 2000/2001, S. 61 (63 f).

794 Vgl. BFH v. 18.1.1972, BStBl II 1972, S. 344 (345); BFH v. 15.12.1983, BStBl II 1984, S. 388 (392); BFH v. 17.5,1984, BStBl II 1984, S. 678 (684); BFH v. 23.8.1984, BStBl II 1984, S. 856 (858).

795 Vgl. BFH v. 20.12.1991, BStBl II 1992, S. 695 (696); BFH v. 16.1.1992, BStBl II 1992, S. 541 (542 f).

796 § 42 AO gehört zu den am häufigsten angewandten Vorschriften der AO. So Hoffmann in: Koch/Scholtz, AO/FGO, § 42 AO Rz. 3

797 Vgl. bei Brockmeyer in: Klein, AO, 8. Aufl., 2003, § 42 Tz. 38; BFH v. 10.11.1983, BStBl II 1984, S. 605, BFH v. 23.10.1991, BStBl II 1992, S. 1026; BFH v. 10.6.1992, BStBl II 1992, S. 1029.

798 Vgl. grundlegend BFH v. 20.10.1965, BStBl III 1965, S. 697; hierzu auch Heuermann, B., StuW 2004, S. 124 ff.

799 Vgl. BFH v. 20.10.1965, BStBl III 1965, S. 697 ff; ferner bei Hundt, F., Entwicklung des deutschen Missbrauchsverständnisses bei grenzüberschreitenden Gestaltungen, in: Festschrift Debatin, 1997, S. 153 (154).

800 Vgl. BFH v. 14.10.1964, BStBl III 1964, S. 667 (669).

Gemäß dem finnischen § 28 des VML ist ein Geschäftsvorfall missbräuchlich, falls dieser „ohne wirtschaftlichen Grund" getätigt wurde, oder falls diesem eine rechtliche Gestaltung zugrunde liegt, die nicht mit der tatsächlichen Gestaltung korrespondiert.[801] Gleiches gilt in Frankreich gem. L. 64 des LPF und in Spanien gem. Art. 25 des LGT. Weicht die rechtliche von der tatsächlichen Gestaltung ab, so können – in Abweichung zu dem Vertragswerk – die steuerlichen Konsequenzen aus der tatsächlichen, wirtschaftlich gewollten Gestaltung gezogen werden („substance-over-form-principle").[802] Die gesetzlichen Generalnormen konnten in diesen Staaten bislang vor allem aufgrund der Tatsache, dass ein Nachweis über die (subjektive) Absicht der Gesetzesumgehung regelmäßig nur sehr schwer zu führen ist, in den seltensten Fällen zur Erfassung von Steuerfluchtgestaltungen in Niedrigsteuerregime herangezogen werden.[803]

4.1.1.2 Gesetzlich angeordnete Einkünftezurechnung durch Sachverhaltsfiktion

Wird eine Steuerumgehung unterstellt, wird in allen Staaten die gewählte rechtliche Gestaltung oder Handlungsalternative steuerlich nicht anerkannt. Die (gesetzlichen oder übergesetzlichen) Generalnormen der einzelnen Staaten begegnen der Steuerumgehung dergestalt, dass sie der Besteuerung nicht die gegebene, sondern diejenige Rechtsgestaltung oder Handlungsalternative, die das wirtschaftlich Gewollte und das tatsächlich Durchgeführte wiedergibt, zugrunde legen. Es wird also eine den wirtschaftlichen Vorgängen angemessenen rechtliche Gestaltung fingiert. Die Steuer ist so zu erheben, wie sie bei einer den wirtschaftlichen Vorgängen angemessenen rechtlichen Gestaltung entstanden wäre.[804]

---

801 Vgl. Juusela, J., National Report Finland, in: Cahiers de droit fiscal international, Volume LXXXVIb, Limits on the use of low-tax regimes by multinational businesses, 2001, S. 482; Tikka, K. S., Finish National Report, in: Schön, W. (Hrsg.), Tax Competition in Europe, 2003, S. 7; Aminoff-Lindblad, A.-L., Finland, in: Guides to European Taxation, Volume II, The Taxation of Companies in Europe, 1999, Finland – 129, Tz. 13.1.; Kesti, J., Finland, in: European Tax Handbook, http://online2.ibfd.org/eth/, 2004, Section A, Finland, Chapter 7.1.. Daneben wenden die Gerichte auch die Rechtsgrundsätze "substance-over-form" und "arm's length" an. Vgl. Aminoff-Lindblad, A.-L., Corporate Taxation in Finland, in: European Taxation Database, http://online2.ibfd.org/euro/, 2004, Corporate Taxation (detailed), Finland, Chapter 13.1.

802 Vgl. Blanluet, G., French National Report, in: Schön, W. (Hrsg.), Tax Competition in Europe, S. 20 f; Calvo, S. R., Spain, in: Guides to European Taxation, Volume II, The Taxation of Companies in Europe, 1997, Spain – 39, Tz. 223; Baranger, S., France, in: European Tax Handbook, http://online2.ibfd.org/eth/, 2004, Section A, France, Chapter 7.1.; González-Cotera, A., Spain, in: European Tax Handbook, http://online2.ibfd.org/eth/, 2004, Section A, Spain, Chapter 7.1.; Raventós, S., Corporate Taxation in Spain, in: European Taxation Database, http://online2.ibfd.org/euro/, 2004, Corporate Taxation (detailed), Spain, Chapter 13.1.

803 Vgl. García Prats, F. A., National Report Spain, in: Cahiers de droit fiscal international, Volume LXXXVIb, Limits on the use of low-tax regimes by multinational businesses, 2001, S. 807 f; Giménez, J. J. B., Spanish National Report, in: Schön, W. (Hrsg.), Tax Competition in Europe, 2003, S. 11; Blanluet, G., France, in: Guides to European Taxation, Volume II, The Taxation of Companies in Europe, 1998, France – 58, Tz. 2.3.1.4.

804 Vgl. Giménez, J. J. B., Spanish National Report, in: Schön, W. (Hrsg.), Tax Competition in Europe, 2003, S. 11; Juusela, J., National Report Finland, in: Cahiers de droit fiscal international, Volume LXXXVIb, Limits on the use of low-tax regimes by multinational businesses, 2001, S. 482; Tikka, K. S., Finish National Report, in: Schön, W. (Hrsg.), Tax Competition in Europe, 2003, S. 7; Blanluet, G., French National Report, in: Schön, W. (Hrsg.), Tax Competition in

Die Wirkungsweise des § 42 AO wird in der Literatur umschrieben: „Wer den wirtschaftlichen Effekt herbeiführt, den das Gesetz erfassen soll, sich aber einer rechtlichen Einkleidung bedient, die das Gesetz, weil atypisch, nicht erfasst, wird so behandelt, als habe er eine angemessene rechtliche Gestaltung gewählt“.[805]

Der gesetzestechnische Vermeidungsansatz der allgemeinen Missbrauchsnormen erfolgt in Deutschland ebenso wie im Ausland durch die „*Fiktion eines angemessenen Sachverhalts*“. Bei der Sachverhaltsfiktion wird ein Sachverhalt, den der Steuerpflichtige nicht verwirklicht, unter den gesetzlichen Tatbestand bzw. die steuerbegründende Rechtsnorm subsumiert. Anschließend werden hieraus die entsprechenden steuerlichen Konsequenzen gezogen.

In Deutschland vertritt ein geringer Teil des Schrifttums die Auffassung, dass § 42 AO die Vermeidung einer Steuerumgehung durch eine explizit per Gesetz zugelassene steuerliche Analogieanwendung erreicht. § 42 AO begegne der Steuerumgehung mit der zulässigen Durchbrechung des Verbots einer steuerbegründenden Analogie.[806] Bei der analogen Anwendung des Gesetzes wird der gegebene Sachverhalt unter einen fingierten Gesetzestatbestand subsumiert, der dem gesetzlichen Tatbestand, den der Steuerpflichtige aber nicht verwirklicht, ähnlich ist.[807] Der Unterschied zwischen der Technik der Bekämpfung einer Steuerumgehung via Analogie oder per Sachverhaltsfiktion ist, dass bei einer Analogie (bei gegebenem Sachverhalt) der Gesetztestatbestand, bei einer Sachverhaltsfiktion der Sachverhalt (bei gegebenem gesetzlichen Tatbestand) fingiert wird. Durch die Fiktion wird – bei gleicher Ausgangslage – die Lücke zwischen Sinn und Zweck und (unvollständigem) Wortlaut der Gesetzesnorm geschlossen, wenn auch von zwei unterschiedlichen Seiten.

Der Grund, weshalb die h.M. von der Technik der Fiktion eines angemessenen Sachverhalts ausgeht und die Analogie ablehnt, liegt insbesondere daran, dass überwiegend Einigkeit besteht, dass das Steuerrecht nicht analogiefähig ist.[808] Sofern es an einer hinter dem Gesetzeswortlaut stehenden Sachgesetzlichkeit fehlt, sei die Methode der Analogie nicht anwendbar, „dann ist es sinnlos, dass § 42 AO sie erlaubt“.[809] Sachgesetzlichkeiten ergeben sich zwar bei steuerrechtlichen Sozialzwecknormen aus dem von den Normen verfolgten Zweck, bei Finanzzwecknormen, deren Motiv lediglich

---

Europe, 2003, S. 20 f ; Kruse/Drüen in: Tipke/Kruse, AO, § 42 Tz. 11; Brockmeyer in: Klein, AO, 8. Aufl., 2003, § 42 Rz. 24; Ax/Große/Melchior, AO/FGO, 17. Aufl., 2001, § 42 AO Rz. 616; Hoffmann in: Koch/Scholtz, AO, 5. Aufl., 1996, § 42 AO Rz. 3, 9; Schöll/Leopold/Madle/Rader, AO, § 42 Rz. 2; a.A. Fischer in: HHSp, AO/FGO, § 42 AO Rz. 111.

805 Vgl. Kruse/Drüen in: Tipke/Kruse, AO, § 42 Tz. 14.

806 Z.B. Fischer in: HHSp, AO/FGO, § 42 AO Rz. 75 f, 111; weitere Vertreter dieser Ansicht bei Kruse/Drüen in: Tipke/Kruse, AO, § 42 Tz. 9 f.

807 Vgl. Kruse/Drüen in: Tipke/Kruse, AO, § 42 Tz. 11.

808 Stellvertretend Kruse/Drüen in: Tipke/Kruse, AO, § 42 Tz. 10; ferner z.B. bei Hundt, F., Entwicklung des deutschen Missbrauchsverständnisses bei grenzüberschreitenden Gestaltungen, in: Festschrift Debatin, 1997, S. 153.

809 So Danzer, J., Die Steuerumgehung, 1981, S. 88.

die Einnahmeerzielung zur Finanzierung des Staatshaushaltes ist, fehlt es an einem solchem Zweck, der als Auslegungsmaßstab zugrunde gelegt werden kann. So greift der Anwendungsbereich des § 42 AO erst dort ein, wo die Auslegung der Steuernorm endet.[810]

Zu beachten ist jedoch, dass, auch wenn es zu einer (fiktiven) Sachverhaltsänderung für Zwecke der Besteuerung kommt, die zivilrechtliche Wirksamkeit der unangemessenen Gestaltung unverändert bestehen bleibt.[811]

4.1.2 Verhältnis „general anti-avoidance rules" zu den CFC-rules

4.1.2.1 Verhältnis § 42 AO zu §§ 7-14 AStG

4.1.2.1.1 Rangverhältnis

Ob neben §§ 7-14 AStG auch § 42 AO bei Einschaltung von Basisgesellschaften anzuwenden ist, war lange umstritten.[812] In seiner neueren Rechtsprechung hat der BFH ausdrücklich klargestellt, dass § 42 AO auch im Außensteuerrecht bei der Einschaltung von ausländischen Basisgesellschaften durch Inländer Anwendung findet, wenn für die Einschaltung „wirtschaftliche oder sonst beachtliche Gründe fehlen" und die jeweilige Basisgesellschaft „keine eigene wirtschaftliche Aktivität entfaltet".[813] § 42 AO wird daher nicht im Außensteuerrecht verdrängt.[814] Die Vermutung einer Missbrauchsabsicht ist gegeben, wenn wirtschaftliche oder sonst beachtliche Gründe für die Einschaltung einer Basisgesellschaft fehlen. Als „wirtschaftliche oder sonst beachtliche Gründe" sind nur solche anzuerkennen, die die Wahl des Sitzes und der Rechtsform gerade in diesen Fällen rechtfertigen. Dies ist z.B. der Fall, wenn eine ausländische Kapitalgesellschaft als Spitze eines weltweit operierenden Konzerns,[815] zum Zweck des Erwerbs von Beteiligungen im Basisland oder Drittländern[816] oder mit dem

810 Vgl. Hoffmann in: Koch/Scholtz, AO/FGO, § 42 AO Rz. 3; BFH v. 14.5.1986, BStBl II 1986, S. 620; BFH v. 19.5.1988, BStBl II 1988, S. 916.

811 Vgl. Brockmeyer in: Klein, AO, 8. Aufl., 2003, § 42 Rz. 24; Tipke/Drüen in: Tipke/Kruse, AO, § 42 Tz. 53.

812 Im sog. Monaco-Fall hat der BFH entschieden, das § 42 AO nicht auf Basisgesellschaften anwendbar ist, BFH v. 29.10.1981, BStBl II 1982, S. 150. In einem etwas späteren Urteil nahm der BFH bei einer von Steuerausländern eingeschalteten Basisgesellschaft jedoch einen Missbrauchstatbestand an, vgl. BFH v. 10.11.1983, BStBl II 1984, S. 605.

813 BFH v. 23.10.1991, BStBl II 1992, S. 1026; BFH v. 28.1.1992, BStBl II 1993, S. 84; BFH v. 10.6.1992, BStBl II 1992, S. 1029; BFH v. 27.8.1997, DStR 1998, S. 116; BFH v. 29.10.1997, BStBl II 1998, S. 235; BFH v. 19.1.2000, BStBl II 2001, S. 222; BFH v. 20.3.2002, BStBl II 2002, S. 819; hierzu auch Schaumburg, H., Internationales Steuerrecht, 2. Aufl., 1998, Rz. 10.35; Hundt, F., Entwicklung des deutschen Missbrauchsverständnisses bei grenzüberschreitenden Gestaltungen, in: Festschrift Debatin, 1997, S. 153 (155); Köhler, S., DStR 2002, S. 2156 (2157); Loukota, H., SWI 2005, S. 205 (208 f).

814 Vgl. Brockmeyer in: Klein, AO, 8. Aufl., 2003, § 42 Rz. 20; BFH v. 10.11.1983, BStBl II 1984, S. 605; BFH v. 23.10.1991, BStBl II 1992, S. 1026; BFH v. 10.6.1992, BStBl II 1992, S. 1029.

815 Vgl. BFH v. 29.7.1976, BStBl II 1977, S. 261.

816 Vgl. BFH v. 29.7.1976, BStBl II 1977, S. 264.

Ziel der Finanzierung von Tochtergesellschaften gegründet wurde.[817] Lässt sich die Wahl des Sitzes oder der Rechtsform nur mit der Absicht der Steuerersparnis begründen, mangelt es an wirtschaftlichen oder sonst beachtlichen Gründen.[818] Gleiches gilt, wenn eine ausländische Kapitalgesellschaft errichtet wurde allein zum Zwecke der Sicherung inländischen Vermögens für Krisenzeiten,[819] zum bloßen Halten von Gesellschaftskapital ohne weitere Tätigkeit,[820] nur zum Halten der Beteiligung an einer inländischen Kapitalgesellschaft und zu deren Finanzierung durch Fremdkapitalvergabe[821] oder zur Begrenzung des Haftungsrisikos.[822]

In wohl zahlreichen Fällen lässt sich die Errichtung einer ausländischen Basisgesellschaft nicht unter § 42 AO subsumieren, obwohl die Auslandgesellschaft scheinbar zu „ungerechtfertigten Steuervorteilen“ führt. Dies wäre dann der Fall, wenn dem Geschäft zwar eine angemessene Rechtsgestaltung zuzugestehen, aber das Vorliegen einer missbräuchlichen Basisgesellschaft vorzuwerfen ist. Dann läge zwar kein Missbrauch von Gestaltungsmöglichkeiten i.S.d. § 42 AO vor, aber ein Fall der §§ 7 ff AStG. *Kruse/Drüen* ist zuzustimmen, wenn sie sagen, das AStG wollte ein zusätzliches Instrumentarium schaffen, die nach bisherigem Recht bestehende Möglichkeit der Hinzurechnungsbesteuerung – über § 42 AO – auszuweiten.[823]

Strittig ist das Verhältnis zwischen § 42 AO und den §§ 7-14 AStG, wenn sowohl eine unangemessene Rechtsgestaltung i.S.d. § 42 AO vorliegt als auch die Tatbestandsmerkmale der §§ 7-14 AStG erfüllt sind. Fraglich ist, welche Rechtsvorschrift vorrangig anzuwenden ist. Teilweise wird die Auffassung vertreten, die allgemeinen Zurechnungsvorschriften der AO hätten soweit zurückzutreten, als der speziellere Regelungsbereich der §§ 7-14 AStG betroffen sei.[824] Teilweise wird auch darüber diskutiert, ob ein Wahlrecht zwischen der Anwendung des § 42 AO und der §§ 7-14 AStG bestehe.[825] *Tipke/Drüen* sprechen hingegen von einem „logischen Vorrang“ des § 42 AO vor den §§ 7-14 AStG.[826] Denn die Rechtsfolge des § 42 AO setzt bereits bei der Ein-

---

817 Vgl. BFH v. 23.10.1991, BStBl II 1992, S. 1026.

818 Vgl. BFH v. 29.7.1976, BStBl II 1977, S. 263; BFH v. 10.6.1992, BStBl II 1992, S. 1029.

819 Vgl. BFH v. 5.3.1986, BStBl II 1986, S. 496; BFH v. 28.1.1992, BStBl II 1993, S. 84.

820 Vgl. BFH v. 29.7.1976, BStBl II 1977, S. 261.

821 Vgl. BFH v. 9.12.1980, BStBl II 1981, S. 339.

822 Vgl. BFH v. 27.8.1997, DStR 1998, S. 116.

823 Vgl. Kruse/Drüen in: Tipke/Kruse, AO, § 42 Tz. 100 m.w.N.; so auch Koch, Diskussion über „Das neue französische Außensteuerrecht und die Bewährung des deutschen Außensteuergesetzes“, in: Vogel/Ellis u.a., Steueroasen und Außensteuergesetze, 1981, S. 106.

824 Vgl. FG Baden-Württemberg v. 28.10.2004, IStR 2005, S. 92; ferner Köhler, S. DStR 2002, S. 2156 (2157); Fischer in: HHSp, AO/FGO, § 42 AO Rz.. 10; Danzer, J., Die Steuerumgehung, 1981, S. 175; wohl auch Hoffmann in: Koch/Scholtz, AO/FGO, 5. Aufl., 1996, § 42 AO Tz. 3.

825 Vgl. Diskussion über „Das neue französische Außensteuerrecht und die Bewährung des deutschen Außensteuergesetzes“, in: Vogel/Ellis u.a., Steueroasen und Außensteuergesetze, 1981, S. 106-111.

826 Vgl. Kruse/Drüen in: Tipke/Kruse, AO, § 42 Tz. 100; zustimmend Wassermeyer in: Flick/Wassermeyer/Baumhoff, AStG, Vor §§ 7-14 Anm. 91; von einem Vorrang gehen auch Vogt in: Blümich, AStG, § 7 Rz. 8 f und Diehl, Das deutsche Außensteuergesetz – praktische Anwendungsfragen und ein Versuch einer ersten Bilanz, in: Vogel/Ellis u.a., Steueroasen und

künftezurechnung an. Die Einkünfte werden demjenigen Steuerpflichtigen zugerechnet, der sie bei unterstellter angemessener Gestaltung erzielt hätte (allgemeine Zurechnungsvorschrift). Die §§ 7-14 AStG akzeptiert die CFC zunächst als Einkünftezurechnungssubjekt und ordnet erst in einem zweiten Schritt die Einkünfte einem anderen Steuersubjekt zu (spezielle Zurechnungsvorschrift).[827] Die §§ 7 ff AStG seien lediglich als Ergänzungsvorschrift zu sehen, die die Möglichkeit der Hinzurechnungsbesteuerung über § 42 AO hinaus ausdehnen.[828]

Bei der Frage, welche Vorschrift anzuwenden ist, muss eine Prüfung nach der Gesetzessystematik vorgenommen werden. Ausgangspunkt muss das allgemeine Steuerrecht sein, also die Vorschriften der AO, hier im Besonderen § 42 AO. Ergibt diese Prüfung, dass ein Missbrauch von Gestaltungsmöglichkeiten vorliegt, so kann hier die Prüfung enden. Eine weitere Prüfung, ob möglicherweise auch die speziellen Zurechnungsvorschriften der §§ 7-14 AStG greifen, kann unterbleiben. Insofern hat § 42 AO gesetzessystematischen Vorrang vor den §§ 7 ff AStG.[829]

Der BFH[830] und nunmehr auch die Finanzverwaltung[831] gehen – in Übereinstimmung mit *Tipke/Drüen* – von dem „logischen Vorrang" des § 42 AO vor §§ 7-14 AStG aus. § 42 AO ist in Fällen des Gestaltungsmissbrauchs anwendbar, nämlich dann, wenn für die Einschaltung der ausländischen Basisgesellschaft „wirtschaftliche oder sonst beachtliche Gründe fehlen und die Gesellschaft keine nennenswerte wirtschaftliche Tätigkeit entfaltet". Liegt kein Gestaltungsmissbrauch in diesem Sinne vor, so greift die „Ergänzungsregelung" der §§ 7-14 AStG. Allerdings ist die Finanzverwaltung der Auffassung, dass, sofern die §§ 7-14 AStG ebenfalls nicht greifen, wieder § 42 Abs. 1 AO zur Anwendung kommt, wenn durch Missbrauch von Gestaltungsmöglichkeiten die §§ 7-14 AStG umgangen wurden.[832]

Die Frage nach der Konkurrenz zwischen § 42 AO und §§ 7 ff AStG ist insofern von Interesse, als die beiden Regelungsbereiche zu unterschiedlichen Besteuerungsfolgen führen können. Die Anwendung des § 42 AO auf den gegebenen Sachverhalt kann

---

Außensteuergesetze, 1981, S. 64, aus; ferner Brockmeyer in: Klein, AO, 8. Aufl., 2003, § 42 Tz. 20 und ähnlich Schleuder, H.-P., Die Hinzurechnungsbesteuerung im internationalen Konzern, 1985, S. 71 ff, 75.

827 Vgl. bei Schaumburg, H., Internationales Steuerrecht, 2. Aufl. 1998, Rz. 10.38; Hundt, F., Entwicklung des deutschen Missbrauchsverständnisses bei grenzüberschreitenden Gestaltungen, in: Festschrift Debatin, 1997, S. 153 (169); BFH v. 23.10.1991, BStBl II 1992, S. 1026.

828 Vgl. Kruse/Drüen in: Tipke/Kruse, AO, § 42 Tz. 100.

829 So auch Koch, vgl. Diskussion über „Das neue französische Außensteuerrecht und die Bewährung des deutschen Außensteuergesetzes", in: Vogel/Ellis u.a., Steueroasen und Außensteuergesetze, 1981, S. 107, 109.

830 Vgl. BFH v. 23.10.1991, BStBl II 1992, S. 1026; BFH v. 10.06.1992, BStBl II 1992, S. 1029; BFH v. 20.3.2002, BStBl II 2002, S. 819.

831 Vgl. BMF v. 14.05.2004, BStBl I 2004, Sondernummer 1/2004, Rz. 7.0.2.

832 Vgl. BMF v. 14.05.2004, BStBl I 2004, Sondernummer 1/2004, Rz. 7.0.2.4. Diese Aussage steht allerdings im Widerspruch zur Entscheidung des BFH v. 20.03.2002 (BStBl II 2003, S. 50), die § 42 Abs. 2 AO für nicht anwendbar erklärt, wenn §§ 7-14 AStG nicht einschlägig sind. Vgl. hierzu Haun, J./Reiser, H., GmbHR 2004, S. 841 (843 f).

günstiger sein, nämlich dann, wenn bei der gegebenen Gestaltung keine niedrigere Steuer resultiert als bei einer unterstellten angemessenen Gestaltung. Denn § 42 AO setzt als Missbrauchsvermutung die Vermeidung der Steuerpflicht bzw. Minderung der Steuerbelastung voraus. Ist keine Minderung der Steuerlast eingetreten, so gilt der Tatbestand des § 42 AO als nicht erfüllt. Dies gilt für die §§ 7 ff AStG nicht. Auch wenn die Verlagerung einer Tochtergesellschaft in das Ausland unter den gegebenen Umständen zu keiner Minderung der Steuerbelastung führt, aber die übrigen Tatbestandsmerkmale des §§ 7 ff AStG erfüllt sind, kommt es zu einer Hinzurechnungsbesteuerung.[833]

4.1.2.1.2 Rechtsfolgen

In den Fällen, in welchen ungerechtfertigte Steuervorteile durch eine „angemessene Rechtsgestaltung" erzielt werden, kann die Rechtsfolge des § 42 AO nicht angewandt werden. Denn die vorliegende Rechtsgestaltung wird ja zunächst als sachlich angemessen betrachtet. Insofern bedarf es einer anders gestalteten „Hinzurechnungstechnik", die trotz oder vielmehr gerade aufgrund der Annahme einer angemessenen Gestaltung, explizit eine andere Einkünftezurechnung vorgibt als aus der rechtlichen Gestaltung resultiert. Einer solchen Technik bedienen sich die §§ 7-14 AStG.

Der Unterschied zwischen der „Zurechnungstechnik" des § 42 AO und der „Hinzurechnungstechnik" der §§ 7-14 AStG kann insofern wie folgt beschrieben werden:
§ 42 AO trifft die angemessene Einkünftezurechnung mittels Unterstellung einer angemessenen Rechtsgestaltung (Sachverhaltsfiktion).[834] Die §§ 7-14 AO können keine angemessenen Rechtsgestaltung unterstellen, denn die rechtliche Gestaltung wird bereits als angemessen angesehen. Nur die daraus resultierenden steuerlichen Folgen gelten als ungerechtfertigt. Es muss daher eine andere Einkünftezurechnung angeordnet werden, als sich aus der rechtlichen Gestaltung ergibt (Einkünftefiktion).

4.1.2.2 Verhältnis „general anti-avoidance rules" zu „CFC-Rules" im Ausland

4.1.2.2.1 Rangverhältnis

In der ausländischen Literatur wird das Rangverhältnis zwischen den „general anti-avoidance rules" und den CFC-Rules nicht tiefergehend problematisiert. Deutschland

---

833 Vgl. Kruse/Drüen in: Tipke/Kruse, AO, § 42 Tz. 100; Fischer in: HHSp, AO/FGO, § 42 AO Rz. 101; Brockmeyer in: Klein, AO, 8. Aufl., 2003, § 42 Tz. 4; BFH v. 12.7.1989, BStBl II 1990, S. 113; BFH v. 19.4.1994, BStBl II 1995, S. 705; Hundt, F., Entwicklung des deutschen Missbrauchsverständnisses bei grenzüberschreitenden Gestaltungen, in: Festschrift Debatin, 1997, S. 153 (168).

834 Der vom BFH wohl am häufigsten entschiedene Fall ist folgender: Bei der Einschaltung ausländischer Basisgesellschaften unter Einbringung der vom Anteilseigner bisher unmittelbar gehaltenen Beteiligungen an inländischen Körperschaften in die Basisgesellschaft, wird unter Negation der Basisgesellschaft das unmittelbare Halten der Anteile durch den Anteilseigner als gegebener (als angemessen unterstellter) Sachverhalt, angesetzt und entsprechend besteuert. Vgl. BFH v. 21.1.1976, BStBl II 1976, S. 513; BFH v. 27.7.1976; BStBl II 1977, S. 266; BFH v. 9.12.1980, BStBl II 1981, S. 339.

stellt bezüglich § 42 AO insofern eine Ausnahme dar. Meist wird im Zusammenhang mit „anti-avoidance rules“ lediglich zwischen „*general* rules“ und „*special* rules“, namentlich die „transfer pricing rules“, „thin capitalization rules“ und „CFC-rules“, unterschieden. Derartige „special rules“ sollen als „lex specialis“ neben den „general rules“ anwendbar sein.[835]

4.1.2.2.2 Rechtsfolgen

Auch im Ausland bedient man sich hinsichtlich der *allgemeinen* Missbrauchsvorschriften derselben Rechtsfolgentechnik wie Deutschland bei § 42 AO, nämlich der „Sachverhaltsfiktion“. Der tatsächliche Sachverhalt wird negiert und ein fiktiver als angemessen angesehener Sachverhalt für steuerliche Zwecke unterstellt. In Finnland beispielsweise heißt es hinsichtlich des “substance-over-form principle“ und „arms' length principle“: „The transaction will be considered void for tax purposes and taxed as if the real form has been used. For company law and other legal purposes, the transaction in its original form may still be valid”.[836] Gleiches gilt für Dänemark. Im dänischen Schrifttum ist zu lesen: „The authorities seek do disregard transactions“.[837] Auch in Großbritannien ist diese Technik vorgesehen: “The courts may examine the real economic substance of the transaction and apply the tax legislation to that”.[838] In der amerikanischen Literatur wird auf Theorien hingewiesen, “which allow courts to disallow and recharacterize transactions that are undertaken for pure tax avoidance purposes”.[839]

Es zeigt sich also, dass sich die überwiegende Zahl der Staaten bei den allgemeinen Missbrauchsvorschriften einer anderen Rechtfolgentechnik zur Vermeidung der Erlangung ungerechtfertigter Steuervorteile bedienen als bei den jeweiligen CFC-Rules. Im Rahmen der allgemeinen Missbrauchsvorschriften sehen die Staaten, ebenso wie Deutschland, eine Sachverhaltsfiktion vor, bei den CFC-Rules einer „Einkünftefiktion“.

---

835 Vgl. Aminoff-Lindblad, A.-L., Finland, in: Guides to European Taxation, Volume II, The Taxation of Companies in Europe, 1999, Finland – 129 f, Tz. 13.1.-13.5.; Moore, R. M., United Kingdom, in: Guides to European Taxation, Volume II, The Taxation of Companies in Europe, 1999, United Kingdom – 167 f, Tz. 14.1.-14.6.; Blanluet, G., France, in: Guides to European Taxation, Volume II, The Taxation of Companies in Europe, 1998, France – 58, Tz. 2.3.1.4.

836 Vgl. Kesti, J., Finland, in: European Tax Handbook, http://online2.ibfd.org/eth/, 2004, Section A, Finland, Chapter 7.1.; Aminoff-Lindblad, A.-L., Corporate Taxation in Finland, in: European Taxation Database, http://online2.ibfd.org/euro/, 2004, Corporate Taxation (detailed), Finland, Chapter 13.1.

837 Vgl. Andersen, P. S., Corporate Taxation in Denmark, in: European Taxation Database, http://online2.ibfd.org/euro/, 2004, Corporate Taxation (detailed), Denmark, Chapter 13.1.1.

838 Vgl. Bater, P., United Kingdom, in: European Tax Handbook, http://online2.ibfd.org/eth/, 2004, Section A, United Kingdom, Chapter 7.1.; Bater, P., Corporate Taxation in United Kingdom, in: European Taxation Database, http://online2.ibfd.org/euro/, 2004, Corporate Taxation (detailed), United Kingdom, Chapter 13.1.

839 Vgl. Rienstra, J., United States, in: European Tax Handbook, http://online2.ibfd.org/eth/, 2004, Section A, United States, Chapter 7.1.

4.2 Gegenseitige Beschränkung der Besteuerungsrechte durch das DBA

4.2.1 DBA und § 42 AO aus deutscher Sicht

§ 42 AO ist – ebenso wie die §§ 7-14 AStG – eine Zurechnungsvorschrift. Über die Steuerpflicht im Inland ist stets nach dem nationalen Recht zu entscheiden, ggf. auch unter Anwendung der Regeln über die Steuerumgehung (§ 42 AO).

Nach der allgemeinen Systematik der Anwendung von DBA bleibt auch im Kontext des § 42 AO grundsätzlich in einem zweiten Schritt zu prüfen, ob das Abkommen die Besteuerung, wie sie das nationale Recht bestimmt, auch gestattet.[840] Bei der Anwendung der entsprechenden Verteilungsnorm und damit bei der Bestimmung des abkommensrechtlichen Besteuerungsanspruchs ist der fiktive – sachlich angemessene – nicht der tatsächliche Sachverhalt, zugrunde zu legen. Wird beispielsweise die Eigenständigkeit einer ausländischen dem inländischen Körperschaftsteuerrecht vergleichbaren Kapitalgesellschaft steuerlich nicht anerkannt, so ist zu prüfen, ob die Voraussetzungen für das Vorliegen einer ausländischen Betriebsstätte gegeben sind. Ist dies der Fall, so ist das inländische Stammhaus mit dem auf die ausländische Betriebsstätte entfallenden Gewinnanteil gem. Art. 7 Abs. 2 OECD-MA (beschränkt) steuerpflichtig in dem Staat, in dem die Betriebsstätte belegen ist. Dieser Gewinnanteil ist dann im Inland von der Besteuerung unter Progressionsvorbehalt freizustellen, Art. 23 A O-ECD-MA.[841]

Es bleibt festzuhalten, dass auch im Anwendungsbereich des § 42 AO die Anwendbarkeit des Abkommensrechts geprüft werden muss. Hier könnte man ebenso zu dem Ergebnis kommen, dass die steuerlichen Folgen aus der Anwendung des § 42 AO einen Verstoß gegen das Abkommensrecht darstellen, es sei denn, das Abkommen weist darauf hin, dass nationale Steuerumgehungsvermeidungsvorschriften abkommensrechtlich zu akzeptieren sind.

Ausdrückliche Regelungen über die Anerkennung innerstaatlicher Steuerumgehungsvorschriften (sog. Öffnungsklauseln) sind jedoch in den DBA äußerst selten. Lediglich im Abkommensprotokoll des DBA mit Belgien wird festgehalten, dass keine Bestimmung des Abkommens so anzuwenden sei, dass sie einen Vertragsstaat daran hindere, seine nationalen Rechtsvorschriften gegen Steuerumgehungen und -hinterziehungen zu gebrauchen.[842] Gleiches gilt nun auch für das im Jahr 2002 überarbeitete DBA Deutschland-Schweiz. Art. 23 Abs. 1 ersetzt den bisherigen Art. 23 durch allgemeine Vorschriften zum Rechtsmissbrauch. Es wird klargestellt, dass Deutschland und die

---

840 Vgl. Vogel in: Vogel, DBA, 1. Aufl., 1983, Einl. Rz. 69; so auch Brockmeyer in: Klein, AO, 8. Aufl., 2003, § 42 Rz. 21; Fischer in: HHSp, AO/FGO, § 42 AO Rz. 255; Piltz, D. J., BB 1987, Beilage 14 zu Heft 18, S. 9.

841 Vgl. Vogel in: Vogel, DBA, 1. Aufl., 1983, Einl. Rz. 74.

842 Nr. 17 zu Art. 3 des DBA, eine ähnliche Klausel ist im Abkommensprotokoll mit Neuseeland enthalten, Nr. 7 c) des DBA und mit Finnland, Nr.6 des DBA; vgl. Vogel in: Vogel, DBA, 1. Aufl., 1983, Einl. Rz. 69; vgl. ferner Brünink, J.-H., Das Verhältnis der Normen des Außensteuergesetztes zu den Doppelbesteuerungsabkommen, 1997, S. 99; vgl. hierzu auch Piltz, D. J., BB 1987, Beilage 14 zu Heft 18, S. 8 ff

Schweiz berechtigt sind, zur Verhinderung von Abkommensmissbräuchen ihr jeweiliges nationales Recht anzuwenden. Allerdings gehören laut Protokoll zu diesen anzuwendenden Rechtsvorschriften nur § 42 AO und § 50 d Abs. 3 EStG. Die §§ 7 ff AStG sind nicht genannt.[843]

Es fällt jedoch auf, dass dennoch die Frage der Abkommensberechtigung in Missbrauchsfällen bislang kaum thematisiert wurde. Grund für die mangelnde Auseinandersetzung mit dieser Problematik ist offenbar, dass innerhalb der Völkergemeinschaft Einigkeit darin besteht, dass in Missbrauchsfällen die DBA die nationale Gesetzgebung nicht einschränken sollen. Diese Grundeinstellung geht mithin konform mit der Aussage der OECD: „the co-contracting countries are entitled to apply their internal anti-avoidance rules".[844]

Vogel räumt hierzu ein, dass unabhängig davon, ob die Abkommen eine ausdrückliche Missbrauchsklausel enthalten, das Prinzip der allgemeinen Missbrauchsvermeidung auch im Abkommensrecht gleichermaßen Beachtung findet, nämlich als quasi „ungeschriebene Umgehungsklausel".[845] Denn die Rechtsordnungen der anderen Staaten kennen ebenfalls Regelungen, die als Generalklauseln gegen Missbrauch dienen. Auch wenn die Anknüpfungspunkte solcher Klauseln in den jeweiligen Staaten in Einzelnen unterschiedlich sein mögen, so basieren sie dennoch auf dem gemeinsamen Grundprinzip, dass eine Gestaltung missbräuchlich ist, wenn sie „ohne vernünftigen geschäftlichen Sinn" gewählt wurden.[846]

4.2.2 DBA und „general anti-avoidance rules" aus Sicht der ausländischen Staaten

Da in den meisten Staaten das Völkerrecht Vorrang vor nationalem Recht hat, gilt auch im Ausland der Grundsatz, dass nationales Recht völkerrechtskonform sein muss. Insofern müssen grundsätzlich auch (allgemeine oder spezielle) nationale Missbrauchsvorschriften, sofern es solche in der nationalen Gesetzgebung gibt,[847] mit den DBA vereinbar sein.

In den meisten Staaten, insbesondere in welchen ein „treaty override" grundsätzlich ausgeschlossen ist, so in Spanien und Finnland, wurde über die Abkommensvereinbar-

---

843 Vgl. Prokisch in: Vogel/Lehner, DBA, 4. Aufl., 2003, Art. 1 Rz. 142 a.

844 Vgl. Dibout, A., General Report, in: Cahiers de droit fiscal international, Volume LXXXVIb, Limits on the use of low-tax regimes by multinational businesses, 2001, S. 82.

845 Vgl. Vogel, K., StuW 1985, S. 369 ff (375); Vogel in: Vogel/Lehner, DBA, 4. Aufl., 2003, Einl. 190; Prokisch in: Vogel/Lehner, DBA, 4. Aufl., 2003, Art. 1 Rz. 117; gl.A. Fahrholz, B., Schranken der Steuergestaltung bei grenzüberschreitenden Finanztransaktionen: Abkommensrecht und innerstaatliches Recht, in: Gaddum/Hofmann u.a., Zinsen im internationalen Steuerrecht, 1985, S. 53; Fischer in: HHSp, AO/FGO, § 42 AO Rz. 255; wohl auch Kruse/Drüen in: Tipke/Kruse, AO, § 42 Tz. 102; Piltz, D. J., BB 1987, Beilage 14 zu Heft 18, S. 1, 4, 7, 11; Fischer-Zernin, J., RIW 1987, S. 362 ff.

846 Vgl. Vogel in: Vogel/Lehner, DBA, 4. Aufl., 2003, Einl. 190.

847 Dänemark und Großbritannien kennen keine gesetzlichen Generalnomen gegen Missbrauch. Vgl. Teil III Gliederungspunkt 1.3.2.

keit von innerstaatlichen Missbrauchsvorschriften jedoch bislang wenig debattiert.[848] Bis dato hat es in Spanien[849] und Finnland[850] noch keine Gerichtsentscheidung darüber gegeben, wie ein solcher Konflikt zu lösen wäre. Auch die Finanzverwaltung hat hierzu noch keine Richtlinien veröffentlicht.

In Italien und Frankreich hingegen war die Völkerrechtswidrigkeit von Missbrauchsvorschriften bereits Gegenstand mehrerer Kontroversen. Die Diskussionen beschränkten sich jedoch auf die eventuelle Völkerrechtswidrigkeit von *speziellen* Missbrauchsvorschriften, im Besonderen der CFC-Rules. Im Oktober 2000 hat sich Italien im Rahmen eines Arbeitskreises mit der Vereinbarkeit der nationalen CFC-Gesetzgebung mit dem Europäischen Gemeinschaftsrecht und DBA-Recht auseinandergesetzt. Ergebnis des Arbeitskreises war, dass alle EU-Staaten grundsätzlich von der italienischen Hinzurechnungsbesteuerung ausgenommen wurden. Ferner enthält die „schwarze Liste“, mit Ausnahme eines Staates, ausschließlich Nicht-DBA-Staaten. In Frankreich kam es am 28. Juni 2002 zu dem Urteil des Conseil d'Etat, dass die CFC-Rules nicht mit dem DBA-Recht vereinbar wären.

Die Steuerbehörden der hier untersuchten Länder schließen die Möglichkeit eines Konflikts zwischen allgemeinen nationalen Missbrauchsvorschriften und Regelungen in den DBA generell aus, weil sie davon ausgehen, dass die Abkommen kein Hindernis für die Anwendung dieser inländischen Rechtsvorschriften zur Bekämpfung von Steuerumgehungen darstellen.[851]

Dieser Ansicht liegt der Aufruf der OECD an alle Mitgliedstaaten zugrunde, innerstaatliche Vorschriften zur Bekämpfung internationaler Steuerumgehung bzw. -flucht zu installieren. Ferner geht man davon aus, dass es bei der Anwendung einer innerstaatlichen Missbrauchsvorschrift nicht zu einem Widerspruch zum Abkommensrecht kommen dürfe, da die meisten Staaten eine Generalnorm gegen Gesetzesmissbrauch kennen und insofern Interessensgleichlauf bestehe.

---

848 Vgl. hierzu genauer García Prats, F. A., National Report Spain, in: Cahiers de droit fiscal international, Volume LXXXVIb, Limits on the use of low-tax regimes by multinational businesses, 2001, S. 821 f; Juusela, J., National Report Finland, in: Cahiers de droit fiscal international, Volume LXXXVIb, Limits on the use of low-tax regimes by multinational businesses, 2001, S. 488 f.

849 Hierzu genauer García Prats, F. A., National Report Spain, in: Cahiers de droit fiscal international, Volume LXXXVIb, Limits on the use of low-tax regimes by multinational businesses, 2001, S. 821 f.

850 Vgl. Juusela, J., National Report Finland, in: Cahiers de droit fiscal international, Volume LXXXVIb, Limits on the use of low-tax regimes by multinational businesses, 2001, S. 488 f.

851 Vgl. Dibout, A., General Report, in: Cahiers de droit fiscal international, Volume LXXXVIb, Limits on the use of low-tax regimes by multinational businesses, 2001, S. 239.

4.3 Ergebnis – "CFC-Rules" vs. „general anti-avoidance rules"

Nahezu alle der hier untersuchten Staaten verfügen über allgemeine Missbrauchsvorschriften (wie z.B. gesetzliche Generalnormen) und spezielle Missbrauchsvorschriften (wie z.B. die CFC-Rules).

In Deutschland wird die allgemeine Missbrauchsvorschrift des § 42 AO auch bei der Einschaltung von CFCs angewandt. Die Untersuchung der Missbrauchsvorschriften in den anderen Staaten hat allerdings ergeben, dass das Erlangen „ungerechtfertigter Steuervorteile" aufgrund der Einschaltung von CFCs bislang noch nicht durch allgemeine Missbrauchsvorschriften erfasst werden konnte. Um effektiver und umfassender gegen die Gewinnverlagerung durch die Einschaltung von CFCs vorgehen zu können, haben die Staaten eine gezielte, spezielle Missbrauchsvorschrift für notwendig erachtet. Dies sind die CFC-Rules.

In Missbrauchsfällen wird üblicherweise der tatsächliche missbräuchliche Sachverhalt negiert, ein angemessener Sachverhalt fingiert und hieraus die steuerlichen Konsequenzen gezogen; man spricht gesetzestechnisch von einer „Sachverhaltsfiktion". Auf diese Weise können die betroffenen Einkünfte einem anderen Steuersubjekt zugeordnet werden als sich aus dem tatsächlichen Sachverhalt ergibt. Eine Durchgriffbesteuerung liegt hier insofern vor, als *durch das Negieren bzw. die Nichtanerkennung* einer bestimmten unangemessenen Gestaltung auf ein anderes Steuersubjekt durch- bzw. zugegriffen werden kann.

Die CFC-Rules wählen jedoch eine vollständig neuartige Rechtfolgetechnik.[852] Es wird trotz Missbrauchsunterstellung der tatsächliche Sachverhalt als angemessen angesehen und – nur weil die steuerlichen Konsequenzen hieraus, wie der Fiskus befindet, zu „ungerechtfertigen Steuervorteilen" führen – eine Besteuerung lediglich durch eine gesetzlich angeordnete Änderung der Einkünftezurechnung bei einem anderen Steuersubjekt durchgeführt. Auf diese Weise könnte der Gesetzgeber, immer wenn die steuerlichen Konsequenzen aus einem bestimmten Sachverhalt „fiskalisch unerwünscht" sind, mittels einer Anweisung über die Änderung der Einkünftezurechnung gewünschte Besteuerungsfolgen herstellen. Durch diese im Rahmen der Hinzurechnungsbesteuerung neu geschaffene Rechtsfolgentechnik der „Einkünftefiktion" kann sich der Gesetzgeber über sämtliche Besteuerungsprinzipien hinweg setzen und Einkünftezurechnungen nach Belieben vornehmen.

Sofern ein Missbrauch festgestellt wird, muss stets die Gestaltung gesucht werden, die ohne Missbrauchsabsicht wahrscheinlich gewählt worden wäre. Von diesem Grundkonstrukt gehen § 42 AO in Deutschland und die meisten Generalnormen der Staaten aus. Das Fehlen von kontroversen Auseinandersetzungen bezüglich der Rechtsfolgentechnik der „Sachverhaltsfiktion" bei den *allgemeinen Missbrauchsvorschriften* im nationalen und internationalen Schrifttum, insbesondere auch im Bezug auf die DBA-

[852] Bedingt durch die Rechtsentwicklung in den USA kam es letztlich zu einer „*Sondergesetzgebung*" im Rahmen des AStG in der Form einer sog. Hinzurechnungsbesteuerung. So Wassermeyer in: Flick/Wassermeyer/Baumhoff, AStG, Vor §§ 7-14 Anm. 31.

Vereinbarkeit, macht deutlich, dass unproblematisch Einigkeit über die Rechtmäßigkeit dieses Vorgehens besteht. In Missbrauchsfällen dürfen die steuerlichen Konsequenzen aus einem anderen – angemessenen – Sachverhalt gezogen werden.

Etwas anderes zeigt sich bei der *speziellen Missbrauchsvorschrift* der Hinzurechnungsbesteuerung. Obgleich es sich bei den CFC-Rules ebenso wie bei den „general anti-avoidance rules" um Missbrauchsvermeidungsvorschriften handelt, kam es mit Einführung der CFC-Rules zu einer Flut von kritischen Stimmen im Schrifttum. Seit Jahrzehnten wird über die Rechtmäßigkeit der Hinzurechnungsbesteuerung kontrovers diskutiert. Diese gegensätzliche Reaktion auf zwei Vorschriften, die beide gleichermaßen der Erfassung von Missbrauchs- bzw. Steuerumgehungssachverhalten dienen, kann m.E. nur mit der gewählten Rechtsfolgentechnik der „Einkünftefiktion" erklärt werden, durch die sich der Gesetzgeber bei den CFC-Rules einer willkürlichen Einkünftezurechnung fern jeder Besteuerungssystematik bedienen kann.

Dies bestätigen die Ergebnisse der Analyse des Ländervergleichs (Teil II dieser Arbeit). Die Analyse hat gezeigt, dass sich die CFC-Rules durch eine konzeptionslose Einkünftezurechnung auszeichnen. Ziel war, eine fiskalisch gewünschte Besteuerungsfolge zu erreichen, ungeachtet tragender Besteuerungsprinzipien.

Die Hinzurechnungsbesteuerung kann daher in Bezug auf DBA-Konformität nur in folgenden Konzeptionen Akzeptanz erlangen:

- Unter Anwendung der Technik der allgemeinen Missbrauchvorschriften:
  In der Konzeption einer Fiktion eines angemessenen Sachverhalts
- Unter Beachtung tragender Besteuerungsprinzipien:
  In der Gestalt einer stringenten vorweggenommenen Dividendenbesteuerung (gemäß der Ausschüttungstheorie)

Teil IV. Vereinbarkeit mit dem Europäischen Gemeinschaftsrecht

1. Allgemeines

1.1 Entstehung, Aufgaben und Ziel der Europäischen Gemeinschaft

Das Bewusstsein, dass die Staaten Europas eine Einheit darstellen, reicht weit in die Vergangenheit zurück. Die Zeiten des perikleischen Athens (480 bis 430 v.Chr.) und der cäsarisch-augusteischen Kultur (100 v.Chr. bis 100 n.Chr.) werden oft als die Geburtsstunde des europäischen Gedankens gesehen.[853] Insbesondere durch den in der griechisch-römischen Kultur wurzelnden Humanismus wurde diese „europäische Idee" bis in das 19. Jahrhundert hin wach gehalten.[854] Spätestens der Niedergang der europäischen Nationalstaaten nach dem Zweiten Weltkrieg und der Aufbau des „Eisernen Vorhangs" durch die damalige Sowjetunion nach 1945 waren der Zeitpunkt, an dem man sich bewusst auf die Notwendigkeit eines gesamteuropäischen Handelns und Planens besann.[855] Aus dem Schrecken zweier Kriege und der Bedrohung aus dem Osten erwuchs die Einsicht, dass ein friedliches Zusammenleben nur durch ein Zusammenrücken der westeuropäischen Demokratien erreicht werden kann.[856]

Der erste sichtbare Schritt zu einem vereinten Europa war 1948 die Gründung der Organisation für Europäische Wirtschaftliche Zusammenarbeit OEEC (Organisation for European Economic Co-operation) in 1948 in Paris mit 17 Gründungsmitgliedern, die Vorläuferin der späteren OECD.[857] 1949 folgte die Gründung des Europarats in Straßburg mit dem Ziel eines politischen und ideellen Zusammenhalts.[858] 1951 wurde in Luxemburg der erste Vertrag, der „Vertrag über die Gründung der Europäischen Gemeinschaft für Kohle und Stahl" (EGKS)[859], unterzeichnet. Es folgten die beiden sog. „Römischen Verträge", die 1957 in Rom abgeschlossen wurden, der „Vertrag zur Gründung einer Europäischen Wirtschaftsgemeinschaft" (EWG) und der „Vertrag zur Gründung einer Atomgemeinschaft" (EAG, EURATOM).[860] Die *„Europäische Ge-*

---

853 Vgl. so bei Oppermann, T., Europäisches Gemeinschaftsrecht, 2. Aufl., 1999, § 1 Rz. 4.

854 Vgl. Pechstein/Koenig, Die Europäische Union, 3. Aufl., 2000, Kap. 1 Rz. 23.

855 Vgl. Huber, P., Recht der Europäischen Integration, 2. Aufl., 2002, § 3 Rz. 5; Beutler/Bieber/Pipkorn/Streil, Die Europäische Union – Rechtsordnung und Politik, 5. Aufl., 2001, S. 40, Rz. 6.

856 Vgl. bei Bleckmann/Pieper in: Bleckmann, A., Europarecht, 6. Aufl.,1997, § 1 Rdnr. 11.

857 Vgl. Oppermann, T., Europäisches Gemeinschaftsrecht, 2. Aufl., 1999, § 1 Rz. 14. Die OEEC wurde im Jahr 1961 zur Organisation für Wirtschaftliche Zusammenarbeit und Entwicklung (Organisation for Economic Co-operation and Development – OECD) und hat sich bis heute zu einem Forum der wichtigsten Industriestaaten der westlichen Welt fortentwickelt. vgl. auch Ausführungen in Teil III dieser Arbeit.

858 Vgl. Oppermann, T., Europäisches Gemeinschaftsrecht, 2. Aufl., 1999, § 1 Rz. 15; Ipsen, K., Völkerrecht, 4. Aufl., 1999, § 33 Rz. 1.

859 EGKS-Vertrag vom 18.04.1951.

860 EWG-Vertrag und EURATOM- oder EAG-Vertrag vom 25.03.1957.

meinschaft" (EG) bestand ab 1957 daher aus den drei *Europäischen Gemeinschaften EGKS, EWG und EAG.*[861]

Der am 7.2.1992 in Maastricht geschlossene „Vertrag über die Europäische Union" (EUV) war die bis dato bedeutendste Vertragsergänzung seit der Römischen Verträge. Mit dem EUV werden die Aufgaben der Europäischen Gemeinschaft um eine gemeinsame Außen- und Sicherheitspolitik (GASP) und um eine Kooperation in den Bereichen Justiz und Inneres (ZBJI) erweitert. Gemeinsam mit den beiden Abkommen GASP und ZBJI bilden die Europäischen Gemeinschaften EGKS, EWG und EAG die *„Europäische Union" (EU).*[862] Die EU fungiert als ein „Dach" über den Europäischen Gemeinschaften, der GASP und der ZBJI. Man spricht daher auch von den *„drei Säulen"* der EU.[863] Ferner wurde im Rahmen des EUV die Europäische Wirtschaftgemeinschaft (EWG) in die Europäische Gemeinschaft (EG) umbenannt.[864]

Der EUV wurde am 2.10.1997 durch den „Vertrag von Amsterdam" abgeändert. Die Änderungen traten mit Wirkung zum 1.5.1999 in Kraft.

Einen weiteren Meilenstein auf dem Weg zur europäischen Integration setzten neben dem „Vertrag von Nizza", in dem vor allem institutionelle Reformen ausgehandelt wurden,[865] die im April 2003 unterzeichneten Beitrittsverträge über die Aufnahme von zehn weiteren Ländern aus Mittel- und Osteuropa.[866]

Die *Aufgabe der EU* besteht darin, in der Gemeinschaft durch die Errichtung eines Gemeinsamen Marktes und einer Wirtschafts- und Währungsunion sowie durch die

---

861 Die gewichtigste und umfassendste Gemeinschaft ist die EWG. Sie zielt auf die Förderung der Integration und Zusammenarbeit auf dem Wirtschaftssektor ab. Im Rahmen des EWG-Vertrags wurde auch mit der „Einheitlichen Europäischen Akte" (EEA) vom 1.7.1987 der Grundstein für den „Europäischen Binnenmarkt ohne Grenzen" gelegt. Die EGKS diente der Verwaltung und Kontrolle der Kohle- und Stahlindustrie und war bis zum 22.07.2002 befristet. Die EGA ist ein Spezialpakt für die friedliche Nutzung von Kernenergie. Vgl. Ipsen, K., Völkerrecht, 4. Aufl., 1999, § 33 Rz. 3.

862 In dem Maastrichter-Vertrag über die Europäische Union wurde auch der „Fahrplan" zu einer Europäischen Währungsunion beschlossen. Vgl. hierzu Oppermann, T., Europäisches Gemeinschaftsrecht, 2. Aufl., 1999, § 13 Rz. 982 ff.

863 Vgl. Pechstein/Koenig, Die Europäische Union, 3. Aufl., 2000, Kap. 1 Rz. 1, 4; Schweizer/Hummer, Europarecht, 5. Aufl., 1996, S. 1, Rdnr. 5; Herdegen, M., Europarecht, 5. Aufl., 2003, S. 51, Rdnr. 64. Die EU besitzt – im Gegensatz zu den drei Europäischen Gemeinschaften – selbst keine eigene Rechtspersönlichkeit. Vgl. hierzu ausführlich bei Kuntze, C., Die Kompetenzen der Europäischen Gemeinschaft auf dem Gebiet des Steuerrecht, 1999, S. 34.

864 Art. 8 EUV (i.d.F. des Amsterdamer Vertrags) = früher Art. G des EUV (i.d.F. des Maastrichter-Vertrags).

865 Der Vertrag von Nizza ist im Dezember 2000 auf der Konferenz von Nizza verhandelt worden und zum 01.02.2003 in Kraft getreten. Vgl. hierzu Herdegen, M., Europarecht, 5. Aufl., 2003, S. 48, Rdnr. 59.

866 Zum 1.5.2004 sind Estland, Lettland, Litauen, Malta, Polen, die Slowakei, Slowenien, die Tschechische Republik, Ungarn und (der griechische Teil von) Zypern der EU beigetreten.

Durchführung gemeinsamer Maßnahmen politischer oder sonstiger Art

- eine harmonische, ausgewogene und nachhaltige Entwicklung des Wirtschaftslebens,
- ein hohes Beschäftigungsniveau und ein hohes Maß an sozialem Schutz,
- die Gleichstellung von Männern und Frauen,
- ein beständiges, nichtinflationäres Wachstum,
- einen hohen Grad von Wettbewerbsfähigkeit und Konvergenz der Wirtschaftsleistungen,
- ein hohes Maß an Umweltschutz und Verbesserung der Umweltqualität,
- die Hebung der Lebenshaltung und der Lebensqualität,
- den wirtschaftlichen und sozialen Zusammenhalt und
- die Solidarität zwischen den Mitgliedstaaten

zu fördern.[867]

Ziel ist vor allem die Förderung des wirtschaftlichen und sozialen Fortschritts durch die Schaffung eines Gemeinsamen Marktes, eines „Raumes ohne Binnengrenzen".[868] Das Ideal eines Binnenmarktes ist erreicht, wenn die nationalen Märkte zu einem einheitlichen Markt derart verschmolzen sind, dass die Staatsgrenzen der Mitgliedstaaten wirtschaftlich und sozial nicht mehr spürbar sind.[869]

1.2 Begriffsabgrenzung und Zitierweise

Seit Inkrafttreten des Maastrichter Unionsvertrags (EUV) muss das Recht dieses Vertrags von dem Recht der Europäischen Gemeinschaft (EGV) unterschieden werden.[870] Das Unionsrecht (oder „EU-Recht") umfasst das Recht der Unionssäulen GASP und ZBJI sowie das Recht der Europäischen Gemeinschaft (oder „Europäisches Gemeinschaftsrecht"[871]), bestehend aus den drei Gründerverträgen.

---

867 Art. 2 des EGV (i.d.F. des Amsterdamer Vertrags). Vgl. auch bei Schweizer/Hummer, Europarecht, 5. Aufl., 1996, S. 318, Rdnr. 1032 ff.

868 Art. 2 des EUV (i.d.F. des Amsterdamer Vertrags); Vgl. auch bei Fischer, H., Europarecht, 3. Aufl., 2001, § 2 Rz. 7 f, 10.

869 Vgl. bei Dautzenberg, N., Unternehmensbesteuerung im EG-Binnenmarkt, 1997, S. 7; Ipsen, K., Völkerrecht, 4. Aufl., 1999, § 33 Rz. 5.

870 So die h.M.. Vgl. Pechstein/Koenig, Die Europäische Union, 3. Aufl., 2000, Kap. 1 Rz. 7; Oppermann, T., Europäisches Gemeinschaftsrecht, 2. Aufl., 1999, § 6 Rz. 464; a.A. v. Bogdandy/Nettesheim und Trües; v. Bogdandy/Nettesheim gehen mit ihrer „Verschmelzungsthese" und Trües mit seiner „Einheitsthese" von einer „einheitlichen Unionsverordnung" aus. Vgl. hierzu bei Pechstein/Koenig, Die Europäische Union, 3. Aufl., 2000, Kap. 1 Rz. 15,19; ferner bei Kuntze, C., Die Kompetenzen der Europäischen Gemeinschaft auf dem Gebiet des Steuerrecht, 1999, S. 41 ff.

871 Das Europäische Gemeinschaftsrecht bedeutete ursprünglich in der Lehre das Recht der europäischen internationalen Organisationen allgemein – teilweise unter Ausschluss der sozialistischen Organisationen. Im engeren Sinne wird unter „Europäischem Gemeinschaftsrecht" jedoch lediglich das Recht der Europäischen Gemeinschaften, EGKS, E(W)G und EAG, verstanden. Vgl. zur

Das *Europäische Gemeinschaftsrecht* hat supranationalen Charakter, d.h. es ist eine gegenüber dem nationalen Recht vorrangige Rechtsquelle und gilt unmittelbar in den Mitgliedstaaten, ohne dass es eines weiteren Umsetzungsaktes auf nationaler Ebene bedarf. Die Vorschriften der *GASP und ZBJI* haben hingegen keine unmittelbare Durchschlagkraft, sie gelten nur *für* die Mitgliedstaaten. Um Rechtswirkung gegenüber dem Einzelnen zu entfalten, müssen sie erst in nationales Recht umgesetzt werden. Grund hierfür ist, dass sich die Mitgliedstaaten in den besonders sensiblen Bereichen der Außen- und Sicherheitspolitik sowie in der Innen- und Justizpolitik weitestgehende Souveränität bewahren wollen.[872]

Die vorliegende Arbeit untersucht die Vereinbarkeit der Hinzurechnungsbesteuerung mit dem *supranationalen* Europäischen Gemeinschaftsrecht. Das sog. *intergouvernementale* Recht der Unionssäulen GASP und ZBJI wird nicht tangiert.

Artikel 12 Abs. 1 des Vertrags von Amsterdam sah eine Umnummerierung der Vertragsbestimmungen vor. Im Unionsvertrag (EUV) wurde die Buchstabennummerierung durch eine Ziffernzählung getauscht, im Europäischen Gemeinschaftsvertrag (EGV) kam es zu einer Neubezifferung der Artikel, Titel und Abschnitte. Diese Neubezifferung des EGV hätte zu Folge gehabt, dass es zu einer Verwechslung der vor dem Inkrafttreten des Vertrages von Amsterdam geltenden Fassung eines Artikels mit der danach geltenden Fassung gekommen wäre. Der EuGH hat daher im Hinblick auf die im Amsterdamer Vertrag durchgeführte Umnummerierung der Vertragsbestimmungen eine einheitliche Zitierweise festgelegt. In deutscher Sprache werden die Verträge wie folgt gekennzeichnet:[873] EGKS-Vertrag: KS, EAG-Vertrag: EA, EG-Vertrag: EG und EU-Vertrag: EU.

In der vorliegenden Arbeit werden die Artikel gemäß der Fassung des Amsterdamer Vertrags angegeben. Der Klarstellung halber wird jedoch in bestimmten ausgewählten Fällen auch der entsprechend Artikel in der Fassung vor Inkrafttreten des Amsterdamer Vertrags Artikel (gemäß Maastrichter Vertrag) genannt.

1.3 Rechtsquellen des Europäischen Gemeinschaftsrechts

Das Europäische Gemeinschaftsrecht setzt sich aus einer Reihe von Rechtsquellen zusammen. Zu ihnen zählen vor allem das primäre Gemeinschaftsrecht, das sekundäre Gemeinschaftsrecht und das Richterrecht des Europäischen Gerichtshofs (EuGH). Ferner wird es durch das Gewohnheitsrecht und allgemeine Rechtsgrundsätze geprägt.

Begriffsbestimmung genauer bei Schweizer/Hummer, Europarecht, 5. Aufl., 1996, S. 2, Rdnr. 4, 7 f und bei Herdegen, M., Europarecht, 5. Aufl., 2003, S. 2 ff, Rdnr. 2-10, 13.

872 Vgl. Dautzenberg, N., Unternehmensbesteuerung im EG-Binnenmarkt, 1997, S. 3; Herdegen, M., Europarecht, 5. Aufl., 2003, S. 63 f, Rdnr. 81; Pechstein/Koenig, Die Europäische Union, 3. Aufl., 2000, Kap. 1 Rz. 8 f; Kuntze, C., Die Kompetenzen der Europäischen Gemeinschaft auf dem Gebiet des Steuerrecht, 1999, S. 35, 39.

873 Vgl. Mitteilung zum EG-Vertrag bezüglich der Umnummerierung der Vertragsbestimmungen.

1.3.1 Primäres Gemeinschaftsrecht

Das europäische Primärrecht ist das Recht der Gründerverträge, E(W)G, EGKS und EAV, mit deren spätere Ergänzungen und Änderungen.[874] Das primäre Gemeinschaftsrecht wird maßgeblich durch die sog. *„Europäischen Grundfreiheiten"* geprägt. Die Grundfreiheiten gelten als „Pfeiler" des Gemeinsamen Marktes.[875] Diese sind die Warenverkehrsfreiheit, die Arbeitnehmerfreizügigkeit, die Niederlassungsfreiheit, die Dienstleistungsfreiheit sowie die Kapitalverkehrs- und Zahlungsverkehrsfreiheit. In einem „Raum ohne Binnengrenzen" muss der freie Verkehr von Waren, Personen, Dienstleistungen und Kapital gewährleistet sein. Wesentliche Produktionsfaktoren müssen frei und unbehindert durch staatliche Grenzen bewegt werden können, um so die wirtschaftlichen Bedingungen und damit den Lebensstandart der Menschen in Europa zu verbessern.[876]

Besonders bedeutsam sind auch die in den Grundfreiheiten enthaltenen Diskriminierungsverbote.[877]

1.3.2 Sekundäres Gemeinschaftsrecht

Von den Organen der Europäischen Gemeinschaften können nach Maßgabe der Gründerverträge Rechtsakte erlassen werden.[878] Diese Rechtsakte werden als sekundäres Gemeinschaftsrecht bezeichnet.[879] Zum sekundären Gemeinschaftsrecht gehören Verordnungen, Richtlinien, Entscheidungen, Empfehlungen und Stellungnahmen. *Verordnungen* entfalten unmittelbare Rechtswirkung gegenüber den Mitgliedstaaten und ihren Bürgern (supranationales Recht). *Richtlinien* hingegen richten sich ausschließlich an die Mitgliedstaaten. Sie bedürfen der Umsetzung in nationales Recht, um verbindli-

---

874 Vgl. Beutler/Bieber/Pipkorn/Streil, Die Europäische Union – Rechtsordnung und Politik, 5. Aufl., 2001, S. 214 f, Rz. 365.

875 Vgl. so bei Herdegen, M., Europarecht, 5. Aufl., 2003, S. 224, Rdnr. 281; Schweizer/Hummer, Europarecht, 5. Aufl., 2000, S. 242, Rdnr. 789.

876 Vgl. Dautzenberg, N., Unternehmensbesteuerung im EG-Binnenmarkt, 1997, S. 52 ff.

877 Vgl. Vogel in: Vogel/Lehner, DBA, 4. Aufl., 2003, Einl. Rz. 253.

878 Die drei Gemeinschaften haben gemeinsame Organe (sog. Gemeinschaftsorgane). Es handelt sich um den Rat, die Kommission, das Parlament und den Gerichtshof. Der „Rat der Europäischen Union" besteht aus Vertretern der Mitgliedstaaten auf Ministerebene (Bundes- oder Landesminister) und kann Gesetze erlassen. Das „Europäische Parlament" besteht aus Parlamentariern der Mitgliedstaaten und kann zu den geplanten gesetzgeberischen Maßnahmen Stellung nehmen. Die „Kommission" besteht aus Unionsbürgern (EU-Staatsangehörigen) und kann Vorschläge für gesetzgeberische Maßnahmen vorlegen. Die Gerichtsbarkeit der EU ist seit dem Vertrag von Nizza dreistufig. Sie umfasst den in Luxemburg ansässigen EuGH, das Gericht erster Instanz (EuG) sowie gerichtliche Kammern (Art. 225 EG). Der EuGH ist ein Organ der Rechtswahrung. Das EuG unterstützt den EuGH insbesondere bei beamtenrechtlichen Streitigkeiten und Direktklagen von Privatpersonen. Die gerichtlichen Kammern wurden aufgrund des Vertrags von Nizza neu gebildet. Sie unterstützen den EuGH bei bestimmten Gruppen von Klagen. Vgl. Huber, P., Recht der Europäischen Integration, 2. Aufl., 2002, § 11 Rz. 2, 31, § 12 Rz. 1, 28 ff, § 13 Rz. 3, 11, § 14 Rz. 1, 2 ff; Fischer, H., Europarecht, 3. Aufl., 2001, § 4 Rz. 14, 22, 53, 67, 87.

879 Vgl. Beutler/Bieber/Pipkorn/Streil, Die Europäische Union – Rechtsordnung und Politik, 5. Aufl., 2001, S. 215, Rz. 365.

ches Recht gegenüber den europäischen Bürgern zu erlangen (intergouvernementales Recht). Richtlinien sind nur hinsichtlich des zu erreichenden Ziels für die Mitgliedstaaten verbindlich, die Wahl der Form und Mittel der Durchsetzung wird ihnen jedoch frei überlassen. *Entscheidungen* richten sich verbindlich nur gegen den betroffenen Adressaten, sie dienen zur verbindlichen Einzelfallregelung, ohne jedoch allgemeine Rechtswirkung zu schaffen. *Empfehlungen* und *Stellungnahmen* sind unverbindliche Rechtsinstrumente, sie sind z.B. offizielle Verlautbarungen oder Beurteilungen von Sachfragen.[880]

Einen mittlerweile wichtigen Stellenwert innerhalb der Rechtsquellen des Europäischen Gemeinschaftsrechts nimmt das *Richterrecht* ein. Das Richterrecht hat die rechtsfortbildende und rechtsschöpfende Funktion des europäischen Gerichtshofs (EuGH), wenn er über die ihm vorgelegten Einzelfälle entscheidet. Die Entscheidung des EuGH bindet zwar nur die Parteien des Rechtsstreits, dennoch werden gleichzeitig durch seine „Leitentscheidungen" Grundsätze des europäischen Rechts festgelegt.[881]

Das *Gewohnheitsrecht* und die *allgemeinen Rechtsgrundsätze* sind ungeschriebenes Gemeinschaftsrecht. Das Gemeinschaftsgewohnheitsrecht entsteht durch ständige Übung in der Rechtsanwendung.[882] Allgemeine Rechtsgrundsätze bilden sich aus Rechtsgrundsätzen, die den Rechtsordnungen der Mitgliedstaaten gemeinsam sind.[883]

1.4 Verhältnis Europäisches Gemeinschaftsrecht zu nationalem Recht[884]

In kaum einem anderen Bereich wurden so viele Lösungsansätze entwickelt wie für die Klärung der Frage nach dem Verhältnis des Rechts der Europäischen Gemeinschaften zum nationalen Recht.[885]

---

880 Vgl. Oppermann, T., Europäisches Gemeinschaftsrecht, 2. Aufl., 1999, § 6 Rz. 539 ff, 547 ff, 563 ff und 571 ff; Nettesheim in: Grabitz/Hilf, Das Recht der Europäischen Union, Art. 249 EGV Rz. 110 ff, 124 ff, 187 ff, 208 ff; Lecheler, H./Gundel, J., Einführung in das Europarecht, 2000, S. 129 f, 135 f; Vogel in: Vogel/Lehner, DBA, 4. Aufl., 2003, Einl. Rz. 254 f.

881 Dem EuGH wurde der Rechtsschutzauftrag in der EG erteilt, d.h. er ist für die „Wahrung des Rechts" bei der Auslegung und Anwendung der drei Gemeinschaftsverträge EGV, EAGV und EGKSV zuständig. Darüber hinaus bildet er auch durch seine stetigen „Leitentscheidungen" maßgeblich die Wesenszüge des Gemeinschaftsrechts fort. Vgl. Schwarze in: Schwarze (Hrsg.), EU-Kommentar, 2000, Art. 220 EGV Rz. 3, 4, 11.

882 Vgl. z.B. Oppermann, T., Europäisches Gemeinschaftsrecht, 2. Aufl., 1999, § 6 Rz. 480 f.

883 Vgl. z.B. Herdegen, M., Europarecht, 5. Aufl., 2003, S. 134, Rdnr. 169 f.

884 Auf das Verhältnis „Europäisches Gemeinschaftsrecht zu DBA-Recht" soll im Rahmen dieser Arbeit nicht näher eingegangen werden. Für die Überprüfung der Vereinbarkeit der Hinzurechnungsbesteuerung mit dem Europäischen Gemeinschaftsrecht kann von einer ausführlichen Auseinandersetzung mit der Einflussnahme von Europäischem Gemeinschaftsrecht auf die DBA abgesehen werden. Vgl. hierzu ausführlich insbesondere Gassner, W./Lang, M./Lechner, E. (Hrsg.), Doppelbesteuerungsabkommen und EU-Recht, 1996; Herzig, N./Dautzenberg, N., DB 1992, S. 2519 ff und Lehner, M., IStR 2001, S. 329 ff.

885 So Bleckmann in: Bleckmann, A., Europarecht, 6. Aufl., 1997, § 11 Rdnr. 1070.

Wie bereits im Teil III der Arbeit ausgeführt, hatten sich hinsichtlich der Frage des Verhältnisses zwischen Völkerrecht und Landesrecht ursprünglich zwei Rechtsansichten herausgebildet, die des Dualismus und die des Monismus. Wie aufgezeigt, hat sich in der Rechtslehre heute die dualistische Theorie gegenüber der (strengen) monistischen Theorie durchgesetzt. Gemäß dem dualistischen Rechtsbild hat sich der Grundgedanke etabliert, dass das Völkerrecht eine eigenständige, vom jeweiligen nationalen Recht unabhängige Rechtsordnung ist, die erst durch einen innerstaatlichen Anwendungsbefehl nationale Geltung erlangt. Dies geschieht bei völkerrechtlichen Verträgen durch das sog. Zustimmungsgesetz. Das so in nationales Recht transformierte Völkerrecht besitzt danach einfachen Gesetzesrang.

Nach den allgemeinen Regeln des Verhältnisses von Völkerrecht zu Landesrecht wäre also das Europäische Gemeinschaftsrecht (als ein Teil des Völkerrechts) mit dem nationalen Recht auf der gleichen Rangstufe.

Diese Rechtsauffassung führte jedoch nicht zu der gewünschten Vereinigung der Rechts- und Wirtschaftsbeziehungen der Mitgliedstaaten. Das Europäische Gemeinschaftsrecht zeigte bis in die sechziger Jahre hinein keinerlei Wirkung auf das nationale Recht der Mitgliedstaaten. Dies war Anlass, die Vorrangfrage zwischen Europäischem Gemeinschaftsrecht und nationalem Recht neu zu überdenken. Seit Anfang der sechziger Jahre ist eine kaum mehr überschaubare Flut von Stellungnahmen zur Vorrangfrage entstanden. Hierbei etablierte sich mehr und mehr die Auffassung, dass nur der von allen Mitgliedstaaten akzeptierte Vorrang des Europäischen Gemeinschaftsrechts vor dem nationalen Recht der EU jene politische Autorität verschaffen könne, deren sie zur Verwirklichung ihrer Aufgaben und Ziele bedürfe.[886]

Einmütig wurde jedoch das Problem erkannt, dass die Gemeinschaftsverträge wenig Anhaltspunkte dafür böten, bezüglich des Verhältnisses des Europäischen Gemeinschaftsrechts zum nationalen Recht eine von den allgemeinen Regeln abweichende besondere Auffassung vertreten zu können. Auch die allgemeinen Kollisionsregeln, insbesondere der „lex-specialis-Grundsatz“, wurden einhellig für eine Vorrangbegründung als unzureichend angesehen.[887] Zahlreiche Versuche, den Vorrang des Gemeinschaftsrechts rechtsdogmatisch zu begründen, wurden abgelehnt oder konnten sich nicht durchsetzen.[888]

Einzig die Theorie *Ipsens* hat allgemeine Zustimmung in Rechtsprechung und Lehre gefunden. *Ipsen* bezog sich zur Begründung des Vorrangs des Gemeinschaftsrechts vor nationalem Recht auf Art. 189 Abs. 2 EGV. Art. 189 Abs. 2 EGV (= heute Art. 249 Abs. 2 EG) kodifiziert die unmittelbare Geltung der Verordnungen in allen Mitgliedstaaten. Nach seiner Ansicht ist entscheidend, dass das Gemeinschaftsrecht die

---

886 Vgl. so bei Oppermann, T., Europäisches Gemeinschaftsrecht, 2. Aufl., 1999, § 6 Rz. 615.

887 Vgl. Bleckmann in: Bleckmann, A., Europarecht, 6. Aufl., 1997, § 11 Rdnr. 1070.

888 Z.B. die Erklärungsversuche von Carstens, Ophüls und Wohlfahrt. Vgl. Bleckmann in: Bleckmann, A., Europarecht, 6. Aufl., 1997, § 11 Rdnr. 1072, 1078; ferner bei Grabitz, E., Gemeinschaftsrecht bricht nationales Recht, 1966, S. 15 ff.

Qualität einer Gemeinschaftsverordnung habe, mit ihrer unantastbaren Eigenart, in der Gemeinschaft unmittelbar und einheitlich zu gelten (supranationaler Charakter). Könnten die Mitgliedstaaten die Gemeinschaftsgeltung verändern, würde die Verordnung ihre ganzheitliche und einheitliche Geltung einbüßen. Das Gemeinschaftsrecht sei daher eine von dem nationalen Recht der Mitgliedstaaten gesonderte und andersartige Rechtsordnung. Es stelle eine eigenständige Rechtsordnung mit einer autonomen Gemeinschaftsgewalt dar.[889]

Das Primat des Europäischen Gemeinschaftsrechts hat schließlich auch der EuGH im Jahr 1964 bejaht. In seiner Entscheidung *Costa/ENEL* stellte er erstmals den Grundsatz des „*Vorrangs des Europäisches Gemeinschaftsrechts*" fest.[890] In seiner Entscheidung vom 15. Juli 1964 wird ausgeführt: „Zum Unterschied von gewöhnlichen internationalen Verträgen hat der EWG-Vertrag eine eigene Rechtsordnung geschaffen, die bei seinem Inkrafttreten in die Rechtsordnungen der Mitgliedstaaten aufgenommen worden und von ihren Gerichten anzuwenden ist. (….) Die Aufnahme der Bestimmungen des Gemeinschaftsrechts in das Recht der einzelnen Mitgliedstaaten und, allgemeiner, Wortlaut und Geist des Vertrags haben zur Folge, dass es den Staaten unmöglich ist, gegen eine von ihnen auf der Grundlage der Gegenseitigkeit angenommenen Rechtsordnung nachträglich einseitige Maßnahmen ins Feld zu führen. (…) Der Vorrang des Gemeinschaftsrechts wird auch durch Artikel 189 bestätigt; ihm zufolge ist die Verordnung verbindlich und gilt unmittelbar in jedem Mitgliedstaat."

Mit dem Urteil des EuGH wurde insbesondere der Grundstein für die Rechtsauffassung gelegt, dass das Gemeinschaftsrecht in seiner Gesamtheit eine autonome Rechtsordnung darstellt und in keinem Ableitungszusammenhang zu den Rechtsordnungen der Mitgliedstaaten steht.[891]

Der EuGH judizierte ferner, dass das Primat des Gemeinschaftsrechts für jede Rangstufe gilt, d.h. sowohl für die Verfassungen der Mitgliedstaaten mit ihren Grundrechten als auch für jedes zukünftige nationale Gesetz. Letzteres hat ferner zur Konsequenz, dass die lex-posterior-Regel in Bezug auf das Europäisches Gemeinschaftsrecht nicht anwendbar ist.[892]

---

[889] Vgl. Ipsen, K., Völkerrecht, 4. Aufl., 1999, § 33 Rz. 27; Bleckmann in: Bleckmann, A., Europarecht, 6. Aufl., 1997, § 11 Rdnr. 1080, 1082.

[890] EuGH v. 15.07.1964, Rs. 6/64, Costa/ENEL, Slg. 1964, S. 1253; weiter bekräftigt durch EuGH v. 13.2.1969, Rs. 14/68, Wilhelm, Slg. 1969, S. 1; EuGH v. 17.12.1970, Rs. 11/70, Internationale Handelsgesellschaft, Slg. 1970, S. 1125; EuGH v. 13.7.1972, Rs. 48/71, Kommission/Italien, Slg. 1972, S. 529; EuGH v. 9.3.1978, Rs. 106/77, Simmenthal, Slg. 1978, S. 629; EuGH v. 13.12.1979, Rs. 44/79, Hauer, Slg. 1979, S. 3727; EuGH v. 19.06.1990, Rs. C-213/89, Factortame, Slg. 1990, I-2466.

[891] Vgl. hierzu ausführlich Nettesheim in: Grabitz/Hilf, Das Recht der Europäischen Union, Art. 249 EGV Rz. 16 ff.

[892] Vgl. EuGH v. 15.07.1964, Rs. 6/64, Costa/ENEL, Slg. 1964, S. 1253; Bleckmann in: Bleckmann, A., Europarecht, 6. Aufl., 1997, § 11 Rdnr. 1088.

Der Vorrang des Europäischen Gemeinschaftsrechts erfasst alle Bereiche des nationalstaatlichen Handelns. An die Anwendung von europäischem Recht sind demnach die nationalen Gesetzgeber (Legislative), alle nationalen Gerichte (Judikative) und die Behörden (Exekutive) gebunden.[893]

1.4.1 Verhältnis Europäisches Gemeinschaftsrecht und nationales Recht in Deutschland

Die deutsche Lehre hat der Vorrangthese weitgehend zugestimmt.[894] *Ipsen* hat sogar die Grundlage für die Entscheidung des EuGH in dem Fall *Costa/ENEL* gelegt. Das Bundesverfassungsgericht (BVerfG) hat sich bereits seit Ende der 60iger Jahre für die Grundkonzeption der EG als eine autonome, grundsätzlich vorrangige Rechtsordnung ausgesprochen.[895] In seinem sog. *Solange II-Beschluss* vom 22.10.1986 hat das BVerfG erneut judiziert, dass es „seine Gerichtsbarkeit über die Anwendbarkeit von abgeleitetem Gemeinschaftsrecht, (...), nicht mehr ausüben und dieses Recht mithin nicht mehr am Maßstab der Grundrechte des Grundgesetzes überprüfen wird."[896] Denn es sei festzustellen, dass (bereits) die Rechtsprechung des EuGH einen wirksamen Schutz der Grundrechte gewährleistet.

1.4.2 Verhältnis Europäisches Gemeinschaftsrecht und nationales Recht im Ausland

In einigen Mitgliedsstaaten, insbesondere in Frankreich und in Großbritannien, dauerte es noch einige Zeit, bis sich in der Rechtsprechung der Vorrang des Gemeinschaftsrechts auch gegenüber dem Verfassungsrecht und späteren Parlamentsgesetzen durchgesetzt hat.[897] In Frankreich wurde von dem französischen Kassationshof (Cour de Cassation) mit seinem Urteil vom 24.05.1975 erstmals der Vorrang des Europäischen Gemeinschaftsrechts festgestellt.[898] Der Conseil d'Etat hat sich dieser Auffassung mit seiner Entscheidung vom 20.10.1989 im Fall *Nicolo* angeschlossen.[899] In Großbritannien erkannte das „House of Lords" als höchstes Gericht im Fall *Derby & Henn* im

---

[893] Vgl. insbesondere EuGH v. 19.06.1990, Rs. C-213/89, Factortame, Slg. 1990, I-2466, Rdnr. 20; EuGH v. 9.3.1978, Rs. 106/77, Simmenthal, Slg. 1978, S. 629, Rdnr. 21-23.

[894] Vgl. stellvertretend bei Nettesheim in: Grabitz/Hilf, Das Recht der Europäischen Union, Art. 249 EGV Rz. 16.

[895] Vgl. BVerfG v. 18.10.1967, BVerfGE 22, S. 293 (295 f).

[896] Vgl. „Solange II-Beschluß", BVerfG v. 22.10.1986, BVerGE 73, S. 339 (387). Nach seinem die Vorrangthese einschränkenden sog. „Solange I-Beschluß" (BVerfG v. 29.5.1974, BVerfGE 37, S. 271 ff) ist das BVerfG hiermit wieder zur uneingeschränkten Anerkennung des Vorrangprinzips zurückgekehrt. Der „Solange I-Beschluß" wurde insofern als „Fehlentscheidung" gewertet. Zuletzt erneut bestätigt durch den sog. „Bananenmarkt-Beschluss" (BVerfG v. 7.6.2000, BVerfGE 102, S. 147 ff). Ausführlich zur Rechtsprechungsentwicklung des BVerfG bei Bleckmann in: Bleckmann, A., Europarecht, 6. Aufl., 1997, § 11 Rdnr. 1107-1133 und Nettesheim in: Grabitz/Hilf, Das Recht der Europäischen Union, Art. 249 EGV Rz. 44-50.

[897] Vgl. Herdegen, M., Europarecht, 5. Aufl., 2003, S. 180, Rdnr. 229; Nettesheim in: Grabitz/Hilf, Das Recht der Europäischen Union, Art. 249 EGV Rz. 51.

[898] Vgl. bei Bleckmann in: Bleckmann, A., Europarecht, 6. Aufl., 1997, § 11 Rdnr. 1095 f.

[899] Vgl. hierzu Oppermann, T., Europäisches Gemeinschaftsrecht, 2. Aufl., 1999, § 6 Rz. 625.

Jahre 1980 den Vorrang (Auslegungsvorrang) des Europäischen Gemeinschaftsrechts uneingeschränkt an.[900] In Italien scheint erst seit der Entscheidung des Verfassungsgerichtshofs vom 17.12.1973 die Vorrangfrage zugunsten des Europäischen Gemeinschaftsrechts geklärt zu sein.[901] In Dänemark, Finnland und Spanien gab es hierzu noch keine Gerichtsentscheidungen. Allerdings wird auch in diesen Staaten der Vorrang des Europäischen Gemeinschaftsrechts nicht in Frage gestellt. In Dänemark hat das Oberste Gericht 1998 zumindest die Verfassungsmäßigkeit der dänischen Ratifikation des EUV 1992 festgestellt. In Spanien bestätigt die vorherrschende Lehre die Vorrangthese.[902] Es ist wohl davon auszugehen, dass auch Finnland sich dieser Vorrangdoktrin anschließt.

1.4.3 Konsequenzen bei gemeinschaftswidrigen nationalen Regelungen

Es war lange Zeit umstritten, ob es sich beim Vorrang des Gemeinschaftsrechts um einen *Geltungsvorrang* oder einen *Anwendungsvorrang* handelt. Ein Verstoß gegen Gemeinschaftsrecht würde bei einem Geltungsvorrang zur Nichtigkeit der gemeinschaftswidrigen nationalen Norm führen, wohingegen bei einem Anwendungsvorrang die nationale Norm lediglich unanwendbar bliebe, ohne gleich unwirksam zu sein.[903]

Der EuGH hat schließlich eine europawidrige nationale Norm für *„unmittelbar nicht mehr anwendbar"* erklärt und ist insofern den behutsameren Weg gegangen.[904] Die nationale Norm ist unanwendbar, ohne dass ihre Beseitigung durch den nationalen Gesetzgeber (Aufhebung) oder durch ein anderes Verfassungsorgan (Feststellung der Verfassungswidrigkeit) abgewartet werden müsste. Nach der Rechtsauffassung des EuGH wird die gemeinschaftswidrige Rechtsnorm nicht nichtig. Dies hat zur Folge, dass die Norm in dem (praktisch höchst unwahrscheinlichen) Fall eines Außerkrafttretens der Gemeinschaftsbestimmung wieder „aufleben" könnte.[905] Zeitlich tritt die Rechtsfolge ex tunc ein, d.h. die gemeinschaftswidrige nationale Norm ist seit ihrem Inkrafttreten nicht anwendbar. Im steuerlichen Bereich hat dies zur Konsequenz, dass sich ein Steuerpflichtiger gegen eine gemeinschaftsrechtswidrige Steuererhebung durch unmittelbare Berufung auf das Gemeinschaftsrecht zur Wehr setzen kann. Der Steuerbescheid kann mit dem Verweis auf die abweichende Regelung im Gemein-

---

900 Vgl. Oppermann, T., Europäisches Gemeinschaftsrecht, 2. Aufl., 1999, § 6 Rz. 623, 625.

901 Vgl. bei Bleckmann in: Bleckmann, A., Europarecht, 6. Aufl., 1997, § 11 Rdnr. 1097-11062.

902 Vgl. Oppermann, T., Europäisches Gemeinschaftsrecht, 2. Aufl., 1999, § 6 Rz. 623, 625.

903 Vgl. Herdegen, M., Europarecht, 5. Aufl., 2003, S. 181, Rdnr. 230.

904 Vgl. EuGH v. 9.3.1978, Rs. 106/77, Simmenthal, Slg. 1978, S. 629 ff, Rdnr. 2/7; ferner Rättig, H./Protzen, P. D., IStR 2003, S. 195 (201); vgl. auch bei Vogel in: Vogel/Lehner, DBA, 4. Aufl., 2003, Einl. Rz. 258; Kellermann, D./Treisch, C., Europäische Unternehmensbesteuerung, 2002, S. 46.

905 Vgl. Oppermann, T., Europäisches Gemeinschaftsrecht, 2. Aufl., 1999, § 6 Rz. 633. Für die Nichtigkeit des nationalen Rechts als Konsequenz einer Völkerrechtswidrigkeit spricht sich insbesondere Grabitz aus. Vgl. Grabitz, E., Gemeinschaftsrecht bricht nationales Recht, 1966, S. 98 f; a.A. Herdegen, M., Europarecht, 5. Aufl., 2003, S. 181, Rdnr. 230.

schaftsrecht angefochten, und es kann eine gemeinschaftsrechtskonforme Steuerfestsetzung beantragt werden.[906]

2. Vereinbarkeit der Hinzurechnungsbesteuerung mit Europäischem Gemeinschaftsrecht

In der deutschen und ausländischen Literatur wird die Vereinbarkeit der Hinzurechnungsbesteuerung mit dem Europäischem Gemeinschaftsrecht kontrovers diskutiert.[907] In UK haben „Special Commissioners" dem EuGH in der Rechtssache *Cadbury Schweppes*[908] die Frage vorgelegt, ob die englische CFC-Gesetzgebung mit dem Europäischen Gemeinschaftsrecht vereinbar ist.[909] Mit einer Entscheidung des EuGH ist in naher Zukunft zu rechnen.

Anlässlich der Auffassung der EU-Kommission, dass die französische CFC-Gesetzgebung gemeinschaftsrechtswidrig ist,[910] war gegen Frankreich ein Vertragsverletzungsvorverfahren gem. Art. 226 des EG-Vertrags eingeleitet worden.[911] Die Kommission der Europäischen Gemeinschaften hat die französische Regierung in einem Mahnschreiben vom 20. März 2002 auffordert, Rechtfertigungsgründe für die Gemeinschaftsrechtswidrigkeit der französische CFC-Gesetzgebung vorzubringen.[912] Obwohl von der französischen Regierung keine Rechtfertigungsgründe angegeben werden konnten, hat die Kommission letztlich von dem Einreichen einer Vertragsverletzungsklage beim EuGH abgesehen und das Verfahren einstellt.

---

906 Vgl. Steindorff, E., Europäisches Gemeinschaftsrecht, 10. Aufl., 1990, Einf. S. XI; Scherer, T., Doppelbesteuerung und Europäisches Gemeinschaftsrecht, 1995, S. 247, 249 ff, 270; Weiser, B., Rechtsprechung und Rechtsetzung auf dem Gebiet der direkten Besteuerung in der Europäischen Union, 1998, S. 166 ff. Zur Möglichkeit der Entstehung eines gemeinschaftsrechtlichen Haftungs- oder Erstattungsanspruchs vgl. weiter bei Kellermann, D./Treisch, C., Europäische Unternehmensbesteuerung, 2002, S. 48 ff.

907 Z.B. Lang, M., IStR 2002, S. 217 (222); Stefaner, C., SWI 2002, S. 415 (421); Kabbaj H./de la Bletière E. R., National Report France, in: Lang/Aigner/Scheuerle/Stefaner, CFC Legislation, 2004, S. 253; Rättig, H./Protzen, P. D., IStR 2003, S. 195 (196); Thömmes, O., intertax 2003, S. 188 (189).

908 Finance and Tax Tribunal, 6.6.2004 – Case SPC/00415, Cadbury Schweppes plc. and Cadbury Schweppes Overseas Limited vs. The Commissioners of Inland Revenue; EuGH-Az.: C-196/04.

909 Vgl. Hierzu TNS, 28 August 2003, Volume 37, Issue 39, http://online2.ibfd.org/tns/; TNS, 10 June 2004, Volume 38, Issue 26, http://online2.ibfd.org/tns/; Lieber, B.,/Rasch, S., GmbHR 2004, S. 1572 ff.

910 Auslöser dieser Auffassung war offensichtlich die Entscheidung des obersten französischen Gerichtshofs vom 28. Juni 2002, in dem er erklärt hat, die französische CFC Gesetzgebung verstoße gegen Art. 7 des DBA Frankreich-Schweiz. Vgl. TNS, 15 July 2002, Issue 29, Volume 36, S. 396. Vgl. hierzu auch bereits die Ausführungen in Teil II dieser Arbeit bei der Darstellung der französischen CFC-Rules.

911 Vgl. TNS, 15 July 2002, Issue 29, Volume 36, S. 396. Zum Vertragsverletzungsvorverfahren allgemein vgl. Geiger, R., EUV/EGV, 3. Aufl., 2000, Art. 226 EGV Rz. 10 ff; Schwarze in: Schwarze (Hrsg.), EU-Kommentar, 1. Aufl., 2000, Art. 226 EGV Rz. 14 ff.

912 Vgl. TNS, 15 July 2002, Issue 29, Volume 36, S. 396.

Unvereinbarkeit kann vor allem im Hinblick auf das Primäre Gemeinschaftsrecht und/oder das Sekundäre Gemeinschaftsrecht bestehen. Zur Diskussion steht im Besonderen ein Verstoß gegen

- bestimmte EU-Grundfreiheiten sowie
- ein Verstoß gegen die Mutter-Tochter-Richtlinie.

2.1 Vereinbarkeit mit Primärem Gemeinschaftsrecht

2.1.1 Beihilferecht

Gemäß Art. 87 Abs. 1 EG (Art. 92 Abs. 1 EGV i.d.F. des Maastrichter Vertrags) sind, soweit in dem EG-Vertrag nichts anderes bestimmt ist, „staatliche oder aus staatlichen Mitteln gewährte Beihilfen gleich welcher Art, die durch die Begünstigung bestimmter Unternehmen oder Produktionszweige den Wettbewerb verfälschen oder zu verfälschen drohen, mit dem Gemeinsamen Markt unvereinbar, soweit sie den Handel zwischen Mitgliedstaaten beeinträchtigen".

Das Beihilfeverbot konkretisiert die Aufgabe der Gemeinschaft, eine „harmonische und ausgewogene Entwicklung des Wirtschaftslebens" innerhalb der Gemeinschaft zu erreichen. Hierfür muss der Binnenmarkt frei von Wettbewerbsverzerrungen sein. Ziel des Beihilfeverbots ist es daher, Verfälschungen des Wettbewerbs durch staatliche Unterstützungsmaßnahmen zu vermeiden.[913]

Der Beihilfebegriff ist weit auszulegen und umfasst danach jede Maßnahme, die die Belastungen vermindern, die ein Unternehmen normalerweise zu tragen hat. Somit sind auch steuerliche Erleichterungen Beihilfen i.S.d. Art. 87 EG.[914]

Die Absätze 2 und 3 des Art. 87 EG lassen Ausnahmen von diesem staatlichen Beihilfeverbot zu. Gemäß Art. 87 Abs. 3 Bst. a und c EG sind ausnahmsweise „Beihilfen zur Förderung der wirtschaftlichen Entwicklung von Gebieten, in denen die Lebenshaltung außergewöhnlich niedrig ist oder eine erhebliche Unterbeschäftigung herrscht" sowie „Beihilfen zur Förderung der Entwicklung gewisser Wirtschaftszweige oder Wirtschaftsgebiete, soweit sie die Handelsbeziehungen nicht in einer Weise verändern, die dem gemeinsamen Interesse zuwiderläuft", zulässig.

Diese Ausnahmevorbehalte tragen der Tatsache Rechnung, dass ein völliger Verzicht auf staatliche Förderung zur Folge hätte, dass sich die wirtschaftlichen Aktivitäten auf solche Gebiete konzentrieren, die durch natürliche oder technische Gegebenheiten begünstigt sind. Einige entwickelte Ballungsbiete würden sich übermäßig ausdehnen und strukturschwache Randgebiete mehr und mehr in ihrer Entwicklung zurückbleiben.

---

913 Vgl. Bleckmann/Koch in: Bleckmann A., Europarecht, 6. Aufl., 1997, § 25 Rdnr. 2050; Kellersmann, D./Treisch, C., Europäische Unternehmensbesteuerung, 2002, S. 303.

914 Vgl. Rawlinson in: Lenz (Hrsg.), EG-Vertrag Kommentar, 2. Aufl., 1999, Art. 87 Rz. 2, 8, 17; Geiger, R., EUV/EGV, 3. Aufl., 2000, Art. 87 EGV Rz. 8.

Bestimmten Regionen, Wirtschaftszweigen oder Unternehmen soll eine „Anschubhilfe" bereitgestellt werden, um ihnen den Marktzutritt zu erleichtern und als gleichwertige Mitglieder am binnengemeinschaftlichen Wettbewerb teilnehmen zu können.[915]

Die Finanzierungsgesellschaften im International Financial Service Centre (IFSC) in Dublin beispielsweise, die sog. Dublin-Dock-Gesellschaften, hat die Kommission nach einer Befristung bis Ende 1990 erneut bis zum Jahr 2005 als Regionalhilfe i.S.d. Art. 87 Abs. 3 EG genehmigt.[916] Zudem hat sie für Irland eine Beihilfeintensität von 100% bis in das Jahr 2006 festgelegt.[917] Gleiches gilt beispielsweise auch für die zum spanischen Territorium gehörenden Kanarischen Inseln. Im Januar 2000 genehmigte die Europäische Kommission das besondere Steuersystem der Kanarischen Sonderzone (ZEC), mit dem Ziel die kanarische Wirtschaft zu fördern. Es wurde insbesondere eine stark reduzierte Steuer für in der ZEC ansässige Unternehmen geschaffen.[918] Die steuerlichen Vorteile sind im gesamten Geltungsbereich des kanarischen Territoriums anwendbar und haben vorerst bis zum 31.12.2008 Gültigkeit.[919]

Da die Beihilfen der „Förderung der wirtschaftlichen Entwicklung" oder der „Förderung der Entwicklung gewisser Wirtschaftszweige oder Wirtschaftsgebiete" dienen müssen, d.h. vor allem die Schaffung von Infrastrukturmaßnahmen und Arbeitsplätzen unterstützen sollen, dürften sog. Briefkastengesellschaften bzw. „letter boxes" grundsätzlich nicht mit Hinweis auf Art. 87 Abs. 3 EG genehmigt werden.[920]

Die Hinzurechnungsbesteuerung stellt – sofern die CFC in einer beihilfegeförderten Region ansässig oder in einem beihilfegeförderten Wirtschaftszweig tätig ist und insofern eine steuerliche Begünstigung genießt – eine Gegenmaßnahme gegen die Beihilfemaßnahmen i.S.d. Art. 87 Abs. 3 EG dar und konterkariert damit die gewünschte gemeinschaftsrechtliche Förderung. Die Missachtung oder Beeinträchtigung gemeinschaftsrechtlich genehmigter Beihilfemaßnahmen verstößt gegen die Verpflichtung der

---

915 Vgl. Mederer in: von der Groeben/Schwarze (Hrsg.), Kommentar zum Vertrag über die Europäische Union und zur Gründung der Europäischen Gemeinschaft, 6. Aufl., 2003, Art. 87 EG Rz. 30, 159, 162, 168, 193; Bär-Bouyssière in: Schwarze (Hrsg.), EU-Kommentar, 1. Aufl., 2000, Art. 87 EGV Rz. 53, 56; Geiger, R., EUV/EGV, 3. Aufl., 2000, Art. 87 EGV Rz. 13.

916 Vgl. bei Tulloch, A., DB 1992, S. 1444 (1446 f).

917 Vgl. Mederer in: von der Groeben/Schwarze (Hrsg.), Kommentar zum Vertrag über die Europäische Union und zur Gründung der Europäischen Gemeinschaft, 6. Aufl., 2003, Art. 87 EG Rz. 173.

918 Der Körperschaftsteuersatz liegt zwischen 1% bis 5%. Der besondere Steuersatz variiert in Abhängigkeit der Anzahl der zu schaffenden Arbeitsplätze und dem Zeitpunkt der Aufnahme in das Offizielle Unternehmensregister der ZEC. Je höher die geschaffenen Arbeitsplätze, desto niedriger der Steuersatz.

919 Besonderheiten ergeben sich auch für Gibraltar. Vgl. hierzu Alpers, L., Steuerniemandsland am Atlantik, Consultant 1-2/2003, S. 36 (36 f).

920 Vgl. Bär-Bouyssière in: Schwarze (Hrsg.), EU-Kommentar, 1. Aufl., 2000, Art. 87 EGV Rz. 54, 61; Tulloch, A., DB 1992, S. 1444 (1447).

Mitgliedstaaten aus Art. 10 S. 2 EG (= früher Art. 5 S. 2 EGV), alle Maßnahmen zu unterlassen, welche die Verwirklichung der Vertragsziele gefährden könnten.[921]

Ist die CFC hingegen eine Briefkastengesellschaft, so kann der inländischen Besteuerung der Gewinne der CFC, unabhängig davon, ob eine Beihilfegenehmigung (fälschlicherweise) erteilt wurde, nicht zwingend eine gemeinschaftsrechtliche Pflichtverletzung vorgeworfen werden. Gleiches gilt, wenn die CFC steuerlich begünstigt ist, ohne dass diese Begünstigung auf einer Beihilfemaßnahme i.S.d. Art. 87 Abs. 3 EG beruht.

2.1.2 Grundfreiheiten

Bei der Frage der Vereinbarkeit der Hinzurechnungsbesteuerung mit dem Europäischen Gemeinschaftsrecht stehen folgende zu prüfende Grundfreiheiten zur Disposition:[922]

(1) Niederlassungsfreiheit
(2) Kapitalverkehrsfreiheit

2.1.2.1 Niederlassungsfreiheit

2.1.2.1.1 Niederlassungsfreiheit und Hinzurechnungsbesteuerung

Das freie Niederlassungsrecht ist in Art. 43 Abs. 1 EG (Art. 52 Abs. 1 EGV i.d.F. des Maastrichter Vertrags) kodifiziert: „Die Beschränkungen der freien Niederlassung von Staatsangehörigen eines Mitgliedstaates im Hoheitsgebiet eines anderen Mitgliedstaates sind nach Maßgabe der folgenden Bestimmungen verboten. Das gleiche gilt für Beschränkungen der Gründung von Agenturen, Zweigniederlassungen oder Tochtergesellschaften durch Angehörige eines Mitgliedstaates, die im Hoheitsgebiet eines Mitgliedstaates ansässig sind.“

Begünstigte der Niederlassungsfreiheit sind die Staatsangehörigen der Mitgliedstaaten, unabhängig davon, ob sie ihren Wohnsitz innerhalb oder außerhalb der Gemeinschaft haben.[923] Natürliche Personen mit der Staatangehörigkeit eines Mitgliedstaates werden ebenso geschützt wie Gesellschaften, die nach den Rechtsvorschriften eines Mitgliedstaates gegründet wurden und die ihren satzungsmäßigen Sitz, ihre Hauptverwaltung

---

921 gl.A. Scherer, T., Doppelbesteuerungsabkommen und Europäisches Gemeinschaftsrecht, 1995, S. 222 und Douvier P.-J., France National Report, in: Cahiers de droit fiscal international, Volume LXXXVIb, Limits on the use of low-tax regimes by multinational businesses, 2001, S. 506; kritisch auch García Prats, F. A., Spanish National Report, in: Cahiers de droit fiscal international, Volume LXXXVIb, Limits on the use of low-tax regimes by multinational businesses, 2001, S. 822.

922 Vgl. auch Lieber, B./Rasch, S., GmbHR 2004, S. 1574 ff.

923 Vgl. Scheuer in: Lenz (Hrsg.), EG-Vertrag Kommentar, 2. Aufl., 1999, Art. 43 Rz. 3; Weiser, B., Rechtsprechung und Rechtsetzung auf dem Gebiet der direkten Besteuerung in der Europäischen Union, 1998, S. 225.

oder ihre Hauptniederlassung innerhalb der Gemeinschaft haben.[924] Als Gesellschaften gelten sowohl Personen- als auch Kapitalgesellschaften.[925]

Eine Definition des Begriffs „Niederlassung" enthält der Vertrag nicht. Nach dem Verständnis des EuGH gilt als Niederlassung i.S.d. Art. 43 EG „die tatsächliche Ausübung einer wirtschaftlichen Tätigkeit mittels einer festen Einrichtung in einem anderen Mitgliedstaat auf unbestimmte Zeit".[926] Dementsprechend soll die Niederlassungsfreiheit dem europäischen Bürger bzw. Unternehmen einen Anspruch auf dauerhafte[927] Ansiedlung, Aufnahme und Ausübung von Geschäftstätigkeiten in einem anderen Mitgliedstaat gewähren.[928] Die wirtschaftliche Bedeutung des Niederlassungsrechts besteht darin, jeder Person eines Mitgliedstaates eine freie i.S.e. ökonomisch sinnvollen Standortwahl zu ermöglichen.[929]

Gleichzeitig lässt sich aus der Niederlassungsfreiheit ein „Diskriminierungsverbot" ableiten.[930] Ziel der Niederlassungsfreiheit ist es, eine „Inländergleichbehandlung" herzustellen.[931] Danach dürfen dem Niederlassungswilligen keine Sperren und Hindernisse entgegengesetzt werden, die nicht auch für Inländer gelten. Die Niederlassungswilligen haben das Recht, unter den gleichen Bedingungen, wie sie für Inländer bestehen, eine Tätigkeit in einem Mitgliedstaat auszuüben.[932]

---

924 Art. 48 S. 1 EG = früher Art. 58 Abs. 1 EGV; vgl. Randelzhofer/Forsthoff in: Grabitz/Hilf, Das Recht der Europäischen Union, Art. 43 EGV Rdnr. 8, 11.

925 Art. 48 S. 2 EG = früher Art. 58 Abs. 2 EGV; vgl. Müller-Huschke in: Schwarze (Hrsg.), EU-Kommentar, 1. Aufl., 2000, Art. 48 EGV Rz. 2 ff.

926 Vgl. EuGH v. 25.7.1991, Rs. C-221/89, Factortame, Slg. 1991, I-3905 Rdnr. 20; vgl. Tiedje/Troberg in: von der Groeben/Schwarze (Hrsg.), Kommentar zum Vertrag über die Europäische Union und zur Gründung der Europäischen Gemeinschaft, 6. Aufl., 2003, Art. 43 EG Rz. 1, 8.

927 Diesbezüglich grenzt sich die Dienstleistungsfreiheit von der Niederlassungsfreiheit ab. Eine lediglich kurzzeitige, vorübergehende Tätigkeit eines Selbständigen in einem anderen Mitgliedstaat unterfällt der Dienstleistungsfreiheit. Eine dauerhafte Niederlassung, durch die ein neuer Standort begründet und durch die eine Integration in die Wirtschaft des Gastlandes erreicht wird, betrifft hingegen die Niederlassungsfreiheit. Vgl. Definition des Begriffs Dienstleistungsfreiheit in Art. 50 EG (= früher Art. 60 EGV). Vgl. ausführlich bei Schlag in: Schwarze (Hrsg.), EU-Kommentar, 1. Aufl., 2000, Art. 43 EGV Rz. 16; Streinz, R., EUV/EGV, 2003, Art. 43 Rz. 16.

928 Vgl. Brigola, A., Das System der EG-Grundfreiheiten: Vom Diskriminierungsverbot zum spezifischen Beschränkungsverbot, 2004, S. 24 f.

929 Vgl. Tiedje/Troberg in: von der Groeben/Schwarze (Hrsg.), Kommentar zum Vertrag über die Europäische Union und zur Gründung der Europäischen Gemeinschaft, 6. Aufl., 2003, Art. 43 EG Rz. 10.

930 Vgl. Geiger, R., EUV/EGV, 3. Aufl., 2000, Art. 43 EGV Rz. 8; EuGH v. 28.1.1986, Rs. 270/83, Kommission/Französische Republik (Avoir Fiscal), Slg. 1986, S. 273, Rdnr. 21; EuGH v. 12.04.1994, Rs. C-1/93, Halliburton Services, Slg. 1994, I-1137, Rdnr. 12; EuGH v. 29.2.1996, Rs. C-193/94, Skanavi/Chryssanthakopoulos, Slg. 1996, I-929, Rdnr. 21.

931 Vgl. Scheuer in: Lenz (Hrsg.), EG-Vertrag Kommentar, 2. Aufl., 1999, Art. 43 Rz. 4; Müller-Huschke in: Schwarze (Hrsg.), EU-Kommentar, 1. Aufl., 2000, Art. 48 EGV Rz. 13, 20.

932 Vgl. Hahn, H., DStZ 1992, S. 663 (665); Oppermann, T., Europäisches Gemeinschaftsrecht, 2. Aufl., 1999, § 24 Rz. 1588; Tiedje/Troberg in: von der Groeben/Schwarze (Hrsg.), Kommentar zum Vertrag über die Europäische Union und zur Gründung der Europäischen Gemeinschaft, 6. Aufl., 2003, Art. 43 EG Rz. 69 ff.

Die in einem anderen Mitgliedstaat niedergelassenen Tochtergesellschaften werden nur dann von dem Recht der Niederlassungsfreiheit geschützt, wenn der Anteilseigner eine Beteiligung an der Gesellschaft hält, die ihm einen solchen Einfluss auf die Entscheidungen der Gesellschaft verleiht, dass er deren Tätigkeit bestimmen kann. Eine „wesentliche Beteiligung" i.S.d. jeweiligen nationalen Gesellschaftsrechts reicht nicht aus, wenn mit ihr nicht die „Kontrolle über die Gesellschaft und ihrer Leitung" verbunden ist.[933]

Ferner wird grundsätzlich nur solchen Tochtergesellschaften der Schutz der Niederlassungsfreiheit zuteil, die in dem anderen Mitgliedstaat eine Erwerbstätigkeit"ausüben. Aus der Rechtsprechung des EuGH ist zu entnehmen, dass die Grundtendenz dahin geht, den Begriff „Erwerbstätigkeit" weit auszulegen und generell jede Marktteilnahme im anderen Mitgliedstaat unter den Schutz der Niederlassungsfreiheit zu stellen,[934] vorausgesetzt, diese wurde mit der Absicht aufgenommen, sich langfristig in das Wirtschaftsleben des Gastlandes zu integrieren.[935] Demnach soll die reine Vermögensverwaltung (das „ganz oder hauptsächliche Halten von Anteilen") mangels Teilnahme am Wirtschaftleben nicht unter den Schutz der Niederlassungsfreiheit fallen.[936] Auch solchen Fälle ist kein EG-Schutz zu gewähren, in welchen eine Tochtergesellschaft „keine wirtschaftliche Substanz" besitzt bzw. „keine Geschäftstätigkeit entfaltet" und die Gründung lediglich darauf gerichtet ist, einem Inländer die Privilegien der Grundfreiheiten zu verschaffen.[937]

Die CFC-Problematik liegt m.E. im Anwendungsbereich der Niederlassungsfreiheit.[938] Denn eine einem Mitgliedstaat angehörige natürliche Person bzw. Muttergesellschaft gründet in einem anderen Mitgliedstaat eine Kapitalgesellschaft bzw. Tochtergesellschaft, die in diesem Staat dauerhaft tätig wird und sich in die Wirtschaft des Gastlandes integriert. Die Regelungen der Hinzurechnungsbesteuerung sind mithin überwiegend so ausgestaltet, dass von der Hinzurechnungsbesteuerung nur die Gesellschafter betroffen sind, die allein oder zusammen mit den anderen inländischen Gesellschaftern die CFC kontrollieren und leiten. Mit Ausnahme von Frankreich setzt die Hinzurech-

---

933 Vgl. EuGH v. 13.4.2000, Rs. C-251/98, Baars, Slg. 2000, I-2787, Rdnr. 22, 20 und Schlussanträge des Generalanwalts Siegbert Alber v. 14.10.1999, B. II. Punkte 3. und 4.; Lieber, B./Rasch, S., GmbHR 2004, S. 1574.

934 Vgl. bei Schlag in: Schwarze (Hrsg.), EU-Kommentar, 1. Aufl., 2000, Art. 43 EGV Rz. 21 f.

935 Andernfalls müsste dann die Dienstleistungsfreiheit geprüft werden.

936 Vgl. EuGH v. 16.7.1998, Rs. C-264/96, Imperial Chemical Industries plc (ICI), Slg. 1998, I-4695, Rdnr. 18 ff, 33; a.A. Rättig, H./Protzen, P. D., IStR 2003, S. 195 (197). Nach Rättig/Protzen unterfällt auch die rein vermögensverwaltend tätige zwischengeschaltete Kapitalgesellschaft der Grundfreiheit des Art. 43 EG.

937 Vgl. EuGH v. 9.3.1999, Rs. C-212/97, Centros, Slg. 1999, I-1485, Rdnr. 39.

938 So auch Schumacher, A., German National Report, in: Cahiers de droit fiscal international, Volume LXXXVIb, Limits on the use of low-tax regimes by multinational businesses, 2001, S. 539; Lang, M., IStR 2002, S. 217 (218); Schön, W., DB 2001, S. 940 (943); Hahn, H., IStR 1999, S. 609 (611); Rix, J., National Report Denmark, in: Lang/Aigner/Scheuerle/Stefaner, CFC Legislation, S. 166; Helminen, M., National Report Finland, in: Lang/Aigner/Scheuerle/Stefaner, CFC Legislation, S. 215; Rättig H./Protzen P. D., IStR 2000, S. 548 (556).

nungsbesteuerung regelmäßig eine Beteiligung des bzw. der Gesellschafter an der CFC in Höhe von mindestens 50% voraus.[939] Die Hinzurechnungsbesteuerung greift meist nur bezüglich Einkünfte aus passiven Tätigkeiten bzw. bei nicht überwiegend aktiven Tätigkeiten der CFC. Die Bezeichnung „passive Tätigkeiten" ist jedoch nicht gleichzusetzen mit rein „vermögensverwaltender Tätigkeit". Die Vermögensverwaltung ist nur ein Teilbereich möglicher passiver Betätigungen. In vielen Staaten, wie auch in Deutschland, gilt beispielsweise die Tätigkeit aus der Vermietung und Verpachtung als „passiv". Die CFC-Rules sind mithin nicht nur auf die Fälle beschränkt, bei welchen der CFC das „Fehlen einer wirtschaftliche Substanz" vorgeworfen werden kann. Denn die CFC ist nicht dadurch gekennzeichnet, dass es ihr an einer wirtschaftlichen Aktivität fehlt, sondern vielmehr dadurch, dass sie bestimmte (schädliche) wirtschaftliche Tätigkeiten ausübt.

2.1.2.1.2 Eingriff in das Recht der Niederlassungsfreiheit durch die Hinzurechnungsbesteuerung

Aufgrund des Diskriminierungsverbots darf die CFC nicht schlechter gestellt sein, als jede andere inländische Tochtergesellschaft einer im Niederlassungs- bzw. Aufnahmestaat ansässigen Muttergesellschaft. Dies gilt nach wiederholter Rechtsprechung des EuGH auch im Bereich der direkten Steuern.[940]

Diese Voraussetzung ist aus Sicht des Niederlassungsstaates erfüllt. Denn die Gründung einer Kapitalgesellschaft ist im Niederlassungsstaat üblicherweise nicht an Ausländer diskriminierende Schranken geknüpft. Der Niederlassungsstaat besteuert inländische Tochtergesellschaften einer ausländischen Muttergesellschaft nicht anders (höher) als inländische Tochtergesellschaften inländischer Muttergesellschaften. Die Hinzurechnungsbesteuerung greift somit nicht in das Steuerrecht des Niederlassungsstaates ein.

Der Adressat der Niederlassungsfreiheit ist nach dem Wortlaut des Art. 43 EG allein der Tätigkeitsstaat, also der *Niederlassungsstaat.*[941] Nach überwiegender Auffassung im Schrifttum[942] und nach der jüngeren Rechtsprechung des EuGH[943] muss bei der

---

939 Bei der französischen CFC-Gesetzgebung könnte argumentiert werden, dass mangels entsprechender Beteiligungshöhe und damit einhergehender mangelnder Kontroll- und Leitungsfähigkeit des Gesellschafters, der Schutz der freien Niederlassung nicht greift. Ferner könnte bei denjenigen Staaten, bei welchen es ausreicht, dass die Kontrolle bzw. Leitung von einer „concentrated group" ausgeht, der einzelne Gesellschafter für sich allein jedoch keine maßgebliche Einflussmöglichkeit hat, ebenfalls vertreten werden, dass das Recht auf Niederlassungsfreiheit nicht einschlägig ist.

940 Vgl. EuGH v. 28.1.1986, Rs. 270/83, Kommission/Französische Republik (Avoir Fiscal), Slg. 1986, S. 273, Rdnr. 11; EuGH v. 8.5.1990, Rs. C-175/88, Biehl, Slg. 1990, I-1779, Rdnr. 12.

941 Vgl. Jann, M., Die Auswirkungen des Europäisches Gemeinschaftsrechts auf die Abkommensberechtigung von beschränkt Steuerpflichtigen, in: Gassner/Lang/Lechner, Doppelbesteuerungsabkommen und Europäisches Gemeinschaftsrecht, S. 82; Hahn, H., DStZ 1992, S. 663 (665).

942 So z.B. Tiedje/Troberg in: von der Groeben/Schwarze (Hrsg.), Kommentar zum Vertrag über die Europäische Union und zur Gründung der Europäischen Gemeinschaft, 6. Aufl., 2003, Art. 43 EG Rz. 89; Toifl G., Die EU-Grundfreiheiten und die Diskriminierungsverbote der Doppelbesteue-

Prüfung, ob ein Diskriminierungsverbot i.S.d. Art. 43 EG vorliegt, ebenso die Situation in dem *Herkunftsstaat* begutachtet werden. Denn auch ein Inländer, der im Ausland investieren möchte, kann gegenüber dem Heimatstaat den Schutz der Grundfreiheiten in Anspruch nehmen. Im Herkunftsstaat kommt es im Hinblick auf die Hinzurechnungsbesteuerung regelmäßig zu einer Ungleichbehandlung. Diejenigen Gesellschafter, die eine Tochtergesellschaft im Inland gründen, werden steuerlich weniger belastet als diejenigen Gesellschafter, die eine Tochtergesellschaft im Ausland (CFC) gründen.

Die steuerliche Schlechterstellung der Gesellschafter beruht auf folgenden Umständen:

(1) Die Gesellschafter, die eine CFC gründen, trifft eine vorzeitige Besteuerung. Denn der Gewinn der CFC wird bereits vor tatsächlicher Ausschüttung im Zuge einer fiktiven Dividende bei ihnen erfasst. Bei Innehaben einer Tochtergesellschaft im Inland kommt es erst bei tatsächlicher Ausschüttung zu einer Dividendenbesteuerung.

(2) Wie im Teil II dieser Arbeit aufgezeigt, handelt es sich bei der Hinzurechnungsbesteuerung in der Regel nicht um eine bloße vorgezogene Besteuerung i.S.e. „Interimsteuer", sondern es kommt in den meisten Staaten zu einer absolut höheren Steuerbelastung als bei Gesellschaftern mit inländischen Tochtergesellschaften.

(3) Will man eine inländische Doppelbelastung vermeiden, so muss die Dividende innerhalb eines bestimmten Zeitraums – in den meisten Staaten zwischen 5 und 7 Jahren – tatsächlich ausgeschüttet werden. Außerhalb der Hinzurechnungsbesteuerung, d.h. im Inlandsfall, besteht ein solcher Ausschüttungszwang nicht.

Aus Sicht des Herkunftsstaates findet eine ungleiche Besteuerung im Verhältnis zweier Inländer statt, nämlich zwischen einem inländischen Gesellschafter einer inländischen Kapitalgesellschaft und einem inländischen Gesellschafter einer ausländischen Kapitalgesellschaft (CFC). Da die ungleiche Besteuerung von der Niederlassung (dem Sitz) der Kapitalgesellschaft abhängig ist, ist das Diskriminierungsverbot im Rahmen der Niederlassungsfreiheit verletzt.

---

rungsabkommen, in: Gassner/Lang/Lechner, Doppelbesteuerungsabkommen und Europäisches Gemeinschaftsrecht, 1996, S. 139 (162); Favi, L., National Report Italy, in: Lang/Aigner/Scheuerle/Stefaner, CFC Legislation, S. 366 ff; Rättig, H./Protzen, P. D., IStR 2003, S. 195 (196).

943 Vgl. erstmals EuGH v. 27.9.1988, Rs. 81/87, Daily Mail, Slg. 1988, 5483, Rdnr. 16; weiter EuGH v. 16.7.1998, Rs. C-264/96, Imperial Chemical Industries ple (ICI), Slg. 1998, I-4695, Rdnr. 21; EuGH v. 18.11.1999, Rs. C-200/98, X ab und Y ab, Slg. 1999, I-8261, Rdnr. 26; EuGH v. 14.12.2000, Rs. C-141/99, Algemene Maatschappij voor Investering en Dienstverlening NV (AMID), DB 2001, S. 517, Rdnr. 21; EuGH v. 13.4.2000, C-251/98, Rs. Baars, Slg. 2000, I-2787, Rdnr. 28.

Es kann allerdings vorgebracht werden, dass das Diskriminierungsverbot des Art. 43 EG lediglich auf eine Diskriminierung aufgrund der Staatsangehörigkeit abstellt.[944] Es zeigt sich jedoch, dass maßgebliches Vergleichspaar die beiden in Abhängigkeit des Sitzes ihrer (Tochter-)Kapitalgesellschaft ungleich besteuerten *Inländer* sind. Von einer Staatsangehörigendiskriminierung kann daher nicht die Rede sein. Ausländer sind bei der Aufnahme oder Ausübung einer Geschäftstätigkeit im Inland weder ausdrücklich aus Gründen ihrer Staatszugehörigkeit (offene Staatsangehörigendiskriminierung), noch faktisch (verdeckte Staatsangehörigendiskriminierung) schlechter gestellt als Inländer.[945] Eingeschränkt werden lediglich Inländer, sofern sie eine ausländische Geschäftstätigkeit in Form einer CFC aufnehmen. Die Hinzurechnungsbesteuerung führt also auch auf Ebene des Herkunftsstaates zu keiner Diskriminierung i.S.e. offenen oder verschleierten Staatsangehörigendiskriminierung des Art. 43 EG.

Es kann jedoch nicht verkannt werden, dass sie doch zumindest eine „Beschränkung" der Niederlassungsfreiheit mit sich bringt. Denn der Heimatstaat behindert die Niederlassung seiner Staatsangehörigen oder einer nach seinem Recht gegründeten Gesellschaft in einem anderen Mitgliedstaat. Die Hinzurechnungsbesteuerung mündet insofern in eine Art *„Wegzugsbeschränkung"* des eigenen Mitgliedstaates.

Es war lange Zeit umstritten, ob die Niederlassungsfreiheit neben dem *„Diskriminierungsverbot"* auch ein sog. *„Beschränkungsverbot"* normiert.[946] Nach der Rechtsprechung des EuGH bis Anfang der 90er Jahre wurde Art. 43 EG kein über das Diskriminierungsverbot hinausgehendes Beschränkungsverbot entnommen.[947] Ab Mitte der 90er Jahre hat sich jedoch der Schutzumfang der Niederlassungsfreiheit von einem spezifischen Diskriminierungsverbot hin zu einem allgemeinen Beschränkungsverbot erweitert. Darauf lassen, nach einer Analyse von *Brigola*, insbesondere die Entschei-

---

944 Vgl. z.B. Tiedje/Troberg in: von der Groeben/Schwarze (Hrsg.), Kommentar zum Vertrag über die Europäische Union und zur Gründung der Europäischen Gemeinschaft, 6. Aufl., 2003, Art. 43 EG Rz. 71.

945 Wie Art. 6 EG verbietet auch Art. 43 EG nicht nur offensichtliche Diskriminierungen aufgrund der Staatsangehörigkeit, sondern auch alle verdeckten Formen der Diskriminierung, die durch Untermerkmale tatsächlich zu dem gleichen Ergebnis führen. So EuGH v. 12.2.1974, Rs. 152/73, Sotgiu, Slg. 1974, S. 153, Rdnr. 11. Vorschriften, die „verdeckt diskriminieren", stellen Anforderungen, die Einheimische ohne weiteres erfüllen können, deren Erfüllung jedoch für Nicht-Einheimische erhebliche Schwierigkeiten bereiten. Beispielhaft zu nennen sind die Dauer des Aufenthalts im Aufnahmemitgliedstaat vor der Aufnahme einer Tätigkeit oder der Nachweis entsprechender Sprachkenntnisse. Vgl. bei Schlag in: Schwarze (Hrsg.), EU-Kommentar, 1. Aufl., 2000, Art. 43 EGV Rz. 33, 37; Hahn, H., DStZ 1992, S. 663 (665); Bachmann, B., RIW 1994, S. 849 (850).

946 Zur Entwicklung des Art. 43 EG vom Diskriminierungsverbot zum Beschränkungsverbot, vgl. die Analyse von Brigola, A., Das System der EG-Grundfreiheiten: Vom Diskriminierungsverbot zum spezifischen Beschränkungsverbot, 2004, S. 26, 28, 108 ff; vgl. hierzu auch Knobbe-Keuk, B., DB 1990, S. 2573 ff; Everling, U., DB 1990, S. 1853 (1854 f).

947 So das Ergebnis der Analyse von Brigola, A., Das System der EG-Grundfreiheiten: Vom Diskriminierungsverbot zum spezifischen Beschränkungsverbot, 2004, S. 29, ferner bereits bei Nicolaysen, G., Europarecht II, 1. Aufl., 1996, S. 186; Randelzhofer/Forsthoff in: Grabitz/Hilf, Das Recht der Europäischen Union, Art. 43 EGV Rdnr. 83.

dungen des EuGH in den Rechtssachen *Centros* und *MacQuen* aus den Jahren 1999 und 2001 schließen.[948] Allerdings werden im Schrifttum auch oft bereits die Urteile in den Rechtssachen *Kraus*[949] aus dem Jahre 1993 und *Gebhard*[950] aus dem Jahre 1995 genannt, aus welchen deutlich werde, dass Art. 43 EG zunehmend auch als ein Beschränkungsverbot gesehen wird.

Wendet man sich dem Ergebnis *Brigolas* zu, unterstützt von dem überwiegenden Teil der Stimmen der Literatur, und vertritt man m.E. zu Recht die Auffassung, dass ein „Binnenmarkt ohne Schranken" ein Beschränkungsverbot hinsichtlich des freien Niederlassungsrechts erfordert, so kommt man zu dem Ergebnis, dass die Hinzurechnungsbesteuerung gegen die Niederlassungsfreiheit i.S.d. Art. 43 EG verstößt. Sie führt zu einer „*Wegzugsbeschränkung durch den Heimatstaat*" in andere Mitgliedstaaten.[951]

Teile des Schrifttums führen sogar an, dass bereits die höheren „accounting and compliance requirements", welchen die Gesellschafter aufgrund der Hinzurechnungsvorschriften ausgesetzt sind, wie z.B. die separate Gewinnermittlungspflicht auf Basis des jeweils innerstaatlichen Steuerrechts oder das gesonderte Erklärungserfordernis der schädlichen CFC-Einkünfte, eine gegen Art. 43 EG verstoßende „Beschränkung" darstellen.[952]

---

948 Vgl. Brigola, A., Das System der EG-Grundfreiheiten: Vom Diskriminierungsverbot zum spezifischen Beschränkungsverbot, 2004, S. 118 ff; Favi, L., National Report Italy, in: Lang/Aigner/Scheuerle/Stefaner, CFC Legislation, S. 366 ff.

949 So Schlag in: Schwarze (Hrsg.), EU-Kommentar, 1. Aufl., 2000, Art. 43 EGV Rz. 47 f.

950 So Tiedje/Troberg in: von der Groeben/Schwarze (Hrsg.), Kommentar zum Vertrag über die Europäische Union und zur Gründung der Europäischen Gemeinschaft, 6. Aufl., 2003, Art. 43 EG Rz. 87; gl. A. Randelzhofer/Forsthoff in: Grabitz/Hilf, Das Recht der Europäischen Union, Art. 43 EGV Rdnr. 88; Scheuer in: Lenz (Hrsg.), EG-Vertrag Kommentar, 2. Aufl., 1999, Art. 43 Rz. 9; Knobbe-Keuk, B., DB 1990, S. 2573 (2575, 2581); zu diesem Zeitpunkt noch zweifelnd Hahn, H., DStZ 1992, S. 663 (666 f); zweifelnd wohl auch noch Geiger, R., EUV/EGV, 3. Aufl., 2000, Art. 43 EGV Rz. 16.

951 gl. A. Hahn, H., IStR 1999, S. 609 (612, 614 f); Rättig H./Protzen P. D., IStR 2000, S. 548 (556); Knobbe-Keuk, B., DB 1990, S. 2573 (2574); Rust, A., German National Report; in: Lang/Aigner/Scheuerle/Stefaner, CFC Legislation, S. 276; einen Verstoß gegen die Niederlassungsfreiheit sieht auch Schumacher, A., German National Report, in: Cahiers de droit fiscal international, Volume LXXXVIb, Limits on the use of low-tax regimes by multinational businesses, 2001, S. 539; eine „Wegzugsbeschränkung" sehen auch Douvier P.-J., France National Report, in: Cahiers de droit fiscal international, Volume LXXXVIb, Limits on the use of low-tax regimes by multinational businesses, 2001, S. 506 und Rix, J., National Report Denmark, in: Lang/Aigner/Scheuerle/Stefaner, CFC Legislation, 2004, S. 167; Favi, L., National Report Italy, in: Lang/Aigner/Scheuerle/Stefaner, CFC Legislation, S. 372; tendenziell auch Helminen, M., National Report Finland, in: Lang/Aigner/Scheuerle/Stefaner, CFC Legislation, S. 216; wohl auch Kellersmann, D./Treisch, C., Europäische Unternehmensbesteuerung, 2002, S. 198; a.A. Friel, D., Spanish National Report, in: Cahiers de droit fiscal international, Volume LXXXVIb, Limits on the use of low-tax regimes by multinational businesses, 2001, S. 897; Vgl. Rättig, H./Protzen, P. D., IStR 2003 S. 195 (196 f); Lieber, B./Rasch, S., GmbHR 2004, S. 1572 (1577).

952 Vgl. insbesondere Favi, L., National Report Italy, in: Lang/Aigner/Scheuerle/Stefaner, CFC Legislation, S. 375.

2.1.2.2 Kapitalverkehrsfreiheit

2.1.2.2.1 Kapitalverkehrsfreiheit und Hinzurechnungsbesteuerung

Das Recht auf freien Kapitalverkehr ist in Art. 56 Abs. 1 EG (Art. 73 b Abs. 1 EGV i.d.F. des Maastrichter Vertrags) verankert: „Im Rahmen der Bestimmungen dieses Kapitels sind alle Beschränkungen des Kapitalverkehrs zwischen den Mitgliedstaaten sowie zwischen den Mitgliedstaaten und dritten Ländern verboten".[953]

Eine Bestimmung des Begriffs Kapitalverkehr wird nicht vorgenommen. Ganz allgemein soll die Kapitalverkehrsfreiheit freie finanzielle Transaktionen von einem Mitgliedsstaat in einen anderen gewährleisten, die nicht durch den Waren- oder Dienstleistungsverkehr ausgelöst werden.[954] Denn zum europäischen Binnenmarkt gehört ein „einheitlicher europäischer Finanzraum".[955] Die Kapitalverkehrsrichtlinie[956] enthält in ihrem Anhang eine beispielhafte Aufzählung von Kapitalverkehrstransaktionen.[957] Hierzu gehören neben Wertübertragungen in Form von Geldkapital, wie z.B. Wertpapiere oder mittel- und langfristige Kredite, auch Wertübertragungen in Form von Sachkapital, namentlich Immobilieninvestitionen und Direktinvestitionen.[958] Unter Direktinvestitionen fallen sowohl die Gründung und Erweiterung von Zweigniederlassungen und Tochtergesellschaften als auch die Beteiligung an neuen oder bereits bestehenden Unternehmen zur Schaffung und Aufrechterhaltung dauerhafter Wirtschaftsbeziehungen.[959]

Im Vergleich zur Niederlassungsfreiheit geht die Kapitalverkehrsfreiheit insofern weiter, als sie das Recht auf freien Kapitalverkehr zu Nicht-Mitgliedstaaten, also auch Drittstaaten, einräumt sowie kurzfristige und rein passive Geldanlagen ohne unter-

---

953 Eine analoge Regelung sieht Art. 56 Abs. 2 EG für den Zahlungsverkehr vor (Zahlungsverkehrsfreiheit). Die Liberalisierung von Kapital- und Zahlungsverkehr sollte durch eine Reihe von rechtsangleichenden Begleitmaßnahmen vervollständigt werden. Hierfür wurden insbesondere in den Bereichen Bank-, Börsen-, Wertpapier- und Gesellschaftsrecht etliche EG-Rechtsangleichungen vorgenommen. Vgl. hierzu Oppermann, T., Europäisches Gemeinschaftsrecht, 2. Aufl., 1999, § 22 Rz. 1494 ff.

954 Vgl. Kiemel in: von der Groeben/Schwarze (Hrsg.), Kommentar zum Vertrag über die Europäische Union und zur Gründung der Europäischen Gemeinschaft, 6. Aufl., 2003, Art. 56 EG Rz. 1; Geiger, R., EUV/EGV, 3. Aufl., 2000, Art. 56 EGV Rz. 3; EuGH v. 23.2.1995, in den verbundenen Rs. C-358/93 und C-416/93, Bordessa, Slg. 1995, I-361, Rdnr. 13, 14.

955 Vgl. Oppermann, T., Europäisches Gemeinschaftsrecht, 2. Aufl., 1999, § 22 Rz. 1483; siehe hierzu auch Kiemel in: von der Groeben/Schwarze (Hrsg.), Kommentar zum Vertrag über die Europäische Union und zur Gründung der Europäischen Gemeinschaft, 6. Aufl., 2003, Art. 56 EG Rz. 59 ff.

956 Richtlinie 88/361/EWG v. 24.6.1988.

957 Wenngleich diese Nomenklatur einhellig nicht geeignet ist, die Kapitalverkehrsfreiheit umfassend zu definieren, so kann sie wohl die Anwendungsbereiche des Kapitalverkehrs aufzeigen. Vgl. bei Ress/Ukrow in: Grabitz/Hilf, Das Recht der Europäischen Union, Art. 56 EGV Rdnr. 15.

958 Vgl. Glaesner in: Schwarze (Hrsg.), EU-Kommentar, 1. Aufl., 2000, Art. 56 EGV Rz. 7; Weber in: Lenz (Hrsg.), EG-Vertrag Kommentar, 2. Aufl., 1999, Vorbem. Art. 56-60 Rz. 8, Art. 56 Rz. 5.

959 Vgl. bei Ress/Ukrow in: Grabitz/Hilf, Das Recht der Europäischen Union, Art. 56 EGV Rdnr. 16.

nehmerisches Engagement (Portfolioinvestitionen) einschließt.[960] Die Möglichkeit der Einflussnahme in das Management der Beteiligungsgesellschaft ist nicht gefordert.[961]

Art. 56 Abs. 1 EG (früher Art. 73 b Abs. 1 EGV) beinhaltet ein umfassendes Verbot jeglicher Beschränkungen. Denn bereits nach dem Gesetzeswortlaut sind „alle Beschränkungen" des Kapitalverkehrs verboten. Hinsichtlich der Kapitalausfuhr und Kapitaleinfuhr darf formell und materiell nichts anderes gelten als für den inländischen Kapitalverkehr.[962] Hierzu gehört auch das Verbot von Diskriminierungen, allerdings nur als ein wichtiger Sonderfall der „Beschränkungen" des Kapitalverkehrs.[963] Dies stellt Art. 58 Abs. 3 EG nochmals explizit klar: Einzelstaatliche Maßnahmen „dürfen weder ein Mittel zur willkürlichen Diskriminierung noch eine verschleierte Beschränkung des freien Kapital- und Zahlungsverkehrs im Sinne des Art. 56 EG darstellen."

Von der Kapitalverkehrsfreiheit ist die Hinzurechnungsbesteuerung insofern betroffen, als die Errichtung einer CFC oder die dauerhafte Beteiligung an einer CFC eine Direktinvestition i.S.d. Art. 56 EG darstellt.

2.1.2.2.2 Eingriff in das Recht der Kapitalverkehrsfreiheit durch die Hinzurechnungsbesteuerung

Aufgrund des im Recht der Kapitalverkehrsfreiheit vorgesehenen Diskriminierungsverbots darf die Beteiligung an einem Unternehmen im EU-Ausland oder Drittland nicht zu einer Schlechterstellung des Gesellschafters im Vergleich zum Halten einer Beteiligung an einem Unternehmen im Inland führen.

Das Halten der Beteiligung an einer CFC führt jedoch durch die Hinzurechnungsbesteuerungsregelung zu einer nachteiligeren steuerlichen Situation als das Halten einer Beteiligung an einer inländischen Gesellschaft. Die Benachteiligung basiert, wie bereits im Rahmen der Niederlassungsfreiheit ausgeführt, auf den folgenden drei Punkten:

(1) Die Gesellschafter, die an einer CFC beteiligt sind, trifft eine vorzeitige Besteuerung.
(2) Bei der Hinzurechnungsbesteuerung handelt es sich in der Regel nicht um eine bloße vorgezogene Besteuerung i.S.e. „Interimsteuer", sondern eine absolute Mehrbelastung i.S.e. „Strafsteuer".
(3) Außerhalb der Hinzurechnungsbesteuerung, d.h. im Inlandsfall, besteht kein Ausschüttungszwang.

---

960 Vgl. Ress/Ukrow in: Grabitz/Hilf, Das Recht der Europäischen Union, Art. 56 EGV Rdnr. 30, 53; Streinz, R., EUV/EGV, 2003, Art. 43 Rz. 15.

961 Vgl. hierzu bei Favi, L., National Report Italy, in: Lang/Aigner/Scheuerle/Stefaner, CFC Legislation, S. 379.

962 Vgl Geiger, R., EUV/EGV, 3. Aufl., 2000, Art. 56 EGV Rz. 6; EuGH v. 7.9.2004, Rs. C-319/02, Petri Manninen, EWS 2004, S. 454 (456) Rdnr. 23.

963 Vgl. Kiemel in: von der Groeben/Schwarze (Hrsg.), Kommentar zum Vertrag über die Europäische Union und zur Gründung der Europäischen Gemeinschaft, 6. Aufl., 2003, Art. 56 EG Rz. 27.

Bei grenzüberschreitenden Investitionen besteht im Hinzurechnungsfall eine steuerliche Schlechterstellung von Inländern mit ausländischen Beteiligungen gegenüber Inländern mit inländischen Beteiligungen. Die Schlechterstellung ist abhängig vom Investitionsort.

Es zeigt sich zwar wiederum, dass eine Diskriminierung aus Gründen der Staatsangehörigkeit nicht gegeben ist, da ja zwei Inländer ungleich behandelt werden. Allerdings wird – anders als bei der Niederlassungsfreiheit – dies nach dem Wortlaut des Art. 56 EG nicht gefordert. Die Kapitalverkehrsfreiheit verbietet nach Art. 56 Abs. 1 EG „alle Beschränkungen" des Kapitalverkehrs zwischen Mitgliedstaaten und Drittländern. So untersagt nach h.L.[964] und ständiger Rechtsprechung des EuGH[965] das Recht auf Kapitalverkehrsfreiheit jedes „Hindernis" für den Kapitaltransfer zwischen Mitglied- und Drittstaaten. Es reicht aus, wenn die auf nationaler Ebene getroffene Maßnahme die Betreffenden „entmutigen" oder sie davon „abhalten", ein Recht, das ein Bestandteil der Kapitalverkehrsfreiheit ist, auszuüben.[966]

Durch die Hinzurechnungsbesteuerung wird in bestimmten Fällen der Kapitaltransfer, nämlich das Halten einer Beteiligung an einer Tochtergesellschaft im Ausland, insofern gestört, als diese zu einer über die inländische Normalbesteuerung hinausgehende Mehrbelastung führt. Daraus ergibt sich sowohl eine Ungleichbehandlung in Bezug auf den Erwerb und das Halten in- und ausländischer Beteiligungen als auch generell eine Behinderung bei binnengemeinschaftlichen Kapitalbewegungen. Das Recht auf freien Kapitalverkehr ist daher verletzt.[967]

---

964 Vgl. z.B. Geiger, R., EUV/EGV, 3. Aufl., 2000, Art. 56 EGV Rz. 7.

965 Vgl. EuGH 6.6.2000, Rs. C-35/98, Verkooijen, Slg. 2000, I-4071, Rdnr. 18 und Schlussanträge des Generalanwalts Antonio La Pergola v. 24.6.1999, Rdnr. 13, 14, 16, 17.

966 Vgl. aktuell EuGH v. 7.9.2004, Rs. C-319/02, Petri Manninen, EWS 2004, S. 454 (456) Rdnr. 22; EuGH v. 28.4.1998, Rs. C-118/96, Safir, Slg. I-1897, Rdnr. 30; EuGH v.16.3.1999, Rs. C-222/97, Trummer und Meyer, Slg. 1999, I-1661, Rdnr. 26; EuGH v. 31.3.1993, Rs. C-19/92, Kraus, Slg. 1993, I-1663, Rdnr. 32, EuGH v. 14.11.1995, Rs. C-484/93, Svensson-Gustavsson, Slg. 1995, I-3955, Rdnr. 10; EuGH v. 30.11.1995, Rs. C-55/94, Gebhard, Slg. 1995, I-4165, Rdnr. 37; EuGH v. 28.1.1992, Rs. C-204/90, Bachmann, Slg. 1992, I-249, Rdnr. 31. Art. 56 EG befiehlt daher auch nicht zwingend eine Vergleichbarkeitsprüfung. Die regelmäßig auf eine Überprüfung eines Vergleichspaars beruhende „Diskriminierung" stellt nur einen Sonder- bzw. Unterfall der Beschränkungen dar.

967 gl. A. Hahn, H., IStR 1999, S. 609 (612); Rättig, H./Protzen, P. D., IStR 2003, S. 195 (199); Lieber, B./Rasch, S., GmbHR 2004, S. 1572 (1577); Favi, L., National Report Italy, in: Lang/Aigner/Scheuerle/Stefaner, CFC Legislation, S. 377 f; Almudi, J., National Report Spain, in: Lang/Aigner/Scheuerle/Stefaner, CFC Legislation, S. 579; tendenziell auch Helminen, M., National Report Finland, in: Lang/Aigner/Scheuerle/Stefaner, CFC Legislation, S. 216; Ullah, M., National Report Spain, in: Lang/Aigner/Scheuerle/Stefaner, CFC Legislation, S. 635; wohl auch Kellersmann, D./Treisch, C., Europäische Unternehmensbesteuerung, 2002, S. 198; a.A. Rust, A., National Report Germany, in: Lang/Aigner/Scheuerle/Stefaner, CFC Legislation, S. 279; Friel, D., United Kingdom National Report, in: Cahiers de droit fiscal international, Volume LXXXVIb, Limits on the use of low-tax regimes by multinational businesses, 2001, S. 897; Rädler, A., ET 1994, S. 311 (313); Helminen, M., intertax 2005, S. 117 (120); Thömmes, O./Nakhai, K., intertax 2005, S. 74 (77).

2.1.2.3 Mögliche Rechtfertigungsgründe bei einem Eingriff in die Grundfreiheiten

Wird ein Eingriff in die Grundfreiheiten, insbesondere das Vorliegen einer Diskriminierungs- oder Beschränkungssituation bejaht, so ist in einem zweiten Schritt zu prüfen, ob für diese Ungleichbehandlung sachliche Gründe der Rechtfertigung angeführt werden können. Nur wenn es an einem Rechtfertigungsgrund fehlt, gilt die entsprechende Grundfreiheit als verletzt.

Einschlägige Rechtfertigungsgründe werden zum Teil explizit im EG-Vertrag genannt,[968] zum Teil haben sich Rechtfertigungsgründe durch die Rechtsprechung des EuGH herausgebildet. Im Folgenden werden die im Hinblick auf die Hinzurechnungsbesteuerungsproblematik in Frage kommenden Rechtfertigungsgründe dargestellt und diskutiert. Diese sind allesamt der Rechtsprechung des EuGH entnommene Rechtfertigungsgründe.

2.1.2.3.1 Zwingende Gründe des Allgemeininteresses

Als zwingender Grund des Allgemeininteresses könnten im Kontext der Hinzurechnungsbesteuerung der „Verlust der Steuereinnahmen" angeführt werden.

Die „wirksame steuerliche Kontrolle" sieht der EuGH als zwingendes Erfordernis des Gemeinwohls an.[969] Denn mit der wirksamen steuerlichen Kontrolle ist die Sicherung der Staatseinnahmen verbunden, die dem Wohl der Allgemeinheit dienen.

Nach Auffassung des EuGH kann die Sicherung der Steuereinnahmen als Rechtfertigungsgrund nur im Sinne einer „Feststellung und Durchsetzung von Steueransprüchen" herangezogen werden.[970] Das „allgemeine Interesse der Mitgliedstaaten, Steuereinnahmen zu erzielen", ist kein zwingender Grund des Allgemeininteresses.[971]

Nach *Hahn* muss zwischen dem Besteuerungsrecht der Staaten, wie es als Merkmal ihrer Souveränität besteht, einerseits und dem Steueranspruch der Staaten, wie er sich aus der Gesetzeslage ergibt, unterschieden werden. Nur der gesetzliche Steueranspruch der Staaten kann ein Grund für eine Beeinträchtigung der Grundfreiheiten sein. Denn wenn die Steuersouveränität nur im Rahmen der Grundfreiheiten ausgeübt werden

---

968 Im Rahmen der Niederlassungsfreiheit gibt der EG-Vertrag die „Ausübung von Tätigkeiten der öffentlichen Gewalt" (Art. 45 EG = früher Art. 55 EGV) oder Gründe der „öffentlichen Ordnung", „Sicherheit" oder „Gesundheit" (Art. 46 EG = früher Art. 56 EGV) als Rechtfertigungsgründe an. Im Rahmen der Kapitalverkehrsfreiheit sollen insbesondere die „ungleiche Behandlung im innerstaatlichen Steuerrecht" (Art. 58 Abs. 1 a) EG = Art. 73 d) Abs. 1 a) EGV) sowie Gründe der „Vermeidung von Steuerdelikten" (Art. 58 Abs. 1 b) EG = Art. 73 d) Abs. 1 b) EGV) als Rechtfertigungen Bestand haben.

969 Vgl. z.B. EuGH v. 20.2.1979, Rs. 120/78, Rewe-Zentral-AG/Cassis de Dijon, Slg. 1979, S. 649, Rdnr. 8.

970 Vgl. EuGH v. 15.5.1997, Rs. C-250/95, Futura und Singer, Slg. 1997, I-2471, Rdnr. 19.

971 Vgl. EuGH v. 8.5.1990, Rs. C-175/88, Biehl, Slg. 1990, I-1779, Rdnr. 16 ff; EuGH v. 14.11.1995, Rs. C-484/93, Svensson-Gustavsson, Slg. 1995, I-3955, Rdnr. 13, 14.

darf, kann sie nicht zugleich Rechtfertigungsgrund einer Verletzung der Grundfreiheiten sein.[972]

Es ist m.E. zu klären, ob die aus der Errichtung einer CFC resultierenden Steuermindereinnahmen zur Wahrung des Gemeinwohls im Inland verbleiben müssen. Das Gemeinwohl ist gewahrt, wenn das jeweilige Land seine Steueransprüche feststellen und durchsetzen kann. Die Möglichkeit der Feststellung und Durchsetzung von Steuern setzt voraus, dass dem Inland hinsichtlich der Einkünfte der CFC überhaupt ein Steueranspruch zusteht. Wie bereits in Teil III dieser Arbeit ausgeführt, ist es ein international anerkannter Grundsatz des Steuerrechts, dass dem Inland ein Besteuerungsanspruch zuerkannt wird, wenn eine Person im Inland ansässig ist (Welteinkommensprinzip) oder wenn eine Person Einkünfte aus im Inland belegenen Quellen bezieht (Territorialitätsprinzip). Die CFC hat jedoch weder ihren Sitz im Inland noch bezieht sie Einkünfte aus inländischen Quellen. Das Inland hat also keinen Anspruch auf eine unbeschränkte oder beschränkte Besteuerung. Dass die Einkünfte beim Gesellschafter und nicht bei der CFC selbst der Steuer unterliegen, ändert an diesem Ergebnis nichts. Denn es geht hier zunächst um die Frage der Entstehung eines Steueranspruchs, der Grundlage für die Erzielung von Steuereinnahmen ist; die Einkünftezurechnungsthematik bleibt unberücksichtigt.

Es kann also festgehalten werden, dass im Inland in Bezug auf die Einkünfte der CFC kein Besteuerungsrecht begründet wird. Die Steuerkontrolle schießt hier über ihr Ziel hinaus. Die Hinzurechnungsbesteuerung führt zu einer nationalen Erweiterung des Besteuerungsanspruchs, der jedoch mit den allgemeinen Besteuerungsgrundsätzen nicht vereinbar ist. Mit dem Argument, Steuereinnahmen zu sichern, kann der Verstoß der Hinzurechnungsbesteuerung gegen das Recht auf freie Niederlassung und freien Kapitalverkehr daher nicht gerechtfertigt werden. Steuereinnahmen sind nur dann zu sichern, wenn überhaupt ein Steueranspruch besteht.

Dieses Ergebnis geht auch konform mit der europäischen Idee, dass die Investoren eines Mitgliedstaates frei darüber entscheiden können, in welchem Mitgliedstaat sie ihre Investitionen tätigen wollen. Der damit verbundene Verlust der Steuereinnahmen in dem jeweils anderen Mitgliedstaat ist dabei logische Konsequenz und keine zu beanstandende Pflichtverletzung.[973]

2.1.2.3.2 Missbrauch und Steuerumgehung

Es herrscht Einigkeit zwischen den Mitgliedstaaten, dass kein Staat daran gehindert werden darf, Maßnahmen gegen missbräuchliche Gestaltungen zu ergreifen. Der „Code of Conduct“[974] ruft die Mitgliedstaaten sogar dazu auf, Regelungen gegen Steuer-

---

972 Vgl. Hahn, H., IStR 1999, S. 609 (612).

973 So treffend Rust, A., National Report Germany, in: Lang/Aigner/Scheuerle, Stefaner, CFC Legislation, 2004, S. 273; ferner bei Thömmes, O./Nakhai, K., intertax 2005, S. 74 (77).

974 Entschließung des Rates und der im Rate vereinigten Vertreter der Regierungen der Mitgliedstaaten vom 1. Dezember 1997 über einen Verhaltenskodex für die Unternehmensbesteuerung zur Eindämmung schädlicher steuerlicher Maßnahmen.

umgehungen zu implementieren. Eine Norm, die gegen eine Grundfreiheit verstößt, ist daher laut EuGH[975] nicht als gemeinschaftsrechtswidrig einzustufen, wenn sie der Missbrauchs- oder Steuerumgehungsvermeidung dient.[976]

Der EuGH hat jedoch zu Erkennen gegeben, dass er nur sehr eingeschränkt bereit ist, einen „Missbrauch" als Rechtfertigungsgrund zu akzeptieren, der auf nationalen Missbrauchsvorschriften beruht. Denn die nationalen Rechtsordnungen haben, was den Umgehungs- und Missbrauchsbegriff betrifft, nicht immer gleichartige Vorstellungen. Da es auch (noch) keinen einheitlichen europäischen Missbrauchsbegriff[977] gibt, stellt sich die Frage, wann ein eine Diskriminierung rechtfertigender Missbrauch bejaht wird. Der EuGH hat erklärt, dass er nur „speziell auf Steuerumgehung gerichtete künstliche Konstruktionen"[978] oder „Vorgänge, die nicht auf vernünftigen wirtschaftlichen Gründen beruhen"[979] als missbräuchlich ansieht.[980] Gleiches gilt für die Beweislastregeln. Der EuGH hat in der Rechtssache *Paletta II* deutlich gemacht, die Beweislast, dass sein Verhalten nicht als Missbrauch gewertet werden kann, könne nicht dem belasteten Steuerpflichtigen auferlegt werden.[981]

Die CFC-Rules könnten insofern, als sie auf die Vermeidung von auf Steuerumgehung gerichtete Konstruktionen abzielen, mit ihrem Charakter als Missbrauchs- und Steuerumgehungsvermeidungsvorschrift europarechtlich gerechtfertigt werden. Dies hat der EuGH jedoch abgelehnt. In der Rechtssache *ICI*[982] räumt der EuGH ein, dass die CFC-Rules nicht nur rein künstliche Konstruktionen, die auf eine Umgehung des Steuerrechts gerichtet sind, erfassen, sondern generell jede Situation, „in der die Mehrzahl der Tochtergesellschaften eines Konzerns ihren Sitz, aus welchen Gründen auch immer, außerhalb des Vereinigten Königreichs hat." Hieraus wird deutlich, dass der EuGH die englischen CFC-Rules als eine *„typisierende Missbrauchsvorschrift"* sieht. Denn sie treffen nicht nur speziell diejenigen Fälle, bei welchen im Einzelnen ein Missbrauch im Sinne einer künstlichen Konstruktion nachgewiesen wird, sondern aufgrund der pauschalisierten Regelung darüber hinaus auch Konstruktionen, denen der

---

975 Vgl. z.B. EuGH v. 17.7.1997, Rs. C-28/95, Loer-Bloem, Slg. 1997, I-4161, Rdnr. 35.

976 In einem ersten Schritt ist zu prüfen, ob die Feststellung des Missbrauchs nicht bereits dazu führt, dass die Grundfreiheit gar nicht anwendbar ist. Beispielweise ist die Niederlassungsfreiheit nicht tangiert, wenn jegliche Integration in die Wirtschaft des Gastlandes fehlt oder wenn eine Tochtergesellschaft ohne irgendeine wirtschaftliche Substanz gegründet wurde. Vgl. hierzu Lang, M., IStR 2002, S. 217 (219).

977 Vgl. hierzu Tulloch, A., DB 1992, S. 1444 (1447 f).

978 Vgl. EuGH v. 16.7.1998, Rs. C-264/96, Imperial Chemical Industries plc (ICI), Slg. 1998, I-4695, Rdnr. 26.

979 Vgl. EuGH v. 17.7.1997, Rs. C-28/95, Loer-Bloem, Slg. 1997, I-4161, Rdnr. 39, 40.

980 Vgl. hierzu ausführlich Schön, W., Der „Rechtsmissbrauch" im Europäischen Gemeinschaftsrecht" in: Festschrift Wiedemann, 2002, S. 1271 (1288 f).

981 Vgl. EuGH v. 2.5.1996, Rs. C-206/94, Paletta II, Slg. 1996, I-2391, Rdnr. 26 f; Schön, W., Der „Rechtsmissbrauch" im Europäischen Gemeinschaftsrecht, in: Festschrift Wiedemann, 2002, S. 1271 (1289).

982 Vgl. EuGH v. 16.7.1998, Rs. C-264/96, Imperial Chemical Industries plc (ICI), Slg. 1998, I-4695, Rdnr. 26.

Vorwurf des Missbrauchs nicht gemacht werden kann. Aus diesem Grund können nach Auffassung des EuGH typisierende Missbrauchsnormen bei einem Verstoß gegen eine EG-Grundfreiheit nicht mit dem Hinweis auf ihr Missbrauchsvermeidungsziel gerechtfertigt werden.[983]

Eine der englischen CFC-Gesetzgebung entsprechende Pauschalisierung bzw. Typisierung des Missbrauchstatbestandes haben, wie in Teil II dieser Arbeit gezeigt, alle hier untersuchten Staaten. Die CFC-Rules kommen daher u.U. nicht nur in Missbrauchsvermeidungsfällen zum Tragen. Auch wenn dem Steuerpflichtigen durch die Einräumung einer *widerlegbaren Missbrauchsvermutung* im Rahmen der CFC-Rules die Möglichkeit gegeben wird, sich von dem Missbrauchsvorwurf im Einzelfall zu exkulpieren, so sieht dies der EuGH nach seiner derzeitigen Rechtsprechung (Rs. *Paletta II*) trotzdem noch als Typisierung des Missbrauchs an. Es wäre jedoch m.E. denkbar, dass sich der EuGH in solchen Fällen zukünftig einer extensiveren Auslegung zuneigt. Auf Basis der momentanen Rechtsprechung ist ein Verstoß gegen die Niederlassungs- und Kapitalverkehrsfreiheit jedoch nicht mit dem allgemeinen Missbrauchsargument zu rechtfertigen.[984]

Will man die Gemeinschaftsrechtswidrigkeit unter Hinweis auf die Vermeidung von Missbrauch rechtfertigen, so wäre eine Beurteilung auf einer „case-by-case Basis" notwendig.[985]

2.1.2.3.3 Niedrigbesteuerung und Gesamtbetrachtung

Bei genauerer Betrachtung zeigt sich, dass es bei den CFC-Rules weniger darum geht, dass Steuereinnahmen statt dem eigenen einem anderen Mitgliedstaat zugute kommen, sondern vielmehr darum, dass die Auslandsgewinne gar nicht oder zu niedrig besteuert werden. Kurz gesagt: Nur aufgrund der Niedrigbesteuerung im Ausland wird im Inland besteuert.

Der EuGH vertritt die grundlegende Auffassung, dass kein Staat bei der Besteuerung eines Wirtschaftsvorgangs das Steuergefälle zu einem anderen beteiligten Staat kom-

---

983 Vgl. bei Hahn, H., IStR 1999, S. 609 (613); Lang, M., IStR 2002, S. 217 (219); Schön, W., DB 2001, S. 940 (944 f); gl.A. auch Kabbaj H./de la Bletière E. R., National Report France, in: Lang/Aigner/Scheuerle/Stefaner, CFC Legislation, 2004, S. 251; Rix, J., National Report Denmark, in: Lang/Aigner/Scheuerle/Stefaner, CFC Legislation, 2004, S. 168 f.

984 gl.A. Rättig, H./Protzen, P. D., IStR 2003, S. 195 (198, 199); Douvier P.-J., French National Report, in: Cahiers de droit fiscal international, Volume LXXXVIb, Limits on the use of low-tax regimes by multinational businesses, 2001, S. 506; wohl auch Helminen, M., National Report Finland, in: Lang/Aigner/Scheuerle/Stefaner, CFC Legislation, S. 216; ferner Favi, L., National Report Italy, in: Lang/Aigner/Scheuerle/Stefaner, CFC Legislation, S. 382; Almudi, J., National Report Spain, in: Lang/Aigner/Scheuerle/Stefaner, CFC Legislation, S. 579; Ullah, M., National Report United Kingdom, in: Lang/Aigner/Scheuerle/Stefaner, CFC Legislation, S. 637; Helminen, M., intertax 2005, S. 117 (121).

985 Vgl. hierzu auch Schön, W., Der „Rechtsmissbrauch" im Europäischen Gemeinschaftsrecht, in: Festschrift Wiedemann, 2002, S. 1271 (1289).

pensatorisch auffangen darf.[986] Derartige „kompensatorische Abgaben“ würden den Binnenmarkt in seinen Grundlagen beeinträchtigen.[987] Der EuGH erklärt insofern die Hinzurechnungsbesteuerung als „kompensatorische Abgabe“ im Kern für unzulässig.

Allerdings wird nicht die CFC im Inland (höher) besteuert, sondern (quasi hilfsweise) der inländische Gesellschafter der CFC. Die CFC-Rules führen insoweit zu einer Steuermehrbelastung desjenigen inländischen Anteilseigners, der an einer CFC beteiligt ist, im Vergleich zu demjenigen, der an einer inländischen Kapitalgesellschaft beteiligt ist. Betrachtet man jedoch die Summe aus inländischer Steuerbelastung des Anteilseigners und ausländischer Steuerbelastung der CFC, so kann gezeigt werden, dass in beiden Fällen eine Gleichbelastung besteht. In der Gesamtbetrachtung führt die Inlandsinvestition zu dem gleichen steuerlichen Ergebnis wie die Auslandsinvestition. Dies zeigt folgende vereinfachte Steuerkalkulation:[988]

Inlandsinvestition		Auslandsinvestition (Steueroase)	
Ebene inländische Tochtergesellschaft		**Ebene ausländische Tochtergesellschaft**	
Gewinn	100	Gewinn	100
Steuer (25%)	25	Steuer (10%) – Niedrigbesteuerung	10
Gewinn nach Steuern	75	Gewinn nach Steuer	90
Ebene inländischer Anteilseigner (Gewinnausschüttung)		**Ebene inländischer Anteilseigner (Gewinnausschüttung)**	
Dividende (netto)	75	Dividende (brutto)	100
Steuerpflichtige Dividende (Halbeinkünfteverfahren)	37,5	Steuerpflichtige Dividende (Kein Halbeinkünfteverfahren/ Hinzurechnungsbesteuerung)	100
Steuer (40%)	15	Steuer (40%)	40
		Anrechenbare ausländische Steuer	./. 10
Gesamtsteuerbelastung	**40**	**Gesamtsteuerbelastung**	**40**

Bei der Auslandsinvestition wird die Minderbelastung auf Ebene der CFC durch eine Mehrbelastung auf Ebene des Anteilseigners ausgeglichen. Fraglich ist, ob die Niedrigbesteuerung der Tochtergesellschaft die Schlechterstellung der Gesellschafter recht-

986 „Ein etwaiger Steuervorteil für Dienstleistende in Form ihrer geringeren steuerlichen Belastung in dem Mitgliedstaat, in dem sie ansässig sind, gibt einem anderen Mitgliedstaat nicht das Recht, die in seinem Gebiet ansässigen Empfänger der Dienstleistungen steuerlich ungünstiger zu behandeln.“ So EuGH v. 26.10.1999, Rs. C-294/97, Eurowings, Slg. 1999, I-7447, Rdnr. 44; ebenso EuGH v. 29.4.1999, Rs. C-311/97, Royal Bank of Scottland, Slg. 1999, I-2651, Rdnr. 34; EuGH v. 12.12.2002, Rs. C-324/00, Lankhorst-Hohorst, Slg. 2002, I-11779, Rdnr. 42; zuletzt EuGH v. 15.7.2004, Rs. C-315/02, Lenz, IStR 2004, S. 522.

987 Vgl. EuGH v. 26.10.1999, Rs. C-294/97, Eurowings, Slg. 1999, I-7447, Rdnr. 45; EuGH v. 15.7.2004, Rs. C-315/02, Lenz, IStR 2004, S. 522.

988 Vgl. Rust, A., National Report Germany, in: Lang/Aigner/Scheuerle/Stefaner, CFC Legislation, 2004, S. 273.

fertigt, mit dem Argument, dass insgesamt eine steuerliche Gleichbelastung erzielt wird.

Der EuGH[989] hat in seiner bisherigen Rechtsprechung diese Gesamtbetrachtung (verschiedener Steuerpflichtiger) wiederholt abgelehnt. Eine Gesamtbetrachtung soll sowohl im Verhältnis fremder Dritter als auch im Verhältnis verbundener Unternehmen unterbleiben.[990] Mehr- und Minderbelastungen von Gesellschaft und Gesellschafter können prinzipiell nicht in einem einheitlichen rechtlichen Zusammenhang gewürdigt werden. Dies würde eine „unhaltbare Vermengung zweier Ebenen bedeuten, die nicht gemeinsam betrachtet werden dürfen".[991]

Schön[992] hat dem entgegenzuhalten, dass die Gesamtbetrachtung nicht zwingend verweigert werden muss, wenn es um das Verhältnis Gesellschaft und deren Anteilseigner geht. Denn diese seien doch in vielfacher Hinsicht rechtlich und wirtschaftlich verbundene Personen. Die Vermögensmehrungen der Gesellschaft bilden notwendig mittelbare Vermögensmehrungen ihrer Gesellschafter, und die Körperschaftsteuer ist ihrer wirtschaftlichen Funktion nach eine Vorauszahlung auf die Einkommensteuer der Anteilseigner.

Dem ist jedoch m.E. zu begegnen, dass Gesellschaft und Gesellschafter – trotz ihrer wirtschaftlichen Verbundenheit – zwei selbständige Rechts- und Steuersubjekte sind. Insbesondere ihre Qualifikation als jeweils eigenständiges Steuersubjekt verbietet eine Zusammenfassung beider Steuerbelastungen.[993]

Mithin ist anzumerken, dass nur unter den im obigen Steuerberechnungsbeispiel angenommenen Voraussetzungen Steuerbelastungsgleichheit besteht. Sofern bei dem Gesellschafter ein höherer Steuersatz als 40% anwendbar ist oder die CFC einem niedrigen Steuersatz als 10% unterliegt, ist die Belastungsgleichheit nicht mehr gegeben. Die Gesamtbelastung ist daher nur zufällig identisch, in der Regel aber nur „ähnlich".[994]

Wird – abweichend zu der Auffassung des EuGH – die Ansicht vertreten, dass die Steuerbelastungen von Gesellschaft und Gesellschafter insgesamt zu berücksichtigen

---

989 Vgl. EuGH v. 13.4.2000, C-251/98, Rs. Baars, Slg. 2000, I-2787, Rdnr. 40; EuGH v. 6.6.2000, Rs. C-35/98, Verkooijen, Slg. 2000, I-4071, Rdnr. 58; EuGH v. 26.10.1999, Rs. C-294/97, Eurowings, Slg. 1999, I-7447, Rdnr. 42; dahingehend auch EuGH v. 14.11.1995, Rs. C-484/93, Svensson-Gustavsson, Slg. 1995, I-3955, Rdnr. 18; jüngst auch EuGH v. 18.9.2003, Rs. C-168/01, Bosal, GmbHR 2003, S. 1286, Rdnr. 33, 35.

990 Vgl. EuGH v. 12.12.2002, Rs. C-324/00, Lankhorst-Hohorst, Slg. 2002, I-11779, Rdnr. 42.

991 So Schön, W., DB 2001, S. 940 (944); ders., IStR 2004, S. 289 (298 f)

992 Vgl. Schön, W., DB 2001, S. 940 (944); ders., Unternehmensbesteuerung und Europäisches Gemeinschaftsrecht, Steuerberater-Jahrbuch 2003/2004, S. 27 (53 f).

993 Gegen einen „joint approach" auch Rust, A., National Report Germany, in: Lang/Aigner/Scheuerle/Stefaner, CFC Legislation, 2004, S. 273.

994 Vgl. Rust, A., National Report Germany, in: Lang/Aigner/Scheuerle/Stefaner, CFC Legislation, 2004, S. 273.

sind, dann muss dies generell geschehen. D.h. wird in einem Staat eine niedrige Steuerlast identifiziert, so muss auf Ebene der Gesellschafter regelmäßig ein Steuerausgleich, unabhängig von der Beteiligungshöhe der einzelnen Gesellschafter, stattfinden. Dies muss zudem hinsichtlich aller Einkünfte und nicht nur in Bezug auf die passiven Einkünfte der ausländischen Kapitalgesellschaft geschehen.

Der Verstoß gegen die Niederlassungs- und Kapitalverkehrsfreiheit der Hinzurechungsbesteuerung kann nicht unter Hinweis auf eine gleiche Gesamtbelastung in- und ausländischer Investitionen gerechtfertigt werden.

2.1.2.3.4 Kohärenz

In der Rechtssache *Bachmann* hat der EuGH erstmals die Kohärenz des nationalen Steuersystems als Rechtfertigungsgrund für eine Diskriminierung anerkannt.[995] Der Gedanke der Kohärenz wurde erneut in den Rechtssachen *Schumacker* und *Wielockx* aufgegriffen.[996] Der EuGH hat in seinen Urteilen den Begriff der Kohärenz zwar verwendet, ihn aber nicht definiert.

Im Fall *Bachmann* verstand der EuGH unter Kohärenz den im belgischen Steuerrecht bestehenden Zusammenhang zwischen der Abzugsfähigkeit der Versicherungsprämien und der Steuerpflicht der vom Versicherungsunternehmen später zu zahlenden Versicherungsleistungen. Im Fall *Schumacker* scheint der EuGH unter Kohärenz den Zusammenhang zwischen der persönlichen Lage und des Familienstandes und dem Recht des Wohnsitzstaates, das Welteinkommen zu besteuern, verstanden zu haben. Zuletzt im Fall *Wielockx* ging der EuGH von einem Zusammenhang zwischen dem von der Bemessungsgrundlage abzugsfähigen Betrag zur Bildung einer Altersrücklage einerseits und der Steuerpflicht der später aufzulösenden Rücklage andererseits aus.[997]

Der jeweilige Zusammenhang, in den der EuGH diesen Begriff gestellt hat, lässt keinen eindeutigen Rückschluss auf den genauen Begriffsinhalt zu.[998] Es ist jedoch zumindest zu erkennen, dass eine *Steuerbegünstigung* (z.B. Sonder- oder Betriebsausgabenabzug) an eine bestimmte *Abgabepflicht* (z.B. Steuerpflicht im Inland) geknüpft ist.[999] Entfällt die inländische Steuerpflicht, wird auch der Ausgabenabzug nicht ge-

---

995 Vgl. EuGH v. 28.1.1992, Rs. C-204/90, Bachmann, Slg. 1992, I-249, Rdnr. 17, 21.

996 Vgl. EuGH v. 14.2.1995, Rs. C-279/83, Schumacker, Slg 1995, I-225, Rdnr. 41, 42 und EuGH v. 11.8.1995, Rs. C-80/94, Wielockx, Slg. 1995, I-2493, Rdnr. 23 ff.

997 Vgl. Jann, M., Die Auswirkungen des Europäisches Gemeinschaftsrechts auf die Abkommensberechtigung von beschränkt Steuerpflichtigen, in: Gassner/Lang/Lechner, Doppelbesteuerungsabkommen und Europäisches Gemeinschaftsrecht, S. 74 ff; Lang, M., Ist die Schumacker-Rechtsprechung am Ende ?, RIW 2005, S. 336 ff.

998 So insbesondere Lang, M., Die Bindung der Doppelbesteuerungsabkommen an die Grundfreiheiten des Europäisches Gemeinschaftsrechts, in: Gassner/Lang/Lechner, Doppelbesteuerungsabkommen und Europäisches Gemeinschaftsrecht, S. 41 und Thömmes, O., intertax 1995, S. 535 (536) und ders., intertax 1995, S. 602 (603); Elicker, M., IStR 2005, S. 89.

999 Nochmals bestätigt durch EuGH v. 7.9.2004, Rs. C-319/02, Petri Manninen, EWS 2004, S. 454 (457) Rdnr. 42.

währt. Die Kohärenz kann insofern die Verbundenheit bzw. Untrennbarkeit zweier steuerlicher Regelungen bedeuten.

Im Rahmen der Hinzurechnungsbesteuerung könnte eine Kohärenz wie folgt gesehen werden: Die Aufschiebung der Besteuerung der Gewinne der CFC auf Ebene des Anteilseigners (bis zur Ausschüttung) ist an ein „adäquates Besteuerungsniveau" der Gewinne der CFC und an eine „aktive Geschäftstätigkeit" der CFC gebunden. Fehlt es an einer ausreichenden Steuerbelastung im Sitzstaat der CFC und ist die CFC überwiegend passiv tätig, wird die Abschirmung versagt und der Gewinn der CFC beim Anteilseigner per Durchgriff zum frühestmöglichen Zeitpunkt besteuert.

Der EuGH hat in seiner Rechtsprechung die Kohärenz bislang nur im Hinblick auf Zusammenhänge *innerhalb des nationalen Steuersystems* und nur in Bezug auf ein und *denselben Steuerpflichtigen* beansprucht.[1000] Der Kohärenzgedanke bei der Hinzurechnungsbesteuerung bemüht jedoch einen Zusammenhang über die nationalen Grenzen hinaus und bei unterschiedlichen Steuersubjekten. Die Hinzurechnungsbesteuerung kann daher nicht mit dem Hinweis auf eine kohärente Regelungsstruktur gerechtfertigt werden.

Im Schrifttum wird die Auffassung vertreten, dass der EuGH mit seinem jüngst ergangenen Urteil in der Rechtssache *Petri Manninen* vom 7. September 2004[1001] seine bisherige Rechtsprechung zur Kohärenz aufgegeben und klargestellt hat, dass der Kohärenzgedanke nicht zwingend eine Personenidentität und einen innerstaatlichen Zusammenhang erfordert.[1002] Durch diese Rechtsprechungsänderung wäre die Grundkonzeption der Hinzurechnungsbesteuerung wieder europatauglich geworden.[1003] Denn die (nachteilige) „Hinzurechnungssteuer" auf Ebene des Anteilseigners könne nun durch den unmittelbaren Zusammenhang mit der (vorteilhaften) Minderbelastung des Gewinns auf Ebene der ausländischen Kapitalgesellschaft gerechtfertigt werden.

[1000] Jüngst EuGH v. 18.9.2003, Rs. C-168/01, Bosal, GmbHR 2003, S. 1286, Rdnr. 30; nochmals bestätigt durch EuGH v. 15.7.2004, Rs. C-315/02, Lenz, IStR 2004, S. 522, Rdnr. 36. Eine „unmittelbarer Zusammenhang" liegt nicht vor, wenn der Steuervorteil bei dem einen Steuerpflichtigen, der „kohärente" Steuernachteil jedoch bei einem anderen Steuerpflichtigen gegeben ist; die Besteuerungszusammenhänge sind unter solchen Umständen lediglich mittelbarer Art. Vgl. ferner EuGH v. 13.4.2000, Rs. C-251/98, Baars, Slg. 2000, I-2787, Rdnr. 40; EuGH v. 6.6.2000, Rs. C-35/98, Verkooijen, Slg. 2000, I-4071, Rdnr. 57 f; EuGH v. 26.10.1999, Rs. C-294/97, Eurowings, Slg. 1999, I-7447, Rdnr. 40 ff und Schlussanträge des Generalanwalts Jean Mischo v. 26.1.1999, Rdnr. 46; vgl. auch bei Rättig, H./Protzen, P. D., IStR 2003 S. 195 (198); Lieber, B./Rasch, S., GmbHR 2004, S. 1572 (1575); Schön, W., Unternehmensbesteuerung und Europäisches Gemeinschaftsrecht, Steuerberater-Jahrbuch 2003/2004, S. 27 (52 f); Englisch, J., IStR 2004, S. 526 (527); Polivanova-Rosenauer, T., IStR 2004, S. 525; Schön, W., IStR 2004, S. 289 (298 f); Helminen, M., intertax 2005, S. 117 (121).

[1001] Vgl. EuGH v. 7.9.2004, Rs. C-319/02, Petri Manninen, EWS 2004, S. 454.

[1002] So Rust, A., EWS 2004, S. 450 (452 f).

[1003] Vgl. Rust, A., EWS 2004, S. 450 (454).

Durch das in dem Urteil dargestellte Kohärenz-Beispiel[1004] scheint der EuGH sich in der Tat nun für eine personenübergreifende und sogar grenzüberschreitende Kohärenzbetrachtung ausgesprochen zu haben. Denn die Kohärenz des Steuersystems sei gewahrt, wenn der Zusammenhang zwischen der dem *Gesellschafter gewährten Steuervergünstigung* und der von der *Gesellschaft geschuldeten Körperschaftsteuer* aufrechterhalten wird.[1005] Der EuGH hebt jedoch in seinem Urteil mehrmals explizit hervor, dass das auf die Notwendigkeit der Wahrung der Kohärenz gestützte Vorbringen stets an dem mit der fraglichen Regelung verfolgten *Ziel* zu messen ist.[1006] Die Zielsetzung bestand in dem vorliegenden Urteil – ebenso wie bereits in der Rechtssache *Bachmann* – in der Verhinderung einer *Doppelbesteuerung.*[1007] Vermieden werden soll die Doppelbesteuerung der von der Gesellschaft erwirtschafteten Gewinne im Ausschüttungsfall. Die Zielsetzung der Vermeidung einer Doppelbesteuerung erfordere beim Anrechnungsverfahren die Steuergutschrift beim Gesellschafter nach Maßgabe der Steuerbelastung bei der ausschüttenden Gesellschaft.[1008] Gleichzeitig wird so sichergestellt, dass sich beim die Steuergutschrift beim Gesellschafter auf die einbehaltene Quellensteuer der ausschüttenden Gesellschaft beschränkt und keine überhöhte Anrechnungsmöglichkeit besteht.

In Bezug auf die Hinzurechnungsbesteuerung muss also ebenfalls nach der *Zielsetzung* gefragt werden, wenn man die Kohärenz als Rechtfertigungsgrund heranzieht. Denn nur über das verfolgte Ziel lässt sich die Kohärenz formulieren.[1009] Bei der Hinzurechnungsbesteuerung wird nicht die Verhinderung einer Doppelbesteuerung bezweckt, sondern vielmehr die *Kompensation der Minderbesteuerung der Gesellschaft im Ausland* durch eine Höherbesteuerung beim inländischen Gesellschafter. Wie bereits im vorangegangenen Punkt ausgeführt, vertritt der EuGH die grundlegende Auffassung, dass kein Staat bei der Besteuerung eines Wirtschaftsvorgangs das Steuergefälle zu einem anderen beteiligten Staat kompensatorisch auffangen darf.[1010] „Kompensatorische Abgaben“ würden dem Grundgedanken des Binnenmarkts zuwiderlaufen.[1011] Der „*Steuerausgleich*“ ist damit keine Zielsetzung, die das Kohärenzerfordernis rechtfertigen könnte. Trotz Ausdehnung des Anwendungsbereichs der Kohärenz mit dem genannten Urteil in Sachen *Petri Manninen* kann das Argument der Kohärenz nicht zur

---

1004 Vgl. EuGH v. 7.9.2004, Rs. C-319/02, Petri Manninen, EWS 2004, S. 454 (457) Rdnr. 46.

1005 Vgl. auch Lieber, B./Rasch, S., GmbHR 2004, S. 1572 (1575).

1006 Vgl. EuGH v. 7.9.2004, Rs. C-319/02, Petri Manninen, EWS 2004, S. 454 (457), Rdnr. 43, 46, 47; ferner EuGH v. 11.3.2004, Rs. C-9/02, De Lasteyrie du Saillant, DB 2004, S. 686, Rdnr. 67 und EuGH v. 15.7.2004, Rs. C-315/02, Lenz, IStR 2004, S. 522, Rdnr. 37.

1007 Vgl. EuGH v. 7.9.2004, Rs. C-319/02, Petri Manninen, EWS 2004, S. 454 (457) Rdnr. 44, 47; ferner bei Seer, R./Kahler, B./Rüping, H./Thulfaut, K., EWS 2005, S. 289 (298 f).

1008 So EuGH v. 7.9.2004, Rs. C-319/02, Petri Manninen, EWS 2004, S. 454 (457) Rdnr. 46.

1009 Vgl. EuGH v. 7.9.2004, Rs. C-319/02, Petri Manninen, EWS 2004, S. 454 (457) Rdnr. 43.

1010 Vgl. EuGH v. 26.10.1999, Rs. C-294/97, Eurowings, Slg. 1999, I-7447, Rdnr. 44; ebenso EuGH v. 29.4.1999, Rs. C-311/97, Royal Bank of Scottland, Slg. 1999, I-2651, Rdnr. 34; EuGH v. 12.12.2002, Rs. C-324/00, Lankhorst-Hohorst, Slg. 2002, I-11779, Rdnr. 42.

1011 Vgl. EuGH v. 26.10.1999, Rs. C-294/97, Eurowings, Slg. 1999, I-7447, Rdnr. 45.

Schaffung einer Europatauglichkeit der Hinzurechnungsbesteuerung herangezogen werden.[1012]

2.1.2.3.5 Kapitalexportneutralität

Schön[1013] versucht, die Hinzurechnungsbesteuerung damit zu rechtfertigen, dass sie der Herstellung der Kapitalexportneutralität diene. Die Abschirmwirkung der Kapitalgesellschaft werde aufgehoben und die steuerliche Belastung des dort investierten Kapitals auf das inländische Steuerniveau hochgeschleust. Aus der Sicht des nationalen Investors führe die Kapitalexportneutralität gerade nicht zur Verwerfung, sondern zur Angleichung steuerlicher Rahmenbedingungen für In- und Auslandsengagement.

Die Herstellung der Kapitalexportneutralität sei auch im Binnenmarkt akzeptiert. Dies zeige die auch gemeinschaftsrechtlich anerkannte Anrechnungsmethode.[1014] Wenn dies der Fall sei, so könne durchaus darüber nachgedacht werden, ob bei der Hinzurechnungsbesteuerung die Abschirmwirkung der juristischen Person Tochtergesellschaft nicht eine andere Sachbehandlung verlange.[1015] Die Aufhebung der Abschirmwirkung sei nach *Schön* allerdings nur dann gerechtfertigt, wenn der Gesellschafter über die Mehrheit der Stimmrechte an der Tochtergesellschaft verfüge und ein ausschüttungsfähiger Gewinn bei der Tochtergesellschaft vorhanden sei. Eine zufällige Mehrheit inländischer Anteilseigner, wie es für die Hinzurechnungsbesteuerung genügt, reiche dafür nicht aus.

M.E. kann unter Verweis auf die Herstellung der Kapitalexportneutralität die Aufhebung der Abschirmwirkung im Rahmen der Hinzurechnungsbesteuerung nicht gerechtfertigt werden.[1016] Der Grundgedanke der Kapitalexportneutralität besteht darin, stets eine Besteuerung der Einkünfte nach dem inländischen Steuerniveau zu erreichen, unabhängig davon, woher die Einkünfte stammen.[1017] Die Auseinandersetzung mit der Frage der Herstellung einer Kapitalexportneutralität setzt voraus, dass überhaupt „Einkünfte" vorliegen. Die Hinzurechnungsbesteuerung führt – unter Aufhebung der Abschirmwirkung – zu einer „Einkünftefiktion". Diese fiktiven Einkünfte unterliegen zur Herstellung der Kapitalexportneutralität der Besteuerung im Inland. Die Aufhebung der Abschirmwirkung setzt demnach einen Schritt vor der Frage der Herstellung der Kapitalexportneutralität an. Erst aufgrund der vorangegangenen Einkünftefiktion

---

[1012] Gl.A. Lieber, B./Rasch, S., GmbHR 2004, S. 1572 (1576). Lieber und Rasch argumentieren hier, dass das Konzept der Hinzurechnungsbesteuerung „ein äußerst lückenhaftes Regelungsgefüge ist, so dass von einem widerspruchsfreien System im Sinne des Kohärenzarguments nicht die Rede sein kann."; Schönfeld, J., StuW 2005, S. 158 (164 f).

[1013] Vgl. Schön, W., DB 2001, S. 940 (945 f); ebenso Schönfeld, J., StuW 2005, S. 158 ff.

[1014] Die Herstellung der Kapitalexportneutralität solle nach seiner Ansicht Ziel der Besteuerung im Binnenmarkt sein, um für in- und ausländische Investoren neutrale Anlagevoraussetzungen zu schaffen.

[1015] Vgl. Schön, W., DB 2001, S. 940 (946)

[1016] Gl. A. Helminen, M., intertax 2005, S. 117 (122).

[1017] Ihr steht die Kapitalimportneutralität gegenüber, die stets eine Besteuerung der Einkünfte nach dem Steuerniveau des Quellenstaates erreichen will.

kommt die Frage nach der Besteuerung im In- oder Ausland überhaupt auf. Die Herstellung der Kapitalexportneutralität kann daher die Hinzurechnungsbesteuerung nicht rechtfertigen. Sie kommt logisch erst nach der Einkünftefiktion zum Tragen.

Akzeptiert man dennoch die Ansicht, dass die Herstellung der Kapitalexportneutralität das steuerliche Hauptziel im Binnenmarkt ist, die die Aufhebung der Abschirmwirkung bei Tochtergesellschaften rechtfertigen würde, so muss, und hier ist *Lang*[1018] zuzustimmen, dies generell geschehen, unabhängig von der Höhe der ausländischen Besteuerung und der Art der Einkünfte der ausländischen Tochtergesellschaft.

2.1.3 Allgemeines Diskriminierungsverbot

Das allgemeine Diskriminierungsverbot des Art. 12 Abs. 1 EG (früher Art 6. EGV) lautet: „Unbeschadet besonderer Bestimmungen dieses Vertrages ist in seinem Anwendungsbereich jede Diskriminierung aus Gründen der Staatsangehörigkeit verboten."

Das allgemeine Diskriminierungsverbot des Art. 12 EG gilt als Ausfluss des grundgesetzlichen Gleichheitsgebots und wird als „Magna Charta" der Wirtschaftsintegration bezeichnet.[1019] Es verbietet ganz allgemein die unterschiedliche rechtliche Behandlung gleicher Sachverhalte oder die gleiche rechtliche Behandlung unterschiedlicher Sachverhalte.[1020]

Das allgemeine Diskriminierungsverbot des Art. 12 EG richtet sich gegen die Ungleichbehandlung aus Gründen der Staatsangehörigkeit. Dennoch besteht Einigkeit darin, dass nicht nur sog. „offene" Diskriminierungen, die unmittelbar und explizit an das Kriterium der Staatsangehörigkeit anknüpfen, erfasst werden, sondern auch sog. „verdeckte" Diskriminierungen, die über den Wortlaut der Vorschrift hinaus auf Merkmale Bezug nehmen, die typischerweise nur von Inländern bzw. von Ausländern erfüllt werden.[1021]

Das allgemeine Diskriminierungsverbot des Art. 12 Abs. 1 EG tritt hinter den besonderen Diskriminierungsverboten der einzelnen EU-Grundfreiheiten zurück und ist insofern nur subsidiär anwendbar.[1022] Denn die Diskriminierungsverbote im Rahmen der

---

1018 Vgl. Lang, M., IStR 2002, S. 217 (221); zustimmend auch Rust, A., National Report Germany, in: Lang/Aigner/Scheuerle/Stefaner, CFC Legislation, 2004, S. 275 f und Rix, J., National Report Denmark, in: Lang/Aigner/Scheuerle/Stefaner, CFC Legislation, 2004, S. 171.

1019 Vgl. Zuleeg in: von der Groeben/Schwarze (Hrsg.), Kommentar zum Vertrag über die Europäische Union und zur Gründung der Europäischen Gemeinschaft, 6. Aufl., 2003, Art. 12 EG Rz. 1.

1020 Vgl. Toifl, G., Die EU-Grundfreiheiten und die Diskriminierungsverbote der Doppelbesteuerungsabkommen, in: Gassner/Lang/Lechner, Doppelbesteuerungsabkommen und Europäisches Gemeinschaftsrecht, 1996, S. 141.

1021 Vgl. hierzu ausführlich Streinz, R., EUV/EGV, 2003, Art. 12, Rz. 43, 47 ff.

1022 Zum Verhältnis der Grundfreiheiten und des Staatsangehörigendiskriminierungsverbots weiterführend z.B. Holoubek in: Schwarze (Hrsg.), EU-Kommentar, 1. Aufl., 2000, Art. 12 EGV Rz.

einzelnen EU-Grundfreiheiten stellen zwar, wie auch Art. 12 EG, auf die Staatsangehörigkeit ab, schützen aber darüber hinaus bestimmte Personengruppen. In Bezug auf Art. 43 EG werden im Besonderen die Personen bzw. Staatsangehörigen eines Mitgliedstaates geschützt, die in einem anderen Mitgliedstaat einer Erwerbstätigkeit nachgehen oder eine Tochtergesellschaft errichten wollen, in Bezug auf Art. 56 EG gilt dies für Staatsangehörige eines Mitgliedstaates, die Geldanlagen oder Investitionen in einem anderen Mitgliedstaat tätigen wollen.[1023]

Hinsichtlich der Untersuchung der Vereinbarkeit der Hinzurechnungsbesteuerung mit Europäischem Gemeinschaftsrecht kommt diese Vorschrift aufgrund ihrer Subsidiarität gegenüber den besonderen Diskriminierungsverboten innerhalb der einzelnen EU-Grundfreiheiten nicht zur Anwendung. Die restriktiveren Diskriminierungsverbote der Grundfreiheiten sind vorrangig zu prüfen. Wie die obige Analyse zeigt, verstößt die Hinzurechnungsbesteuerung bereits gegen die Diskriminierungsverbote im Rahmen der Niederlassungsfreiheit und Kapitalverkehrsfreiheit.

2.2 Vereinbarkeit mit Sekundärem Gemeinschaftsrecht – Mutter-Tochter-Richtlinie

Artikel 4 Abs. 1 der Mutter-Tochter Richtlinie (MTR) 2003[1024] (Parent-Subsidiary-Directive) besagt:

Fließen einer Muttergesellschaft oder ihrer Betriebsstätte aufgrund ihrer Beteiligung an der Tochtergesellschaft Gewinne zu, die nicht anlässlich der Liquidation der Tochtergesellschaft ausgeschüttet werden, so

- besteuert der Staat der Muttergesellschaft und der Staat der Betriebsstätte diese Gewinne entweder nicht oder
- der Staat der Muttergesellschaft und der Staat der Betriebsstätte besteuert die Gewinne, lassen aber zu, dass die Muttergesellschaft und die Betriebsstätte auf die geschuldete Steuer den Steuerteilbetrag, den die Tochtergesellschaft und jegliche Engelgesellschaft für diesen Gewinn entrichtet, bis zur Höhe der entsprechenden Steuerschuld anrechnen kann.

Hintergrund der Regelung ist, die üblicherweise bestehende steuerliche Benachteiligung von Beziehungen zwischen Mutter- und Tochtergesellschaften in verschiedenen Mitgliedstaaten gegenüber Mutter- und Tochterbeziehungen innerhalb eines Mitglied-

---

11; Streinz, R., EUV/EGV, 2003, Art. 12, Rz. 14; Herzig, N./Dautzenberg, N., DB 1992, S. 2519 (2522); Bachmann, B., RIW 1994, S. 849 (850).

1023 Vgl. Toifl, G., Die EU-Grundfreiheiten und die Diskriminierungsverbote der Doppelbesteuerungsabkommen, in: Gassner/Lang/Lechner, Doppelbesteuerungsabkommen und Europäisches Gemeinschaftsrecht, 1996, S. 143 f; Brigola, A., Das System der EG-Grundfreiheiten: Vom Diskriminierungsverbot zum spezifischen Beschränkungsverbot, 2004, S.179 f, 189.

1024 Richtlinie 90/435/EWG vom 23.7.1990 über das gemeinsame Steuersystem der Mutter- und Tochtergesellschaften verschiedener Mitgliedstaaten – geändert durch die Richtlinie 2003/123/EC vom 22.12.2003.

staates zu bereinigen. Insbesondere die Gefahr der Doppelbesteuerung ausgeschütteter Gewinne sollte durch die Schaffung eines gemeinsamen Steuersystems beseitigt werden.[1025] Das gemeinsame Steuersystem zur Vermeidung einer Doppelbesteuerung bei Gewinnausschüttungen der Tochtergesellschaft an die Muttergesellschaft kann wahlweise ausgestaltet sein als

(1) Freistellungssystem oder
(2) Anrechnungssystem.

Für die Mitgliedstaaten besteht damit ein Wahlrecht, die ausgeschütteten Gewinne entweder bei der Muttergesellschaft freizustellen oder die bereits von der Tochtergesellschaft auf den ausgeschütteten Gewinnanteil gezahlten Steuern nebst einbehaltener Quellensteuer auf die Steuer der Muttergesellschaft anzurechnen.[1026] Voraussetzung ist, dass die Muttergesellschaft eine „Gesellschaft eines Mitgliedstaates" i.S.d. Art. 2 der MTR ist, d.h. insbesondere eine der im Anhang[1027] der MTR aufgeführten Formen aufweist und zu wenigstens 20% am Kapital der Tochtergesellschaft hält.[1028]

Wie bereits erläutert, muss sekundäres Gemeinschaftsrecht in Form einer Richtlinie in innerstaatliches Recht umgesetzt werden, um unmittelbare Rechtswirkung gegen den einzelnen EU-Bürger zu entfalten. Bezüglich der MTR ist dies in Deutschland mit Wirkung zum 1.1.1992 in § 44 d EStG, heute § 43 b EStG, geschehen. Deutschland hat die erste Alternative der MTR, die Freistellungsmethode, gewählt. Auch die anderen EU-Mitgliedstaaten haben sich überwiegend für die Freistellungsmethode entschieden.[1029]

Die Hinzurechnungssteuer verstößt gegen die MTR, wenn – vorausgesetzt, die Tatbestandsmerkmale liegen im Übrigen vor – auf den Hinzurechnungsbetrag keine der beiden von der MTR vorgegebenen Methoden, Freistellung oder Anrechnung, angewendet wird.

Die Anwendung der MR auf den Hinzurechnungsbetrag setzt voraus, dass der Ausschüttungstheorie gefolgt wird. Wird der Hinzurechnungsbetrag – gemäß der Zurechnungstheorie – als Einkommen der CFC und die CFC als transparente Unternehmenseinheit angesehen, deren Gewinn den Gesellschaftern unmittelbar zugerechnet wird, so

---

1025 Vgl. Meerpohl, J., Die Mutter-/Tochter-Richtlinie der Europäischen Gemeinschaft und ihre Umsetzung in das Recht der Mitgliedstaaten, 1998, S. 33, 35.

1026 Sog. „indirekte Anrechnung" der ausländischen Steuer und sog. „direkte Anrechnung" der im Ausland einbehaltenen Quellensteuer.

1027 Der Anhang der Richtlinie 2003/123/EC vom 22.12.2003 enthält im Vergleich zum Anhang der Richtlinie 90/435/EWG vom 23.7.1990 weitere neue EU Gesellschaftsformen.

1028 Art. 3 der Richtlinie 2003/123/EC vom 22.12.2003. Die Richtlinie 90/435/EWG vom 23.7.1990 sah noch eine Beteiligung von 25% vor.

1029 Für die Anrechnungsmethode haben sich nur Irland, Spanien und Großbritannien entschieden. Vgl. Untersuchung von Meerpohl, J., Die Mutter-/Tochter-Richtlinie der Europäischen Gemeinschaft und ihre Umsetzung in das Recht der Mitgliedstaaten, 1998, S. 189.

ist die MTR nicht einschlägig.[1030] Denn diese stellt auf diejenigen Unternehmenszusammenschlüsse ab, die als Mutter-Tochter-Beziehung ausgestaltet sind und in welchen die Gewinne über eine Gewinnausschüttung zu dem Gesellschafter gelangt.[1031] Wird der Hinzurechnungsbetrag – gemäß der Repräsentationstheorie – nicht als Einkommen der CFC, sondern als fiktive rechnerische Größe gesehen, die sich lediglich aus dem Gewinn der CFC ableitet, so liegt die Hinzurechnungsbesteuerung ebenfalls außerhalb des Anwendungsbereichs der MTR. Denn es wird von der ausländischen Tochtergesellschaft vollständig abstrahiert.[1032]

Auf Basis der „Ausschüttungstheorie" ist die MTR anzuwenden. Die CFC gilt als intransparente Unternehmenseinheit, deren Gewinne nur über eine Gewinnausschüttung zum Gesellschafter (Muttergesellschaft) gelangen. Bei der Hinzurechnungsbesteuerung geschieht dies durch die Fiktion einer Ausschüttung.

Ob „fiktive Gewinnausschüttungen" auch unter den Begriff „Gewinnausschüttungen" i.S.d. MTR fallen, ist nicht geklärt.[1033] Weder äußert sich die Richtlinie selbst hierzu noch hat der EuGH diesbezüglich eine Entscheidung getroffen. M.E. entspricht es dem Sinn und Zweck der MTR, auch fiktive Ausschüttungen zu erfassen.[1034] Letztlich bleibt es jedoch bis zur Klarstellung durch eine Richtlinienergänzung oder eine Entscheidung des EuGH offen, ob bei fiktiven Dividenden die MTR zur Anwendung kommt.

Unter der Annahme, dass auch eine fiktive Dividende von der Richtlinie erfasst wird, kann festgestellt werden, dass die Hinzurechnungsbesteuerung nicht gegen die MTR verstößt. Die MTR stellt neben der Freistellungs- alternativ auch die Anrechnungsmethode zur Verfügung. Bei der Hinzurechnungsbesteuerung wurde zulässig die Alternative der Anrechnungsmethode gewählt.[1035]

Der Hinzurechnungsbetrag ist steuerpflichtig. Die ausländische Steuer, mit der der Hinzurechnungsbetrag im Sitzstaat der CFC belastet wurde, ist gemäß § 12 Abs. 1 AStG i.V.m. § 10 Abs. 1 AStG auf die inländische Einkommen- oder Körperschaftsteuer des Gesellschafters, die auf den Hinzurechnungsbetrag entfällt, anrechenbar. Die

---

1030 a.A. Stefaner, M. C., General Report, in: Lang/Aigner/Scheuerle/Stefaner, CFC Legislation, 2004, S. 51; Helminen, M., intertax 2005, S. 117 (119).

1031 So die Einleitung zur Mutter-Tochter-Richtlinie 1990.

1032 Gl.A. Wassermeyer, F., IStR 2000, S. 193 (195).

1033 Vgl. Helminen, M., intertax 2005, S. 117 (119); Meerpohl, J., Die Mutter-/Tochter-Richtlinie der Europäischen Gemeinschaft und ihre Umsetzung in das Recht der Mitgliedstaaten, 1998, S. 50.

1034 Gl.A. Helminen, M., intertax 2005, S. 117 (119); Helminen, M., National Report Finland, in: Lang/Aigner/Scheuerle/Stefaner, CFC Legislation, 2004, S. 216 f; zweifelnd Saß, G., DB 1990, S. 2340 (2346).

1035 Vgl. auch Rust, A., National Report Germany, in: Lang/Aigner/Scheuerle/Stefaner, CFC Legislation, 2004, S. 271, a.A. Helminen, M., intertax 2005, S. 117 (119). Nach ihrer Auffassung müssen, sofern für tatsächliche Dividenden die „Freistellungsmethode" gewählt wurde, auch für fiktive Dividenden die „Freistellungsmethode" gelten.

Anrechnung der ausländische Steuer erfolgt nur auf Antrag[1036] und nach Maßgabe der §§ 34 c EStG und 26 KStG.[1037] Der Verweis auf die §§ 34 c EStG und 26 KStG betrifft im Wesentlichen die Berechnung des Anrechnungshöchstbetrags.[1038] Übersteigt die ausländische Steuer den in Bezug auf den Hinzurechnungsbetrag ermittelten Höchstbetrag, so geht dieser als Steuerentlastung verloren; insbesondere ist kein Vortrag auf Folgejahre möglich.[1039] Sofern die ausländische Steuer den Anrechnungshöchstbetrag übersteigt, kommt es regelmäßig zu einer partiellen Doppelbesteuerung.[1040] Quellensteuer wird im Zeitpunkt der Hinzurechnungsbesteuerung (auf die fiktive Dividende) nicht einbehalten. Insofern erübrigt sich die Anrechnung der Quellensteuer.[1041]

Es zeigt sich, dass die Hinzurechnungsbesteuerung richtlinienkonform ist. Es kommt zwar möglicherweise aufgrund der Anrechnung bis maximal zur Höhe des Anrechnungshöchstbetrags zu einer partiellen Doppelbelastung, dies ist jedoch unschädlich, da die Ausgestaltung des Anrechnungsverfahrens, z.B. in Form einer „per-country-limitation“ oder „basket-limitation“, den einzelnen Mitgliedstaaten überlassen ist. Die MTR gibt nur die Methode vor, nicht die individuelle Ausgestaltung im Einzelnen. Mit der Formulierung in Art. 4 Abs. 1 MTR, dass die ausländische Steuer „bis zur Höhe der entsprechenden Steuerschuld“ angerechnet werden kann, legt die MTR lediglich fest, dass eine Anrechnung nicht über die festgesetzte Steuerschuld hinausgehen muss. Die Bestimmung eines Anrechnungshöchstbetrags steht dieser Festlegung nicht entgegen.

Es fällt jedoch auf, dass die Anrechnungsmöglichkeit bei der deutschen Hinzurechnungsbesteuerung an eine 7-Jahresfrist gebunden ist. Die Einschränkung durch diese siebenjährige „Präklusionsfrist“ steht im Widerspruch zur MTR. Bei einer Gewinnausschüttung nach Ablauf der Präklusionsfrist wird die Anrechnung versagt. Das Anrechnungssystem wird nicht gewährt.

1036 Ohne Antrag kann nur ein Abzug der ausländischen Steuer bei der Einkommensermittlung gemäß § 10 Abs. 1 AStG erreicht werden. Die Anrechnungsmöglichkeit ist antragsgebunden.

1037 § 12 Abs. 2 AStG.

1038 Ab dem Veranlagungszeitraum 2003 ist bezüglich der Berechnung des Anrechnungshöchstbetrags § 34 c Abs. 1 S. 3 und 4 EStG zu beachten. Dieser besagt, dass ausländische unversteuerte Einkünfte bei der Ermittlung des Anrechnungshöchstbetrags unberücksichtigt bleiben. Vgl. Burkert in: Strunk/Kaminski/Köhler, AStG/DBA, § 12 Rz. 18, 21; Lüdicke, J., IStR 2003, S. 433 f.

1039 Vgl. Burkert in: Strunk/Kaminski/Köhler, AStG/DBA, § 12 Rz. 19.

1040 Teile der Literatur vertreten jedoch die Auffassung, dass die ausländische Steuer *uneingeschränkt* anrechenbar ist und der Verweis auf die §§ 34 c EStG und 26 KStG nur die technische Durchführung der Anrechnung betrifft Eine Doppelbelastung wäre dann in vollem Umfang vermieden. Vgl. Mössner in: Brenzing u.a., AStG, § 12 Rz. 21 f; Wassermeyer in: Flick/Wassermeyer/Baumhoff, AStG, § 12 Rz. 25; Haun, J./Reiser, H., GmbHR 2004, S. 841 (848).

1041 Bei tatsächlicher Ausschüttung kann die einbehaltene Quellensteuer auf die Dividende in Umfang der §§ 34 c EStG und 26 KStG abgezogen oder angerechnet werden. Für die Anrechnung ist unerheblich, ob die Dividende aus aktiven oder passiven Einkunftsquellen stammt. Vgl. BMF v. 14.05.2004, BStBl I 2004, Sondernummer 1/2004, Tz. 12.3.1 und 12.3.2.

2.3 Ergebnis – Hinzurechnungsbesteuerung und Europäisches Gemeinschaftsrecht

In allen Mitgliedstaaten gilt der Vorrang des Europäischen Gemeinschaftsrechts vor nationalem Recht. Rechtsgrundlage ist die Rechtsprechung des EuGH und die sich dem EuGH anschließenden jeweiligen nationalen Rechtsprechungen in den einzelnen Staaten. Nationale Gesetzesvorschriften müssen daher mit dem Europäischen Gemeinschaftsrecht vereinbar sein.

Die vorangegangene Analyse ergab, dass die Hinzurechnungsbesteuerung gegen das *primäre Gemeinschaftsrecht,* im Besonderen gegen die europäischen Grundfreiheiten – Niederlassungsfreiheit und Kapitalverkehrsfreiheit – verstößt. Darüber hinaus konnte gezeigt werden, dass keine der vom EuGH entwickelten Rechtfertigungsgründe den Verstoß „heilen" können. Insbesondere können weder das Argument der „Missbrauchsvermeidung" vorgebracht noch die „Kohärenz", auch nach dem EuGH-Urteil in der Rechtssache *Petri Manninen*, bemüht werden.

Ein Verstoß gegen *sekundäres Gemeinschaftsrecht*, im Besonderen gegen die MTR, kann der Hinzurechnungsbesteuerung nicht vorgeworfen werden. Die Hinzurechnungsbesteuerung entspricht der von der MTR vorgegebenen „Anrechnungsmethode". Allerdings gilt dies nur für diejenigen CFC-Rules, die keine Frist für die Anrechnung setzen. Die deutschen CFC-Rules mit ihrer siebenjährigen Präklusionsfrist sind somit nicht mit der MTR vereinbar.

Teil V. Lösungsvorschläge auf Basis der Ergebnisse der Analyse

1. Abwehrausmaß der CFC-Rules

Die Schwierigkeit bei der Entwicklung von Abwehrmaßnahmen gegen Steuerfluchtgestaltungen besteht vor allem darin, ungerechtfertige Steuervermeidung durch künstliche Gewinnverlagerungen ins Ausland zu erfassen und legitime Steueroptimierung durch Auslandsinvestitionen zu schützen. Zentrale Frage ist daher, ob die einzelnen Staaten mit ihren CFC-Rules das „richtige" Abwehrausmaß treffen konnten. Maßgebend ist, ob

(1) die Sachlage, bei welcher die CFC-Rules zur Anwendung kommen, eine Gestaltung widerspiegelt, durch die nachweislich *ungerechtfertigte Steuervorteile* erlangt werden und
(2) der Anwendungsbereich, Tatbestand und Rechtsfolge sowie die Besteuerungskonzeption der Gesetzesvorschriften derart hinreichend bestimmt und ausgestaltet sind, dass diese ungerechtfertigte Steuervermeidungsgestaltung *in angemessenem Umfang* erfasst wird.

1.1 Erfassen einer Gestaltung, die auf eine ungerechtfertiger Steuervermeidung abzielt

Auf Grundlage des in Teil II dieser Arbeit durchgeführten Ländervergleichs unter Erarbeitung der Grundstrukturen der einzelnen CFC-Gesetzgebungen in den EU-Staaten und den USA kann als Ergebnis festgehalten werden, dass die CFC-Rules länderunabhängig folgende Ausgestaltungen vorsehen sollten, um Gestaltungen, die auf eine ungerechtfertigte Steuervermeidung abzielen, bestmöglichst zu identifizieren:

1.1.1 Identifikation eines Steuervermeidungssachverhalts

Rechtsform der CFC

Da die Nutzung von CFCs zur Steuerflucht primär auf der Abschirmwirkung des Trennungsprinzips basiert, kann ein Steuervermeidungssachverhalt grundsätzlich nur unterstellt werden, wenn die CFC ein selbständiges Rechts- und Steuersubjekt ist. Denn nur dann wird das Problem des „tax deferral" relevant. Transparente, unselbständige Rechtssubjekte, dürften nur dann einbezogen werden, wenn sie zwar rechtlich unselbständig sind, steuerlich jedoch als eigenständiges Subjekt behandelt werden, d.h. wenn Personengesellschaften zur Besteuerung als Kapitalgesellschaft optiert haben. Dies trifft nur bei den Staaten zu, die sog. hybride Gesellschaften kennen.[1042] Hierzu gehören neben den USA insbesondere auch Frankreich und Spanien.[1043]

[1042] In den USA bekannt als die sog. „check-the-box-regulation", vgl. Brähler, G., Direktinvestitionen in den USA, 2002, S. 131.

[1043] Vgl. Hartmann, T., Steuergestaltung durch Verwendung hybrider Gesellschaften, 2000, S. 19.

Ferner ist m.E. vertretbar, dass auch Betriebsstätten der inländischen Kapitalgesellschaft als CFC in Frage kommen, da durch die Errichtung einer Betriebsstätte in einem Niedrigsteuerstaat dem Inland ebenfalls Steueraufkommen entzogen werden kann. Unter bestimmten Voraussetzungen weisen die DBA dem Betriebsstättenstaat das Besteuerungsrecht zu. Das Inland muss die Betriebsstättengewinne von der Besteuerung (unter Progressionsvorbehalt) freistellen.

Beherrschungsbeteiligung (Kontrolle)

Eine Steuervermeidungsgestaltung kann nur angenommen werden, wenn die Gesellschafter der CFC die Geschäftsentscheidungen der Gesellschaft, insbesondere hinsichtlich der Ausschüttungspolitik und der Entscheidungen über den Ausübungsort von Tätigkeiten, maßgeblich beeinflussen können. Bezüglich der Ausgestaltung der Beherrschungsbeteiligung lässt sich folgendes feststellen: Auf die Gesamtheit der Gesellschafter („concentrated group concept") ist nur dann abzustellen, wenn Interessensgleichlauf zwischen den Gesellschaftern unterstellt werden kann. Von einem Interessensgleichlauf kann grundsätzlich nur bei Zusammentreffen von mehreren wesentlich beteiligten Gesellschaftern ausgegangen werden. Minderheitsgesellschafter bzw. Kleinaktionäre verfolgen üblicherweise diametral entgegengesetzte Interessen zu Mehrheitsgesellschaftern bzw. Großaktionären. Eine Zusammenfassung aller (wesentlich und unwesentlich beteiligten) Gesellschafter könnte zu einer Verzerrung der Sachlage und so zu einer fälschlichen Unterstellung eines Steuervermeidungssachverhalts führen. Andererseits ist festzuhalten, dass an einer CFC typischerweise keine Beteiligungen in Streubesitz gehalten werden, wie dies bei börsennotierten Gesellschaften üblich ist. Erwirbt eine Person eine Beteiligung an einer Gesellschaft, die in einer Steueroase ansässig und überwiegend „passiv" tätig ist, so kann wohl in praxi davon ausgegangen werden, dass diese Person in Interessenkonformität mit den übrigen Gesellschaftern steht. Daher ist es m.E. vertretbar, einen Gleichlauf der Interessen aller CFC-Gesellschafter anzunehmen. Für die Identifikation eines Steuervermeidungssachverhalts ist daher bezüglich der Frage der „Beherrschung" der CFC durch die inländischen Gesellschafter das „concentrated group concept" zutreffend. Die Gesamtbetrachtung aller Gesellschafter ist gegenüber der Alternative der Betrachtung des einzelnen Gesellschafters vorzuziehen. Dies gilt insbesondere auch vor dem Hintergrund der Vermeidung von Umgehungen.

Niedrigbesteuerung und passive Einkünfte

Die Zwischenschaltung einer CFC verschafft einem Anteilseigner folgende steuerliche Vorteile:

(a) Ist die Dividende steuerpflichtig, so kann ein *Aufschub der Gewinnbesteuerung* („tax deferral") im hoch besteuerten Inland erreicht werden, da der Gewinn bis zur Ausschüttung von der Besteuerung im Inland „abgeschirmt" wird.
(b) Ist die Dividende steuerfrei, so kann erreicht werden, dass der aus der Vermögensverwaltung und z.B. Finanzierungstätigkeiten der CFC resultierende (ausgeschüttete) Gewinn lediglich mit dem niedrigen *Steuerniveau des Steueroasenlandes* belastet bleibt.

Auf einen Steuervermeidungssachverhalt kann daher geschlossen werden, wenn,

(a) sofern die Dividende steuerpflichtig ist, eine ausländische (passiv tätige) Kapitalgesellschaft zum Erreichen eines Besteuerungsaufschubs zwischen Anteilseiger und inländische Kapitalgesellschaft geschaltet wird und
(b) sofern die Dividende steuerfrei ist, die zwischengeschaltete ausländische Kapitalgesellschaft in einem Niedrigsteuerstaat ansässig ist.

In den USA sind (in- und ausländische) Dividenden beim Anteilseigner regelmäßig *steuerpflichtig*. Aus diesem Grund haben m.E. die USA in ihre CFC-Gesetzgebung als Tatbestand lediglich die „Erzielung passiver Einkünfte“ der CFC aufgenommen, nicht die „Niedrigbesteuerung“ im Sitzstaat der CFC. Obwohl es um die Thematik der Steuerflucht in Niedrigsteuerstaaten geht, fehlt das Kriterium der „Niedrigbesteuerung“. Dies ist sachgerecht, weil aufgrund der Steuerpflicht der Dividenden im Inland die Niedrigbesteuerung im Sitzstaat der CFC ohne Bedeutung ist. Durch die Besteuerung im Inland werden die ausgeschütteten Gewinne stets mit dem inländischen Steuerniveau belastet. Bei der Minderbelastung gemäß dem Steuerniveau des CFC-Staates bleibt es nicht. Die Niedrigbesteuerung im CFC-Staat kann daher kein Indiz für einen Steuervermeidungssachverhalt sein. In Großbritannien sind Dividenden an Anteilseigner ebenso wie in den USA regelmäßig steuerpflichtig. Dennoch wird hier m.E. unsachgemäßerweise auf die „Niedrigbesteuerung“ im CFC-Staat abgestellt.

In den Staaten, in welchen die Dividenden beim Anteilseigner *steuerfrei* sind, kommt es hingegen vor allem auf die „Niedrigbesteuerung“ im Sitzstaat der CFC an. Bei diesen Staaten geht es bei der Zwischenschaltung ausländischer Kapitalgesellschaften nicht primär darum, einen Besteuerungsaufschub zu erreichen, sondern vorrangig darum, das niedrigere Steuergefälle auszunutzen. In diesen Fällen muss die „Niedrigbesteuerung“ im Sitzstaat der CFC relevantes Kriterium sein, um einen Steuervermeidungsfall zu identifizieren.

In den Staaten, in welchen eine *partielle Steuerfreiheit* der Dividenden beim Anteilseigner vorgesehen ist, so z.B. in Deutschland bei Dividenden an natürliche Personen, muss sowohl der Tatbestand der „Erzielung passiver Einkünfte“ der CFC als auch der Tatbestand der „Niedrigbesteuerung“ im CFC-Staat geprüft werden. Denn hier kann sowohl von dem Besteuerungsaufschub als auch von der Minderbesteuerung im CFC-Staat profitiert werden.

Ob die „Niedrigbesteuerung“ im Sitzstaat der CFC oder (und) die „Erzielung passiver Einkünfte“ der CFC relevantes Kriterium für die Identifikation einer Steuervermeidungsgestaltung sein muss, ist demnach m.E. in Abhängigkeit der nationalen und abkommenrechtlichen Dividendenregelung zu beantworten.

1.1.2 Widerlegbarkeit der Steuervermeidungsvermutung

Es zeigt sich, dass die meisten CFC-Gesetzgebungen bei Vorliegen der Voraussetzungen, die auf einen Steuervermeidungssachverhalt schließen lassen, eine unwiderlegbare Steuerumgehungsvermutung normieren. Diese unwiderlegbare Steuerumgehungsvermutung müsste in eine widerlegbare umgestaltet werden. Der Steuerpflichtige sollte die Möglichkeit bzw. Chance haben, den Steuervermeidungsvorwurf durch die Vorlage entsprechender Beweismaterialien zu entkräften. Denn dadurch wird vermieden, dass die Hinzurechnungsbesteuerung auch Fälle erfasst, bei welchen der Steuerpflichtige den Nutzen und die Notwendigkeit der Auslandstätigkeit nachweisen kann. Auf diese Weise ist sichergestellt, dass weitgehend nur rein steuerlich motivierte, wirtschaftlich sinnlose Funktionsverlagerungen von der Hinzurechnungsbesteuerung erfasst werden. Die Hinzurechnungsbesteuerung würde damit im Rahmen ihres sachlichen Ziels bleiben, ungerechtfertige Steuervorteile durch künstliche Gewinnverlagerung ins Ausland zu vermeiden.

1.2 Umfang der Steuervermeidungsabwehr

1.2.1 Zielgruppe der Hinzurechnungsbesteuerung

Rechtsform der Anteilseigner

Ob von der Hinzurechnungsbesteuerung Anteilseigner nur in der Rechtsform einer juristischen Person oder auch einer natürlichen Person betroffen sein sollen, ist m.E. ebenfalls auf Grundlage der nationalen und abkommensrechtlichen Regelungen zur Dividendenbesteuerung zu entscheiden. Ist die Dividende beim Anteilseigner steuerfrei, so ist Ziel der Hinzurechnungsbesteuerung die Ausnutzung des Niedrigsteuerregimes im Sitzstaat der CFC. Gilt die Steuerfreiheit nur für Kapitalgesellschaften – wie es viele nationale Vorschriften und die meisten DBA im Rahmen des Schachtelprivilegs vorsehen – so müssten grundsätzlich nur Kapitalgesellschaften Zielgruppe der Hinzurechnungsbesteuerung sein. Allerdings lässt sich feststellen, dass auch diejenigen Anteilseigner, bei welchen die Dividende steuerpflichtig ist, von der Zwischenschaltung einer CFC aufgrund des zu erreichenden Besteuerungsaufschubs profitieren. Daher sind natürliche ebenso wie juristische Personen in die Hinzurechnungsbesteuerung einzubeziehen. In Großbritannien beispielsweise werden nur juristische Personen von der Hinzurechnungsbesteuerung erfasst. Insoweit erreicht m.E. die englische CFC-Gesetzgebung nicht das erforderliche Abwehrausmaß.

Hinzurechnungsbeteiligung

Ein Gesellschafter, der keinerlei Einflussmöglichkeiten auf die Geschäftspolitik hat, kann grundsätzlich nicht Zielgruppe der Hinzurechnungsbesteuerung sein. Erfasst werden dürften nur Gesellschafter, die tatsächlich Einfluss auf die geschäftspolitischen Entscheidungen der CFC nehmen können. Der Einbezug von Minderheitsgesellschaftern in den Anwendungsbereich der CFC-Rules könnte dazu führen, dass u.U. Gesellschafter von der Hinzurechnungsbesteuerung betroffen sind, welchen ein Steuervermeidungsvorwurf nicht angelastet werden kann. Anderes kann nur gelten, wenn ein wesentlicher Einfluss tatsächlich nachgewiesen werden kann. M.E. dürfte allerdings, wie im Rahmen der Beherrschungsbeteiligung dargelegt, aufgrund der unterstellbaren Interessenskonformität zwischen den CFC-Gesellschaftern in praxi regelmäßig ein derartiger tatsächlicher Einfluss auf die Geschäftsentscheidungen nachweisbar sein.

Vor diesem Hintergrund ist es zu befürworten, alle CFC-Gesellschafter – unabhängig von ihrer Beteiligungshöhe – in die Hinzurechnungsbesteuerung einzubeziehen.

1.2.2 Umfang der hinzuzurechnenden Einkünfte

Die Staaten sehen

(a) als Tatbestand entweder die *Niedrigbesteuerung* mit der Rechtsfolge der Hinzurechnung *aller Einkünfte* der CFC („entity approach") oder
(b) als Tatbestand entweder *passive Einkünfte* (und Niedrigbesteuerung) mit der Rechtsfolge der Hinzurechnung nur der *passiven Einkünfte* der CFC („transaction approach") vor.

Sofern als Tatbestand und Rechtsfolge nur auf die passiven Einkünfte abgestellt wird („transaction approach"), ist der Gesetzgeber zwingend gehalten, einen abschließenden und regelmäßig aktualisierten (Positiv- oder Negativ-)Katalog bereitzustellen. Geschieht dies nicht, besteht eine unzumutbare Rechtsunsicherheit, da aufgrund unterschiedlicher Auslegung einige Finanzämter bestimmte Einkünfte der Hinzurechnungsbesteuerung unterwerfen und andere Finanzämter nicht. Auf diese Weise kommt es zu einem ungleichen Abwehrausmaß bei den Steuerpflichtigen und damit zu einem Verstoß gegen die Steuergerechtigkeit.

Da das Erstellen eines abschließenden und stetig aktualisierten Katalogs kaum praktizierbar ist, dürfte der „transaction approch" regelmäßig zu einem uneinheitlichen Umfang der Einkünftehinzurechnung und damit zu einer ungerechten Besteuerung führen. Daher ist das Konzept des „entity approach" zu bevorzugen. Denn bei diesem Ansatz werden stets alle Einkünfte von der Hinzurechnungsbesteuerung erfasst. Zu einer Ungleichbehandlung kommt es nicht. Zwar wird auch bei dem „entity approach" im Rahmen der Rechtsfolgeregelung überprüft, ob die CFC „überwiegend aktiv tätig" ist, allerdings fällt dies leichter, als eine genaue Trennung zwischen aktiven und passiven Einkünften vorzunehmen. Ferner wird man von einer genauen Trennung zwischen aktiven und passiven Einkünften ohnehin absehen können, da, sofern bei der Errichtung einer CFC die Steuerflucht bezweckt wird, ohnehin die passiven Einkünfte überwiegen dürften. Die CFC-Gesetzgebungen sollten daher den „entity approach" vorsehen.

1.2.3 Ausgestaltung der Besteuerungskonzeption

Die CFC-Rules gelten ebenso wie die „general anti-avoidance-rules" als Missbrauchsvermeidungsinstrument. Wie in Teil III dieser Arbeit im Rahmen des Vergleichs zwischen den CFC-Rules und den jeweiligen „general anti-avoidance-rules" festgestellt, sind die „general anti-avoidance-rules" international anerkannt und waren nur sehr selten Gegenstand kritischer Auseinandersetzungen – anders die CFC-Rules. Diese stehen seit Jahrzehnten hinsichtlich ihrer Konzeption sowie ihrer Vereinbarkeit mit DBA- und EU-Recht im Kreuzfeuer der Kritik. Diese divergierende Reaktion in Bezug auf zwei Reglements, die gleichermaßen Missbrauchsvermeidungsfunktion haben und daher gleichermaßen Zustimmung erhalten müssten, kann m.E. nur mit der bei den

CFC-Rules angewandten Rechtsfolgentechnik der Einkünftezurechnung durch „Einkünftefiktion" erklärt werden.

Die CFC-Rules bedienen sich der gesetzlich angeordneten Einkünftezurechnung durch Einkünftefiktion, nicht der bei den allgemeinen Missbrauchsvorschriften üblichen Einkünftezurechnung durch Sachverhaltsfiktion. Problematisch ist hierbei, dass, wie sich aus der Analyse der einzelnen CFC-Gesetzgebungen der Länder ergeben hat, dieser Einkünftezurechnung kein klares und stringentes Besteuerungskonzept zugrunde liegt. Mit Ausnahme der USA hat sich kein Staat klar zu einer hinter der Hinzurechnungsbesteuerung stehenden Besteuerungskonzeption bekannt und diese konsequent zu Ende geführt. Deutschland hat sich zwar ebenfalls für eine Besteuerungskonzeption ausgesprochen, führt dieses deklarierte Konzept jedoch de facto nicht durch. Bei den übrigen hier untersuchten Staaten bleiben die Besteuerungskonzeptionen völlig offen. Die Hinzurechnungsbesteuerungen lassen auch faktisch kein geradliniges Besteuerungskonzept erkennen. Vielmehr hat sich gezeigt, dass sie sich als ein zufälliger „Mix" aus Unternehmensgewinn-, Dividenden- und Aliudbesteuerung darstellen.

Für die einzelnen Staaten scheint lediglich der Zweck, die fiskalisch gewünschte Besteuerung auf Ebene des inländischen Gesellschafters zu erreichen, von Bedeutung zu sein. Stringente Besteuerungskonzeptionen und tragende Besteuerungsprinzipien bleiben hierbei unbeachtet. Eine derartige willkürliche Einkünftefiktion bar jeder Konzeption und steuersystematischer Grundlage kann jedoch dazu führen, dass der Missbrauchssachverhalt in einem zu großem Umfang erfasst wird. Es entsteht die Gefahr, dass das notwendige Abwehrausmaß u.U. erheblich überschritten wird. Die Hinzurechnungsbesteuerung kann daher m.E. nur Akzeptanz erlangen, wenn der Einkünftefiktion eine klare und mit den Grundprinzipien der Besteuerung vereinbare Besteuerungskonzeption zugrunde gelegt wird.

Welche Konzeption Grundlage für die Einkünftefiktion sein sollte, lässt sich am besten aus der Zielsetzung der Hinzurechnungsbesteuerung ableiten. Wie in der Einleitung aufgezeigt, bezweckt die Hinzurechnungsbesteuerung Folgendes:

(1) *Vermeidung des Aufschubs der Gewinnversteuerung* („tax deferral") beim Anteilseigner.
(2) *Kompensation der Niedrigbesteuerung* im Sitzstaat der CFC durch die Besteuerung der (ausgeschütteten) Gewinne beim Anteilseigner.

1.2.3.1 Vorgezogene Dividendenbesteuerung durch Dividendenfiktion

Der Aufschub der Gewinnbesteuerung i.S.e. Gewinnbesteuerung beim Anteilseigner (erst) nach Ausschüttung der Gesellschaft beruht auf dem Trennungsprinzip. Eine Gewinnbesteuerung vor Ausschüttung kennt das Steuerrecht der EU-Staaten aufgrund der anerkannten Sphärentrennung zwischen Kapitalgesellschaft und seinen Anteilseignern nicht. Will der Gesetzgeber diesen Besteuerungsaufschub nicht gewähren, so muss er hierfür ein neues Besteuerungsinstrumentarium schaffen. Dies ist mit der Hinzurechnungsbesteuerung geschehen. Die Neuartigkeit der Hinzurechnungsbesteuerung besteht darin, dass durch die *„Fiktion einer Dividende"* Besteuerungsfolgen beim Anteilseigner vor der tatsächlichen Ausschüttung ausgelöst werden. Das *konzeptionelle Ziel* der Hinzurechnungsbesteuerung muss daher eine *vorgezogene Dividendenbesteuerung durch eine Dividendenfiktion* sein.

Erfolgt die Hinzurechnungsbesteuerung als vorgezogene Dividendenbesteuerung durch eine Dividendenfiktion, so wird prinzipiell das Trennungsprinzip gewahrt. Die Steuersubjekteigenschaft der CFC wird grundsätzlich anerkannt und berücksichtigt. Es wird eine Gewinnausschüttung fingiert. Aus diesem Grunde ist auch in Bezug auf den DBA-Kontext der Ausschüttungstheorie beizupflichten.

Die Besteuerung einer „fiktiven Dividende" verstößt (zunächst) gegen das Leistungsfähigkeitsprinzip. Denn wenn keine Einnahmen „zufließen", entsteht keine höhere wirtschaftliche Leistungsfähigkeit des Steuerpflichtigen. Das Leistungsfähigkeitsprinzip impliziert, dass nur (tatsächlich oder aufgrund wirtschaftlicher Verfügungsmacht) zugeflossene, nicht virtuelle bzw. potentielle Einkünfte der Steuerpflicht unterliegen. Jede andere Ansicht hätte zur Konsequenz, dass Gewinne stets, sobald sie auf Ebene der Kapitalgesellschaft entstehen, unmittelbar auch eine Steuerpflicht bei dem Anteilseigner auslösen würden.[1044]

Sobald jedoch in Höhe des Hinzurechnungsbetrags (später) eine tatsächliche Ausschüttung erfolgt, wird dieser Verstoß „geheilt". Denn in diesem Fall war die Hinzurechnungssteuer – sofern das Konzept der vorweggenommenen Dividendenbesteuerung konsequent durchgeführt wird – lediglich eine vorverlagerte Steuer, eine „Interimsteuer". Die Hinzurechnungsbesteuerung in Form einer vorweggenommenen Dividendenbesteuerung mündet nicht in einer absoluten steuerlichen Mehrbelastung des Gesellschafters, sondern lediglich in einen durch die Vorverlagerung der Gewinnbesteuerung bedingten Zins- und Liquiditätsverlust. Dieser Zins- und Liquiditätsnachteil stellt ein adäquates Ausmaß dar, Sachverhalte, welchen der Vorwurf des ungerechtfertigten Erlangens des Besteuerungsaufschubs gemacht werden kann, zu erfassen.

1.2.3.2 Anheben der Minderbesteuerung auf das Steuerniveau des Ansässigkeitsstaats des Gesellschafters

Die Hinzurechnungsbesteuerung hat ferner das Ziel, die Minderbesteuerung im Sitzstaat der CFC durch die Besteuerung des Gewinns der CFC beim Gesellschafter auszugleichen. Durch die Besteuerung der Gewinne der CFC beim Gesellschafter wird die Steuerbelastung auf das Steuerniveau des Ansässigkeitsstaats des Gesellschafters „hochgeschleust".

Es zeigt sich jedoch, dass dieses Ziel auch dadurch erreicht werden kann, dass spätere *tatsächliche* Dividenden der CFC beim Gesellschafter der Steuerpflicht unterliegen – unter Anrechnung der im Sitzstaat der CFC gezahlten Körperschaftsteuer und/oder einbehaltenen Quellensteuer auf die Dividenden (Anrechnungsmethode). Die Anrech-

---

[1044] So auch Rättig, H./Protzen, P.D., IStR 2001, S. 601 (605); Desens, M., IStR 2003, S. 613 (618).

nungsmethode als Ausfluss des Grundgedankens der Herstellung der Kapitalexportneutralität wird immer dann gewählt, wenn – unabhängig von der Frage der Herkunft der Einkünfte – eine Steuerbelastung gemäß dem inländischen Steuerniveau erreicht werden soll.[1045]

Das Ziel, die Mindersteuer im CFC-Staat auf das inländische Steuerbelastungsniveau im Ansässigkeitsstaat des Gesellschafters anzuheben, kann daher grundsätzlich nicht Aufgabe eines neu zu schaffenden Besteuerungsinstrumentariums sein, wie sie die Hinzurechnungsbesteuerung ist. Vielmehr muss dies durch entsprechende Ausgestaltung der nationalen gesetzlichen Regelungen zur Dividendenbesteuerung erreicht werden.

Es bleibt festzuhalten, dass die Hinzurechnungsbesteuerung *konzeptionell* nur als *vorweggenommene Dividendenbesteuerung* gesehen werden kann. Mit der CFC-Gesetzgebung sollte daher lediglich die *Dividendenfiktion* in unterstellten ungerechtfertigten Steuervermeidungsfällen normiert werden. Die Herstellung der inländischen Steuerbelastung bei minder besteuerten Gewinnen im Ausland ist m.E. *konzeptionell* über die allgemeinen Vorschriften zur Dividendenbesteuerung zu regeln. Würde für jede (fiskalisch gewünschte) Einkünftezurechnung eine neue Sondergesetzgebung geschaffen werden statt sich bekannter Basisprinzipien zu bedienen, würde das Steuerrecht seine Systematik weiter verlieren und unnötig verkompliziert werden.

2. Änderung des nationalen Rechts mit dem Ziel des Erreichens einer stringenten Hinzurechnungsbesteuerungskonzeption

2.1 Änderungen der CFC-Gesetzgebungen zum Erreichen einer vorgezogenen Dividendenbesteuerung

Die Hinzurechnungsbesteuerung ist konzeptionell zunächst als vorgezogene Dividendenbesteuerung zu sehen. Sie sollte daher – unter Wahrung des Trennungsprinzips – nur die Fiktion einer Dividende von der CFC an den inländischen Gesellschafter regeln.

Dementsprechend ist zu empfehlen, dass der Hinzurechnungsbetrag in den einzelnen CFC-Gesetzgebungen der Staaten explizit als „fiktive Dividende“ qualifiziert wird. Die Gesetzgeber der Staaten sollten sich klar für die Besteuerungskonzeption der vorweggenommenen Dividendenbesteuerung aussprechen. Folgerichtig muss aus dieser Vorgabe dann auch tatsächlich eine dividendenkonforme Besteuerung resultieren. Wie bereits in Teil II dieser Arbeit herausgearbeitet, müsste eine stringente Hinzurechnungsbesteuerung nach dem Konzept einer vorweggenommenen Dividendenbesteuerung schematisch dargestellt wie folgt ausgestaltet sein:

[1045] Die „Freistellungsmethode“ wird hingegen dann angewandt, wenn die im Ausland erzielten Einkünfte nach Maßgabe des ausländischen Steuerniveaus besteuert werden und im Inland steuerfrei bleiben sollen (Grundgedanke der Kapitalimportneutralität). Vgl. hierzu z.B. Jacobs, O., Internationale Unternehmensbesteuerung, 5. Aufl., 2002, S. 19.

Konsequente Umsetzung einer vorweggenommenen Dividendenbesteuerung

- Explizite Qualifikation des Hinzurechnungsbetrags als Dividende
- keine Neuermittlung des Hinzurechnungsbetrags nach inländischem Recht
- Dividendenbesteuerung nach nationalem Recht und ggf. unter Berücksichtigung des DBA-Rechts
- Im Verlustfall der CFC: Kein Verlustausgleich bzw. Verlustabzug beim Gesellschafter
- Bei späterer tatsächlicher Ausschüttung: Anwendung des Freistellungsverfahrens

2.2 Änderungen der nationalen Vorschriften zur Dividendenbesteuerung zum Anheben der Mindersteuer auf das Steuerniveau des Ansässigkeitsstaats des Gesellschafters

Die Vorschriften über die Dividendenbesteuerung der EU-Staaten sehen bei Mutter-Tochterverhältnissen häufig eine Steuerfreistellung der Dividenden vor. Denn die meisten Staaten haben sich bei der Umsetzung der Mutter-Tochter-Richtlinie in ihr nationales Recht für die Freistellungsmethode entschieden.

In diesen Fällen wäre durch die Hinzurechnungsbesteuerung zwar eine vorweggenommene Dividendenbesteuerung erreicht, das zweite Ziel der Hinzurechnungsbesteuerung jedoch, nämlich das Hochschleusen der CFC-Steuer auf das Steuerbelastungsniveau des Ansässigkeitsstaats des Gesellschafters, nicht realisiert. Vor diesem Hintergrund müssten die nationalen Regelungen zur Dividendenbesteuerung so ausgestaltet sein, dass eine Steuerfreistellung der Dividenden dann nicht gewährt wird, wenn

(a) die Dividende aus Einkünften stammt, die aus überwiegend passiven Tätigkeiten erzielt wurden und
(b) die Dividende von einer Gesellschaft mit Sitz in einem Niedrigsteuerland gezahlt wird.

Sofern die allgemeinen nationalen Vorschriften der Staaten eine Dividendenfreistellung unabhängig von einer Mindestbeteiligungshöhe, Mindestbehaltedauer, dem Charakter oder der Vorbelastung der ausgeschütteten Gewinne vorsehen, würde die Hinzurechnungsbesteuerung in der *Konzeption als reine vorgezogenen Dividendenbesteuerung* gewissermaßen ins Leere gehen. Denn der Hinzurechnungsbetrag in der Form einer (fiktiven) Dividende wäre steuerfrei. So verhält es sich in Deutschland, Frankreich und Finnland. In Deutschland werden aus diesem Grunde die allgemeinen nationalen Vorschriften zur Dividendenbesteuerung, namentlich die Vorschriften des § 3 Nr. 40 Bst. d EStG und § 8b Abs. 1 KStG, im Hinzurechnungsfall explizit von der Anwendung ausgeschlossen.

Die meisten anderen der untersuchten Staaten, so z.B. Dänemark, Spanien und Großbritannien, knüpfen die Dividendenfreistellung entweder z.B. an die Voraussetzung der Ausschüttung von aus aktiven Tätigkeiten stammenden Gewinnen und/oder an die

Bedingung, dass die Gewinne im Staat der ausschüttenden Gesellschaft ausreichend mit Steuer vorbelastet waren. Italien z.B. verweist sogar explizit auf ihre CFC-Rules. Hier heißt es, dass eine Dividendenfreistellung nicht gewährt wird, wenn die Dividenden von einer Gesellschaft gezahlt werden, die in einem Niedrigsteuerstaat i.S.d. CFC-Rules ansässig ist. In den USA muss für eine (teilweise) Steuerfreistellung regelmäßig „US trade or business income" ausgeschüttet werden. Bei Vorliegen einer solchen einschränkenden Bedingung würde der Hinzurechnungsbetrag in Form einer (fiktiven) Dividende stets zunächst einer Steuer unterliegen.

Will man durch die Hinzurechnungsbesteuerung zum einen eine vorweggenommene Dividendenbesteuerung und zum anderen aber auch eine Steuerbelastung in Höhe des inländischen Steuerniveaus erreichen, müssen die nationalen Vorschriften zur Dividendenbesteuerung dergestalt sein, dass sie eine Steuerfreistellung der Dividenden nur unter der Bedingung gewähren, dass die ausgeschütteten Gewinne

(a) überwiegend aus aktiven Einkünften stammen und
(b) im Staat der ausschüttenden Gesellschaft bereits einer ausreichenden Steuerbelastung unterlegen haben.

Deutschland sollte demnach § 3 Nr. 40 Bst. d EStG und § 8b Abs. 1 KStG jeweils ergänzen um den Satz:

> *„Die Steuerfreiheit gilt nicht, wenn die Dividende von einer Gesellschaft gezahlt wird, die ihre Gewinne überwiegend aus passiven Einkünften erzielt und die in einem Niedrigsteuerstaat i.S.d. § 8 Abs. 3 AStG ansässig ist."*

Nach dem Vorbild der Regelung in Dänemark, Spanien, Großbritannien und Italien sollte eine entsprechende Klausel in die Vorschriften über die nationale Dividendenbesteuerung der betroffenen EU-Staaten aufgenommen werden. Durch eine solche Regelung würde aus der Hinzurechnungsbesteuerung stets eine vorgezogene Dividendenbesteuerung resultieren, die zudem zu einer Steuerbelastung gemäß dem Ansässigkeitsstaat des Gesellschafters führt.

3. Änderungen mit dem Ziel des Erreichens einer DBA-konformen Hinzurechnungsbesteuerung

3.1 Änderungen der abkommensrechtlichen Vorschriften zur Dividendenbesteuerung zum Anheben der Mindersteuer auf das Steuerniveau des Ansässigkeitsstaats des Gesellschafters

Die nationalen Steuervorschriften greifen bei grenzüberschreitenden Sachverhalten nicht, wenn ein DBA existiert und die einschlägige DBA-Norm eine extensivere Regelung als die nationale vorsieht. Zusätzlich zu den oben dargestellten Änderungen im jeweiligen nationalen Recht müssten daher auch entsprechende Änderungen im DBA-Recht, und hier im Besonderen im Rahmen des Methodenartikels in Bezug auf die Besteuerung von Dividenden, vollzogen werden.

In Anlehnung an das OECD-MA sehen nahezu alle DBA für Dividenden ein der Höhe nach beschränktes Besteuerungsrecht des Quellenstaats und ein unbeschränktes Besteuerungsrecht des Wohnsitzstaats unter Anrechnung der Quellensteuer auf die Wohnsitzsteuer vor. Die Freistellung von der Dividendenbesteuerung im Wohnsitzstaat wird nur im Rahmen des internationalen Schachtelprivilegs eingeräumt. In Bezug auf die Hinzurechnungsbesteuerung in Form einer vorweggenommenen Dividendenbesteuerung und in Übereinstimmung mit der Ausschüttungstheorie bedeutet dies, dass, sofern die Voraussetzungen des internationalen Schachtelprivilegs erfüllt sind, der Hinzurechnungsbetrag als (fiktive) Dividende im Ansässigkeitsstaat des Gesellschafters nicht der Steuer zu unterwerfen wäre. Die Hinzurechnungsbesteuerung würde so ihr gewünschtes Ziel nicht erreichen. Denn die Besteuerung wäre zwar vorgezogen, der Ansässigkeitsstaat des Gesellschafters hätte aber kein Besteuerungsrecht.

Im DBA-Recht sollte daher – analog zum nationalen Steuerrecht– die Dividendenfreistellung bzw. das internationale Schachtelprivileg kumulativ an folgende Bedingungen knüpfen:
(a) Ausschüttung von aus überwiegend aktiven Einkünften stammenden Gewinnen
(b) Ausreichende Vorbelastung der ausgeschütteten Gewinne

Viele neuere DBA verbinden die Freistellung von Schachteldividenden mit einer „Aktivitätsklausel". Die Dividendenfreistellung ist in diesen Fällen bereits an die erste Bedingung, „Ausschüttung von aus überwiegend aktiven Einkünften stammenden Gewinnen", geknüpft. Da die CFC-Gesetzgebungen als Tatbestandsmerkmal oft einzig die Niedrigbesteuerung der CFC bestimmen (und nicht zwingend auch die passive Tätigkeit), sollte neben einem „Aktivitätsvorbehalt" auch eine Klausel aufgenommen werden, die die Dividendenfreistellung an die Bedingung einer „ausreichenden Vorbelastung der ausgeschütteten Gewinne" im Sitzstaat der ausschüttenden Gesellschaft bindet. Auch sachlich scheint das Kriterium der „Niedrigbesteuerung" treffend zu sein. Denn Sinn und Zweck der DBA ist in diesem Kontext die Vermeidung einer Doppelbesteuerung ausgeschütteter Gewinne. Sofern ein Gewinn in einem Vertragsstaat nicht oder nur sehr niedrig besteuert wird, entsteht die Gefahr eine Doppelbesteuerung nicht. Denn in einem der beiden Vertragsstaaten unterbleibt eine (angemessene) Besteuerung.

Alle von Deutschland abgeschlossenen DBA sollten daher im Rahmen des Artikels über die „Vermeidung einer Doppelbesteuerung" (Methodenartikel), hier im Besonderen bei der Reglung des internationalen Schachtelprivilegs, folgende Klausel aufnehmen:

> *„Die Freistellung gilt nicht, wenn die Dividende von einer Gesellschaft gezahlt wird, die ihre Gewinne überwiegend aus passiver Tätigkeit erwirtschaftet und in einem Niedrigsteuerstaat i.S.d. § 8 Abs. 3 AStG ansässig ist."*

Diese Bedingungen sieht z.B. das DBA Finnland-Spanien (Art. 10 Abs. 6 i.V.m. Art. 23 Abs. 4) vor. Es ist zu empfehlen, dass die betroffenen OECD-Staaten eine entsprechende Formulierung in den Methodenartikel aufnehmen.

3.2 Aufnahme einer Klauseln in das DBA über die Zulässigkeit der jeweiligen nationalen CFC-Gesetzgebung (Öffnungsklausel)

Werden die aufgezeigten Änderungen nicht vorgenommen und sind sich die Vertragsstaaten darüber einig, dass die Hinzurechnungsbesteuerung eine notwendige Missbrauchsvermeidungsmaßnahme darstellt, die trotz Konzeptionslosigkeit und Verstoß gegen Abkommensrecht zur Anwendung kommen muss, so sollte alternativ in den einzelnen DBA eine Klausel aufgenommen werden, die klarstellt, dass die innerstaatlichen CFC-Rules auch abkommensrechtlich zulässig sind. Das DBA Deutschland-Dänemark beispielsweise erlaubt den Vertragsstaaten explizit, seine CFC-Gesetzgebung auch in einer DBA-Situation anzuwenden (Art. 45 (2) c) des DBA). Durch eine derartige Klarstellung wäre die Hinzurechnungsbesteuerung abkommensrechtlich legitimiert.

Solange ein DBA keine Öffnungsklausel vorsieht und die Voraussetzungen vorliegen, bei welchen das DBA die Freistellungsmethode bei (fiktiven) Dividende gewährt, weil die oben genannten Änderungen im Methodenartikel nicht vorgenommen wurden, verstoßen die CFC-Rules gegen das fragliche DBA. Nehmen die Vertragsparteien oben aufgezeigte Änderungen in den Methodenartikel vor, d.h. knüpfen sie das internationale Schachtelprivileg an die Kriterien „überwiegend aktive Einkünfte“ und „ausreichende Vorbelastung“ der ausschüttenden Gesellschaft, so besteht DBA-Konformität.

4. Änderungen mit dem Ziel des Erreichens einer Gemeinschaftsrechts-konformen Hinzurechnungsbesteuerung

Die Analyse in Teil IV der vorliegenden Arbeit zeigt auf, dass die CFC-Gesetzgebungen der einzelnen Staaten in ihrer derzeitigen Form mit dem Europäischen Gemeinschaftsrecht nicht vereinbar sind. Es liegt ein Verstoß gegen die Niederlassungsfreiheit und Kapitalverkehrsfreiheit vor. Denn aufgrund der Höherbesteuerung eines inländischen Gesellschafters, der an einer ausländischen Kapitalgesellschaft beteiligt ist, gegenüber einem inländischen Gesellschafter, der an einer inländischen Kapitalgesellschaft beteiligt ist, liegt eine „Beschränkung“ inländischer Gesellschafter in Bezug auf die Tätigung ausländischer Investitionen im Binneneuropäischen Wirtschaftsraum vor. An überzeugenden Rechtfertigungsgründen für eine derartige „Beschränkung“ fehlt es.

Nachfolgend werden Änderungsvorschläge aufgezeigt, die dazu führen, dass in Bezug auf die Gemeinschaftsrechtskonformität der Hinzurechnungsbesteuerungen

(1) ein Rechtfertigungsgrund hinsichtlich des Verstoßes gegen die Grundfreiheiten, Niederlassungs- und Kapitalverkehrsfreiheit, greift oder

(2) es gar nicht erst zu einem Verstoß gegen die Grundfreiheiten kommt.

4.1 Änderungen, durch die ein Rechtfertigungsgrund für den Verstoß gegen die Grundfreiheiten greift

4.1.1 Case-by-case Betrachtung

Grundsätzlich liegt der Hinzurechnungsbesteuerung der Grundgedanke der Missbrauchsvermeidung, genauer, der Vermeidung der Erlangung ungerechtfertigter Steuervorteile durch Steuerfluchtgestaltungen zugrunde. Dennoch hat die Analyse ergeben, dass die Rechtfertigungsgründe „Missbrauch und Steuerumgehung" für den Verstoß gegen die Niederlassungsfreiheit und Kapitalverkehrsfreiheit nicht bemüht werden konnten. Grund hierfür ist, dass der EuGH nur *im Einzelnen nachgewiesene* künstliche Steuervermeidungskonstruktionen als missbräuchlich ansieht, die CFC-Gesetzgebung hingegen bestimmte Konstruktionen *pauschal durch Typisierung* als Missbrauchssachverhalt einstuft. Ein Verstoß gegen die Grundfreiheiten kann nicht mit dem Argument der Vermeidung „typisierter Missbrauchsgestaltungen" gerechtfertig werden. Denn durch die pauschale Erfassung bestimmter Gestaltungen können vereinzelt auch nicht missbräuchliche Gestaltungen getroffen werden.

Der Rechtfertigungsgrund der Vermeidung von „Missbrauch und Steuerumgehung" kann nur dann herangezogen werden, wenn die CFC-Gesetzgebung von einer typisierten Missbrauchsunterstellung Abstand nimmt und eine sog. „case-by-case"-Beurteilung vorsieht, d.h. eine Einzelfallüberprüfung fordert.

4.1.2 Gegenbeweis des Steuerpflichtigen

Einer Missbrauchsbeurteilung auf einer „case-by-case"-Basis wird vorgeworfen, dass diese unverhältnismäßig hohen Verwaltungsaufwand verursacht.[1046] Alternativ wäre vorstellbar, dass die CFC-Gesetzgebung durch Typisierung eine Missbrauchssituation zwar (vorerst) unterstellt, diese aber von dem Steuerpflichtigen widerlegt werden kann. Auf diese Weise werden nur Fälle erfasst, die im Einzelnen als missbräuchlich zu qualifizieren sind. Allerdings hat der EuGH in der Rechtssache *Paletta*[1047] unterstrichen, dass die Beweislast, dass sein Verhalten nicht als Missbrauch gewertet werden kann, nicht dem belasteten Steuerpflichtigen auferlegt werden darf. Der EuGH will es dem Steuerpflichtigen nicht zumuten, die Beweislast zu tragen.

Da auch im Rahmen einer Betriebsprüfung den Steuerpflichtigen regelmäßig die Last einer Gegenbeweisdarstellung gegenüber dem Finanzamt trifft, ist nicht ausgeschlossen, dass der EuGH zukünftig zu einer Lockerung seiner bisherigen Rechtsprechung tendieren wird. Denn die Auffassung, der Steuerpflichtige hätte keine Beweislast zu tragen, scheint m.E. zu weit zu gehen. Würde es dem Steuerpflichtigen zugemutet werden, in den Fällen einer durch die CFC-Rules identifizierten Steuerumgehungssituation einen Gegenbeweis zu führen, und kann der Steuerpflichtige nicht glaubhaft machen, dass bei seiner gewählten Gestaltung die Steuervermeidung nicht vorrangiges

---

[1046] Vgl. Schön, W., Der „Rechtsmissbrauch" im Europäischen Gemeinschaftsrecht, in: Festschrift Wiedemann, 2002, S. 1271 (1289)

[1047] Vgl. EuGH v. 2.5.1996, Rs. C-206/94, Paletta II, Slg. 1996, I-2391.

Ziel war, so kann m.E. die „Missbrauchsvermeidung" als Rechtfertigungsgrund für eine Hinzurechnungsbesteuerung herangezogen werden. Denn dann liegt nachweislich eine Missbrauchssituation bzw. ungerechtfertige Steuervermeidung vor.

Andererseits muss angemerkt werden, dass die Einräumung der Möglichkeit einer Gegenbeweisdarstellung auch ein Mehr an Subjektivität hervorbringt. Die Hinzurechnungsbesteuerung greift dann in Abhängigkeit der Qualität der Argumentation des Beraters und der Nachsicht des Finanzbeamten.

4.2 Änderungen, durch die ein Verstoß gegen die Grundfreiheiten vermieden wird

Bleiben die CFC-Gesetzgebungen in ihrer derzeitigen Ausgestaltung unverändert bestehen, stellen sich diese als gemeinschaftsrechtswidrig dar. Hinsichtlich der Frage, inwieweit Änderungen vorgenommen werden müssen, um die Gemeinschaftsrechtswidrigkeit zu vermeiden, muss wiederum zwischen den beiden Zielsetzungen der CFC-Gesetzgebung unterschieden werden. Fraglich ist,

(1) ob es eine gemeinschaftsrechtskonforme Ausgestaltung für eine vorgezogene Dividendenbesteuerung oder

(2) ob es eine gemeinschaftsrechtskonforme Regelung zum Ausgleich der Minderbesteuerung im CFC-Staat

geben kann.

4.2.1 Änderungen der CFC-Gesetzgebungen in Bezug auf das Erreichen einer vorgezogenen Dividendenbesteuerung

Es konnte gezeigt werden, dass es aufgrund der Hinzurechnungsbesteuerung in Form einer vorgezogenen Dividendenbesteuerung durch die Fiktion einer Dividende zu einem Zins- und Liquiditätsnachteil kommt – vorausgesetzt, das Dividendenkonzept wird konsequent zu Ende geführt. Dieser Nachteil wird als adäquater Ausgleich bzw. als angemessenes Ausmaß für einen ungerechtfertigt in Anspruch genommenen Besteuerungsaufschub gesehen.

Der EuGH sieht jedoch in einem Zins- und Liquiditätsnachteil eine „Beschränkung" i.S.d. Niederlassungs- und Kapitalverkehrsfreiheit. In der Rechtssache *X ab und Y ab* nimmt er hierzu wie folgt Stellung: „Wenn die Vergünstigung des Steueraufschubs versagt wird und der Steuerpflichtige damit den Nachteil geringerer liquider Mittel hinzunehmen hat, hindert ihn dies in der Wahrnehmung seines Rechts aus Art. 43 EG."[1048] Auch in der Rechtssache *Höchst* führt der EuGH aus, dass selbst ein Zinsnachteil ein relevanter Nachteil ist.[1049]

[1048] Vgl EuGH v. 18.11.1999, Rs. C-200/98, X ab und Y ab, Slg. 1999, I-8261, Rdnr. 36.

[1049] Vgl. EuGH v. 7.3.2002, Rs. T-212/99, Hoechst, Slg. 2002; ähnlich EuGH v. 11.3.2004, Rs. C-9/02, De Lasteyrie du Saillant, DB 2004, S. 686.

Daraus ergibt sich, dass das *Konzept einer vorgezogenen Dividendenbesteuerung* auf Basis einer Dividendenfiktion vom EuGH als „Beschränkung" und damit als Verstoß gegen die Niederlassungs- und Kapitalverkehrsfreiheit gesehen wird.

Um einen Verstoß zu vermeiden, kommen die im Folgenden dargestellten Maßnahmen in Frage.

4.2.1.1 Ausdehnung der CFC-Rules auf inländische Beteiligungen

Die Hinzurechnungsbesteuerung als vorgezogene Dividendenbesteuerung muss für inländische Gesellschafter, die an einer *inländischen* Kapitalgesellschaft beteiligt sind, ebenfalls Anwendung finden. Inländische Gesellschafter mit in- und ausländischen Beteiligungen müssen unter denselben Bedingungen gleich behandelt werden. Dies würde für die deutsche Hinzurechnungsbesteuerung bedeuten, dass, sofern

(a) eine Beherrschungsbeteiligung an einer Kapitalgesellschaft gegeben ist und
(b) die Kapitalgesellschaft überwiegend passive Einkünfte erzielt,

auch Gesellschaftern mit inländischer Beteiligung an dieser Kapitalgesellschaft der Besteuerungsaufschub verwehrt werden müsste.

Hinsichtlich des Ziels, eine vorgezogene Gewinnbesteuerung zu erreichen, spielt das Kriterium der Niedrigbesteuerung im Sitzstaat der Kapitalgesellschaft keine Rolle. Denn die Niedrigbesteuerung im Sitzstaat der Kapitalgesellschaft kann, wie bereits oben ausgeführt, mit einer entsprechenden Ausgestaltung der nationalen und abkommensrechtlichen Dividendenbesteuerungsregelungen ausgeglichen werden.

Kommt es bei Vorliegen der beiden oben genannten Voraussetzungen zu einer vorweggenommenen Dividendenbesteuerung bei Gesellschaftern mit einer Beteiligung an einer inländischen Kapitalgesellschaft ebenso wie bei Gesellschaftern mit einer Beteiligung an einer CFC, wäre innerhalb der EU eine Gleichstellung in- und ausländischer Investitionen erreicht. Durch die Ausdehnung der CFC-Rules auf Inlandsinvestitionen, so dass diese gleichsam als „controlled domestic companies-Rules" wirken, würde es aufgrund der Gleichbehandlung inländischer Gesellschafter zu keinem Verstoß gegen die Niederlassungs- und Kapitalverkehrsfreiheit kommen.

Für diese Vorgehensweise hat sich der deutsche Gesetzgeber bereits in Bezug auf die Vorschrift des § 8a KStG entschieden. Anlässlich des EuGH-Urteils in der Rechtssache *Langhorst-Hohorst*[1050], in dem die Gemeinschaftsrechtswidrigkeit des § 8a KStG festgestellt wurde, ist die Vorschrift des § 8a KStG auf inländische Gesellschafter ausgedehnt worden. Gleiches Schicksaal könnte auch die §§ 7-14 AStG treffen.

[1050] Vgl. EuGH v. 12.12.2002, Rs. C-324/00, Lankhorst-Hohorst, Slg. 2002, I-11779.

4.2.1.2 Abschaffung der CFC-Rules mit Wirkung gegenüber allen EU/EWU-Staaten

Nach dem Vorbild Italiens, das fast alle EU-Staaten von der Hinzurechnungsbesteuerung ausnimmt, könnte Deutschland den Anwendungsbereich der CFC-Rules auf Nicht-EU/EWU-Staaten beschränken. Alle Staaten, in welchen das Europäische Gemeinschaftsrecht gilt, wären sodann von der Hinzurechnungsbesteuerung ausgenommen.

Problematisch ist jedoch, dass die Kapitalverkehrsfreiheit nicht nur im Verhältnis zu EU-Staaten, sondern auch im Verhältnis zu Drittstaaten gilt. Insofern würde der Ausschluss der EU/EWU-Staaten von der Hinzurechnungsbesteuerung nicht ausreichen, um einen Verstoß gegen die europäischen Grundfreiheiten, im Besonderen gegen die Kapitalverkehrsfreiheit, zu vermeiden.

Dies führt zu dem Ergebnis, dass die Gemeinschaftsrechtswidrigkeit der Hinzurechnungsbesteuerung nicht durch einen Ausschluss der EU/EWU-Staaten erreicht werden kann. Die Hinzurechnungsbesteuerung müsste vielmehr per se abgeschafft werden.

4.2.2 Änderungen der nationalen Vorschriften zur Dividendenbesteuerung in Bezug auf das Anheben der Mindersteuer auf das Steuerniveau des Ansässigkeitsstaats des Gesellschafters

Das zweite Ziel, das durch die Hinzurechnungsbesteuerung erreicht werden soll, ist das Anheben der Mindersteuer im Sitzstaat der CFC auf das Steuerbelastungsniveau im Ansässigkeitsstaat des Gesellschafters. Wie bereits oben ausgeführt, bedarf es für dieses Ziel keiner Sondergesetzgebung, wie es die Hinzurechnungsbesteuerung ist. Vielmehr müssten die nationalen und abkommensrechtlichen Vorschriften zur Dividendenbesteuerung eine entsprechend zielführende Regelung vorsehen.

Im Rahmen des nationalen sowie internationalen Schachtelprivilegs dürfte eine Steuerfreistellung der Dividenden nur unter der Bedingung gewährt werden, dass die ausgeschütteten Gewinne

(a) überwiegend aus aktiven Einkünften stammen und
(b) im Staat der ausschüttenden Gesellschaft bereits einer ausreichenden Steuerbelastung unterlegen haben.

Auf diese Weise würden Ausschüttungen einer CFC regelmäßig auf Ebene des Gesellschafters der Steuerpflicht unterliegen. Bei einer Minderbesteuerung der Gewinne im Sitzstaat der CFC bleibt es dann nicht. Zur Vermeidung einer Doppelbesteuerung wird die Anrechnungsmethode angewandt.

Eine derartige Regelung sieht Österreich vor, um CFC-Fälle zu lösen. Gemäß der sog. „Switch-Over-Klausel" des § 10 Abs. 3 öKStG wird die grundsätzliche Steuerfreistellung ausländischer Dividenden versagt und stattdessen die Steuerpflicht bestimmt, wenn die ausgeschütteten Gewinne überwiegend aus passiven Tätigkeiten erwirtschaftet wurden und im Sitzstaat der CFC einer Niedrigbesteuerung unterlegen haben.

Österreich wendet das Konzept einer *vorgezogenen Dividendenbesteuerung* nicht an, sondern versucht, die CFC-Problematik lediglich über diesen *Methodenwechsel* (Wechsel von der Steuerfreiheit zur Steuerpflicht der Dividenden) zu lösen. Allerdings hat der Finanzsenat Linz in seiner Berufungsentscheidung vom 13. Januar 2005[1051] bezüglich der österreichischen nationalen Dividendenbesteuerung entschieden, dass eine steuerliche Ungleichbehandlung von Dividenden aus einer inländischen Beteiligung gegenüber Dividenden aus einer ausländischen Beteiligung dem Gemeinschaftsrecht widerspricht. Daraus könnte abgeleitet werden, dass, sofern die Frage der Steuerfreiheit oder Steuerpflicht einer Dividende von der „Niedrigbesteuerung im Sitzstaat der Kapitalgesellschaft" abhängig gemacht wird, auch hier eine Ungleichbehandlung in- und ausländischer Beteiligungen vorliegt. Denn eine „Niedrigbesteuerung" impliziert regelmäßig die Höhe der Besteuerung im Ausland. Im Inland liegt freilich keine Niedrigbesteuerung vor. Teile der Literatur stellen jedoch heraus, dass eine Vergleichbarkeit von Auslands- und Inlandsdividenden nur dann angenommen werden kann, wenn auch Auslandsdividenden eine ausreichende Vorbelastung mit Ertragsteuern aufweisen.[1052] Es ist davon auszugehen, dass der EuGH mit dieser Frage in Kürze konfrontiert werden wird und hierzu Stellung wird nehmen müssen.

Angenommen, es ist eine Vergleichbarkeit von In- und Auslandsdividenden gegeben, selbst wenn die Auslandsdividende im Quellenstaat einer Niedrigbesteuerung unterliegt, so könnte man, um sich des Vorwurfs einer Ungleichbehandlung zu entledigen, die Steuerfreiheit der Dividende *einzig* an die „Erzielung überwiegend aktiver Einkünfte" der ausschüttenden Gesellschaft knüpfen. Das Festmachen der Steuerfreiheit an der „Art der Einkünfte" hat keinen Bezug bzw. keinen unmittelbaren Zusammenhang zum In- oder Ausland.

Das *konzeptionelle Ziel* der Hinzurechnungsbesteuerung, eine *vorgezogene Dividendenbesteuerung* zu erreichen, ist grundsätzlich gemeinschaftsrechtswidrig, es sei denn, die *Dividendenfiktion* wird bei Vorliegen einer Beherrschungsbeteiligung und überwiegend passiven Einkünften auch auf die Beteiligungen an einer inländischen Kapitalgesellschaft ausgedehnt. Geschieht dies nicht, ist eine EU-rechtskonforme Hinzurechnungsbesteuerung nur erreichbar, wenn lediglich *tatsächliche, nicht fiktive Dividenden* besteuert werden. Die Vorschriften zur Dividendenbesteuerung müssten hierbei dergestalt sein, dass sie eine Steuerfreiheit der Dividenden nicht gewähren, wenn die Dividenden aus Gewinnen gezahlt werden, die aus *„überwiegend passiven Einkünften"* stammen. Auf diese Weise wird eine Steuerbelastung der Gewinne gemäß dem inländischen Steuerniveau erreicht. Eine ungleiche steuerliche Behandlung von Dividenden, die an Kriterien mit In- bzw. Auslandsbezug anknüpft, ist dann nicht gegeben.

1051 Geschäftszeichen: RV/0279-L/04.

1052 Vgl. Englisch, J., RIW 2005, S. 189 (191).

5. Alternative Konzeptionen zur vorgezogenen Gewinnbesteuerung und zum Ausgleich einer Minderbesteuerung

5.1 Fiktion einer Betriebsstätte im Inland – § 42 AO

Will man die CFC-Problematik mit der Konzeption der Sachverhaltsfiktion gemäß der Vorgehensweise der „general anti-avoidance-rules" statt der Einkünftefiktion lösen, so besteht folgende Argumentationsmöglichkeit:

Wie bereits einleitend erwähnt, wird unterstellt, dass die Errichtung einer CFC ausschließlich aus Gründen der Ausnutzung des niedrigeren Steuerniveaus im Ausland erfolgt. Daraus lässt sich ableiten, dass selbst wenn die Einkünfte dieser Gesellschaft faktisch im Ausland erzielt werden, diese dennoch dem Grunde nach mit dem Inland verwurzelt sind. Denn die Erwerbsquelle liegt nur durch die missbräuchliche Steuerfluchtgestaltung im Ausland.

Wäre von der missbräuchlichen Steuerfluchtgestaltung kein Gebrauch gemacht worden, wären die Vermögenswerte und Tätigkeiten nicht ins Ausland verlagert und die aus diesen Vermögenswerten und Tätigkeiten resultierenden Einkünfte weiterhin im Inland erzielt worden. Diese Annahme hätte zwei mögliche Konsequenzen:

(1) Die Existenz der CFC wird gänzlich negiert.
(2) Die Existenz der CFC wird zwar akzeptiert, einige von der CFC erwirtschaftete (passive) Einkünfte gelten aber als im Inland erzielt.

Im ersten Fall würden die Gewinne der CFC in die Steuerbemessungsgrundlage der inländischen Gesellschafter integriert werden.[1053] Denn die Gewinne gelten nicht als von der CFC erwirtschaftet. Diese Konsequenz würde letztlich dem Ergebnis des Konzepts der „Unternehmensgewinnbesteuerung" gleich kommen. Allerdings wird der Einbezug der Einkünfte in die Steuerbemessungsgrundlage der inländischen Gesellschafter dadurch erreicht, dass die Existenz der CFC aufgrund ihrer missbräuchlichen Funktion schlicht negiert wird (Sachverhaltsfiktion). Das Konzept der Unternehmensgewinnbesteuerung geht hingegen davon aus, dass die Existenz der CFC zwar akzeptiert wird, aufgrund der fiskalisch unerwünschten steuerlichen Folgen ihre Einkünfte aber dem inländischen Gesellschafter zugerechnet werden (Einkünftefiktion).
Problematisch dürfte jedoch sein, dass eine Doppelbesteuerung nicht durch die Anrechnung der ausländischen Steuer vermieden werden kann. Denn bei Negieren der Existenz der CFC würde es an einer Rechtsgrundlage fehlen.[1054] Insoweit ist die Rechtslage bei der Anwendung des § 42 AO ungünstiger als bei der Anwendung der

---

[1053] Vgl. so auch Kofler, G. W., Die steuerliche Abschirmwirkung ausländischer Finanzierungsgesellschaften, 2002, S. 203.

[1054] So auch Hundt, F., Entwicklung des deutschen Missbrauchsverständnisses bei grenzüberschreitenden Gestaltungen, in: Festschrift Debatin, 1997, S. 153 (175).

§§ 7-14 AStG. Ein anderes Ergebnis lässt sich auch nicht durch ein Verständigungsverfahren erreichen.[1055]

Im zweiten Fall müsste unterstellt werden, die CFC erziele inländische Einkünfte. Wie bereits im Rahmen des Versuchs, die Einkünftezurechnung der Hinzurechungsbesteuerung mit dem Territorialitätsprinzip zu begründen, ausgeführt, unterstellt dies, dass die CFC eine Betriebsstätte in Inland unterhält. Konsequenz wäre die Entstehung einer *beschränkten Steuerpflicht* der CFC mit den aus der fiktiven Betriebsstätte erzielten Einkünften. Die Hinzurechnungsbesteuerung könnte demnach konzeptionell durch die Unterstellung einer inländischen Betriebsstätte (Sachverhaltsfiktion) über § 42 AO gelöst werden.

Zur Vermeidung einer Doppelbesteuerung könnte die im Sitzstaat der CFC gezahlte Steuer auf die inländische Steuer (anteilig) angerechnet und tatsächliche Ausschüttungen (anteilig) steuerfrei gestellt werden.

Wie bereits in Teil III dieser Arbeit ausgeführt, sei an dieser Stelle nochmals angemerkt, dass über § 42 AO nur Fälle erfasst werden, bei der für die Einschaltung ausländischer Basisgesellschaften „wirtschaftliche oder sonst beachtliche Gründe fehlen" und die Basisgesellschaft „keine eigene wirtschaftliche Aktivität" entfaltet. Nach der aktuellen Rechtsprechung des BFH ist auch zukünftig keine extensivere Auslegung des § 42 AO zur Erfassung von „Hinzurechnungsfällen" zu erwarten.[1056] Dem deutschen Gesetzgeber wird wohl daher § 42 AO als einzige gesetzliche Vorschrift zur Erfassung von Steuerfluchtgestaltungen, wie bisher, nicht ausreichen.

5.2 Nachweis der Geschäftsleitung im Inland

Wie bereits im Rahmen des Versuchs, die Hinzurechnungsbesteuerung mit dem Welteinkommensprinzip zu begründen, diskutiert, wäre es denkbar, eine Besteuerung des Gewinns der CFC im Inland auf *Ebene der Gesellschaft (CFC)* zu erreichen, wenn nachgewiesen werden kann, dass sich die Geschäftsleitung der CFC im Inland befindet. Denn in diesem Fall wäre die CFC im Inland *unbeschränkt steuerpflichtig.* Im Gegensatz zur Ausgestaltung der Hinzurechnungsbesteuerung nach den derzeit praktizierten Konzepten der einzelnen Staaten wird dadurch eine Besteuerung im Inland auf Ebene der CFC und nicht beim Gesellschafter bewirkt.

Sofern im Ausland der Sitz und im Inland die Geschäftsleitung der CFC ist, besteht grundsätzlich zunächst eine Doppelansässigkeit. In diesen Fällen bestimmt Art. 4 Abs. 3 OECD-MA, dass eine Gesellschaft nur in dem Staat ansässig ist, „in dem sich der

---

1055 Vgl. Hundt, F., Entwicklung des deutschen Missbrauchsverständnisses bei grenzüberschreitenden Gestaltungen, in: Festschrift Debatin, 1997, S. 153 (175).

1056 Vgl. BFH v. 25.2.2004, IStR 2004, S. 527; Bestätigung des BFH-Urteils v. 19.1.2000, BStBl II 2001, S. 222; BFH v. 18.3.2004, BStBl II 2004, S. 787

Ort ihrer tatsächlichen Geschäftsleitung befindet". Die Ansässigkeit der CFC richtet sich im Abkommensfall also nach dem Ort der tatsächlichen Geschäftsleitung.[1057]

Es ist also zu beurteilen, wo sich der „Ort der tatsächlichen Geschäftsleitung" i.S.d. Art. 4 Abs. 3 OECD-MA befindet.[1058] Aufgrund des Postulats der autonomen Abkommensauslegung ist daher zunächst zu prüfen, ob sich der Begriff des „Orts der tatsächlichen Geschäftleitung" aus dem jeweiligen Abkommen selbst heraus bzw. sich aus dem Sinn- und Vorschriftenzusammenhang des Abkommens ableiten lässt.[1059] Der Begriff ist im MA nicht explizit definiert. Der MK umschreibt jedoch in Ziffer 24 den „Ort der tatsächlichen Geschäftleitung" sehr genau mit dem Ort, „an dem die grundlegenden Leitungs- und kaufmännischen Entscheidungen, die für die Führung der Geschäfte des Rechtsträgers notwendig sind, im Wesentlichen getroffen werden."[1060] Dieser ist nach dem MK üblicherweise dort, wo z.B. der Vorstand seine Entscheidungen trifft. Aus dieser Formulierung wird überwiegend geschlossen, dass es bei der Bestimmung des „Orts der tatsächlichen Geschäftsleitung" maßgeblich auf die *tatsächlichen* Verhältnisse ankommt.[1061] Es zeigt sich daher, dass der abkommensrechtliche Begriff des „Orts der tatsächlichen Geschäftsleitung" sehr ähnlich mit dem nationalen Begriff der „Geschäftsleitung" i.S.d. § 10 AO ist. Gemäß § 10 AO befindet sich die Geschäftsleitung dort, wo „der Mittelpunkt der geschäftlichen Oberleitung" ist. Dieser sei wiederum dort, wo „der für die Geschäftsführung maßgebende Wille gebildet wird", d.h. wo alle für die Geschäftsführung nötigen Maßnahmen von einiger Wichtigkeit mit einer gewissen Regelmäßigkeit angeordnet werden.[1062] Auch § 10 AO stellt auf die tatsächlichen Gegebenheiten, die faktische Geschäftsführung ab.[1063] Folglich kann für die abkommensrechtliche Auslegung auch die deutsche Rechtsprechung herangezogen werden.[1064] Nach ständiger Rechtsprechung ist entscheidend, wo die organisatorischen und rechtsgeschäftlichen Handlungen getätigt werden, die der gewöhnliche Betrieb des Unternehmens mit sich bringt (sog. Tagesgeschäfte).[1065] Maßgeblich

---

1057 Vgl. Jacobs, O., Internationale Unternehmensbesteuerung, 5. Aufl., 2002, S. 528.

1058 Der „Ort der Geschäftsleitung" i.S.d. Art. 4 Abs. 1 OECD-MA ist vom „Ort der tatsächlichen Geschäftsleitung" i.S.d. Art. 4 Abs. 3 OECD-MA zu unterscheiden. Im Rahmen des Art. 4 Abs. 1 OECD-MA geht es darum, den Ansässigkeitsstaat eines Unternehmens zu bestimmen. Der „Ort der tatsächlichen Geschäftsleitung" i.S.d. Art. 4 Abs. 3 wird hingegen erst relevant, wenn die Frage der Ansässigkeit bereits geklärt ist. Daher muss keine zwingende Deckungsgleichheit zwischen beiden Begriffen vorliegen. Vgl. auch bei Wassermeyer in: Debatin/Wassermeyer, MA, Art. 4 Rz. 95.

1059 So auch Vogel in: Vogel/Lehner, DBA, 4. Aufl., 2003, Art. 4 Rz. 104; Wassermeyer in: Debatin/Wassermeyer, MA, Art. 4 Rz. 95; Kruse in: Tipke/Kruse, AO, § 10 Tz. 11.

1060 Vgl. OECD-MK 2003, Tz. 24 zu Art. 4 Abs. 3.

1061 Vgl. stellvertretend Wassermeyer in: Debatin/Wassermeyer, MA, Art. 4 Rz. 95. Die Festschreibung beispielsweise in der Satzung oder in einem Gesellschafterbeschluss ist ohne Bedeutung.

1062 Vgl. BFH v. 16.12.1998, BStBl II 1999, S. 437 (438); BFH v. 23.1.1991, BStBl II 1991, S. 554.

1063 Vgl. Kruse in: Tipke/Kruse, AO, § 10 Tz. 1.

1064 Vgl. Insbesondere Vogel in: Vogel/Lehner, DBA, 4. Aufl., 2003, Art. 4 Rz. 104; Kruse in: Tipke/Kruse, AO, § 10 Tz. 11.

1065 Vgl. BFH v. 7.12.1994, BStBl II 1995, S. 175; BFH v. 3.7.1997, BStBl II 1998, S. 86; BFH v. 16.12.1998, BStBl II 1999, S. 437.

soll bei einer Körperschaft das Büro des Geschäftsführers sein.[1066] Allerdings müssen die geschäftliche Oberleitung einer Körperschaft[1067] nicht zwingend nur die gesetzlichen Vertreter, wie der Geschäftsführer oder der Vorstand, innehaben, sondern sie kann auch in den Händen beherrschender Gesellschafter liegen.[1068] Bei Basisgesellschaften wird jedoch – vor allem auch im Hinblick auf § 42 AO – von der Rechtsprechung eine sehr restriktive Ansicht vertreten. Die Gesellschafter müssen im Inland die tatsächliche Geschäftsleitung völlig an sich ziehen. Ein bloßer gesellschaftlicher Einfluss auf den im Ausland befindlichen Geschäftsführer reicht nicht aus.[1069]

Im Ergebnis kann festgehalten werden, dass die CFC-Problematik über den „Ort der tatsächlichen Geschäftsleitung“ und damit mit dem Konzept der Einkünftezurechnung aufgrund des Welteinkommensprinzips gelöst werden kann, wenn wichtige Entscheidungen über die Leitung und das Tagesgeschäft der CFC allein durch die inländischen Gesellschafter in den Büroräumen der inländischen Kapitalgesellschaft getroffen werden. In diesem Fall hätte die CFC ihre faktische Geschäftsleitung im Inland mit der Folge, dass das Besteuerungsrecht im Inland läge. Die CFC wäre dann mit ihren auf das Inland entfallenden Einkünften im Inland unbeschränkt steuerpflichtig.

Aufgrund der Möglichkeit, die faktische Geschäftsleitung im Inland bewusst zu vermeiden, konnte sich diese Alternative der Begegnung von Steuerfluchtgestaltungen durch CFCs nicht durchsetzen und wird sich wohl auch in Zukunft nicht durchsetzen können.

1066 Vgl. BFH v. 23.1.1991, BStBl II 1991, S. 554.

1067 Zur Geschäftlichen Oberleitung bei Finanzierungsgesellschaften vgl. ausführlich bei Kofler, G. W., Die steuerliche Abschirmwirkung ausländischer Finanzierungsgesellschaften, 2002.

1068 Vgl. RFH v. 3.7.1936, RStBl 1936, S. 804 (805); RFH v. 25.5.1937, RStBl 1937, S. 684; RFH v. 11.7.1940, RStBl 1940, S. 706 (707).

1069 Vgl. RFH v. 11.7.1940, RStBl 1940, S. 706 (707); BFH v. 16.1.1976, BStBl II 1976, S. 401 (403); BFH v. 3.7.1997, BStBl II 1998, S. 86 (87).

Teil VI. Zusammenfassung der Ergebnisse, Schlussbetrachtung und Ausblick

Anlässlich der Vielzahl der Kritikpunkte, die gegen die Hinzurechnungsbesteuerung sowohl in Bezug auf konkrete Detailfragen als auch hinsichtlich grundlegender konzeptioneller Gesichtspunkte vorgebracht werden, wird im Schrifttum häufig vehement die ersatzlose Streichung der Hinzurechnungsbesteuerungsvorschriften gefordert. *Wassermeyer* scheint ihre Rechtfertigung heute nur mehr in ihrer prophylaktische Wirkung zu sehen. Die prophylaktische Wirkung sei jedoch nicht nachweisbar und man könne sie glauben oder nicht.[1070]

Als Hauptgrund für die Notwendigkeit der Hinzurechnungsbesteuerung wird die Verhinderung der „Steuerflucht" genannt, mit dem Ziel, das staatliche Steueraufkommen zu sichern. Es gilt, die international diskutierte Erscheinung der „erosion of the national tax bases" zu verhindern. Dieses Argument hat zunächst den Anschein eines rein fiskalischen Interesses, was nicht zwingend als Rechtfertigungsgrund für eine steuergesetzliche Regelung anzuerkennen ist. Die Hinzurechnungsbesteuerung hat jedoch ihre rechtssystematische Berechtigung m.E. vor dem Hintergrund der Herstellung und Sicherung des rechtsstaatlichen Prinzips der „Steuergerechtigkeit". Wie bereits einleitend erwähnt, können insbesondere multinational tätige Unternehmen und grenzüberschreitende Konzernverbunde das internationale Steuergefälle optimal ausnutzen, um sich steuerliche Vorteile zueigen zu machen. Mittelständische Unternehmen, die überwiegend auf dem nationalen Markt tätig sind, haben diese Möglichkeit nicht. Großkonzerne können sich daher der Verpflichtung, einen angemessenen Beitrag zu den Staatseinnahmen zu leisten, entziehen, wohingegen allen übrigen Steuerpflichtigen dieses Staates diese Möglichkeit nicht offen steht. Die verfassungsmäßige Forderung der Steuergerechtigkeit gebietet daher Gegenmaßnahmen, wenn und soweit das Grundprinzip der Gleichmäßigkeit der Besteuerung gefährdet ist.[1071] Eine solche Gegenmaßnahme stellt die Hinzurechnungsbesteuerung dar.

Die Hinzurechnungsbesteuerung trägt insofern sowohl zur „interstaatlichen Verteilungsgerechtigkeit" als auch zur „interpersonellen Belastungsgerechtigkeit" bei. Denn zum einen wird die missbräuchliche Reduzierung des staatlichen Steueraufkommens durch die Ausnutzung internationaler Belastungsunterschiede abgewehrt und zum anderen eine „gleichheits- und leistungsfähigkeitswidrige Besserstellung" einzelner Steuerpflichtiger unterbunden.[1072] Eine ersatzlose Aufhebung der CFC-Gesetzgebung erscheint daher m.E. derzeit nicht sinnvoll.

[1070] So Wassermeyer, F., 25 Jahre Außensteuergesetz, in: Festschrift Flick, 1997, S. 1057 (1065).

[1071] „Jede Steuerordnung muss sich gegen Missbrauch schützen. Andernfalls wird ihre Glaubwürdigkeit in Frage gestellt. Das gilt namentlich im deutschen Recht wegen des verfassungsmäßigen Gebots der Gleichmäßigkeit der Besteuerung." So Hundt, F., Entwicklung des deutschen Missbrauchsverständnisses bei grenzüberschreitenden Gestaltungen, in: Festschrift Debatin, 1997, S. 153.

[1072] Vgl. Burmester, G., Zur Systematik internationaler Minderbesteuerung und ihrer Vermeidung, in: Festschrift Debatin, 1997, S. 55 (57, 78).

Allerdings würde sich die Notwendigkeit einer Hinzurechnungsbesteuerung erübrigen, sobald international eine weitgehende Angleichung der Steuerbelastungsniveaus erreicht wird. Hiervon ist jedoch in naher Zukunft nicht auszugehen. Das Gegenteil ist der Fall. Wie einleitend aufgezeigt, nehmen innerhalb Europas die Gebiete mit Niedrigsteuerregimen sogar stetig zu. Die Staaten scheinen sich nicht davon abbringen zu lassen, günstige steuerliche Rahmenbedingungen als „Lockmittel" für Investoren einzusetzen.

Auch wenn man sich, wie hier, prinzipiell *für* eine Hinzurechnungsbesteuerung ausspricht, ist zu bemängeln, dass die konkrete gesetzliche Ausgestaltung der CFC-Rules aufgrund ihrer hohen Komplexität etliche Rechtsfragen aufwirft. *Wassermeyer* spricht hinsichtlich der deutschen Hinzurechnungsbesteuerung anschaulich von einem „Monstrum von Gesetz".[1073] Darüber hinaus zeigt sich, dass die CFC-Gesetzgebungen insbesondere in Bezug auf die Bestimmung ihres Anwendungsbereichs häufig über ihr gewünschtes Abwehrausmaß hinausschießen. Ferner fehlt es den gesetzlichen Vorgaben hinsichtlich Tatbestand und Rechtsfolge meist an einer ausreichenden Bestimmtheit, so dass bei der konkreten Gesetzesanwendung regelmäßig Rechtsunsicherheiten auftreten, die nicht zuletzt auch zu einer ungleichmäßigen Besteuerung führen. Zudem herrscht Uneinigkeit über das der Hinzurechnungsbesteuerung zugrunden liegende konzeptionelle Ziel. Wie gezeigt, sind die Gesetzgeber – mit Ausnahme die der USA und Deutschlands – einer klaren Aussage über die anzuwendende Besteuerungskonzeption bis dato schuldig geblieben.

Im Rahmen dieser Arbeit konnte aufgezeigt werden, welche gesetzlichen Bestimmungen einen Steuervermeidungssachverhalt in Bezug auf Steuerfluchtgestaltungen bestmöglichst identifizieren können und welchen Umfang die Steuervermeidungsabwehr annehmen sollte. Ferner konnte herausgearbeitet werden, dass *konzeptionelles Ziel* einer Hinzurechnungsbesteuerung einzig die „vorgezogene Gewinnbesteuerung" sein kann. Denn nur für das Ziel, eine *vorgezogene Gewinnbesteuerung zu erreichen,* musste eine Sondergesetzgebung wie die Hinzurechnungsbesteuerung neu geschaffen werden. Hierbei wurde als Besteuerungskonzeption die „Dividendenfiktion" eingeführt. Für das Ziel, die *Mindersteuer im Ausland auszugleichen und auf das Inlandsniveau anzuheben,* hätte es keiner Sondergesetzgebung bedurft, sondern lediglich einer entsprechenden Anpassung der allgemeinen nationalen und abkommensrechtlichen Vorschriften zur Dividendenbesteuerung. Wird statt der Freistellung der Dividenden, die Steuerpflicht der Dividenden bestimmt, sofern die Dividenden von einer Kapitalgesellschaft gezahlt werden, die *„überwiegend passive Einkünfte"* erzielt und in ihrem Sitzstaat *„niedrig besteuert"* wird, so unterliegen die (ausgeschütteten) Gewinne dieser ausländischen Kapitalgesellschaft stets dem Steuerbelastungsniveau des Ansässigkeitsstaats des Gesellschafters (Herstellung der Kapitalexportneutralität). Bei der Minderbesteuerung im Sitzstaat der CFC bleibt es dann nicht.

1073 Vgl. Wassermeyer, F., 25 Jahre Außensteuergesetz, in: Festschrift Flick, 1997, S. 1057 (1068).

Wird auch abkommensrechtlich die Freistellungsmethode unter diesen genannten Voraussetzungen nicht gewährt, so würde, wie gezeigt, die Hinzurechnungsbesteuerung auch hinsichtlich ihres *konzeptionellen Ziels* einer *vorweggenommenen Dividendenbesteuerung* nicht gegen *DBA-Recht* verstoßen.

EU-rechtlich hat sich jedoch ergeben, dass die Hinzurechnungsbesteuerung hinsichtlich ihres *konzeptionellen Ziels,* eine *vorgezogene Gewinnbesteuerung durch Dividendenfiktion zu erreichen,* stets – auch bei ihrer konsequenten Umsetzung – einen Verstoß gegen die Grundfreiheiten darstellt. Denn der EuGH sieht bereits in Liquiditäts- und Zinsnachteilen, die ein EU-Bürger aus einer ausländischen Investition gegenüber einer inländischen Investition erleidet, eine „Beschränkung" i.S.d. Niederlassungs- und Kapitalverkehrsfreiheit. Mit dem Argument der „Missbrauchsvermeidung" kann der Verstoß gegen die Niederlassungs- und Kapitalverkehrsfreiheit aufgrund der von den CFC-Rules vorgegebenen „typisierten" Missbrauchsvermutung nach der Rechtsprechung des EuGH nicht gerechtfertigt werden. Auch andere Rechtfertigungsgründe, wie etwa das Allgemeinwohl oder die Kohärenz, greifen nicht. Derzeit kann die Gemeinschaftsrechtswidrigkeit der Hinzurechnungsbesteuerung nur dadurch verhindert werden, dass der Aufschub der Gewinnbesteuerung Gesellschaftern mit einer entsprechenden inländischen Beteiligung an einer Kapitalgesellschaft ebenfalls versagt wird. Nur durch die Ausdehnung des Anwendungsbereichs auf „controlled domestic companies" kann eine EU-konforme Hinzurechnungsbesteuerung erreicht werden.

Will man den Aufschub der Gewinnbesteuerung Gesellschaftern mit entsprechender inländischer Beteiligung nicht versagen, kann die Hinzurechnungsbesteuerung nur mehr hinsichtlich ihres *Ziels, die Mindersteuer im Ausland auszugleichen und auf das Inlandsniveau anzuheben*, Bestand haben. *Konzeptionell* sollte dieses Ziel nicht im Rahmen einer besonderen CFC-Gesetzgebung verfolgt werden, sondern im Rahmen der Anpassung der allgemeinen nationalen und abkommensrechtlichen Vorschriften zur Dividendenbesteuerung. Eine gemeinschaftsrechtskonforme Dividendenbesteuerung müsste diesbezüglich dergestalt sein, dass statt der Freistellungsmethode die Anrechnungsmethode gilt, sofern die Dividenden von einer Kapitalgesellschaft gezahlt werden, die *„überwiegend passive Einkünfte"* erzielt. Das Anknüpfen an das Kriterium der „Niedrigbesteuerung" im Ausland dürfte m.E. unter dem Aspekt der Gemeinschaftsrechtskonformität der Dividendenbesteuerung problematisch sein. Denn diese Regelung würde zum Teil zu einer Ungleichbehandlung in- und ausländischer Dividenden führen. Die Ungleichbehandlung in- und ausländischer Dividenden steht derzeit ebenfalls in der Kritik, die mit den Grundfreiheiten zu kollidieren.[1074] Das Anknüpfen allein an eine „Aktivitätsklausel" dürfte hingegen unschädlich sein, da dieses Kriterium keinen Bezug zum In- bzw. Ausland herstellt.

[1074] So aktuell die Berufungsentscheidung des Finanzsenats Linz vom 13. Januar 2005, GZ. RV/0279-L/04 zur Ausgestaltung der österreichischen Dividendenbesteuerungsvorschriften des § 10 Abs. 1 öKStG, die eine Unterscheidung zwischen der Besteuerung in- und ausländischer Dividenden vornehmen.

Abschließend kann festgehalten werden, dass die Hinzurechnungsbesteuerung zukünftig in der *Konzeption als vorgezogene Gewinnbesteuerung durch Dividendenfiktion* nur mehr Bestand haben kann, wenn auch Gesellschaftern mit einer entsprechenden inländischen Beteiligung ein durch das Trennungsprinzip bedingter Besteuerungsaufschub verwehrt wird. In der *Konzeption als Ausgleichsinstrumentarium* hinsichtlich der Minderbesteuerung im Ausland ist die CFC-Gesetzgebung nicht geeignet. Der Ausgleich der Minderbesteuerung im Ausland sollte konzeptionell über die Aufnahme einer „Aktivitätsklausel" in die allgemeinen nationalen und abkommensrechtlichen Vorschriften zur Dividendenbesteuerung erreicht werden.

Bemerkenswert ist, dass die deutsche Finanzverwaltung offenbar unbeeindruckt von den massiven Vorwürfen des Verstoßes gegen DBA-Recht und Gemeinschaftsrecht bleibt. Im neuen Anwendungsschreiben zum deutschen AStG vom 14.5.2004 wird weiterhin die Auffassung vertreten, die Hinzurechnungsbesteuerung bleibe von den Vorgaben der DBA unberührt. Zur Frage der Gemeinschaftsrechtskonformität der Hinzurechnungsbesteuerung äußert sich das BMF nicht. Die deutsche Finanzverwaltung scheint die Entscheidung des EuGH in der Rechtssache *Cadbury Schweppes* abzuwarten, bevor sie weitere Maßnahmen einleitet. Es ist davon auszugehen, dass der EuGH in Kürze die Unvereinbarkeit der englischen CFC-Rules mit dem Europäischen Gemeinschaftsrecht feststellt. Es bleibt abzuwarten, ob Deutschland und die anderen EU-Staaten dann

- den Weg der Ausdehnung des Anwendungsbereichs der Hinzurechnungsbesteuerung auf entsprechende Inlandsbeteiligungen gehen oder
- die CFC-Gesetzgebung als solche abschaffen und eine Anpassung der nationalen Vorschriften zur Dividendenbesteuerung (hin zum Anrechnungsverfahren und Einführung einer Aktivitätsklausel) vornehmen.

Sachgerecht wäre die zweite Alternative.

Eine Harmonisierungstendenz zwischen den OECD- bzw. EU-Mitgliedstaaten ist möglicherweise und m.E. sogar wünschenswerterweise dahingehend zu erwarten, dass im Hinblick auf die Dividendenbesteuerung in alle (neu zu verhandelnden) DBA eine „Aktivitätsklausel", die die Freistellung von Dividenden im Ansässigkeitsstaat des Gesellschafters an die Bedingung der aktiven Tätigkeit des ausschüttenden Gesellschaft knüpft, oder eine „Öffnungsklausel", die die Anwendung der nationalen CFC-Rules im gegenseitigen Einverständnis der Vertragsstaaten zulässt, aufgenommen wird. Eine Harmonisierung in Bezug auf das Schaffen eines einheitlichen Steuerbelastungsniveaus innerhalb des europäischen Raums scheint zum derzeitigen Zeitpunkt eher unwahrscheinlich.

Deutschland

1. Rechtsentwicklung

Zeitpunkt der Verabschiedung	Gesetz vom 08.09.1972
Rechtsgrundlage	§§ 7-14 AStG
Signifikante Änderungen	StÄndG 1992, StandOG 1993, StMBG 1994, StSenkG 2000, UntStFG 2001, StVergAbG 2003, EURLUmsG 2004

2. Persönlicher Anwendungsbereich

Ausländische Gesellschaft (CFC)

Rechtsform	Nur Körperschaften
Beherrschungsbeteiligung	
Beteiligungshöhe	> 50% am Nennkapital oder an den Stimmrechten
Beteiligungsgruppe	Gesellschafter allein oder zusammen mit anderen deutschen Gesellschaftern (Deutschbeherrschung)
Beteiligungsverhältnis	Unmittelbar oder mittelbar
Beteiligungsumfang	Zzgl. Anteile und Stimmrechte weisungsgebundener Personen
Beteiligungszeitpunkt	Am Ende des Wj der CFC
Sonderregelungen	Für Kapitalanlagegesellschaften

Inländischer Gesellschafter

Rechtsform	Beliebige Rechtsform
Hinzurechnungsbeteiligung	
Beteiligungshöhe	Beliebige Nennkapitalbeteiligung
Beteiligungsgruppe	Gesellschafter allein
Beteiligungsverhältnis	Unmittelbar
Beteiligungsumfang	-
Beteiligungszeitpunkt	Am Ende des Wj der CFC

3. Tatbestand	
Tatbestand – Konzept	Jurisdictional Approach a) Niedrigbesteuerung und b) passive Einkünfte
Tatbestand – im Einzelnen	
Niedrigbesteuerung	
Steuerbelastungsvergleich	Ertragsteuerbelastung im CFC-Staat < 25%
Listensysteme	Graue und weiße behördliche Liste
Passive Einkünfte	
Einkünfteaufzählung	Abschließender Positivkatalog (Negativabgrenzung)
Sonderreglung	Für Zwischeneinkünfte mit Kapitalanlagecharakter und Einkünfte, die unter das Investmentgesetz fallen
4. Rechtsfolge	
Rechtsfolge – Konzept	Transparency Approach
Rechtsfolge – im Einzelnen	
Einkünftehinzurechnung	Nur passive Einkünfte
Einkünfteermittlung	Nach deutschem Recht
Anteilige Hinzurechnung	Gemäß Nennkapitalbeteiligung, nachrangig alternativ: Gewinnverteilungsschlüssel
Sonderregelung	Für Kapitalanlagegesellschaften und nachgeschaltete Zwischengesellschaften
Ausnahmeregelung	Relative und absolute Freigrenze
5. Hinzurechnungsbetrag	
Einkünftequalifikation	(fiktive) Dividende
Einkünftebesteuerung	Nach dem Tarif
Verlustnutzung	Kein Verlustausgleich, aber Verlustabzug (Vor- und Rücktrag) nach deutschem Recht
6. Maßnahmen zur Vermeidung von Doppelbelastungen	
Ausländische Steuern	Abzug oder Anrechnung
Tatsächliche Ausschüttung	Freistellung – (nur) bei Ausschüttung innerhalb eines 7-Jahreszeitraums
7. Besteuerungskonzeption	Deklariertes Konzept: Dividendenbesteuerung Tatsächliches Konzept: Unternehmensgewinnbesteuerung (es sei denn: Verlustfall) → Strafsteuer

Frankreich

1. Rechtsentwicklung

Zeitpunkt der Verabschiedung	Gesetz vom 18.01.1980
Rechtsgrundlage	Art. 209 B CGI
Signifikante Änderungen	„Finance Acts“ 1992, 2000, 2002 „Finance Bill“ 2005

2. Persönlicher Anwendungsbereich

Ausländische Gesellschaft (CFC)	
Rechtsform	Nur Körperschaften „Finance Bill“ 2005: beliebige Rechtsform
Beherrschungsbeteiligung	
Beteiligungshöhe	≥10% am Nennkapital, Gewinn oder an den Stimmrechten oder ≥22,8 Mio. EUR AK auf die Beteiligung “Finance Bill“ 2005: > 50% am Nennkapital, Gewinn oder an den Stimmrechten
Beteiligungsgruppe	Gesellschafter allein
Beteiligungsverhältnis	Unmittelbar oder mittelbar
Beteiligungsumfang	-
Beteiligungszeitpunkt	Am Ende des Wj der CFC oder an mindestens 183 Tagen im Wj der CFC
Sonderregelungen	-
Inländischer Gesellschafter	
Rechtsform	Körperschaften oder andere Gesellschaften, die zur Körperschaftsteuerpflicht optieren können
Hinzurechnungsbeteiligung	- wie Beherrschungsbeteiligung -
Beteiligungshöhe	
Beteiligungsgruppe	
Beteiligungsverhältnis	
Beteiligungsumfang	
Beteiligungszeitpunkt	
Sonderregelungen	

3. Tatbestand	
Tatbestand – Konzept	Nur Niedrigbesteuerung
Tatbestand – im Einzelnen	
Niedrigbesteuerung	
Steuerbelastungsvergleich	Art. 238 A CGI: CFC-Steuer < 66,66% der französischen Steuer „Finance Bill" 2005: CFC-Steuer < 50% der französischen Steuer
Listensysteme	Inoffizielle, beispielhafte, behördliche, schwarze Liste
Passive Einkünfte	-
4. Rechtsfolge	
Rechtsfolge – Konzept	Entity Approach
Rechtsfolge – im Einzelnen	
Einkünftehinzurechnung	Alle Einkünfte
Einkünfteermittlung	Nach französischem Recht
Anteilige Hinzurechnung	Gemäß Nennkapitalbeteiligung, nachrangig alternativ: Gewinn- oder Stimmrechtsanteile
Ausnahmeregelungen	Überwiegend aktive Tätigkeit (Industrie und Handel) auf dem lokalen Markt
5. Hinzurechnungsbetrag	
Einkünftequalifikation	Unternehmensgewinn
Einkünftebesteuerung	Nach dem Tarif
Verlustnutzung	Kein Verlustausgleich, aber Verlustabzug (Vor- und Rücktrag) nach besonderen Vorschriften
6. Maßnahmen zur Vermeidung von Doppelbelastungen	
Ausländische Steuern	Anrechnung
Tatsächliche Ausschüttungen	Freistellung
7. Besteuerungskonzeption	Deklariertes Konzept: Unternehmensgewinnbesteuerung Tatsächliches Konzept: Unternehmensgewinnbesteuerung (es sei denn: Verlustfall) → Strafsteuer

Großbritannien

1. Rechtsentwicklung

Zeitpunkt der Verabschiedung	ICTA 1988
Rechtsgrundlage	Part XVII, Chapter IV, Sec. 747-756 ICTA zzgl. Schedules 24-26
Signifikante Änderungen	„Finance Acts“ 1998, 2000

2. Persönlicher Anwendungsbereich

Ausländische Gesellschaft (CFC)

Rechtsform	Nur Körperschaften
Beherrschungsbeteiligung	
Beteiligungshöhe	*Grundsätzlich*: > 50% Nennkapital oder Stimmrechte oder sonstige maßgebliche Einflussmöglichkeit *Zusätzlich für CFC-Zwecke:* Bei zwei Gesellschaftern wenn ein Gesellschafter ≥ 40% Nennkapital, Stimmrechte oder sonstigen Rechte und zweiter Gesellschafter ≥ 40%, aber < 55% Nennkapital, Stimmrechte oder sonstigen Rechte
Beteiligungsgruppe	Gesellschafter allein oder zu zweit (s.o.)
Beteiligungsverhältnis	Unmittelbar oder mittelbar
Beteiligungsumfang	Zzgl. „UK connected persons“
Beteiligungszeitpunkt	Zu irgendeinem Zeitpunkt im Wj der CFC
Sonderregelungen	-

Inländischer Gesellschafter

Rechtsform	Nur Kapitalgesellschaften
Hinzurechnungsbeteiligung	
Beteiligungshöhe	Anteiliger Hinzurechnungsbetrag ist ≥25% des gesamten Hinzurechnungsbetrags
Beteiligungsgruppe	Gesellschafter oder Person, die maßgeblichen Einfluss hat oder sich sichern kann, allein
Beteiligungsverhältnis	Unmittelbar
Beteiligungsumfang	-
Beteiligungszeitpunkt	Zu irgendeinem Zeitpunkt im Wj der CFC
Sonderregelungen	-

3. Tatbestand

Tatbestand – Konzept	Nur Niedrigbesteuerung
Tatbestand – im Einzelnen	
Niedrigbesteuerung	
Steuerbelastungsvergleich	CFC-Steuer < ¾ der spanischen Steuer oder unter sog. „designer rate regime“ Kritischer Steuersatz: 22,5%
Listensystem	Seit 1998 gesetzliche weiße und graue Liste („Excluded Countries Regulation“)
Passive Einkünfte	-

4. Rechtsfolge

Rechtsfolge – Konzept	Entity Approach
Rechtsfolge – im Einzelnen	
Einkünftehinzurechnung	Alle Einkünfte
Einkünfteermittlung	Nach UK Recht
Anteilige Hinzurechnung	Gemäß Nennkapitalbeteiligung, alternativ: Beteiligung am Gewinn, den Stimmrechten oder sonstigen Einkommens- oder Vermögensbezugsrechten
Ausnahmeregelungen	o minimis test o exempt activities test o motive test o acceptable distribution policy o public quotation test

5. Hinzurechnungsbetrag

Einkünftequalifikation	Einkünfte besonderer Art
Einkünftebesteuerung	Nach dem Tarif
Verlustnutzung	Kein Verlustausgleich aber, Verlustabzug (Verlustvortrag) nach UK Recht

6. Maßnahmen zur Vermeidung von Doppelbelastungen

Ausländische Steuern	Anrechnung
Tatsächliche Ausschüttungen	Anrechnung

7. Besteuerungskonzeption	Deklariertes Konzept: Aliudbesteuerung Tatsächliches Konzept: Dividendenbesteuerung → Interimsteuer

Finnland

1. Rechtsentwicklung

Zeitpunkt der Verabschiedung	Gesetz vom 16.12.1994
Rechtsgrundlage	CFC-Gesetz
Signifikante Änderungen	Gesetz 1572/1995 v. 18.12.1995 und Gesetz 1091/1998 v. 23.12.1998

2. Persönlicher Anwendungsbereich

Ausländische Gesellschaft (CFC)

Rechtsform	Beliebige Rechtsform
Beherrschungsbeteiligung	
Beteiligungshöhe	≥ 50% am Nennkapital- oder an den Stimmrechten oder nachrangig alternativ: ≥ 50% am Gewinnbezugsrecht
Beteiligungsgruppe	Gesellschafter allein oder zusammen mit anderen finnischen Gesellschaftern oder alternativ: Ein Gesellschafter allein oder zwei Gesellschafter zusammen
Beteiligungsverhältnis	Unmittelbar oder mittelbar
Beteiligungsumfang	-
Beteiligungszeitpunkt	Am Ende des Wj der CFC
Sonderregelungen	-

Inländischer Gesellschafter

Rechtsform	Beliebige Rechtsform
Hinzurechnungsbeteiligung	
Beteiligungshöhe	≥ 10% am Nennkapital oder nachrangig alternativ: ≥ 10% am Gewinnbezugsrecht
Beteiligungsgruppe	Gesellschafter allein
Beteiligungsverhältnis	Unmittelbar oder mittelbar
Beteiligungsumfang	Zzgl. nahe Angehörige bzw. verbundene Unternehmen
Beteiligungszeitpunkt	-
Sonderregelungen	-

3. Tatbestand

Tatbestand – Konzept	Nur Niedrigbesteuerung
Tatbestand – im Einzelnen	
Niedrigbesteuerung	
Steuerbelastungsvergleich	CFC-Steuer < 3/5 der finnischen Steuerbelastung bei DBA-Staaten: < 3/4 (nachrangig) Kritischer Steuersatz: 17,4%, ab 1.1.2005: 15,6% bei DBA-Staaten: 21,75%, ab 1.1.2005: 19,5%
Listensysteme	Graue behördliche Liste
Passive Einkünfte	-

4. Rechtsfolge

Rechtsfolge – Konzept	Entity Approach
Rechtsfolge – im Einzelnen	
Einkünftehinzurechnung	Alle Einkünfte
Einkünfteermittlung	Nach finnischem Recht
Anteilige Hinzurechnung	Gemäß Nennkapitalbeteiligung oder Gewinnbezugsrecht
Ausnahmeregelungen	Überwiegend aktive Tätigkeit (insbes. Industrie und Schifffahrt) auf dem lokalen Markt

5. Hinzurechnungsbetrag

Einkünftequalifikation	Unklar
Einkünftebesteuerung	Nach dem Tarif
Verlustnutzung	Kein Verlustausgleich, aber Verlustabzug (Verlustvortrag) nach besonderen Vorschriften

6. Maßnahmen zur Vermeidung von Doppelbelastungen

Ausländische Steuern	Anrechnung
Tatsächliche Ausschüttung	Freistellung

7. Besteuerungskonzeption	Kein deklariertes Konzept ! Tatsächliches Konzept: Unternehmensgewinnbesteuerung (es sei denn: Verlustfall) → Strafsteuer

Spanien

1. Rechtsentwicklung

Zeitpunkt der Verabschiedung	Gesetz vom 30.12.1994
Rechtsgrundlage	Art. 121 LIS
Signifikante Änderungen	-

2. Persönlicher Anwendungsbereich

Ausländische Gesellschaft (CFC)

Rechtsform	Beliebige Rechtsform
Beherrschungsbeteiligung	
Beteiligungshöhe	≥50% am Nennkapital, Eigenkapital, Gewinn oder Stimmrechte
Beteiligungsgruppe	Gesellschafter allein
Beteiligungsverhältnis	Unmittelbar
Beteiligungsumfang	Zzgl. "nahestehende Personen" i.S.d. Art. 16 LIS
Beteiligungszeitpunkt	Am Ende des Wj der CFC
Sonderregelungen	-

Inländischer Gesellschafter

Rechtsform	Jede Rechtsform
Hinzurechnungsbeteiligung	
Beteiligungshöhe	Beliebige Nennkapitalbeteiligung
Beteiligungsgruppe	Gesellschafter allein
Beteiligungsverhältnis	Unmittelbar
Beteiligungsumfang	-
Beteiligungszeitpunkt	-
Sonderregelungen	-

3. Tatbestand	
Tatbestand – Konzept	Jurisdictional Approach a) Niedrigbesteuerung und b) passive Einkünfte
Tatbestand – im Einzelnen	
Niedrigbesteuerung	
Steuerbelastungsvergleich	CFC-Steuer < 75% der spanischen Steuer
Listensystem	Graue gesetzliche Liste
Passive Einkünfte	Beispielhafter Negativkatalog
4. Rechtsfolge	
Rechtsfolge – Konzept	Transaction Approach
Rechtsfolge – im Einzelnen	
Einkünftehinzurechnung	Nur passive Einkünfte
Einkünfteermittlung	Nach spanischem Recht
Anteilige Hinzurechnung	Gewinnbeteiligung, alternativ: Nennkapital-, Eigenkapital- oder Stimmrechtsbeteiligung
Ausnahmeregelungen	o Freigrenze o Überwiegend aktive Tätigkeit o Vereinfachungsklausel - pauschale Hinzurechnung
5. Hinzurechnungsbetrag	
Einkünftequalifikation	Einkünfte besonderer Art
Einkünftebesteuerung	Nach dem Tarif
Verlustnutzung	Kein Verlustausgleich, aber Verlustabzug nach dem Recht des CFC-Staates
6. Maßnahmen zur Vermeidung von Doppelbelastungen	
Ausländische Steuern	Anrechnung (es sei denn: CFC ansässig in einem klassischen „tax haven“)
Tatsächliche Ausschüttung	Freistellung
7. Besteuerungskonzeption	Deklariertes Konzept: Aliud-Besteuerung Tatsächliches Konzept: unklar Unterstelltes Konzept: Dividendenbesteuerung → Interimsteuer

Dänemark

1. Rechtsentwicklung

Zeitpunkt der Verabschiedung	Gesetz vom 17.5.1995
Rechtsgrundlage	Sec. 32 SEL
Signifikante Änderungen	Insbes. in den Jahren 2001 und 2002

2. Persönlicher Anwendungsbereich

Ausländische Gesellschaft (CFC)

Rechtsform	Nur Körperschaften
Beherrschungsbeteiligung	
Beteiligungshöhe	≥ 25% am Nennkapital oder beliebige Nennkapitalbeteiligung und > 50% der Stimmrechte
Beteiligungsgruppe	Gesellschafter allein
Beteiligungsverhältnis	Unmittelbar oder mittelbar
Beteiligungsumfang	Zzgl. Anteile und Stimmrechte von verbundene Unternehmen, Privatinvestoren und deren nahen Angehörigen sowie von dem Gesellschafter oder diesen Personen geleitete Funds und Trusts
Beteiligungszeitpunkt	An irgendeinem Zeitpunkt im Wj
Sonderregelungen	-

Inländischer Gesellschafter

Rechtsform	Beliebige Rechtsform
Hinzurechnungsbeteiligung	- wie Beherrschungsbeteiligung -
Beteiligungshöhe	
Beteiligungsgruppe	
Beteiligungsverhältnis	
Beteiligungsumfang	
Beteiligungszeitpunkt	
Sonderregelungen	

3. Tatbestand	
Tatbestand – Konzept	Jurisdictional Approach a) Niedrigbesteuerung und b) passive Einkünfte
Tatbestand – im Einzelnen	
Niedrigbesteuerung	
Steuerbelastungsvergleich	CFC-Steuer < 22,5% (= ¾ des dänischen Steuersatzes von 30%) oder Vereinbarung mit der dänischen Steuerbehörde über den Steuersatz oder die Steuerbemessungsgrundlage
Listensystem	-
Passive Einkünfte	Abschließender Positivkatalog (Aufzählung der Finanzaktivitäten)
4. Rechtsfolge	
Rechtsfolge – Konzept	Transaction Approach
Rechtsfolge – im Einzelnen	
Einkünftehinzurechnung	Nur passive Einkünfte (Einkünfte aus Finanzaktivitäten), wenn diese >1/3 der Gesamteinkünfte ausmachen
Einkünfteermittlung	Eigene Einkünfteermittlungsvorschriften
Anteilige Hinzurechnung	Gemäß Nennkapitalbeteiligung
Ausnahmeregelungen	-
5. Hinzurechnungsbetrag	
Einkünftequalifikation	Unklar
Einkünftebesteuerung	Nach dem Tarif
Verlustnutzung	Kein Verlustausgleich, aber Verlustabzug (Verlustvortrag) nach den Recht des CFC-Staates
6. Maßnahmen zur Vermeidung von Doppelbelastungen	
Ausländische Steuern	Anrechnung
Spätere tatsächliche Ausschüttung	Freistellung
7. Besteuerungskonzeption	Deklariertes Konzept: unklar Tatsächliches Konzept: Aliudbesteuerung → keine Interimsteuer, aber auch nicht zwingend Strafsteuer

Italien

1. Rechtsentwicklung

Zeitpunkt der Verabschiedung	Gesetz vom 16.11.2000
Rechtsgrundlage	Ehem.: Art. 127bis TUIR Seit 2003: Art. 167, 168 TUIR
Signifikante Änderungen	-

2. Persönlicher Anwendungsbereich

Ausländische Gesellschaft (CFC)

Rechtsform	Beliebige Rechtsform
Beherrschungsbeteiligung	
Beteiligungshöhe	Beliebige Nennkapitalbeteiligung und > 50% der Stimmrechte oder entscheidender Einfluss aufgrund sonstiger vertraglicher Vereinbarungen (wenn ≤ 50% Stimmrechte) oder ≥ 20% (bzw. 10%) Nennkapitalbeteiligung
Beteiligungsgruppe	Gesellschafter allein
Beteiligungsverhältnis	Unmittelbar oder mittelbar
Beteiligungsumfang	Zzgl. Stimmrechte verbundener Unternehmen
Beteiligungszeitpunkt	Am Ende des Wj der CFC
Sonderregelungen	-

Inländischer Gesellschafter

Rechtsform	Beliebige Rechtsform
Hinzurechnungsbeteiligung	
Beteiligungshöhe	Beliebige Nennkapitalbeteiligung
Beteiligungsgruppe	Gesellschafter allein Ab 2004: auch mit Gesellschafter verbundene Unternehmen
Beteiligungsverhältnis	Unmittelbar
Beteiligungsumfang	-
Beteiligungszeitpunkt	Am Ende des Wj der CFC
Sonderregelungen	-

3. Tatbestand

Tatbestand – Konzept	Nur Niedrigbesteuerung
Tatbestand – im Einzelnen	
Niedrigbesteuerung	
Steuerbelastungsvergleich	-
Listensystem	Schwarze gesetzliche Liste seit 2001
Passive Einkünfte	-

4. Rechtsfolge

Rechtsfolge – Konzept	Entity Approach
Rechtsfolge – im Einzelnen	
Einkünftehinzurechnung	Alle Einkünfte
Einkünfteermittlung	Nach dem Recht der CFC oder einer eigenen besonderen Gewinnermittlungsmethode
Anteilige Hinzurechnung	Gemäß Nennkapitalbeteiligung
Ausnahmeregelungen	o Überwiegend aktive Tätigkeiten (Produktion und Handel) auf dem lokalen Markt o Auslagerung von Einkommensteilen ins niedrig besteuerte Ausland ist nachweislich nicht Hauptzweck für die Existenz der CFC

5. Hinzurechnungsbetrag

Einkünftequalifikation	Unternehmensgewinn
Einkünftebesteuerung	Besonderer Tarif - Durchschnittssteuersatz, mindestens 27%
Verlustnutzung	Kein Verlustausgleich, nur Verlustabzug (zeitlich beschränkter Verlustvortrag) nach besonderen Vorschriften

6. Maßnahmen zur Vermeidung von Doppelbelastungen

Ausländische Steuern	Anrechnung
Spätere tatsächliche Ausschüttungen	Freistellung

7. Besteuerungskonzeption	Deklariertes Konzept: Unternehmensgewinnbesteuerung Tatsächliches Konzept: Aliud-Besteuerung → keine Interimsteuer, aber nicht zwingend Strafsteuer

USA

1. Rechtsentwicklung

Zeitpunkt der Verabschiedung	Gesetz vom 16.10.1962
Rechtsgrundlage	Part III, Subpart F, Sec. 951-971
Signifikante Änderungen	Finance Acts 1975, 1986, 1996

2. Persönlicher Anwendungsbereich

Ausländische Gesellschaft (CFC)

Rechtsform	Nur Körperschaften
Beherrschungsbeteiligung	
Beteiligungshöhe	> 50% der Stimmrechte oder des Unternehmenswerts
Beteiligungsgruppe	Gesellschafter – die über eine Hinzurechnungsbeteiligung verfügen – allein oder zusammen mit anderen US-Gesellschaftern
Beteiligungsverhältnis	Unmittelbar oder mittelbar
Beteiligungsumfang	Zzgl. Stimmrechte naher Angehöriger und verbundener Unternehmen
Beteiligungszeitpunkt	Für einen ununterbrochenen Zeitraum von 30 Tagen im Wj der CFC
Sonderregelungen	Für Versicherungsunternehmen

Inländischer Gesellschafter

Rechtsform	Beliebige Rechtsform
Hinzurechnungsbeteiligung	
Beteiligungshöhe	Beliebige Nennkapitalbeteiligung und ≥ 10% der Stimmrechte
Beteiligungsgruppe	Gesellschafter allein
Beteiligungsverhältnis	Unmittelbar und mittelbar
Beteiligungsumfang	Zzgl. Stimmrechte naher Angehöriger und verbundener Unternehmen
Beteiligungszeitpunkt	Am Ende des Wj der CFC
Sonderregelungen	-

3. Tatbestand	
Tatbestand – Konzept	Transactional Approach Nur passive Einkünfte
Tatbestand – im Einzelnen	
Niedrigbesteuerung	-
Passive Einkünfte	Abschließender Positivkatalog (Aufzählung von passiven Einkünften - "Subpart F income")
4. Rechtsfolge	
Rechtsfolge – Konzept	Transparency Approach
Rechtsfolge – im Einzelnen	
Einkünftehinzurechnung	Nur passive Einkünfte (Subpart F Income)
Einkünfteermittlung	Nach US-amerikanischem Recht
Anteilige Hinzurechnung	Gemäß der Nennkapitalbeteiligung
Ausnahmeregelungen	a) de minimis rule b) Full inclusion rule c) high tax kickout rule d) kein ausschüttbarer Gewinn
5. Hinzurechnungsbetrag	
Einkünftequalifikation	(fiktive) Dividende
Einkünftebesteuerung	Dividendenbesteuerung
Verlustnutzung	Kein Verlustausgleich, aber Verlustabzug (Verlustvortrag) nach US-amerikanischem Recht
6. Maßnahmen zur Vermeidung von Doppelbelastungen	
Ausländische Steuern	Anrechnung
Tatsächliche Ausschüttung	Freistellung
7. Besteuerungskonzeption	Deklariertes Konzept: Dividendenbesteuerung Tatsächliches Konzept: Dividendenbesteuerung → Interimsteuer

Literaturverzeichnis

1. Bücher und Artikel

Aigner, Hans-Jörgen, Die Abkommensberechtigung bei Anwendung von CFC-Gesetzgebungen, IWB 2002, S. 1637-1640

Almudi Cid, José Manuel, National Report Spain, in: Lang Michael/Aigner Hans-Jörgen/Scheuerle Ulrich/Stefaner Markus (Hrsg.), CFC Legislation, Wien 2004, S. 559-580

Alpers, Lutz, Steuerniemandsland am Atlantik, Consultant 1-2/2003, S. 36-38

Altenburger, Peter R., Auswirkungen der italienischen CFC-Regelungen auf die Schweiz, ASA 2002, Band 70 Heft 8, S. 489-503

Aminoff-Lindblad, Anna-Liisa, Taxation of Companies in Finland, in: Guides to European Taxation, Volume II, The Taxation of Companies in Europe, 1999 International Bureau of Fiscal Documentation, GET-II, Suppl. No. 144, April 1999

Aminoff-Lindblad, Anna-Liisa, Corporate Taxation in Finland, in: European Taxation Database, http://online2.ibfd.org/euro/, Corporate Taxation (detailed), Finland, 2004 (Stand: 13. September 2004)

Aminoff-Lindblad, Anna-Liisa, Taxation of Companies in Finland, in: Taxation of Companies in Europe, http://online2.ibfd.org/gii/, Major Jurisdictions, Finland, 2004 (Stand: 13. September 2004)

Andersen, Peter S., Taxation in Denmark, in: Guides to European Taxation, Volume II, The Taxation of Companies in Europe, 1999 International Bureau of Fiscal Documentation, GET-II, Suppl. No. 144, April 1999

Andersen, Peter S., Corporate Taxation in Denmark, in: European Taxation Database, http://online2.ibfd.org/euro/, Corporate Taxation (detailed), Denmark, 2004 (Stand: 6. April 2004)

Andersen, Peter S., Taxation of Companies in Denmark, in: Taxation of Companies in Europe, http://online2.ibfd.org/gii/, Major Jurisdictions, Denmark, 2004 (Stand: 6. April 2004)

Arnold, Brian J. / Dibout, Patrick (Hrsg.), Limits on the use of low-tax regimes by multinational businesses: current measures and emerging trends, Cahiers de droit fiscal international – Studies on International Fiscal Law by the International Fiscal Association, Volume LXXXVIb, San Francisco 2001

Ax, Rolf / Große, Thomas/Melchior, Jürgen, Abgabenordnung und Finanzgerichtsordnung, 17. Aufl., Stuttgart 2001

Bachmann, Birgit, Diskriminierungsverbote bei direkten Steuern im Regelungsbereich des EG-Vertrags, RIW 1994, S. 849-858

Baconnier, Robert, Das neue französische Außensteuergesetz, in: Vogel/Ellis u.a., Steueroasen und Außensteuergesetze, München 1981, S. 53-58

Baranger, Séverine, Corporate Taxation in France, in: European Taxation Database, http://online2.ibfd.org/euro/, Corporate Taxation (detailed), France, 2004 (Stand: 22. September 2004)

Baranger, Séverine, Taxation of Companies in France, in: Taxation of Companies in Europe, http://online2.ibfd.org/gii/, Major Jurisdictions, France, 2004 (Stand: 22. September 2004)

Baranger, Séverine, Corporate Taxation in France, in: European Tax Handbook, http://online2.ibfd.org/eth/, Section A: Corporate Taxation, France, 2004

Baranger, Séverine, France, in: Taxation of Patent Royalties, Dividends, Interest in Europe, http://online2.ibfd.org/gi/, 2004, Contents: France (Stand: 18. Oktober 2004)

Baranowski, Karl-Heinz, Die Kapitalgesellschaft im Spektrum des Internationalen Steuerrechtes, in: Festschrift Helmut Debatin, München 1997, S. 1-24

Bater, Paul, Corporate Taxation in United Kingdom, in: European Tax Handbook, http://online2.ibfd.org/eth/, Section A: Corporate Taxation, United Kingdom, 2004

Bater, Paul, Corporate Taxation in United Kingdom, in: European Taxation Database, http://online2.ibfd.org/euro/, Corporate Taxation (detailed), United Kingdom, 2004 (Stand: 13. September 2004)

Bater, Paul, Taxation of Companies in United Kingdom, in: Taxation of Companies in Europe, http://online2.ibfd.org/gii/, Major Jurisdictions, United Kingdom, 2004 (Stand: 13. September 2004)

Bater, Paul, United Kingdom, in: Taxation of Patent Royalties, Dividends, Interest in Europe, http://online2.ibfd.org/gi/, Contents: United Kingdom, 2004 (Stand: 18. Oktober 2004)

Baumgärtel, Martina / Perlet, Helmut, Die Hinzurechnungsbesteuerung bei Auslandsbeteiligungen, Neuwied 1996

Becker, Helmut / Würm, Felix, Double-taxation convention and the conflict between international agreements and subsequent domestic laws, intertax 1988, S. 257-263

Becker, Helmut, Treaty Shopping/Treaty Override, European Taxation 1988, S. 383-385

Belcher, Naomi, UK: Courts clarify the CFC motive test exemption, International Tax Review, London May 2003, pg. 1

Beutler, Bengt / Bieber, Roland / Pipkorn, Jörn / Streil, Jochen, Die Europäische Union – Rechtsordnung und Politik, 5. Aufl., Baden-Baden 2001

Bizioli, Gianluigi, Tax Treaty Interpretation in Italy, in: Lang, M. (Hrsg.), Tax Treaty Interpretation, Wien 2001, S. 195-228

Blanluet, Gauthier, French National Report, in: Schön, Wolfgang (Hrsg.), Tax Competition in Europe, 2003, S. 1-27

Blanluet, Gauthier, Taxation of Companies in France, in: Guides to European Taxation, Volume II, The Taxation of Companies in Europe, 1999 International Bureau of Fiscal Documentation, GET-II, Suppl. No. 144, April 1999

Bleckmann, Albert, Begriff und Kriterien der innerstaatlichen Anwendbarkeit völkerrechtlicher Verträge, Berlin 1970

Bleckmann, Albert, Europarecht, 6. Aufl., München 1997

Bourseaux, Christiane, Taxation in Germany, in: Taxation of Companies in Europe, http://online2.ibfd.org/gii/, Major Jurisdictions, Germany, 2004 (Stand: 13. September 2004)

Böckstiegel, Karl-Heinz / Folz, Hans-Ernst / Mössner, Jörg Manfred / Zemanek, Karl (Hrsg.), Völkerrecht, Recht der Internationalen Organisationen, Weltwirtschaftsrecht – Festschrift für Ignaz Seidl-Hohenveldern, München 1988

Brähler, Gernot, Deutsche Direktinvestitionen in den USA, Hamburg 2002

Brigola, Alexander, Das System der EG-Grundfreiheiten: Vom Diskriminierungsverbot zum spezifischen Beschränkungsverbot, München 2004

Brodic, Dunja, Corporate Taxation in Denmark, in: European Tax Handbook, http://online2.ibfd.org/eth/, Section A: Corporate Taxation, Denmark, 2004

Brodic, Dunja, Denmark, in: Taxation of Patent Royalties, Dividends, Interest in Europe, http://online2.ibfd.org/gi/, 2004, Contents: Denmark (Stand: 18. Oktober 2004)

Brown, Gordon, Anomaly tackled to protect UK tax base – controlled foreign companies, Financial Times, London March 10, 1999, pg. 28

Brünink, Jan-Hendrik, Das Verhältnis der Normen des Außensteuergesetzes zu den Doppelbesteuerungsabkommen, München 1997

Burmester, Gabriele, Zur Systematik internationaler Minderbesteuerung und ihrer Vermeidung, in: Festschrift Helmut Debatin, München 1997, S.55-79

Burmester, Gabriele / Endres, Dieter (Hrsg.), Aussensteuerrecht, Doppelbesteuerungsabkommen und EU-Recht im Spannungsverhältnis, Festschrift für Helmut Debatin, München 1997

Busetto, Domenico / Russo, Antonio, Final controlled foreign companies legislation enacted, European Taxation, Amsterdam January 2001, Vol. 41, Iss. 1, pg. 32

Calvo, Stella Raventós, Taxation of Companies in Spain, in: Guides to European Taxation, Volume II, The Taxation of Companies in Europe, 1999 International Bureau of Fiscal Documentation, GET-II, Suppl. No. 143, February 1999

Clayson, Murray, UK tightens screw on CFC regime, International Tax Review, London March 1996, Vol. 7, Iss. 3, pgs. 9-12

Clayson, Murray, The Impact of European Law and Treaty Relief on the UK Controlled Foreign Companies Rules, intertax 1998, S. 326-333

Danzer, Jürgen, Die Steuerumgehung, Köln 1981

Dautzenberg, Norbert, Unternehmensbesteuerung im EG-Binnenmarkt, Köln 1997

Davis, Colin, Review of CFC legislation, Tax Advisor, United Kingdom, November 2004, pgs.18-19

Debatin, Helmut, Zum Grundverständnis der Doppelbesteuerungsabkommen, RIW 1988, S. 727-729

Debatin, Helmut, StÄndG 1992 und „Treaty Override", DB 1992, S. 2159-2163

Dennehy, Edward K. / Ehrlich, Stephen E., To Be or Not to Be a CFC – That Is the Question, tax notes international, 2005, S. 61-68

Desens, Marc, Die Besteuerung des Anteilseigners bei grenzüberschreitenden Gewinnausschüttungen – Überblick und Grundprobleme, IStR 2003, S. 613-621

Dibout, Patrick, French CFCs face EU challenges, International Tax Review, London July/August 1999, Vol. 10, Iss. 7, pg. 45

Dietz, Henrik / Buxbom, Dan, Denmark: New less restrictive CFC legislation, European Taxation, Amsterdam December 2002, Vol. 42, Iss. 12, pg. 515

Djanani, Christiana, Internationales Steuerrecht, 2. Aufl., Wien 1998

Djanani, Christiana / Brähler, Gernot, Internationales Steuerrecht, 2. Aufl., Wiesbaden 2004

Djanani, Christiana / Brähler, Gernot / Hartmann, Thomas, Die Finanzverwaltung und die autonome Abkommensauslegung, IStR 2004, S. 481-485

Djanani, Christiana / Herbener, Ralf, German National Report, in: Trends in company/shareholder taxation: single or double taxation ?, Cahiers de droit fiscal international – Studies on International Fiscal Law by the International Fiscal Association, Volume LXXXVIIIa, Sidney 2003, S. 399-437

Doehring, Karl, Völkerrecht, Heidelberg 1999

Douvier, Pierre-Jean, Doubts on French CFC law, International Tax Review, London March 1995, Vol. 6, Iss. 3, pg. 35-40

Douvier, Pierre- Jean, French National Report, in: Arnold, Brian J./Dibout, Patrick (Hrsg.), Limits on the use of low-tax regimes by multinational businesses: current measures and emerging trends, Cahiers de droit fiscal international – Studies on International Fiscal Law by the International Fiscal Association, Volume LXXXVIb, San Francisco 2001, S. 495-521

Eckert, Ralf, Rechtsschutz gegen "Treaty Overriding", RIW 1992, S. 386-388

Elicker, Michael, Die „steuerliche Kohärenz" in der Rechtsprechung des Europäischen Gerichtshofes, IStR 2005, S. 89-92

Ellis, J. Maarten, Einige Gründe für die Einschaltung von Steueroasen und die verwendeten rechtlichen Gestaltungsformen, in: Vogel/Ellis u.a., Steueroasen und Außensteuergesetze, München 1981, S. 7-14

Emmeluth, Christian, Denmark adopts controlled foreign corporation law, International Tax Review, London April 1995, Vol. 6, Iss. 4, pgs. 4-5

Emmeluth, Christian, Denmark introduces controlled foreign company legislation, International Tax Review, London July/August 1995, Vol. 6, Iss. 7, pgs. 5-6

Englisch, Joachim, Anmerkung zum EuGH-Urteil v. 15.7.2004, Rs. Lenz, IStR 2004, S. 526-527

Englisch, Joachim, Europarechtskonforme Dividendenbesteuerung – „Aims and effects"?, RIW 2005, S. 187-194

Everling, Ulrich, Das Niederlassungsrecht in der Europäischen Gemeinschaft, DB 1990, S. 1853-1859

Fahrholz, Bernd, Schranken der Steuergestaltung bei grenzüberschreitenden Finanztransaktionen: Abkommensrecht und innerstaatliches Recht, in: Gaddum/Hofmann, Zinsen im internationalen Steuerrecht, München 1985

Favi, Linda, National Report Italy, in: Lang Michael/Aigner Hans-Jörgen/Scheuerle Ulrich/Stefaner Markus, CFC Legislation, Wien 2004, S. 349-390

Fischer, Hans Georg, Europarecht, 3. Aufl., München 2001

Fischer-Zernin, Justius, Doppelbesteuerungsabkommen als Instrument des Völkerrechts und des innerstaatlichen Rechts, RIW 1987, S. 785-790

Fischer-Zernin, Justius, Missbrauch von Doppelbesteuerungsabkommen, RIW 1987, S. 362-368

Flick, Hans, Das deutsche Außensteuergesetz und ergänzende Rechtsvorschriften im Überblick, in: Vogel/Ellis u.a., Steueroasen und Außensteuergesetze, München 1981, S. 29-38

Förster, Guido / Schmidtmann, Dirk, CFC Legislation in Germany, intertax 2004, S. 476-486

Friel, Daniel, United Kingdom National Report, in: Arnold, Brian J./Dibout, Patrick (Hrsg.), Limits on the use of low-tax regimes by multinational businesses: current measures and emerging trends, Cahiers de droit fiscal international – Studies on International Fiscal Law by the International Fiscal Association, Volume LXXXVIb, San Francisco 2001, S. 869-902

Friemel, Rainer / Schiml, Kurt, Lehrbuch der Abgabenordnung, 11. Aufl., Herne/Berlin 1991

Frischmuth, Markus, Bestandsaufnahme und Zukunft der deutschen Hinzurechnungsbesteuerung (§§ 7 bis 14 AStG), IStR 2005, S. 361-366

Frotscher, Gerrit, Internationales Steuerrecht, München 2001

Füger, Rolf, Zum Verhältnis der Hinzurechnungsbesteuerung nach § 7 AStG zu § 42 AO, PIStB 2002, S. 262-267

Gaddum, Wilhelm / Hofmann Heinz u.a., Zinsen im internationalen Steuerrecht, München 1995

Galli, Carlo, Taxation of Companies in Italy, in: Guides to European Taxation, Volume II, The Taxation of Companies in Europe, 1999 International Bureau of Fiscal Documentation, GET-II, Suppl. No. 143, February 1999

Galli, Carlo, Corporate Taxation in Italy, in: European Taxation Database, http://online2.ibfd.org/euro/, Corporate Taxation (detailed), Italy, 2004 (Stand: 13. September 2004)

Galli, Carlo, Taxation of Companies in Italy, in: Taxation of Companies in Europe, http://online2.ibfd.org/gii/, Major Jurisdictions, Italy, 2004 (Stand: 13. September 2004)

García Prats, Francisco Alfredo, Spanish National Report, in: Arnold, Brian J./Dibout, Patrick (Hrsg.), Limits on the use of low-tax regimes by multinational businesses: current measures and emerging trends, Cahiers de droit fiscal international – Studies on International Fiscal Law by the International Fiscal Association, Volume LXXXVIb, San Francisco 2001, S. 803-826

Gariboldi, Paolo, Participation Exemption in the Italian Tax Reform, intertax 2004, pgs. 607-613

Gassner, Wolfgang / Lang, Michael / Lechner, Eduard (Hrsg.), Doppelbesteuerungsabkommen und EU-Recht, Wien 1996

Gassner, Wolfgang, Neun und noch viel mehr Gründe gegen ein österreichisches Außensteuergesetz, SWI 2001, S. 295-297

Gay, Sellars, United Kingdom: CFCs: Changes to the excluded countries list, International Tax Review, London September 1998, Vol. 9, Iss. 8, pg. 86

Geiger, Rudolf, Grundgesetz und Völkerrecht, 3. Aufl., München 2002

Giménez, Juan José Bayona, Spanish National Report, in: Schön, Wolfgang (Hrsg.), Tax Competition in Europe, 2003, S. 1-15

Giuliani, Marco, CFC loopholes can still benefit Italian taxpayers, International Tax Review, London April 2002, Vol. 13, Iss. 4, pg. 38

Giuliano, Stefano, Italian National Report, in: Arnold, Brian J./Dibout, Patrick (Hrsg.), Limits on the use of low-tax regimes by multinational businesses: current measures and emerging trends, Cahiers de droit fiscal international – Studies on International Fiscal Law by the International Fiscal Association, Volume LXXXVIb, San Francisco 2001, S. 615-640

Gloria, Christian, Das steuerliche Verständigungsverfahren und das Recht auf diplomatischen Schutz, Berlin 1988

Gonzalo, Jose Luis, Spain brings in new CFC regime, International Tax Review, London March 1995, Vol. 6, Iss. 3, pgs. 32-35

González-Cotera, Alvaro de la Cueva, Corporate Taxation in Spain, in: European Tax Handbook, http://online2.ibfd.org/eth/, Section A: Corporate Taxation, Spain, 2004

Gordon, Debbi Ann, Controlled Foreign Corporation Rules – A Proposal for the Caribbean, intertax 2004, S. 27-42

Görl, Maximilian, Die gesetzlichen Regelungen der USA, Großbritannien, Kanadas und Japans gegen den Missbrauch von Steueroasen, in: Vogel/Ellis u.a., Steueroasen und Außensteuergesetze, München 1981, S. 39-52

Grabitz, Eberhard, Gemeinschaftsrecht bricht nationales Recht, Hamburg 1966

Greene, Chris / Maddalena, Christina, CFC excluded countries, Accountancy, London June 1993, Vol. 111, Iss. 1198, pgs. 101-102

Greene, Chris / Maddalena, Christina, Controlled foreign companies, Accountancy, London December 1993, Vol. 112, Iss. 1204, pg. 113

Greene, Chris / Maddalena, Christina, Controlled foreign corporations, Accountancy, London Februar 1994, Vol. 113, Iss. 1206, pg. 106

Greene, Chris / Maddalena, Christina, Controlled foreign companies, Accountancy, London November 1994, Vol. 114, Iss. 1215, pg. 116

Greene, Chris / Maddalena, Christina, CFC clearance, Accountancy, London Januar 1995, Vol. 115, Iss. 1217, pgs. 95-97

Greene, Chris / Meyer, Emanuel / Maddalena, Christina, Controlled foreign companies, Accountancy, London June 1996, Vol. 117, Iss. 1234, pgs. 94

Großfeld, Bernhard, Basisgesellschaften im Internationalen Steuerrecht, Tübingen 1974

Grotherr, Siegfried, Erneute Reform der Hinzurechnungsbesteuerung durch das Unternehmenssteuerfortentwicklungsgesetz – Teil 1, IWB 2002 Fach 3 Gruppe 1 S. 1883-1902

Grotherr, Siegfried, Erneute Reform der Hinzurechnungsbesteuerung durch das Unternehmenssteuerfortentwicklungsgesetz – Teil 2 , IWB 2002 Fach 3 Gruppe 1 S. 1903-1916

Grotherr, Siegfried / Herfort, Claus / Strunk, Günter, Internationales Steuerrecht, Grüne Reihe Bd. 17, Bremen 1998

Guggenheim, Paul, Völkerrechtliche Schranken im Landesrecht, Karlsruhe 1955

Gutmann, Daniel, Tax Treaty Interpretation in France, in: Lang, Michael (Hrsg.), Tax Treaty Interpretation, Wien 2001, S. 63-76

Haun, Jürgen / Reiser, Hagen, Ausgewählte Probleme des Anwendungsschreibens zum Außensteuergesetz aus der Sicht der GmbH, GmbHR 2004, S. 841-850

Kesti, Juhani / Andersen, S. Peter (Hrsg.), Guides to European Taxation, Volume II, The Taxation of Companies in Europe, International Bureau of Fiscal Documentation, Loseblattsammlung

Hahn, Hartmut, Das ICI-Urteil des EuGH und die Hinzurechnungsbesteuerung gemäß §§ 7 ff AStG, IStR 1999, S. 609-617

Hahn, Hartmut, Berührungspunkte zwischen europäischem Recht und dem innerstaatlichen Recht der direkten Steuern, DStZ, 1992, S. 663-669

Hartmann, Thomas, Steuergestaltung durch Verwendung hybrider Gesellschaften, Hamburg 2000

Harty, Scott A. / Sheppard, Hale E., Repatriating Subpart F Income: A Fresh Look at Electing to Be Taxed As a Corporation, tax notes international, 2005, S. 173-178

Herdegen, Matthias, Völkerrecht, 3. Aufl., München 2004

Helminen, Marjaana, Tax Treaty Interpretation in Finland, in: Lang, Michael (Hrsg.), Tax Treaty Interpretation, Wien 2001, S. 77-94

Helminen, Marjaana, National Report Finland, in: Lang Michael/Aigner Hans-Jörgen/Scheuerle Ulrich/Stefaner Markus, CFC Legislation, Wien 2004, S. 191-220

Helminen, Marjaana, Is There a Future for CFC-regimes in the EU?, intertax 2005, S. 117-122

Herdegen, Matthias, Europarecht, 5. Aufl., München 2003

Herzig, Norbert / Dautzenberg, Norbert, Der EWG-Vertrag und die Doppelbesteuerungsabkommen, DB 1992, S. 2519-2524

Heuermann, Bernd, Vermieten als unangemessenes Gestalten durch gegenläufige Rechtsgeschäfte auf der Nutzungsebene – Zugleich einige methodenkritische Bemerkungen über den Sinn der Unterscheidung von Innen- und Außentheorie – StuW 2004, S. 124-130

Huber, Peter M., Recht der Europäischen Integration, 2. Aufl., München 2002

Hundt, Florenz, Entwicklung des deutschen Missbrauchsverständnisses bei grenzüberschreitenden Gestaltungen, in: Festschrift Helmut Debatin, München 1997, S. 153-177

Ipsen, Knut, Völkerrecht, 4. Aufl., München 1999

Jacobs, Otto H., Internationale Unternehmensbesteuerung, 5. Aufl., München 2002

Janeba, Eckhard / Smart Michael, Is targeted tax competition less harmful than its remedies ? Center For Economic Studies-ifo Working Paper No. 590, October 2001

Jann, Martin, Die Auswirkungen des EU-Rechts auf die Abkommensberechtigung von beschränkt Steuerpflichtigen, in: Gassner/Lang/Lechner (Hrsg.), Doppelbesteuerungsabkommen und EU-Recht, Wien 1996, S. 43-84

Jones, John F. Avery, Tax Treaty Interpretation in the United Kingdom, in: Lang, Michael (Hrsg.), Tax Treaty Interpretation, Wien 2001, S. 357-392

Juusela, Janne, Finnish National Report, in: Arnold, Brian J./Dibout, Patrick (Hrsg.), Limits on the use of low-tax regimes by multinational businesses: current measures and emerging trends, Cahiers de droit fiscal international – Studies on International Fiscal Law by the International Fiscal Association, Volume LXXXVIb, San Francisco 2001, S. 479-494

Kabbaj, Hicham / Raingeard de la Bletière, Emmanuel, National Report France, in: Lang, Michael/Aigner, Hans-Jörgen/Scheuerle, Ulrich/Stefaner, Markus, CFC Legislation, Wien 2004, S. 221-254

Kaufmann, Robert, Controlled Foreign Companies (CFC)-Gesetzgebung – Übersicht über die Rechtslage in den EU-Staaten, SWI 2001, S. 16-20

Kellersmann, Dietrich / Treisch, Corinna, Europäische Unternehmensbesteuerung, Wiesbaden 2002

Kelsen, Hans, Das Problem der Souveränität und die Theorie des Völkerrechts, 3. Aufl., 1981

Kerath, Andreas, Maßstäbe zur Auslegung und Anwendung von Doppelbesteuerungsabkommen unter besonderer Berücksichtigung des Verständigungsverfahrens, Hamburg 1995

Kesti, Juhani, Corporate Taxation in Finland, in: European Tax Handbook, http://online2.ibfd.org/eth/, Section A: Corporate Taxation, Finland, 2004

Kesti, Juhani, Finland, in: Taxation of Patent Royalties, Dividends, Interest in Europe, http://online2.ibfd.org/gi/, Contents: Finland, 2004 (Stand: 18. Oktober 2004)

Khan, Daniel-Erasmus, Europäischer Unionsvertrag, Einführung zur Textausgabe Europäischer Unionsvertrag, 4. Aufl., München 1998

Kimminich, Otto / Hobe, Stephan, Einführung in das Völkerrecht, 7. Aufl., Tübingen 2000

Klein, Manfred, Hinzurechnungsbesteuerung bei Auslandsholdings – Situation nach Steuersenkungsgesetz und Unternehmenssteuerfortentwicklungsgesetz, IStR 2001, S. 616-621

Kluge, Volker, Das Internationale Steuerrecht, 4. Aufl., München 2000

Kneip Christoph / Rieke Ingo, Hinzurechnungsbesteuerung bei ausländischen Holdinggesellschaften nach dem Entwurf eines Unternehmenssteuerfortentwicklungsgesetzes (UntStFG), IStR 2001, S. 665-671

Knobbe-Keuk, Brigitte, Niederlassungsfreiheit: Diskriminierungs- oder Beschränkungsverbot, DB 1990, S. 2573-2584

Kofler, Georg W., Die steuerliche Abschirmwirkung ausländischer Finanzierungsgesellschaften und ihre Durchbrechung aus österreichischer Sicht, Wien 2002

Köhler, Franz, Die steuergesetzliche Tatbestandsbildung der Zugriffbesteuerung nach dem Außensteuergesetz, RIW 1988, 979-987

Köhler, Stefan, Die Steuerpolitik der deutschen internationalen Unternehmung im Einflussbereich der Hinzurechnungsbesteuerung, Siegen 1993

Köhler, Stefan, Aktuelles Beratungs-Know-how Internationales Steuerrecht, DStR 2002, S. 2156-2159

Körner, Andreas, Europarecht und CFC-Regelungen – Anrufung des EuGH im Verfahren „Cadburry Schweppes", IStR 2004, S. 697-706

Kuhlmann, Jörg-Heinrich, Die Systematik der Hinzurechnungsbesteuerung gemäß §§ 7-14 AStG und ihre Einführung in das nationale und internationale Steuerrecht, Berlin 1983

Kuntze, Christian, Die Kompetenzen der Europäischen Gemeinschaft auf dem Gebiet des Steuerrechts, Frankfurt a.M. 1999

Kühn, Rolf / Hofmann, Ruth, Abgabenordnung, 17. Aufl., Stuttgart1995

Lang, Michael (Hrsg.), Tax Treaty Interpretation, Wien 2001

Lang, Michael (Hrsg.), CFC Legislation, Wien 2004

Lang, Michael, Die Bindung der Doppelbesteuerungsabkommen an die Grundfreiheiten des EU-Rechts, in: Gassner/Lang/Lechner (Hrsg.), Doppelbesteuerungsabkommen und EU-Recht, Wien1996, S. 25-42

Lang, Michael, CFC-Gesetzgebung und Gemeinschaftsrecht, IStR 2002, S. 217-222

Lang, Michael, CFC-Gesetzgebung und Doppelbesteuerungsabkommen, IStR 2002, S. 717-723

Lang, Michael, Ist die Schumacker-Rechtsprechung am Ende ?, RIW 2005, S. 336-344

Lang, Michael, Die Bedeutung des originär innerstaatlichen Rechts für die Auslegung von Doppelbesteuerungsabkommen (Art. 3 Abs. 2 OECD-MA), in: Festschrift Helmut Debatin, München 1997, S. 283-304

Lecheler, Helmut / Gundel, Jörg, Einführung in das Europarecht, München 2000

Lehner, Moris, Der Einfluss des Europarechts auf die Doppelbesteuerungsabkommen, IStR 2001, S. 329-336

Lehner, Moris / Reimer, Ekkehart, Generalthema I: Quelle versus Ansässigkeit – Wie sind die grundlegenden Verteilungsprinzipien des Internationalen Steuerrechts austariert ?, IStR 2005, S. 542-551

Leisner, Walter, Abkommensbruch durch Außensteuerrecht ?, RIW 1993, S. 1013-1020

Lenz, Martin / Heinsen, Oliver, Neue Verwaltungsgrundsätze zur Anwendung des Außensteuergesetzes – Anmerkungen zum BMF-Schreiben vom 14.5.2004, RIW 2004, S. 616-619

Lenz, Martin, Zur Niedrigbesteuerung i.S. des § 8 Abs. 3 AStG, IStR 2003, S. 793-798

Lieber, Bettina / Rasch, Stephan, Mögliche Konsequenzen der Rechtssache „Cadbury Schweppes" für die deutsche Hinzurechnungsbesteuerung, GmbHR 2004, S. 1572-1578

Löser, Sebastian, Taxation in Germany, in: European Tax Handbook, http://online2.ibfd.org/eth/, Section A: Corporate Taxation, Germany, 2004

Loukota, Helmut, Einschaltung ausländischer Basisgesellschaften, SWI 2005, S. 205-212

Lowell, D. Yoder, Final regulations apply subpart F to a CFC's distributive share of partnership income, Tax Management International Journal, Washington: March 14, 2003, Vol. 32, Iss. 3, pg. 99-150

Lüdicke, Jürgen, Internationale Aspekte des Steuervergünstigungsabbaugesetzes, IStR 2003, S. 433-444

Maier-Frischmuth, Markus, Systemkonforme Hinzurechnungsbesteuerung nach dem Entwurf des UntStFG (Teil I), IStR 2001, S. 610-616

Maier-Frischmuth, Markus, Systemkonforme Hinzurechnungsbesteuerung nach dem Entwurf des UntStFG (Teil II), IStR 2001, S. 642-647

Mausch, Volker, Treaty Overriding, Aachen 1998

Meerpohl, Jutta, Die Mutter-/Tochter-Richtlinie der Europäischen Gemeinschaft und ihre Umsetzung in das Recht der Mitgliedstaaten, Frankfurt a.M. 1998

Meisel, Jane / Kiernan, James, Global tax reforms focus on cross-border transactions, International Tax Review, London 1993, pgs. 2-5

Melchior, Jürgen, Übersicht über die Änderungen durch das Gesetz zur Fortentwicklung des Unternehmenssteuerrechts (Unternehmenssteuerfortentwicklungsgesetz), DStR 2002, S. 1-10

Menck, Thomas, Rechtsmechanismus und Rechtscharakter der Zugriffbesteuerung, DStZ 1978 A, S. 106-110

Mersch, Eugen, Die Hinzurechnungsbesteuerung nach den §§ 7 ff AStG, Köln 1986

Michelsen, Aage, Tax Treaty Interpretation in Denmark, in: Lang, Michael (Hrsg.), Tax Treaty Interpretation, Wien 2001, S. 63-76

Moore, E. Raymond, Der Standpunkt der Steueroasenländer (am Beispiel der karibischen und pazifischen Staaten), in: Vogel/Ellis u.a., Steueroasen und Außensteuergesetze, München 1981, S. 15-18

Moore, Roger M., Taxation of Companies in United Kingdom, in: Guides to European Taxation, Volume II, The Taxation of Companies in Europe, 1999 International Bureau of Fiscal Documentation, GET-II, Suppl. No. 143, February 1999

Mössner, Jörg Manfred, Einführung in das Völkerrecht, München 1977

Mössner, Jörg Manfred, Zur Auslegung von Doppelbesteuerungsabkommen in: Böckstiegel, Karl-Heinz/Folz, Hans-Ernst/Mössner, Jörg Manfred/Zemanek, Karl (Hrsg.), Völkerrecht, Recht der Internationalen Organisationen, Weltwirtschaftsrecht – Festschrift für Ignaz Seidl-Hohenveldern, München 1988

Mössner, Jörg Manfred u.a., Steuerrecht international tätiger Unternehmen, 2. Aufl., Köln 1998

Nendick, Emma, UK: Irish companies lose exemption from the CFC rules, International Tax Review, London November 2002, Vol. 13, Iss. 10, pg. 52

Nicolaysen, Gert, Europarecht II – Das Wirtschaftsrecht im Binnenmarkt, 1. Aufl., Baden-Baden 1996

Nobili, Francesco / Lanza, Marco Abramo, Synthesis of Italian Tax Reform, intertax 2004, S. 564-567

Oppermann, Thomas, Europarecht, 2. Aufl., München 1999

Orlov, Mykola, The Concept of Tax Haven: A Legal Analysis, intertax 2004, S. 95-111

Ottosen, Arne Moellin / Hansen, Lars Cort, Denmark tightens rules on CFCs, holding and captive insurance companies, Journal of International Taxation, Boston February 2002, Vol. 13, Iss. 2, pg. 44

Pedersen, Bente Moll, Controlled foreign company legislation, European Taxation, Amsterdam 1995, Vol. 35, Iss. 10, pgs. 315-319

Pezzer, Heinz-Jürgen, Neuere Entwicklungen in der BFH-Rechtsprechung zu § 42 AO, Steuerberater-Jahrbuch 2000/2001, S. 61-81

Piltz, Detlev Jürgen, Doppelbesteuerungsabkommen und Steuerumgehung unter besonderer Berücksichtigung des treaty-shopping, BB 1987, Beilage 14 zu Heft 18.

Polivanova-Rosenauer, Tatjana, Anmerkung zum EuGH-Urteil v. 15.7.2004, Rs. Lenz, IStR 2004, S. 525-526

Raventós, Stella, Corporate Taxation in Spain, in: European Taxation Database, http://online2.ibfd.org/euro/, Corporate Taxation (detailed), Spain, 2004 (Stand: 13. September 2004)

Raventós, Stella, Taxation of Companies in Spain, in: Taxation of Companies in Europe, http://online2.ibfd.org/gii/, Major Jurisdictions, Spain, 2004 (Stand: 13. September 2004)

Raventos, Stella, Spain: CFC provisions introduced, European Taxation, Amsterdam 1995, Vol. 35, Iss. 5, pgs. 164-168

Rädler, Albert J., Do National Anti-,Abuse Clauses Distort the Internal Market, European Taxation 1994, S. 311-313

Pechstein, Matthias / Koenig, Christian, Die Europäische Union, 3. Aufl., Tübingen 2000

Pieper, Ulrich / Schollmeier, Andreas / Kimphove, Dieter, Europarecht, 2. Aufl., München 2000

Rättig, Horst / Dr. Peer Daniel Protzen, Die im Entwurf eines Gesetzes zur Fortentwicklung des Unternehmenssteuerrechts vorgesehenen Änderungen der Hinzurechnungsbesteuerung, IStR 2001, S. 601-610

Rättig, Horst / Protzen, Peer Daniel, Holdingbesteuerung nach derzeit geltendem und kommendem Außensteuergesetz, IStR 2000, S. 548-557

Rättig, Horst / Protzen, Peer Daniel, Zur Europarechtswidrigkeit der §§ 7-14 AStG und zu den Folgen für die internationale Steuerplanung, IStR 2003, S. 195-202

Rättig, Horst / Protzen, Peer Daniel, Das BMF-Schreiben vom 14.5.2004 – IV B4 – S 1340 – 11/04 (Grundsätze zur Anwendung des Außensteuergesetzes), IStR 2004, S. 625-634

Reimer, Ekkehart, Der deutsche Nationalbericht zum IFA-Kongress 2005 in Buenos Aires, Generalthema I: Quelle und Ansässigkeit – Neuausrichtung der Prinzipien, IStR 2004, S. 816-818

Reimer, Ekkehart, Tax Treaty Interpretation in Germany, in: Lang, Michael (Hrsg.), Tax Treaty Interpretation, Wien 2001, S. 119-152

Rienstra, John, United States, in: Taxation of Patent Royalties, Dividends, Interest in Europe, http://online2.ibfd.org/gi/, USA, 2004 (Stand: 18. Oktober 2004)

Rienstra, John, Corporate Taxation in the United States, in: European Tax Handbook, http://online2.ibfd.org/eth/, Section A: Corporate Taxation, United States of America, 2004 (Abrufzeitpunkt: 15. Dezember 2004)

Rienstra, John, Corporate Taxation in the United States, in: European Taxation Database, http://online2.ibfd.org/euro/, Corporate Taxation (summary), United States, 2004 (Abrufzeitpunkt: 15. Dezember 2004)

Rix, Jacob, National Report Denmark, in: Lang, Michael/Aigner, Hans-Jörgen/Scheuerle, Ulrich/Stefaner, Markus, CFC Legislation, Wien 2004, S. 139-172

Roch, Maria Teresa Soler / Ribes, Aurora Ribes, Tax Treaty Interpretation in Spain, in: Lang, Michael (Hrsg.), Tax Treaty Interpretation, Wien 2001, S. 303-316

Rogers, E. John / Lemanowicz, P. Edward, United States National Report, in: Arnold, Brian J./Dibout, Patrick (Hrsg.), Limits on the use of low-tax regimes by multinational businesses: current measures and emerging trends, Cahiers de droit fiscal international – Studies on International Fiscal Law by the International Fiscal Association, Volume LXXXVIb, San Francisco 2001, S. 903-926

Romani, Brigitte, Italien – Große Steuerreform ab 2004, IStR 2004, S. 155-161

Rose, Gerd, Internationales Steuerrecht, 6. Aufl., Berlin 2004

Rosembuj, Tulio, Controlled Foreign Corporations – Critical Aspects, intertax 1998, S. 333-353

Rowe, Jerry, United Kingdom: UK budget changes, International Tax Review, London May 2000, Vol. 11, Iss. 5, pg. 56

Russo, Raffaele, Corporate Taxation in Italy, in: European Tax Handbook, http://online2.ibfd.org/eth/, Section A: Corporate Taxation, Italy, 2004

Russo, Raffaele, Italy, in: Taxation of Patent Royalties, Dividends, Interest in Europe, http://online2.ibfd.org/gi/, Italy, 2004 (Stand: 18. Oktober 2004)

Rust, Alexander, National Report Germany, in: Lang, Michael/Aigner, Hans-Jörgen/Scheuerle, Ulrich/Stefaner, Markus, CFC Legislation, Wien 2004, S. 255-280

Rust, Alexander, Renaissance der Kohärenz, EWS 2004, S. 450 454

Sacchetto, Claudio., Italian National Report, in: Schön, Wolfgang (Hrsg.), Tax Competition in Europe, 2003, S. 1-35

Sandler, Daniel, Tax Treaties and Controlled Foreign Company Legislation, 2. Aufl., London 1998

Saß, Gert, Die Fusionsrichtlinie und die Mutter/Tochterrichtlinie, DB 1990, S. 2340-2346

Savory, James, UK CFCs leave room for manoeuvre, International Tax Review, London June 1999, Vol. 10, Iss. 6, pgs. 35-40

Schaumburg, Harald, Internationales Steuerrecht, 2. Aufl., Köln 1998

Scheibitz, Hannes, Außensteuerliche Abschirmwirkung von Genussrechten, RIW 2003, S. 196-199

Schelle, Diether, in: Schitag Ernst & Young (Hrsg.), Praxis des Außensteuerrechts, Stuttgart 1997

Scherer, Thomas, Doppelbesteuerung und Europäisches Gemeinschaftsrecht, München 1995

Schitag Ernst & Young, Praxis des Außensteuerrechts, Stuttgart 1997

Schleuder, Heinz-Peter, Die Hinzurechnungsbesteuerung im internationalen Konzern, München 1985

Schön, Wolfgang, Hinzurechnungsbesteuerung und Europäisches Gemeinschaftsrecht, DB 2001, S. 940-947

Schön, Wolfgang, Besteuerung im Binnenmarkt – die Rechtsprechung des EuGH zu den direkten Steuern, IStR 2004, S. 289-300

Schön, Wolfgang, Unternehmensbesteuerung und Europäisches Gemeinschaftsrecht, Steuerberater-Jahrbuch 2003/2004, S. 27-67

Schön, Wolfgang (Hrsg.), Tax Competition in Europe, Länderbericht, Bonn 2003

Schön, Wolfgang, Der „Rechtsmissbrauch" im Europäischen Gesellschaftsrecht, in: Festschrift Herbert Wiedemann, München 2002, S. 1271-1295

Schön, Wolfgang, Unternehmensbesteuerung und Europäisches Gemeinschaftsrecht, Steuerberater-Jahrbuch 2003/2004, S. 27-67

Schönfeld, Jens , Hinzurechnungsbesteuerung zwischen Steuerwettbewerb und Europäischen Grundfreiheiten, StuW 2005, S. 158-170

Schumacher, Andreas, German National Report, in: Arnold, Brian J./Dibout, Patrick (Hrsg.), Limits on the use of low-tax regimes by multinational businesses: current measures and emerging trends, Cahiers de droit fiscal international – Studies on International Fiscal Law by the International Fiscal Association, Volume LXXXVIb, San Francisco 2001, S. 523-548

Schwarz, Hubertus / Fischer-Zernin, Justus, Deutsches „Treaty Overriding“ im Entwurf zum Steueränderungsgesetz 1992, RIW 1992, S.49-53

Schweitzer, Michael / Hummer, Waldemar, Europarecht, 5. Aufl., Berlin 1996

Secular, Les, Proposed changes to CFC legislation, European Taxation, Amsterdam 1998, Vol. 8, Iss. 3, pgs. 100-105

Seer, Roman / Kahler, Björn / Rüping, Heike / Thulfaut, Kai, Die Rechtsprechung des EuGH auf dem Gebiet der direkten Besteuerung in den Jahren 2003 und 2004, EWS 2005, S. 289-309

Seidl-Hohenveldern, Ignaz, Völkerrecht, 10. Aufl., München 2000

Sieker, Klaus, Steuervergünstigungsabbaugesetz: Vorgesehene Verschärfungen der Rechtsfolgen der Hinzurechnungsbesteuerung, IStR 2003, S. 78-84

Simonsen, Lennart, Finland introduces major tax reforms, International Tax Review, London 1993, S. 15-22

Simonsen, Lennart / Fellman, Anna Maria, Finland cuts planning opportunities, International Tax Review, London April 1995, Vol. 6, Iss. 4, pgs. 44-46

Sinn, Hans-Werner, Tax Harmonization and Tax Competition in Europe, Münchener Wirtschaftswissenschaftliche Beiträge, Discussion Papers Nr. 89-22, München 1989

Soerensen, Michael, Danish National Report, in: Arnold, Brian J./Dibout, Patrick (Hrsg.), Limits on the use of low-tax regimes by multinational businesses: current measures and emerging trends, Cahiers de droit fiscal international – Studies on International Fiscal Law by the International Fiscal Association, Volume LXXXVIb, San Francisco 2001, S. 457-478

Stefaner, Markus Christoph, Geht die Europäische Kommission gegen CFC-Gesetzgebung vor ?, SWI 2002, S. 415-421

Steindorff, Ernst, Europarecht, Einführung zur Textausgabe Europarecht, 10. Aufl., München 1990, S. IX-XX

Stockmann, Frank, Controlled Foreign Corporations – Extract from German Tax Guide, Neuwied 2001

Stuhrmann, Gerd, Die Anpassungen des Außensteuergesetzes im Rahmen des UntStFG, PIStB 2002, S. 30-35

Suhrbier-Hahn, Ute, Änderungen des deutschen Steuerrechts durch das Steuervergünstigungsabbaugesetz, SWI 2003, S. 209-214

Swanick, Michael F. / Mosha, Stephen N. / O'Hagan, Justin, The impact of the U.K. budget 2000 on U.S. multinationals, Tax Management International Journal, Washington August 11, 2000, Vol. 29, Iss. 8, pgs. 459-470

Tikka, Kari S., Finish National Report Finish National Report, in: Schön, Wolfgang (Hrsg.), Tax Competition in Europe, 2003, S. 1-11

Tipke, Klaus, Die Steuerrechtsordnung – Band III, Köln 1993

Tipke, Klaus / Lang, Joachim, Steuerrecht, 17. Aufl., Köln 2002

Thömmes, Otmar, ECJ to Further define "Coherence Principle" in Direct Tax Matters, intertax 1995, S. 535-536

Thömmes, Otmar, European Court of Justice follows Advocate General in the Wilockx Case, intertax 1995, S. 602-603

Thömmes, Otmar, CFC Legislation and EC Law, intertax 2003, S. 188-189

Thömmes, Otmar / Nakhai, Katja, New Case Law on Anti-Abuse Provisions in Germany, intertax 2005, S. 74-79

Toifl, Gerald, Die EU-Grundfreiheiten und die Diskriminierungsverbote der Doppelbesteuerungsabkommen, in: Gassner/Lang/Lechner (Hrsg.), Doppelbesteuerungsabkommen und EU-Recht, Wien 1996, S. 139-180

Triepel, Helmut, Völkerrecht und Landesrecht, München 1988

Tulloch, Anthony, StÄndG 1992: Die neue Hinzurechnungsbesteuerung im AStG als Instrument der Missbrauchsbekämpfung, DB 1992, S. 1444-1449

Ullah, Monuhar, National Report United Kingdom, in: Lang Michael/Aigner Hans-Jörgen/Scheuerle Ulrich/Stefaner Markus, CFC Legislation, Wien 2004, S. 605-638

Van Rijn, Jochem, Using Denmark in international tax planning, Journal of International Taxation, Boston May 2003, Vol. 14, Iss. 5, pgs. 32-34

Vogel, Klaus, Aktuelle Fragen des Außensteuergesetzes, insbesondere des „Steueroasengesetzes“ unter Berücksichtigung des neuen Doppelbesteuerungsabkommens mit der Schweiz, BB 1971, S. 1185-1192

Vogel, Klaus, Steuerumgehung nach innerstaatlichem Recht und nach Abkommensrecht, StuW 1985, S. 369-381

Vogel, Klaus / Ellis J. Maarten u.a., Steueroasen und Außensteuergesetze, München 1981

Wacker, Wilhelm H. / Seibold, Sabine / Oblau, Markus, Lexikon der Steuern, München 2000

Wassermeyer, Franz, Die im Entwurf eines Steuersenkungsgesetzes vorgesehenen Änderungen der Hinzurechnungsbesteuerung, IStR 2000, S. 193-196

Wassermeyer, Franz, Die Hinzurechnungsbesteuerung als Qualifikationskonflikt des nationalen und internationalen Steuerrechts, RIW 1983, S. 352-354

Wassermeyer, Franz, Zum Entwurf eines österreichischen Außensteuergesetzes aus der Sicht des deutschen AStG, SWI 2001, S. 334-339

Wassermeyer, Franz, 25 Jahre Außensteuergesetz, in: Festschrift Hans Flick, Köln 1997, S. 1057-1071

Weichenrieder, J. Alfons, Anti-Tax Avoidance Provisions and the Size of Foreign Direct Investment, Münchener Wirtschaftswissenschaftliche Beiträge, Discussion Papers Nr. 94-02, München 1994

Weiser, Benedikt, Rechtsprechung und Rechtsetzung auf dem Gebiet der direkten Besteuerung in der Europäischen Union, Frankfurt a.M. 1998

Winther-Sörensen, Niels, Danish National Report, in: Schön, Wolfgang (Hrsg.), Tax Competition in Europe, 2003, S. 1-7

o.V., Tax News Service, France: European Commission issues formal notice to France on application of French CFC rules to Luxembourg captive insurance companies, 9 July 2002, S. 382

o.V., Tax News Service, Denmark: No authority to tax deemed interest; general anti-avoidance rule, 11 May 1998, Issue 19, Volume 32, S. 176

o.V., Tax News Service, Denmark: No authority to tax deemed interest; general anti-avoidance rule, 11 May 1998, Issue 19, Volume 32, S. 176

o.V., Tax News Service, Finland: Belgium and the Netherlands removed from CFC "white list", 9 February 1998, Issue 6, Volume 32, S. 56

o.V., Tax News Service, Finland: CFC rules to be revised, 2 November 1998, Issue 44, Volume 32, S. 376

o.V., Tax News Service, Denmark: Changes proposed to taxation of inbound/outbound dividends and CFC taxation, 11 January 1999, Issue 2, Volume 33, S. 14-16

o.V., Tax News Service, Denmark: New regimes for dividend taxation enacted, 15 February 1999, Issue 7, Volume 33, S. 67

o.V., Tax News Service, Finland: Revised CFC rules enacted, 4 January 1999, Issue 1, Volume 33, S. 7

o.V., Tax News Service, Finland: Guidance on CFC rules and court ruling, 21 June 1999, Issue 25, Volume 33, S. 215

o.V., Tax News Service, France: CFC legislation held incompatible with treaty with Switzerland, 24 May 1999, Issue 21, Volume 33, s. 183-184

o.V., Tax News Service, Italy: CFC legislation submitted to parliament, 11 October 1999, Issue 41, Volume 33, S. 346

o.V., Tax News Service, Italy: List of tax haven jurisdictions for individual income tax purposes, 28 June 1999, Issue 26, Volume 33, S. 225

o.V., Tax News Service, United Kingdom: Controlled foreign companies – anti-avoidance measure, 15 November 1999, Issue 46, Volume 33, S. 387

o.V., Tax News Service, United Kingdom: Controlled foreign companies, 15 February 1999, Issue 7, Volume 33, S. 72

o.V., Tax News Service, Italy: Amendments to anti-tax haven rules approved by Parliament, 18/27 December 2000, Issue 51/52, Volume 34, S. 503 f

o.V., Tax News Service, Italy: CFC legislation implemented, 10 December 2001, Issue 50, Volume 35, S. 606 f

o.V., Tax News Service, Italy: New "black list" for anti-tax haven rules issued, 25 February 2002, Issue 9, Volume 36, S. 106

o.V., Tax News Service, Italy: "Black list" for anti-tax haven rules modified, 22 April 2002, Issue 17, Volume 36, S. 230

o.V., Tax News Service, France: Finance Bill for 2005: amendments to CFC legislation, 28 September 2004, Issue 42, Volume 38, http://online2.ibfd.org/tns/

o.V., Tax News Service, France: Finance Bill for 2005 adopted by Council of Ministers – business proposals, 24 September 2004, Issue 41, Volume 38, http://online2.ibfd.org/tns/

o.V., Tax News Service, Italy: Circular Letter on new dividend taxation regime, 2 July 2004, Issue 29, Volume 38, http://online2.ibfd.org/tns/

o.V., Tax News Service, Italy: Italian advance ruling on CFCs involving Luxemburg company, 4 March 2003, Issue 11, Volume 37, http://online2.ibfd.org/tns/

o.V., Tax News Service, Italy: Major tax reform enters into force on 1 January 2004, 1 December 2003, Issue 50, Volume 37, http://online2.ibfd.org/tns/

o.V., Tax News Service, United Kingdom: UK Special Commissioners refer compatibility of UK CFC legislation and EU law to ECJ regarding Cadbury Schweppes cases, 10 June 2004, Issue 26, Volume 38, http://online2.ibfd.org/tns/

2. Kommentare

Becker/Höppner/Grotherr/Kroppen, DBA-Kommentar, Loseblattsammlung, 13. Ergänzungslieferung, Stand Februar 2004, Herne/Berlin

Blümich, Einkommensteuergesetz, Körperschaftsteuergesetz, Gewerbesteuergesetz, Loseblattsammlung, 80. Ergänzungslieferung, Stand Oktober 2003, München

Brezing/Krabbe/Lempenau/Mössner/Runge, Außensteuerrecht-Kommentar, Herne/Berlin 1991

Debatin/Wassermeyer, Doppelbesteuerungsabkommen, Loseblattsammlung, 90. Ergänzungslieferung, Stand Juli 2003, München

Flick/Wassermeyer/Baumhoff, Außensteuerrecht, Loseblattsammlung, 53. Ergänzungslieferung, Stand November 2003, Köln

Geiger, Rudolf, Vertrag über die Europäische Union und Vertrag zur Gründung der Europäischen Gemeinschaft (EUV/EGV), 3. Aufl., München 2000

Grabitz/Hilf, Das Recht der Europäischen Union, Loseblattsammlung, 22. Ergänzungslieferung, Stand August 2003, München

Von der Groeben/Schwarze, Kommentar zum Vertrag über die Europäische Union und zur Gründung der Europäischen Gemeinschaft, 6. Aufl., Baden-Baden 2003

Hübschmann/Hepp/Spitaler, Abgabenordnung und Finanzgerichtsordnung, Loseblattsammlung, 180. Ergänzungslieferung, Stand April 2004, Köln

Klein, Franz, Abgabenordnung, 8. Aufl., München 2003

Koch/Scholtz, Abgabenordnung, 5. Aufl., München 1996

Lenz, Carl Otto (Hrsg.), EG-Vertrag, 2. Aufl., Köln 1999

Schöll/Leopold/Madle/Rader, Abgabenordnung, Loseblattsammlung, 62. Ergänzungslieferung, Stand Februar 2004, Berlin

Schwarze, Jürgen (Hrsg.), EU-Kommentar, 1. Auflage, Baden-Baden 2000

Streinz, Rudolf, Vertrag über die Europäische Union und Vertrag zur Gründung der Europäischen Gemeinschaft (EUV/EGV), München 2003

Strunk/Kaminski/Köhler, Außensteuergesetz/Doppelbesteuerungsabkommen, Loseblattsammlung, Grundwerk, Stand September 2004, Berlin

Tipke/Kruse, Abgabenordnung, Finanzgerichtsordnung, Loseblattsammlung, 103. Ergänzungslieferung, Stand Mai 2004, Köln

Vogel/Lehner, Doppelbesteuerungsabkommen, 4. Aufl., München 2003

Vogel, Klaus, Doppelbesteuerungsabkommen, 1. Aufl., München 1983

Verzeichnis der Rechtsprechung

1. Entscheidungen des Europäischen Gerichtshofs

Datum	Rechtssache	Fundstelle	Stichwort
15.07.1964	6/64	Slg. 1964, S. 1253	Vorrang Gemeinschaftsrecht
13.02.1969	14/68	Slg. 1969, S. 1	Vorrang Gemeinschaftsrecht
17.12.1970	11/70	Slg. 1970, S. 1125	Vorrang Gemeinschaftsrecht
13.7.1972	48/71	Slg. 1972, S. 529	Vorrang Gemeinschaftsrecht
9.3.1978	106/77	Slg. 1978, S. 629	Vorrang Gemeinschaftsrecht
13.12.1979	44/79	Slg. 1979, S. 3727	Vorrang Gemeinschaftsrecht
19.06.1990	C-213/89	Slg. 1990, I-2466	Vorrang Gemeinschaftsrecht
09.03.1978	106/77	Slg. 1978, S. 629	Vorrang Gemeinschaftsrecht
25.7.1991	C-221/89	Slg. 1991, I-3905	Niederlassungsfreiheit
28.1.1986	270/83	Slg. 1986, S. 273	Niederlassungsfreiheit, Diskriminierungsverbot
12.04.1994	C-1/93	Slg. 1994; I-1137	Niederlassungsfreiheit, Diskriminierungsverbot
29.2.1996	C-193/94	Slg. 1996, I-929	Niederlassungsfreiheit, Diskriminierungsverbot
13.4.2000	C-251/98	Slg. 2000, I-2787	Niederlassungsfreiheit
16.7.1998	C-264/96	Slg. 1998, I-4695	Niederlassungsfreiheit
9.3.1999	C-212/97	Slg. 1999, I-1485	Niederlassungsfreiheit
28.1.1986	270/83	Slg. 1986, S. 273	Niederlassungsfreiheit

8.5.1990	C-175/88	Slg. 1990, I-1779	Niederlassungsfreiheit, Diskriminierungsverbot
27.9.1988	81/87	Slg. 1988, S. 5483	Niederlassungsfreiheit, Diskriminierungsverbot
16.7.1998	C-264/96	Slg. 1998, I-4695	Niederlassungsfreiheit, Diskriminierungsverbot
18.11.1999	C-200/98	Slg. 1999, I-8261	Niederlassungsfreiheit, Diskriminierungsverbot
14.12.2000	C-141/99	DB 2001, S. 517	Niederlassungsfreiheit, Diskriminierungsverbot
12.2.1974	152/73	Slg. 1974, S. 153	Niederlassungsfreiheit, Diskriminierungsverbot
6.6.2000	C-35/98	Slg. 2000, I-4071	Kapitalverkehrsfreiheit, Beschränkungsverbot, Niedrigbesteuerung
16.3.1999	C-222/97	Slg. 1999, I-1661	Kapitalverkehrsfreiheit, Beschränkungsverbot
28.4.1998	C-118/96	Slg. 1998, I-1897	Kapitalverkehrsfreiheit, Beschränkungsverbot
31.3.1993	C-19/92	Slg. 1993, I-1663	Kapitalverkehrsfreiheit, Beschränkungsverbot
14.11.1995	C-484/93	Slg. 1995, I-3955	Kapitalverkehrsfreiheit, Beschränkungsverbot
30.11.1995	C-55/94	Slg. 1995, I-4165	Kapitalverkehrsfreiheit, Beschränkungsverbot
28.1.1992	C-204/90	Slg. 1992, I-249	Kapitalverkehrsfreiheit, Beschränkungsverbot
20.2.1979	120/78	Slg. 1979, S. 649	Zwingende Gründe des Allgemeininteresses
15.5.1997	C-250/95	Slg. 1997, I-2471	Zwingende Gründe des Allgemeininteresses
8.5.1990	C-175/88	Slg. 1990, I-1779	Zwingende Gründe des Allgemeininteresses

14.11.1995	C-484/93	Slg. 1995, I-3955	Zwingende Gründe des Allgemeininteresses
29.4.1999	311/97	Slg. 1999, I-2651	Zwingende Gründe des Allgemeininteresses, Missbrauch
17.7.1997	C-28/95	Slg. 1997, I-4161	Missbrauch
28.1.1992	C-204/90	Slg. 1992, I-249	Kohärenz
14.2.1995	C-279/83	Slg. 1995, I-225	Kohärenz
11.8.1995	C-80/94	Slg. 1995, I-2493	Kohärenz
26.10.1999	C-294/97	Slg. 1999, I-7447	Kohärenz, Niedrigbesteuerung
29.4.1999	C-311/97	Slg. 1999, I-2651	Niedrigbesteuerung
12.12.2002	C-324/00	Slg. 2002, I-11779	Niedrigbesteuerung
13.4.2000	C-251/98	Slg. 2000, I-2787	Niedrigbesteuerung
14.11.1995	C-484/93	Slg. 1995, I-3955	Niedrigbesteuerung
02.05.1996	C-206/94	Slg. 1996, I-2391	Beweislast bei Missbrauchsverhalten
18.09.2003	C-168/01	GmbHR 2003, 1286	Kohärenz, Niedrigbesteuerung
07.09.2004	C-319/02	EWS 2004, S. 454	Kohärenz
11.03.2004	C-9/02	DB 2004, S. 686	Niederlassungsfreiheit
15.07.2004	C-315/02	IStR 2004, S. 522	Niederlassungsfreiheit, Kapitalverkehrsfreiheit

2. Entscheidungen des Bundesverfassungsgerichts

Datum	Aktenzeichen	Fundstelle	Stichwort
18.10.1967	1 BvR 248/63 und 216/67	BVerfGE 22, S. 293	Gemeinschaftsrecht als autonome, vorrangige Rechtsordnung
22.10.1986	2 BvR 197/83	BVerfGE 73, S. 339	Gemeinschaftsrecht als autonome, vorrangige Rechtsordnung
29.05.1974	2 BvL 52/71	BVerfGE 37, S. 271	Gemeinschaftsrecht als autonome, vorrangige Rechtsordnung
07.06.2000	2 BvL 1/97	BVerfGE 102; S. 147	Gemeinschaftsrecht als autonome, vorrangige Rechtsordnung
26.03.1957	2 BvG 1/55	BVerfGE 6, S. 309	Rang der DBA im innerstaatlichen Recht
09.06.1971	2 BvR 225/69	BVerfGE 31, S. 145	Allgemeine Kollisionsregeln
08.04.1987	2 BvR 687/85	BVerfGE 75, S. 223	Bindungswirkung von Vorabentscheidungen des EuGH
04.05.1955	1 BvF 1/55	BVerfGE 4, S. 157	Völkerrechtliches Auslegungspostulat
10.03.1971	2 BvL 3/68	BVerfGE 30, S. 272	Völkerrechtliches Auslegungspostulat
25.03.1981	2 BvR 1258/79	BVerfGE 57, S. 9	Grundsatz der Spezialität von Völkerrecht

3. Entscheidungen des Reichsfinanzhofs

Datum	Aktenzeichen	Fundstelle	Stichwort
03.10.1935	III A 267/34	RStBl 1935, S. 1399	Anwendungssystematik von DBA
03.07.1936	I A 150/36	RStBl 1936, S. 804	§ 6 StAnpG
25.05.1937	I A 194/36	RStBl 1937, S. 684	§ 6 StAnpG
11.07.1940	III 135/39	RStBl 1940, S. 706	§ 6 StAnpG

4. Entscheidungen des Bundesfinanzhofs

Datum	Aktenzeichen	Fundstelle	Stichwort
17.07.1968	I 121/64	BStBl II 1986, S. 695	Rechtstypenvergleich
06.11.1980	IV R 182/77	BStBl II 1981, S. 220	Rechtstypenvergleich
03.02.1988	I R 134/84	BStBl II 1988, S. 588	Rechtstypenvergleich
15.01.1971	III R 125/69	BStBl II 1971, S. 379	Völkerrechtliches Auslegungspostulat
01.12.1982	I R 43/79	BStBl II 1985, S. 2	Ausländische Basisgesellschaft und Gestaltungsmissbrauch
12.07.1989	I R 46/85	BStBl II 1990, S. 113	Kein Gestaltungsmissbrauch bei höherer Steuerbelastung
15.01.1971	III R 125/69	BStBl II 1971, S. 379	Verhältnis innerstaatliches Recht und Recht der Doppelbesteuerungsabkommen
18.09.1968	I R 56/67	BStBl II 1968, S. 797	Rang der DBA in der innerstaatlichen Normenhierarchie
15.06.1973	III R 118/70	BStBl II 1973, S. 810	Auslegung von DBA, autonome Abkommensauslegung

19.02.1975	I R 26/73	BStBl II 1975, S. 584	Auslegung von DBA, autonome Abkommens-auslegung
21.08.1985	I R 63/80	BStBl II 1986, S. 4	Auslegung von DBA, autonome Abkommens-auslegung
27.01.1988	I R 241/83	BStBl II 1988, S. 574	Völkerrechtliche Ausle-gungsregeln nach dem WÜRV
30.05.1990	I R 179/86	BStBl II 1990, S. 906	Abkommensrechtliche Auslegungsregel
22.10.1986	I R 261/82	BStBl II 1987, S. 171	Anwendung DBA Deutschland-Frankreich
05.10.1994	I R 67/93	BStBl II 1995, S. 95	Anwendung DBA Deutschland-Kanada
28.06.1972	I R 35/70	BStBl II 1972, S. 785	Einschränkende Wir-kung von DBA
14.02.1984	VIII R 221/80	BStBl II 1984, S. 480	Zufluss von nicht aus-gezahlter Zinszahlungen
08.07.1998	I R 57/97	BStBl II 1998, S. 672	Zeitpunkt der Zufluss-fiktion
21.11.1989	IX R 170/85	BStBl II 1990, S. 310	Zuflusszeitpunkt von Einnahmen aus Vermie-tung und Verpachtung
08.10.1991	VIII R 48/88	BStBl II 1992, S. 174	Zuflusszeitpunkt bei Einnahmen aus Kapi-talvermögen
18.12.1986	I R 52/83	BStBl II 1988, S. 521	Einkünftezurechnung nach nationalem Recht
11.03.1970	I B 50/68	BStBl II 1970, 569	Anwendung DBA Deutschland Österreich
18.01.1972	VIII R 125/69	BStBl II 1972, 344	§ 42 AO
15.12.1983	V R 169/75	BStBl II 1984, S. 388	§ 42 AO

17.05.1984	V R 118/82	BStBl. II 1984, S. 678	§ 42 AO
23.08.1984	V R 17/78	BStBl II 1984, S. 856	§ 42 AO
20.12.1991	VI R 32/89	BStBl II 1992, S. 695	§ 42 AO
16.01.1992	V R 1/91	BStBl II 1992, S. 541	§ 42 AO
10.11.1983	IV R 62/82	BStBl. II 1984, S. 605	§ 42 AO
23.10.1991	I R 40/89	BStBl II 1992, S. 1026	§ 42 AO
10.06.1992	I R 105/89	BStBl II 1992, S. 1029	§ 42 AO
20.10.1965	II 119/62 U	BStBl III 1965, S. 697	§ 42 AO
14.10.1964	II 175/61 U	BStBl III 1964, S. 667	§ 42 AO
14.05.1986	II R 22/84	BStBl II 1986, S. 620	§ 42 AO
19.05.1988	V R 115/83	BStBl II 1988, S. 916	§ 42 AO
12.07.1989	I R 46/85	BStBl II 1990, S. 113	§ 42 AO
05.03.1986	I R 201/82	BStBl II 1986, S. 496	§ 42 AO
29.10.1981	I R 89/89	BStBl II 1982, S. 150	§ 42 AO
29.10.1997	I R 35/96	BStBl II 1998, S. 235	§ 42 AO
28.01.1992	VIII R 7/88	BStBl II 1993, S. 84	§ 42 AO
19.01.2000	I R 94/97	BStBl II 2001, S. 222	§ 42 AO
20.03.2002	I R 38/00	BStBl II 2002, S. 819	§ 42 AO
19.04.1994	VIII R 2/93	BStBl II 1995, S. 705	§ 42 AO
18.03.2004	III R 25/02	BStBl II 2004, S. 787	§ 42 AO
29.07.1976	VIII R 41/74	BStBl II 1977, S. 261	§ 42 AO
09.12.1980	VIII R 11/77	BStBl II 1981, S. 339	§ 42 AO
27.08.1997	I R 8/97	DStR 1998, S. 116	§ 42 AO
21.01.1976	I R 234/73	BStBl. II 1976, S. 513	§ 42 AO
27.07.1976	VIII R 55/72	BStBl II 1977, S. 266	§ 42 AO

25.02.2004	I R 42/02	IStR 2004, S. 527	§ 42 AO
13.07.1994	I R 120/93	BStBl II 1995, S. 129	Verhältnis innerstaatliches Recht und Recht der Doppelbesteuerungsabkommen, § 2 AO
09.07.2003	I R 82/01	RIW 2004, S. 471	„Niedrige Besteuerung" i.S.d. § 8 Abs. 3 AStG
23.01.1991	I R 22/99	BStBl II 1991, S. 554	§ 10 AO
07.12.1995	I K 1/93	BStBl II 1995, S. 175	§ 10 AO
16.12.1998	R 138/97	BStBl. II 1999, S. 437	§ 10 AO
03.07.1997	IV R 58/95	BStBl II 1998, S. 86	§ 10 AO
16.01.1976	III R 92/74	BStBl II 1976, S. 301	§ 6 StAnpG

7. Entscheidungen der Landgerichte

Datum	Aktenzeichen	Fundstelle	Stichwort
07.11.2000	FG Köln 14 K 3524/93	EFG 2001, S. 954	„Niedrige Besteuerung" i.S.d. § 8 Abs. 3 AStG
28.10.2004	FG Baden-Württemberg 6 K 170/02	IStR 2005, S. 92	Verhältnis § 42 AO zu den Regelungen des AStG
09.11.2004	FG Düsseldorf 6 K 5917/00	IStR 2005, S. 125	Europarechtskonforme Auslegung des § 3c EStG in Bezug auf den Hinzurechnungsbetrag nach §§ 7, 10 AStG

Verzeichnis der Verwaltungsanweisungen

1. Erlasse des Bundesfinanzministeriums

Datum	Aktenzeichen	Fundstelle	Stichwort
14.05.2004	IV B 4 – S 1340 – 11/04	BStBl I 2004, Sondernummer 1/2004, S. 3	Anwendungsschreiben zum AStG 2004
02.12.1994	IV C 7 – S 1340 – 20/94	BStBl I 1995, Sondernummer 1	Anwendungsschreiben zum AStG 1994
06.01.2005	IV B6 – S 1300 – 308/04	BStBl I 2005, S.298	Stand der DBA zum 1.1.2005